Herbergen der Christenheit

38/39 (2014/2015)

Beiträge zur deutschen Kirchengeschichte

Herausgegeben im Auftrag
der Arbeitsgemeinschaften für Kirchengeschichte
der Evangelischen Landeskirche Anhalts,
der Evangelischen Kirche Berlin-Brandenburg-schlesische Oberlausitz,
der Pommerschen Evangelischen Kirche,
der Evangelischen Kirche in Mitteldeutschland und
der Evangelisch-Lutherischen Landeskirche Sachsens.

Band 38/39

Herbergen der Christenheit

Jahrbuch für deutsche Kirchengeschichte
Band 38/39 (2014/2015)

Herausgegeben von Markus Hein
unter Mitarbeit von
Alexander Wieckowski

EVANGELISCHE VERLAGSANSTALT
Leipzig

Die »Herbergen der Christenheit« erscheinen in der Reihe
»Beiträge zur deutschen Kirchengeschichte« – ursprünglich
»Beiträge zur Kirchengeschichte Deutschlands«.

Gedruckt mit Unterstützung der beteiligten Kirchen.

Bibliographische Information der Deutschen Nationalbibliothek
Die Deutsche Nationalbibliothek verzeichnet diese Publikation in der
Deutschen Nationalbibliographie; detaillierte bibliographische Daten
sind im Internet über http://dnb.dnb.de abrufbar.

Das Buch wurde auf alterungsbeständigem Papier gedruckt.

Cover: Zacharias Bähring, Leipzig
Satz: Institut für Kirchengeschichte der Theologischen Fakultät Leipzig
Druck und Binden: Hubert & Co., Göttingen

ISBN 978-3-374-04956-1
www.eva-leipzig.de

Inhalt

Anschriften der Mitarbeiter

Pfr. i. R. Friedrich *Bartels*, Wolgaster Str. 50, 17489 Greifswald; Dr. Michael *Beyer*, Schönbach, Kirchweg 14, 04680 Colditz; Pfr.in Dr. Susanne *Böhm*, Dornburger Str. 4, 99510 Apolda; Dr. Annett *Büttner*, Fliedner-Kulturstiftung Kaiserswerth, Zeppenheimer Weg 20, 40489 Düsseldorf; OKR Dr. Christoph *Ehricht*, Evangelisch-Lutherische Kirche in Norddeutschland, Landeskirchenamt, Dänische Straße 21-35, 24103 Kiel; Prof. i. R. Dr. Gerhard *Graf*, Hermundurenstr. 18, 04159 Leipzig; Dr. Eberhard *Gresch*, Geranienweg 18 b, 01259 Dresden; Pfr. Prof. Dr. Volker *Gummelt*, Alwine-Wuthenow-Ring 12, 17498 Neuenkirchen; Dr. Markus *Hein*, Körnerstr. 10, 04107 Leipzig; PD Dr. Hans-Joachim *Jakob*, Universität Siegen, Germanistisches Seminar / Didaktik der deutschen Sprache und Literatur, Adolf-Reichwein-Str. 2, 57068 Siegen; Dr. Wolfgang *Krogel*, Evangelisches Landeskirchliches Archiv, Bethaniendanm 29, 10997 Berlin; Dr. Thomas *Krzenck*, Funkenburgstraße 16, 04105 Leipzig; Propst i.R. Dr. Karl-Heinrich *Lütcke*, Walter-Linse-Str.4, 12203 Berlin; Dr. Saskia *Pütz*, Schrockstraße 21, 14165 Berlin; Dr. Stephan *Schmidt-Brücken*, Kirchgasse 8, 09481 Scheibenberg; Dr. Margit *Scholz*, Archiv und Bibliothek der KPS, Freiherr-vom-Stein-Str. 47, 39108 Magdeburg; Alexander *Sembdner* M.A., Historisches Seminar, Beethovenstraße 15, 04107 Leipzig; Prof. Dr. Ludwig *Stockinger*, Institut für Germanistik, Beethovenstraße 15, 04105 Leipzig; Dr. Michael *Wetzel*, Dittersdorfer Straße 7, 08297 Zwönitz; Dr. Christian *Winter*, Sommerfelder Weg 63, 04329 Leipzig; Pfr. Alexander *Wieckowski*, Kirchgasse 1, 02747 Großhennersdorf.

Abkürzungen

Abb.	Abbildung
ABl.EKD	Amtsblatt der Evangelischen Kirche in Deutschland
Abt.	Abteilung
AKPS	Archiv und Bibliothek der Kirchenprovinz Sachsen
Anm.	Anmerkung
APU	Altpreußische Union
Art:	Artikel
Aufl.	Auflage
Bd./Bde.	Band/Bände
bearb.	bearbeitet
bes.	besonders
BK	Bekennende Kirche
Bl.	Blatt
BLHA	Brandenburgisches Landeshauptarchiv
BSKG	Beiträge zur sächsischen Kirchengeschichte
bzw.	beziehungsweise
CDS	Corpus diplomaticus Saxoniae regiae
d. h.	das heißt
DC	Deutsche Christen
DEK	Deutsche Evangelische Kirche
ders.	derselbe
DFG	Deutsche Forschungsgemeinschaft
dies.	dieselbe
Diss.	Dissertation
ebd/Ebd	ebenda/Ebenda
ELAB	Evangelisches Landeskirchliches Archiv in Berlin
EOK	Evangelischer Oberkirchenrat
EZAB	Evangelisches Zentralarchiv Berlin
f	folgende
fol.	Folio
GStAPK	Geheimes Staatsarchiv Preußischer Kulturbesitz
HCh	Herbergen der Christenheit: Jahrbuch für deutsche Kirchengeschichte
hl.	heilig(e)

hrsg.	herausgegeben
HS	J. N. J! Christian Lehmanns Sen. weiland Pastoris zu Scheibenberg Historischer Schauplatz derer natürlichen Merckwürdigkeiten in dem Meißnischen Ober-Ertzgebirge … Leipzig 1699.
JBBKG	Jahrbuch für Berlin-Brandenburgische Kirchengeschichte
JBLG	Jahrbuch für brandenburgische Landesgeschichte
JBrKG	Jahrbuch für brandenburgische Kirchengeschichte
KJ	Kirchliches Jahrbuch
KKR	Kirchenkreis
KZ	Konzentrationslager
LASA MD	Landesarchiv Sachsen-Anhalt, Standort Magdeburg
LCI	Lexikon der Christlichen Ikonographie. 8 Bde. Rom u. a. 1994
Lic.	Licentiat
LMA	Lexikon des Mittelalters. 9 Bde. München; Zürich 1980-1998.
NASG	Neues Archiv für sächsische Geschichte und Altertumskunde
ND	Neudruck
NF	Neue Folge
NL	Nachlass
Nr.	Nummer
NS	Nationalsozialismus/nationalsozialistisch
NSDAP	Nationalsozialistische Partei Deutschlands
NSV	Nationalsozialistische Volkswohlfahrt
o. J.	ohne Jahr
OKR	Oberkirchenrat
S.	Seite
SA	Sturmabteilung
SächsHStA	Sächsisches Hauptstaatsarchiv
SB	Sonderband
StA	Staatsarchiv
T.	Teil
TRE	Theologische Realenzyklopädie
u. a.	unter anderem
UB	Urkundenbuch
vgl.	vergleiche
ZVKGS	Zeitschrift des Vereins für Kirchengeschichte der Provinz Sachsen

Das vergessene Patrozinium der heutigen Wiprechtskirche Eula bei Borna

Von Gerhard Graf

Dass der Weihename einer Kirche (Patrozinium) von den Zeitgenossen verdrängt, vergessen oder ersetzt wird, ist im Lauf der Kirchengeschichte eine bekannte Erscheinung. Auffällig ist jedoch die Häufung vergessener Beispiele besonders im evangelischen Bereich. Sie ist als eine Folge des veränderten Verhältnisses zu den Heiligen anzusehen, das sich durch die Reformation herausbildete. Die Heiligen werden seither nicht mehr als Fürsprecher bei Gott und als Schutzheilige verstanden, sondern als Vorbild oder Beispiel eines hingebungsvollen Glaubens und christlichen Handelns (vgl. Augsburger Bekenntnis, Artikel 21[1]). Durch dieses veränderte Denken wurde gleichfalls die von den Heiligen erwartete Schutzherrschaft für das Kirchengebäude, den Ort und die Flur gegenstandslos. Bisher war sie durch die Heiligen im Altarschrein, ihre Reliquien in der Altarplatte oder durch speziell gewidmete Glocken präsent. Mit dem Ende dieser Frömmigkeitspraxis trat zunehmend auch das Wissen darüber zurück. Die Heiligentage als Datumsangabe wurden beibehalten, aber zumeist entfernte man – weil »papistisches« Erbe – die Reliquien aus der Altarplatte, die Namen der Schutzheiligen für die Kirchengebäude gerieten nicht selten in Vergessenheit, und auch der ehemalige Bezug zu den einzelnen Glocken kam abhanden.

Dieser Befund trifft teilweise auch auf Eula nahe Borna zu. Hier blieb seit Ende des 19. Jahrhunderts bis auf eine energische Ausnahme die Frage nach dem Patrozinium schließlich liegen. Stattdessen entschied man sich, anknüpfend an eine lokalgeschichtliche Notiz, für den Namen »Wiprechtskirche«, der seit 1950 als offizielle Bezeichnung auch in den Pfarrerverzeichnissen der sächsischen Landeskirche erscheint.[2] Tatsächlich handelt es sich aber um eine Kirche, die offenbar einst Clemens von Rom (Clemens Romanus) als ihren Spezialheiligen besaß. Die dazu durchgeführte Ermittlung soll nachstehend, auch weil sie forschungsgeschichtlich interessant ist, in gestraffter Form vorgelegt werden.

Die älteste bekannte Erwähnung von Eula (Hyla)[3] taucht zum Jahr 1090 in den Pegauer Annalen auf. Sie berichten, dass auf einem Ritt von Leisnig nach Groitzsch

---

1 Vgl. Evangelisches Gesangbuch: Ausgabe für die Evangelisch-Lutherische Landeskirche Sachsens. Leipzig 1994, Nr. 807.

2 Pfarrerverzeichnis der Evangelisch-Lutherischen Landeskirche Sachsens nach dem Stande vom 15. Mai 1950/ hrsg. vom Evangelisch-Lutherischen Landeskirchenamt Sachsens. Dresden 1950, 19; in den Verzeichnissen 1978 bis 2003 dann »Wyprechtskirche«.

3 Historisches Ortsnamenbuch von Sachsen. Bd. 1/ hrsg. von Ernst Eichler; Hans Walther u. a. (Quellen und Forschungen zur sächsischen Geschichte; 21). Berlin 2001, 254.

Wiprecht II. in Eula auf eine verfallene Holzkirche stieß, hier ein visionäres Erlebnis hatte und vor der Weiterreise ihre Erneuerung anordnete.[4] Eula, wehrhaft angelegt, war Mittelpunkt einer von den Ekkehardingern (†1046) gegründeten frühen großen Urpfarrei östlich der Weißen Elster.[5] Für diese Kirche, wie auch für das spätere, heute noch in Resten vorhandene romanische Gotteshaus ist ein Patrozinium nicht überliefert.

Hinweise auf das Patrozinium finden sich erst gegen Ende des Spätmittelalters. Nicht nur das heute noch erhaltene Geläut lässt Rückschlüsse zu, sondern vor allem ist es der neue Hauptaltar in dem damals großzügig erweiterten Altarraum,[6] der Auskunft gibt. Es soll sich bei dem Altar um eine Arbeit aus dem Zeitz-Altenburger Kunstkreis etwa 1505 bis 1510 handeln.[7] In der alten Kirchen-Galerie Sachsens wird er zusammen mit der Kanzel 1841 lediglich als Teil des noch »alterthümlichen Gepräges« des Kircheninneren erwähnt.[8] 1859 ist der Altar auf den Kirchboden ausgelagert und erfährt 1882 erstmals eine ausführlichere Beschreibung. Zu dieser Zeit besuchte Richard Steche, der Herausgeber des Fortsetzungswerkes »Beschreibende Darstellung der älteren Bau- und Kunstdenkmäler des Königreichs Sachsen«, die Kirche von Eula zwecks Erfassung der Bauepochen und des Kunstgutes. In seinem an das Evangelisch-Lutherische Landeskonsistorium in Dresden verfassten Bericht teilte er unter anderem mit:

> »Die Schnitzereien [auf dem Kirchenboden] gehören dem ehemaligen Flügel-Altarwerk an und sind in den letzten Jahren des 15. bezüglich den ersten des 16. Jahrhunderts gefertigt. Der mittlere (Haupt-)Teil, 1,46 m breit und 1,55 m hoch, enthält die freigeschnitzten, vergoldeten und polychromen Figuren der Maria mit dem Kinde, der heiligen Katharina und eines heiligen Papstes. Die Flügel, je 0,73 m breit und 1,55 m hoch enthalten die ebenso behandelten Figuren der zwölf Apostel. Die Außenseiten der Flügel zeigen, auf Leimfarbe gemalt, aber sehr schlecht erhalten, die Figuren der vierzehn Nothelfer. Der architektonische Bekrönungsschmuck ist völlig verschwunden; von dem freien, trefflich geschnitzten Rankenwerk zu Häupten der Figuren sind nur noch einige Teile erhalten. […] Eine Wiederherstellung des Altarwerks würde Kosten hervorrufen, welche den

---

4 Vgl. ANNALES PEGAVIENSES ET BOSOVIENSES/ hrsg. von Georg Heinrich Pertz (Monumenta Germaniae Historica: scriptores; 16). Hannover 1859, 243.

5 Walter SCHLESINGER: Kirchengeschichte Sachsens im Mittelalter. Bd. 1: Von den Anfängen kirchlicher Verkündigung bis zum Ende des Investiturstreites (Mitteldeutsche Forschungen; 27/1). Köln; Graz 1962, 164 f. 171.

6 Vgl. Georg DEHIO: Handbuch der Deutschen Kunstdenkmäler. Sachsen II: Regierungsbezirke Leipzig und Chemnitz/ bearb. von Barbara Bechter u. a. . München; Berlin 1998, 86 f.

7 Herkunft und Datierung bei Walter HENTSCHEL: Denkmale sächsischer Kunst: die Verluste des zweiten Weltkrieges. Berlin 1973, 26 f u. Tafel XLVI. (Schriften zur Kunstgeschichte; 15).

8 B. W – M [sic]: Eula. In: Sachsens Kirchen-Galerie. Bd. 6, Abt. 7: Die Inspectionen Borna und Pegau. Dresden o. J. [1841], 122.

Abb. 1:
Schrein des Altars aus der Kirche Eula (1945 Kriegsverlust).

künstlerischen Wert des Werkes wohl übersteigen dürften; letzterer erhebt sich nicht über jenen der meisten ähnlichen zur gleichen Zeit ausgeführten Werke.«[9]

9 Vgl. Ernst Julius Volkmar ACKERMANN: Die Parochie Eula mit Filial Thierbach. In: Neue Sächsische Kirchengalerie: die Ephorie Borna/ hrsg. von den Geistlichen der Ephorie. Leipzig o. J. [1905], 256-266, 258. Ackermann (1837-1921) war Pfarrer in Eula 1881 bis 1906, sein Nachruf mit Bild in AMTSKALENDER FÜR DIE GEISTLICHEN DER SÄCHSISCHEN EVANG.-LUTH. LANDESKIRCHE AUF DAS JAHR 1922. Oetzsch bei Leipzig 1921, 100. 98.

Als dann kurz vor dem Ruhestand Pfarrer Ernst Julius Volkmar Ackermann 1904/05 seinen eigenen Bericht für die Neue Sächsische Kirchgalerie ausarbeitete, brachte er Richard Steches einstige Mitteilung vielleicht deshalb nochmals in Erinnerung, weil dieser in seinem 1891 herausgegebenen Heft zur Amtshauptmannschaft Borna für Eula inzwischen einen veränderten Text anbot: In ihm hieß es jetzt: »Mittelschrein des ehemaligen Altarwerkes im Thurme verwahrt; 1,45 m breit und 1,63 m hoch. Mit den geschnitzten Figuren des h. Burkhard (?), der Maria mit Kind und der h. Katharina […] sämtlich unbedeutend; um 1500.«[10]

Nicht nur die Maße waren hier etwas abweichend, sondern der namenlose Papst im Schrein auf der Ehrenseite (bei einer später gemachten Fotographie in der Ansicht links [!] zu sehen,[11] vgl. Abb. 1 vorige Seite) hatte sich, wiewohl mit einem Fragezeichen bedacht, zu Bischof Burkhard von Würzburg (†754) gewandelt. Worauf diese Änderung beruhte, ist heute nicht mehr aufzuhellen. An sich lassen sich die päpstliche Tiara und eine bischöfliche Mitra gut unterscheiden. Möglicherweise fand – durch wen auch immer – einfach eine Vertauschung von Angaben statt.

Unterdessen hatten der Besuch und das Gutachten Richard Steches von 1882 dazu geführt, dass man in Eula noch im gleichen Jahr Verbindung zum Königlich Sächsischen Altertumsverein aufnahm und schließlich die »Altarwerksreste« zusammen mit einer bemerkenswerten trauernden Maria an den Sitz des Vereins im Neuen Palais Dresden gab.[12] Dort wurden im Februar 1945 der Flügelaltar und die Maria als Teil eines großen mittelalterlichen Fundus' infolge der Luftangriffe ein Raub der Flammen. Bewahrt blieb nur, wie auch vom Kunstgut aus anderen Herkunftsorten, eine Sammlung von Abbildungen, die Walter Hentschel zusammen mit Kommentaren als erinnerndes Arbeitsmittel, erschienen erst nach seinem Tod, 1973 der Nachwelt übergab. Speziell zum Eulaer Altar werden von ihm im Schrein ein Papst mit Buch und Mühlstein genannt, und »Burkhardt« durch ein Fragezeichen angezweifelt, ist jetzt überhaupt in Klammern gesetzt.[13]

Anders verhielt sich dagegen die landeskundliche Forschung. Sie hatte schon viel früher Bischof Burkhard als wichtiges Argument zu Eula entdeckt. Richtungweisend war die 1940 erschienene Dissertation zu Sachsens Patrozinien von Herbert Helbig.[14] Ohne bildliche Kenntnis des Altars stützte er sich bezüglich Eula allein

10 Beschreibende Darstellung der älteren Bau- und Kunstdenkmäler des Königreichs Sachsen. 15. Heft: Die Amtshauptmannschaft Borna/ bearb. von Richard Steche. Dresden 1891, 24.

11 Vorliegend mit freundlicher Überlassung des Landesamtes für Denkmalpflege Sachsens und die Grundlage der Abb. bei Hentschel: Denkmale … (wie Anm. 7).

12 Vgl. das Schreiben vom 7.11.1882, in: Pfarrarchiv Kitzscher: Bestand Eula, Aktenverzeichnis, Nr. 104. Der Nachweis für die Marienfigur bei Hentschel: Denkmale … (wie Anm. 7), 27 und Tafel LV.

13 Vgl. Anm. 7.

14 Herbert Helbig: Untersuchungen über die Kirchenpatrozinien in Sachsen auf siedlungsgeschichtlicher Grundlage (Historische Studien; 361). Berlin 1940, 340 f.

Abb. 2:
Die trauernde Maria aus der Kirche Eula (1945 Kriegsverlust).

auf die Notiz von Richard Steche. Außerdem nahm er dessen Fragezeichen zu Burkhard nicht zur Kenntnis, sondern stellte den Bischof dem anderen Würzburger Heiligen, nämlich Kilian im unweit gelegenen [Bad] Lausick, zur Seite. Beide – eng verbunden durch den Kult als gemeinsame Landesheilige[15] – verstand er als Patrozinien der fränkischen Siedler, die Wiprecht ab 1104 aus dem Land seiner Mutter Sigena bei Würzburg herbeigeholt hatte.[16] So überzeugend diese Erklärung besonders aufgrund der Doppelung mit dem hl. Kilian war,[17] so ist sie aber eben doch gegenstandslos, weil in der Heiligenfigur auf der Ehrenseite sich Bischof Burkhard nicht verifizieren lässt.

Vielleicht auch irritiert von Herbert Helbigs Deutung, jedenfalls aber ausgehend von der realen Abbildung des Eulaer Flügelaltars legte 1993 dann Arndt Kiesewetter einen weiteren Erklärungsversuch vor. In seinem sorgsam ausgearbeiteten Inventar der sächsischen Altarretabel machte er sich als Mitautor in dem Werk von Ingo Sandner zur spätgotischen Tafelmalerei in Sachsen nochmals Gedanken zu dem Heiligen, der mit einer Tiara links im Schrein steht. Er vermutete, wohl wegen des Attributs eines Mühlsteines, allerdings wiederum versehen mit einem Fragezeichen, den Papst Kallistus I.,[18] der 222 mit einem solchen Stein um den Hals in einem Brunnen ertränkt worden sein soll.[19]

Diese Argumentation ist ikonographisch einleuchtend, doch hat man ihr im Fall von Eula trotzdem zu widersprechen. Zum einen wird auch Papst Clemens I., der dritte Nachfolger des Petrus, der Legende nach, wie öfter zu sehen, nicht nur mit einem Anker dargestellt, sondern ebenso wie Kallistus mit einem Mühlstein.[20] Zum anderen aber ergibt sich ein eindeutiger und abschließender Beweis für das Clemenspatrozinium aus dem Geläut der Eulaer Kirche. Unter den drei sämtlich um 1450 gegossenen Glocken trägt die größte die Inschrift: »lucas, marcvs, ioannes, mathevs, sancte clemens ora pro no†[bis]«, d. h. man liest neben dem Gedenken an die vier Evangelisten als spezielle Anrufung: heiliger Clemens, bitte für uns.[21] Da

15 Zur Verbindung der beiden Heiligen vgl. Hiltgart L. KELLER: Reclams Lexikon der Heiligen und biblischen Gestalten: Legende und Darstellung in der bildenden Kunst. 9., durchgesehene Aufl. Stuttgart 2001, 98 (Burkhard) und 355 f (Kilian).

16 Helbig: Untersuchungen … (wie Anm. 14), 342 f. 374.

17 So auch für den Verfasser, zuletzt noch: Gerhard GRAF: Die Christianisierung zwischen Saale und Neiße vor 1100. Sächsische Heimatblätter: Zeitschrift für Sächsische Geschichte, Denkmalpflege, Natur und Umwelt 53 (2007) 1, 73.

18 Arndt KIESEWETTER: Inventar der Altarretabel. In: Ingo Sandner: Spätgotische Tafelmalerei in Sachsen. Dresden; Basel 1993, 336-366, hier 343.

19 Vgl. Ingeborg RAMSEGER: Calixtus (Kallistus) I. Papst, Mart., 14. 10. In: LCI 5, 466 f.

20 Vgl. DIES.: Klemens I. (Romanus), Pp., Mart., 23. (24., 25.) 11. In: LCI 7, 319-323, 322. Keller: Reclams Lexikon … (wie Anm. 15), 358 f (Klemens Romanus).

21 Vgl. Ackermann: Die Parochie Eula … (wie Anm. 9), 262 f. Dagegen lautete die letzte Lesung von Richard Steche, der am 7. Oktober 1890 nochmals in Eula war: maria, johannes, matheus, sancte clemens, ora pro no†[bis], vgl. Beschreibende Darstellung … (wie Anm. 10), 24; die mittlere Glocke bezieht sich auf den Rex gloriae, der mit Frieden kommen

in diesem Fall wie ebenso mit der Stellung im Schrein (Ehrenseite) eine ausdrückliche Hervorhebung des hl. Clemens sichtbar wird, bleibt an seiner einst erbetenen Schutzherrschaft für Kirche, Ort und Flur Eula kein Zweifel.

Eine offene Frage ist hingegen, auf wen die Wahl des Patroziniums zurückgeht. Es handelt sich um einen eher seltenen Weihnamen und ist sonst in Sachsen und in Thüringen nicht zu finden, nur als Altarpatrozinium begegnet er 1440 im Zeitzer Dom.[22] Spekulativ könnte man, andere Überlegungen hier nicht verfolgend,[23] bei der Wahl auch an Wiprecht denken. Er hatte als einer der militärischen Anführer Kaiser Heinrichs IV. während der Kämpfe in Rom 1083 und 1084[24] schon durch die Wegeführung zum Lateran vermutlich direkten Kontakt zur Titularkirche San Clemente, ihrem Kult[25] und auch zu der Legende von den beiden Slawenaposteln Kyrill und Method. Sie hatten 867 die Gebeine von Papst Clemens vom Schwarzen Meer zurück in die Kirche seines Namens gebracht, die dann nur wenige Tage nach dem Abzug Wiprechts durch die Normannen schwer beschädigt wurde. Aber es ist an sich nicht klar, ob Wiprecht seine Sorgepflicht als Patronatsherr von Eula überhaupt auf die Wahl eines Patroziniums ausdehnte. Auch ist beispielsweise in der langen Zeit bis um 1450 (Glocke!) ein Patrozinienwechsel nicht grundsätzlich auszuschließen. Und ebenso ist es möglich, dass schon die erste Kirche das Clemenspatrozinium besaß.[26]

soll, und die kleine formuliert das Ave Maria, bzw. den Englischen Gruß (Luk. 1, 28). Einzelheiten zu Gewicht, Maßen und Inschrift bei Rainer Thümmel: Glocken in Sachsen: Klang zwischen Himmel und Erde. Leipzig 2011, 80. 294. Ausführlich zu Aussage und Auswertung von Glockeninschriften vgl. Helbig: Untersuchungen ... (wie Anm. 14), 32-38.

22 Vgl. Louis Naumann: Weihenamen der Kirchen und Kapellen im Bistum Zeitz-Naumburg: ein Beitrag zur Patrocinien-Forschung. Naumburg/S. o. J. [1935], 35.

23 Clemens als hervorgehobener Heiliger bei Bischof Thietmar von Merseburg (†1018): ein Ritter, leider ohne Herkunftsort, wird von Mäusen zernagt, weil er die Besitzungen des hl. Clemens gewaltsam genommen und eine Sühneleistung verweigert hatte; die Grablege Wladimirs in der großen Stadt Kiew in der Kirche des Märtyrers Christi und Papstes Clemens; vgl. Thietmar von Merseburg: Chronik/ neu übertr. und erl. von Werner Trillmich (Ausgewählte Quellen zur deutschen Geschichte des Mittelalters; 9). 6. Aufl. Darmstadt 1985, VI, 82 (S. 330/31), VII, 74 (S. 436/37).

24 Zu Wiprechts Aufenthalt in Italien und Rom vgl. – teilweise unter Vorbehalt – in: Annales ... (wie Anm. 4), 237-240; eine deutsche Übersetzung liegt vor mit: Wiprecht von Groitzsch: das Leben Wiprechts nach den Jahrbüchern des Klosters Pegau/ hrsg. vom Heimatverein des Bornaer Landes. o. O. 1994, 17-22.

25 Ein aktueller Bezug ergab sich auch durch die Namenwahl des von Heinrich IV. eingesetzten und ihn 1084 krönenden Gegenpapst Clemens III. (1080-1100), der mit diesem Namen zugleich auf den anderen kaiserlichen Gegenpapst Clemens II. (1046-47) hinwies, der Heinrich III. gekrönt hatte.

26 Dass um 1000 das Clemenspatrozinium Interesse beanspruchte, zeigt vergleichsweise das zahlreiche Aufkommen im Erzbistum Köln; bemerkenswert ist dabei die häufige Verbindung mit Höfen des Reiches, vgl. Die Patrozinien Westfalens von den Anfängen

Angesichts des hier vorgelegten Befundes scheint es schwierig, in welcher Weise man den Namen »Wiprechtskirche« verstehen soll. Die erste Kirche in Eula hatte Wiprecht nicht gegründet. Die von ihm in Auftrag gegebene neue war vermutlich wieder ein Holzbau, und dieser verschwand unter einer Steinkirche, deren Bausubstanz, wahrscheinlich heute noch zu erkennen im Unterteil des Turmes, nicht zwangsläufig in die Zeit vor Wiprechts Tod 1124 reichen muss. Dass um 1106 diese neue Kirche wohl durch die eben angekommenen fränkischen Siedler entstand, ist ein bloßes Konstrukt. Die Rede von einer steinernen Kirche aus dieser Zeit erneuert sich unbewiesen nun schon seit spätestens 1828.[27] Und welche gesicherten bauarchäologischen Forschungen liegen eigentlich vor?

An sich ist es ein Merkmal bei der Namengebung von Kirchen im evangelischen Bereich, dass sie sich auf Personen bezieht, mit denen die christliche Gemeinde ein Gefühl bleibender Dankbarkeit verbindet (u. a. Martin Luther, Gustav Adolf, Paul Gerhardt). Inwieweit sich dieses Gefühl auf Wiprecht ausdehnen lässt, stellt sich zumindest als Frage. Vermutlich spielte bei der Entscheidung für ihn die ihm entgegengebrachte regionale Wertschätzung (zu denken ist ebenso an die »Wiprechtsburg« Groitzsch) eine nicht unerhebliche Rolle, bzw. man entschloss sich wohl auch deshalb nicht zu einer immerhin denkbaren Recherche bezüglich des ursprünglichen Patroziniums.

Zu Papst Clemens ist abschließend nachzutragen, dass er als der dritte Nachfolger von Petrus ihn und auch Paulus noch persönlich in Rom erlebt haben soll. Sein Amt als Leiter der dortigen Gemeinde übte er 92-101(?) aus. Er war zugleich als theologischer Schriftsteller tätig. Der so genannte 1. Clemensbrief, der sich an die Gemeinde in Korinth richtet, gehörte bis in das 3. Jahrhundert zeitweilig zu den Schriften des entstehenden Neuen Testaments. Von Kaiser Trajan soll er zur Arbeit in die Marmorbrüche bei Cherson auf der Krim verbannt worden sein und dort um 101 den Märtyrertod erlitten haben. Hier setzt die Legende ein, die seine Gebeine 867 nach San Clemente in Rom zurückführt und damit die Grundlage schuf, dass diese Kirche heute einen ökumenischen Treffpunkt darstellt.[28]

BIS ZUM ENDE DES ALTEN REICHES/ bearb. von Peter Ilisch; Christoph Kösters (Westfalia Sacra; 11). Münster 1992, 175-178, bes. 178.

27 Vgl. VOLLSTÄNDIGES STAATS-, POST- UND ZEITUNGS-LEXIKON VON SACHSEN/ hrsg. von Friedrich Adolph Schumann; Albert Schiffner. Bd. 15. Zwickau 1828, 728 f: »Eyla … die hies. Kirche baute Wipprecht v. Groitzsch ums J. 1106 steinern, ursprünglich aber war sie wohl noch älter.« B. W – m: Eula … (wie Anm. 8), 122 [1841]: »… die alte, von Wipprecht v. Groitzsch ums Jahr 1106 durchaus massiv erbaute Kirche …« Dazu noch zwei aktuelle Belege, jeweils Zugriff 24.11.2015: »Wiprecht … ließ auf seine Kosten 1106 die steinerne Kirche bauen«, https// de. wikipedia. org/ wiki/ Eula – (Borna); »… Wiprecht im Jahr 1106 mit dem Bau einer steinernen Kirche begann,« http: euloa.ausflug 24. com/.

28 Vgl. Leonard BOYLE: St. Clemens Rom: kurzer Führer durch die San Clemente. Rom 1989, bes. 5-7. 33.

Sachsen und der Hussitismus*

Von Thomas Krzenck

Im Nachlassverzeichnis des am 4. Januar 1428 in Altenburg verstorbenen und nachfolgend in der sogenannten Fürstenkapelle des Meißner Domes bestatteten sächsischen Kurfürsten Friedrichs des Streitbaren aus dem Hause Wettin,[1] das im Sächsischen Hauptstaatsarchiv Dresden aufbewahrt wird, finden unter anderem ein in seiner Symbolkraft wichtiges Exemplar der Goldenen Bulle sowie als letzte Schmuckstücke in diesem aufschlussreichen Dokument die Kleinodien zweier weltlicher Ritterorden, darunter des 1408 gestifteten Drachenordens, Erwähnung.[2] Die Goldene Bulle und der Drachenorden haben eines gemeinsam: Beide sind das wirkmächtige Werk zweier führender Repräsentanten des Hauses Luxemburg, die für den Aufstieg Sachsens in den exklusiven Kreis der Kurfürsten und damit der Königswähler, Entscheidendes geleistet haben.[3] Während Karl IV. mit der Goldenen

* Der vorliegende Beitrag geht auf einen vom Verfasser auf der Tagung der Luther-Gesellschaft e. V. zum Thema »Johannes Hus: Ketzer – Märtyrer – Vorläufer Luthers« in Torgau am 26. September 2015 gehaltenen Vortrag zurück, der überarbeitet und mit einem Anmerkungsapparat versehen wurde.

1 Zu Friedrich dem Streitbaren vgl. jetzt grundlegend MIT SCHWERT UND KREUZ ZUR KURFÜRSTENMACHT: Friedrich der Streitbare, Markgraf von Meißen und Kurfürst von Sachsen (1370-1428)/ hrsg. von Jutta Charlotte von Bloh; Dirk Syndram; Brigitte Streich. München; Berlin 2007 (hier zu speziellen Themen seiner Herrschaft). Zu Einzelfragen immer noch wichtig die Dissertation von Irmgard von BROESIGKE: Friedrich der Streitbare: Markgraf von Meißen und Kurfürst von Sachsen. Berlin 1938. Eine knappe Lebensskizze liefert zudem Enno BÜNZ: Die Kurfürsten von Sachsen bis zur Leipziger Teilung 1423-1485. In: DIE HERRSCHER SACHSENS: Markgrafen, Kurfürsten, Könige. 1089-1918/ hrsg. von Frank-Lothar Kroll. München 2007, 39-42.

2 Zu dem 1408 von Sigismund von Luxemburg und seiner 2. Gemahlin Barbara von Cilli gegründeten Drachenorden (Societas draconis) grundlegend Władysław KUZDRZAL-KICKI: Der Drachenorden: Genese, Gründung und Entartung. Dokumentation und Schlussfolgerungen. Bd. 1. München 1978. Einführend vgl. auch Thomas VON BOGYAY: Drachenorden. LMA 3, 1346. Das Abzeichen stellte den vom Kreuz überwundenen Drachen mit kreisförmig geringeltem Leib dar, am Balken des Kreuzes mit der Devise versehen: »O quam misericors est deus justus et pius«. Ab 1408 fanden auch ausländische Fürsten in dem ursprünglich ungarischen Orden Aufnahme. Zum machtpolitischen Hintergrund jetzt Daniela DVOŘÁKOVÁ: Čierna kráľovna: Barbora Celjská. Budmerice; Bratislava 2013, 63-66. Zum machtpolitischen Kontext mit Blick auf die Luxemburger grundlegend Jörg K. HOENSCH: Die Luxemburger: eine spätmittelalterliche Dynastie gesamteuropäischer Bedeutung 1308-1437. Stuttgart; Berlin; Köln 2000.

3 Zur sächsischen Kurwürde vgl. Enno BÜNZ: Die sächsische Kurwürde: Geschichte und Bedeutung. In: Mit Schwert und Kreuz … (wie Anm. 1), 134-138. Zum allgemeinen

Bulle das »Fundamental- oder Grundgesetz« des spätmittelalterlichen Deutschen Reiches schuf,[4] der freilich erst später (1376) den Kurfürsten von Sachsen ihr Königswahlrecht (hier noch für die Askanier) beurkundete, war es sein aus Karls dritter Ehe mit Elisabeth von Pommern entsprossener Sohn Sigismund, der auch Friedrich dem Streitbaren den Zugang zum kleinen Kreis der Mitglieder des Drachenordens gewährte, dessen Ritter bei ihrer Aufnahme schworen als »Nachfolger des Urdrachens« die heidnischen Osmanen und die ketzerischen Hussiten zu bekämpfen.[5]

Damit sind wir bereits beim Thema. Im Fokus unserer Betrachtungen steht die Konfrontation der wettinischen Herrschaftsgebiete vor und nach 1419 mit der hussitischen Lehre bzw. dem Hussitismus, die sich auf mehreren Ebenen vollzog.[6] Zum einen geht es dabei um die Infiltration Sachsens mit hussitischem bzw. hussitisch-

Kontext Franz-Reiner ERKENS: Kurfürsten und Königswahl: zu neuen Theorien über die Königswahlparagraphen im Sachsenspiegel und die Entstehung des Kurfürstenkollegiums (Monumenta Germaniae Historica: Studien und Texte; 30). Hannover 2002. Zum sächsischen Kontext vgl. Karlheinz BLASCHKE: Die sächsische Kur: Askanier und Wettiner. In: Königliche Tochterstämme, Königswähler und Kurfürsten/ hrsg. von Armin Wolf. Frankfurt am Main 2002, 187-202.

4 Zur Goldenen Bulle vgl. DIE GOLDENE BULLE KAISER KARLS IV. VOM JAHRE 1356/ bearb. von Wolfgang D. Fritz (Monumenta Germaniae Historica: Fontes iuris Germanici; 11). Weimar 1972. Zum Kontext grundlegend jetzt: DIE GOLDENE BULLE: Politik – Wahrnehmung – Rezeption / hrsg. von Ulrike Hohensee; Mathias Lawo; Michael Lindner; Michael Menzel; Olaf B. Rader (Berlin-Brandenburgische Akademie der Wissenschaften. Berichte und Abhandlungen; Sonderbd. 12). 2 Bde. Berlin 2009. Das Pfälzische Exemplar der Goldenen Bulle online zugänglich unter http://www.gda.bayern.de/viewer.html?set%5Bmets%5D=http%253A%252F%252Flocalhost%252Fbestaende%252Fgoldene-bulle.mets (aufgerufen am 24.12.2015).

5 Zu Sigismund grundlegend Jörg K. HOENSCH: Kaiser Sigismund: Herrscher an der Schwelle zur Neuzeit (1368-1437). München 1996 sowie: SIGISMUND VON LUXEMBURG: Ein Kaiser in Europa/ hrsg. von Michel Pauly; François Reinert. Mainz 2006. Jetzt auch: KAISER SIGISMUND (1368-1437): zur Herrschaftspraxis eines europäischen Monarchen/ hrsg. von Karel Hruza; Alexandra Kaar. Wien 2012.

6 Grundlegend hier František ŠMAHEL: Die Hussitische Revolution. 3 Bde. (Monumenta Germaniae Historica: Schriften; 43). Hannover 2002 (hier Bd. 2, 1452-1496. mit umfangreichen Quellen- und Literaturhinweisen) sowie Petr ČORNEJ: Velké dějiny zemí koruny české. Bd. 5: 1402-1437. Praha; Litomyšl 2000, 536-541. Vgl. des Weiteren aus Leipziger Perspektive Thomas KRZENCK: »Ad Saxoniam contra catholicos.«: Leipzig im Fokus der Vier Prager Artikel. In: DAS RELIGIÖSE LEIPZIG: Stadt und Glauben vom Mittelalter bis zur Gegenwart/ hrsg. von Enno Bünz; Armin Kohnle (Quellen und Forschungen zur Geschichte der Stadt Leipzig; 6). Leipzig 2013, 113-142 sowie mit Blick auf ganz Sachsen DERS.: Die Hussitenkriege, Sachsen und Leipzig. In: STADT UND KRIEG: Leipzig in militärischen Konflikten vom Mittelalter bis ins 20. Jahrhundert/ hrsg. von Ulrich von Hehl (Quellen und Forschungen zur Geschichte der Stadt Leipzig; 8). Leipzig 2014, 51-70 (hier auch Hinweise auf die ältere Literatur). Mit Blick auf die militärischen Aktivitäten Friedrichs des Streitbaren in diesem Kontext vgl. auch Matthias MEINHARDT: Im Dienst des Königs: die Feldzüge Friedrichs des Streitbaren. In: Mit Kreuz und Schwert ... (wie Anm. 1), 114-118.

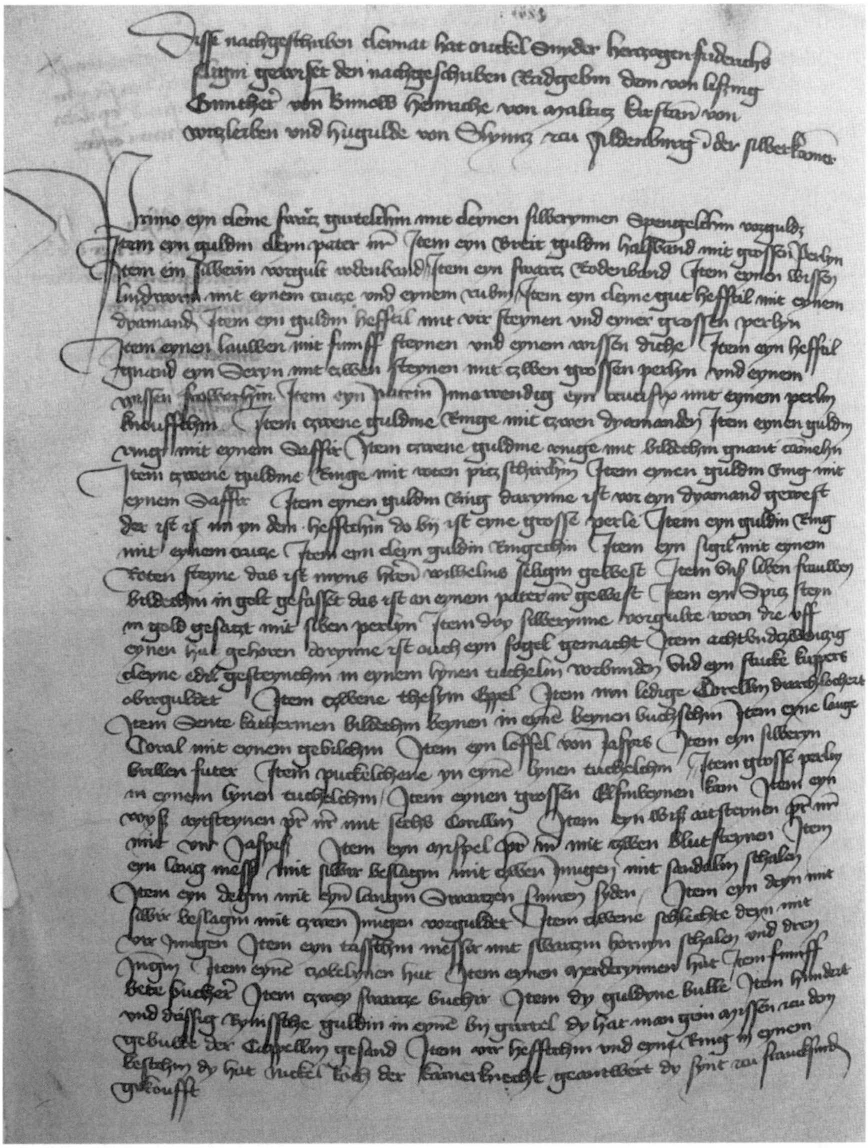

Abb 1: Erste Seite des Nachlassverzeichnisses Friedrichs des Streitbaren (SächsHStA Dresden, Copiale 10004, Nr. 34, Bl. 45).

waldensischem Gedankengut vor dem Ausbruch der hussitischen Revolution, die ja bekanntlich mit der ersten Prager Defenestration am 30. Juli 1419 nach mehrjähriger Inkubationszeit ausbrach, wobei es zu direkten militärischen Zusammenstößen im Kontext der antihussitischen Kreuzzüge seit 1420 kam.[7] Dies geschah auf böhmischem Gebiet, doch nach der für Sachsen verheerenden Niederlage vor Aussig im Juni 1426 griffen die militärischen Auseinandersetzungen nunmehr auch auf die wettinischen Territorien über, wie insbesondere 1429/30 die große hussitische Heerfahrt beweist.[8] Wie kostspielig sich die Kriegsführung gegen die böhmischen Ketzer gestaltete, unterstreichen die hohen materiellen und personellen Aufwendungen der einzelnen Stände in Sachsen, was exemplarisch am Beispiel Leipzigs verdeutlicht werden kann.[9] Neben der militärischen Konfrontation gab es zugleich eine ideologische, profilierte sich doch die 1409 im Gefolge der Sezession Prager Magister und Studenten zu Leipzig gegründete Universität als eines der führenden antihussitischen Zentren im Heiligen Römischen Reich, nicht zuletzt dank der an die Pleiße emigrierten »pragenses«.[10] Und schließlich wirkte das Eindringen häre-

7 Vgl. Peter HILSCH: Die Hussitenkriege als spätmittelalterlicher Ketzerkrieg. In: RELIGIONSKRIEGE IM ALTEN REICH UND IN ALTEUROPA/ hrsg. von Franz Brendle; Anton Schindling. Münster 2006, 59-69; DERS.: Die Kreuzzüge gegen die Hussiten: geistliche und weltliche Macht in Konkurrenz. In: Konfessionelle Pluralität als Herausforderung. Koexistenz und Konflikt in Spätmittelalter und Früher Neuzeit/ hrsg. von Joachim Bahlcke; Karen Lambrecht; Hans C. Maner. Leipzig 2006, 201-215.

8 Aus sächsischer Perspektive vgl. Uwe TRESP: Kriegsvolk, fahrende Ritter und Söldner auf der Via regia im späten Mittelalter. In: MENSCHEN UNTERWEGS: die Via regia und ihre Akteure. Essayband zur 3. Sächsischen Landesausstellung/ hrsg. von Winfried Müller; Swen Steinberg. Dresden 2011, 145-151. Des Weiteren vgl. Franz MACHILEK: Hus und die Hussiten in Franken. In: Jahrbuch für fränkische Landesforschung 51 (1991), 15-37 sowie Thomas KRZENCK: Die große Heerfahrt der Hussiten 1429-1430 und der Bamberger Aufstand im Februar 1430. In: Mediaevalia historica Bohemica 2 (1992), 119-141. Aus der Perspektive der Stadt Döbeln Ralph GUNDRAM: Döbeln und die Hussiten: die Brandkatastrophe einer Stadt im Spannungsfeld historischer Konstruktion und lokaler Legendenbildung. NASG 79 (2008), 1-26. Aus Sicht des Oberlausitzer Sechsstädtebundes vgl. Richard JECHT: Der Oberlausitzer Hussitenkrieg und das Land der Sechsstädte unter Kaiser Sigmund. Neues Lausitzisches Magazin 87 (1911), 33-279; 90 (1914), 31-146; 92 (1916), 72-151.

9 Vgl. Thomas KRZENCK: Der Leipziger Rat und die Hussiten. In: Leipziger Almanach 2013/2014, 25-68.

10 Thomas KRZENCK: »Ad Saxoniam contra catholicos.« (wie Anm. 6), 113-142. Zur Gründung der Universität Leipzig in besagtem Kontext grundlegend Enno BÜNZ: Gründung und Entfaltung: die spätmittelalterliche Universität Leipzig 1409-1539. In: Geschichte der Universität Leipzig. Bd. 1/ hrsg. von Enno Bünz; Manfred Rudersdorf; Detlef Döring†. Leipzig 2009, 21-330 (hier v. a. 35-79). Des Weiteren vgl. DIE GRÜNDUNGSDOKUMENTE DER UNIVERSITÄT LEIPZIG (1409): Edition – Übersetzung – Kommentar/ hrsg. von Enno Bünz; Tom Grabner. Dresden 2010, 48-76; Martin NODL: Dekret kutnohorský. Praha 2010 (hier insbesondere zum Terminus »Concordia nacionum« 92-106 sowie zusammenfassend 325-334). Grundlinien zeichnet darüber hinaus der Tagungsband UNIVERSITÄTEN, LANDRESHERREN UND LANDESKIRCHEN: das Kuttenberger Dekret von 1409 im Kontext der Epoche

tischer Ideen aus dem benachbarten Böhmen in Sachsen auch nach der Annahme der Iglauer Kompaktaten fort, wie das Beispiel Friedrich Reisers, aber auch – aus anderer Perspektive – das Wirken des franziskanischen Predigers Johannes von Capistrano im zeithistorischen Kontext, unterstreicht.[11]

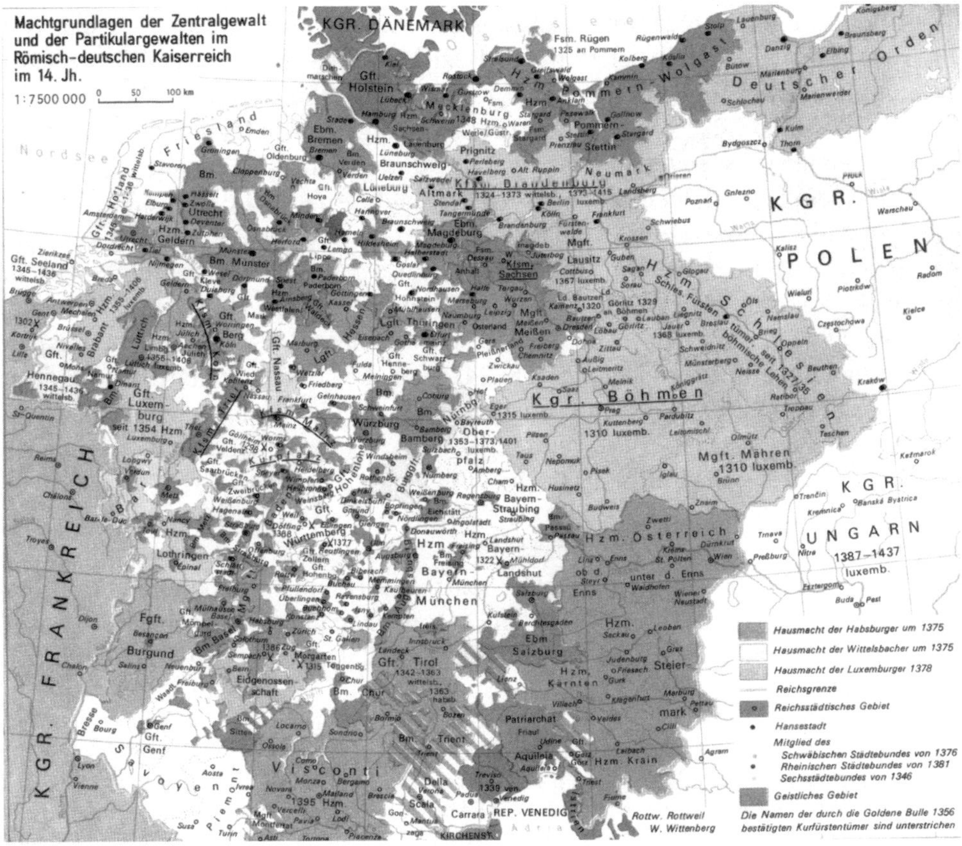

Abb 2: Das Heilige Römische Reich im 14. Jahrhundert (Atlas zur Geschichte. Bd.1/ hrsg. vom Zentralinstitut für Geschichte der Akademie der Wissenschaften der DDR. Berlin-Ost 1973, 35).

von der Gründung der Karlsuniversität 1348 bis zum Augsburger Religionsfrieden 1555/ hrsg. von Blanka Zilynská (Acta Universitatis Carolinae – Historia Universitatis Carolinae Pragensis; 49.2). Praha 2010.

11 Zu Johannes von Capistrano vgl. Thomas Krzenck: Predigt ohne Unterlass: Johannes von Capestrano und sein Aufenthalt in Leipzig im Herbst 1452. Jahrbuch Leipziger Stadtgeschichte (2015), 7-38.

Ein Blick auf die Karte Mitteleuropas im ausgehenden 14. Jahrhundert zeigt – neben dem bekannten Flickenteppich der Länder und Herrschaftsterritorien, die das Heilige Römische Reich bildeten – eine nicht unproblematische machtpolitische Gemengelage der wettinischen Lande, schaut man im Uhrzeigersinn auf die östliche und südliche Grenze Sachsens.[12] Heute ist die Grenze zwischen Sachsen und Tschechien 454 km lang. Ihre Ausformung im Mittelalter vollzog sich in einem Jahrhunderte dauernden Prozess, der sich im Hochmittelalter im Zuge der Kolonisation beschleunigte, wobei es zur Bildung einer linearen – meist von einer Burg oder kleineren territorialen Bezirken im Besitz adeliger Geschlechter ausgehenden – Grenze zwischen Sachsen und Böhmen kam.[13] Während der Herrschaftsbereich der Přemysliden und nachfolgend der Luxemburger jedoch eine im Großen Ganzen territoriale Einheit – unter Einbeziehung lokaler adeliger Geschlechter sowie sich entfaltender Königsstädte – darstellte, war dies nördlich des Erzgebirgskammes keineswegs der Fall. Hier mussten seit dem 13. Jahrhundert die einzelnen Teilherrschaften – allen voran das askanische Herzogtum Sachsen, die Markgrafschaft Meißen sowie die Landgrafschaft Thüringen – unter den aufstrebenden Wettinern als seit 1089/1125 herrschenden Markgrafen von Meißen erst zusammengeführt werden, die seit 1242 auch die Landgrafschaft Thüringen in ihren Besitz brachten, so dass im Ergebnis einer geschickten und energischen Territorialpolitik der Name Sachsen auf deren Gebiete (Meißen, Lausitz, Thüringen) übertragen wurde, ohne dass damit im Vergleich zu Böhmen ein gleichwertiges Pendant geschaffen wurde.[14]

Nicht verhindert werden konnte freilich, dass unter Karl IV. das Gebiet an der mittleren Elbe in der unmittelbaren Nachbarschaft Böhmens in den Bannkreis des Luxemburgers geriet, der konsequent jede Möglichkeit nutzte, um seine Hausmacht auszudehnen.[15] Der wettinische Herrschaftsbereich war dabei von drei Seiten von

---

12 Grundlegend vgl. Karlheinz BLASCHKE: Geschichte Sachsens im Mittelalter. Berlin 1990.

13 Erich BERLET: Die sächsisch-böhmische Grenze im Erzgebirge. Oschatz 1900 (Inauguraldissertation). Online zugänglich unter http://digital.slub-dresden.de/werkansicht/dlf/91568/3/0/ (aufgerufen am 18.12.2015). Walter SCHLESINGER: Entstehung und Bedeutung der sächsisch-böhmischen Grenze. NASG 59 (1938), 6-38. Online zugänglich unter http://digital.slub-dresden.de/werkansicht/dlf/11903/9/0/. (aufgerufen am 18.12.2015). Frank REICHERT: Zur Geschichte der Feststellung und Kennzeichnung von Eigentums- und Herrschaftsgrenzen in Sachsen. Diplomarbeit, Dresden 1999. Online zugänglich unter http://www.qucosa.de/fileadmin/data/qucosa/documents/530/1235471561896-0191.pdf (aufgerufen am 18.12.2015).

14 Zu Böhmen vgl. Lenka BOBKOVÁ: Velké dějiny zemí koruny české. Bd. 4a (1310-1402). Praha; Litomyšl 2003. Kartographisch vgl. jetzt AKADEMICKÝ ATLAS ČESKÝCH DĚJIN/ hrsg. von Eva Semotanová; Jiří Cajthaml. Praha 2014, 87-97. Zu Sachsen vgl. Blaschke: Geschichte Sachsens im Mittelalter (wie Anm. 12), 270-294. Des Weiteren vgl. GESCHICHTE SACHSENS/ hrsg. von Karl Czok. Weimar 1989, 144-162.

15 Übergreifend wiederum Blaschke: Geschichte Sachsens im Mittelalter (wie Anm. 12). Zur Territorialpolitik Karls IV. im Untersuchungsgebiet vgl. exemplarisch Christina WÖTZEL:

Karls Besitzungen umgeben: Während im Osten die Oberlausitz zu Böhmen gehörte, erwarb Karl 1353 die Oberpfalz und wiederum zwei Jahrzehnte später die Mark Brandenburg, wobei das sächsisch-böhmische Verhältnis zusätzlich dadurch erschwert wurde, dass Friedrich der Ernsthafte Schwiegersohn des 1347 verstorbenen Kaisers Ludwigs des Bayern war, gegen den sich Karl in unversöhnlicher Gegnerschaft durchgesetzt hatte.[16] Der Luxemburger suchte – erfolgreich – »Stützpunkte seiner Macht«, wie es Karlheinz Blaschke nennt, in Sachsen zu errichten (Plauen etwa wurde der böhmischen Lehnshoheit unterworfen, die Herren von Colditz u. a. trugen dem Luxemburger ihre Herrschaften als Lehen auf).[17] 1356 erreichte Karl IV. beim Papst sogar die Unterstellung des Bistums Meißen unter den Erzbischof von Prag, 1376 gelang es Karl, Johann von Jenstein zum Bischof von Meißen ernennen zu lassen.[18] Manches blieb Episode. Mit dem Tode Karls IV. 1378 nahmen denn auch die sächsisch-böhmischen Spannungen ab.

Nachfolgende Grenzstreitigkeiten mit dem böhmischen Nachbarn wurden dabei, wie exemplarisch das Beispiel 1389 zeigt, entweder friedlich geregelt (Markgraf Wilhelm I. von Meißen und König Wenzel IV. von Böhmen trafen sich unter Vermittlung Herzog Friedrichs von Bayern-Landshut in Brüx, »umme dy grenyczen an ir beidir lande« zu regeln[19]) oder militärisch gelöst (1406 Eroberung der böhmischen Burg Königstein durch den Markgrafen von Meißen[20]). Endgültig

---

Zur Burgen- und Territorialpolitik Karls IV. in Thüringen von 1350-1372. In: KARL IV: Politik und Ideologie im 14. Jahrhundert/ hrsg. von Evamaria Engel. Weimar 1982, 179-196. Zu Brandenburg vgl. wiederum Heinz-Dieter HEIMANN: Unter Kronensammlern: die Mark Brandenburg im Herrschaftsgefüge der Dynastien der Wittelsbacher und Luxemburger. In: IM DIALOG MIT RAUBRITTERN UND SCHÖNEN MADONNEN: Die Mark Brandenburg im späten Mittelalter/ hrsg. von Clemens Bergstedt; Heinz-Dieter Heimann; Knut Kiesant; Peter Knüvener; Mario Müller; Kurt Winkler (Studien zur brandenburgischen und vergleichenden Landesgeschichte; 6). Berlin 2011, 50-62 sowie Lenka BOBKOVÁ: Smělý cíl, malý úspěch: Jošt Moravský a markrabství braniborské. In: MORAVA V ČASECH MARKRABĚTE JOŠTA/ hrsg. von Libor Jan u. a. Brno 2012, 59-80 (hier auch weitere Literaturhinweise).

16 Vgl. hierzu wiederum Schlesinger: Entstehung und Bedeutung der sächsisch-böhmischen Grenze (wie Anm. 13) sowie Blaschke: Geschichte Sachsens im Mittelalter (wie Anm. 12), 273. Zu Friedrich II. dem Ernsthaften im Spannungsgefüge zwischen Ludwig dem Bayern und Karl IV. vgl. auch Heinz THOMAS: Ludwig der Bayer: Kaiser und Ketzer. Graz; Wien; Köln 1993, 372-373. Zu den Wettinern generell Jörg ROGGE: Die Wettiner: Aufstieg einer Dynastie im Mittelalter. Ostfildern 2005.

17 Blaschke: Geschichte Sachsens im Mittelalter (wie Anm. 12), 273.

18 Zu Johann von Jenstein vgl. Siegfried SEIFERT; Zdenka HLEDÍKOVÁ: Johann von Jenstein (1347/50-1400). In: DIE BISCHÖFE DES HEILIGEN RÖMISCHEN REICHES 1198 BIS 1448: ein biographisches Lexikon. Bd. 1/ hrsg. von Erwin Glatz; Clemens Brodkorb. Berlin 2001, 590-592.

19 Reichert: Zur Geschichte der Feststellung … (wie Anm. 13), 71. Der vollständige Text der Urkunde hier auf S. 117.

20 Blaschke: Geschichte Sachsens im Mittelalter (wie Anm. 12), 285. Markgraf Wilhelm von Meißen nahm die 1241 erstmals erwähnte Burg (»in Lapide regis«) 1406 und nach

festgelegt wurde der exakte Grenzverlauf dann im Übrigen erst im Vertrag von Eger 1456, der zudem mit einer sächsisch-böhmischen Eheschließung zwischen der Tochter Georgs von Podiebrad und dem Sohn des sächsischen Kurfürsten seine Besiegelung fand.[21]

Mit Blick auf unser Thema stellte die Grenze pro forma jedenfalls keine unüberwindbare Mauer dar. Werfen wir dabei zunächst kurz einen Blick in die »vorhussitische« Zeit. Es waren vor 1419 nicht allein der böhmischen Reformation zuneigende und in Sachsen agierende deutsche Anhänger der von Prag ihren Ausgang nehmenden, sich ausformenden und radikalisierenden Bewegung, die die weltlichen und geistlichen Obrigkeiten beschäftigten. Auch Sachsen wurde beispielsweise von der sich von Südfrankreich her ausbreitenden Lehre der Waldenser erfasst und sozusagen häretisch infiltriert: 1366 tauchte in Dresden eine aus Wittenberg gekommene »Meisterin« der Waldenser auf, begleitet von Gesinnungsgenossen. 1391 ist die Rede von der Verbreitung der Waldenser in der Diözese Meißen – trotz obrigkeitlicher Verfolgung.[22] In diesen geistigen Dunstkreis fällt auch das Werk der Dresdner Schule. In der Gestalt Peters von Dresden wird nun konkret die Teilhabe der sächsischen Lande an der spätmittelalterlichen Ketzerbewegung von Hussitis-

---

vorübergehendem Verlust 1408 erneut ein. Trotz der Bemühungen Böhmens und eines überlebenden Zweiges der Burggrafen Königstein zurückzugewinnen, blieb dieses im Besitz der Wettiner, die 1459 allerdings die böhmische Lehnsherrschaft anerkennen mussten. Vgl. Handbuch der Historischen Stätten. Bd. 8: Sachsen/ hrsg. von Walter Schlesinger. Stuttgart 1965, 171.

21 Zum Vertrag von Eger vgl. Petr Čornej: Velké dějiny zemí koruny české. Bd. 6: (1437-1526). Praha; Litomyšl 2007, 167-171 sowie das deutsch-tschechische Onlineprojekt »550 Jahre der Unterzeichnung des Vertrages von Eger und die sächsisch-böhmische Grenze«, online zugänglich unter http://www.hranice1459.cz/de/node/18 (aufgerufen am 18.12.2015). Das spätestens seit den Hussitenkriegen schwer belastete Verhältnis zwischen Sachsen und Böhmen erfuhr mit dem Vertrag von Eger eine Neugestaltung. Neben der Erbeinigung sah der in Eger geschlossene Vertrag ein doppeltes Ehebündnis vor: Neben der Verlobung zwischen Albrecht, dem jüngsten Sohn Kurfürst Friedrichs II. (des Sanftmütigen) mit Sidonie, der Tochter des Böhmenkönigs Georg von Podiebrad, wurde auch dessen Sohn Hinko (Heinrich) II. von Münsterberg mit Katharina, der Tochter Herzog Wilhelms III. des Tapferen verlobt. Darüber hinaus verzichtete der böhmische König auf seine Ansprüche auf die Burgen und Städte nördlich des Elster- und Erzgebirgszuges (Plauen, Oelsnitz und Colditz), mit denen Albrecht belehnt wurde. Des Weiteren wurden die 1443 und 1451 den böhmischen Herren Berka von der Duba abgekauften Herrschaften Hohnstein und Wildenstein dem sächsischen Kurfürsten als Lehen bestätigt, während im Gegenzug die Wettiner böhmische Orte wie Brüx (Most) zurückgaben. Die sächsisch-böhmische Grenze verlief fortan auf dem Erzgebirgskamm. Vgl. diesbezüglich Bünz: Die Kurfürsten von Sachsen … (wie Anm. 1), 48-49.

22 Geschichte der Stadt Dresden. Bd. 1: Von den Anfängen bis zum Ende des Dreißigjährigen Krieges/ hrsg. von Karlheinz Blaschke. Stuttgart 2005, 237 (hier auch Quellen- und Literaturhinweise). Zum Kontext wiederum Blaschke: Geschichte Sachsens im Mittelalter (wie Anm. 12), 337.

mus und Waldensertum am deutlichsten greifbar. Gleichzeitig schlägt Peter von Dresden die Brücke zur Hussitenbewegung in Böhmen.[23]

Petra Mutlová hat zuletzt noch einmal – bei genauer Auflistung der zur Verfügung stehenden Quellen unterschiedlicher Provenienz, deren Bogen sich von der tschechischen Reimchronik Počátkové husitství bis hin zur Historia Bohemica des Aneas Silvio spannt – darauf verwiesen, dass während der frühen und entscheidenden Jahre des Hussitismus von 1412-1417 eine Gruppe von Deutschen in Prag eine Schule im »Haus zur Schwarzen Rose« bildete, die in den Gelehrtendisputen dieser Zeit eine wichtige Rolle spielte.[24] Der Blick auf die Mitglieder der sog. Dresdner Schule zeigt in diesem Kontext vor allem eines deutlich: Mit Peter[25] und Nikolaus

---

23 In den zurückliegenden Jahrzehnten haben sich mehrere Autoren aus unterschiedlicher Perspektive dem Problemkreis »Deutsche Hussiten« gewidmet. Vgl. einführend Ferdinand SEIBT: Deutschland und die Tschechen: Geschichte einer Nachbarschaft in der Mitte Europas. Vollst. überarb. Neuausgabe München 1993 (hier besonders das Unterkapitel »Deutsche Hussiten«, 156-162) sowie Franz MACHILEK: Deutsche Hussiten. In: Jan Hus: zwischen Zeiten, Völkern, Konfessionen/ hrsg. von Ferdinand Seibt (Veröffentlichungen des Collegium Carolinum; 85). München 1997, 267-282. Aus der älteren (marxistischen) Literatur vgl. Horst KÖPSTEIN: Ohlasy husitského revolučního hnutí v Německu. In: MEZINÁRODNÍ OHLAS HUSITSTVÍ/ hrsg. von Josef Macek. Praha 1958, 223-284 sowie DERS.: Über die Teilnahme von Deutschen an der hussitischen revolutionären Bewegung – speziell in Böhmen. Zeitschrift für Geschichtswissenschaft 11 (1963), 116-145. Zuletzt vgl. Franz MACHILEK: Aufschwung und Niedergang der Zusammenarbeit von Waldensern und Hussiten im 15. Jahrhundert (Unter besonderer Berücksichtigung der Verhältnisse in Deutschland). In: FRIEDRICH REISER UND DIE »WALDENSISCH-HUSSITISCHE INTERNATIONALE«/ hrsg. von Albert de Lange; Kathrin Utz Tremp (Waldenserstudien; 3). Ubstadt; Weiher; Heidelberg; Basel 2009, 277-316. Des Weiteren Erwähnung verdienen Franz MACHILEK: Jan Hus und die Hussiten in der Oberpfalz. In: DIE HUSSITISCHE REVOLUTION: religiöse, politische und regionale Aspekte/ hrsg. von Franz Machilek (Forschungen und Quellen zur Kirchen- und Kulturgeschichte Ostdeutschlands; 44). Köln; Weimar; Wien 2012, 181-222 sowie Franz FUCHS: Ulrich Grünsleder aus Vohenstrauß (gest. 1421): ein deutscher Hussit in Regensburg. In: Ebd, 223-234. Grundlegend, weil die Inquisitionsakten präsentierend: DREI INQUISITIONSVERFAHREN AUS DEM JAHRE 1425: Akten der Prozesse gegen die deutschen Hussiten Johannes Drändorf und Peter Turnau sowie gegen Drändorfs Diener Martin Borchard/ hrsg. und erläutert von Hermann Heimpel (Veröffentlichungen des Max-Planck-Instituts für Geschichte; 24). Göttingen 1969.

24 Petra MUTLOVÁ: Die Dresdner Schule in Prag: eine waldensische »Connection«?. In: Friedrich Reiser und die »waldensisch-hussitische Internationale« (wie Anm. 23), 261-276. Zu Schule »Zur Schwarzen Rose« vgl. darüber hinaus Amedeo MOLNÁR: Die Waldenser: Geschichte und europäisches Ausmaß einer Ketzerbewegung. (Ost-)Berlin 1980, 247-257.

25 Zu Peter von Dresden vgl. aus der älteren Literatur Heinrich BOEHMER: Magister Peter von Dresden. NASG 36 (1915) 212-231. Online zugänglich unter http://digital.slub-dresden.de/fileadmin/data/31632707Z/31632707Z_tif/jpegs/31632707Z.pdf (aufgerufen am 20.12.2015). Zuletzt problemorientiert zu Peter von Dresden siehe Siegfried HOYER: Peter von Dresden und die Anfänge der Hussitenbewegung. Dresdner Hefte 65 (2001), 62-69. Zur ältesten Dresdner Schulordnung – derjenigen der Kreuzschule – vgl. Hubert ERMISCH: Die älteste Schulordnung. NASG 13 (1892), 346-347. Online zugänglich unter:

von Dresden, Johannes Drändorf und Peter Turnau weisen vier der feststellbaren zehn Mitglieder Verbindungen nach Sachsen auf – zweimal im Namen, einmal, bei Drändorf, auch mit Blick auf die Herkunft.[26]

Beleuchten wir in diesem Kontext zunächst in nuce das Wirken des führenden Mitglieds der Dresdner Schule, Nikolaus von Dresden, dessen Biographie freilich sehr im Dunklen liegt, so dass es nach Mutlová allein schon schwer ist zu entscheiden, ob er Deutscher oder Tscheche war.[27] Manche Forscher haben ihn mit dem 1397 an der Prager Universität unter dem Namen Magister »Petrus Drozna« identifiziert (etwa Bartoš[28] und Třiška[29]), andere sahen ihn als Spross einer aus Dresden stammenden deutschen Familie,[30] die sich in den 1380er Jahren in der Prager Altstadt niederließ, und als Prediger in der Kirche Maria an der Lacke (na Louži) und möglicherweise später als Vikar der Pfarrei zu St. Martin in der Mauer, Sedlák[31] und Spinka[32] wiederum gingen in ihrer Annahme soweit, dass Nikolaus in Dresden geboren wurde. Für alle diese Annahmen lassen sich Argumente PRO und CONTRA finden.

Fest steht hingegen, dass Nikolaus zu den bekanntesten und einflussreichsten sog. deutschen Hussiten gehört, der zudem als Propagandist hussitisch-waldensischen Gedankenguts und als Rechtstheoretiker für die geistige Legitimation der nachfolgenden Revolution in Böhmen seit 1419 große Bedeutung erlangte.[33] Als

---

http://digital.slub-dresden.de/fileadmin/data/32627961Z/32627961Z_tif/jpegs/32627961Z.pdf (aufgerufen am 21.12.2015). Zur Kreuzschule des Weiteren: Geschichte der Stadt Dresden. (wie Anm. 22) Bd. 1, 603-606. Grundlegende Angaben zu Peter im Kontext der sog. Dresdner Schule liefert Šmahel: Die Hussitische Revolution (wie Anm. 6) Bd. 1, 568-569 (hier v.a. Anm. 145).

26 Ebd, 267-270.

27 Ebd, 266. Zu Nikolaus von Dresden vgl. auch die Angaben zu Leben, Werken und Erwähnungen online zugänglich unter http://www.geschichtsquellen.de/repPers_102553777.html (aufgerufen am 19.12.2015).

28 František Michálek Bartoš: Do čtyř pražských artikulů. Praha 1925 (=Sborník příspěvků k dějinám hlavního města Prahy; 5), 52-56.

29 Josef Třiška: Životopisný slovník k dějinám předhusitské pražské univerzity 1348-1409. Praha 1981, 388.

30 František Michálek Bartoš: Vznik a počátky táborství. In: Husitství a cizina. Praha 1931, 125-130.

31 Jan Sedlák: Mikuláš z Drážďan. Brno 1914, 1-7.

32 Matthew Spinka: John Hus: a Biography. Princeton 1968, 150.

33 Grundlegend zu Nikolaus von Dresden in nuce Šmahel: Die Hussitische Revolution (wie Anm. 6) Bd. 1, 572-575 sowie Mutlová: Die Dresdner Schule in Prag (wie Anm. 24), 266-267 (hier jeweils auch Hinweise auf die Forschungsliteratur). Aus der englischsprachigen Literatur muss verwiesen werden auf Howard Kaminsky: Nicolas of Dresden and the Dresden School in Hussite Prague: Introduction to: Master Nicolas of Dresden: the Old Color and the New Transactions of the American Philosophical Society, N. S. 55 [1965], 23-28 sowie ders.: A History of the Hussite Revolution. Berkeley; Los Angeles 1967, 208-220.

einzige gesicherte Tatsache kann angenommen werden, dass Nikolaus von Dresden offensichtlich um das Jahr 1412 in Prag aktiv war und in der Folge ein Anhänger von Mitgliedern der »natio bohemica« an der Universität wurde.[34] Unklar bleibt, ob er 1409 Prag infolge des Kuttenberger Dekrets Wenzels IV. gemeinsam mit Peter von Dresden verließ und nach Dresden ging, um an der Kreuzschule, einer 1300 erstmals erwähnten Lateinschule für die Sänger der »capella sanctae crucis« (dem heutigen Dresdener Kreuzchor), eine Lehrtätigkeit aufzunehmen, was František Šmahel in Zweifel stellt.[35]

Dass das theologische und kanonische Gedankengut beider Gelehrter – Nikolaus´ und Peters – nicht mit der offiziellen Lehrmeinung konform ging, beweist ein Erlass der Meißner Bischofs Rudolf von der Planitz vom 18. Oktober 1411, in welchem letzterer – ohne jedoch Namen zu nennen – das Aufkommen von Ketzereien als Folge derartiger Vorlesungen beklagte, wobei der geistliche Oberhirte der Diözese Meißen mit seinem Verbot des Studiums der Bibel und des kanonischen Rechts an nicht dafür privilegierten Schulen »sub pena suspensionis ab ingressi ecclesie« auf einen offenkundig (?) bereits vorhandenen Anhängerkreis hussitischer Gedanken an der Dresdner Kreuzschule zielte.[36]

In Nikolaus´ und Peters Gedankengut spiegeln sich waldensische Auffassungen, die bereits, wie erwähnt, 1366 in Dresden nachweisbar sind und 1391 auch unter der bäuerlichen Bevölkerung der Diözese Meißen Widerhall fanden.[37] Eine enge Freundschaft verband Nikolaus mit dem in Prag lebenden englischen Nonkonformisten Peter Payne (übrigens ein Beleg dafür, dass hussitische Mitstreiter nicht allein aus den benachbarten deutschen Territorien kamen).[38] Spätestens 1414 wurde

34 Vgl. Mutlová: Die Dresdner Schule in Prag … (wie Anm. 24), 267.

35 Šmahel: Die Hussitische Revolution (wie Anm. 6) Bd. 1, 572-573. Zur Kreuzschule selbst Karlheinz Blaschke: Die Kreuzschule. In: Geschichte der Stadt Dresden (wie Anm. 22) Bd. 1, 603-606.

36 Zum Kontext vgl. Matthias Meinhardt: Dresden und die Ketzerbewegungen. In: Mit Schwert und Kreuz … (wie Anm. 1), 110-113. Zu Bischof Rudolf von der Planitz (†1427) vgl. den Eintrag von Enno Bünz in: NDB 22 (2005), 177. Online zugänglich unter http://daten.digitale-sammlungen.de/0001/bsb00016410/images/index.html?seite=191 (aufgerufen am 20.12.2015). Zum Erlass Rudolfs von der Planitz vom 18. Oktober 1411 vgl. Codex diplomaticus Saxoniae regiae I, 3 (fortan: CDS)/ hrsg. von Otto Posse; Hubert Ermisch. Leipzig 1909, 203 f (Nr. 220). Der Erlass bezieht sich ohne Zweifel auf die ketzerischen Lehren des Magisters Peter von Dresden. Vgl. dazu ebd, 203 (hier auch Hinweise auf die ältere Literatur). Online zugänglich unter http://codex.isgv.de/codex.php?band=cds1b3&f=&a=b&s=203 (aufgerufen am 20.12.2015). Zum Kontext im Überblick auch aus anderer Perspektive Thomas Krzenck: Česko-německá spolupráce ve středověku?: Fenomén tzv. německých husitů. In: Mimořádné přednášky a exkurze 2013/ hrsg. von der Masarykova univerzita-Univerzita třetího věku. Brno 2014, 5-12.

37 Vgl. Geschichte der Stadt Dresden (wie Anm. 22) Bd. 1, 237.

38 Zu Payne vgl. zuletzt František Šmahel: Magister Peter Payne: curriculum vitae eines englischen Nonkonformisten. In: Friedrich Reiser und die »waldensisch-hussitische Internationale« (wie Anm. 23), 241-260 (hier auch Literatur- und Quellenhinweise).

Nikolaus Mitarbeiter des hussitischen Predigers Jakobell von Mies; beide hatten entscheidenden Anteil an der Einführung des Laienkelches in Prag, wobei die Frage der Urheberschaft in der Forschung umstritten ist.[39] Als profiliertester unter den deutschen Radikalen wandte sich Nikolaus gegen das Verbot des Kelches für Laien beim Abendmahl durch das Konstanzer Konzil. In den überlieferten Schriften – es sind immerhin 18 (!), die sich in zahlreichen Abschriften erhalten haben – verglich Nikolaus kritisch das christliche Armutsideal mit der verweltlichten Kirche seiner Zeit.[40] Durch den Flammentod Hussens am 6. Juli 1415 tief beeindruckt interpretierte er dessen Schriften in ihrem radikalsten Sinne, wobei Nikolaus ein christliches Leben nach den Forderungen der Bergpredigt Christi als Leitbild vor Augen hatte. Die theologische Berechtigung der Lehre vom Fegefeuer stritt Nikolaus energisch ab, konnte sich aber im Unterschied zu den Waldensern und späteren Taboriten nicht zu einem Angriff auf weltliche Machthaber durchringen, denen er vielmehr eine wesentliche Rolle bei der Erneuerung (Säkularisierung) der Kirche zubilligte. Im Unterschied zu anderen Reformern plädierte Nikolaus auch keineswegs für eine national reformierte Kirche.[41]

Meinungsverschiedenheiten mit Jakobell von Mies veranlassten Nikolaus, Prag Ende 1415/Anfang 1416 zu verlassen.[42] Bei dem Versuch, in Meißen Gesinnungs-

39 Zu Jakobell von Mies und seiner Rolle im Hussitismus bzw. bei der Einführung des Laienkelches vgl. Helena Krmíčková: Studie a texty k počátkům kalicha v Čechách (= Opera Universitatis Masarykianae Brunensis. Facultas philosophica; 310). Brno 1997. Des Weiteren vgl. Jakoubek ze Stříbra: Texty a jejich působení/ hrsg. von Ota Halama; Pavel Soukup. Praha 2006; Pavel Soukup: Reformní kazatelství a Jakoubek ze Stříbra. Praha 2011 sowie Jindřich Marek: Jakoubek ze Stříbra a počátky utrakvistického kazatelství v českých zemích: Studie o Jakoubkově postile z let 1413-1414. Praha 2011. Zum Kontext wiederum Šmahel: Die Hussitische Revolution (wie Anm. 6) Bd. 1, 604-635. 878-917.

40 Zu Nikolaus Schriften vgl. wiederum die Angaben zu Leben, Werken und Erwähnungen online zugänglich unter http://www.geschichtsquellen.de/repPers_102553777.html (aufgerufen am 21.12.2015). Zum Kontext Šmahel: Die Hussitische Revolution (wie Anm. 6) Bd. 1, 572-573. Vgl. darüber hinaus das Kurzporträt Nikolaus' von Dresden in: Husitské století/ hrsg. von Pavlína Cermanová, Robert Novotný, Pavel Soukup. Praha 2014, 89 sowie zum Kontext ebd, 87-90.

41 Strittig bleibt, ob Nikolaus von Dresden Waldenser war, feststeht lediglich, dass er unter anderem in der Frage des Eides und des Purgatoriums nachdrücklich waldensische Positionen vertrat. Vgl. hierzu Machilek: Deutsche Hussiten (wie Anm. 23), 272 sowie Molnár: Die Waldenser (wie Anm. 24), 248-249. Molnár verweist hier auch auf die Tatsache, dass die Treue zu Hussens Reformanliegen in ihrem Wesen und zum Ideal der Urkirche Nikolaus zufolge keineswegs die Einrichtung einer »nationalen reformierten Kirche, sondern den Standpunkt eines dauerhaften Trotzes« verlangte. Vgl. ebd, 250.

42 Zum Zerwürfnis zwischen Nikolaus und Jakobell sowie zum weiteren Einfluss seiner Lehre auf das radikale Hussitentum vgl. Kaminsky: Nicholas of Dresden … (wie Anm. 33), 23-28 sowie ders.: A History oft he Hussite Revolution (wie Anm. 33), 208-220. Kaminsky verweist darauf, dass die Spannungen zwischen beiden schrittweise wuchsen, wobei Jakobell eine Annäherung an konservative Anschauungen nicht grundsätzlich ausschloss, während

genossen zu finden, ereilte Nikolaus von Dresden wohl ein ähnliches Schicksal wie Johannes Hus: Nikolaus starb vielleicht (wiederum ein Fragezeichen!) 1417 auf einem Scheiterhaufen im Meißnischen. Es gibt hierfür nur eine einzige Quelle, einen Sermon des radikalen Predigers Jan Želivský aus dem Jahre 1419, der von seinem Tod in Meißen berichtet![43]

Summa summarum darf konstatiert werden: Nikolaus von Dresden war der erste Emissär, der erste deutsche Märtyrer der böhmischen Revolution, doch blieb Nikolaus nicht der einzige deutsche Hussit, der von Prag wieder zurückkehrte und schließlich von der Inquisition in Deutschland aufgegriffen wurde. Besser als die causa Nikolaus ist der Fall Drändorf quellenmäßig dokumentiert, und zwar vor allem aufgrund der Inquisitionsakten, die 1969 Hermann Heimpel ediert hat.[44] Johannes Drändorf stammte aus einer in der Markgrafschaft Meißen ansässigen Familie des niederen Adels, wurde um 1390 auf der Burg Schlieben bei Herzberg/ Brandenburg geboren.[45] Später studierte er unter anderem bei Peter von Dresden an der Kreuzschule der Elbestadt sowie nach eigenen Angaben an den Universitäten in Prag und Leipzig, bevor er 1417 in Lipnitz (Lipnice) zusammen mit anderen Hussitenpredigern ordiniert wurde, als Pfarrer im südböhmischen Neuhaus sowie in Prag wirkte und ab 1424 u. a. in Sachsen und Franken predigte.[46] Bereits ein Jahr darauf landete er in Heilbronn im Kerker und wurde in einem Ketzerprozess 1425 zum Tode verurteilt und verbrannt.[47]

Der geistigen Infiltration war inzwischen die militärische Konfrontation gefolgt. Im Sommer 1419 schließlich mündeten in Böhmen die verbalen Scharmützel in gewalttätige Auseinandersetzungen (Erster Prager Fenstersturz), wurde der Weg von der Reform zur Revolte konsequent beschritten, ein Weg, der die Grundfesten der bisherigen Ordnung – noch dazu nach dem Tode Wenzels IV. – erschütterte und

---

Nikolaus' Ansichten immer radikalere Ansichten annahmen. Vgl. zum Kontext Šmahel: Die Hussitische Revolution (wie Anm. 6), Bd. 1, 573.

43 Jan Želivský: Dochovaná kázání/ hrsg. von Amedeo Molnár, Praha 1953. In der entsprechenden Predigt heißt es mit Blick auf die Märtyrer des Evangeliums: »[…] O, quantum venenum fuit porrectum magistro Iohanni Huss, Ieronimo, Michaheli in Polonia et Nicolao sacerdoti Christi in Misna, non eos nocuit, quia non consenserunt […].« Ebd, 127.

44 Heimpel: Drei Inquisitions-Verfahren aus dem Jahre 1425 (wie Anm. 23).

45 Knappe Angaben zu Leben und Werk bieten in der Sächsischen Biographie Enno Bünz, online zugänglich unter http://saebi.isgv.de/biografie/Johannes_Dr%C3%A4ndorf_%281390-1425%29 (aufgerufen am 21.12.2015) sowie Mutlová: Die Dresdner Schule in Prag … (wie Anm. 24), 267-268 (hier auch Hinweise auf die tschechische Literatur). Zu Drändorfs Wirken und seinen Verbindungen darüber hinaus Machilek: Deutsche Hussiten (wie Anm. 23), 274-277 sowie Molnár: Die Waldenser (wie Anm. 24), 254-255.

46 Zu Drändorfs Wirken im zeitgeschichtlichen Kontext vgl. Šmahel: Die Hussitische Revolution (wie Anm. 6) Bd. 3, 1924-1927.

47 Heimpel: Drei Inquisitions-Verfahren aus dem Jahre 1425 (wie Anm. 23). Zu seiner Biographie hier 25-30, zu Drändorfs Überzeugungen 43-47, zu den Texten 55-96 (die Akten des Inquisitionsprozesses 65-97).

das Land (oder zumindest große Teile) in Aufruhr versetzte, dem die katholischen Kräfte im Reich, allen voran Sigismund von Luxemburg als römisch-deutscher König und böhmischer Thronprätendent, nicht tatenlos zusehen wollten und konnten.[48]

Noch ehe mit der Gründung der taboritischen Kommune die hussitische Revolution symbolisch ihre – wie Frantisek Šmahel betont – »Geburtsstunde« erlebte, war über ein militärisches Eingreifen in die böhmischen Verhältnisse in Geheimverhandlungen mit dem päpstlichen Nuntius und mit prominenten Teilnehmern des Breslauer Reichstages die Entscheidung gefallen, zumal Sigismund von Luxemburg sich von seiner Vorstellung hatte verabschieden müssen, es würde genügen, mit Unterstützung des böhmischen Hochadels das im Inneren zerrissene Prag in die Knie zu zwingen, um seine Herrschaftsrechte durchzusetzen.[49] Knapp fünf Jahre nach der Verurteilung und Verbrennung Hussens rief Papst Martin V. am 1. März 1420 in seiner Bulle »Omnium plasmatoris domini« zum Kreuzzug gegen die »Wiclefistas, Hussitas und ceteres hereticos« – die wyclifitischen und hussitischen Ketzer – auf.[50]

Der päpstliche Kreuzzugsaufruf richtete sich, wie üblich, an die gesamte Christenheit, und so verwundert es nicht, dass auch die Wettiner sich an dem Feldzug beteiligten. Bereits Anfang Mai 1420 hatte Sigismund als Reichsoberhaupt diesbezüglich in einem Brief dem meißnischen Markgrafen Wilhelm II., dem Reichen, mitgeteilt, er ziehe – da es ihm nicht gelungen sei, die Ketzer in Böhmen auf friedlichem Wege umzustimmen – nun »in eigner person vnd mit will fursten rittern vnd Knechten vnd auch andern fromen lewten auf den berck zu kutthen« (also nach Kuttenberg), um – so seine Überzeugung – die »Wiclefisten […] mit der hulfe gotis yn zu tempfen vnd vortilgen. Sigismund forderte den Markgrafen auf, »das du vns so das erst gesein mag mit deiner macht wider dy egenannten wiclefen der heiligen kirchen vnd der ganzen cristenheit widerwertige vnd vngehorsame helfen

48 Zum Kontext grundlegend Šmahel: Die Hussitische Revolution (wie Anm. 6) Bd. 2, 1007-1108 sowie Petr Čornej: Velké dějiny zemí koruny české. Bd. V (1402-1437). Praha; Litomyšl 2000, 212-281. Des Weiteren vgl. Husitské století … (wie Anm. 40), 11-52.

49 Zum Kontext vgl. zusammenfassend Krzenck: »Ad Saxoniam contra catholicos« (wie Anm. 10). Hier auch ausführliche Literatur- und Quellenhinweise. Zu Sigismund von Luxemburg jetzt auch Petr Čornej: Zikmundův boj o otcovu korunu. In: Lucemburkové: česka koruna uprostřed Evropy/ hrsg. von František Šmahel und Lenka Bobková. Praha 2012, 732-746 sowie ders.: Bojiště slávy a porážek. In: Ebd, 747-752.

50 František Palacký: Urkundliche Beiträge zur Geschichte des Hussitenkrieges vom Jahre 1419 an. Bd. 1: 1419-1428 (fortan: UB I). Prag 1873. ND Osnabrück 1966, hier 17-20. Online zugänglich über die online-Quellensammlung des Zentrums für mediävistische Studien Prag unter http://147.231.53.91/src/index.php?s=v&cat=19&bookid=114 (aufgerufen am 21.12.2015). Vgl. des Weiteren Hilsch: Die Hussitenkriege als spätmittelalterlicher Ketzerkrieg (wie Anm. 7), 59-69; ders.: Die Kreuzzüge gegen die Hussiten: geistliche und weltliche Macht in Konkurrenz (wie Anm. 7), 201-215.

wolltest, das wir dy keczerey tilgen vnd ab thun, das nader lande vnd nemlich das dein von in auch nicht wurfurt vnd vorgift wurden«.[51]

Ein Blick in das im Codex diplomaticus Saxoniae vereinte Quellenmaterial macht deutlich, wie stark die böhmische Ketzerei und damit verbundene Abwehrmaßnahmen den Inhalt der Korrespondenzen der weltlichen und geistlichen Obrigkeiten bestimmten. Markgraf Wilhelm II. forderte die Stände auf, ihren Beitrag zur Aufstellung von Hilfstruppen zu leisten, so dass offenkundig ein starkes sächsisches Aufgebot zusammenkam, über dessen genaue Zahl freilich die Angaben weit auseinander gehen.[52] Es dauerte freilich noch bis Ende Juni, bis die versammelten Verbände der Kreuzfahrer-Armee allmählich ihre Ausgangsposition für den geplanten Angriff auf das hussitisch beherrschte Prag bezogen. Am Anfang der Belagerung standen Mittel der psychologischen Kriegsführung wie Schmähungen, verhöhnende Beleidigungen, das Errichten provokativer Scheiterhaufen für »Ketzer«, d. h. für die Anhänger der jeweils anderen Konfession, und zuletzt auch schriftliche Aufrufe, in denen sich die Verteidiger des Kelches bemühten, den Kreuzrittern die Grundsätze der Vier Artikel näher zu bringen.[53]

Zahlenmäßig starke Verbände der Kreuzfahrer kamen dabei aus Schlesien, dem Meißnischen, Thüringen, Bayern und den österreichischen Ländern.[54] Den »Misnenses« unter dem Kommando Heinrichs von Isenburg vertraute Sigismund dabei den entscheidenden (letztlich misslungenen) Angriff auf den Veitsberg – dort wo sich heute das weithin sichtbare Reiterdenkmal des genialen hussitischen Strategen Jan Žižka befindet – an.[55] Die Aktion endete mit einem katastrophalen Misserfolg und die »Theotunici, Misnenses et ceteri«, wie das Chronicon Treboniense angibt, verließen in Verwirrung unter erheblichen Verlusten das Kampffeld.[56]

---

51 Palacký: UB I (wie Anm. 50), 29. Zum Kontext wiederum Krzenck: »Ad Saxoniam contra catholicos« (wie Anm. 10), 114-116.

52 Urkunden der Markgrafen von Meissen und Landgrafen von Thüringen 1419-1427. Bearb. von Hubert Ermisch, Beatrix Dehne/ hrsg. von Hans Beschorner (CDS I B 4). Leipzig; Dresden 1941. Online zugänglich unter http://codex.isgv.de/ (aufgerufen am 21.12.2015). Wie aus einem Schreiben des Mühlhäuser Rates an Graf Heinrich XXIV. von Schwarzburg Ende Mai 1420 deutlich wird, muss die Aufforderung König Sigismund an Markgraf Wilhelm von Meißen wohl umgehend von letzterem an den Adel im Lande »weiterdelegiert« worden sein, der seinerseits die Untertanen aufforderte, bewaffnete Kontingente für den Kampf gegen die böhmischen Ketzer zusammenzustellen. Vgl. hierzu exemplarisch das Schreiben des Rates von Mühlhausen in CDS I B 4, 51 (Nr. 80).

53 Šmahel: Die Hussitische Revolution (wie Anm. 6) Bd. 2, 1079-1080 sowie Čornej: Velké dějiny … (wie Anm. 6), 250-253.

54 Petr Čornej: Bitva na Vítkově a zhroucení Zikmundovy křížové výpravy v létě 1420. Husitský Tábor 9 (1987), 101-152 (hier 119) und Šmahel: Die Hussitische Revolution (wie Anm. 6) Bd. 2, 1092-1094.

55 Čornej: Bitva na Vítkově … (wie Anm. 54), 129.

56 Chronicon Treboniense. In: Konstantin Höfler: Die Geschichtsschreiber der hussitischen Bewegung. Bd. 1. Prag 1865, 51. Online zugänglich unter http://147.231.53.91/src/index.ph

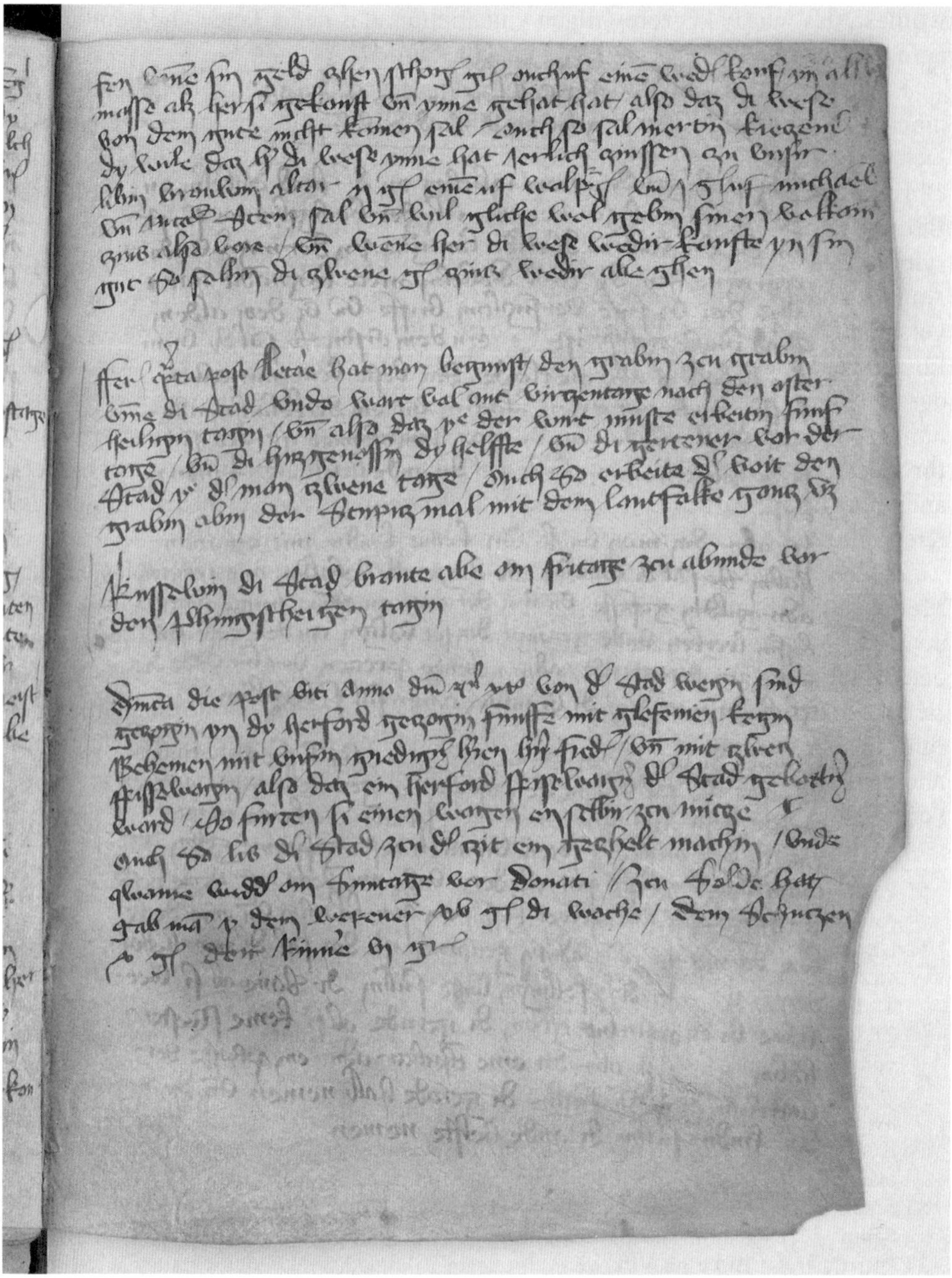

Abb 3: Stadtbuch von Döbeln, Eintrag für das Jahr 1420 (SächsHStA Dresden).

Die Kosten der »reysa ante Pragam« berechnete aus sächsischer Perspektive »Pilgerym de Kempnicz antiquus camerarius« in einer am 19. August 1421 abgelegten Rechnung auf 1.372 ß 23 gr.[57] Der Kammermeister Markgraf Wilhelms I., Heinricus Weymar von Eisenach, berechnete noch im Sommer des Kriegsjahres 1420 die Kosten der »expedicio, quam dominus fecit ad Boemiam contra hereticos« auf immerhin 5.300 fl. 10 gr.[58] Im Rahmen dieser »expedicio« umfasste das Aufgebot der Stadt Döbeln »funffe mit glesenien« (also Gleven) sowie »czwen spisse wagin« und ein »geczhelt« umfasste.[59] Wohl ohne Verluste kehrte die kleine städtische Streitmacht am 4. August 1420 zurück.[60] Insgesamt dürfte die wettinische Streitmacht, so Petr Čornej, 500 -800 Berittene des Markgrafen Friedrich IV., ebenso jeweils 500 Kämpfer Wilhelms II. und des thüringischen Landgrafen Friedrich (also insgesamt knapp 2.000 Mann) umfasst haben.[61]

Dies lässt sich auch aus zwei Ende Dezember 1420 von Sigismund von Luxemburg an Markgraf Friedrich von Meißen in Brüx ausgestellten Urkunden schlussfolgern: Der Wettiner hatte sich nämlich verpflichtet, dem römisch-deutschen König mit 800 Mann in Böhmen und den Ländern der böhmischen Krone gegen die Hussiten zu dienen, ihn für alle pekunären Verluste schadlos zu halten und die Gefangenen von seinen Leuten auszulösen.[62] Am gleichen Tage versprach Sigismund von Luxemburg zudem dem Markgrafen, der ihm vor Prag geholfen hatte und ihm nunmehr noch sechs Monate mit 500 Reitern dienen wollte, dafür 3.000 rheinische Gulden bis zum 25. Dezember 1421 zu zahlen.[63] Gut eine Woche später gelobte Sigismund in einer weiteren Urkunde zudem Markgraf Wilhelm von Meißen erneut jegliche Schadloshaltung.[64]

Die beiden hier erwähnten wettinischen Brüder, Friedrich IV. und Wilhelm II., hatten seit 1407 anfänglich gemeinsam regiert, mit dem Naumburger Vertrag kam es jedoch zu einer Nutzungsteilung, wobei Friedrich die Mark Meißen erhielt, während das Oster- und Pleißenland an seinen um ein Jahr jüngeren Bruder Wilhelm

---

p?s=v&action=jdi&cat=37&bookid=374&page=51&action_button.x=14&action_button.y=16 (aufgerufen am 21.12.2015). Zum Kontext wiederum Čornej: Bitva na Vítkově … (wie Anm. 54), 129.

57 CDS I B 4 (wie Anm. 52), 51 (Nr. 88).

58 Ebd, 51 (Nr. 88).

59 SächsHStA Dresden: 12841 Stadt Döbeln, Nr. XVIII, Döbelner Stadtbuch 1414-1494, fol. 30r. Zum Kontext vgl. Gundram: Döbeln und die Hussiten (wie Anm. 8) 2.

60 Gundram: Döbeln und die Hussiten (wie Anm. 8), 2.

61 Vgl. Čornej: Bitva na Vítkově … (wie Anm. 54), 119.

62 Regesta imperii XI: Die Urkunden Kaiser Sigmunds 1410/11-1437. Bd. 11.1: Regesten Sigmunds 1410/11-1424/ hrsg. von Wilhelm Altmann. Innsbruck 1896, Nr. 4390 (vgl. auch Palacký: UB I [wie Anm. 50], 54 [Nr. 54]). Online zugänglich unter http://regesten.regesta-imperii.de/ (aufgerufen am 21.12.2015).

63 Ebd, Nr. 4391.

64 Ebd, Nr. 4417.

fiel.[65] Von beiden Brüdern war Friedrich, von Historiographen im 16. Jahrhundert mit dem Beinamen »der Streitbare« (bellicosus) versehen, der kriegerischere und dynamischere – mit weitreichenden Folgen für seine Herrschaftsgebiete.

Ostern 1417 besuchte Friedrich das Konstanzer Konzil mit großem Anhang, politisch aber weniger erfolgreich: Zwar übertrug ihm König Sigismund von Luxemburg die wettinischen Reichslehen, enthielt ihm aber die böhmischen Lehen vor, die ein Markgraf von Meißen seit alters innehatte, so dass Friedrich die Konzilsstadt enttäuscht verließ.[66] Doch kam ihm die politische Entwicklung in Böhmen unerwartet zugute. Dass Friedrich und sein Bruder dem Kreuzzugsaufruf im Frühjahr 1420 rasch Folge leisteten, versteht sich in diesem Kontext fast von selbst. Eine logische Folge war daher auch, dass Sigismund von Luxemburg als Reichsoberhaupt noch im Felde vor Prag den Land- und Markgrafen Friedrich IV., Wilhelm II. und Friedrich dem Jüngeren (Friedfertigen), Landgraf in Thüringen, die Gesamtbelehnung über alle ihre Lande erteilte – als Dank und Anerkennung für das meißnische Engagement im Kampf gegen die böhmischen Ketzer, verbunden mit der Hoffnung, ja Verpflichtung, auch weiterhin die auf eine Durchsetzung seiner böhmischen Herrschaft hinauslaufenden politischen Interessen des römisch-deutschen Königs zu unterstützen.[67]

Dabei gilt zu beachten, dass sowohl Markgraf Friedrich von Brandenburg als auch Friedrich IV. von Meißen davon ausgehen mussten, dass ihre Territorien, die unmittelbar an den Unruheherd Böhmen grenzten, a) von den häretischen Ideen der böhmischen Ketzer infiltriert werden würden (was in der Tat auch geschah) und b) ihre Herrschaftsgebiete zudem auch durch die militärische Stärke des Gegners in Mitleidenschaft gezogen werden konnten (auch diese Befürchtung sollte sich schließlich bewahrheiten). Neben den offiziellen (letztlich erfolglosen) Kreuzzügen gegen die Hussiten, war es der tägliche Kleinkrieg, der den Alltag prägte. So befahl beispielsweise Markgraf Friedrich im Januar 1421 von Grimma aus dem Rat zu Dresden, dem Spitalmeister daselbst vier Wagen zur Sendung von 100 Scheffeln Korn gen Riesenburg in Böhmen fertig zu machen, da die von Südosten vorrückenden Hussiten eine Verproviantierung der strategisch wichtigen Burg notwendig erscheinen ließen.[68] Nach den Naumburger Stadtrechnungen stellte zudem Anfang Februar 1421 die Stadt dem Bischof eine Mannschaft zu einer »reysa versus Pragam«.[69] Weitere Beispiele ließen sich hinzufügen.

65 Vgl. Bünz: Die Kurfürsten von Sachsen … (wie Anm. 1), 39 und Blaschke: Geschichte Sachsens im Mittelalter (wie Anm. 12), 281-285.

66 Blaschke: Geschichte Sachsens im Mittelalter (wie Anm. 12), 286.

67 Ebd, 287. Vgl. zudem Regesta imperii XI (wie Anm. 62) 11.1, Nr. 4168.

68 CDS I B 4 (wie Anm. 52), 75 (Nr. 123).

69 Ebd, 143 (Nr. 133), Anm. 79. Hier finden sich auch weitere Bespiele für derartige Ausgaben »ad expedicionem Pragensem«, etwa des Ziegenrücker Vogtes Johannes Musebach.

Das Vorrücken der Hussiten im nordwestlichen Böhmen veranlasste jedenfalls die Entsendung meißnischer Truppen nach Brüx.[70] Nachdem Papst Martin V. am 13. April in Rom dem zu seinem Legaten in Deutschland ernannten Kardinal Branda aufgetragen hatte, einen erneuten Kreuzzug gegen die ketzerischen Böhmen zu Stande zu bringen und ihm dazu unbeschränkte Macht verlieh, liefen die organisatorischen und militärischen Vorbereitungen auf Hochtouren.[71] Am 21. Mai 1421 verbündeten sich die drei geistlichen Kurfürsten und Pfalzgraf Ludwig bei Rhein zur Bekämpfung der Ketzerei im Königreich Böhmen mit den meißnischen Markgrafen Friedrich IV. und Wilhelm II. sowie mit Landgraf Friedrich dem Jüngeren und verpflichteten sich zu gegenseitiger Hilfe und Unterstützung (freilich jeder auf eigene Kosten!) für den Fall, dass die Ketzer und Ungläubigen »in yr land und herschaft ziehen woerden«.[72] Zugleich wurden die Untertanen auf den weiteren Kampf gegen die böhmischen Ketzer per Eid verpflichtet und zu strenger Wachsamkeit ermahnt.[73]

Anfang Juli 1421 suchten die Hussiten auch auf »diplomatischer« Ebene in die Offensive zu gehen, indem die Räte und Gemeinden der drei Prager Städte, die Hauptleute der Herren und der Ritterschaft und die vereinigten Gemeinden des Königreichs Böhmen Markgraf Friedrich IV. unter Übersendung der Vier Prager Artikel aufforderten, König Sigismund von Luxemburg in seinem ungerechtfertigten Vorgehen gegen die Böhmen nicht zu unterstützen.[74] Auf Markgraf Fried-

---

70 Zum Kontext vgl. – als »klassische Darstellung« mit Quellenverweisen – Ernst KROKER: Sachsen und die Hussitenkriege. NASG 21 (1900), 1-39. Online zugänglich unter http://digital.slub-dresden.de/fileadmin/data/32627968Z/32627968Z_tif/jpegs/32627968Z.pdf (aufgerufen am 21.12.2015) sowie jetzt auch Meinhardt: Im Dienst des Königs (wie Anm. 6), 114-118. Zum Kontext des Weiteren Krzenck: Die Hussitenkriege, Sachsen und Leipzig (wie Anm. 6), 51-70 (hier auch Hinweise auf die ältere Literatur).

71 Palacký: UB I (wie Anm. 50), 70-75 (Nr. 74).

72 Ebd, 98-100 (Nr. 100) sowie CDS I B 4 (wie Anm. 52), 81 f (Nr. 137). Zum Bündnis vgl. DEUTSCHE REICHSTAGSAKTEN. Bd. 8: Deutsche Reichstgasakten unter Kaiser Sigismund. 2. Abt: 1421-1426/ hrsg. von Dietrich Kerrler. Gotha 1883, 28 f (Nr. 29). Online zugänglich unter http://de.wikisource.org/wiki/Deutsche_Reichstagsakten (aufgerufen am 22.12.2015).

73 Wörtlich heißt es hier: »Auch sollen und wollen wir bestellen, das alle und ygliche unser burgere und undertane mannes geslechte in unsern stetten, sloßen, mercketen, dorffern und landen geseßen, die uber zwolff iare alt und vernunfftiger synne sint, globen und zu den heiligen sweren sollen, widdr soliche keczereye und unglauben zu sinde und auch soliche keczer und unglaubigen zu rugen und zu melden, wo sie die erfaren oder wißen, und die auch helffen halten und yren obirsten und amptluden antworten, ane geverde.« Vgl. Palacký: UB I (wie Anm. 50), 98-100 (Nr. 100), hier 99 f sowie CDS I B 4 (wie Anm. 52), 82 (Nr. 137).

74 Wörtlich heißt es hier: »qui nos nostramque linguam Christiani regni Bohemiae [...] iniuste impugnavat«. Vgl. CDS I B 4 (wie Anm. 52), 87 f (Nr. 144), Zitat S. 88. Zum Kontext jener Tage und Wochen in der aufgeheizten Prager Atmosphäre vgl. Šmahel: Die Hussitische Revolution (wie Anm. 6) Bd. 2, 1188-1216. sowie Čornej: Velké dějiny ... (wie Anm. 6), 250-254 (hier auch weitere Literaturhinweise).

rich IV. dürften diese Worte freilich wenig Eindruck gemacht haben, andererseits wird deutlich, dass neben militärischer Konfrontation häufig auch diplomatische Kontakte standen. Ungeachtet dieser Aufforderung durch den Feind schickte der Meißner Mitte Juli 1421 Truppen nach Brüx, was quellenmäßig durch Nachrichten aus den Amtsrechnungen von Colditz, Grimma und Eilenburg dokumentiert wird.[75]

Die Markgrafen von Meißen hatten die im Sommer zu verzeichnende politische Bedrängnis Sigismunds von Luxemburg in Böhmen auch zu ihrem eigenen Vorteil genutzt. Das Gebiet zwischen Brüx und Aussig bot sich ihnen für die Zukunft als anzugliedernde Grafschaft für die eigene Sekundogenitur an.[76] Daher versprachen sie Sigismund bereitwillig militärische Hilfe, und nach geraumer Zeit (im April 1423) vermochten sie beide Städte auch als Pfandschaft zu gewinnen.[77] Anfang August 1421 gelang den Meißnern jedenfalls, durch einige böhmische Verbündete Sigismunds verstärkt, einer der wenigen Siege über die Hussiten. Es war das erste Mal, dass die Hussiten in einer größeren Feldschlacht dem Feind den Rücken kehrten und – unter Zurücklassung von Geschützen und Wagenburg – panikartig die Flucht ergriffen.[78] Dennoch konnte dieser »Teilerfolg« (wenn man ihn denn als solchen bezeichnen will) nicht darüber hinwegtäuschen, dass der antihussitische Kreuzzug bei der Belagerung von Saaz im Frühherbst 1421 in einem peinlichen Fiasko für das aufgebotene, schlecht organisierte Reichsheer endete![79] Auch danach bestand militärisch (und organisatorisch!) kaum die Aussicht, den »Gottesstreitern«, die sich streng an dem in den Heeresordnungen niedergelegten Verhaltenskodex, der Disziplin, Ausdauer, Tapferkeit, Zusammenhalt im Kampf, Gehorsam und Unterordnung unter die gemeinsame Sache anmahnte, hielten und bei straffer Gliederung und Führung aller Heeresteile unter vorteilhafter Ausnutzung des jeweiligen Geländes sowie ihrer Wagenburgen, militärisch lange dominierten und damit ihre innere Heterogenität in den Hintergrund zu drängen vermochten, zu schlagen.[80]

---

75 CDS I B 4 (wie Anm. 52) , 92 (Anm.) (Nr. 149).

76 Zum Kontext wiederum Blaschke: Geschichte Sachsens im Mittelalter (wie Anm. 12), 287 f sowie Meinhardt: Im Dienst des Königs (wie Anm. 1), 114-118 (hier 115 f).

77 Palacký, UB I (wie Anm. 50), 291-293 (Nr. 265).

78 Zum Kontext vgl. Čornej: Velké dějiny … (wie Anm. 6), 300-307 (hier 301 f). Zu Schlacht selber Petr Jančárek: Bitva u Mostu 1421. In: Sborník Pedagogické fakulty v Ústí nad Labem. Praha 1966, 31-66.

79 Aus der älteren, auf Sachsen fokussierten Literatur vgl. Kroker: Sachsen und die Hussitenkriege (wie Anm. 70), 1-39 (hier 3-5). Zum Kontext wiederum Šmahel: Die Hussitische Revolution (wie Anm. 6) Bd. 2, 1188-1233 sowie Čornej: Velké dějiny … (wie Anm. 6), 303-310 (hier auch weitere Quellen- und Literaturhinweise). Die hektische und intensive Korrespondenz der katholischen Seite seit dem Frühsommer 1421 dokumentiert Palacký: UB I (wie Anm. 50), 134-165 (Nr. 126-154).

80 Zum hussitischen Militärwesen vgl. Čornej: Velké dějiny … (wie Anm. 6), 428-454 (mit weiteren Literaturhinweisen).

Ungeachtet dieser lange währenden Überlegenheit der in mehreren Verbänden operierenden »Gottesstreiter« engagierten sich Markgraf Friedrich IV. und sein Bruder Wilhelm II. auch weiterhin beharrlich auf Seiten Sigismunds von Luxemburg, wobei der römisch-deutsche König Ende August 1422 den meißnischen Markgrafen, denen er für deren militärische Unterstützungsmaßnahmen »neunzigtusent Rinischer Gulden« schuldete, mehrere Schlösser im Vogtland verpfändete.[81] Wenige Monate später, im November des gleichen Jahres, starb Albrecht III., der letzte Kurfürst von Sachsen, askanischen Stammes. Vor allem aufgrund der Bedeutung des Wettiners für die Hussitenabwehr entschied sich Sigismund, die erledigte Kur Markgraf Friedrich IV. zu verleihen, was am 6. Januar 1423 mit der vorläufigen und am 18. August 1425 mit der formellen Belehnung geschah – »willig unverdrossen nuecze und getruwe dinste, die er unsycund widder die keczerein Behem nue ettliche iare und dem riiche lange cziit getan hat«.[82]

Aus Sicht Sigismunds konnte damit die Opposition der Kurfürsten gesprengt werden, Sigismund gewann seine politische Aktionsfähigkeit zurück. Die Verleihung der Kurwürde bedeutet eine Aufwertung der reichsrechtlichen Stellung des Wettiners, der sprichwörtlich »in den innersten Zirkel eines der prächtigsten Herrscher seiner Zeit« (der Sigismund zweifellos war) aufstieg, doch hatte die Erhöhung zugleich auch einen bedeutenden territorialpolitischen Zugewinn im Mittelelbegebiet zur Folge. Wenige Tage nach der vorläufigen Belehnung erteilte der Luxemburger Kurfürst Friedrich I. die Vollmacht, mit den Hussiten und ihren Helfern zu verhandeln und, sofern sie im Unglauben verharren sollten, die »Hussen die keczer […] zu tud und zu lassen, was er will, allerley gefangen zu scheczen, in czile und tage zu geben oder sy ledig zu lassen, gefangen zu halden oder zu toden, wie dann das sein wille und vernunfte raten und im gefellig ist […]«.[83]

Am 15. April 1423 verpfändete der häufig am Rande der Zahlungsunfähigkeit wandelnde und von drückenden Schulden geplagte König Sigismund Friedrich dem Streitbaren auch noch die beiden nordböhmischen Städte Brüx (Most) und Aussig (Ústí nad Labem) »mit allen vnd iglichen Renten, nutzen, zcinsen gefellen vnd allen

81 Palacký: UB I (wie Anm. 50), 223-232 (Nr. 206-207) sowie CDS I B 4 (wie Anm. 52), 121-124 (Nr. 202).

82 Der Textauszug stammt aus der Belehnungsurkunde vom 1. August 1425. Vgl. CDS I B 4 (wie Anm. 52), 278-280 (Nr. 432). Zu den beiden Urkunden von 1423 und 1425 vgl. Eckhart Leisering: Die Belehnungsurkunden von 1423 und 1425 im Spiegel der Ereignisse. In: Mit Schwert und Kreuz … (wie Anm. 1), 144-149. Zur in Pressburg (Bratislava) am 6. Januar 1423 ausgestellten Belehnungsurkunde vgl. ders.: Die Belehnungsurkunde von 1423 – der Originaltext (auf der Grundlage der im Hauptstaatsarchiv Dresden unter der Signatur Fond 10001 Ältere Urkunden, Nr. 5900) aufbewahrten Ausfertigung. In: Ebd, 139-142. Zur Belehnung in Ofen am 1. August 1425 wiederum Jutta Charlotte von Bloh: Die öffentliche Belehnung 1425 in Ofen. In: Ebd, 150-157.

83 CDS I B 4 (wie Anm. 52), 151 f (Nr. 252).

andern zugehorungen«,[84] und am gleichen Tage ermächtigte der Luxemburger den Meißner alle Güter, die er den Ketzern in Böhmen abgewinnen sollte, bis zu deren Lösung für sich zu behalten.[85] Die Städte Brüx und Aussig stellten in den Händen Friedrichs des Streitbaren für die gegnerische Seite eine ständige Bedrohung dar, die wiederholt versuchten, den Kurfürsten über das Erzgebirge zurückzudrängen, etwa im Dezember 1424, als Friedrich der Streitbare den Oberlausitzer Sechsstädtebund gegen die bei Aussig lagernden Hussiten um Hilfe bitten musste,[86] oder im September 1425, als die Hussiten bei Dux einen Erfolg errangen, so dass der Kurfürst Anfang 1426 beschloss, seine Besatzung in Aussig zu verstärken[87] und dazu auch Ende 1425 die Stadt Nürnberg bat,[88] ihn militärisch zu unterstützen, was die Nürnberger Anfang Januar 1426 zu tun versprachen.[89]

Nachdem die Jahre 1423, 1424 und 1425 aus Sicht des Reiches bei der Bekämpfung der Hussiten erfolglos blieben, sollte im Folgejahr ein neuer Kreuzzug endlich die Wende bringen.[90] Dem Itinerar des sächsischen Kurfürsten zufolge, weilte Friedrich der Streitbare im Januar 1426 auf dem Kurfürstentag zu Mainz, von wo aus der Wettiner dem Rat zu Leipzig befahl, früherer Bestimmung gemäß (!) dem kurfürstlichen Vogt zu Meißen 40 gewappnete Schützen und 10 Handbüchsen zu senden.[91] Aus der einseitigen Korrespondenz – der Rat zu Leipzig ist stets nur Empfänger – wird im Frühjahr 1426 deutlich, wie die hussitische Drohkulisse

---

84 Palacký: UB I (wie Anm. 50), 291-293 (Nr. 265).

85 Ebd, 293 f (Nr. 266).

86 Ebd, 369 (Nr. 318).

87 Urkundenbuch der Stadt Leipzig. Bd. 1/ hrsg. von Karl Friedrich von Posern-Klett (CDS II 8.1). Leipzig 1868, 93 f (Nr. 140). Online zugänglich unter http://codex.isgv.de/codex.php?band=cds2_08&f=&a=b&s=093 (aufgerufen am 22.12.2015).

88 Die geht hervor aus dem Antwortschreiben des Nürnberger Rats an Herzog Friedrich von Sachsen. Vgl. Palacký: UB I (wie Anm. 50), 424 f (Nr. 376).

89 Ebd, 424 f (Nr. 376).

90 Zum Kontext vgl. Šmahel: Die Hussitische Revolution (wie Anm. 6) Bd. 2, 1382-1390 sowie Čornej: Velké dějiny … (wie Anm. 6), 353-365 (mit weiterführenden Literaturangaben). Zum hussitischen Militärwesen jetzt auch Jan Biederman: Vojenství husitského století. In: Husitské století (wie Anm. 40), 333-351.

91 Zu Friedrichs Aufenthalt auf dem Kurfürstentag zu Mainz vgl. Deutsche Reichstagsakten (wie Anm. 72), Bd. 8, 435 f (Nr. 366). Auf den verloren gegangenen Brief verweist Kroker: Sachsen und die Hussitenkriege (wie Anm. 70), 7. Wie brenzlig die Lage und wie groß die Furcht vor den in Nordwestböhmen agierenden Hussiten war, unterstreicht ein Schreiben des Rats von Nürnberg an Herzog Friedrich von Sachsen, in dem es um konkrete Hilfszusagen geht. Vgl. Palacký: UB I (wie Anm. 50), 424 f (Nr. 376). In dem in Weißenfels am 29. Januar 1426 ausgestellten Schreiben ist erstmals eine Aufforderung an den Leipziger Rat bezüglich einer konkreten militärischen Unterstützung urkundlich dokumentiert. Die Anweisung an den Leipziger Rat ist in diesem Schreiben noch dahingehend erweitert, dass das geforderte Aufgebot von 40 bewaffneten Schützen nach Anweisung des kurfürstlichen Vogts zu Meißen nach Aussig ziehen soll. Mit der Mahnung »Siit deste flissiger in vnserm abwesen« schließt der Brief. Vgl. CDS II 8.1 (wie Anm. 87), 93 f (Nr. 140).

sich peu à peu vor der nordböhmischen Stadt Aussig aufbaute und wie energisch insbesondere Kurfürstin Katharina, durch Nachrichten der sächsische Amtsleute vor Ort aufgeschreckt, fieberhaft versuchte, ein schlagkräftiges kurfürstliches Heer zu rekrutieren, um es über das Erzgebirge zur Unterstützung Aussigs zu führen.[92] Dazu sollte es schließlich, unter chaotischen Umständen und fieberhafter Mobilmachung, auch kommen.

Offenkundig müde und ausgehungert stieß die sächsische Streitmacht spätestens am frühen Abend des 15. Juni annähernd zehn Kilometer vor Aussig auf Vorposten des Feindes.[93] Die Entscheidungsschlacht selber fand am darauffolgenden Tag – einem Sonntag (!) – statt, an dem, so der katholische Chronist Bartoschek von Drahonitz, kein vernünftiger Mensch normalerweise ein Gefecht beginnen würde.[94] In einer der größten Schlachten des hussitischen Zeitalters fügten die Hussiten ihrem Gegner eine vernichtende Niederlage zu, wobei wohl auf Seiten des herbeigeeilten meißnischen Entsatzheeres etwa 3.000 Tote zu beklagen waren.[95] Das katastrophale

92 Zum Kontext jetzt Krzenck: Der Leipziger Rat und die Hussiten (wie Anm. 9), 25-68 sowie ders.: Die Hussitenkriege in Sachsen und Leipzig (wie Anm. 6); hier jeweils ausführlich zur Korrespondenz. Zur Rolle Katharinas von Braunschweig demnächst Thomas KRZENCK: Leipzig im Spiegel der Korrespondenz Katharinas »der Streitbaren« (1395-1442): Herrschaftsspielräume und Einflussmöglichkeiten von Kurfürstinnen im Spätmittelalter. In: 150 Jahre Allgemeiner Deutscher Frauenverein/ hrsg. von Beate Berger und Susanne Schötz (Quellen und Forschungen zur Geschichte der Stadt Leipzig). Leipzig (im Druck). Zur Situation um Aussig vergleiche aus der älteren Literatur Hubert ERMISCH: Geschichte der Schlacht bei Aussig. NASG 47 (1926), 5-45. Online zugänglich unter http://digital.slub-dresden.de/fileadmin/data/30325217Z/30325217Z_tif/jpegs/30325217Z.pdf (aufgerufen am 22.12.2015). Jetzt dazu grundlegend Šmahel: Die Hussitische Revolution (wie Anm. 6) Bd. 2, 1382-1390 sowie Čornej: Velké dějiny ... (wie Anm. 6), 353-365 (mit weiterführenden Literaturhinweisen). Im Kontext der Situation in Westböhmen in den Hussitenkriegen zuletzt Vladimír BYSTŘICKÝ: Západní Čechy v husitských válkách. České Budějovice 2012, 201 f.

93 Vgl. Šmahel: Die Hussitische Revolution (wie Anm. 6) Bd. 2, 1382-1393. Von einem zahlenmäßigen Übergewicht der hussitischen Verbände spricht Čornej: Velké dějiny ... (wie Anm. 6), 356.

94 FONTES RERUM BOHEMICARUM. Bd. 5/ hrsg. von Josef Emler. Prag 1893, 595. Online zugänglich unter http://147.231.53.91/src/index.php?s=v&action=jdi&cat=11&bookid=178&page=595&action_button.x=0&action_button.y=0 (aufgerufen am 22.12.2015). Zur Chronik des Bartoschek von Drahonitz vgl. ZE ZPRÁV A KRONIK DOBY HUSITSKÉ/ hrsg. von Ivan Hlaváček. Praha 1981, 14-16. Zum Kontext der Schlacht bei Aussig (heute Ústí nad Labem) wiederum Šmahel: Die Hussitische Revolution (wie Anm. 6) Bd. 2, 1382-1393.

95 Kroker: Sachsen und die Hussitenkriege (wie Anm. 70), 9 beziffert die Zahl der sächsischen Verluste auf 3000, und zwar unter Verweis auf den in Nürnberg weilenden Kardinallegaten Orsini. Šmahel: Die Hussitische Revolution (wie Anm. 6) Bd. 2, 1388 f, Anm. 20 wiederum macht auf die detailreich ausgeschmückten Schilderungen der Schlacht aufmerksam und verweist mit Blick auf die deutschen Verluste auf die Angaben für Görlitz (vgl. Jecht: Der Oberlausitzer Hussitenkrieg 1 [wie Anm. 8], 107-11), die den Umfang der Gefallenen erahnen lassen. Vgl. hierzu auch CODEX DIPLOMATICUS LUSATIAE SUPERIORIS II: Urkun-

Ende der Meißner Expedition löste auch unter der Aussiger Besatzung Panik aus, diese suchte, vermutlich zusammen mit etlichen Bürgern, ihr Heil in der Flucht.[96]

Die Görlitzer Ratsrechnungen bieten in diesem Zusammenhang eine genaue Auflistung der materiellen und menschlichen Verluste des militärischen Aufgebots der Stadt in der Schlacht bei Aussig unter dem Titel »Item von deme schadin vor Usk zu richten«.[97] In den Urkunden zum Jahre 1426 findet sich auch eine einzelne Aufstellung eines Görlitzer Bewaffneten über die vor Aussig am 16. Juni erlittenen materiellen Verluste, darunter ein Panzer, ein blauer Rock mit weißem Futter, eine Säge, eine Axt, ein Seil, ein Paar Stiefel, ein Gürtel, ein eiserner Hut sowie eine

---

den des Oberlausitzer Hussitenkrieges und der gleichzeitigendie Sechslande angehenden Fehden. Bd. 1: 1419-1428/ hrsg. von Richard Jecht. Göritz 1896-1899, 337 f: »Verlust, den Görlitzer Bürger vor Aussig erlitten, und Entschädigung derselben durch die Stadt Görlitz«, sowie 338-342: »Zusammenstellung alles dessen, was die einzelnen Görlitzer Bürger in der Heerfahrt nach Aussig verloren haben«. Mit Blick auf die eingebüßten Ausrüstungsgegenstände wie Schwerter, Pferde, Armbrüste, Röcke, Sattel oder Eisenhüte dürften die Einbußen der Leipziger angesichts der vernichtenden Niederlage kaum geringer ausgefallen sein. Čornej: Velké dějiny … (wie Anm. 6), 356 schließlich schätzt die Verluste auf beiden Seiten auf 900-4.000. Zu den Leipziger Toten gibt es leider keine Angaben. Komparativ sei hier auf das Schicksal des Dresdner Kontingents verwiesen. Vgl. die Angaben im Urkundenbuch der Stadt Aussig bis zum Jahre 1526/ hrsg. von Wenzel Hieke und Adalbert Horčička. Prag 1896, 101 (Nr. 205). Online zugänglich unter http://147.231.53.91/src/index.php?s=v&cat=18&bookid=87 (aufgerufen am 22.12.2015). Verwiesen wird hier auf die Kämmerei- und Geschossrechnungen 1421-39 im Dresdner Ratsarchiv. In diesen finden sich entsprechende Eintragungen, etwa wenn es für 1420 heißt: »Item usgabe czu der herffart do man den karlesteyn retten sulde.« Hier lesen wir u. a.: »Item vj gr vor körbe czu der herfart waynen.« (Stadtarchiv Dresden, Bestand Ratsarchiv, B-Signatur: 2.1.1.Hauptgruppe A A.xvb.3, fol.20r). Weiterhin ist die Rede von zahlreichen Sachgegenständen, aber auch von Geldleistungen, etwa für Lohn. »Item xx gr dem koche uf syn lon.« (ebd, fol. 20[r]). Auch wenn in den Quellen selbst keine Zahlen genannt werden, sei darauf verwiesen, dass Ende Juli 1426 für die in der Schlacht Gefallenen eine Feier zu deren Gedächtnis stattfand (»Item campanatori VI gr. pro bibalibus pro defunctos in bello« – so der entsprechende Vermerk im Stadtarchiv Dresden, Sig. A XVb 3 fol. 95). Zu Dresden in den Hussitenkriegen vgl. aus der älteren Literatur darüber hinaus Hubert Ermisch: Dresden und die Hussitenkriege. Mitteilungen des Vereins für Geschichte Dresdens 28 (1920), 41-90. Das Fehlen entsprechender Quellen für Leipzig wird in diesem Zusammenhang schmerzlich vermisst. Zu Leipzig vgl. Henning Steinführer: Die Leipziger Ratsbücher 1466-1500: Forschung und Edition. 1. Halbbd. Leipzig 2003 (hier v. a. X-XXXIII sowie XXXVII-XXXIX). Vgl. darüber hinaus ders.: Der Leipziger Rat im Mittelalter: die Ratsherren, Bürgermeister und Stadtrichter 1270-1539 (Bausteine aus dem Institut für Sächsische Geschichte und Volkskunde: Kleine Schriften zur sächsischen Geschichte und Volkskunde; 3). Dresden 2005.

96 Vgl. Šmahel: Die Hussitische Revolution (wie Anm. 6) Bd. 2, 1389.

97 Vgl. Codex diplomaticus Lusatiae superioris II (wie Anm. 95), 337 f. Die Ratsrechnungen sind vom Centrum medievistických studií in Prag digitalisiert und abrufbar unter http://147.231.53.91/src/index.php?s=v&cat=22&bookid=103&page=297 (aufgerufen am 22.12.2015).

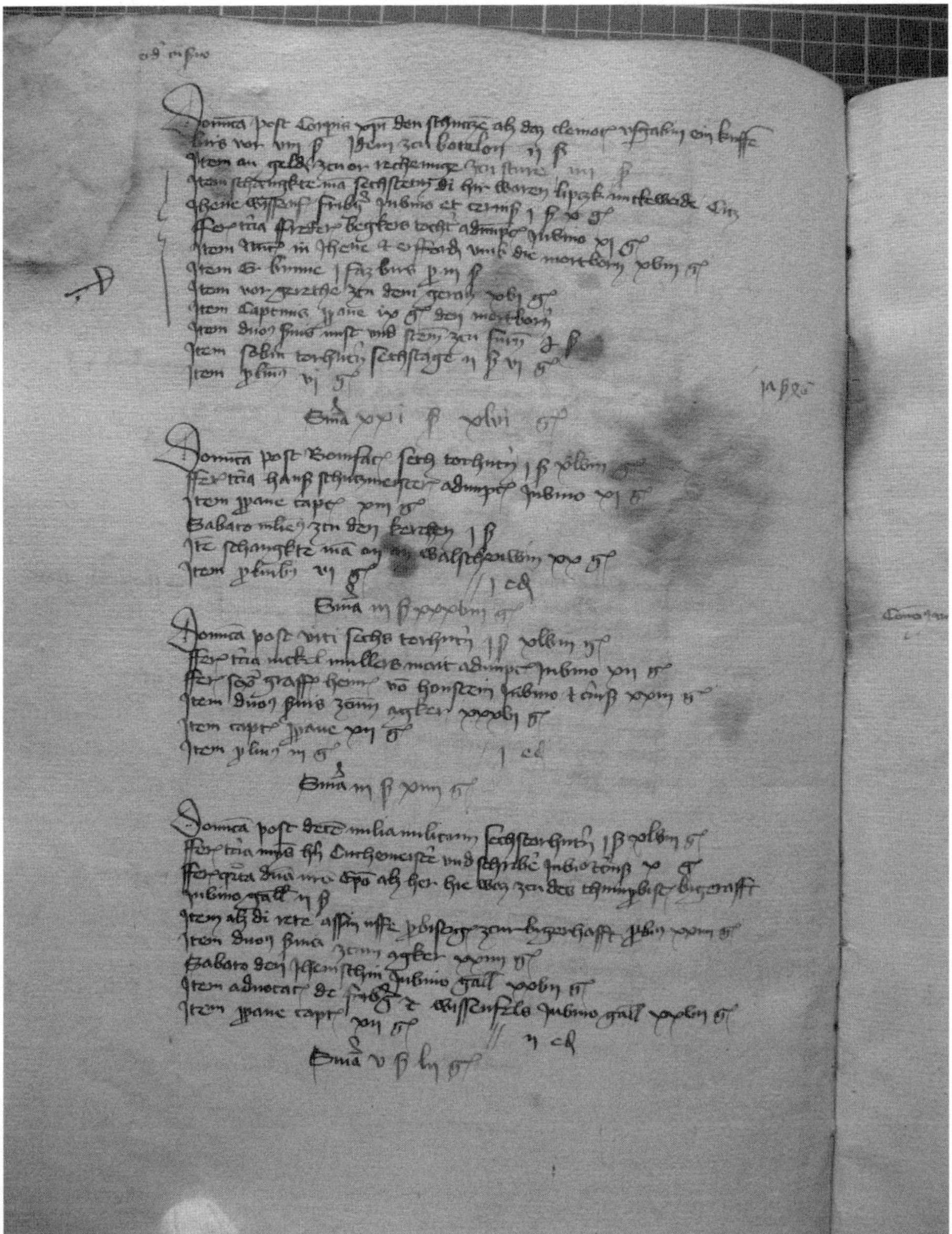

Abb 4: Kämmereirechnungen der Stadt Naumburg, 1426.

Tonne, in der die Gerätschaften aufbewahrt wurden.[98] Darüber hinaus findet sich in den Görlitzer Ratsrechnungen eine detaillierte Zusammenstellung aller Verluste der einzelnen Görlitzer Bürger, die im Aufgebot der Stadt an der Schlacht bei Aussig teilgenommen hatten.[99]

Die Ratsrechnungen von Naumburg führen ebenfalls eine umfangreiche Verlustliste, die u. a. Harnischkappen, Armbrüste, Mäntel, Stiefel, Panzer, Jacken, Hüte, Schwerter und Pferde beinhaltet.[100] Für Sachsen stellte die Schlacht bei Aussig ein Ereignis von doppelter Bedeutung dar. Zum einen galt es den schweren Aderlass für den sächsischen Adel zu verkraften, da unter den Gefallenen zahlreiche Väter und Söhne alteingesessener Herrengeschlechter waren (mitunter der letzte männliche Spross wie bei den Burggrafen von Meißen), zum anderen endete für Sachsen ein Zeitalter der Kriegsgeschichte, in dem der gepanzerte Adel das Feld beherrschte, der hier konkret von den Fußkämpfern und mobilen Wagenburgen der Hussiten geschlagen wurde.

Mit Blick auf Leipzig und das hier herrschende geistige Klima kommt noch ein entscheidendes Element hinzu: Die 1409 gegründete Universität war in erster Linie durch die Sezession Prager Magister und Studenten der Carolina im Gefolge des Kuttenberger Dekrets König Wenzels IV. und der damit dauerhaft zerstörten »concordia nacionum« entstanden,[101] und das Wirken Prager Exilanten an ihrem neuen Aufenthaltsort musste sich, eingedenk des Vertriebenenschicksals dieser Intellektuellen – insbesondere bei jenen, die es erst peu à peu in der zweiten und dritten Dekade des 15. Jahrhunderts an die Pleißestadt verschlug – naturgemäß auch in ihren sichtbar nach außen getragenen Auffassungen über die neuen Machtverhältnisse in ihrer (alten) Heimat niederschlagen. Signifikantes Beispiel hierfür

98 Vgl. ebd, 336. Die Summe der Verluste, die die Görlitzer Bürger vor Aussig erlitten und die ihnen der Rat zu ersetzen versprochen hatte, belief sich auf immerhin 77 Schock und 43 Groschen. Vgl. ebd, 338. Darüber hinaus findet sich in den Görlitzer Ratsrechnungen eine detaillierte Zusammenstellung aller Verluste der einzelnen Görlitzer Bürger, die im Aufgebot der Stadt an der Schlacht bei Aussig teilgenommen hatten. Vgl. ebd, 338-342.

99 Ebd, 338-342.

100 Zu den Naumburger Verlusten vgl. Stadtarchiv Naumburg, Ratsrechnungen, 1426, fol. 310^{r}-312^{v}. Die Verlustliste ist ähnlich umfangreich derjenigen aus Görlitz, in der Aufzählung erscheinen u. a. Harnischkappen, Armbrüste, Mäntel, Stiefel, Panzer, Jacken, Hüte, Schwerter und Pferde. Auch die Personen werden hier aufgeführt, z. B.: »Nickel Grussin vor sin harnasch iij gulden.« (ebd, fol. 311^{r}). – Zum Heerfolgeaufgebot von 1474 vgl. Kroker: Sachsen und die Hussitenkriege (wie Anm. 70), 11 f sowie Georg Wustmann: Quellen zur Geschichte Leipzigs. Bd. 1. Leipzig 1889, 40, der auf das Leipziger Harnischbuch von 1466 verweist. Danach ergibt sich für das letzte Vierteil des 15. Jahrhunderts ein Aufgebot von 350 Mann.

101 Vgl. hierzu ausführlich Nodl: Dekret kutnohorský (wie Anm. 10). Hier insbesondere zum Terminus »Concordia nacionum« S. 92-106 sowie zusammenfassend S. 325-334. Zum Kontext der Leipziger Universitätsgründung wiederum Bünz: Gründung und Entfaltung (wie Anm. 10).

ist der aus Böhmen stammende Magister und Theologe Andreas de Broda, der an der Carolina alle akademischen Würden durchlief (1407 übte er das Rektorenamt aus) und zu den bedeutendsten Magistern der »nacio bohemica« gehörte.[102] Gerade als Theologe prangerte er den moralischen Verfall der Kirche seiner Zeit an, profilierte sich freilich zugleich als entschiedener Gegner Wyclifs – und Hussens![103] Bis zum Scheitern des 1. Kreuzzuges 1420 blieb er in Böhmen, im Mai 1421 ging er nach Zittau und von dort nach Leipzig, wo er sich im Sommersemester 1422 als Angehöriger der polnischen Universitätsnation an der Alma mater immatrikulieren ließ.[104] Andreas de Broda ist Verfasser der Traktate »De origine Hussitarum« und »De origine haeresis Hussitarum«.[105] Er litt, wie andere Prager Exilanten auch, sehr unter seinem Vertriebenenstatus, er starb in Leipzig 1427 und fand in der Kirche des Dominikanerklosters als »lumen omnium magistrorum« seine letzte Ruhe.[106]

Überliefert sind aus seiner Leipziger Wirkungszeit zwei Predigten, die sich auf die Verleihung der Kurwürde an Friedrich den Streitbaren beziehen. In der am 24. Januar 1423 gehaltenen Universitätspredigt zu Matthäus 8, 27 (»Was ist das für ein Mann – Qualis est hic«) heißt es unter anderem in Anspielung auf den Landesherrn: »Quantaque contra hereticos fecerit, tota super hoc christianitas gaudet« (wie Großes er gegen die Ketzer vollbracht hat, darüber freut sich die ganze Christenheit).[107] In ähnlichem Duktus ist auch ein drei Wochen später vorgetragener

---

102 Vgl. Jaroslav Kadlec: Studien und Texte zum Leben und Wirken des Prager Magisters Andreas von Brod (Beiträge zur Geschichte der Philosophie und Theologie des Mittelalters, NF; 22). Münster 1982. Zu Andreas de Brodas Wirken in Prag grundsätzlich Dějiny univerzity Karlovy. Bd. 1: 1347/48-1622/ hrsg. von Michal Svatoš u. a. Praha 1995, 145-148. 159).

103 Vgl. Jaroslav Kadlec: Katoličtí exulanti čeští doby husitské. Praha 1990, 19-21 sowie ders: Husovi odpůrci. In: Husitský Tábor. Supplementum 1: Jan Hus na přelomu tisíciletí/ hrsg. von Miloš Drda, František Holeček und Zdeněk Vybíral. Tábor 2001, 336-338.

104 Die Matrikel der Universität Leipzig 1409-1559/ hrsg. von Georg Erler. Bd. 1: Die Immmatrikulationen von 1409-1559 (CDS II, 16) Leipzig 1895, 71. Online zugänglich unter http://codex.isgv.de/codex.php?band=cds2_16 (aufgerufen am 22.12.2015)

105 Kadlec: Studien und Texte (wie Anm. 102). Den Traktat »De origine Hussitarum« edierte Konstantin Höfler in: Geschichtsschreiber der hussitischen Bewegung in Böhmen. Bd. 2. Wien 1865, 327-353 (ND: Graz 1970). Vgl. auch Jaroslav Kadlec: Traktat mistra Ondřeje z Brodu o původu husitů. Tábor 1980.

106 Vgl. Kadlec: Studien und Texte (wie Anm. 102) sowie ders.: Katoličtí exulanti (wie Anm. 103), 19-22.

107 Georg Buchwald: Leipziger Universitätspredigten zu Ehren Friedrichs des Streitbaren und seiner Familie. NASG 35 (1914), 31-35. Online zugänglich unter http://digital.slub-dresden.de/fileadmin/data/31632706Z/31632706Z_tif/jpegs/31632706Z.pdf (aufgerufen am 22.12.2015). Die Predigt ist (wie andere auch) überliefert. Vgl. UB Leipzig, Handschriftenabteilung, Katalog der mittelalterlichen Handschriften, Bd. 2.3: Ms 751-869 (vorläufige Beschreibung von Almuth Märker, 30.05.2008), Ms 865, fol.124^{v}-130^{v}. Online vgl. http://147.231.53.91/src/index.php?s=v&cat=18&bookid=87 (aufgerufen am 22.12.2015).

Sermon gehalten – wider Wyklifisten, Taboriten, Pikarden und Adamiten.[108] Auch andere Universitätsgelehrte hielten ähnliche Predigten, in denen es – mit Blick auf die »ketzerische Verderbtheit« in Böhmen – um eine Verteidigung des katholischen Glaubens ging, bis hin zu jener Leichenpredigt des Merseburger Bischofs und einstigen Prager Magisters Nicolaus de Lübeke vom 8. Februar 1428 anlässlich des Todes Friedrichs des Streitbaren, der »als tapferer Bezwinger der Hussiten und Ketzer« Anerkennung findet und wo es in deutscher Übersetzung unter anderem heißt: »Er hat den genannten Hussiten tapferen Widerstand geleistet und die Grenzen, Städte und Lager der Christenheit gegen sie verteidigt. Auch wollte er nie, obgleich er oft darum angegangen wurde, mit den treulosen Hussiten einen trügerischen Frieden eingehen.«[109]

Nur verwiesen werden kann in diesem Kontext auf das Wirken des Theologen Johannes Hoffmann, der nach seinem Wirken an der Prager Universität wie andere auch 1409 nach Leipzig wechselte, an der jungen Alma mater später zu deren Rektor gewählt wurde und sich mit antihussitischen Traktaten in den geistigen Kämpfen gegen die böhmischen Ketzer beteiligte, Anfang Juni 1427 vom Meißner Domkapitel zum neuen Bischof der Diözese gewählt wurde (als Nachfolger Rudolfs von Planitz) und an der Spitze bewaffneter Verbände die militärische Konfrontation mit den Hussiten suchte![110] Im Januar 1431 erlebte Hoffmann den Rückzug der Lausitzer und Meißner Truppen vor Weiden. Von Stolpen aus wandte sich Johannes Hoffmann nachfolgend an den Rat zu Görlitz, dem er mitteilen ließ, dass seine Kriegshilfe (»mit vnserm Reisigen«) im Felde bei Bautzen eintreffen werde.[111] Die mehr als ein Jahrzehnt währende geistige Auseinandersetzung mit den von den Hussiten vertretenen theologischen Positionen kam Johannes Hoffmann dabei ohne

108 Ebd, fol. 37b-39a. Vgl. hierzu auch Buchwald: Leipziger Universitätspredigten … (wie Anm. 107), 35.

109 Buchwald: Leipziger Universitätspredigten … (wie Anm. 107), 37. Vgl. Universitätsbibliothek Leipzig, Handschriftenabteilung, Katalog der mittelalterlichen Handschriften, Bd. 2,3: Ms 751-869 (vorläufige Beschreibung von Almuth Märker, 30.05.2008), Ms 865, fol.252^{r}-262^{r}. Zum Kontext wichtig Pavel Soukup: Die Rolle der Prager Universitätsemigration in der antihussitischen Polemik 1409-1436. In: Universitäten, Landesherren und Landeskirchen: das Kuttenberger Dekret von 1409 im Kontext der Epoche von der Gründung der Karlsuniversität 1348 bis zum Augsburger Religionsfrieden 1555/ hrsg. von Blanka Zilynská (Acta Universitatis Carolinae – Historia Universitatis Carolinae Pragensis; 49.2). Praha 2010, 71-80 sowie Blanka Zilynská: Johann Hoffmann: Prager Student, antihussitischer Repräsentant und Bischof von Meißen. In: Ebd, 81-98.

110 Franz Machilek: Johannes Hoffmann aus Schweidnitz und die Hussiten. Archiv für schlesische Kirchengeschichte 26 (1968), 96. Des Weiteren vgl. Leipzig, Universitätsarchiv, Rektor M 1 (Matrikel 1), fol. 17^{v} sowie jetzt auch die Datenbank (Leipziger Professorenkatalog) online zugänglich unter http://www.uni-leipzig.de/unigeschichte/professorenkatalog (aufgerufen am 22.12.2015) Zu Hoffmann darüber hinaus zusammenfassend im Leipziger Kontext Krzenck: »Ad Saxoniam contra catholicos« (wie Anm. 10).

111 Vgl. Palacký: Urkundliche Beiträge … (wie Anm. 50) Bd. 2: 1429-1436, 185 (Nr. 722).

Zweifel zugute, was auch in seinem wohl Ende 1430 entstandenen Aufruf an den im Felde liegenden Hussitenführer Prokop den Großen deutlich wird, wobei zugleich auch das Schicksal des Vertriebenen deutlich wird, der – eingedenk der aktuellen Lage in Böhmen – mit Wehmut an die Jahre in Prag zurückdenkt: »O Praga, olim civitas fidei, civitas sapiencie, nunc oppidum perfidie, magistra errorum [...]«![112]

Zwei Dinge scheinen im Zusammenhang mit und als Folge der Schlacht bei Aussig unbedingt erwähnenswert, illustrieren sie doch die militärische, aber auch pekunäre Bedeutung der Schlacht. Zum einen erwiesen sich die Aufwendungen für den antihussitischen Abwehrkampf auch für Kurfürst Friedrich den Streitbaren als immens und zwangen unter anderem zur Kreditaufnahme bei dem wohlhabenden Juden Abraham Esra von Leipzig. Dieser trat mehrfach als Finanzier der Wettiner auf.[113] Zum anderen stellte die Schlacht bei Aussig für den Verlauf der Hussitenkriege insofern eine Wende dar, als nunmehr in rascher Folge die bekannten Vorstöße der Hussiten, die so genannten »Hussenreyszen«, erfolgten, denen verschiedene Zielstellungen zugrunde lagen.[114] An erster Stelle galt es für die Hussiten gegnerische Kräftekonzentrationen im Grenzraum zu verhindern und so feindlichen Einfällen vorzubeugen. Zugleich stellten diese Aktionen eine Antwort auf in Böhmen angerichtete Schäden dar. Der Gegner sollte darüber hinaus auch gezwungen werden, seine Bereitschaft zu Verhandlungen und Waffenstillstandsabkommen zu bekunden. Darüberhinaus nutzten die Hussiten den Aufenthalt in den fremden Territorien, um ihre Vorstellungen, ihre Glaubensgrundsätze – insonderheit die Vier Prager Artikel – zu erläutern und zu propagieren, etwa in Manifesten, die auch eine Übersetzung ins Deutsche fanden und die man an zahlreiche Adressaten versandte.[115] Neben diesen Absichten existierten handfeste ökonomische Gründe, die die Heerfahrten begleiteten. Während es zu Beginn der Revolution (1419-1421) noch keine ernsthaften wirtschaftlichen Probleme gab, offensichtlich überdurchschnittlich gute Ernten eingebracht werden konnten und zudem die Konfiskation des Eigentums der Kirche und der Gegner des Laienkelchs eine Beschlagnahme von Lebensmittel- und Edelmetallvorräten nach sich zog, traten seit Mitte der 1420er Jahre akute

112 Bayerische Staatsbibliothek, Clm 23787, fol. 348. Zu weiteren Handschriften vgl. Machilek: Johannes Hoffmann (wie Anm. 110), 111, Anm. 70a.

113 Vgl. Peter AUFGEBAUER: Die ersten wettinischen Kurfürsten und ihr Kammerknecht Abraham. Blätter für deutsche Landesgeschichte 116 (1980), 121-138 sowie Meike LÄMMERHIRT: Juden in den wettinischen Herrschaftsgebieten: Recht, Verwaltung und Wirtschaft im Spätmittelalter (Veröffentlichungen der Historischen Kommission für Thüringen, Kleine Reihe; 21). Köln; Weimar; Wien 2007.

114 Zum Kontext vgl. Šmahel: Die Hussitische Revolution (wie Anm. 6) Bd. 2, 1408-1496 (mit umfangreichen Quellen– und Literaturhinweisen) sowie Čornej: Velké dějiny ... (wie Anm. 6), 498-544.

115 Zu den hussitischen Manifesten vgl. HUSITSKE MANIFESTY/ hrsg. von Amedeo Molnár. Praha 1980 und Thomas A. FUDGE: The Magnificent Ride: the First Reformation in Hussite Bohemia. Aldershot; Brookfield; Singapore; Sydney 1998, 258-266.

Probleme auf.[116] Die Verschlechterung der wirtschaftlichen Lage war eine direkte Folge der langandauernden Kriege, der Entstehung stehender Feldheere und der damit verbundenen erhöhten Versorgungskapazitäten sowie der internationalen Blockade des Handels in den hussitischen Regionen.[117] Es verwundert daher nicht, dass sich die Zusammensetzung der Beute hussitischer Heere – ermittelt auf der Grundlage von Angaben zeitgenössischer Chronisten – dahingehend änderte, dass nunmehr Vieh als Beutegut deutlich dominierte und die Hussiten seit 1427 von ihren Heerfahrten Hunderte bzw. Tausende von Kühen, Ochsen, Stieren und Kälbern als Beute nach Böhmen führten.[118]

Dass eine große Furcht vor hussitischer Infiltration – auch mit Blick auf Helfer und Unterstützer in Sachsen – herrschte, wird in Korrespondenzen und drastischen Maßnahmen der Obrigkeit gleichermaßen sichtbar. 1424 etwa, als die Hussiten vor Zittau auftauchten, sollen Bürgermeister und zwölf Ratsherren mit den Ketzern sympathisiert haben bzw. bereit gewesen sein, dem Feind die Stadttore zu öffnen, was ihnen am Ende das Leben kostete.[119] Fünf Jahre später warnte Albrecht von Kolditz in einem Brief die Oberlausitzer: »Libin fründe habt achtunge in ewern Stetin vor verreternisse vnd vor füer, vnd besunder vff die fürstete vnd nehisten huser gelegin an der Stat, davon jr mochtet schaden nehmen.«[120] In einem undatierten Schreiben warnte der Rat zu Rochlitz darüber hinaus denjenigen zu Leipzig vor zwei hussitischen Spionen und lieferte gleichzeitig eine Art Steckbrief der beiden Studenten.[121]

War es 1426 die Begegnung Leipzigs mit den Hussiten aus der halbwegs sicheren geographischen Distanz heraus, stand 1429/30 die unmittelbare räumliche Konfron-

116 Vgl. Čornej: Velké dějiny … (wie Anm. 6), 498-501 sowie Thomas Krzenck: Die große Heerfahrt der Hussiten 1429-1430 und der Bamberger Aufstand im Februar 1430. Mediaevalia Historica Bohemica 2 (1992), 119-140.

117 Krzenck: Die große Heerfahrt der Hussiten … (wie Anm. 116), 125.

118 Ebd, 124 f.

119 Johannes Rothe: Chronicon Thuringiae, Sp. 1817. Die in Dresden aufbewahrte Ausgabe der Chronik mit der Signatur Mscr.Dresd.P.13 (Erscheinungsjahr 1550) ist online einlesbar unter http://www.digital.slub-dresden.de/werkansicht/dlf/6541/1/cache.off (aufgerufen am 23.12.2015). Herman Haupt: Husitische Propaganda in Deutschland. In: [Raumers] Historisches Taschenbuch/ hrsg. von Wilhelm Maurenbrecher. 6. Folge. Bd. 7. Leipzig 1888, 253. Dagegen äußerte sich bereits Jecht: Der Oberlausitzer Hussitenkrieg (wie Anm. 8), 77.

120 Palacký: UB II (wie Anm. 111), 14 (Nr. 567).

121 CDS II 8 (wie Anm. 87), 102 (Nr. 158). Ein ähnliches Schreiben sandte vier Jahre später der Rochlitzer Rat auch an jenen in Dresden, zumal »wie das die vordampten kecczer gar vil kuntschafft mit heimlichen boten in unsern landen ußrichten«. Man wusste sogar zu berichten, dass ein namentlich nicht bekannter Spion »syne brieve in der jopen zcwisschen den schuldern und sy ouch« trage. Nicht ganz abwegig erscheint die Vermutung, es könnte sich bei genannten Briefen um hussitische Manifeste gehandelt haben. Vgl. Otto Richter: Ein hussitischer Spion?. NASG 7 (1886), 145-146. Online zugänglich unter http://digital.slub-dresden.de/werkansicht/dlf/11919/1/0/ (aufgerufen am 22.12.2015).

tation mit den böhmischen »Ketzern« an. Eine weitaus gefährlichere Situation also, und bereits im März 1429 wies Kurfürst Friedrich der Sanftmütige den Leipziger Rat in einem Schreiben an, angesichts neuerlicher bedrohlicher Nachrichten hinsichtlich eines offenkundig bevorstehenden Einfalls der »verdampten ketczer« in seinen Herrschaftsbereich die Untertanen öffentlich, auf dem Marktplatz, vor den Hussiten und deren Aktivitäten zu warnen.[122] Wie real die Bedrohung war, sollte sich bald zeigen, und schon Mitte Mai erging die kurfürstliche Aufforderung an den Leipziger Rat, wiederum ein Kontingent von Bewaffneten nach Freiberg zu schicken, die dann – zusammen mit anderen Kräften – nach Brüx ziehen sollten, um die Stadt gegen die Hussiten zu schützen.[123] Der Krieg flammte erneut auf, ein hussitisches Aufgebot fiel, den Weg über Zittau nehmend, in Schlesien ein, und im Herbst setzte sich ein 6.000 Fußsoldaten, 800 Reiter und über 200 Wagen umfassendes Heer der Hussiten in Richtung Niederlausitz in Marsch.[124] Am 7. Oktober kapitulierte die Stadt Kamenz vor dem Druck dieses Heeres, eine Woche später vermochte Bautzen zwar einem mehrstündigen Angriff zu widerstehen, doch zahlte die Stadt bereitwillig 300 Schock Groschen für einen halbjährigen Waffenstillstand.[125] Die weiteren Nachrichten sind widersprüchlich, feststeht, dass Guben am 27. Oktober in Flammen aufging, während Görlitz zwar bedroht wurde, jedoch ungeschoren davonkam.[126] Die Unterhändler, die die Hussiten zu Verhandlungen über eine Kapitulation der Stadt aussandten, ließ der Rat kurzerhand am 4. November ertränken.[127]

Zwar kehrte das hussitische Heer zunächst von dieser Lausitzer Expedition in seine Heimatbasen zurück, doch folgte sprichwörtlich die Ruhe vor dem großen Sturm.[128] Befürchtungen vor einem Rachefeldzug für zurückliegende Einfälle hatten sich in Sachsen und Thüringen bereits Anfang November ausgebreitet, und früher oder später musste mit einem Feldzug in das benachbarte meißnische

---

122 CDS II 8.1 (wie Anm. 87), 112 f (Nr. 166). Zu Friedrich dem Sanftmütigen vgl. Bünz: Die Kurfürsten von Sachsen … (wie Anm. 1), 42 f. Zur militärischen Lage und den Aktivitäten allgemein siehe Šmahel: Die Hussitische Revolution (wie Anm. 6) Bd. 2 (Anm. 1), 1452-1480 (mit umfangreichen Quellen- und Literaturhinweisen) sowie Čornej: Velké dějiny (wie Anm. 6), 536-541. Aus sächsischer Perspektive wiederum Tresp: Kriegsvolk, fahrende Ritter und Söldner auf der via regia (wie Anm. 8), 145-151.

123 CDS II 8.1 (Anm. 87), 113 (Nr. 167).

124 Zum Kontext Šmahel: Die Hussitische Revolution (wie Anm. 6) Bd. 2, 1468-1469 (hier auch weitere Quellen- und Literaturhinwiese).

125 Ebd, 1468.

126 Ebd, 1468.

127 Zum Herbstfeldzug des Jahres 1429 in die Ober- und Niederlausitz vgl. Jecht: Der Oberlausitzer Hussitenkrieg (wie Anm. 8) Bd. 1, 226-244. Jetzt auch Alexandra Kaar: Kaiser Sigismund von Luxemburg und die Sechsstädte der Oberlausitz, Magisterarbeit, Universität Wien 2010. Mit Verweisen auf die Quellen auch Gundram: Döbeln und die Hussiten (wie Anm. 8), 3 f.

128 Šmahel: Die Hussitische Revolution (wie Anm. 6) Bd. 2, 1468 f.

Gebiet gerechnet werden, wobei freilich kaum jemand geahnt haben dürfte, dass auch Franken in den Fokus der »Gottesstreiter« geraten würde.[129] Anfang Dezember – es sollte ein ungemein milder Winter werden – traf sich der Führungsstab der wiederum Einigkeit demonstrierenden hussitischen Verbände in Prag, und am 14. Dezember brach eine nach groben Schätzungen 15-20.000 Mann starke Armee, einschließlich des Trosses und angeschlossener Einheiten, in mehreren Marschkolonnen Richtung nördliche Landesgrenze auf.[130] Um den 20. Dezember fiel die Vorhut der hussitischen Streitmacht ins Meißnische ein, die bei Palacký abgedruckten Städtekorrespondenzen lassen die Atmosphäre der Sorge, ja nackten Angst erahnen, die nicht allein in Sachsen und Thüringen vor den »vordampten bosen keczern und Hussen« herrschte, die »mit brande, roube und morde« – also eine Spur der Verwüstung hinterlassend – die von ihnen durchquerten Regionen überziehen würden.[131]

Auch Leipzig sollte die Bedrohung unmittelbar zu spüren bekommen, wohin auf Bitten Kurfürst Friedrichs des Sanftmütigen verbündete weltlichen und geistliche Fürsten des Reiches Hilfskontingente gesandt hatten, über deren Stärke in der Forschung immer wieder kontrovers diskutiert wurde, die aber dem hussitischen Heer zahlenmäßig deutlich unterlegen gewesen sein dürften, und schon nach einer direkten militärischen Konfrontation bei Grimma an der Mulde um den 4. Januar 1430 suchte das deutsche Aufgebot sein Heil in der Flucht.[132] Ob die Leipziger Vorstädte vor den herannahenden Hussiten von den Anwohnern oder durch meißnische Verbände in Brand gesteckt wurden, bleibt im Verborgenen. Überhaupt sind über das Ausmaß der Plünderungen im Raum Leipzig kaum Informationen überliefert, manche im Laufe der Zeit entstandene Legende konnte mittlerweile widerlegt werden.[133] Doch so rasch die Hussiten vor den Mauern Leipzigs auftauchten,

129 Zu Franken noch immer grundlegend Gerhard SCHLESINGER: Die Hussiten in Franken. Kulmbach 1974. Vgl. darüber hinaus auch Machilek: Deutsche Hussiten (wie Anm. 23).

130 Šmahel: Die Hussitische Revolution (wie Anm. 6) Bd. 2, 1469 (hier auch Hinweise auf die ältere Literatur).

131 Palacký: UB II (wie Anm. 111). Verwiesen sei hier exemplarisch auf die anonyme Warnung vom Dezember 1429 an den Görlitzer Rat (84 f [Nr. 624]), das Schreiben des Rats von Erfurt an den von Göttingen vom 29. Dezember 1429 (85 f [Nr. 625]), dessen erneutes Schreiben vom 15. Januar 1430 an die Nürnberger (90 [Nr. 629]) oder das Schreiben des Jenaer Rats an den von Erfurt vom 26. Januar 1430 (92 f [Nr. 632])

132 Den Verlauf skizziert Gundram: Döbeln und die Hussiten (wie Anm. 8), 6-14. Offenkundig handelte es sich hier um ein Gefecht von enormer Heftigkeit, was durch die hohe Zahl an Gefallenen und in Gefangenschaft Geratenen belegt ist. Der dramatische Übergang über die Mulde bildet den zentralen Kern des hier einschlägigen Berichts der »Alten Böhmischen Annalen«. Vgl. hierzu František PALACKÝ: Starší letopisové čeští. Prag 1829, 78 f. Die Situation nüchtern abwägend hier wiederum Šmahel: Die Hussitische Revolution (wie Anm. 6) Bd. 2, 1471.

133 So Gundram: Döbeln und die Hussiten (wie Anm. 8), der hier auf S. 12, Anm. 69 auf die entsprechende Literatur verweist.

so plötzlich zogen sie wieder ab. Schon am 12. Januar standen die Hussiten vor Altenburg, das bei weitem nicht so glimpflich davon kam wie Leipzig, sondern erobert und gebrandschatzt wurde. Der Satz im ältesten Stadtbuch Altenburgs »Got behute uns furder vor yn«[134] könnte auch vom Leipziger Rat stammen, der viele Stoßgebete gen Himmel geschickt haben dürfte und von Glück sagen konnte, dass die Pleißestadt nicht das Schicksal manch anderer Stadt auf der Heerroute der böhmischen Hussiten ereilte.[135]

Die Oberlausitz wurde als Nebenland der Krone Böhmens von den Hussitenkriegen wesentlich härter heimgesucht: Hier begann die Bedrohung bereits 1419, als die Stände Sigismund von Luxemburg als neuen Herrn anerkannten und sich die Hussiten damit zu Feinden machten, die ihrerseits 1424 Richtung Zittau vorrückten, das aber 1427 gegen ein Großangriff verteidigt werden konnte. Das flache Land hatte es da schwerer – bis nach Görlitz brannten die Hussiten das Land nieder, Löbau konnte 1428 verteidigt werden, drei Jahre später allerdings fiel es in die Hände der Hussiten. 1429 flohen die Kamenzer aus ihrer Stadt, die die hussitischen Verbände kampflos einnehmen konnten. Dreimal standen Letztere auch vor Görlitz als Haupt des Oberlausitzer Sechsstädtebundes, doch die gutbefestigte Stadt hielt der Belagerung stand. Andere hatten weniger Glück, alle belasteten die hohen Gelder, die für den Unterhalt der Söldner notwendig waren.

Die Angst vor dem lange Zeit militärisch offenkundig nicht besiegbaren Gegner blieb bestehen. Mit der Schlacht bei Lipany wurde zwar in Böhmen die Macht der Feldbruderschaften gebrochen, doch bedeutete dies nicht das Ende des Hussitismus, der in modifizierter Form fortbestand – innerhalb und außerhalb der gesellschaftlichen Strukturen.[136] »Armes Böhmen, das nach dem Blutvergießen so vieler seiner Söhne den Verführungen der irdischen Güter nicht zu widerstehen vermochte! Gott wird trotzdem das Werk der Reformation zu Ende bringen, nicht mehr mit Krieg und Gewalt, sondern mit Hilfe jener, die er sich herbeiholt von Orten, von wo man es nicht vermuten würde. Von Kriegen erhoffe ich mir schon nichts mehr«, konstatierte der Taboritenbischof Nikolaus Biskupec von Pilgram von dem einleitend bereits die Rede war.[137] Zu denen, die das Werk der böhmischen Reformation innerhalb der »waldensisch-hussitischen Internationale«[138] – also der »Interaktion« zwischen Hussiten und Waldensern – fortzusetzen versuchten gehörte auch Friedrich Reiser, über den wir – nicht zuletzt dank der Straßburger

134 Stadtarchiv Altenburg, Ältestes Stadtbuch, fol. 186b, Eintrag: 1430 Januar 12-16. Vgl. auch Gundram: Döbeln und die Hussiten (wie Anm. 8), 13.

135 Šmahel: Die Hussitische Revolution (wie Anm. 6) Bd. 2, 1470-1479. Des Weiteren vgl. Krzenck: Die große Heerfahrt der Hussiten (wie Anm. 116), 127-129.

136 Zum Fortgang der Entwicklung in Böhmen vgl. Čornej: Velké dějiny zemí koruny české (wie Anm. 21) Bd. 6, hier v. a. 11-18. 36-272.

137 Das Zitat des Nikolaus von Pilgram bei Molnár: Die Waldenser (wie Anm. 24), 281-282.

138 Vgl. hierzu Šmahel: Die Hussitische Revolution (wie Anm. 6) Bd. 3, 1913-1966.

Inquisitionsprotokolle von 1458 – mehr wissen als über jeden anderen Repräsentanten der waldensischen Diaspora im Mittelalter.[139] Im letzten Abschnitt seines erfahrungs- und wanderreichen Lebens finden wir Reiser in seiner Eigenschaft als Bischof bzw. führender Repräsentant der sog. Treuen Brüder 1453 u. a. in Engelsdorf bei Leipzig, wo er waldensisch-hussitische Wanderprediger, die sich alle drei Jahre zu Beratungen trafen, instruierte.[140] Wenig bekannt ist über den Bamberger Domprediger und Lizentiaten der Theologie Heinrich Steinbach aus Nürnberg, der von 1440 bis 1447 in Leipzig die Artes und Theologie gelehrt hatte, der in einer Predigt häretische (wohl wyclifitische) Ansichten vertreten haben soll und dessen Fall vor die Bamberger Diözesansynode gelangte.[141]

Auch wenn dieses Ereignis in der sächsischen Geschichte des 15. Jahrhunderts nur eine Marginalie darstellt, zeigt sie doch das (geheime) Fortleben einer sich in Form und Auftreten gewandelten Bewegung, die die wettinischen Territorien als unmittelbaren Nachbarn des unruhigen Böhmen auch über die Mitte des 15. Jahrhunderts hinaus beschäftigten – eben als eines der Zentren der waldensischen Diaspora neben dem Oberrheingebiet, Franken und der Mark Brandenburg in Deutschland. Im Jahre 1462 wurde mit 27 Waldensern aus der Umgebung von Altenburg und Zwickau ein Untersuchungsverfahren durchgeführt.[142] Ihr Lehrer Nikolaus Schneider predigte ihnen das Evangelium, nahm ihnen die Beichte ab und reichte ihnen und ihren Kindern das Abendmahl unter beiderlei Gestalt. Allerdings endeten die Waldenser nicht, wie wohl zu erwarten gewesen wäre, auf dem Scheiterhaufen, sondern mussten lediglich ihrer Lehre abschwören. In Glauchau wiederum scheinen damals hingegen Waldenser verbrannt worden zu sein. Insgesamt handelte es sich lediglich um kleine Gruppen, von denen Spuren in der spärlichen Überlieferung nachzuweisen sind.[143] Insgesamt ähnelte das aus den Verfahren in Altenburg und Zwickau sich abzeichnende Bild über die Waldensergemeinde in Sachsen jenem über die märkischen und fränkischen Waldenser.[144]

---

139 Vgl. diesbezüglich Martin SCHNEIDER: Friedrich Reiser: Herkunft, Berufung und Weg. In: Friedrich Reiser und die »waldensisch-hussitische Internationale« (wie Anm. 23), 75-86 sowie Molnar: Die Waldenser (wie Anm. 24), 268-296.

140 Hierzu (bei irrtümlicher Zuordnung von Engelsdorf in die Nähe von Wien) und zum Kontext Šmahel: Die Hussitische Revolution (wie Anm. 6) Bd. 3, 1931 sowie Machilek: Aufschwung und Niedergang … (wie Anm. 23), 295-306.

141 Ebd, 303.

142 Zum Kontext vgl. Molnár: Die Waldenser (wie Anm. 24), 288. Aus der älteren Literatur hier grundlegend Joseph Theodor MÜLLER: Über eine Inquisition gegen die Waldenser in der Gegend von Altenburg und Zwickau. Zeitschrift für Brüdergeschichte 2 (1908), 75-88 sowie Heinrich BOEHMER: Die Waldenser von Zwickau und Umgebung. NASG 36 (1915), 1-38. Online zugänglich unter http://digital.slub-dresden.de/werkansicht/dlf/11896/7/0/ (aufgerufen am 23.12.2015). Zum Kontext wiederum Machilek: Aufschwung und Niedergang … (wie Anm. 23), 306-310.

143 Zum Kontext hier Köpstein: Ohlasy … (wie Anm. 23), 265.

144 Vgl. hierzu wiederum Machilek: Aufschwung und Niedergang … (wie Anm. 23), 310.

Im Oktober 1452 weilte der durch halb Europa ziehende franziskanische Bußprediger Johannes Capistrano in den Mauern der Stadt Leipzig und geißelte hier wie andernorts in flammenden Worten Üppigkeit, Kleiderluxus, mangelnde Bußfertigkeit der Menschen, die »hussitische Ketzerei« und die »heidnischen Türken« und dürfte damit – gerade mit Blick auf die böhmischen Häretiker – bei manchem Zuhörer ein Schaudern ausgelöst haben, zumal bei jenen, die nicht einmal ein Vierteljahrhundert zuvor den Schreckensschrei »Die Hussen kommen« mit eigenen Ohren vernommen hatten.[145] Auch in den spätmittelalterlichen Annalen des Georg Horn von Sesslach ist noch an mehreren Stellen, mitunter fehlerhaft, die Erinnerung an die »perfidi heretici« spürbar, wobei der »geistige Brandstifter« der Bewegung, der er den Namen verliehen hatte, also Hus, in entsprechend negativem Licht erscheint.[146] Knapp ein Jahrhundert nach dem Auftauchen der Hussiten vor Leipzig spielte der geistige Vater der böhmischen Ketzer in Leipzig, wenn auch nur marginal, eine Rolle während der sog. Leipziger Disputation 1519, als Martin Luther den folgenreichen Satz prägte: »Non omnes articuli hussitici sunt heretici!«[147] Doch dies ist bereits ein anderes (eigenes) Thema.

145 Zum Wirken Capistranos in Leipzig noch immer grundlegend Johannes Hofer: Johannes Kapistran: im Kampf um die Reform der Kirche. 2 Bde. Neubearb. Heidelberg 1965. Zu Capistrano in Leipzig jetzt auch Krzenck: Predigt ohne Unterlass (wie Anm. 11). Zum Kontext jetzt auch Geschichte der Stadt Leipzig. Bd. 1: Von den Anfängen bis zur Reformation/ hrsg. von Enno Bünz. Leipzig 2015, 493. 496-497.

146 Die entsprechenden Hinweise verdankt der Autor Herrn Dr. Marek Wejwoda, Leipzig. Für 1430 etwa heißt es: »Anno domini xiiii[c] xxx sint die Behem mit macht geczogen durch das lant Meyssen.« (fol. 34[v]).

147 Zu Luthers Auftreten in Leipzig 1519 grundlegend Martin Brecht: Martin Luther: sein Weg zur Reformation 1483-1521. Stuttgart 1981, 285-307 (zur böhmischen Häresie 304 f). Zu Leipziger Disputation vgl. Die Leipziger Disputation 1519/ hrsg. von Markus Hein, Armin Kohnle (HCh; SB; 18). Leipzig 2011. Zu Luthers Sicht auf Hus mit Blick auf die Verbreitung der Schriften des böhmischen Reformers und Kirchenkritikers in der Reformation vgl. Hus-Luther-Cranach: Handschriften und Drucke der Thüringer Universitäts- und Landesbibliothek Jena/ hrsg. von Sabine Wefers. Jena 2015, 14-21.

Franziskanerobservanz und landesherrliches Kirchenregiment in der spätmittelalterlichen Oberlausitz

Das Beispiel Kamenz*

Von Alexander Sembdner

I Einleitung

»Ad vacandum Deo« – frei zu sein für Gott bzw. Gott zu dienen. Dies sei, so eine Urkunde König Ludwigs II. von Böhmen für die Kamenzer Franziskaner aus dem Jahre 1518, die wesentliche Aufgabe der Minderbrüder und der Grund ihrer Existenz in der Sechsstadt.[1] Damit sie dieser Pflicht nachkommen, habe Ludwigs Vater, König Wladislaus II. von Böhmen, zum Lobe Gottes ein Kloster zu Ehren der Heiligen Anna und des heiligen Bernhardin von Siena in Kamenz[2] gestiftet, diesem Grund und Boden für Kirche, Friedhof, Garten und andere Nebengebäude

---

* Für die Druckfassung erweiterter Vortrag, den der Autor unter dem Titel »ad vacandum Deo: der Franziskanerorden im spätmittelalterlichen Sachsen – das Fallbeispiel Kamenz« auf der 66. Tagung für sächsische Kirchengeschichte vom 19. bis 21. Juni 2014 in Kamenz (Sachsen) gehalten hat. Ich danke Herrn Prof. Dr. Enno Bünz (Leipzig) für weiterführende Hinweise und Herrn Friedrich Pollack (Leipzig/Bautzen) sowie Frau Vicky Rothe (Leipzig) für die kritische Durchsicht des Manuskripts.

1 Zum Sechsstädtebund: 666 Jahre Sechsstädtebund/ hrsg. von Thomas Binder. Görlitz 2012; 650 Jahre Oberlausitzer Sechsstädtebund 1346-1996/ hrsg. von Gunter Oettel; Volker Dudeck. Bad Muskau 1997; 650 Jahre Sechsstädtebund der Oberlausitz: 1346-1996/ hrsg. von Matthias Herrmann. Kamenz 1997; Matthias Herrmann: Quellen zur Geschichte des Sechsstädtebundes in den Archiven der Sechsstädte: ein Zwischenbericht. Bautzen 1996.

2 Zu Kamenz: Kamenz: Beiträge zu Geschichte und Kultur der Lessingstadt. Festschrift der Stadt Kamenz/ hrsg. anlässlich des 775. Jahrestages ihrer urkundlichen Ersterwähnung von Matthias Herrmann. Kamenz 2000; Kamenz: Geschichten, Gestalten, Geschichte/ hrsg. von Matthias Herrmann. Böblingen 1992; Matthias Herrmann: Kamenz im Sechsstädtebund. In: 650 Jahre Sechsstädtebund … (wie Anm. 1), 9-30; ders.: Kamenz in der Oberlausitz: du Ärmste der Sechsstädte – reich an Kultur und Geschichte. Sächsische Heimatblätter 57 (2011), 186-191. Zur Kamenzer Kirchengeschichte: Anja Zschornak: Stadt und Kirche in der Oberlausitz: Untersuchungen im spätmittelalterlichen Kamenz. Magisterarbeit (masch.). Univ. Leipzig 2008; dies.: Stadt und Kirche im spätmittelalterlichen Kamenz. Neues Lausitzisches Magazin 132 (2010), 31-54; Matthias Knobloch: Zur Kirchengeschichte von Kamenz und Kloster St. Marienstern im 15. und 16. Jahrhundert. In: 650 Jahre Sechsstädtebund … (wie Anm. 1), 100-108.

zur Nutzung übertragen und zudem mit zahlreichen Privilegien ausgestattet.[3] Dies alles tat er zu seinem ewigen Gedächtnis.[4]

Als der böhmische Landesherr der Oberlausitz[5] am 3. März 1493[6] eben jene Stiftung tätigte und den Franziskanerkonvent St. Annen in Kamenz offiziell einrichten ließ, konnte er freilich nicht voraussehen, dass diesem Unterfangen nur ein kurzes und zudem überaus schwieriges Schicksal beschieden war. Von den anfänglich wohl nur schleppend in Gang kommenden Bauarbeiten – die Grundsteinlegung erfolgte zwar am 20. Mai 1493,[7] die Gründungsplanungen waren wohl schon seit 1492 im Gang, die Klosterkirche selbst wurde aber wohl erst 1512 geweiht – über Auseinandersetzungen mit dem Kamenzer Stadtrat aufgrund der Eingliederung des Klostergeländes in die Stadtmauer bis hin zu der seit den 1520er und 1530er Jahren drohenden Gefahr der Auflösung des Klosters im Zuge der Reformation. Und so wurde denn auch das Kamenzer Annenkloster 1565 an den Rat der Stadt übergeben und in eine Schule umgewandelt (die Kirche wurde für den evangelischen Gottesdienst in sorbischer Sprache eingeräumt, die Konventsgebäude für den Schulbetrieb), nachdem es in den letzten rund 30 Jahren seiner Existenz vermutlich ohnehin kaum noch funktionsfähig gewesen sein dürfte.[8]

---

3 URKUNDENBUCH DER STÄDTE KAMENZ UND LÖBAU/ hrsg. von Hermann Knothe (CDS II 7) Leipzig 1883, 182-184 (Nr. 233). Die Formulierung »ad vacandum Deo« im Sinne von »Gottesdienst« bzw. »Dienst an Gott« oder »sich Gott hingeben« findet sich schon in der »Summa Theologiae« des Thomas von Aquin: II^{a}-IIae q. 122 a. 4 co. [online: http://www.unifr.ch/bkv/summa/kapitel638-4.htm; Zugriff: 27.03.2015]

4 Urkundenbuch Kamenz … (wie Anm. 3), 130 f (Nr. 173).

5 Zu den Verfassungsverhältnissen in der Oberlausitz: Uwe SCHIRMER: Mitbestimmung der Untertanen oder Alleinherrschaft der Funktionseliten?: zur politischen Partizipation und landständischen Verfassung in den Lausitzen, Kursachsen, Brandenburg und Schlesien (1500-1650). In: Die Oberlausitz im frühneuzeitlichen Mitteleuropa: Beziehungen – Strukturen – Prozesse/ hrsg. von Joachim Bahlcke. Stuttgart 2007, 65-70. Vgl. Norbert KERSKEN: Die Oberlausitz von der Gründung des Sechsstädtebundes bis zum Übergang an das Kurfürstentum Sachsen (1346-1635). In: Geschichte der Oberlausitz: Herrschaft, Gesellschaft und Kultur vom Mittelalter bis zum Ende des 20. Jahrhunderts/ hrsg. von Joachim Bahlcke. Leipzig 2001, 99-142.

6 Urkundenbuch Kamenz … (wie Anm. 3), 130 f (Nr. 173).

7 Urkundenbuch Kamenz … (wie Anm. 3), 131 (Nr. 174); Walter von BOETTICHER: Beiträge zur Geschichte des Franziskanerklosters zu Kamenz. Neues Lausitzisches Magazin 72 (1896), 243; Jan RÜTTINGER: Camencia Jagellonica: die Gründung des Franziskanerklosters St. Annen in Kamenz. Kamenz 2013, 28.

8 Ersichtlich etwa aus einem Vertrag des Annenklosters mit dem Kamenzer Stadtrat vom 19. Juni 1536 über die Wasserversorgung des Konvents, zu welcher dieser selbstständig nicht mehr in der Lage war: Boetticher: Beiträge … (wie Anm. 7), 270 f Beilage XI. Diese Wasserversorgung war dem Kloster 1503 bewilligt worden, vgl. ebd, 255 und 259 f Beilage III; Hermann KNOTHE: Nachtrag zur Geschichte des Franziskanzerklosters zu Kamenz. BSKG 4 (1888), 24. 29.

Betrachtet man sich nur diesen grob zusammengefassten Überblick über die Geschichte der Franziskaner im Kamenz des Spätmittelalters, so kommt einem der moderne Begriff der »Investitionsruine« in den Sinn. 600 Schock Groschen habe König Wladislaus schon in Bau und Ausstattung des Annenklosters gesteckt, ließ dessen Kanzler Ladislaus von Sternberg 1511 eine Delegation des Kamenzer Stadtrates wissen.[9] Eine auch für damalige Verhältnisse recht stattliche Summe, besonders in Relation zu den Finanzen der Kamenzer Stadtobrigkeit, die zu dieser Zeit von dem mehr oder weniger zwangsweise übernommenen Einbau des Franziskanerklosters in die Stadtmauer arg gebeutelt waren.[10] Ebenso waren etwa die Beschaffung kurialer Ablassurkunden für das Kloster und die Ausstellung königlicher Privilegien, wie sie König Wladislaus und sein Sohn Ludwig betrieben hatten, nicht für umsonst zu haben.[11]

So überrascht es wenig, dass schon die ältere Forschung[12] zu teils vernichtenden Urteilen über das Kamenzer Franziskanerkloster kam: »Zu unrechter Zeit und an unrechtem Orte gegründet, trug es von Anfang an die Keime des Untergangs in sich, und nur durch künstliche und unnatürliche Mittel war überhaupt sein Dasein gefristet worden.«, so fasste 1896 Walter von Boetticher das Schicksal der Kamen-

9 Urkundenbuch Kamenz … (wie Anm. 3), 171-173 (Nr. 224) (Anm.: »Der konig wurde nicht thuen, was die von Camentz wolden; s.k.m. het 600 schoc dorzu gegeben und bawet das closter und nicht die von Camentz«); Hermann KNOTHE: Die Franziskanerklöster zu Löbau und Kamenz. BSKG 1 (1882), 115.

10 So war der Kamenzer Stadtrat z. B. häufiger gezwungen, bei den Freiberger Magdalenerinnen Kredite aufzunehmen, vgl. Urkundenbuch Kamenz … (wie Anm. 3): 171 (Nr. 223). 176 (Nr. 228). 192 (Nr. 248).

11 Boetticher: Beiträge… (wie Anm. 7), 243; Rüttinger: Camencia Jagellonica… (wie Anm. 7), 28. Vgl. Enno BÜNZ: Die Römische Kurie und Sachsen im späten Mittelalter: mit einer Zusammenstellung der Benefizien des Bistums Meißen in den päpstlichen Registern 1417-1471. In: Italien, Mitteldeutschland, Polen: Geschichte und Kultur im europäischen Kontext vom 10. bis zum 18. Jahrhundert/ hrsg. von Wolfgang Huschner. Leipzig 2013, 403-530; Enno BÜNZ; Hartmut KÜHNE: Der Ablaß in der alltäglichen Frömmigkeit des Spätmittelalters. In: Frömmigkeit in Schrift und Bild: illuminierte Sammelindulgenzen im mittelalterlichen Mühlhausen/ bearb von Martin Sünder. Petersberg 2014, 9-14; Götz-Rüdiger TEWES: Die römische Kurie und die europäischen Länder am Vorabend der Reformation. Tübingen 2001.

12 Einen grundlegenden Überblick über Literatur und Quellen zum Kamenzer Annenkloster liefert Matthias HERRMANN: Das Franziskanerkloster St. Annen in Kamenz/Oberlausitz: Anmerkungen zur Literatur- und Quellenlage. In: Bernardyni na Śląsku w późnym średniowieczu [Bernhardiner im spätmittelalterlichen Schlesien]/ hrsg. von Jakub Kostowski. Wrocław 2005, 91-133. Neben den Beiträgen von Knothe (siehe Anm. 8 und 9) und Boetticher (siehe Anm. 7) sei verwiesen auf Georg UHLIG: Beitrag zur Geschichte des Franziskanerklosters zu St. Anna in Kamenz. Neues Lausitzisches Magazin 80 (1904), 232-235 und Heinrich Gottlob GRÄVE: Einiges die St. Annenkirche und das ehemalige Franziskanerkloster zu Kamenz u.w.d.a. nebst den in Ersterer befindlichen Altertümern betreffend. Neues Lausitzisches Magazin 20 (1842), 138-150.

zer Minoriten zusammen.[13] Auch der um die Oberlausitzer Geschichtsforschung so verdiente Hermann Knothe konnte seine Genugtuung darüber kaum verbergen, dass die Reformation der »Erbschleicherei der Mönche«[14] endlich ein Ende machte, wie für Knothe das ganze Kloster selbst vor allem ein einziges Ärgernis darstellte, einen Hort mittelalterlicher Finsternis im nun vom hellen Licht der Reformation erstrahlten Kamenz, deren Insassen nur daran dachten, den armen Bürgern das Geld aus der Tasche bzw. vom Totenbett zu nehmen,[15] die Arbeit der Stadtobrigkeit zu sabotieren und auch sonst stur an ihrem alten Glauben festhielten und so allgemein den Fortschritt der Geschichte in Kamenz behinderten.

Knothe blieb die Frömmigkeit[16] der spätmittelalterlichen Menschen fremd und unverständlich; die Sorge um einen guten Tod und das bis zum Äußersten gesteigerte Verlangen nach ewigem Seelenheil – ein Verlangen, das durch Testamentsstiftungen bei einer theoretisch auf Ewigkeit angelegten Institution wie einem Kloster befriedigt werden konnte.[17] Insbesondere dann, wenn man damit Bettelmönche betraute, eine Gruppe von Geistlichen also, die durch ihre Lebensweise in absoluter Armut dem apostolischen Ideal und der Nachfolge Jesu Christi sehr nahe kamen und somit die eigene Stiftung noch einmal besonders aufwerten konnten. Dass nämlich das Annenkloster relativ schnell wieder einging, lag nicht daran, dass die Kamenzer mit der franziskanischen Lebensweise und deren Idealen nichts anfangen konnten, ganz im Gegenteil. Entsprangen diese Ideale doch genau der Vorstellungswelt der Menschen um 1500, jener spezifischen Form spätmittelalterlicher Frömmigkeit, die unter anderem Martin Luther dazu bewogen hatte, 1505 einem äußerst strengen Bettelorden, nämlich den observanten Augustiner-Eremiten in Erfurt, beizutreten.[18]

13 Boetticher: Beiträge … (wie Anm. 7), 250.

14 Knothe: Nachtrag … (wie Anm. 8), 28.

15 Ebd, 23.

16 Vgl. dazu ALLTAG UND FRÖMMIGKEIT AM VORABEND DER REFORMATION IN MITTELDEUTSCHLAND: Katalog zur Ausstellung »Umsonst ist der Tod«/ hrsg. von Hartmut Kühne; Enno Bünz; Thomas T. Müller. Petersberg 2013. 416 S. Zur Oberlausitz: Enno BÜNZ: »Neun Teufel, die den Pfarrer quälen«: zum Alltag in den mittelalterlichen Pfarreien der Oberlausitz. In: Stätten und Stationen religiösen Wirkens: Studien zur Kirchengeschichte der zweisprachigen Oberlausitz/ hrsg. von Lars-Arne Dannenberg; Dietrich Scholze. Bautzen 2009, 19-54. Allgemein: Arnold ANGENENDT: Geschichte der Religiosität im Mittelalter. Darmstadt 1997; LAIENFRÖMMIGKEIT IM SPÄTEN MITTELALTER: Formen, Funktionen, politisch-soziale Zusammenhänge/ hrsg. von Klaus Schreiner. München 1992.

17 Vgl. Enno BÜNZ: Klerus und Bürger: die Bedeutung der Kirche für die Identität deutscher Städte im Spätmittelalter. In: Aspekte und Komponenten der städtischen Identität in Italien und Deutschland (14.-16. Jahrhundert)/ hrsg. von Giorgio Chittolini; Peter Johanek. Bologna; Berlin 2003, 351-388; Klaus SCHREINER: Laienfrömmigkeit – Frömmigkeit von Eliten oder Frömmigkeit des Volkes?: zur sozialen Verfaßtheit laikaler Frömmigkeitspraxis im späten Mittelalter, in: Laienfrömmigkeit im späten Mittelalter … (wie Anm. 16), 1-78.

18 Zum Verhältnis Luthers zu den Franziskanern Walter ZIEGLER: Die Franziskaner-Observanten. In: Orden und Klöster im Zeitalter von Reformation und katholischer Reform

Die »Keime des Untergangs« der Kamenzer Franziskaner lagen vielmehr in den politischen, wirtschaftlichen und auch kirchlich-administrativen Verhältnissen zur Zeit seiner Errichtung begründet, die Reformation tat nur noch ihr übriges dazu.

Das Annenkloster hat in letzter Zeit intensivere Erforschung erfahren, nicht zuletzt im Rahmen der Umwandlung der Klosterkirche in ein »Sakralmuseum« und der darin durchgeführten Ausstellungen.[19] Dieses vor etwa zehn Jahren neu entfachte Interesse erscheint als Reaktion auf die allenthalben bekannten Prozesse der Deurbanisierung, mit denen zahlreiche (vor allem ostdeutsche) Städte in strukturschwachen Regionen wie der Oberlausitz zu kämpfen haben.[20] Diesen Prozessen versuchen zahlreiche Kommunen mit der Rezeption und Vermarktung des eigenen historischen und kulturellen Erbes entgegenzuwirken. Stand bis vor wenigen Jahren noch der bedeutendste Sohn der Stadt, der omnipräsente Gotthold Ephraim Lessing, weitgehend allein im Mittelpunkt des Interesses, hat man inzwischen den Wert der in den Kamenzer Kirchen schlummernden spätmittelalterlichen Kunstschätze erkannt – besonders die beeindruckenden spätgotischen Schnitzaltäre der ehemaligen Franziskanerkirche St. Annen – und begonnen, diese in ein kulturtouristisches Gesamtkonzept einzubeziehen.[21]

In den bisherigen Darstellungen zur Gründungsgeschichte des Kamenzer Annenklosters kommen aber Aspekte der spätmittelalterlichen Frömmigkeitsgeschichte, besonders die dezidiert religiös geprägte Machtpolitik spätmittelalterlicher Landesherren[22] (das so genannte »landesherrliche Kirchenregiment«), zu kurz; kunsthisto-

---

1500-1700. Bd. 3/ hrsg. von Friedhelm Jürgensmeier; Elisabeth Schwerdtfeger. Münster 2007, 186-191.

19 Thomas BINDER: »Mit Gewalt ist es angefangen, ohne Gewalt ist es vergangen«: 500 Jahre Klosterkirche St. Annen – Archivfunde (Kleine Schriften der Städtischen Sammlungen Kamenz; 1). Kamenz 2012; Rüttinger: Camencia Jagellonica … (wie Anm. 7); allerdings besitzen diese Publikationen keinerlei Literatur- und Quellenangaben.

20 Vgl. Christine HANNEMANN: Marginalisierte Städte: Probleme, Differenzierungen und Chancen ostdeutscher Kleinstädte im Schrumpfungsprozess. Berlin 2004; Birgit GLOCK: Stadtpolitik in schrumpfenden Städten: Duisburg und Leipzig im Vergleich. Wiesbaden 2006; Ralph RICHTER: Nach dem Schrumpfen: Wandel und Persistenz von stadtbezogener Identität, stadtbezogenem Verhalten und Kultur der Stadt in schrumpfenden Städten. Berlin 2013.

21 Vgl. Sylke KAUFMANN: Die Klosterkirche St. Annen in Kamenz: vom Franziskanerobservantenkloster zum Sakralmuseum. Sächsische Heimatblätter 57 (2011), 216-221.

22 Enno BÜNZ; Christoph VOLKMAR: Das landesherrliche Kirchenregiment in Sachsen vor der Reformation. In: Glaube und Macht: Theologie, Politik und Kunst im Jahrhundert der Reformation/ hrsg. von Enno Bünz; Stefan Rhein; Günther Wartenberg. Leipzig 2005, 89-109; Christoph VOLKMAR: Die Stunde des Laienstandes?: landesherrliche Kirchenreform am Vorabend der Reformation. Historisches Jahrbuch der Görres-Gesellschaft 128 (2008), 367-407; DERS.: Reform statt Reformation: die Kirchenpolitik Herzog Georgs von Sachsen 1488-1525. Tübingen 2008.

rische Fragen bzw. die Kunstwerke an sich stehen im Mittelpunkt des Interesses.[23] Die Beziehungen zwischen Stadt und Kloster werden dabei oft weiterhin als die Geschichte eines Dauerkonflikts dargestellt. Warum und zu welchem Zweck das Franziskanerkloster errichtet wurde, wird eher oberflächlich behandelt. Dass die Jagiellonen als böhmische Könige etwas damit zu tun hatten, interessiert vor allem im Hinblick auf die Stilelemente der Kunstwerke, nicht aber im Zusammenhang mit deren landesherrlichen und kirchenpolitischen Handeln in der Oberlausitz. Dieser Beitrag versteht sich daher nicht als revolutionäre Neuinterpretation der Entstehungsgeschichte des Kamenzer Franziskanerklosters und kann auch nicht mit bislang unbekanntem Archivmaterial aufwarten.[24] Er will stattdessen das Annenkloster in den überregionalen, kirchen- wie politikgeschichtlichen Kontext spätmittelalterlicher Landesherrschaft einbetten, um Aspekte und Besonderheiten des Kamenzer Franziskanerkonvents deutlich zu akzentuieren, aber auch so manchen immer noch unkritisch fortgeschriebenen Mythos zu entkräften.

---

23 Vgl. Cornelius GURLITT: Beschreibende Darstellung der älteren Bau- und Kunstdenkmäler des Königreichs Sachsen. Heft 36: Amtshauptmannschaft Kamenz und Pulsnitz. Dresden 1912, 156-192; Heinrich MAGIRIUS: Die Klosterkirche St. Anna in Kamenz. Beiträge der Heimatkunde der Westlausitz 7 (1996), 3-16; Katja Margarethe MIETH: Die spätgotischen Flügelaltäre in der Klosterkirche St. Annen zu Kamenz. Beiträge zur Heimatkunde der Westlausitz 5 (1993), 13-42; DIES.: Verflechtung östlicher und westlicher Elemente: Bemerkung zur Ausstattung des Franziskanerobservantenklosters St. Anna in Kamenz (Oberlausitz). In: Die Jagiellonen: Kunst und Kultur einer europäischen Dynastie an der Wende zur Neuzeit/ hrsg. von Dietmar Popp; Robert Suckale. Nürnberg 2002, 167-177; Jakub KOSTOWSKI: Die Ausstattung der Franziskanerobservantenkirchen in Schlesien und in der Oberlausitz im ausgehenden Mittelalter. In: Böhmen – Oberlausitz – Tschechien: Aspekte einer Nachbarschaft/ hrsg. von Lars-Arne Dannenberg. Görlitz 2006, 79-88; Stefan BÜRGER: Die Franziskanerklosterkirchen von Kamenz und Torgau und ihr Verhältnis zur Architektur der Pfarrkirchen um 1500. In: Bettelorden in Mitteleuropa: Geschichte, Kunst, Spiritualität/ hrsg. von Heidemarie Specht; Ralph Andraschek-Holzer. St. Pölten 2008, 492-508.

24 Erneut sei verwiesen auf den umfassenden Überblick bei Herrmann: Das Franziskanerkloster St. Annen … (wie Anm. 12). Neben dem von Knothe herausgegebenen Urkundenbuch der Stadt Kamenz (wie Anm. 3) informieren vor allem die vom Kamenzer Ratsherren und späteren Bürgermeister Caspar Haberkorn (1550?-1608) verfassten Annalen der Stadt Kamenz (die sog. »Haberkornsche Chronik«) über die Geschichte der Stadt vor der Reformation. Haberkorn wie Knothe stützten sich dabei weitgehend auf die Kamenzer Amts- bzw. Stadtbücher, die im Jahre 1400 einsetzen und im Stadtarchiv Kamenz einer modernen Edition harren. Zwischen 1932 und 1934 hatte bereits Gerhard STEPHAN: Die Haberkornsche Stadtchronik. 3 Hefte. Kamenz 1934, einen Teil dieser Chronik bearbeitet. Für den hier interessierenden Zeitabschnitt liegt neuerdings eine Abschrift von Lars-Arne Dannenberg vor: Caspar HABERKORN: Annalen der Stadt Kamenz (Haberkornsche Chronik)/ bearb. und hrsg. von Lars-Arne Dannenberg. Görlitz 2012, die jedoch in editorischer Hinsicht mit Vorsicht zu genießen ist, vgl. dazu die Rezensionen von Friedrich POLLACK: Neues Lausitzisches Magazin 136 (2014), 162 f sowie Christian SPEER: http://www.sehepunkte.de/2015/02/25871.html [Zugriff: 27.03.2015]. Mangels Alternativen findet diese »Edition« hier trotz allem Verwendung.

II Grundlegende Voraussetzungen

Zunächst ist danach zu fragen, warum Kamenz bis zum Jahr 1492 kein Kloster innerhalb seiner Stadtmauern beherbergte. Kamenz, die westlichste der oberlausitzischen Sechsstädte, wird erstmals 1225 urkundlich erwähnt[25] und war eine Gründung des pleißenländischen Ministerialengeschlechts von Vesta,[26] auf die ebenfalls die Gründung und Ausstattung des Klosters St. Marienstern zurückgeht.[27] Aus diversen Gründen, auf die hier nicht eingegangen werden muss, verloren die Herren von Kamenz Anfang des 14. Jahrhunderts die Herrschaft über die Stadt, diese fiel 1319 an den König von Böhmen.[28] Die letzten Reste der alten ministerialen Stadtherrschaft wurden aber erst 1409 blutig beseitigt.[29] Damit sei auch in Erinnerung gerufen, dass die Oberlausitz ein böhmisches Kronland war; der König ließ sich dabei durch einen Landvogt vertreten.[30] Dass sich unter diesen Umständen der 1346 offiziell geschlossene Sechsstädtebund zwischen Bautzen, Görlitz, Zittau, Löbau, Lauban und Kamenz als spezifisch ordnungspolitische Herrschaftsinstitu-

25 Urkundenbuch Kamenz … (wie Anm. 3), 1 f (Nr. 1).

26 Herbert HELBIG: Der wettinische Ständestaat: Untersuchungen zur Geschichte des Ständewesens und der landständischen Verfassung in Mitteldeutschland bis 1485. Münster; Köln 1955, 302-304; Hermann KNOTHE: Geschichte der Herren von Kamenz. Neues Lausitzisches Magazin 43 (1866), 81-111; DERS.: Bernhard von Kamenz, der Stifter des Klosters Marienstern. Archiv für Sächsische Geschichte 4 (1866), 82-114.

27 Urkundenbuch Kamenz … (wie Anm. 3), 3 f (Nr. 4); Hermann KNOTHE: Urkundliche Geschichte des Jungfrauenklosters Marienstern Cisterzienserordens in der Königl. Sächs. Oberlausitz von der Zeit seiner Gründung bis Anfang des sechszehnten Jahrhunderts. Dresden 1871; vgl. Walter SCHLESINGER: Kirchengeschichte Sachsens im Mittelalter. Bd. 2: Das Zeitalter der deutschen Ostsiedlung (1100-1300). Köln; Graz 1962, 292-294. Vgl. zu St. Marienstern neuerdings Marius WINZELER: St. Marienstern: der Stifter, sein Kloster und die Kunst Mitteleuropas im 13. Jahrhundert. Wettin-Löbejün 2011.

28 Lenka BOBKOVÁ: Die Oberlausitz unter luxemburgischer und habsburgischer Herrschaft (unter besonderer Berücksichtigung des böhmischen Adels). In: Die Oberlausitz im frühneuzeitlichen Mitteleuropa … (wie Anm. 5), 109-131, hier: 114 f.

29 Eine bunte Schilderung bei Knothe: Geschichte der Herren von Kamenz … (wie Anm. 26), 94-97; vgl. Karl CZOK: Der Oberlausitzer Sechsstädtebund in vergleichender geschichtlicher Betrachtung. In: Oberlausitzer Forschungen. Beiträge zur Landesgeschichte: Festschrift aus Anlaß des 25jährigen Bestehens des Sächsischen Landesarchivs Bautzen (1933-1958)/ hrsg. von Martin Reuther. Leipzig 1961, 112.

30 Bobková: Die Oberlausitz … (wie Anm. 28), 109-116; DIES.: Die politischen Beziehungen zwischen dem Königreich Böhmen und der Oberlausitz im Mittelalter. In: Böhmen – Oberlausitz – Tschechien … (wie Anm. 23), 40-42; Marek WEJWODA: Spielball mächtiger Nachbarn?: »Die Lausitzen« im 14. Jahrhundert. In: Die Nieder- und Oberlausitz: Konturen einer Integrationslandschaft, Bd. 1: Mittelalter/ hrsg. von Heinz-Dieter Heimann; Klaus Neitmann; Uwe Tresp. Berlin 2013, 191-203; Elfie-Marita EIBL: Die Lausitzen zwischen Böhmen, Brandenburg und Sachsen in der Zeit Kaiser Friedrichs III. (1440-1493). In: Akkulturation und Selbstbehauptung: Studien zur Entwicklungsgeschichte der Lande zwischen Elbe/Saale und Oder im späten Mittelalter/ hrsg. von Peter Moraw. Berlin 2001, 311-346.

tion zur Sicherung des Landfriedens in der Oberlausitz (gegen den lokalen Adel[31]) entwickelte, sei nur am Rande erwähnt.[32]

Von seiner Bedeutung her stand Kamenz innerhalb dieses Bundes immer in der zweiten Reihe. An der Via Regia[33] gelegen war es zwar wirtschaftlich einigermaßen potent, so etwa durch einen 1356 durch Kaiser Karl IV. verliehen Salzmarkt,[34] kam mit einer Einwohnerzahl von rund 2.000-2.500 Einwohnern am Ende des Mittelalters allerdings bei weitem nicht an die Ausmaße von Görlitz oder Bautzen heran.[35] Dabei spielten auch wiederholte Hussiteneinfälle in den 1430er Jahren gewiss eine Rolle.[36] Wenn man so will, war Kamenz eine typische spätmittelalterliche Kleinstadt im Neusiedelland, durchschnittlich durch und durch, ausgestattet mit einer Pfarrkirche, St. Marien, deren Patronat beim Kloster St. Marienstern lag[37] sowie diversen Kapellen,[38] aber – und das ist der Unterschied zu den anderen Sechsstädten der Oberlausitz – bis 1492/93 ohne ein Kloster innerhalb der Stadtmauern.[39]

Die Oberlausitz bzw. die Sechsstädte stellen mit ihrer relativen Dichte an Franziskanerklöstern ohnehin eine Besonderheit dar. Die Dominikaner ließen sich hier in der derartigen Dichte nicht nieder, Augustiner-Eremiten gab es gar nicht. Abgesehen davon bestätigt sich das typische West-Ost-Gefälle was Klostergründungen und -verteilung angeht; je weiter östlich, desto geringer die Zahl der Klöster.[40]

31 Hermann KNOTHE: Geschichte des Oberlausitzer Adels und seiner Güter vom XIII. bis gegen Ende des XVI. Jahrhunderts. Leipzig 1879, hier bes. 58-77.

32 Vgl. die in Anm. 1, 5, 28 und 30 erwähnte Literatur.

33 »VIA REGIA – 800 JAHRE BEWEGUNG UND BEGEGNUNG«: Katalog zur 3. Sächsischen Landesausstellung/ hrsg. von Roland Enke. Dresden 2011; MENSCHEN UNTERWEGS: die via regia und ihre Akteure. Essayband zur 3. Sächsischen Landesausstellung/ hrsg. von Winfried Müller; Swen Steinberg. Dresden 2011.

34 Urkundenbuch Kamenz … (wie Anm. 3), 16 (Nr. 24).

35 Karlheinz BLASCHKE: Bevölkerungsgeschichte von Sachsen bis zur industriellen Revolution. Weimar 1967, 70; Kersken: Oberlausitz … (wie Anm. 5), 112 f.

36 Kersken: Die Oberlausitz … (wie Anm. 5), 109-111; Knothe: Die Geschichte der Herren von Kamenz … (wie Anm. 26), 97 f; Rudolf ANDEL: Böhmen und die Oberlausitz während der Hussitenkriege. In: Böhmen – Oberlausitz – Tschechien … (wie Anm. 23), 71-78.

37 Urkundenbuch Kamenz … (wie Anm. 3), 5 f (Nr. 7). Dies führte in Zeiten der Reformation zu erheblichen Spannungen, vgl. Haberkorn: Annalen … (wie Anm. 24), 58 f.

38 Vgl. zur Kamenzer »Sakraltopographie« die Arbeiten von Zschornak (wie Anm. 2).

39 Zu den Bettelordenskonventen in der Nieder- und Oberlausitz demnächst DIE BETTELORDEN IN DEN BEIDEN LAUSITZEN: Geschichte – Architektur – Kunst/ hrsg. von Annegret Gehrmann; Dirk Schumann; Marius Winzeler. Berlin 2017, dort den Beitrag von Sabine Zinsmeyer und Dirk Martin Mütze.

40 Vgl. Schlesinger: Kirchengeschichte … (wie Anm. 27); Karlheinz BLASCHKE; Walther HAUPT; Heinz WIESSNER: Die Kirchenorganisation in den Bistümern Meissen, Merseburg und Naumburg um 1500. Weimar 1969; Sabine ZINSMEYER: Eine Klosterkarte für Mitteldeutschland: Idee, Realisierung, Präsentation. In: Regular- und Säkularkanonikerstifte in Mitteldeutschland/ hrsg. von Dirk Martin Mütze. Dresden 2011, 229-244; Enno BÜNZ; Dirk Martin MÜTZE; Sabine ZINSMEYER: Klösterreich – ein neuer Blick auf Sachsen vor der Reformation: Wozu Klosterbücher? Klöster, Stifte und Kommenden in der europäischen,

Schon innerhalb der Grenzen des späteren Freistaates wird dieses Gefälle deutlich, betrachtet man sich »alte« Städte wie etwa Leipzig[41] oder Zwickau,[42] die in ihren Mauern zwei, drei oder mehr Konvente beherbergten, und vergleicht diese mit den Städten der Ober- bzw. auch Niederlausitz, wo sich nur eine, maximal zwei Niederlassungen pro Stadt nachweisen lassen. Dies korrespondiert gleichzeitig mit der Städtedichte, die ein ähnliches West-Ost-Gefälle aufweist.[43] Im Altsiedelland westlich der Elbe und Saale entstanden bzw. existierten bereits eine größere Anzahl von Städten als in den erst im Laufe des 12. und 13. Jahrhunderts neu erschlossenen Gebieten im Osten. Dieser Hinweis auf die Städtedichte hängt unmittelbar auch mit der Präsenz von Bettelordenskonventen und damit von Franziskanern in einem Gebiet zusammen.[44]

Entstanden aus der sich um den Kaufmannssohn Giovanni Bernadone, dem späteren Franziskus, sammelnden Bewegung, die sich ganz dem apostolischen Ideal von Leben in Armut, Askese und der Verbreitung des Wort Gottes unter den Menschen durch fortwährende Predigt verschrieben hatte,[45] waren die Franziskaner[46] – ähnlich wie der kurz vorher entstandene Orden der Dominikaner – in besonderer Weise auf die Städte ausgerichtet.[47] Die Stadt war bis dahin von den älteren monastischen Einrichtungen ignoriert bzw. gemieden worden, der Zweck des Klosterlebens bestand in der Selbstheiligung durch Abschottung von der Welt, nicht darin, in diese Welt hineinzuwirken. Ganz anders die Bettelorden, die ihre eigentliche Aufgabe in der

---

deutschen und sächsischen Geschichte. Denkströme: Journal der Sächsischen Akademie der Wissenschaften, Heft 7 (2011), 93-121, auch: http://denkstroeme.de/heft-7/s_93-121_buenz-muetze-zinsmeyer [Zugriff: 27.03.2015].

41 Vgl. Enno BÜNZ: Kirchliches Leben und Laienfrömmigkeit im spätmittelalterlichen Leipzig. In: Das religiöse Leipzig: Stadt und Glauben vom Mittelalter bis zur Gegenwart/ hrsg. von Enno Bünz; Armin Kohnle. Leipzig 2013, 27-62.

42 Vgl. Julia KAHLEYSS: Die Bürger von Zwickau und ihre Kirche: kirchliche Institutionen und städtische Frömmigkeit im späten Mittelalter. Leipzig 2013.

43 Richard DIETRICH: Das Städtewesen Sachsens an der Wende vom Mittelalter zur Neuzeit. In: Die Stadt an der Schwelle zur Neuzeit/ hrsg. von. Wilhelm Rausch. Linz 1980, 193-226.

44 Vgl. dazu Jacques LE GOFF: Apostolat mendiant et fait urbain dans la France médiévale: l'implantation des ordres mendiants. Annales 23 (1968), 335-352; DERS.: Ordres mendiants et urbanisation dans la France médiévale. Annales 25 (1970), 924-946; Monika ESCHER; Frank G. HIRSCHMANN: Die urbanen Zentren des hohen und späteren Mittelalters: vergleichende Untersuchungen zu Städten und Städtelandschaften im Westen des Reiches und in Ostfrankreich. Trier 2005, 297-329.

45 Thomas BERGER: Die Bettelorden in der Erzdiözese Mainz und in den Diözesen Speyer und Worms im 13. Jahrhundert. Ausbreitung, Förderung und Funktion. Mainz 1995, 6 f.

46 Vgl. Luigi PELLEGRINI: Franziskaner. A: Allgemeine Struktur des Ordens (Entstehung, Verfassung, Ordensleben) und seine Geschichte in Italien. I-IV (I. Die Anfänge, II. Struktur und Verfassung, III. Das Ordensleben, IV. Entwicklung und Verbreitung in Italien). LMA 4 (2003), 800-805.

47 Berger: Die Bettelorden … (wie Anm. 45), 13-15.

Predigt und damit verbunden der Übernahme seelsorgerischer Aufgaben sahen.[48] Für sie boten die wirtschaftsstarken Städte ideale Voraussetzungen für ihre pastorale Tätigkeit, nicht nur, weil sich in ihnen viele Menschen auf einem kleinen Raum versammelten.[49] Sondern auch um ihre Existenz vor Ort überhaupt längerfristig garantieren zu können, waren die der Armut verpflichteten Bettelmönche zwar nicht unbedingt auf Bettel, jedoch umso mehr auf fromme Stiftungen und vor allem Grundstücks- bzw. Häuserschenkungen der Gläubigen – bestenfalls finanzkräftiger Bürger – angewiesen.[50]

Ihrem auf Mobilität angelegten Lebensstil kam ihr exemter Status, also ihre direkte Unterstellung unter den Papst, entgegen. Damit waren sie den kirchlichen Verwaltungsstrukturen enthoben. Weder konnte ein Bischof seine Gerichtsbarkeit als Diözesanherr über sie ausüben, noch waren sie an Pfarreigrenzen und Pfarrsprengel gebunden.[51] Gleichzeitig waren sie selbst aber streng hierarchisch und zentralistisch organisiert. An der Spitze des Ordens stand das Generalkapitel, geleitet vom Generalminister, das durch die Provinzialminister bestückt wurde und das die grundsätzlichen Entscheidungen des Ordens traf. Die Provinzialminister standen ihrerseits an der Spitze von Provinzen, nach denen das Missionsgebiet der Bettelorden aufgeteilt war. In diesen Provinzen tagte wiederum ein Provinzialkapitel um Entscheidungen für die einzelnen Provinzen zu treffen bzw. Anweisungen des Generalkapitels nach unten durchzureichen. Weiter unterteilt waren diese Provinzen in die sogenannten Kustodien, die wie die Provinzen organisiert waren, nur auf

48 Für einen Überblick Kaspar ELM: Bettelorden. LMA 1 (2003), 2088-2093.

49 Hartmut BOOCKMANN: Die Stadt im späten Mittelalter. München 1986, 220; Dietrich W. POECK: Kloster und Bürger: eine Fallstudie zu Lübeck (1225-1531). In: Vom Kloster zum Klosterverband: das Werkzeug der Schriftlichkeit/ hrsg. von Hagen Keller; Franz Neiske. München 1997, 423. Auch lag darin die grundlegende Absicht, die Ausbreitung häretischer Ideen, die sich vor allem in den Städten entwickelten und zu deren Bekämpfung ja zumindest die Dominikaner primär auch gegründet worden waren, erfolgreich zu verhindern: Thomas BERGER: Die Ausbreitung der Minoriten in der Erzdiözese Mainz und in den Diözesen Speyer und Worms um 13. Jahrhundert. In: Könige, Landesherren und Bettelorden: Konflikt und Kooperation in West- und Mitteleuropa bis zur Frühen Neuzeit/ hrsg. von Dieter Berg. Werl 1998, 39 f; vgl. Arno BORST: Religiöse und geistige Bewegungen im Hochmittelalter. In: Propyläen-Weltgeschichte: eine Universalgeschichte. Bd. 5: Islam – die Entstehung Europas. Berlin 1963, 489-561.

50 Reinhardt BUTZ: Geschichtliche Grundzüge der Beziehungen zwischen den Landesherren und den Bettelorden im obersächsisch-meißnischen Raum bis zum Ausgang des 14. Jahrhunderts. In: Könige, Landesherren und Bettelorden … (wie Anm. 49), 125; Eberhard ISENMANN: Die deutsche Stadt im Mittelalter 1150-1550. Wien; Köln; Weimar 2012, 636; Bei den Franziskanern stand anfangs Handarbeit und nicht der Bettel im Vordergrund: Escher; Hirschmann: Die urbanen Zentren … (wie Anm. 44), 298, Anm. 293.

51 Dieter BERG: Kaiser Friedrich II. und die Mendikanten: zur Rolle der Bettelorden in den päpstlich-kaiserlichen Auseinandersetzungen im Rahmen der politischen Entwicklungen Europas. In: Armut und Geschichte: Studien zur Geschichte der Bettelorden im Hohen und Späten Mittelalter/ hrsg.von Dieter Berg. Kevelaer 2001, 276.

einer lokaleren Ebene.[52] So gehörten die Städte der Oberlausitz beispielsweise zur Provinz Saxonia und zur Kustodie Goldberg (in Schlesien).[53]

Die Beliebtheit der Bettelorden bei der Bevölkerung speiste sich aus der personenbezogenen (und eben nicht auf Pfarrgrenzen beschränkten) Seelsorge und ihrer vor allem die Laien ansprechenden Predigt und Lebensweise. Sie boten damit in der Zeit ihrer Entstehung und Ausbreitung im 13. und frühen 14. Jahrhundert die modernste Form der Seelsorge, die die Gläubigen unmittelbar erreichte.[54] Kein Wunder also, dass diese sich bevorzugt den neuen Orden zuwandten und diese unterstützten. Ihre bereits in den 1220er Jahren päpstlich verbrieften Befugnisse nicht nur zur freien Predigt, sondern auch für die Spendung der Bußsakramente, der Erlaubnis von Bestattungen von Pfarrangehörigen auf dem Friedhof des Konventes, verbunden mit Testaments- und Seelgerätstiftungen, machten dann recht schnell die eigentliche Einkommensquelle der Bettelorden aus, sodass sie zunehmend eben nicht mehr auf den Bettel (wenn überhaupt) angewiesen waren.[55] Das bedeutete freilich einen direkten Eingriff in die Pfarreiverhältnisse vor Ort und führte fast immer zum Konflikt mit dem städtischen Pfarrklerus, der seine Einkünfte durch die Bettelorden geschmälert sah,[56] so auch in der Oberlausitz.[57] Denn Beichte oder Bestattung bedurften eines gewissen Aufwandes und kosteten dementsprechend auch Geld. Die Beliebtheit der Bettelorden tat ihr Übriges dazu, dass zahlreiche

52 Gleiches galt auch später noch für die Franziskaner-Observanz, vgl. Ziegler: Die Franziskaner-Observanten … (wie Anm. 18), 179 f; Berg: Kaiser Friedrich II. … (wie Anm. 51), 281.

53 Urkundenbuch der Kustodien Goldberg und Breslau: 1. Teil 1240-1517/ hrsg. von Chrysogonus Reisch. Düsseldorf 1917; Bernd Schmies: Aufbau und Organisation der Sächsischen Franziskanerprovinz und ihrer Kustodie Thüringen von den Anfängen bis zur Reformation. In: Für Gott und die Welt: Franziskaner in Thüringen/ hrsg. von Thomas T. Müller; Bernd Schmies; Christian Loefke. Paderborn 2008, 41 f. 45-47; Petr Hlavácek, Die böhmischen Franziskaner im ausgehenden Mittelalter: Studien zur Kirchen- und Kulturgeschichte Ostmitteleuropas. Stuttgart 2011, 28. 153.

54 Elm: Bettelorden … (wie Anm. 48), 2090 f.

55 Berger: Die Bettelorden … (wie Anm. 45), 208-211; Hlavácek: Die böhmischen Franziskaner … (wie Anm. 53), 33 f; Bernhard Neidiger: Liegenschaftsbesitz und Eigentumsrechte der Basler Bettelordenskonvente: Beobachtungen zur Mendikantenarmut im 14. und 15. Jahrhundert. In: Stellung und Wirksamkeit der Bettelorden in der städtischen Gesellschaft/ hrsg. von Kaspar Elm. Berlin 1981, 103.

56 Berger: Die Bettelorden … (wie Anm. 45), 229. 262 f. 267-269. 276-278; ders.: Die Ausbreitung der Minoriten … (wie Anm. 49), 47; Schlesinger: Kirchengeschichte … (wie Anm. 27), 299; Boockmann: Die Stadt im späten Mittelalter … (wie Anm. 49), 220 f; Isenmann: Die deutsche Stadt … (wie Anm. 50), 638; vgl. Escher; Hirschmann: Die urbanen Zentren … (wie Anm. 44), 300; Bernd-Ulrich Hergemöller: Die hansische Stadtpfarrei um 1300. In: Civitatum Communitas: Studien zum europäischen Städtewesen. Festschrift für Heinz Stoob/ hrsg. von Helmut Jäger, Franz Petri und Heinz Quirin. Köln; Wien 1984, 272 für das Beispiel Dortmund.

57 Kersken: Die Oberlausitz … (wie Anm. 5), 125.

Einkünfte, die eigentlich der Pfarrkirche zugeflossen wären, nun bei den Mendikantenkonventen landeten. Denn die Bettelorden ermöglichten es dem städtischen Bürgertum »religiöse Interessen wahrzunehmen und zum Ausdruck zu bringen, die bis dahin reichen adligen Grundherren vorbehalten waren: die Stiftung und der Unterhalt eines Klosters, das für religiös-kultische Dienste entsprechend den eigenen Bedürfnissen in Anspruch genommen werden konnte.«[58]

Aus urbaner Tradition stammend und auf urbane Bedürfnisse reagierend,[59] war es also kein Wunder, dass sich die Bettelorden in einem rasanten Tempo in den Städten Europas ausbreiteten.[60] So waren schon um 1217 und damit noch vor der päpstlichen Bestätigung der Franziskanerregel erste Gruppen von Minderbrüdern über die Alpen zur Schaffung außeritalienischer Niederlassung entsandt worden.[61] Nach anfänglichen Schwierigkeiten breitete sich der Franziskanerorden mit einer enormen Geschwindigkeit aus, so auch in Mitteldeutschland: Zwickau 1231, Freiberg 1233, Altenburg vor 1238, Dresden zwischen 1240 und 1250, Leipzig wohl vor 1253, um nur einige Beispiele zu nennen. Parallel verläuft die Ausbreitung der Franziskaner um die Mitte des 13. Jahrhunderts auch in der Oberlausitz, zuerst Görlitz vermutlich 1234, Bautzen um 1240, Zittau um 1244, Lauban um 1254 und Löbau wohl noch vor 1300.[62]

Warum also nicht auch in Kamenz? Kamenz erfüllte eigentlich die für die Ansiedlung einer Bettelordensniederlassung nötigen Voraussetzungen. Die Stadt besaß zwar nicht die Ausmaße etwa von Görlitz oder Bautzen und spielte auch sonst, wie wir bereits oben kurz umrissen hatten, politisch und wirtschaftlich im Sechsstädtebund in der zweiten Riege. Eine gewisse »urbane Qualität« kann man aber auch Kamenz nicht absprechen wollen.[63] Damit ist ein Faktor angesprochen, der in der Erforschung des Zusammenhangs von Stadt und Bettelorden häufiger

---

58 Berger: Die Bettelorden … (wie Anm. 45), 317; Vgl. Robert Šimunek: Soziale Netzwerke geistlicher Institutionen im Spätmittelalter: das Beispiel der Minoriten- und Franziskanerklöster in Böhmen. In: Ecclesia als Kommunikationsraum in Mitteleuropa (13.-16. Jahrhundert)/ hrsg. von Eva Doležalová; Robert Šimunek. München 2011, 148, 162.

59 Vgl. Šimunek: Soziale Netzwerke … (wie Anm. 58), 155-160.

60 Schmies: Aufbau und Organisation … (wie Anm. 53), 39-41; Allgemein bot die Stadt im Mittelalter den besten Nährboden für Bildung, Kultur und Modernisierung, vgl. Angenendt: Geschichte der Religiosität … (wie Anm. 16), 51 f.

61 Dieter Berg: Franziskaner B. III: Deutschland und Flandern. LMA 4 (2003), 812 f; vgl. Ziegler: Die Franziskaner-Observanten … (wie Anm. 18), 177.

62 Vgl. dazu demnächst das »Sächsische Klosterbuch«: Die mittelalterlichen Klöster, Stifte und Kommenden im Gebiet des Freistaates Sachsen/ hrsg. von Enno Bünz, in Zusammenarbeit mit Sabine Zinsmeyer und Dirk Martin Mütze (in Druckvorbereitung). Zur Oberlausitz: Christian Speer: Frömmigkeit und Politik: städtische Eliten in Görlitz zwischen 1300 und 1550. Berlin 2011, 146 f bes. Anm. 470. Zu Löbau auch Knothe: Die Franziskanerklöster … (wie Anm. 9), 100-109.

63 Kersken: Die Oberlausitz … (wie Anm. 5), 119. Anders Boetticher: Beiträge … (wie Anm. 7), 237, der Kamenz als eine verarmte Stadt bezeichnete.

genannt wird. Die Anwesenheit von Bettelordensklöstern, besonders der Franziskaner und Dominikaner, sei ein Indikator für die »urbane Qualität« einer mittelalterlichen Stadt bzw. trage das Vorhandensein der Minderbrüder zu dieser bei.[64] Keine andere mittelalterliche Institution habe ein derart ausgeprägtes Gespür für das »Urbanisierungspotential« einer Stadt besessen.[65] Wie bereits dargelegt waren die Bürger diejenigen, die am empfänglichsten für die von den Minderbrüdern angebotene Predigt, für das vorgelebte Leben in Armut vor Gott waren.[66] Die Bettelorden fanden nicht umsonst vor allem bei jenen Anklang, die auf der Suche nach einem gottgefälligeren Leben – und in Anbetracht der von ihnen als Missstand empfundenen Verhältnisse der »amtlichen« Pfarrseelsorge – ihre eigenen privilegierten Lebensumstände reflektieren konnten und wollten.[67] Das religiöse Bedürfnis und die Fähigkeit, den Mendikanten vor Ort eine Unterkunft zu schaffen und diese finanziell zu unterhalten, setzte ein bestimmtes wirtschaftliches wie auch »geistiges« Potential einer Stadt und ihrer »oberen« Schichten voraus.[68]

Nicht unbedingt notwendig war die Einwilligung des Stadtherrn und nicht selten wurde die Ansiedlung von Bettelordensklöstern als bewusster politischer Akt städtischer Selbstentfaltung genutzt,[69] denn der exemte Status der Mendikanten

64 Vgl. Escher; Hirschmann: Die urbanen Zentren … (wie Anm. 44), 37. 297 sowie die Arbeiten Le Goffs in Anm. 44. Allgemein zu den Mendikantenorden Angenendt: Geschichte der Religiosität … (wie Anm. 16), 60-63; Borst: Religiöse und geistige Bewegungen … (wie Anm. 49), 538-544; Fairy von LILIENFELD: Mönchtum II: christlich. TRE 23 (1994), 173 f.

65 Escher; Hirschmann: Die urbanen Zentren … (wie Anm. 44), 304.

66 Angenendt: Geschichte der Religiosität … (wie Anm. 16), 54; Berger: Die Ausbreitung der Minoriten … (wie Anm. 49), 39 f; Hergemöller: Die hansische Stadtpfarrei … (wie Anm. 56), 280; Enno BÜNZ: Martin Luthers Orden in Neustadt an der Orla. Jena 2007, 25.

67 Berger: Die Ausbreitung der Minoriten … (wie Anm. 49), 58 f; Escher; Hirschmann: Die urbanen Zentren … (wie Anm. 44), 298; Isenmann: Die deutsche Stadt … (wie Anm. 50), 635 f; Die Heilige Elisabeth ist dafür ein herausragendes Beispiel, vgl. Mathias KÄLBLE: Die tanzenden Kinder von Erfurt: Armut, Frömmigkeit und Heilserwartung im frühen 13. Jahrhundert. In: Religiöse Bewegungen im Mittelalter: Festschrift für Matthias Werner / hrsg. von Enno Bünz; Stefan Tebruck; Helmut G. Walther. Köln; Weimar; Wien 2007, 484-486; Matthias WERNER: Passionsfrömmigkeit und religiöse Bewegungen in der Zeit des Naumburger Meisters. In: Der Naumburger Meister: Bildhauer und Architekt im Europa der Kathedralen/ hrsg. von Hartmut Krohm. Petersberg 2011, 139-141; Schmies: Aufbau und Organisation … (wie Anm. 53), 38.

68 Berger: Die Bettelorden … (wie Anm. 45), 317 f; Isenmann, Die deutsche Stadt … (wie Anm. 50), 636; Schlesinger, Kirchengeschichte … (wie Anm. 27), 298. Meist geschah die Ansiedlung auch direkt durch den Stadtrat, z. B. in Lübeck: Poeck: Kloster und Bürger … (wie Anm. 50), 425. 427. 432; oder Straßburg: Andreas RÜTHER: Bischof, Bürger, Bettelbrüder: Straßburgs Mendikanten zwischen bischöflicher Herrschaft und städtischer Landnahme. In: Könige, Landesherren und Bettelorden … (wie Anm. 49), 67.

69 Escher; Hirschmann: Die urbanen Zentren … (wie Anm. 44), 321. 329; Schmies: Aufbau und Organisation … (wie Anm. 53), 43. Zumal die Gründung eines Mendikantenklosters weitaus kostengünstiger war als die Gründung eines adligen Hausklosters zur Pflege der

erlaubte dem städtischen Bürgertum einen gewissen Grad an Selbstbestimmung gegenüber der Stadtherrschaft und den möglicherweise von anderen Parteien bestimmten Pfarrverhältnissen, die man so umgehen konnte.[70] Mit ihrer auf die mittelalterliche Stadt und deren Einwohner ausgerichtete Tätigkeit boten sie diesen zugleich Einflussmöglichkeiten nicht nur auf die Bettelordensklöster selbst (etwa in der Nutzung der Gebäude), sondern auch auf die städtische Pfarrseelsorge und »Sakraltopographie«.[71] Die Bettelordensklöster waren somit zugleich geistig-geistliche Katalysatoren der Stadtentwicklung[72] wie potentielle Unruheherde mit beträchtlichem Konfliktpotential.[73] Kurz: die Anwesenheit von Bettelorden setzte ein starkes Bürgertum und ein entsprechendes wirtschaftliches Potential voraus und bedingte mitunter die Stärkung desselben, zumindest auf politisch-religiösem Gebiet, auf dem die städtische Obrigkeit qua Mendikanten aktiv und gestaltend eingreifen konnte.[74] All das, ein sich durch den Stadtrat selbstständig verwaltendes Bürgertum, das relativ unabhängig vom Stadtherrn, also dem König von Böhmen, agieren konnte und das wirtschaftliche Potential zum Unterhalt eines Mendikantenkloster besaß, war wie in den anderen Städten der Oberlausitz auch in Kamenz durchaus vorhanden.

Es war im Übrigen nicht so, dass die Kamenzer bis 1492 noch keinen einzigen Bettelmönch zu Gesicht bekommen hätten. Bereits zuvor unterhielten die

---

Familien-Memoria: Berger: Die Ausbreitung der Minoriten … (wie Anm. 49), 41 f. Freilich konnten auch die Bettelorden einer Stadtgemeinde nicht zur vollständigen Kontrolle der städtischen Pfarrseelsorge verhelfen, vgl. Bünz: Klerus und Bürger … (wie Anm. 17), 353; zusammenfassend Berger: Die Bettelorden … (wie Anm. 45), 311 f.

70 Berger: Die Ausbreitung der Minoriten … (wie Anm. 49), 43 f; Escher; Hirschmann: Die urbanen Zentren … (wie Anm. 44), 299; vgl. Poeck: Kloster und Bürger … (wie Anm. 50), 435; Hergemöller: Die hansische Stadtpfarrei (wie Anm. 56), 275; Peter Moraw: Von offener Verfassung zu gestalteter Verdichtung: das Reich im späten Mittelalter 1250 bis 1490. Frankfurt a. M.; Berlin 1989, 131.

71 Berger: Die Ausbreitung der Minoriten … (wie Anm. 49), 44 f; ders.: Die Bettelorden … (wie Anm. 45), 271-273. 280 f.

72 Berger: Die Ausbreitung der Minoriten … (wie Anm. 49), 49 f; Moraw: Von offener Verfassung … (wie Anm. 70), 142 f. 330 f.

73 Womit die Bettelmönche selbst ein beliebtes Ziel von Hohn und Spott, aber auch handfesten Übergriffen wurden: Berger: Die Bettelorden … (wie Anm. 45), 207; Guy Geltner: Brethren Behaving Badly: a Deviant Approach to Medieval Antifraternalism. Speculum 85 (2010), 47 f.

74 Escher; Hirschmann,: Die urbanen Zentren … (wie Anm. 44), 322; Isenmann: Die deutsche Stadt … (wie Anm. 50), 626 f; Poeck: Kloster und Bürger … (wie Anm. 50), 448; Nicht selten wurden auch Angehörige der Bettelorden, besonders Franziskaner, von städtischen Räten im Gesandtschaftswesen ihrer Stadt eingesetzt: Berger: Die Ausbreitung der Minoriten … (wie Anm. 49), 42; Geltner: Brethren … (wie Anm. 73), 62; Dieter Berg: Gesellschaftspolitische Implikationen der Vita Minorum, insbesondere des franziskanischen Friedensgedankens, im 13. Jahrhundert. In: Armut und Geschichte … (wie Anm. 51), 31.

Franziskaner aus Bautzen eine Terminei in Kamenz.[75] Damit bezeichnet man zum einen fest abgegrenzte Bettelbezirke, in denen die Mendikanten in regelmäßigen zeitlichen Abständen Almosen sammeln gehen konnten,[76] die sogenannten Terminei (terminus),[77] gleichzeitig aber auch die Unterkunft einzelner Mendikanten (oft auch nur ein Zimmer) an einem Ort, welche den Brüdern Möglichkeiten der Übernachtung und der zwischenzeitlichen Lagerung der erbettelten Almosen bot.[78] Die Bettelzüge der unterschiedlichen Konvente konnten zeitlich organisiert und aufeinander abgestimmt sein. Vor allem aber brachten die Bettelorden damit ihr Wirken auch auf das Land, in Gegenden ohne dichte Kirchenkonzentration oder ständige Pastoralpräsenz, und konnten somit breite Schichten der mittelalterlichen Bevölkerung direkt mit ihrer Predigt erreichen.[79] Es konnte zudem vorkommen, dass am Standort einer Terminei später die Neugründung eines Konventes desselben Ordens erfolgte.[80] Es war aber auch ebenso gut möglich, dass die Anwesenheit einer Terminei, in der ja immer auch mindestens ein Bettelmönch anwesend sein musste, die Ansiedlung weiterer Konvente in einer Stadt verhindern konnte.

Dies dürfte auch in Kamenz der Fall gewesen sein. Nach einem Protokoll über Verhandlungen König Wladislaus mit dem Kamenzer Stadtrat vom 15. September 1492 waren auch die Bautzener Franziskaner, neben Stadtklerus und dem Meißner Bischof, bei diesen Verhandlungen anwesend.[81] Sie lehnten die Neugründung

---

75 Siehe dazu das Schreiben der Bautzner Brüder (wie Anm. 81) und den Brief Bischof Johannes VI. von Meißen (siehe Anm. 82). Höchstwahrscheinlich lag die Bautzner Terminei in der Nähe der Pfarrkirche St. Marien, befanden sich doch die Terminierhäuser, deren Lage bekannt ist, immer in der Nähe der Kirchen, in denen die Minderbrüder predigten: Arend Mindermann: Das Termineiwesen der Franziskaner in Thüringen. In: Für Gott und die Welt … (wie Anm. 53), 121 f.

76 Dabei war der namengebenden Bettel gar nicht die primäre (und nicht einmal ursprünglich angedachte) Einnahmequelle der Minoriten, denn Beichte, Beerdigung und andere Sakramentspendungen waren mit Gebühren verbunden, auch Anniversarstiftungen generierten Einnahmen. Dazu Jörg Voigt: Predigt und Terminierwesen der Bettelorden. In: Alltag und Frömmigkeit … (wie Anm. 16), 282. Vgl. Bünz: Luthers Orden … (wie Anm. 66), 73.

77 Voigt: Predigt und Terminierwesen … (wie Anm. 76), 282: »Das Terminierwesen beschreibt die pastoralen Aufgaben der Bettelorden innerhalb des sogenannten Termineibezirkes. Ein Termineibezirk war das zu einem Bettelordenskonvent gehörige Gebiet, in dem dessen Ordensmitglieder vor allem durch Predigt, Seelsorge und das Sammeln von Almosen wirkten.«; Mindermann: Das Termineiwesen … (Anm. 75), 120. 122; Berger: Die Ausbreitung der Minoriten … (wie Anm. 49), 42.

78 Bünz: Luthers Orden … (wie Anm. 66), 66 f.

79 Ebd, 69 f; vgl. Escher; Hirschmann: Die urbanen Zentren … (wie Anm. 44), 312.

80 Schmies: Aufbau und Organisation … (wie Anm. 53), 43; Mindermann: Das Termineiwesen … (wie Anm.75), 124.

81 Herrmann: Das Franziskanerkloster St. Annen … (wie Anm. 12), 99; Binder: 500 Jahre Klosterkirche … (wie Anm. 19), 9; vgl. Boetticher: Beiträge … (wie Anm. 7), 241.

eines Klosters aus Konkurrenzgründen[82] ab, zudem waren die Bautzener Brüder Konventualen, der Konvent in Kamenz sollte aber mit Observanten besetzt werden, eine Unterscheidung, die für das Schicksal des Kamenzer Klosters von größter Bedeutung ist. In jedem Fall stellte die bereits vorhandene Präsenz eines Franziskanerkonvents, wenn auch nur in Form eines Terminierhauses, einen nicht zu unterschätzenden Faktor dar, der eine Neuansiedlung verhindern konnte. Gewichtiger noch dürften allerdings die Pfarreiverhältnisse gewesen sein. Kamenz besaß zwar nur eine Pfarrkirche, St. Marien, deren Patronatsrecht beim Kloster St. Marienstern lag, beherbergte aber zusätzlich weitere Kapellen inner- und außerhalb seiner Stadtmauern.[83] Wir müssen deshalb wohl von einer Kombination verschiedener Aspekte ausgehen, zum einen der Tatsache, dass die pastoralen Bedürfnisse der Kamenzer weitgehend durch Pfarrklerus und Bautzener Terminierer befriedigt wurden, zum anderen, dass das Kloster Marienstern wohl seinen Einfluss auf Kamenz und dessen Stadtrat geltend gemacht und somit die Ansiedlung eines Bettelordenkonvents – was ja eine Minderung der aus der Pfarrei kommenden Einnahmen bedeutet hätte – verhindert hat.[84]

III Capistrano und die Franziskaner-Observanz

Warum aber kam es dann in Kamenz 1492 doch noch zur Gründung des Klosters? In der Forschung wird gerne ein Zusammenhang mit dem Aufenthalt Johannes Capistrano in der Oberlausitz konstruiert.[85] Capistrano, einer der populärsten und

82 Auch Bischof Johann VI. von Meißen lehnte die Gründung eines Klosters der Observanz in Kamenz aus diesen Konkurrenzgründen ab – würden dadurch doch die etablierten Terminierbezirke beeinträchtig – und richtete am 27. Oktober 1492 ein entsprechendes Schreiben an König Wladislaus II.: Urkundenbuch der Kustodien … (wie Anm. 53), 383 f (Nr. 892).

83 Ein Überblick bietet Zschornak: Stadt und Kirche in der Oberlausitz… (wie Anm. 2), hier bes. 29-34. Gerade die so genannte Katechismuskapelle direkt neben der Pfarrkirche St. Marien und die St. Just-Kapelle (oder: Jodokuskapelle) in der Königsbrücker Vorstadt (der Hl. Jodokus war angeblich sogar Stadtpatron von Kamenz) galten als »bürgerliche« Stiftungskirchen, besonders St. Just erfreute sich zahlreicher Seelgerätstiftungen durch die Bürgerschaft.

84 Herrmann: Das Franziskanerkloster St. Annen … (wie Anm. 12), 97 f; Zschornak: Stadt und Kirche in der Oberlausitz … (wie Anm. 2), 36 f; vgl. Knothe: Die Franziskanerklöster … (wie Anm. 9), 109.

85 Boetticher: Beiträge … (wie Anm. 7), 240; Binder: 500 Jahre Klosterkirche … (wie Anm. 19), 8. Kritisch schon Zschornak: Stadt und Kirche in der Oberlausitz… (wie Anm. 2), 36; typisch hingegen Kostowski: Die Ausstattung … (wie Anm. 23), 86: »Es ist offenkundig, dass die Franziskanerobservanten, Hauptstreiter für die römisch-katholische Position, dieses Thema klar gegen hussitische Vorstellungen einsetzten: Die Standorte der Klöster entsprechen den wichtigsten Aufenthaltsorten des Johannes von Capistrano während seiner Mission nördlich der Alpen und damit annähernd auch den Brennpunkten der Häresie und der religiösen Unruhen. Ihre Verteilung war ebenso wenig zufällig wie die in den Kirchen

wortgewaltigsten Prediger des 15. Jahrhunderts,[86] war Ende Dezember 1453 durch Kamenz gekommen, als er sich auf einer gegen den Hussitismus im nahen Böhmen zielenden Predigtreise befand.[87] So zumindest hatte er es dem Görlitzer Rat angekündigt, als er diesem am 26. Dezember von Dresden aus mitteilen ließ, er werde über Kamenz und Bautzen anreisen und dort auch einige Tage predigen.[88] Schon in den Jahren zuvor war er im mitteldeutschen Raum aktiv gewesen,[89] wo er vor großem Publikum auf Latein predigte und, als öffentlichkeitswirksames Exempel, Brettspiele oder unzüchtige Kleider verbrennen ließ.[90] Ende des Jahres 1452 hatte er sich für längere Zeit in Leipzig aufgehalten und dort mit seiner Pre-

gewählte anschauliche Bildsprache. Es ist zu vermuten, dass ähnliche Werke auch in den anderen Observantenklöstern auf diesem Gebiet existierten.«

86 Kaspar ELM: Die Bedeutung Johannes Kapistrans und der Franziskanerobservanz für die Kirche des 15. Jahrhunderts. In: Vitasfratrum: Beiträge zur Geschichte der Eremiten- und Mendikantenorden des zwölften und dreizehnten Jahrhunderts/ hrsg. von Kaspar Elm; Dieter Berg. Werl 1994, 309-320; Petr HLAVÁCEK: Die Franziskaner-Observanten zwischen böhmischer und europäischer Reformation: ein Beitrag zur Religionsgeschichte Ostmitteleuropas. In: Kirchliche Reformimpulse des 14./15. Jahrhunderts in Ostmitteleuropa/ hrsg. von Winfried Eberhard; Franz Machilek. Köln; Weimar; Wien 2006, 297-302.

87 GESTA ARCHIEPISCOPORUM MAGDEBURGENSIUM/ bearb. von Wilhelm Schum. In: Supplementa tomorum I-XII, pars II. Supplementum tomi XIII/ hrsg. von Georg Waitz. Hannover 1883, 471: »Anno Domini 1453. devotus frater Iohannes de Capistrano Minor fuit legatus a domino papa Nicolao ad Bohemiam, sed circumibat hoc per terram, quia non potuit habere salvum conductum ad Bohemiam [...]«; Knothe: Die Franziskanerklöster ... (wie Anm. 9), 109; Hlavácek: Die böhmischen Franziskaner ... (wie Anm. 53), 125 f. Nüchterner Kersken: Die Oberlausitz ... (wie Anm. 5), 125. Kostowski: Die Ausstattung ... (wie Anm. 23), 86, sieht in der Hussitengefahr überhaupt den Grund nicht nur für die Gründung des Annenklosters, sondern auch für die Bildprogramme der Altäre in der Klosterkirche. Welche Gefahr aber für Kamenz am Ende des 15. Jahrhunderts vom Hussitismus ausgegangen sein soll, muss wohl offen bleiben. Anders beurteilt etwa Elm: Die Bedeutung Johannes Kapistrans ... (wie Anm. 86), 320 die Lage, der darauf hinweist, dass Capistranos unnachgiebige Haltung gegenüber den Hussiten und Utraquisten letztendlich Böhmen für immer von der römischen Kirche getrennt habe. Ähnlich Hlavácek: Die böhmischen Franziskaner ... (wie Anm. 53), 42 f.

88 Urkundenbuch Kamenz ... (wie Anm. 3), 81 (Nr. 106): Johannes de Capistrano meldet dem Görlitzer Rat, dass er nach Görlitz reisen werde, »consolatis piis illis de Chamencz et de Budissin, apud quos aliquibus diebus evangelizare pollicitus sum. – Ex Dresen XXVI. decembris MCCCLIII°. Cras hinc sum discessurus ad Chamenczu, profecturi (sic) postea ad Budissin, demum Christo propitio ad vos. Raptim cursim«; vgl. Urkundenbuch der Kustodien ... (wie Anm. 53), 183 (Nr. 456); Hlavácek: Die böhmischen Franziskaner ... (wie Anm. 53), 153.

89 Matthias WERNER: Landesherr und Franziskanerorden im spätmittelalterlichen Thüringen. In: Könige, Landesherren und Bettelorden ... (wie Anm. 49), 350 f; Kaspar ELM: Johannes Kapistrans Predigtreise diesseits der Alpen (1451-1456). In: Vitasfratrum: Beiträge zur Geschichte der Eremiten- und Mendikantenorden des zwölften und dreizehnten Jahrhunderts/ hrsg. von Kaspar Elm; Dieter Berg. Werl 1994, 321-337.

90 Gesta archiepiscoporum Magdeburgensium ... (wie Anm. 87), 471.

digt und seinen Aktionen wider den gotteslästerlichen Lebenswandel der Bürger so großen Eindruck hinterlassen, dass sich der Stadtrat dazu bewogen fühlte unter anderem züchtigere Kleidervorschriften einzuführen und die aktuell modischen Schnabelschuhe zu verbieten.[91] Die Magdeburger Bischofschronik berichtet für unseren Zusammenhang, dass Capistrano am 14. Oktober 1453 von Magdeburg aufgebrochen und über Zerbst, Wittenberg, Leipzig, Meißen, Kamenz, Bautzen, Görlitz und schließlich Breslau[92] nach Ungarn gezogen sei,[93] und überall habe er gepredigt und mit den Reliquien des Heiligen Bernhardin von Siena, dem Erneuerer der franziskanischen Observanz und Lehrer Capistranos, Wunder gewirkt.[94]

Aus dem knappen Hinweis der Ankündigung und der vermutlichen Anwesenheit Capistranos in Kamenz, zog die Forschung kurzerhand eine Verbindung zum 40 Jahre später gegründeten Annenkloster.[95] Dass der wortgewaltige Prediger tatsächlich in Kamenz war, lässt sich neben dem Hinweis in der Magdeburger Bischofschronik auch aus einem am 3. August 1462 erlassenen Ersuch der Stadt Kamenz zur (allerdings erst 1690 realisierten) Kanonisierung Capistranos nachvollziehen.[96] Dort wird berichtet, Capistrano sei in »unser kleines Städtchen« Kamenz gekommen, habe dort innerhalb von vier Tagen die Leute anhand seines eigenen Lebenswandels unermüdlich unterrichtet und damit zugleich »den Weinberg des Herrn mit heilsamen Schauern bewässert«, so sehr, dass selbst nach zehn Jahren der »Tau noch nicht getrocknet« sei.[97] Dieses und ähnliche Schreiben der anderen Sechsstädte[98] sind jedoch dahingehend mit Vorsicht zu genießen, dass deren Inhalt nicht von den jeweiligen Städten selbst aufgesetzt wurde. Das stark mit hagiographischen Topoi durchsetze Gesuch des Kamenzer Rates stellt daher keinen Tatsachenbericht dar, sondern wurde ganz sicher von franziskanischer Seite vorformuliert.[99]

---

91 Urkundenbuch der Stadt Leipzig: Bd. 1/ hrsg. von Karl Friedrich von Posern-Klett. CDS II 8. Leipzig 1868, 237 (Nr. 292 vom 20. Dezember 1452).

92 Schon Anfang des Jahres 1453 hatte Capistrano zwei Brüder nach Breslau geschickt, um einen günstigen Ort für ein observantes Kloster zu suchen: Urkundenbuch der Kustodien … (wie Anm. 53), 179 f (Nr. 448).

93 Zu dieser Predigtreise, die sich allmählich in einen Kreuzzug verwandelte, in Breslau 1453 mit Judenpogromen einherging und schlussendlich 1456 mit der aktiven Kriegsteilnahme gegen die Türken vor Belgrad endete, Berg: Johannes Kapistrans Predigtreise … (wie Anm. 89), 331 f; Ralph Weinbrenner: Klosterreform im 15. Jahrhundert zwischen Ideal und Praxis: der Augustinereremit Andreas Proles (1429-1503) und die privilegierte Observanz. Tübingen 1996, 151-155.

94 Gesta archiepiscoporum Magdeburgensium … (wie Anm. 87), 471.

95 Vgl. Herrmann: Das Franziskanerkloster St. Annen … (wie Anm. 12), 98.

96 Urkundenbuch Kamenz … (wie Anm. 3), 92 (Nr. 124).

97 Ebd.

98 Lucas Wadding: Annales Minorum. In Quibus Res Omnes Trium Ordinum A S. Francisco Institutorum Ex Fide Ponderosius asseruntur… Bd. 6. London 1648, 531 f (Görlitz). 532 f (Bautzen). 540 f (Lauban).

99 Urkundenbuch Kamenz … (wie Anm. 3), 92 (Nr. 124) (Anm.).

Als relativ wahrscheinlich dürfen wir daher zwar den Aufenthalt Capistranos in Kamenz annehmen, aber schon allein, dass man sich dort nach zehn Jahren noch daran erinnern konnte, dass die Predigttätigkeit genau vier Tage gedauert hatte, muss mit einem Fragezeichen versehen werden.[100] Kritisch müsste man einwenden, dass sich aus dem Kanonikationsersuch von 1462 nur erschließen lässt, dass sich die Franziskaner-Observanz auch zehn Jahre später noch an einen Aufenthalt in Kamenz erinnern konnte – von Kamenzer Seite her fehlt aber eine eindeutige observante Tradition.[101] Es lässt sich daraus also keineswegs ein Zusammenhang zur Klostergründung 1492 nachweisen. Bedenkt man, dass die Aufenthalte Capistranos, etwa in Leipzig, bereits vorher monatelang aufwendig vorbereitet wurden, damit dieser möglichst oft und publikumswirksam predigen konnte,[102] so sollten wir die Wirkungskraft des Kamenzer Aufenthalts relativieren. Zumal auf Capistranos Reiseroute ja noch die weitaus größeren und bedeutenderen Städte Bautzen und Görlitz standen (abgesehen davon, dass dort bereits Franziskanerklöster existierten). Vieles spricht also gegen einen längeren und vor allem nachhaltig wirkungsvollen Aufenthalt in Kamenz. Wieviel Eindruck mochten ein paar Tage lateinischer (!) Predigt auf die Kamenzer Bürger gemacht haben? Das Kamenzer Kanonikationsersuch besteht jedenfalls fast ausschließlich aus Floskeln – war der Auftritt des Predigers denn wirklich so vergessenswert gewesen?[103] Und wenn nicht, sollte

100 Zum Methodenproblem der Erinnerung Johannes FRIED: Erinnerung und Vergessen: die Gegenwart stiftet die Einheit der Vergangenheit. Historische Zeitschrift 273 (2001), 561-593; DERS.: Der Schleier der Erinnerung: Grundzüge einer historischen Memorik. München 2012. Eine zeitgenössische Parallelüberlieferung dieser Vorgänge in den Kamenzer Quellen, die eine solche Wirkungsgeschichte Capistrans unterstreichen würde, wäre mit Sicherheit bereits durch Hermann Knothe bekannt gemacht worden.

101 Im Zusammenhang mit den Bemühungen um die Kanonisierung Capistranos wird des Öfteren auch die 1469 erfolgte Aufnahme der Mitglieder der Kamenzer Marienbruderschaft in die Gemeinschaft der guten Werke der Franziskaner angeführt, welche durch den sächsischen Provinzialminister vollzogen wurde: Urkundenbuch Kamenz … (wie Anm. 3), 98 (Nr. 132); Urkundenbuch der Kustodien … (wie Anm. 53), 212 (Nr. 504). Doch fehlt hier jeglicher Bezug auf Capistrano oder die Observanz, wie auch der zeitliche Abstand eher misstrauisch macht, vgl. Zschornak: Stadt und Kirche in der Oberlausitz … (wie Anm. 2), 82. Allgemein Kirsten SCHMIES: Bruderschaften an Franziskanerklöstern und -kirchen in Thüringen. In: Für Gott und die Welt … (wie Anm. 53), 84-91.

102 Berg: Johannes Kapistrans Predigtreise … (wie Anm. 89), 326 f.

103 Im Gegensatz dazu können die Schreiben der anderen Sechsstädte durchaus mit Informationen über das konkrete Wirken Capistranos aufwarten, Wadding: Annales Minorum … (wie Anm. 98): So habe er etwa in Lauban klassischerweise gegen Würfelspiel und übertriebenen Luxus gepredigt, ebenso in Görlitz, mit einer Beharrlichkeit und Ausdauer »quod dictu mirabile est«. Das könnte man aber ebenso für Topik halten, vgl. dazu Berg: Johannes Kapistrans Predigtreise … (wie Anm. 89), 331. Das Bautzener Schreiben listete hingegen ganz konkrete Erfolge auf: »ii deponebant elationis fastum; ii resignantes iniquitatis censum lucra ludorum renunciantes, caeteraque occulta diuina spirante gratia, vt credimus, innumera detestanda vitia a cordibus hominum remouens«.

die fromme Begeisterung unter den Kamenzern tatsächlich eine ganze Generation überdauert haben um sich dann 40 Jahre später Bahn zu brechen?[104] Und warum wurde dann das Kloster nicht von den Bürgern, sondern vom Landesherrn gegen den Widerstand der Kamenzer gegründet?

Die Verbindung von Capistrano zum Kamenzer Kloster ergibt sich allein über dessen Zugehörigkeit zur Franziskaner-Observanz,[105] einer sich seit dem 14. Jahrhundert formierenden Bewegung innerhalb des Franziskanerordens,[106] die zur ursprünglichen strengen Armut und Schlichtheit des hl. Franziskus zurückkehren wollte[107] und den im Laufe der Zeit für die Brüder notwendig gewordenen Umgang mit Besitz und Vermögen strikt ablehnte.[108] Wobei anzumerken ist, dass alle Orden des Spätmittelalters von der Observanzbewegung in mehr oder weniger starkem Ausmaß erfasst wurden.[109] Der Streit um Armut und Besitz unter den Franziskanern ist so alt wie der Orden selbst. Bereits Papst Gregor IX. hatte 1230 den Franziskanern gestattet, Geldspenden anzunehmen und damit erworbene Gegenstände nutzen zu dürfen, wenn diese Eigentum der Spender blieben und das Geld von dafür beauftragten Personen verwaltet wurde. Papst Innozenz IV. übertrug 1247 das Eigentumsrecht (dominium) an den im Gebrauch (usus) der Brüder befindlichen beweglichen und unbeweglichen Güter auf die Kurie, was es dem Orden erlaubte, Schenkungen anzunehmen und durch von ihm bestellte Prokuratoren zu verwalten, ohne dass dadurch das Armutsgebot formal gebrochen wurde.[110] Aus diesen Kompromissen, die für das Überleben der meisten Konvente unumgänglich waren,[111] entspannte sich in der Folgezeit ein tiefgreifender und langanhaltender Streit zwischen gemäßigten Ordenskreisen und denjenigen, die sich den Idealen des Ordensgründers

104 Nicht unterschlagen werden sollte auch, dass Capistrano schon zu Lebzeiten Kritik für sein Vorgehen erfuhr, vgl. Berg: Johannes Kapistrans Predigtreise … (wie Anm. 89), 335.

105 Grundlegend für unser Untersuchungsgebiet Ferdinand Doelle: Die Observanzbewegung in der sächsischen Franziskanerprovinz (Mittel- und Ostdeutschland) bis zum Generalkapitel von Parma 1529. Münster 1918; vgl. Edith Páztor: Franziskaner A: V. Spiritualenbewegung; Observanten und Konventualen. LMA 4 (2003), 805 f.

106 Vgl. dazu Ziegler: Die Franziskaner-Observanten … (wie Anm. 18), 180 f.

107 Dazu gehörte etwa die Verkürzung des Chorgebets oder eine gewisse Distanz zur Wissenschaft, vgl. ebd, 183-186.

108 Vgl. allgemein Kaspar Elm: Verfall und Erneuerung des Ordenswesens im Spätmittelalter: Forschungen und Forschungsaufgaben. In: Untersuchungen zu Kloster und Stift/ hrsg. vom Max-Planck-Institut für Geschichte. Göttingen 1980, 188-238; ders.: Reform- und Observanzbestrebungen im spätmittelalterlichen Ordenswesen: ein Überblick. In: Reformbemühungen und Observanzbestrebungen im spätmittelalterlichen Ordenswesen/ hrsg. von Kaspar Elm. Berlin 1989, 3-19; auch Weinbrenner: Klosterreform … (wie Anm. 93).

109 Ziegler: Die Franziskaner-Observanten … (wie Anm. 18), 178.

110 Elm: Bettelorden … (wie Anm. 48), 2089; Bernhard Neidiger: Armutsbegriff und Wirtschaftsverhalten der Franziskaner im 15. Jahrhundert. In: Erwerbspolitik und Wirtschaftsweise mittelalterlicher Orden und Klöster/ hrsg. von Kaspar Elm. Berlin 1992, 207 f.

111 Ziegler: Die Franziskaner-Observanten … (wie Anm. 18), 178 f; vgl. Neidiger: Liegenschaftsbesitz … (wie Anm. 55), 106, 110 f.

verpflichtet sahen, der so genannte »Armutsstreit«.[112] Die Observanten wandten sich einer strengen und asketischen Armut zu, deren wichtigstes Ziel die Predigt – mitunter in Form von Massenpredigten – und die religiöse Unterweisung der Laien, die Seelenführung der einfachen Menschen darstellte.[113] Gleichzeitig standen sie in ständiger Auseinandersetzung mit den gemäßigten Strömungen innerhalb der Franziskaner, den so genannten Konventualen, die zwar Reformen innerhalb des Ordens nicht ablehnten, nur eben nicht so radikal waren wie die Observanten.[114]

So unterzogen sich in der Folge des Einflusses der Observantenbewegung zahlreiche Konvente (gewollt oder ungewollt) Ende des 15. Jahrhunderts einer Reform, so etwa Zwickau, Dresden, Freiberg, Zittau, Löbau, Oschatz oder Torgau, um nur einige sächsische Beispiele zu nennen. Sie alle schlossen sich aber nicht der Observanz, sondern der gemäßigten martinianischen Reformgemeinschaft[115] an, die sich auf die Privilegien Martins IV. und Martins V. beriefen, die es erlaubten bei Annahme von Schenkungen und für die Verwaltung von Besitz päpstliche Prokuratoren einzuschalten, somit also indirekt feste Einkünfte und Eigentum zu besitzen.[116] Dies lehnten die Observanten hingegen konsequent ab, sie lebten allein »von den Gaben der Gläubigen«, die Aushändigung von Besitz durch Prokuratoren wurde untersagt, ebenso die Annahme von Geldgeschenken außer für den Kirchenbau. Das beinhaltete bis Anfang des 16. Jahrhunderts sogar feste Einkünfte durch Jahrtage und Seelgerätstiftungen.[117] Im Jahre 1517 besiegelte Papst Leo X. den Bruch zwischen Konventualen und Observanten endgültig durch die Schaffung einer eigenen Provinzialstruktur für die Franziskaner-Observanz,[118] was für das

112 Vgl. Páztor: Spiritualenbewegung … (wie Anm. 105).

113 Ziegler: Die Franziskaner-Observanten … (wie Anm. 18), 184 f; Doelle: Die Observanzbewegung … (wie Anm. 105), 59-70.

114 So beschwerte sich etwa Matthias Döring, der Provinzialminister der sächsischen Franziskanerprovinz, vor dem Rat der Stadt Breslau über Capistranos Besuch ebendort, dass nämlich seine Brüder in St. Jakob die Regel ebenso gut beobachten würden wie die Bernhardiner: Urkundenbuch der Kustodien … (wie Anm. 53), 181 f (Nr. 452). 1510 versuchte König Wladislaus II. zu verhindern, dass die Observanten in Breslau wieder an die Konventualen fallen würden, ebd, 363 (Nr. 854); Doelle: Die Observanzbewegung … (wie Anm. 105), 93-99.

115 Einschlägig noch immer Ferdinand Doelle: Die martinianische Reformbewegung in der sächsischen Franziskanerprovinz (Mittel- und Nordostdeutschland) im 15. und 16. Jahrhundert. Münster 1921, hier bes. 15-26. 30 f. 43-54. 59-61. 64. 87. Vgl. Schmies: Aufbau und Organisation … (wie Anm. 53), 47-49; Volkmar: Die Stunde des Laienstandes? … (wie Anm. 22), 379; Weinbrenner: Klosterreform … (wie Anm. 93), 92.

116 Neidiger: Armutsbegriff … (wie Anm. 110), 212. 218; vgl. Elm: Verfall und Erneuerung … (wie Anm. 108), 232 f.

117 Neidiger: Armutsbegriff … (wie Anm. 110), 218 f. 222, das Zitat ebd.; ders.: Liegenschaftsbesitz … (wie Anm. 55), 114 f.

118 Ziegler: Die Franziskaner-Observanten … (wie Anm. 18), 178; Schmies: Aufbau und Organisation … (wie Anm. 53), 49; Doelle: Die Observanzbewegung … (wie Anm. 105), 124-138.

Kamenzer Kloster dahingehend von Bedeutung war, dass es eben nicht der Provinz Saxonia, sondern der Observanten-Vikarie Böhmen angehörte.[119]

Von den anderen oberlausitzischen Franziskanerkonventen, die allesamt zu den Konventualen bzw. Martinianern gehörten, hatten die Kamenzer Brüder also von vornherein keinerlei Unterstützung zu erwarten.[120] Denn die Franziskanerklöster der Oberlausitz sahen mit der Ankunft der Observanz in Kamenz ja auch unmittelbar ihre eigene Lebensweise bedroht.[121] Was, wenn der Landesherr bei ihnen ebenso radikal durchgreifen würde, wie dies etwa Herzog Georg von Sachsen in Leipzig tat, der das dortige Franziskanerkloster, obwohl es die martinianischen Konstitutionen angenommen hatte, am 28. April 1498 durch Papst Alexander VI. aus der Obödienz des Provinzialministers herauslösen und dem Provinzvikar der Observanz übergeben ließ. Nur ein Teil des Konvents erklärte sich zur Annahme der Observanz bereit, eine kleine Gruppe von Brüdern floh aus dem Kloster und führte sogar eine Art Fehde gegen ihren Konvent und den Landesherrn, die erst 1507 zugunsten der sächsischen Observanten beendet werden konnte.[122]

Mit den Idealen der Franziskaner-Observanz drückte sich zugleich das »gesamtgesellschaftliche Anliegen« des 15. Jahrhunderts aus, nämlich die »gesellschaft-

119 Vgl. Boetticher: Beiträge … (wie Anm. 7), 250.

120 Schon erwähnt wurde der Brief Bischof Johanns VI. von Meißen vom 27. Oktober 1492 an König Wladislaus II., doch von der Gründung des Kovents abzusehen, da dieser den anderen Franziskanern in der Oberlausitz schaden würde (siehe Anm. 82); vgl. Zschornak: Stadt und Kirche in der Oberlausitz… (wie Anm. 2), 36 f; Rüttinger: Camencia Jagellonica … (wie Anm. 7), 23; Boetticher: Beiträge … (wie Anm. 7), 243. Vgl. auch ebd, 247 die Beschwerde des Görlitzer Rates beim Landvogt der Oberlausitz, Herzog Karl von Münsterberg, über die Predigttätigkeit der Kamenzer Brüder.

121 Vgl. Urkundenbuch Kamenz … (wie Anm. 3), 185 f (Nr. 237): Der Provinzialminister der sächsischen Franziskanerprovinz, Benedikt von Löwenberg, bat am 31. Dezember 1519 den Rat der Stadt Görlitz dem Generalminister der Franziskaner darzulegen, wie der König von Böhmen und dessen Kanzler durch das Kamenzer Kloster versuchen würden, die Kustodien Goldberg und ihre Klöster unter ihre Kontrolle zu bringen. Vgl. auch Doelle: Die Observanzbewegung … (wie Anm. 105), 104 f; Knothe: Die Franziskanerklöster … (wie Anm. 9), 111. Bereits am 22. Dezember 1499 hatte König Wladislaus II. versucht in die Görlitzer Verhältnisse einzugreifen, als er dem Stadtrat ebendort befahl, dass nur noch Brüder der böhmischen (observanten) Provinz in das dortige Franziskanerkloster aufgenommen werden dürften, Urkundenbuch der Kustodien … (wie Anm. 53), 316 (Nr. 733); vgl. ebd. 326 (Nr. 754 vom 25. Oktober 1501). Gleichermaßen hatte der König 1511 den Versuch unternommen, wenigstens in den schlesischen Städten die Klöster der Observanten und Konventualen zu vereinigen, Doelle: Die Observanzbewegung … (wie Anm. 105), 236-238 Anlage 11.

122 Ebd, 42-46; ders.: Die martinianische Reformbewegung … (wie Anm. 115), 13 f. 61-63; Christoph Volkmar: Armut unter Druck?: franziskanische Reform und landesherrliches Kirchenregiment um 1500. In: Gelobte Armut: Armutskonzepte der franziskanischen Ordensfamilie vom Mittelalter bis in die Gegenwart/ hrsg. von Heinz-Dieter Heimann; Angelica Hilsebein; Bernd Schmies; Christoph Stegemann. Paderborn 2012, 419-422.

liche Erneuerung« durch »kirchliche Reform«.[123] Die Begeisterung für Prediger wie Capistrano speiste sich daraus. Besonders aber sahen sich die Landesherren dazu verpflichtet, die tragende Rolle bei der Erneuerung des religiösen Lebens in ihren Territorien zu übernehmen, lange schon bevor dies in der Reformation der Fall war. Die moralische und geistliche Besserung der Gesellschaft, unter anderem über die Einrichtung bzw. die Reform von Klöstern, bedeutete die Stabilisierung der eigenen Herrschaft, die Abwehr göttlicher Strafen und somit die Prosperität des eigenen Landes.[124] Konkret verband sich für die Landesherren mit der Reform bestehender Klöster oder auch der Ansiedlung observanter Varianten die Möglichkeit »unmittelbaren Einfluss auf die Klöster ihres Landes und die Aufsicht über deren Vermögen zu gewinnen«, denn »Predigt und Unterweisung führten auch unmittelbar zu Eingriffen in die alltäglichen Probleme von Stadt und Herrschaft«.[125] So auch in Kamenz, denn beim Landesherrn, dem böhmischen König, haben wir den eigentlich Grund für die Ansiedlung der Observanten in Kamenz zu suchen. In der älteren (und sogar auch der neueren) Forschung wird zwar mitunter der Verdacht geäußert, bereits Matthias Corvinus habe den Plan verfolgt, in Kamenz ein Kloster der Franziskaner-Observanz zu gründen.[126] Jedoch wird diese Vermutung[127] schon dadurch entkräftet, dass sich anhand der Quellen gar keine Verbindungen von Corvinus zur Sechsstadt nachweisen lassen. Nach Lage der Dinge waren einzig die böhmischen Jagiellonen-Könige und ihr unmittelbares Herrschaftsumfeld für die Gründung des Kamenzer Annenklosters verantwortlich, weder Stadt noch Klerus und schon gar nicht die Franziskanerkonvente der Oberlausitz unterstützten sie dabei.[128]

123 Volkmar: Armut unter Druck? … (wie Anm. 122), 411 f; vgl. Ziegler: Die Franziskaner-Observanten … (wie Anm. 18), 178.

124 Werner: Landesherr und Franziskanerorden … (wie Anm. 89), 341 f.

125 Ziegler: Die Franziskaner-Observanten … (wie Anm. 18), 182. 184; Elm: Reform- und Observanzbestrebungen … (wie Anm. 108), 14: »Sie verschaffte politische Eingriffsmöglichkeiten und ermöglichte schärfere Kontrolle. Die mit ihr einhergehende wirtschaftliche Konsolidierung machte die Stifte und Abteien als Einnahmequellen fruchtbar. Sie konnte in bestimmten Fällen zur Entmachtung des Adels und anderer intermediärer Gewalten führen, ja, sie bot die Möglichkeit, Besitz und Rechte der Klöster unter Berufung auf das Ius reformandi in den Aufbau der Territorien einzubeziehen und so die Entwicklung des modernen Staates zu forcieren.«

126 Boetticher: Beiträge … (wie Anm. 7), 239 f; Rüttinger: Camencia Jagellonica … (wie Anm. 7), 16 f.

127 Deren einziger Kornzeuge ist die Observantenchronik des Vigilius GREIDERER: Germania Franciscana, seu Chronicon geographohistoricum Ordinis S. P. Francisci in Germania. Bd. 1. Innsbruck 1777, 685.

128 Vgl. Knothe: Die Franziskanerklöster … (wie Anm. 9), 111 f. Eindeutiges Zeugnis dafür ist die Aufforderung König Wladislaus II. an seine Untertanen vom 8. Juli 1497, die Observanten bei Sammlungen von Almosen nicht zu behindern und ihnen den Eintritt in die Städte nicht zu verwehren: Urkundenbuch der Kustodien … (wie Anm. 53), 293 f (Nr. 695); Herrmann: Das Franziskanerkloster St. Annen … (wie Anm. 12), 101; Boetticher:

Matthias Werner[129] und Christoph Volkmar[130] haben nun für Thüringen bzw. das albertinische Sachsen nachgewiesen, dass sich die Wettiner als Landesherren durchgängig der observanten Franziskaner bedienten, um ihre Vorstellungen von Kirchen- und Klosterreform umzusetzen.[131] In gleicher Art und Weise haben wir in König Wladislaus II. von Böhmen und dessen Kanzler Ladislaus von Sternberg vehemente Förderer der Observanten vor uns.[132] Volkmar hat zudem festgestellt, dass es den Landesherren bei der Förderung der Franziskaner-Observanz weniger um deren strenges Armutsideal ging, sondern vor allem um deren unerschütterlichen Gehorsam, den sich der jeweilige Landesherr über das Instrument der Prokuratur, also der weltlichen Verwaltung des Klosters, zunutze machen konnte.[133] »Den Fürsten fehlte der Bezug zu ordensinternen Debatten, diese waren für sie nur das sprichwörtliche Mönchsgezänk, sie interessierte der Nutzen funktionierender Klöster für das Gemeinwesen, ihr Wirken in der Seelsorge, ihre Fürbitte für Land und Dynastie.«[134] Die individuelle Frömmigkeit des Landesherrn war dabei ebenso ausschlaggebend wie persönliche Kontakte zu Ordensreformern oder das Selbstverständnis der unumstrittene Schutzherr der Kirche im eigenen Herrschaftsbereich zu sein – was in der Forschung unter dem Begriff des »landesherrlichen Kirchenregiments« subsumiert wird.[135]

IV Die Gründung des Annenklosters 1492

All diese Aussagen treffen auf die beiden Jagiellonenkönige Wladislaus II. und Ludwig II. zu. Besonders die durch König Wladislaus II. betriebenen Versuche, die Franziskanerklöster der Oberlausitz bzw. die Kustodien Goldberg und Breslau

---

Beiträge … (wie Anm. 7), 244; ebd. 257 f Beilage II; vgl. Knothe: Nachtrag … (wie Anm. 8), 23; Doelle: Die Observanzbewegung … (wie Anm. 105), 118 f.

129 Werner: Landesherr und Franziskanerorden … (wie Anm. 89); vgl. auch Ziegler: Die Franziskaner-Observanten … (wie Anm. 18), 183; Petra WEIGEL: Die franziskanische Observanzbewegung in Thüringen. In: Für Gott und die Welt … (wie Anm. 53), 126-133; Weinbrenner: Klosterreform … (wie Anm. 93), 128-130.

130 Volkmar: Armut unter Druck? … (wie Anm. 122).

131 Vgl. ebenso für die Landgrafschaft Hessen Hans-Joachim SCHMIDT: Die Landgrafen von Hessen und die Bettelorden. In: Könige, Landesherren und Bettelorden … (wie Anm. 49), 127-151.

132 Hlavácek: Die Franziskaner-Observanten … (wie Anm. 86), 316; ders.: Die böhmischen Franziskaner … (wie Anm. 53), 35-38; Boetticher: Beiträge … (wie Anm. 7), 242 f.

133 Vgl. Ziegler: Die Franziskaner-Observanten … (wie Anm. 18), 182; Schmidt: Die Landgrafen von Hessen … (wie Anm. 131), 149 f.

134 Volkmar: Armut unter Druck? … (wie Anm. 122), 422; vgl. Werner: Landesherr und Franziskanerorden … (wie Anm. 89), 353; Weinbrenner: Klosterreform … (wie Anm. 93), 21 f.

135 Volkmar: Armut unter Druck? … (wie Anm. 122), 414-417; ders.: Die Stunde des Laienstandes? … (wie Anm. 22); Werner: Landesherr und Franziskanerorden … (wie Anm. 89), 359 f.

aus der Sächsischen Provinz zu lösen und in die böhmische Vikarie zu integrieren – etwa über direkte Einflussnahme beim Generalkapitel im spanischen Burgos –, sprechen eine deutliche Sprache.[136] Mit dem Tod König Matthias Corvinus 1490 waren Mähren, Schlesien und die Lausitzen an König Wladislaus II gefallen.[137] Daraus erklärt sich das nun erfolgte Eingreifen in die herrschaftlichen und kirchenpolitischen Verhältnisse in das böhmische Kronland Oberlausitz.[138] Kamenz bot sich an, da es politisch nicht zur ersten Riege des Sechsstädtebundes zählte und eben noch keinen Bettelordenskonvent in seinen Mauern beherbergte,[139] der sich im Verbund mit der städtischen Obrigkeit den Reformbestrebungen des Landesherrn erfolgreich hätte widersetzen können.[140] Unbeeindruckt von den Beschwerden[141] von Stadtrat, Pfarrklerus, Bautzener Franziskanern und Meißner Bischof setzte der böhmische König seinen Plan zur Einrichtung eines Klosters in Kamenz bereits 1493 mit der Stiftungsurkunde auch offiziell um[142] und besorgte

136 Boetticher: Beiträge … (wie Anm. 7), 250-252; vgl. Urkundenbuch der Kustodien … (wie Anm. 53), 421 (Nr. 928); Hlavácek: Die böhmischen Franziskaner … (wie Anm. 53), 39, 154 f. Dabei wurde vor allem mit der Integrität der böhmischen Kronländer argumentiert, die durch die Ordensstrukturen gestört werde.

137 Nach dem Tode König Georgs von Podiebrad 1471 hatte sich die Herrschaft der böhmischen Krone aufgespalten. In Böhmen selbst regierte der gewählte König Wladislaus II., in den böhmischen Nebenländern aber Matthias Corvinus, da dieser die Kronländer in den Auseinandersetzungen mit Georg Podiebrad gewonnen hatte und nicht gedachte, sie an seinen Konkurrenten Wladislaus II. abzutreten; vgl. Bobková: Oberlausitz … (wie Anm. 28), 120; dies.: Die politischen Beziehungen … (wie Anm. 30), 44 f.

138 Zur Oberlausitz als böhmisches Kronland Bobková: Die Oberlausitz … (wie Anm. 28), 109-112.

139 Vgl. Ziegler: Die Franziskaner-Observanten … (wie Anm. 18), 182, wonach man meist die Ansiedlung einer observanten Niederlassung an einem Ort, »wo es schon (unreformierte) Franziskaner gab«, vermied.

140 Vgl. Boetticher: Beiträge … (wie Anm. 7), 238. 249.

141 Die von Hlavácek: Die böhmischen Franziskaner … (wie Anm. 53), 154 Anm. 504, zitierte »Chronica Fratrum Minorum de Observancia Provincie Bohemie« zeigt, dass diese trotzallem eingetretenen Widerstände sogar in die observante Tradition eingingen, ebd, 173 f zu den Gründungsvorgängen in Kamenz: »Item sexta feria post omnium sanctorum anno quo supra [3. November 1492] susceptus est locus in Camentz, qui cum maxima difficultate susceptus est, quoniam pauci fuerunt fautores et promotores et multi adversarii resistebant, nimirum plebanus cum omnibus sacerdotibus, Conventuales cum monialibus in Marie stelle, Nobiles et cives plurimi, Episcopus Misnensis super omnes tamen per medium Reverendum dominum Johannem episcopum. Rex Wladislaus, Vngarie et Bohemie rex, decrevit et voluit omnio fratres ibi monasterium construere. Mandavit eciam domino Sigismundo de Tatzschin [de Wartenberg] Capitaneo suo advocato sex civitatum ut eos nomine Regie Maiestatis introduceret, quod et fescit. Dedit eciam Regia Maiestas pro structura elemosinam etc.«

142 Urkundenbuch Kamenz … (wie Anm. 3), 130 f (Nr. 173). Das Kloster wurde 1493 durch Johann Filipec, von 1477-1490 Bischof von Großwardein, seit 1492 Mitglied des Franziskanerordens und enger Berater sowohl König Matthias Corvinus wie König Wladislaus II., geweiht: Hlavácek: Die böhmischen Franziskaner … (wie Anm. 53), 74.

noch im gleichen Jahr einen Ablassbrief zur Unterstützung der Bauarbeiten an der Kurie.[143] Gleichzeitig stellte er den Franziskanern einen typischen »Bettelbrief«[144] aus, wenn er die Gläubigen, ob Bürger oder Adel, dazu aufforderte den Brüdern Almosen zu spenden.[145] Zudem erlaubte er, dass das Kloster Testamentsstiftungen annehmen dürfte, aber wiederum nur im Rahmen der Observanz, nämlich so, dass alles Übertragene – fahrende Habe, Geld oder Kleinodien – zum Bau des Klosters und zum nötigen Unterhalt der Brüder benutzt werden durfte, das Eigentum daran aber beim jeweiligen Stifter verblieb.[146] 1505 erweiterte er diese Privilegien noch um die Stiftung von Immobilien zu den gleichen Bestimmungen.[147] 1518 bestätigte König Ludwig II. die Gründung des Klosters und seiner Rechte, erlaubte den Bau neuer Gebäude und stellte es noch einmal ausdrücklich unter königlichen Schutz, der durch den Landvogt[148] sowie von zwei oder drei Adlige ausgeübt werden sollte.[149]

Schwerlich stellte die Stiftung von Testamenten an das Kloster, damit die Brüder für die Seele des Verstorbenen und seiner Angehörigen beteten, eine Art »Erbschleicherei« dar, wie Hermann Knothe meinte.[150] Eine »Zeit der naiven Gläubigkeit«, die es den Mönchen erlaubt hätte, den geistig etwas rückständigen (weil nicht lutherischen) Menschen des Spätmittelalters das Geld aus der Tasche zu ziehen, hat es auch in Kamenz nie gegeben und zeigt doch nur, wie wenig sich auch Knothe aus den ideologischen Denkkategorien seiner eigenen Zeit lösen konnte.[151] Richtig ist jedoch der Befund, dass sich der Landesherr bzw. dessen Vertreter als Prokuratoren und Protektoren des Annenklosters über dasselbe Zugang zu solchen Stiftungen

143 Boetticher: Beiträge … (wie Anm. 7), 256 f Beilage I; Knothe: Nachtrag … (wie Anm. 8), 22.

144 Vgl. Neidiger: Armutsbegriff … (wie Anm. 116), 222.

145 Urkundenbuch Kamenz … (wie Anm. 3), 130 f (Nr. 173).

146 Ebd.

147 Boetticher: Beiträge … (wie Anm. 7), 244, 260 f Beilage IV; vgl. Knothe: Nachtrag … (wie Anm. 8), 23 f.

148 Zum Landvogt in der Oberlausitz Kersken: Die Oberlausitz … (wie Anm. 5), 102 f; Bobková: Die Oberlausitz … (wie Anm. 28), 115; Knothe: Geschichte des Oberlausitzer Adels … (wie Anm. 31), 28-30.

149 Urkundenbuch Kamenz … (wie Anm. 3), 182-184 (Nr. 233). Vgl. Knothe: Franziskanerklöster … (wie Anm. 9), 119; Boetticher: Beiträge … (wie Anm. 7), 246.

150 Knothe: Nachtrag … (wie Anm. 8), 28. Zumal die überlieferten Nachweise von Testamentsbestimmungen zugunsten des Annenklosters nicht gerade zahlreich sind, vgl. Herrmann: Das Franziskanerkloster St. Annen … (wie Anm. 12), 113.

151 Knothe: Franziskanerklöster … (wie Anm. 9), 114, das Zitat ebd. Eine ideologiekritische Einordnung und Würdigung Hermann Knothes, wie sie mittlerweile etwa Rudolf Kötzschke durch Enno BÜNZ: Ein Landeshistoriker im 20. Jahrhundert: Rudolf Kötzschke (1867-1949) zwischen methodischer Innovation und Volksgeschichte. Blätter für deutsche Landesgeschichte 141/142 (2005/06), 347-367 erfahren hat, steht noch aus, vgl. aber den Sammelband: OBERLAUSITZ: Beiträge zur Landesgeschichte. Wissenschaftliches Symposium zum 100. Todestag von Hermann Knothe/ hrsg. von Matthias Herrmann; Danny Weber. Kamenz 2004.

verschaffen, mitunter in die Besitzverhältnisse vor Ort eingreifen konnten.[152] Dieser Fakt bedingte das eigentliche Konfliktpotential. Denn das pastorale Angebot der Franziskaner wurde von der Bevölkerung akzeptiert und angenommen, ja sogar aktiv gesucht und eingefordert.[153] Die Probleme des Kamenzer Annenkloster waren rein politischer Natur.

Der böhmische König beließ es nicht bei der Verleihung von Privilegien. In seinem Auftrag übertrug der Landvogt der Oberlausitz, Sigismund von Wartemberg, bei der Grundsteinlegung zusätzlich 100 Schwertgroschen an das Kloster,[154] nachdem bereits im Vorfeld entsprechende Bauplanungen oder womöglich sogar schon Bautätigkeiten vonstatten gegangen waren.[155] So bezeugt etwa eine Schenkungsurkunde des ehemaligen Dresdner Stadtschreibers Matthias Fitzstroh vor dem Dresdener Stadtrat für das Kamenzer Kloster vom 9. Januar 1493[156] den Beginn der Bauarbeiten bereits vor der offiziellen Stiftungsurkunde.[157] Mehr noch zeigt eine Aufforderung Herzogin Sidonias von Sachsen an ihren Sohn Herzog Georg den Bärtigen im August desselben Jahres,[158] er möge doch den beiden Kamenzer Brüdern, die bei ihr vorstellig geworden seien und die sie zu ihm geschickt habe, ein Pferd zur Verfügung stellen, damit dieses bei den Bauarbeiten am Kloster eingesetzt werden könne, dass die intensive Förderung der Franziskaner-Observanz unter den spätmittelalterlichen Landesherren ein allgemeiner Trend und man sich darum wohl bewusst war. So erteilte Herzog Georg den Kamenzer Brüdern 1513 zusätzlich die Erlaubnis in seinem Herzogtum betteln zu dürfen, allerdings nur solange er diese

152 Vgl. Boetticher: Beiträge … (wie Anm. 7), 253.

153 Für Stiftungen durch die Bürgerschaft vgl. Knothe: Die Franziskanerklöster … (wie Anm. 9), 116; Urkundenbuch Kamenz … (wie Anm. 3): 135 (Nr. 181) (Anm.) und Herrmann: Das Franziskanerkloster St. Annen … (wie Anm. 12), 102. So stifteten bereits 1496 Paul Petsch und Paul Bönisch aus Lückersdorf sechs bzw. zwölf Mark für die Kamenzer Franziskaner zu deren Messen. Ein Jahr zuvor hatte Nikolaus Freyenwelt bei den Minderbrüdern sein Anniversar eingerichtet. Ebenso lassen sich auch einige Eintritte von Kamenzern ins Kloster nachweisen, vgl. Herrmann: Das Franziskanerkloster St. Annen … (wie Anm. 12), 113.

154 Urkundenbuch Kamenz … (wie Anm. 3), 131 (Nr. 174); Haberkorn: Annalen … (wie Anm. 24), 26; vgl. Herrmann: Das Franziskanerkloster St. Annen … (wie Anm. 12), 99 f.

155 Vgl. dazu Knothe: Die Franziskanerklöster … (wie Anm. 9), 110 f; Rüttinger: Camencia Jagellonica … (wie Anm. 7), 28.

156 Urkundenbuch Kamenz … (wie Anm. 3), 130 (Nr. 172).

157 Vgl. zu diesen Vorgängen auch Boetticher: Beiträge … (wie Anm. 7), 239.

158 Sven Rabeler; Alexandra Kursawe; Claudia Ulrich: Briefe der Herzogin Sidonia von Sachsen (1449-1510) an ihren Sohn Georg (1471-1539). Kiel 2009, 55 f (Nr. 8, 1493 nach August 19): »Herczallerlibster son! Dyse czwene bruder seyn von Kamencz, dy haben mich gebethen, das ich dych bitten weld, das du yn so gnedig seyn weldest und yn eyn alt schaden pfert geben weldest, das yn steyne, kalk und sant zcu irem baw furen kond. Demselbigen nach bitt ich dych, herczallerlibster son, du wolltest Gote zcu lobe und umb meyner bethe willen yn so gnedig seyn und sy mit eym solichen pferdt vorsorgen, das werden sy vor dych keygen dem almechtigen Got mit yrem ynnygen gebethe getrewlichen vorgleychen.«

nicht widerrufen würde.[159] Ohne Schwierigkeiten lassen sich Parallelen zu Annaberg im Erzgebirge ziehen. Die erst 1496/97 gegründete Bergstadt erfuhr in kürzester Zeit einen explosionsartigen Bevölkerungszuwachs von 6.000 bis 8.000 Menschen und bereits 1501 lud Herzog Georg Franziskaner nach Annaberg ein, um gemeinsam mit dem Guardian des Chemnitzer Franziskanerklosters hier einen Konvent der Observanz einzurichten.[160] Der Herzog benutzte in der Folgezeit die Klostergebäude sogar als Unterkunft, da er in der Stadt keine eigenen Räumlichkeiten besaß. Das Chemnitzer Franziskanerkloster hingegen, ebenfalls der Observanz zugehörig, war 1485 auf Betreiben wohlhabender Bürger zustande gekommen.[161]

Wie bereits mehrfach dargelegt, hegte das Bürgertum der spätmittelalterlichen Städte eben keinerlei Abneigungen gegenüber der Franziskaner-Observanz an sich, sodass dieser Gesichtspunkt auch für Kamenz nicht zum Tragen kommt.[162] Über Sidonia, der jüngsten Tochter König Georgs von Podiebrad, waren zudem Verbindungen nach Böhmen gegeben.[163] Denn die Mönche, die nun nach Kamenz kamen, stammten höchstwahrscheinlich aus dem observanten Franziskanerkloster im böhmischen Bechin,[164] zu welchem der böhmische Kanzler Ladislaus von Sternberg beste Beziehungen unterhielt und dessen Prokurator er war.[165] Noch mehr als König Wladislaus II., der wohl allgemein an der Gründung eines Klosters innerhalb seines Herrschaftsbereichs im Sinne des landesherrlichen Kirchenregiments und der Observanz interessiert war, dürfte von Sternberg für die Wahl und Förderung von Kamenz ausschlaggebend gewesen sein.[166] So übertrug er dem Annenkloster 1518 auch Reliquien der Heiligen Anna, die er vom Prager Domkapitel erworben

159 Boetticher: Beiträge … (wie Anm. 7), 245. 261 f Beilage V; vgl. Herrmann: Das Franziskanerkloster St. Annen … (wie Anm. 12), 111; Knothe: Nachtrag … (wie Anm. 8), 24 f; Rüttinger: Camencia Jagellonica … (wie Anm. 7), 36.

160 Doelle: Die Observanzbewegung … (wie Anm. 105), 48 f; Volkmar: Die Stunde des Laienstandes? … (wie Anm. 22), 379; vgl. Schmidt: Die Landgrafen von Hessen … (wie Anm. 131), 139 für hessische Beispiele.

161 Doelle: Die Observanzbewegung … (wie Anm. 105), 29.

162 Dagegen spricht im Übrigen auch, dass dem Kamenzer Franziskanerkonvent wohl von Anfang an eine Laiengemeinschaft von Frauen als Terziarinnen angegliedert war: Haberkorn: Annalen … (wie Anm. 24), 27; Urkundenbuch Kamenz … (wie Anm. 3), 135 (Nr. 181).

163 Rabeler; Kursawe; Ulrich: Briefe der Herzogin Sidonia … (wie Anm. 158), 12.

164 Herrmann: Das Franziskanerkloster St. Annen … (wie Anm. 12), 100; Rüttinger: Camencia Jagellonica … (wie Anm. 7), 36; Šimunek: Soziale Netzwerke … (wie Anm. 58), 151. Anders Kostowski: Die Ausstattung … (wie Anm. 23), 80, der eine Gründung von Breslau aus annimmt, aber keine Nachweise außerhalb kunsthistorischer Stilvergleiche der Altäre liefert.

165 Hlavácek: Die böhmischen Franziskaner … (wie Anm. 53), 58; vgl. Knothe: Nachtrag … (wie Anm. 8), 26.

166 Rüttinger: Camencia Jagellonica … (wie Anm. 7), 34, 40.

hatte.[167] Auch die in der Annenkirche noch erhaltenen Altäre werden zum Teil dem Umfeld des böhmischen Herrscherhauses zugeschrieben.[168]

In der Regierungszeit des noch jugendlichen Ludwigs II. dürfen wir ohnehin Kanzler von Sternberg als den eigentlich handelnden Akteur ansehen.[169] In einer Urkunde Ludwigs vom 10. Mai 1520 befahl dieser sogar, dass sich alle Franziskanerklöster innerhalb der Krone Böhmens der Observanz anzuschließen hätten.[170] Die Kustodien Goldberg und Breslau sollten vereinigt, der Provinz Sachsen ausgegliedert und der Provinz Böhmen unterstellt werden.[171] Widerspenstige Brüder sollten kurzerhand durch die örtlichen Gewalten vertrieben werden.[172] Hier tauchen nun übrigens tatsächlich die Narrative über Matthias Corvinus und Capistrano auf. Denn nach Wortlaut der Urkunde setzte König Ludwig II. einfach nur noch einen Plan des Corvinen in die Tat um, wobei sowohl dieser wie auch Ludwigs Vater Wladislaus II. durch Capistrano für die Observanz gewonnen worden wären.[173] Es fehlt allerdings jeglicher Hinweis auf Kamenz, wir dürfen aber davon ausgehen, dass diese Art von Narrativen in der späteren Geschichtsschreibung kurzerhand auf unser Beispiel übertragen wurde.[174]

---

167 Boetticher: Beiträge … (wie Anm. 7), 262 Beilage VI.

168 Herrmann: Das Franziskanerkloster St. Annen … (wie Anm. 12), 107; Rüttinger: Camencia Jagellonica … (wie Anm. 7), 59. 61-63; vgl. Kostowski: Die Ausstattung … (wie Anm. 23).

169 Hlavácek: Die böhmischen Franziskaner … (wie Anm. 53), 40 vermutet, dass mit dem Tode Sternbergs 1522 die Observanz in Böhmen nicht mehr so zielgerichtet gefördert wurde wie vorher.

170 Herrmann: Das Franziskanerkloster St. Annen … (wie Anm. 12), 129-132 (Anhang). Es sei dazu erwähnt, dass die ebd abgedruckte Transkription, die von einer Mitarbeiterin des Lessing-Museums Kamenz besorgt wurde, leider fehlerhaft ist. Besonders Abbreviaturen wurden ganz offensichtlich nicht erkannt oder ignoriert, beispielsweise »obßuantz« statt »obs(er)uantz«, »pdigunge« statt »p(re)digunge«, »Puincz« statt »P(ro)uincz«, »Mistro« statt »Mi(ni)stro« usw.

171 Zu den Vorgängen im Zusammenhang dieses Schreibens: Doelle: Die Observanzbewegung … (wie Anm. 105), 144-152. Bereits 1464 hatte Papst Pius II. die Observantenprovinzen Österreich und Böhmen vereinigt, was mit der Annahme neuer Konvente einher ging: Urkundenbuch der Kustodien … (wie Anm. 53), 206 f (Nr. 491).

172 Herrmann: Das Franziskanerkloster St. Annen … (wie Anm. 12), 131 f; vgl. Doelle: Die Observanzbewegung … (wie Anm. 105), 147.

173 Herrmann: Das Franziskanerkloster St. Annen … (wie Anm. 12), 130: »[…] also lange bis Vor lx Jaren selige gedechtnus der heylige Johes Capistranus auß gotlicher sendung yn dyße lande komen ist […] deß halben Vorzeyten dye allir erlauchgsten herrnn Mathias Und Wladislaus Konige zu Ungern Und Bohem Wy Wol yn Vor Wondelter zeyt doch yn eynem Und eyntrahtigen gemüte aus eynbrunstiger andacht gegen den orden deß seligen Francisci entzundet der yczundt aws eyner newen pflanzung deß selben seligen Johannis Capistram yn eyne Ursprinkliche Weyße Warer obßzancz Also Widergebracht Waß«.

174 Sehr viel bedeutender für die Argumentation des Schreibens war ohnehin der Hinweis auf die verschiedenen Sprachen von »Sachsen« und »Böhmen«, die eine Trennung der Provinzen notwendig machen würde: Herrmann: Das Franziskanerkloster St. Annen … (wie Anm. 12),

Umgesetzt wurde der königliche Befehl jedenfalls nicht, die Klöster der Oberlausitz haben sich nicht der Observanz angeschlossen, dafür waren, wie etwa in Görlitz, die Verflechtungen von Stadtrat, Bürgerschaft und Franziskanerkonvent einfach viel zu eng.[175] Zwar besuchte noch im Jahre 1520 der Ordensgeneral der Observanten, Francesco Lichetto, persönlich die Konvente in Bautzen und Görlitz, konnte dort aber keine reformbedürftigen Zustände feststellen.[176] Auch die späteren Bemühungen der Observanten verliefen aufgrund des Widerstandes der sächsischen Konvente im Sande.[177] Dass Georg der Bärtige im benachbarten Herzogtum Sachsen ja nicht weniger harsch, dafür aber umso erfolgreicher in die Verhältnisse von Kirchen und Klöstern eingriff, dürfte etwas mit der realen Machtposition und Herrschaftsgewalt zu tun haben, die er in seinem Territorium ausüben konnte.[178] Was sollte der damals 14-jährige Ludwig II., der kein einziges Mal die Oberlausitz besuchte, im böhmischen Kronland auch schon ausrichten?

V Konflikte zwischen Stadt und Kloster

Die Ablehnung, die das Annenkloster von Anfang erfuhr, wird aus diesen Betrachtungen verständlicher.[179] Nicht die Bettelmönche an sich lehnte man ab, sondern den hinter der Gründung stehenden Versuch landesherrlicher Einflussnahme auf die Kommune und die kirchlichen Verhältnisse.[180] Dies führte bereits 1494 zeitweilig

131. Hinter dieser Argumentation stehen aber keine »nationalen« oder gar »ethnischen« Gedanken, sondern sie steht in der Tradition landesherrlichen Kirchenregiments, nämlich über die kontrollierte Besetzung der geistlichen Institutionen mit dem Fürsten genehmen Untertanen (Landeskindern) Einfluss auf selbige Institutionen zu erhalten, vgl. Urkundenbuch der Kustodien … (wie Anm. 53), 316 (Nr. 733). 326 (Nr. 754); Hlavácek: Die böhmischen Franziskaner … (wie Anm. 53), 61 f; allg. Volkmar: Die Stunde des Laienstandes? … (wie Anm. 22), 391. Anders sieht es freilich Doelle: Die Observanzbewegung … (wie Anm. 105), 123 f, der hier die »nationalen« Gegensätze betont.

175 Zum Görlitzer Franziskanerkloster ausführlich Speer: Frömmigkeit und Politik … (wie Anm. 62), 158 f. So hatte der Görlitzer Stadtrat die Ansieldung eines observanten Franziskanerkonvents konsequent verhindert, vgl. Doelle: Die Observanzbewegung … (wie Anm. 105), 103 f; ders.: Die martinianische Reformbewegung … (wie Anm. 115), 149-153 Beilagen 3-5.

176 Doelle: Die Observanzbewegung … (wie Anm. 105), 149 f.

177 Ausführlich ebd, 164-179 und passim. 266-268 Anlage 24.

178 Vgl. Volkmar: Reform statt Reformation … (wie Anm. 22).

179 Ganz anders Knothe: Nachtrag … (wie Anm. 8), 29, der die Schuld für angespannten Verhältnisse allein bei den geldgierigen Mönchen sah. Hier soll aber nur in groben Zügen auf die Konfliktlinien zwischen Stadt, Kloster, Adel und Stadtherr eingegangen werden, steht doch eigentlich die Frage nach den Motiven der Klostergründung im Vordergrund dieser Untersuchung.

180 Herrmann: Das Franziskanerkloster St. Annen … (wie Anm. 12), 100. Noch 1520 wurde anlässlich einer Dürre eine Prozession zur Erbittung von Regen abgehalten, dabei wurde natürlich auch das Annenkloster mit einbezogen: Haberkorn: Annalen … (wie Anm. 24), 51.

zur Verhängung des Interdikts über die Stadt[181] und in der Folgezeit versuchte der böhmische König die Wogen durch diverse Privilegien zugunsten der Stadt zu glätten, etwa 1498 das Recht auf einen achttägigen Jahrmarkt, der Bestätigung des Salzmarktes 1502 oder 1507 für einen Fleisch- und Keulenmarkt.[182] Doch das Kloster stellte für den Rat einen unverhohlenen Versuch dar, die Autonomie der Stadt zu schwächen und landesherrlichen Einfluss – ob nun direkt durch den böhmischen König oder dessen Stellvertreter, den Landvogt – zu stärken.[183] Wiederholt musste der böhmische König die Stadt Kamenz ermahnen, die königlichen Privilegien des Klosters nicht zu verletzen[184] und die Brüder nicht zu behelligen.[185] Noch sein Sohn Ludwig II. sah sich im Jahre 1518 genötigt, in der bereits erwähnten Urkunde vom 9. Juni[186] und vier separaten Urkunden vom 10. August[187] – wobei hier höchstwahrscheinlich Kanzler von Sternberg für deren Inhalt verantwortlich zeichnete[188] – die Privilegien des Klosters im Hinblick auf dessen Klostergelände und -gebäude,[189] der Annahme von Testamentsstiftungen[190] und des Kirchenasyls[191] zu schützen. Zugleich stellte er das Kloster noch einmal ausdrücklich unter königlichen Schutz, der durch den Landvogt der Oberlausitz ausgeübt wurde, dem er zusätzlich vier oberlausitzische Adlige als Protektoren des Konvents zur Seite stellte (auch dies stellte angesichts des latenten Konflikts zwischen den Sechsstädten und dem Adel um den politischen Vorrang in der Oberlausitz eine Provokation dar).[192] Auch in den drei anderen Urkunden wurde der Landvogt als direkter Ansprechpartner des Klosters in rechtlichen Streitsachen genannt.

Für den Kamenzer Stadtrat inakzeptabel war auch die ursprüngliche Lage des Klosters vor den Stadtmauern. Zwar war dies im Mittelalter keine Seltenheit und

181 Urkundenbuch Kamenz … (wie Anm. 3), 132 f (Nr. 177); vgl. Rüttinger: Camencia Jagellonica … (wie Anm. 7), 44 f; in dieser Sache eher wenig überzeugend Knothe: Die Franziskanerklöster … (wie Anm. 9), 113.

182 Urkundenbuch Kamenz … (wie Anm. 3), 136 f (Nr. 183). 158 f (Nr. 206). 159 f (Nr. 207); vgl. Herrmann: Das Franziskanerkloster St. Annen … (wie Anm. 12), 103. 105; Zschornak: Stadt und Kirche in der Oberlausitz… (wie Anm. 2), 37; Knothe: Die Franziskanerklöster … (wie Anm. 9), 114 f; Rüttinger: Camencia Jagellonica … (wie Anm. 7), 30. 32.

183 Auch im albertinischen Sachsen stützte sich Herzog Georg der Bärtige bei seiner Kirchenpolitik auf die lokalen Amtsleute, vgl. Volkmar: Die Stunde des Laienstandes? … (wie Anm. 22), 392 f.

184 Urkundenbuch Kamenz … (wie Anm. 3), 184 (Nr. 234).

185 Ebd, 190 (Nr. 245); vgl. dazu auch Boetticher: Beiträge … (wie Anm. 7), 249.

186 Urkundenbuch Kamenz … (wie Anm. 3), 182-184 (Nr. 233), vgl. oben Anm. 149.

187 Vgl. dazu Herrmann: Das Franziskanerkloster St. Annen … (wie Anm. 12), 111 f; Knothe: Nachtrag … (wie Anm. 8), 27 f; Boetticher: Beiträge … (wie Anm. 7), 246.

188 Vgl. Urkundenbuch Kamenz … (wie Anm. 3), 182-184 (Nr. 233): »Ad relationem magnifici domini Ladislai de Sternberg in Bechina, supremi regni Bohemie cancellarii«.

189 Boetticher: Beiträge … (wie Anm. 7), 262-264 Beilage VII.

190 Ebd, 264-266 Beilage VIII.

191 Ebd, 268 f Beilage X.

192 Ebd, 266-268 Beilage IX.

die Vorstellung, dass geistliche Institutionen außerhalb der Stadt einer Kommune göttlichen Schutz versprach, der mehr wert war als jede Mauer aus Stein, lässt sich an zahlreichen Beispielen belegen. Für Kamenz aber bestand die Gefahr, dass im Falle bewaffneter Auseinandersetzungen mit dem Landesherren dessen dezidiert königliche Gründung vor den Mauern der Stadt ein befestigter Stützpunkt gegen die Stadt selbst werden konnte, da sie von ihrer Lage her zu dicht an die alte Stadtmauer gesetzt war. Die nun seit spätestens 1507 über Jahrzehnte dauernden Verhandlungen und Auseinandersetzungen über Kosten und Durchführung des notwendigen Neubaus der Stadtmauer[193] trugen nicht dazu bei, die Beliebtheit des Annenklosters bei der städtischen Obrigkeit zu steigern.[194] Gleichzeitig war das Klostergelände – nun innerhalb der Stadt gelegen – der städtischen Gerichtsbarkeit enthoben, womit sich in Verbindung mit dem Kirchenasyl[195] ein weiteres Problem für die Stadtobrigkeit eröffnete. Das Kirchenasyl erlaubte es Straftätern auf Kirchengrund zu flüchten und dort vor dem Zugriff weltlicher Organe geschützt zu sein. Dass dieses Recht dem Kloster 1518 durch König Ludwig II. noch einmal ausdrücklich bestätigt wurde, macht deutlich, dass es ein expliziter Streitpunkt zwischen Stadt und Kloster war.[196]

In diese Zeit fallen innerstädtische Unruhen, die sich 1507/08 am Streit mit Bautzen um das Salzmarktrecht entzündet hatten (die sogenannte »Frieserei«), die erst 1511 auf königlichen Befehl hin beendet wurden und letztlich 1512 zu einer Änderung der Ratsverfassung führten.[197] Hierbei spielte auch das vom Franziskanerkloster gewährte Kirchenasyl eine Rolle.[198] Bedenkt man, welche Bemühungen die Sechsstädte der Oberlausitz zur Wahrung des Landfriedens[199] unternahmen, spielte eine solche Möglichkeit, sich dem Zugriff des Städtebundes zu entziehen,

193 Vgl. Urkundenbuch Kamenz … (wie Anm. 3), 158 f (Nr. 206). 171-173 (Nr. 224). 188 f (Nr. 241); Haberkorn: Annalen … (wie Anm. 24), 45 f. Vgl Herrmann: Das Franziskanerkloster St. Annen … (wie Anm. 12), 109 f. 113f; Knothe: Die Franziskanerklöster … (wie Anm. 9), 117 f; Boetticher: Beiträge (wie Anm. 7), 248.

194 Herrmann: Das Franziskanerkloster St. Annen … (wie Anm. 12), 105.

195 Daniela Fruscione: Kirchenasyl. Handwörterbuch zur deutschen Rechtsgeschichte 2 (2011), 1775-1777.

196 Rüttinger: Camencia Jagellonica … (wie Anm. 7), 45.

197 Urkundenbuch Kamenz … (wie Anm. 3), 167 f (Nr. 219). 169-171 (Nr. 222); Haberkorn: Annalen … (wie Anm. 24), 32-40; Herrmann: Das Franziskanerkloster St. Annen … (wie Anm. 12), 104. 106: »Möglicherweise aus diesen vielfältigen Ursachen heraus, vielleicht aber auch duch soziale und religiöse Aspekte beeinflusst, engagierten sich die Mönche in der Folgezeit auch für unzufriedene Personenkreise aus Kamenz und Umgebung.«; vgl. dazu allg. Berg: Gesellschaftspolitische Implikationen … (wie Anm. 74), 32 f.

198 So hatte 1515 Matthias Riemer, der sich in offener Fehde mit der Stadt Kamenz befand, Unterschlupf im Franziskanerkloster gefunden: Haberkorn: Annalen … (wie Anm. 24), 43 f; Herrmann: Das Franziskanerkloster St. Annen … (wie Anm. 12), 107.

199 Kersken: Die Oberlausitz … (wie Anm. 5), 106; Czok: Der Oberlausitzer Sechsstädtebund … (wie Anm. 29), 110 f; Knothe: Geschichte des Oberlausitzer Adels … (wie Anm. 31), 59-62.

in Zeiten innerstädtischer Unruhe, aber natürlich auch im Hinblick auf die Auseinandersetzungen mit dem oberlausitzischen Landadel, eine wichtige Rolle.[200] Durch den lokalen Adel erhielt das Annenkloster ohnehin große Förderung, etwa in Form von Begräbnissen im Kloster selbst wie z. B. durch Hans von Ponickau[201] auf Elstra, der ganz konkret vom Kloster aus gegen den Kamenzer Stadtrat agiert hatte,[202] oder auch Christoph von Hermsdorf[203] und Georg von Schönberg.[204] Ebenso fand sich im Landvogt der Oberlausitz Siegmund von Wartemberg, der 1493 den Grundstein für das Kloster gelegt hatte, ein weiterer Gönner des Klosters.[205] In der Zeit der vordringenden Reformation[206] wurde das Kloster zudem ein Anlaufpunkt für die Anhänger der alten Lehre, wie etwa der Kamenzer Pfarrer Gregor Günther, die sich damit konsequent gegen Stadtrat und Bürgerschaft stellten.[207]

VI Fazit

Um Gott zu dienen gründete der böhmische König das Kamenzer Franziskanerkloster. Damit war aber nicht nur die Tätigkeit der Brüder vor Ort, sondern allgemein eine Reform der Klosterlandschaft und damit der auch moralischen und geistlichen Verhältnisse in der Oberlausitz gemeint. Korrespondierende Versuche benachbarter Landesherren über das Instrument der Klosterreform bzw. der Klostergründung eben diese Ziele zu erreichen, finden sich im albertinischen Sachsen oder in Thüringen. Das nämlich war der eigentliche Dienst an Gott, die Errichtung eines landesherrlichen Kirchenregiments, über das der Landesherr geordnete kirchliche Verhältnisse schaffen und damit die Bevölkerung seiner Länder moralisch und geistlich korrekt

200 Karl Czok: Der Oberlausitzer Sechsstädtebund zwischen Bürgergeist, Königs- und Adelsherrschaft. In: 650 Jahre Oberlausitzer Sechsstädtebund … (wie Anm. 1), 10 f. 15 f; vgl. Ders.: Der Oberlausitzer Sechsstädtebund … (wie Anm. 29), 112 f; Kersken: Die Oberlausitz … (wie Anm. 5), 122-124.

201 Zur Familie von Ponickau: Knothe: Geschichte des Oberlausitzer Adels … (wie Anm. 31), 423-427.

202 Haberkorn: Annalen … (wie Anm. 24), 36. Vgl. Knothe: Die Franziskanerklöster … (wie Anm. 9), 115; Herrmann: Das Franziskanerkloster St. Annen … (wie Anm. 12), 106 f.

203 Knothe: Geschichte des Oberlausitzer Adels … (wie Anm. 31), 269 f.

204 Vgl. Herrmann: Das Franziskanerkloster St. Annen … (wie Anm. 12), 113; Zschornak: Stadt und Kirche in der Oberlausitz … (wie Anm. 2), 39; Knothe: Die Franziskanerklöster … (wie Anm. 9), 120; Rüttinger: Camencia Jagellonica … (wie Anm. 7), 42. Vgl. auch Boetticher: Beiträge … (wie Anm. 7), 259 f Beilage III. Zu den Herren von Schönberg in der Oberlausitz siehe Knothe: Geschichte des Oberlausitzer Adels … (wie Anm. 31), 483 f.

205 Knothe: Nachtrag … (wie Anm. 8), 22.

206 Dazu Herrmann: Das Franziskanerkloster St. Annen … (wie Anm. 12), 115 f.

207 Günther, der übrigens erst als Witwer in den geistlichen Stand eingetreten war, und dessen Nachkommen wurden 1527 in die Bruderschaft der Franziskaner-Observanz aufgenommen: Urkundenbuch Kamenz … (wie Anm. 3), 192 f (Nr. 249). Vgl. Knothe: Die Franziskanerklöster … (wie Anm. 9), 121 f; Herrmann: Das Franziskanerkloster St. Annen … (wie Anm. 12), 113. 116; Haberkorn, Annalen … (wie Anm. 24), 77.

erziehen konnte. Die richtige Ausführung des Glaubens und die Verinnerlichung seiner Inhalte waren der einzig wahrhafte Garant für die durch Gott gegebene Prosperität der eigenen Landesherrschaft, seiner Untertanen und nicht zuletzt auch der eigenen Dynastie.[208] Pauschal wurde dabei auf die Observanz gesetzt, unabhängig davon, ob nun dieser oder jener Konvent wirklich reformbedürftig oder ein neues Kloster vor Ort nötig war. Das Kamenzer Annenkloster ist also ein konkretes (und letztlich gescheitertes) Beispiel des spätmittelalterlich-landesherrlichen Kirchenregiments, wobei Kamenz vielleicht auch als Ausgangspunkt für eine Reform der gesamten Klosterlandschaft der Oberlausitz gedacht war.

Die spätmittelalterlichen Landesherren, der Herzog von Sachsen ebenso wie der König von Böhmen, waren dabei neben ihrer niemals zu vernachlässigenden religiösen Motivation auch durch ganz handfeste politische und wirtschaftliche Erwägungen getrieben. Weniger das Armutsideal der observanten Franziskaner machte diese zu einem nützlichen Werkzeug in der Durchsetzung fürstlicher Bestrebungen zum Aufbau eines landesherrlichen Kirchenregiments, sondern vor allem der absolute Gehorsam der Brüder gegenüber ihrem Stifter und Herrn. Über das Kamenzer Annenkloster versuchten König Wladislaus II. und nach ihm sein Sohn Ludwig II. vielleicht nicht unbedingt politisch Fuß in einer der oberlausitzischen Sechsstädte zu fassen.[209] Diese Motivation darf man hingegen aber ohne große Probleme dem oberlausitzischen Landvogt und vor allem dem böhmischen Kanzler von Sternberg zuschreiben. Eindeutig zeigt sich diese Ausrichtung auch an den wenigen uns überlieferten Bestattungen im Kloster, die vor allem adlige Geschlechter aus der Umgebung von Kamenz (und mit denen die Stadt Kamenz öfter in Konflikt geriet) in Anspruch nahmen.[210]

Das Annenkloster wurde so zu einem Stützpunkt für Einflussversuche seitens des Landesherrn und des oberlausitzischen Adels, was zwangsläufig zu Konflikten mit der städtischen Obrigkeit führen musste. Schon allein die Erlaubnis des Kirchenasyls konterkarierte ja alle Bestrebungen der Sechsstädte um Landfrieden

208 Schmidt: Die Landgrafen von Hessen … (wie Anm. 131), 143: »Nicht der einzelne Konvent, nicht einmal ein bestimmter Orden, sondern das Land war der Rahmen der Maßnahmen zur Klosterreform.«; vgl. Volkmar: Die Stunde des Laienstandes? … (wie Anm. 22), 388.

209 Nicht zuletzt verweist die Effektivität und Wirkungskraft der landesherrlichen Maßnahmen bei der Umsetzung des Kirchenregiments auch auf die strukturelle Leistungsfähigkeit der jeweiligen Landesherrschaft: Volkmar: Die Stunde des Laienstandes? … (wie Anm. 22), 406. Dementsprechende Unterschiede zwischen den böhmischen Königen und den sächsischen Kurfürsten und Herzögen, zwischen den wettinischen Herrschaftsgebieten und den böhmischen Kronlanden, dürften daher umso offensichtlicher geworden sein. Vgl. auch Eibl: Die Lausitzen … (wie Anm. 30), 343-346; Zschornak: Stadt und Kirche in der Oberlausitz … (wie Anm. 2), 36: »Vielleicht war die Gründung des Klosters durch den König von Böhmen der Versuch böhmischen Einfluss auch kirchenpolitisch gegen den Bischof von Meißen geltend zu machen.«

210 Vgl. auch Šimunek: Soziale Netzwerke … (wie Anm. 58), 163.

und Ausschalten des Raubrittertums. Das Kloster war vermutlich schon von den Zeitgenossen als ein Instrument landesherrlicher Kirchen- und Herrschaftspolitik verstanden worden, die langwierigen Verhandlungen noch vor der Grundsteinlegung des Klosters belegen dies. Zwar versuchte der böhmische König über diverse Privilegien, wie etwa Marktrechte, für die Stadt einen Ausgleich zu schaffen, aber schon die Übernahme für die Baukosten der Eingliederung des Klostergeländes in die Stadtmauer belastete die städtischen Finanzen schwer und trug nicht zur Akzeptanz der königlichen Gründung bei.

Ein weiteres Problem stellte die kirchlich-administrative Isolation des Klosters dar. Es war das einzige Kloster der Franziskaner-Observanz in der Oberlausitz, im Gegensatz zu fünf Klöstern der Konventualen in den anderen Sechsstädten. Es gehörte nicht zur sächsischen Franziskanerprovinz, nicht zur Kustodie Goldberg, es wurde nicht Teil der unter den oberlausitzischen Franziskanerkonventen üblichen Verbrüderung. Seine Mönche kamen vermutlich aus dem böhmischen Bechin, seine Privilegien und Rechte musste der böhmische Landesherr als Prokurator des Klosters auch noch explizit bestätigen, obwohl diese eigentlich eine Selbstverständlichkeit waren. Das Annenkloster blieb in Kamenz und in der gesamten Oberlausitz ein Fremdkörper, welcher, wie von Boetticher schon richtig bemerkte, durch künstliche Maßnahmen am Leben erhalten wurde.[211] Und zwar nicht deswegen, weil die Bevölkerung von Kamenz die franziskanischen Ideale der Observanten abgelehnt hätte, sondern weil sich das Annenkloster als explizites Werkzeug der böhmischen Landesherrschaft eben nur auf diese stützen konnte.

Mit dem Aussterben der Jagiellonen und dem Übergang der böhmischen Krone auf Ferdinand von Habsburg 1526 verlor das Kloster seinen einzigen Unterstützer, die Brüder hatten zu wenig Rückhalt in Stadt und Land, der Habsburger interessierte sich nicht für das ferne Kloster.[212] Schon die letzten 30 Jahre seines Bestehens waren – nun auch bedingt durch die Reformation[213] – von schleichenden Auflösungserscheinungen geprägt.[214] Doch die letzte Hoffnung wollten die observanten Franziskaner nicht aufgeben. Noch 1567, bei der Bestätigung der 1565

211 Boetticher: Beiträge … (wie Anm. 7), 250.

212 Vgl. Rüttinger: Camencia Jagellonica … (wie Anm. 7), 50 f; Ziegler: Die Franziskaner-Observanten … (wie Anm. 18), 194; zum Verhältnis Ferdinands zur Oberlausitz: Bobková: Die Oberlausitz … (wie Anm. 28), 122-128.

213 Zum Schicksal der Franziskaner-Observanz im Zeitalter der Reformation: Ziegler: Die Franziskaner-Observanten … (wie Anm. 18), 191-200.

214 Vgl. Binder: 500 Jahre Klosterkirche … (wie Anm. 19), 16 f. 24. 32; Zschornak: Stadt und Kirche in der Oberlausitz … (wie Anm. 2), 38; Knothe: Die Franziskanerklöster … (wie Anm. 9), 123 f; Boetticher: Beiträge … (wie Anm. 7), 255; Herrmann: Das Franziskanerkloster St. Annen … (wie Anm. 12), 117 f; Haberkorn, Annalen … (wie Anm. 24), 62: »Anno 1544. Sindt Königs Ferdinandi Commissarien hie gewest, den Donnerstag nachst Mariae Empfengnis, Undt in der Pfarrkirchen unndt Closter die Cleinodia Inventirt undt abgewogen. Undt in der Pfarrkirchen funden 5 Kelch, Undt im Closter 7 Kelch undt 2 monstranzen«.

erfolgten Übergabe des Klostergeländes an den Rat der Stadt Kamenz,[215] behielt sich das Bechiner Kapitel der Observanten vor, dass, falls der allmächtige Gott in der Oberlausitz wieder »brueder des heiligen ordens erweckt ader gebe«,[216] das Kloster wieder an die Franziskaner zurückgegeben werden sollte. Dazu kam es freilich in der Oberlausitz ebenso wenig wie in ganz Sachsen. Die Reformation, die nicht zuletzt auch durch das landesherrliche Kirchenregiment vorbereitet wurde,[217] beseitigte den alten Glauben, bewahrte aber gleichzeitig Reste spätmittelalterlicher Frömmigkeit, wie wir sie zum Beispiel in den Altären der Kamenzer Annenkirche noch heute bewundern dürfen.

215 Urkundenbuch Kamenz … (wie Anm. 3), 218-220 (Nr. 273); 1564 lebten nur noch vier Mönche im Kloster, vgl. Haberkorn: Annalen … (wie Anm. 24), 73-75.

216 Urkundenbuch Kamenz … (wie Anm. 3), 221 f (Nr. 274); vgl. Herrmann: Das Franziskanerkloster St. Annen … (wie Anm. 12), 120 f.

217 Schmidt: Die Landgrafen von Hessen … (wie Anm. 131), 148; vgl. Volkmar: Die Stunde des Laienstandes? … (wie Anm. 22), 406 f.

Die Reformierten in Stendal vom 17. bis ins 20. Jahrhundert

Ein vergessenes Kapitel altmärkischer Kirchengeschichte?

Von Margit Scholz

I Die Anfänge der Reformierten in der Altmark

Am Weihnachtsfest 1613 ereignete sich im Berliner Dom ein kirchenpolitisch revolutionärer Akt, der die konfessionelle Einheit des lutherischen Brandenburgs sprengen sollte: Der Kurfürst Johann Sigismund, der 1608 die Regierung angetreten hatte, nahm gemeinsam mit seinem Gefolge erstmals das Abendmahl nach dem reformierten Ritus und signalisierte damit seine Abkehr vom Luthertum.[1] In Berlin hatte es bereits im Verlauf des Jahres 1613 deutliche Anzeichen für eine Zuwendung des Kurfürsten zum Calvinismus gegeben, so u. a. die Predigten des reformierten Pastors Mosmann aus Eschwege in der Berliner Schlosskirche am Himmelfahrtstag 1613[2] und des Zerbster Predigers Martin Füssel.[3] Die Landstände waren immerhin so weit vorgewarnt, dass sie den Kurfürsten Anfang Dezember 1613 baten, die reformierten Predigten im Land zu verbieten, und gleichzeitig mahnend an ihr Beteiligungsrecht in wichtigen Angelegenheiten erinnerten. Anstelle einer Antwort versandte der Kurfürst am 12. Dezember Einladungen an seine Vertrauten und die bedeutenden Persönlichkeiten des Hofes, um sie zur Teilnahme an der Feier des Heiligen Abendmahls nach den Gebräuchen der reformierten Kirche am ersten Weihnachtsfeiertag aufzufordern. Schon bei dieser Gelegenheit betonte er, dass er dem Glauben seiner Untertanen keinen Zwang auferlegen wolle.[4]

Nach dem Grundsatz des »cuius regio, eius religio« des Augsburger Religionsfriedens hätte der Kurfürst durchaus die gesamte brandenburgische Bevölkerung auf seine neue Konfession verpflichten können. Als zaghafte Schritte in diese Richtung darf man zumindest die Einrichtung des Kirchenrats sowie die Neustrukturierung des Joachimsthaler Gymnasiums und der Universität Frankfurt an der Oder interpre-

---

1 Vgl. Walter Delius: Der Konfessionswechsel des brandenburgischen Kurfürsten Johann Sigismund: eine Berliner Weihnachtsüberraschung am Anfang des 17. Jahrhunderts. JBBKG 50 (1977), 125-129.

2 Rudolf Kniebe: Der Schriftenstreit über die Reformation des Kurfürsten Johann Sigismund von Brandenburg seit 1613 (Hallesche Abhandlungen zur Neueren Geschichte; XLI). Halle 1902, 3 f.

3 Karl Pahncke: Martin Füssel. JBrKG 6 (1908), 111.

4 Kniebe: Der Schriftenstreit … (wie Anm. 2), 8 f.

tieren.[5] Um die wiederholt vorgebrachte Sorge der Landstände hinsichtlich religiöser Zwangsmaßnahmen zu beenden, versicherte Johann Sigismund diesen am 5. Februar 1615 schließlich feierlich, dass jeder, der dies wolle, beim Luthertum verbleiben dürfe.[6] An dieser Stelle beginnt in der brandenburg-preußischen Geschichte das Prinzip der religiösen Toleranz, nicht etwa erst mit dem aufgeklärten und religiös indifferenten Friedrich II. Die Frage, ob sich die brandenburgischen Herrscher ebenso generös verhalten hätten, wenn sich ihre Konfession nicht in einer krassen Minderheitenposition befunden hätte oder wenn sie nicht auf die Steuerbewilligung durch die Landstände angewiesen gewesen wären, bleibt hypothetisch.

Die Motivlage Johann Sigismunds für den Übertritt zum Calvinismus hat durch die Geschichtsschreibung der letzten vierhundert Jahre vielfältige Deutungen erfahren.[7] Die einseitig utilitaristische Interpretation, die den Konfessionswechsel allein dem Streben nach territorialem Zugewinn in dem 1609 durch den Tod des kinderlosen Herzogs Johann Wilhelm ausgelösten Erbstreit um Jülich-Kleve-Berg zuschreibt, darf inzwischen wohl als überholt gelten. Sie übersieht nicht zuletzt, dass dem Machtzuwachs am Niederrhein auf der anderen Seite ein tiefes Zerwürfnis mit den streng lutherisch gesinnten brandenburgischen und preußischen Ständen und der Masse der Bevölkerung entgegenstand, die die Herrschaft der Hohenzollern in ihren Stammlanden nicht unbedingt stärkte. Die Entscheidung zum Calvinismus barg zu dieser Zeit nicht unerhebliche politische Risiken, war dieser doch reichsrechtlich noch nicht anerkannt und bei der Mehrheit der Brandenburger zweifellos verhasst.[8]

5 Bodo NISCHAN: Kontinuität und Wandel im Zeitalter des Konfessionalismus: die zweite Reformation in Brandenburg. JBBKG 58 (1991), 105-110.

6 Christian Otto MYLIUS: Des Corporis Constitutionem Marchiarum Sechster Theil. Berlin 1751, Nr. LXXIX, Sp. 260: »…das ein Jeder Im Lande, der da will bey des Herrn Lutheri lehr und ungeendertten Augspurgischen Confession, wie die in Anno 30. Keyser Carll dem Funften ubergeben, Auch bei dem Concordien buche verbleiben solle, Eß soll ihnen auch hirvon abzustehen, weder zwanck noch drangk angethan werden, Den I. Ch. G. maßen sich der Herschafft uber die gewissen mit nichten an, dahero sie den auch niemanden, auch nicht an denen örttern, da I. Ch. G. selbst das jus patronatus haben, es sey in Stedten, Communen und Dörffern (ob sie sich woll sonsten der einfuhrung der Religion, Alß des hochsten regals, frey und ohn limitation, vermöge aller Rechte, gebrauchen köntten) wieder seinen willen einige vordächtige und unannembliche Prediger, aufdringen wollen …«; Bestätigung durch Kurfürst Friedrich Wilhelm am 7. Juli 1646 ebd, Nr. CX, Sp. 189-392.

7 Abriss der Historiographie des Ereignisses seit Ranke siehe: Peter-Michael HAHN: Calvinismus und Staatsbildung: Brandenburg-Preußen im 17. Jahrhundert. In: Territorialstaat und Calvinismus/ hrsg. von Meinrad Schaab (Veröffentlichungen der Kommission für Geschichtliche Landeskunde in Baden-Württemberg, Reihe B; 127). Stuttgart 1993, 238-241; Nischan: Kontinuität und Wandel … (wie Anm. 5), 87-90.

8 Vgl. Reinhold KOSER: Geschichte der brandenburgischen Politik bis zum Westfälischen Frieden von 1648. 2. Aufl. Berlin 1913, 373 f, der wiederum Johann Sigismund eine geplante politische Entscheidung völlig abspricht.

Andere Historiker werteten den liturgischen Akt am Weihnachtsfest 1613 als absolutistische Demonstration, um die Landstände in ihre Schranken zu weisen.[9] Aber die tatsächliche Schwäche des Kurfürsten zeigte sich schon bald in dem Edikt vom 24. Februar 1614 mit dem »Verbot des Lästerns, Schmähens und Verdammens auf den Kanzeln«, das er offenbar für nötig hielt, um die Reformierten vor der massiven lutherischen Polemik zu schützen.[10] Die Angriffe, mit denen die lutherischen Theologen von der Kanzel und in einer Flut von Streitschriften auf den kurfürstlichen Konfessionswechsel reagierten, vermochten die Hohenzollern bis weit ins 18. Jahrhundert hinein trotz Zensur und Strafandrohung nicht völlig zu unterbinden.[11] Die Tatsache, dass ähnliche Edikte im 17. Jahrhundert mehrfach erneuert wurden,[12] belegt, dass sich die Geistlichkeit nur sehr bedingt disziplinieren ließ und die Macht des Herrschers doch begrenzt war. Johann Sigismund musste sich gegenüber den Ständen zudem verpflichten, seine landesherrlichen Patronatsrechte nicht zur Berufung reformierter Prediger in lutherischen Kirchen auszunutzen. Auch den Kirchenrat, der als Instrument seiner Konfessionspolitik hätte dienen können, musste er 1618 wieder auflösen. Dies zeugt nicht gerade von einer absolutistischen Machtstellung.[13]

Die Deutung, der Kurfürst sei gewissermaßen von seinen calvinistischen Vertrauten ferngesteuert gewesen, kann ebenfalls kaum überzeugen.[14] Verständlicher wird der kirchenpolitische Schritt eher bei einem Blick auf das unmittelbare familiäre Umfeld. Die Hohenzollern-Dynastie befand sich offensichtlich schon seit einigen Jahren in einem Prozess der konfessionellen Neuorientierung. Schon der Vater Johann Sigismunds, Kurfürst Joachim Friedrich, hatte sich nicht mehr auf die

9 Hans-Joachim BEESKOW: Der Konfessionswechsel des brandenburgischen Kurfürsten Johann Sigismund im Jahre 1613. HCh 13 (1983/84), 12.

10 Kniebe: Der Schriftenstreit … (wie Anm. 2), 15.

11 Liste der Streitschriften bis 1663 ebd, 109-161. Vgl. Iselin GUNDERMANN: Verordnete Eintracht: Lutheraner und Reformierte in Berlin-Brandenburg (1613-1740). HCh 28/29 (2004/2005), 141-155; Heinz LANGHOFF: Von Paris über Potsdam nach Leuenberg: Dokumente zum Werden und Weg der reformierten Gemeinden in der DDR. Berlin 1984, 63-67.

12 Christian Otto MYLIUS: Corpus Constitutionum Marchiarum oder Königlich Preußische Und Churfürstlich Brandenburgische in der Chur- und Marck Brandenburg auch incorporirten Landen publicirte und ergangene Ordnungen, Edicta, Mandata, Rescripta etc. … ad annum 1736 inclusive. Berlin; Halle 1736, I. Theil, I. Abt., Nr. XII (24. Februar 1614). Nr. XXIX (2. Juni 1662). Nr. XXXI (16. September 1664). Nr. XXXVI (6. Mai 1668); vgl. Paul SCHWARZ: Die Verhandlungen der Stände 1665 und 1668 über die Religionsedikte. JBrKG 30 (1935), 88-114.

13 Martin LACKNER: Die Kirchenpolitik des Großen Kurfürsten (Untersuchungen zur Kirchengeschichte; 8). Witten 1973, 56; Kniebe: Der Schriftenstreit … (wie Anm. 2), 41 f. Zur Haltung der Stände in Bezug auf den kurfürstlichen Glaubenswechsel: Eduard CLAUSNITZER: Die märkischen Stände unter Johann Sigismund. Halle 1895, 40-48.

14 Franz Josef BURGHARDT: Zwischen Fundamentalismus und Toleranz: calvinistische Einflüsse auf Kurfürst Johann Sigismund von Brandenburg vor seiner Konversion (Historische Forschungen; 96). Berlin 2012, 85-89.

lutherische Konkordienformel festlegen lassen wollen und näherte sich der Kurpfalz und Nassau-Oranien an.[15] Markgraf Ernst, der Bruder Johann Sigismunds, hatte sich vermutlich bereits 1610 dem Calvinismus zugewandt.[16] Auf dem Sterbebett ließ er sich das Abendmahl von dem reformierten Prediger Martin Füssel reichen.[17] Auch der Kurprinz Georg Wilhelm könnte schon im Juli 1612 bei einem Aufenthalt in Heidelberg den Glaubenswechsel vollzogen haben.[18] Seine Heirat mit Elisabeth Charlotte, einer Tochter des reformierten Kurfürsten Friedrich IV. von der Pfalz und der Luise Juliane von Oranien, im Jahr 1616 stabilisierte den religiösen Richtungswechsel der Hohenzollern endgültig.

Auch psychologische Gründe wurden in der Literatur frühzeitig für den Konfessionswechsel angeführt: Die Erziehung durch den fundamentalistisch-lutherischen Hofmeister habe den mündigen Johann Sigismund schließlich dem Calvinismus zugeführt, den dieser bei seinem Aufenthalt in Heidelberg 1605 kennen und schätzen gelernt hatte.[19] Der Kurfürst selbst betonte, dass seine persönliche Überzeugung ihn nach jahrelanger Überlegung und der eigenen Lektüre reformierter Schriften zur Abwendung von der lutherischen Orthodoxie veranlasst habe.[20] Für eine längerfristige Neuorientierung spricht auf jeden Fall sein Religionsrevers von 1609 an die jülich-klevischen Stände, in dem sowohl Lutheranern und Katholiken als auch Reformierten die Religionsfreiheit zugesichert worden war.[21] Im Mai 1614 ließ Kurfürst Johann Sigismund seine neuen Glaubensgrundsätze unter dem Titel »Confessio Sigismundi« im Druck publizieren, die aus seiner Perspektive die unvollendete lutherische Reformation zu einem logischen Abschluss bringen sollte.[22] Wenige Historiker werten aber insgesamt vorrangig religiöse Gründe als ausschlaggebend für den Schritt Johann Sigismunds.[23] Letztlich müssen wir wohl von einer unauflösbaren Gemengelage der Motive Johann Sigismunds ausgehen: Ein frühneuzeitlicher Herrscher konnte in Glaubensfragen nicht nur als Privatmann agieren.[24]

15 Wolfgang Gericke: Glaubenszeugnisse und Konfessionspolitik der Brandenburgischen Herrscher bis zur Preußischen Union 1540 bis 1815 (Unio und Confessio; 6). Bielefeld 1977, 23; Lackner: Die Kirchenpolitik … (wie Anm. 13), 22. 41 f.

16 Burghardt: Zwischen Fundamentalismus und Toleranz (wie Anm. 14), 47-51.

17 Pahncke: Martin Füssel (wie Anm. 3), 11.

18 Burghardt: Zwischen Fundamentalismus und Toleranz (wie Anm. 14), 55.

19 Friedrich Brandes: Geschichte der kirchlichen Politik des Hauses Brandenburg. Bd. 1: Geschichte der evangelischen Union in Preußen. 1. Theil: Die Zeit des confessionellen Gegensatzes. Gotha 1872, 30-36.

20 Gericke: Glaubenszeugnisse … (wie Anm. 15), 23; Lackner: Die Kirchenpolitik … (wie Anm. 13), 15.

21 Ebd, 44 f.

22 Text in Gericke: Glaubenszeugnisse … (wie Anm. 15), 122-131.

23 Nischan: Kontinuität und Wandel … (wie Anm. 5), 93.

24 Zum Hintergrund der Konversion Johann Sigismunds erneut: Armin Kohnle: Johann Sigismund (1572-1619) und Johann Bergius (1587-1658): Zwischen Luthertum und Calvinismus. In: Protestantismus und Preußen. Bd. 1: Vom 17. Jahrhundert bis zum Unionsaufruf 1817/

Die zumindest für die allgemeine Öffentlichkeit überraschende religiöse Neuorientierung des Kurfürsten sorgte für erhebliche Beunruhigung in der Bevölkerung, die teilweise in handgreifliche Empörung umschlug. In Berlin sollte die Furcht vor einem Bildersturm der Reformierten im April 1615 schwere Tumulte auslösen, in deren Verlauf u. a. das Haus des Hofpredigers Füssel verwüstet wurde.[25] Im altmärkischen Stendal reagierte die Geistlichkeit noch schneller auf den kirchenpolitischen Richtungswechsel. Hier waren es vor allem der Pfarrer der Jakobikirche, Daniel Maes, und der Rektor Dietrich Ermeler, die öffentlich gegen Johann Sigismunds Übertritt polemisierten. In der Hauptstadt blieb dies nicht unbemerkt: Die Verunglimpfung des Landesherrn konnte man nicht einfach so hinnehmen. Am 6. Juni 1614 forderte der Landeshauptmann Thomas von dem Knesebeck, der der reformierten Entourage des Kurfürsten angehörte, den Stendaler Rat als Patronatsherrn der Jakobikirche auf, den Pfarrer Maes zur Ordnung zu rufen bzw. zu bestrafen.[26] Der Rat folgte aber mitnichten diesem Befehl, sondern ergriff vielmehr Partei für die kämpferischen Lutheraner. In der Stendaler Geistlichkeit brach in der Folge ein ernster Konflikt aus, weil der Pfarrer Peter Giese von St. Petri († 1619) und der Stendaler Generalsuperintendent Daniel Schaller für ein liberales Luthertum eintraten bzw. – wie ihre Gegner behaupteten – insgeheim mit den calvinischen Glaubensgrundlagen sympathisierten. Generalsuperintendent Schaller beschwerte sich sogar beim Kurfürsten, dass ihm die Stendaler Bürgermeister Christian Christian, Simon Fatman und Heinrich Schultze gedroht hätten, dass ihm nach seiner Rückkehr aus Berlin »der Hals eingeschlagen werden solle«.[27]

Johann Sigismund reagierte gelassen auf die scharfe Polemik, mit der die übergroße Mehrheit der lutherischen Geistlichkeit auf seinen Glaubenswechsel antwortete. Er glaubte sie zu diesem Zeitpunkt noch durch Argumente wenigstens zu einem Tolerieren der Calvinisten bewegen zu können und berief einen theologischen Disput in Berlin ein.[28] Im Vorfeld dieses Termins trafen sich die brandenburgischen Superintendenten in der Berliner Nikolaikirche, um sich vor der Konfrontation mit dem Kurfürsten einer gemeinsamen Position bezüglich des Festhaltens an der lutherischen Konkordienformel zu vergewissern. Dieses Ereignis ist deshalb für die Stendaler Entwicklung von besonderem Interesse, weil sich in der Diskussion am 30. September 1614 herausstellte, dass der Stendaler Generalsuperintendent dort tatsächlich eine Sonderrolle einnahm, indem er als einziger in der Ephorenrunde

hrsg. von Albrecht Beutel (Protestantismus in Preußen. Lebensbilder aus seiner Geschichte). Frankfurt am Main 2009, 29-34.

25 Eberhard Faden: Der Berliner Tumult von 1615. JBLG 5 (1954), 27-45; Rudolf von Thadden. Die Hinwendung des Kurhauses zum reformierten Bekenntnis (1598 bis 1620). In: Tausend Jahre Kirche in Berlin-Brandenburg/ hrsg. von Gerd Heinrich. Berlin 1999, 257.

26 Ludwig Götze: Urkundliche Geschichte der Stadt Stendal. Stendal 1873, ND Leipzig 1993, 371.

27 Ebd, 372.

28 Kniebe: Der Schriftenstreit … (wie Anm. 2), 34-37.

sich nicht voll und ganz zum orthodoxen Luthertum bekennen wollte. Er kritisierte die Konkordienformel und insbesondere die lutherische Abendmahlslehre.[29] Seine Amtsbrüder erklärten ihn daraufhin als nicht mehr zu ihrem Kollegium zugehörig, und Generalsuperintendent Schaller verließ gezwungenermaßen vorzeitig die Versammlung.[30] Vor diesem Hintergrund lässt die Tatsache, dass der aus Plauen stammende Daniel Schaller erst 1613 zum Generalsuperintendenten ernannt worden war,[31] sogar vermuten, dass er gerade wegen seiner liberalen Haltung in Konfessionsfragen in das hohe geistliche Amt berufen worden war. Das Konfessionsgespräch am 3. Oktober 1614 in Berlin, mit dem Johann Sigismund zu einer Verständigung mit der lutherischen Geistlichkeit kommen wollte, verlief wegen der Weigerung der lutherischen Theologen, sich auf eine Disputation einzulassen, schließlich weitgehend ergebnislos.[32]

Die Stendaler Pfarrerschaft wertete den Ausgang dennoch als einen lutherischen Glaubenssieg und rief zu sogenannten Dankfesten auf, deren Abhaltung Generalsuperintendent Schaller und Landeshauptmann von dem Knesebeck vergeblich zu unterbinden suchten.[33] Nach dem Gottesdienst des Pfarrers Maes in der Jakobikirche kam es in den Stendaler Straßen zu tumultartigen Szenen, in denen die Reformierten und ihre Abendmahlsfeiern verunglimpft wurden, obwohl man zu diesem Zeitpunkt in Stendal wohl noch kaum einem Anhänger Calvins begegnet war. Aber vielleicht artete gerade deshalb die Polemik, die sich vor allem gegen den Generalsuperintendenten und den Diakon Peter Giese austobte, derartig aus.[34] Der Stendaler Rat machte wenig Anstalten, die städtische Ordnung wieder herzustellen, so dass der Landeshauptmann diesen am 18. Oktober 1614 erneut ermahnen musste, die »nächtlichen Tumultanten und Verspötter der Religion ernstlich zu strafen […].«[35]

29 Theodor Wotschke: Analekten: ein Wittenberger Gutachten für die Pastoren der alten Stendaler Superintendentur. ZVKGS 20 (1924), 109.

30 Götze: Urkundliche Geschichte … (wie Anm. 26), 372.

31 Zur Biographie Schallers vgl. Pfarrerbuch der Kirchenprovinz Sachsen/ hrsg. vom Verein für Pfarrerinnen und Pfarrer in der Evangelischen Kirche der Kirchenprovinz Sachsen e. V., Bd. 1-10. Leipzig 2003-2009, hier Bd. 7, 383.

32 Nischan: Kontinuität und Wandel … (wie Anm. 5), 103-105; Götze: Urkundliche Geschichte … (wie Anm. 26), 373.

33 Ebd, S. 373.

34 Johann Christoph Bekmann; Bernhard Ludwig Bekmann: Historische Beschreibung der Chur und Mark Brandenburg. Bd. 2. Berlin 1753, T. V, Buch I, Kap. 2, Sp. 237: »Anno 1614 im Monat Oktober haben etliche übelgesinnete leute allerhand unordnung, und zwar, wie es geschienen, zum spot der Reformirten Religion in der Stat angefangen, den Diakonum zu St. Peters Peter Giesen in der nacht zu mehren mahlen beunruhiget, wieder ihn schmähschriften ausgestreuet, auch unter andern ein pferd mit dem schwanze ihm an die thuere gebunden: sein auch mit sätteln in der Stat herum gelaufen, und dabei ein gespötte mit haltung des Nachtmahls nach der Reformirten Kirchengewonheit, getrieben …«

35 Götze: Urkundliche Geschichte … (wie Anm. 26), 374.

Für den Landeshauptmann Thomas von dem Knesebeck (d. Ä.) bedeutete der Einsatz für den konfessionellen Frieden in seinem Zuständigkeitsbereich nicht nur eine lästige Dienstpflicht im kurfürstlichen Auftrag. Er zählte eindeutig zu dem Kreis engster Ratgeber, der Johann Sigismund zu seiner Konversion ermutigt hatte. Zu dem Abendmahlsgottesdienst am Weihnachtsfest 1613 war auch er mit seiner Familie von seinem Landesherrn geladen worden. Er begrüßte ausdrücklich die Entscheidung des Kurfürsten, die es ihm erlaubte, sich jetzt ebenfalls zum reformierten Glauben zu bekennen, entschuldigte sich allerdings von der persönlichen Teilnahme in Berlin wegen der langen Anreise.[36] Stattdessen ergriff er Anfang 1614 mit zwei von ihm selbst verfassten Druckschriften deutlich Position für die reformierte Lehre in dem aufkeimenden Konfessionsstreit.[37]

Der Stendaler Magistrat kannte zweifellos die persönliche Position des altmärkischen Landeshauptmanns und reagierte auf die wiederholten Ermahnungen erst, als er am 22. Oktober 1614 vom Geheimen Rat in Berlin an seine Ordnungspflichten erinnert wurde. Die Stadtväter vermeldeten daraufhin, dass man die lutherischen Aufrührer nicht bestrafen könne, weil diese noch unbekannt seien. Immerhin ließ der Rat in den Gottesdiensten ein Verbot weiterer Demonstrationen unter Strafandrohung abkündigen.[38] Der in seiner Heimatstadt Stendal so heftig attackierte Pastor Giese (auch Gysäus genannt) wechselte 1615 auf eine Pfarrstelle im anhaltischen, d. h. reformierten Sandersleben. Sein Nachfolger auf der zweiten Pfarrstelle von St. Petri verhöhnte ihn später in einem Kirchenbucheintrag: Giese sei »aus eitler Ruhm- und Geldgier von der Lutherischen Lehre zur Calvinischen abgefallen«.[39]

Dem Stendaler Rat wurden am 12. November im Namen des Kurfürsten diverse Aufträge zur Beilegung der konfessionellen Streitigkeiten erteilt. Von besonderer

36 Bio-Bibliographien: Brandenburgische Gelehrte der Frühen Neuzeit. Berlin-Cölln 1640-1688/ hrsg. von Lothar Noack; Jürgen Splett (Veröffentlichungen zur brandenburgischen Kulturgeschichte der frühen Neuzeit). Berlin 1997, 205; Alfred C. P. von dem Knesebeck-Karwe: Aus dem Leben der Vorfahren vom Schlosse zu Tylsen in der Altmark. Berlin 1875, 69-75.

37 Ebd, 73 f: »Beständige und im Gottes Wort gegründete Ursachen, warum Thomas von dem Knesebeck, Hauptmann der Alten Mark, nicht alleine sein Bedenken hat, sondern sich auch schuldig erkennet, das Heilige Abendmahl des Herrn hinführ mit den Ceremonien zu gebrauchen, Wie es nach der Einsetzung Christi und dem Exempel der ersten Kirchen in etlichen Reformirten und nunmehr auch in der Churfürstlichen Brandenburgischen Thumkirchen zu Cöln an der Spree gehalten wird« und »Einfältiger Bericht, wie sich ein jedes Christliches Hertz jetziger Zeit, insonderheit aber Unterthanen gegen ihre Obrigkeit, welche etwa veränderter Religion beschuldigt werden, verhalten sollen. In 6 dialogos verfaßt durch Thomas von dem Knesebeck«..

38 Bekmann; Bekmann: Historische Beschreibung … (wie Anm. 34), Bd. 2, T. V, Buch 1, Kap. 2, Sp. 237 f

39 Götze: Urkundliche Geschichte … (wie Anm. 26), 372. Vgl. Bekmann; Bekmann: Historische Beschreibung … (wie Anm. 34), Bd. 2, T. V, Buch 1, Kap. 2, Sp. 88; Pfarrerbuch der Kirchenprovinz Sachsen (wie Anm. 31), Bd. 10: Series Pastorum, 269.

Bedeutung war dabei die Verfügung, dass die Predigtamtsbewerber künftig vom Superintendenten in Anwesenheit des Rates auf ihre Einstellung in der konfessionellen Frage eigens zu befragen und erst mit Zustimmung des Landesherrn einzustellen seien. Für den Berliner Hof stand fest, dass der Stendaler Rat mit den anticalvinistischen Demonstrationen sympathisierte und darum keine ernsthaften Anstrengungen unternehmen würde, um den Konflikt zu unterbinden. Im Dezember 1614 entsandte man deshalb eine Untersuchungskommission, die auf die Maßregelung derjenigen Theologen drängte, die durch ihre Predigten den Brand geschürt hatten. Wegen neuerlicher Unruhen zogen es die Räte allerdings vor, sich in Tangermünde einzurichten und die Mitglieder des Stendaler Rats dorthin einzubestellen. Aber selbst Pastor Maes und Rektor Ermeler, die die Wirren ursprünglich entfacht hatten, durften nach Eingaben des Rates schließlich doch in ihren Ämtern verbleiben.[40]

Generalsuperintendent Schaller berief seinerseits zur Klärung der Lage 1615 eine Pastorenversammlung der Stendaler Inspektion ein. Die geladenen Prediger suchten sich der Debatte zu entziehen und erbaten gleichzeitig ein Gutachten bei der Wittenberger Universität. Die orthodox lutherisch gesinnte Fakultät riet jedoch den Geistlichen am 5. Juni 1615 zur Teilnahme an der Sitzung, weil sie dies ihrem Vorgesetzten schuldeten, der sich auf kurfürstliche Befehle berufen könne, und weil sie bei dieser Gelegenheit am besten die lutherischen Glaubenssätze verteidigen könnten.[41] Ob die bewusste Versammlung schließlich stattfand, ist nicht bekannt.

Die konfessionellen Auseinandersetzungen konnten jedenfalls nicht beigelegt werden und bewegten spätestens im Jahr 1619 erneut die Gemüter in Stendal. Der als Nachfolger des 1619 verstorbenen Diakons Isaak Schaller in Aussicht genommene Andreas Winsius wurde von der Domgemeinde mit der Begründung abgelehnt, dass er dem Calvinismus zugeneigt sei. Dem schließlich an Stelle von Winsius berufenen Matthias Stavenow wurde ebenfalls eine zu große Nähe zu den Reformierten vorgeworfen, weil er die Unterzeichnung der Konkordienformel verweigerte. Als die reformierte Universität Frankfurt an der Oder, die das Patronatsrecht über die Dompfarrstellen innehatte, die Einstellung des Stavenow zu kassieren ablehnte, erbat die Kirchengemeinde nach dem bewährten Muster ein Gutachten der Wittenberger Fakultät, um sich dem Frankfurter Patronatsrecht komplett zu entziehen. Wider Erwarten wollten die Wittenberger Theologen jedoch der Argumentation der Stendaler Domgemeinde nicht folgen. Ein weiteres von der theologischen Fakultät Helmstedt erbetenes Gutachten wagte es gleichfalls nicht, der Frankfurter Universität das Patronatsrecht abzusprechen. Aber Frankfurt sei verpflichtet, so meinten die Helmstedter Theologen, einen des Calvinismus unverdächtigen Kandidaten zu präsentieren. In diesem Sinne wandte sich die Domgemeinde nunmehr an den Kurfürsten. Tatsächlich erreichte die Domgemeinde,

40 Götze: Urkundliche Geschichte … (wie Anm. 26), 374-376. Zur Biographie von Daniel Maes vgl. Pfarrerbuch der Kirchenprovinz Sachsen (wie Anm. 31), Bd. 5, 495.

41 Wotschke: Analekten (wie Anm. 29), 110.

dass schließlich Michael Grantzow[42] auf die Diakonatsstelle berufen wurde.[43] Der Generalsuperintendent Schaller – wahrscheinlich ein enger Verwandter des Dompfarrers, dessen Tod den konfessionellen Besetzungsstreit ausgelöst hatte – war jedenfalls nicht in der Lage, die in Stendal bestehenden Animositäten gegen den Calvinismus zu besänftigen, obwohl er noch bis 1630 amtierte und seine religiöse Überzeugung wohl kaum aufgegeben haben dürfte.[44] Für die folgenden Jahre fehlen uns allerdings auch weitergehende Quellen über die Haltung der Stendaler Pfarrer zur konfessionellen Frage. Die Auswirkungen des Dreißigjährigen Krieges drängten manche theologische Debatte in den Hintergrund bzw. entzogen uns deren schriftliche Überlieferung.

Die deutliche Ablehnung des Calvinismus teilte die Stadt Stendal mit dem gesamten Land. Da die Bevölkerung dem kurfürstlichen Richtungswechsel auch in der nächsten Generation nur in Ausnahmefällen folgte, beschränkte sich die neue Konfession jahrzehntelang in einer Form des »Hofcalvinismus« auf das unmittelbare Umfeld des Herrschers, auf Familienmitglieder, Offiziere und Beamtenschaft. Trotz der schwierigen Ausgangssituation der Regierungsferne entwickelte sich Stendal jedoch spätestens nach dem Ende des Dreißigjährigen Krieges zu einem zentralen gottesdienstlichen Standort für die verstreut lebenden altmärkischen Reformierten. Zwar konnte sich dort selbst lange keine eigene Gemeinde etablieren, aber die günstige Verkehrslage machte Stendal zwangsläufig zu einem regionalen Zentrum dieser kirchlichen Minderheit.

Der erste Versuch zur Anwerbung eines reformierten Pfarrers aus dem anhaltischen Zerbst ging 1650 auf den Zuzug von niederländischen Siedlern zurück, sollte jedoch nicht zuletzt am Widerstand der lutherischen Geistlichkeit scheitern. Bemerkenswert ist die dokumentierte Unterstützung durch vornehme reformierte Stendaler Persönlichkeiten, hinter denen wir wohl überwiegend kurfürstliche Beamte vermuten dürfen.[45] Zu diesem Kreis dürfte unbedingt auch der damalige

42 Grantzow heiratete Anna Schaller, die Tochter seines Vorgängers (siehe Pfarrerbuch der Kirchenprovinz Sachsen [wie Anm. 31], Bd. 3, 354).

43 Götze: Urkundliche Geschichte … (wie Anm. 26), 376-378.

44 Immerhin veröffentlichte Generalsuperintendent Schaller 1628 kurz vor seinem Tod eine protestantische Durchhaltepredigt: »Danielis Schalleri cignaea cantio & Concio, Eine Trewhertzige Vermahnung bestendig bey der Warheit des Evangelii zur Zeit der Verfolgung / mit hindansetzung alles Zeitlichen / ohne Furcht des Todes / zuverharren: Auch daß man sich für Abfall und Heucheley hüten / und in wahrer Furcht und Anruffung Gottes wandeln solle.«

45 Daniel Heinrich Hering: Neue Beiträge zur Geschichte der Evangelisch-Reformierten Kirche in den Preußisch-Brandenburgischen Ländern. Teil I. Berlin 1786, 66: »Es kamen nämlich Friesen und Holländer reformierter Confession, darunter auch einige Wiedertäufer waren, in die Altmark, zuerst nach Stendal. Diesen suchten einige vornehme Reformierten, die sich schon daselbst befanden, einen Ort des Gottesdienstes auf der Freiheit zu verschaffen.«

altmärkische Landeshauptmann, Hempo von dem Knesebeck, gezählt haben.[46] Die niederländischen Kolonisten zogen dann aber von Stendal nach Buch im Amt Tangermünde weiter. Dort erbaten die Neuankömmlinge die Mitbenutzung der lutherischen Kirche. Die Initiative stieß auf heftigen lutherischen Widerstand: Der Bucher Pfarrer Samuel Köpke holte ein Gutachten der Universität Wittenberg ein, das einer Simultannutzung der Bucher Kirche eine entschiedene Ablehnung erteilte.[47] 1652 rief der Kurfürst ergebnislos zu einer Kollekte für die Errichtung einer eigenen reformierten Kirche in Buch auf.[48] Nach drei Jahren löste sich die holländische Kolonie von Buch – vielleicht auch aufgrund dieser religiösen Zwistigkeiten – wieder auf. Die Mehrheit der Siedler soll in die Heimat zurückgekehrt sein. Der Rest zog nach Zehlendorf weiter.[49]

In dieser Frühzeit, in der kein reformierter Prediger in Stendal verfügbar war, nahmen die Reformierten im Dom an Gottesdienst und Abendmahl der lutherischen Gemeinde teil.[50] Die Duldung der Reformierten im Dom darf nicht überraschen: St. Nicolai stand seit 1595 unter dem Patronat der Viadrina, der reformierten Universität in Frankfurt an der Oder.[51] Später konnte man einen lutherischen Pfarrer dazu gewinnen, in Privathäusern das Abendmahl nach reformiertem Ritus auszuteilen.[52] In

46 von dem Knesebeck: Aus dem Leben der Vorfahren … (wie Anm. 36), 119-129. Sein jüngerer Bruder, Thomas d. J. von dem Knesebeck, hatte sich vor allem im Jahr 1653 in seiner Eigenschaft als Geheimer Rat für die reformierte Sache in der Altmark hervorgetan: Gegen lutherische Bestrebungen seiner adeligen Nachbarn konnte er durchsetzen, dass gleichermaßen Kandidaten beider Konfessionen Anspruch auf Einkünfte des Klosters Dambeck für die Ausbildung am Joachimsthalschen Gymnasium haben sollten. Vgl. ebd, 116 f.

47 Hering: Neue Beiträge … (wie Anm. 45), 67.

48 Lieselott Enders: Die Altmark: Geschichte einer kurmärkischen Landschaft in der Frühneuzeit (Ende des 15. bis Anfang des 19. Jahrhunderts) (Veröffentlichungen des Brandenburgischen Landeshauptarchivs; 56). Berlin 2008, 76; Matthias Asche: Neusiedler im verheerten Land: Kriegsfolgenbewältigung, Migrationssteuerung und Konfessionspolitik im Zeichen des Landeswiederaufbaus. Die Mark Brandenburg nach den Kriegen des 17. Jahrhunderts. Münster 2006, 264.

49 Hering: Neue Beiträge … (wie Anm. 45), 68 f. Vgl. zur Ansiedlung von Niederländern in Brandenburg: Max Beheim-Schwarzbach: Hohenzollerische Colonisationen: ein Beitrag zu der Geschichte des preußischen Staates und der Colonisation des östlichen Deutschlands. Leipzig 1874, 36-38.

50 Landesarchiv Sachsen-Anhalt, Abteilung Magdeburg (im Folgenden: LASA MD), A 12 Generalia, Nr. 2803: Historische Nachrichten von den reformierten Kirchen und Schulen der Magdeburger Inspektion.

51 Bekmann; Bekmann: Historische Beschreibung … (wie Anm. 34), Bd. 2, T. V, Buch 1, Kap. 2, Sp. 43; vgl. Lackner: Die Kirchenpolitik … (wie Anm. 13), 262-265.

52 Reformiertes Pfarrarchiv Stendal: Kirchenbuch der französisch-reformierten Gemeinde, 1693-1766, 3: »… in Ermangelung eines Reformirten Predigers, und da ihrer so wenig geweßen, daß sie keine volle gemeine Formiren können, mit denen Lutheranern communiciret haben, auff die Weiße, wie es in ihren kirchen gebräuchlich ist. Hernach haben sich ihrer etliche in Stendal zusammen gethan, und in den Häußern, auff Reformirte Arth, ihnen das

den folgenden Jahrzehnten versammelte sich in Stendal eine wachsende reformierte Abendmahlsgemeinschaft. So ist für das Osterfest 1662 eine Abendmahlsfeier unter Leitung des reformierten Predigers Friedrich Beckmann in einem Stendaler Bürgerhaus bezeugt. Der Prediger Franz Lussow aus Buchholz hielt am 21. Oktober 1663 einen reformierten Gottesdienst im Hause des Verwalters der altmärkischen Güter der Frankfurter Universität ab. Bei seinem Abendmahlsgottesdienst am 20. April 1664 im Haus der Familie Schönhausen[53] zählte man schon 22 Kommunikanten. Dabei dürfte es sich aber nicht nur um Stendaler gehandelt haben. Vielmehr reisten wohl auch Reformierte aus dem weiteren Umland an. 1667 wird beispielsweise von einer Bauernfamilie aus Tornow berichtet, die am reformierten Abendmahl in Stendal teilnahm und deren Kinder dort getauft wurden.[54]

In diesen Jahren erfahren wir auch im Zusammenhang mit der Ratswahl von der Existenz reformierter Glaubensangehöriger in Stendal. Der Landesherr hatte am 26. Januar 1665 angeordnet, dass bei der Wahl des städtischen Rates auch Reformierte zu berücksichtigen seien. Als der Stendaler Rat auf das Reskript nicht reagierte, ordnete der Kurfürst im Januar 1666 die Wahl des Reformierten Adam Friedrich Nößler an. Am 26. November 1680 wurde der Rat wiederum angewiesen, dem ältesten Kämmerer Nößler, »den man schon drei mal aus Religionshaß an der Ascension gehindert« habe, als Bürgermeister zu berufen. Auch die Wahl des Quästors der Universität Frankfurt, des Reformierten Johann Peter Döllen, im Jahr 1684 erfolgte auf kurfürstlichen Befehl.[55] Dem gedeihlichen Zusammenleben der beiden evangelischen Konfessionen dürften die wiederholten landesherrlichen Befehle wohl wenig zuträglich gewesen sein.

Die unregelmäßige seelsorgerliche Betreuung der Reformierten in Stendal empfand man an höherer Stelle offenbar auf Dauer als unbefriedigend. Am 15. August 1673 beauftragte der Große Kurfürst den reformierten Prediger in Potsdam, Friedebert Flemming, mehrmals im Jahr in der Altmark das Abendmahl nach reformiertem Ritus auszuteilen. Dafür sollte dieser eine jährliche Zuweisung an Roggen durch den Amtmann von Dambeck erhalten.[56] Der Transport des Predigers

Heilige Nachtmahl geben lassen, jedoch von einem Lutherischen Prediger, Nahmens Herrn Franciscus Lissovius, weyland Prediger zu Bucholtz, jetzo zu Dobberko, Mollenbeck und Wollenrahde, wofür ihm jedesmahl ein Opffer von der Gemeinde gegeben worden.«

53 Joachim Schönhausen war von 1662 bis zu seinem Tod im Jahr 1680 Mitglied des Stendaler Rats, in den letzten beiden Jahren auch als Bürgermeister. Einen Bürgermeister Karl Schönhausen finden wir überdies in den Jahren 1673 und 1678: Götze: Urkundliche Geschichte … (wie Anm. 26), 396. .

54 Bekmann; Bekmann: Historische Beschreibung … (wie Anm. 34), Bd. 2, T. V, Buch 1, Kap. 2, Sp. 107

55 Götze: Urkundliche Geschichte … (wie Anm. 26), 387.

56 LASA MD, A 12 Generalia, Nr. 2803.

nach Stendal wurde wie bei seinem Vorgänger aus der Amtskasse finanziert.[57] Nach Flemmings Versetzung an das Joachimsthalsche Gymnasium folgte ihm der reformierte Spandauer Prediger David Schultze (Schultetus), der die Stendaler Reformierten bis etwa 1691 betreute.[58]

Zu derselben Zeit waren südlich der Altmark in Halberstadt 1664 und Magdeburg 1666 weitere, wenn auch bescheidene reformierte Hofgemeinden entstanden.[59] Da die Einsetzung eines Hofpredigers unbestreitbar dem Landesherrn oblag, hatten diese Städte einen rechtlichen Startvorteil. 1685 zählte man in ganz Brandenburg 18 reformierte Gemeinden.[60] In Stendal konnte sich jedoch erst im Jahre 1691 – nach Halle und Jerichow – eine eigene (deutsch-)reformierte Gemeinde etablieren, nachdem sich ihre Mitgliederzahl aufgrund äußerer Einflüsse deutlich erhöht hatte.[61] Die isolierte Minderheitensituation am Rande der lutherischen Gesellschaft sollte sich erst ein Dreivierteljahrhundert nach dem Konfessionswechsel Johann Sigismunds in Brandenburg-Preußen in der Folge von Ereignissen verändern, die weit außerhalb der Mark Brandenburg stattfanden.

II Die Aufnahme von reformierten Glaubensflüchtlingen

In Calvins französischem Vaterland hatte sich die Situation der Protestanten seit der Ermordung König Heinrichs IV. im Jahre 1610 sukzessive verschlechtert. Spätestens seit 1681 war mit Beginn der »Dragonaden« offensichtlich geworden, dass König Ludwig XIV. die religiöse Toleranz seines Großvaters nicht mehr länger aufrechterhalten würde.[62] Mit dem Edikt von Fontainebleau widerrief er 1685 das Toleranzedikt von Nantes von 1598 und verbot die Ausübung des protestantischen

57 Nach dem EVANGELISCHEN PFARRERBUCH FÜR DIE MARK BRANDENBURG SEIT DER REFORMATION/ hrsg. vom Brandenburgischen Provinzialsynodalverband. 1. Bd. Berlin 1941, 208, dürfte es sich um Friedebert Flemming gehandelt haben, geboren 1637 im anhaltischen Sandersleben, verstorben 1687 in Joachimsthal, seit 1662 reformierter Hofprediger in Potsdam, seit 1678 Prediger in Joachimsthal.

58 Reformiertes Pfarrarchiv Stendal: Kirchenbuch der französisch-reformierten Gemeinde, 1693-1766, 3 f. David Scultetus war von 1673 bis 1710 Pfarrer an der Spandauer Johanniskirche (Evangelisches Pfarrerbuch für die Mark Brandenburg [wie Anm. 57], 49).

59 Martin GABRIEL: Die reformierten Gemeinden in Mitteldeutschland: Geschichte und Verfassung einer Bekenntnisminderheit im 18. Jahrhundert und danach (Unio und Confessio; 5). Witten 1973, 42.

60 Asche: Neusiedler … (wie Anm. 48), 132-136; Lackner: Die Kirchenpolitik … (wie Anm. 13), 145-147.

61 Martin GABRIEL: Das Magdeburgische Kanaan oder die reformierten Gemeinden in Luthers Landen. HCh 8 (1973/74), 157. Insgesamt zu den reformierten brandenburgischen Gemeinden vor 1685: ders.: Die reformierten Gemeinden … (wie Anm. 59), 32-36. Die Liste der deutsch-reformierten Prediger Stendals seit 1692 findet sich in: Pfarrerbuch der Kirchenprovinz Sachsen (wie Anm. 31), Bd. 10, 638.

62 Vgl. Eberhard GRESCH: Die Hugenotten: Geschichte, Glaube und Wirkung. 3. Aufl. Leipzig 2006, 48-53.

Glaubens in seinem Königreich.[63] Die protestantischen Pfarrer wurden ausgewiesen. Wer beim Fluchtversuch über die streng bewachten Grenzen ergriffen wurde, wurde zur Galeere oder zu Gefängnis verurteilt. Dennoch zogen schätzungsweise 160.000 Hugenotten bis zum Ende des Jahrhunderts die Flucht ins Ausland einer Rekatholisierung vor.[64]

Die Entwicklung war seit langem absehbar gewesen: Der brandenburgische Kurfürst Friedrich Wilhelm, der als Verbündeter französische Subsidien empfing, hatte schon seit 1658 erfolglos zugunsten seiner Glaubensgenossen interveniert.[65] Auf das französische Edikt von Fontainebleau vom 18. Oktober 1685 antwortete der Große Kurfürst unmittelbar nach dessen Bekanntwerden am 29. Oktober 1685 mit dem berühmten Edikt von Potsdam. Darin lud er die Glaubensflüchtlinge ein, sich frei in seinem Land niederzulassen, und versprach umfangreiche rechtliche Sicherheiten, freie Religionsausübung und Unterstützung für den wirtschaftlichen Neuanfang.[66]

Das Edikt von Potsdam gestattete zwar die freie Niederlassung in den brandenburgischen Territorien, empfahl aber den Flüchtlingen ausdrücklich mehrere Städte für die Ansiedlung. Es waren dies durchweg Städte, die im Dreißigjährigen Krieg und durch die Pestjahre 1681-1683 besonders gelitten hatten. Für die Altmark wurden namentlich Werben und Stendal genannt.[67] Dass Stendal 1685 unter den empfohlenen Niederlassungsorten an erster Stelle genannt wird, kann nicht überraschen. Die Stadt hatte durch die Kriegsauswirkungen zwei Drittel ihrer

---

63 Texte in: Ernst MENGIN: Rechts-Urkunden zur Geschichte der Hugenotten: das Edikt von Nantes. Das Edikt von Fontainebleau. Flensburg 1963.

64 Barbara DÖLEMEYER: Aufnahme und Integration der Hugenotten im europäischen Refuge: rechtliche Rahmenbedingungen. In: Zuwanderungsland Deutschland: die Hugenotten/ hrsg. von Sabine Beneke und Hans Ottomeyer. Berlin 2005, 35-44. Vgl. DER EXODUS DER HUGENOTTEN: die Aufhebung des Edikts von Nantes 1685 als europäisches Ereignis/ hrsg. von Heinz Duchardt (Beihefte zum Archiv für Kulturgeschichte; 24). Köln 1985.

65 Lackner: Die Kirchenpolitik … (wie Anm. 13), 301; Asche: Neusiedler … (wie Anm. 48), 411-415; vgl. Ernst OPGENOORTH: Friedrich Wilhelm – der Große Kurfürst von Brandenburg: eine politische Biographie. 2. Teil: 1660-1688. Göttingen 1978, 207-217.

66 Text in Meta KOHNKE: Das Edikt von Potsdam: zu seiner Entstehung, Verbreitung und Überlieferung. Jahrbuch für die Geschichte des Feudalismus 9 (1985), 271-275. Vgl. Hans-Joachim BEESKOW: Zur Vorgeschichte des Edikts von Potsdam 1685: Bemerkungen zur Kirchengeschichte des brandenburgischen Kurfürsten Friedrich Wilhelms. JBLG 35 (1984), 53-62.

67 Christian Otto MYLIUS: Corpus Constitutionum Marchiarum oder Königlich Preußische Und Churfürstlich Brandenburgische in der Chur- und Marck Brandenburg auch incorporirten Landen publicirte und ergangene Ordnungen, Edicta, Mandata, Rescripta etc. … ad annum 1736 inclusive. Berlin; Halle 1736, II. Theil, I. Abt., Sp. 185: »Und gleichwie Wir dafür halten, dass in gedachter Unserer Chur-Marck Brandenburg die Städte Stendal, Werben, Rathenow, Brandenburg und Franckfurt und in dem Herzogthum Magdeburg die Städte Magdeburg, Halle und Calbe, wie auch in Preussen die Stadt Königsberg …«

Einwohner verloren.[68] Nach den Stadtbränden von 1666, 1680 und 1687[69] sowie nach dem Pestausbruch von 1682/83 lagen ganze Stadtteile verödet. Während die Einladung nach Werben praktisch folgenlos blieb, sollte sich in Stendal aufgrund der aktiven kurfürstlichen Ansiedlungspolitik im Verlauf einer Generation etappenweise eine vielschichtige Flüchtlingsgemeinschaft neben der traditionellen Bürgerschaft entwickeln.

Trotz der besonderen kurfürstlichen Aufmerksamkeit bildete Stendal nicht von Anfang ein Ziel der hugenottischen Emigration. Die französischen Flüchtlinge reisten mehrheitlich von Frankfurt am Main über Halberstadt nach Berlin, sofern sie sich nicht in Magdeburg oder Halle niederließen.[70] Erst 1688 fanden die ersten Glaubensflüchtlinge den Weg nach Stendal. Diese kamen jedoch nicht aus dem Königreich Frankreich, sondern aus dem Territorium seines damaligen Verbündeten, dem Herzogtum Savoyen.

In dieser Grenzregion zwischen Frankreich, der Schweiz und Italien war seit Jahrhunderten eine mittelalterliche Reformbewegung ansässig, deren Anhänger nach ihrem Gründer, dem Kaufmann Petrus Valdus, Waldenser genannt wurden. Die von der Kirche als Ketzer verfolgte mittelalterliche Glaubensbewegung hatte sich vor allem infolge des Kontakts mit dem Reformator Guillaume Farel seit 1532 schrittweise der schweizerischen Reformation angeschlossen.[71] Die politische Verfolgung hörte damit aber keineswegs auf: 1545 richteten französische und päpstliche Truppen ein erstes Massaker unter den reformierten Waldensern an.[72] 1655 begann Herzog Karl Emanuel II. mit der systematischen Zwangsmissionierung und Vertreibung der Waldenser. Diese widersetzten sich erstaunlich erfolgreich, und der Guerillakrieg in den Gebirgstälern kostete auf beiden Seiten Tausende von Toten.[73] Nach einigen Friedensjahren schloss sich Herzog Viktor Amadeus II. den Verfolgungsmaßnahmen Ludwigs XIV. an: Alle Pastoren wurden ausgewiesen und die reformierte Taufe verboten. Nach der militärischen Niederlage vom Mai 1685 blieb den wenigen Überlebenden nur noch die Auswanderung aus ihren piemon-

---

68 Wilhelm ZAHN: Die Altmark im dreißigjährigen Kriege. Halle 1904, 58; Götze: Urkundliche Geschichte … (wie Anm. 26), 489.

69 Ebd, 498.

70 Henri TOLLIN: Die Geschichte der Französischen Colonie von Magdeburg: Jubiläumsschrift. Bd. 2. Halle 1887, 269 f; Willi STUBENVOLL: Die deutschen Hugenottenstädte. Frankfurt am Main 1990, 97-111.

71 Gabriel AUDISIO: Die Waldenser: die Geschichte einer religiösen Bewegung. München 1996, 198-234. Auf waldensische Initiative geht auch die Bibelübersetzung von Olivetan, der ersten französischsprachigen reformierten Bibel von 1535, zurück: Giorgio TOURN: Geschichte der Waldenser-Kirche: die einzigartige Geschichte einer Volkskirche von 1170 bis zur Gegenwart. Erlangen 1980, 87.

72 Ebd, 102 f.

73 Ferdinand BENDER: Geschichte der Waldenser. Ulm 1856, 207-270.

tesischen Tälern. Der savoyische Herzog erlaubte ihren Abzug aber nur unter der Bedingung, dass sie sich nicht in den Schweizer Kantonen ansiedelten.[74]

Alle protestantischen Länder Europas nahmen regen Anteil am dramatischen Schicksal der Waldenser. Der brandenburgische Kurfürst organisierte, unterstützt durch holländische Kollektengelder, die Flucht aus der Schweiz per Schiff über den Rhein bis Frankfurt. Im Juni 1688 bestätigte Friedrich III. das verödete Stendal als Ansiedlungsort.[75] Der Amtsrat Nikolaus Willmann und der Ingenieur Cayarde erhielten den Auftrag, einen Aufbauplan für den südlichen Stadtteil auszuarbeiten, der vor allem die Straßen Schadewachten, Hallstraße, Weberstaße, Domstraße, Kuhstraße, Arneburger Torstraße, Breite Straße, Wurstmacher- und Deichstraße umfasste. Am 31. August und am 5. September 1688 trafen zwei Gruppen mit insgesamt 846 Piemontesen über die Stationen Halberstadt, Wanzleben und Magdeburg in erbärmlichem Zustand in Stendal ein.[76] Der Amtsrat Willmann hatte deren Unterbringung persönlich aufs Genaueste vorbereitet und reiste dem ersten Wagenzug bis Wolmirstedt entgegen. Die erste Gruppe wurde bei Stendaler Bürgern einquartiert, wofür diese vom Kurfürsten finanziell entschädigt wurden. Die zweite Gruppe, zu der auch vier Prediger gehörten, wurde im Brauergildehaus untergebracht.[77]

Zum Gottesdienst versammelten sich die Waldenser anfangs in einem Saal des Rathauses. Seit August 1689 durften sie die Kirche des ehemaligen Katharinenklosters benutzen. Die Katharinenkirche war 1687 ausgebrannt[78] und befand sich vermutlich in einem eher notdürftigen Zustand. Sie wurde 1690 auch den Deutsch-Reformierten zur Benutzung zugewiesen. Die Hälfte des klösterlichen Pachtlandes von St. Katharinen sollte dem Lebensunterhalt der überwiegend aus der Landwirtschaft stammenden Flüchtlinge dienen. Der Kurfürst fungierte, um Widerstände zu vermeiden, selbst als Pächter und gab die Ländereien an die Flüchtlingsfamilien weiter.[79]

Für die Gruppe der Piemontesen waren nach den kurfürstlichen Plänen eine weitgehende Selbstbestimmung unter einem eigenen Bürgermeister und eine geschlossene Ansiedlung in einem eigenen Stadtbezirk angedacht.[80] Die dort ansässigen Stendaler sollten möglichst ausgekauft und in andere Stadtteile um-

---

74 Ebd, 270-276; Karl Friedrich Wilhelm DIETERICI: Die Waldenser und ihre Verhältnisse zu dem Brandenburgisch-Preußischen Staate. Berlin 1831, 104-112; Tourn: Geschichte der Waldenser-Kirche (wie Anm. 71), 154-157.

75 Dieterici: Die Waldenser … (wie Anm. 74), 167-169.

76 Ebd, 175; Bekmann; Bekmann: Historische Beschreibung … (wie Anm. 34), Bd. 1, Sp. 1

77 Tollin: Die Geschichte der Französischen Colonie … (wie Anm. 70), 86. Namen und Herkunftsorte der Waldenser bei Götze: Urkundliche Geschichte … (wie Anm. 26), 508 f.

78 Wilhelm ZAHN: Geschichte des St. Katharinenklosters in Stendal. Jahresbericht des Altmärkischen Vereins für vaterländische Geschichte zu Salzwedel 38 (1911), 74.

79 Tollin: Die Geschichte der Französischen Colonie … (wie Anm. 70), 88.

80 Zum ersten Direktor und Bürgermeister wurde Jean Jacques Sandoz ernannt: Ebd, 91.

gesiedelt werden.[81] Die Begeisterung der Stendaler, die damals vermutlich kaum mehr als 1.000 Personen in 150 Häusern gezählt haben dürften, über die Ankunft ihrer neuen Mitbürger hielt sich trotz der auch ihnen zugesagten wirtschaftlichen Vergünstigungen deshalb verständlicherweise in engen Grenzen.[82] Obwohl der Stadt im Ausgleich die Freiheit von militärischer Einquartierung gewährt worden war, widersetzte sich der Stendaler Magistrat einer Räumung der Häuser zugunsten der Neuankömmlinge. Friedrich III. verzichtete schließlich auf die von seinem Vorgänger entworfene räumliche Trennung der Bevölkerungsgruppen, die Konflikte geradezu provozieren musste.[83] Der Aufbau von 14 neuen Häusern für die Flüchtlinge, die angesichts des nahen Winters dringend benötigt wurden, ließ sich aber dennoch nur schleppend an und war selbst im nachfolgenden Winter noch nicht abgeschlossen, weil Streitigkeiten über die Bereitstellung von Bauholz aus den staatlichen und den städtischen Forsten ausbrachen.[84] Wegen der schwierigen Unterbringung in Stendal schlug Amtsrat Willmann schließlich eine teilweise Verlegung der Waldenser nach Burg (bei Magdeburg) vor, wo man sie zur Ausweitung des Hopfenanbaus ermuntern wollte. 303 Personen sollen dieser Einladung auch tatsächlich gefolgt sein, um in Burg eine reformierte Gemeinde und Kolonie zu gründen. Weitere 150 Flüchtlinge ließen sich als Soldaten anwerben. So blieb entgegen den ursprünglichen Bestrebungen des Kurfürsten, der auf Staatskosten 14 Häuser und ein Brauhaus hatte errichten lassen,[85] nur eine kleine Gruppe von 57 waldensischen Familien mit 136 Personen in Stendal zurück.[86] Der Empfang in Burg gestaltete sich allerdings auch nicht wesentlich herzlicher. Weitere 155 Piemontesen zogen deshalb nach Spandau weiter. Andere ließen sich in Magdeburg, Templin und Angermünde nieder.[87]

Aber auch die wenigen in Stendal ansässig gewordenen Waldenser kehrten schon 1690 mehrheitlich nach Savoyen zurück, als ihr ehemaliger Landesherr sich von Frankreich abwandte, ein Bündnis mit dem Kaiser einging und seinen waldensischen Untertanen für die Zukunft freie Religionsausübung zusicherte. Der

81 »Wann aber gedachte Piemonteser Thalleute, weil dieselben dem Vermuthen nach in ziemlicher Zahl ankommen dürften, auch der Sprache wohl nicht kundig sein, unter die übrige Bürgerschaft nicht füglich vertheilet und vermischet werden können, sondern die Nothdurft erfordert wird, dass ihnen ein besonderer District in der Stadt, darin sie ihren Gottesdienst separatim exerciren, auch unter einem absonderlichen Magistrat und Polizei leben können, eingeräumt werde.« Kurfürstliches Reskript vom 2./12. April 1688 in: Götze: Urkundliche Geschichte … (wie Anm. 26). Vgl. Tollin: Die Geschichte der Französischen Colonie … (wie Anm. 70), 82 f.

82 Dieterici: Die Waldenser … (wie Anm. 74), 177-179. 190.

83 Tollin: Die Geschichte der Französischen Colonie … (wie Anm. 70), 84 f.

84 Dieterici: Die Waldenser … (wie Anm. 74), 187 f. 191.

85 Tollin: Die Geschichte der Französischen Colonie … (wie Anm. 70), 88.

86 Namensliste der Waldenser mit Herkunftsangabe bei Götze: Urkundliche Geschichte … (wie Anm. 26), 508 f.

87 Dieterici: Die Waldenser … (wie Anm. 74), 181-183.

brandenburgische Kurfürst organisierte und bezahlte ihre Rückkehr ins Piemont.[88] Dies gilt es schon deswegen zu betonen, da die moderne Geschichtsschreibung das Potsdamer Edikt durchweg aus der ökonomischen Perspektive interpretiert. Wenn das Herrscherhaus ausschließlich an der »Peuplierung« Brandenburgs interessiert gewesen wäre, hätte man alles versucht, die Piemontesen an einer Rückkehr zu hindern, und diese nicht noch finanziell unterstützt.

III Die »Mannheimer Kolonie«

Die Anwesenheit der Waldenser bildete somit in der Stendaler Geschichte ein kurzes Intermezzo. In Stendal blieben aber gleichwohl einige Führungspersönlichkeiten der Flüchtlingsgemeinschaft zurück, die sich möglicherweise den kurfürstlichen Plänen weiter verpflichtet fühlten: der Prediger Jacques Bayle, Paul Coisson, der inzwischen eine Einheimische geehelicht hatte, Jean Sésan und der Richter Jean Jacques Sandoz aus Neuchâtel, der 1688 die erste Waldensergruppe von Bern nach Stendal geleitet hatte. Letzteren entsandte Kurfürst Friedrich III., um nun in der Pfalz für eine Niederlassung in Stendal zu werben.[89]

Die überwiegend reformierte Kurpfalz war 1689 im Zuge des sog. Pfälzischen Erbfolgekrieges von französischen Truppen besetzt und mehrere wichtige Städte wie Mannheim, Speyer und Frankenthal komplett zerstört worden.[90] Die kriegerischen Verwüstungen lösten eine erneute Flüchtlingswelle in Richtung auf das aufnahmewillige Brandenburg aus. Das Gros der Mannheimer Réfugiés mit ca. 1.000 Personen war 1689 in Magdeburg eingetroffen und bildete dort die wallonisch-reformierte Gemeinde, an die namentlich noch heute die Walloner-Kirche in der Neustädter Straße erinnert.[91] 1691 zählte man in Stendal immerhin schon 20 Pfälzer Familien, die überwiegend in ehemalige waldensische Häuser einzogen. Sie genossen die im Potsdamer Edikt gewährten Vergünstigungen.[92] Der zeitgenössische Ausdruck

---

88 Tollin: Die Geschichte der Französischen Colonie … (wie Anm. 70), 88. Bittschrift der Stendaler »Vaudois« an den Kurfürsten, in ihre Heimat zurückkehren zu dürfen: Bekmann; Bekmann: Historische Beschreibung … (wie Anm. 34) Bd. 1, Sp. 182 f. Der berühmte Graphiker Daniel Nikolaus Chodowiecki (1726-1801) fertigte eigens einen Kupferstich zu dem bemerkenswerten Ereignis: »Friedrich III. erlaubt den Waldensern, in ihre Heimat zurückzukehren, und überhäuft sie mit Wohltaten«, erneut abgedruckt bei Horsta Krum: Preußens Adoptivkinder: die Hugenotten. 300 Jahre Edikt von Potsdam. Berlin 1985, 179.

89 Götze: Urkundliche Geschichte … (wie Anm. 26), 513.

90 Karte der zerstörten Städte und Ortschaften in: Meinrad Schaab: Geschichte der Kurpfalz. Bd. 2: Neuzeit. Stuttgart 1992, 150.

91 Bericht der Mannheimer Prediger Charles und Péricard gedruckt in: Ernst Thiele: Zur Übersiedlung der französischen Gemeinde Mannheims nach Magdeburg 1689. Geschichts-Blätter für Stadt und Land Magdeburg 39 (1904), 143-157. Vgl. Johannes Fischer: Die Pfälzer Kolonie zu Magdeburg: zum Andenken an ihre vor 250 Jahren erfolgte Begründung (Magdeburger Kultur- und Wirtschaftsleben; 19). Magdeburg 1939, 7-16. 104-130.

92 Tollin: Die Geschichte der Französischen Colonie … (wie Anm. 70), 89.

»Pfälzer« darf nicht streng landsmannschaftlich verstanden werden, sondern besagt nur, dass diese Zuwanderer zuletzt in der Kurpfalz ansässig gewesen waren. Die Bezeichnung »Wallonen«, die sie für ihre Magdeburger Kirchengemeinde annahmen, trifft die kulturelle Prägung besser, denn ihre Muttersprache war überwiegend Französisch, weil sie selbst oder ihre Eltern aus Frankreich oder Flandern in die reformierte Kurpfalz geflüchtet waren.

Die männlichen Angehörigen der »Französischen und Pfälzer Kolonie« sind aus dem Bürgerbuch von 1688-1809 alle namentlich bekannt.[93] Für das Jahr 1700 sind uns auch die Herkunftsangaben der französischsprachigen Emigranten überliefert: 51 kamen aus der Kurpfalz, 24 aus dem lothringischen Metz, 92 aus der Schweiz, zwölf aus Südfrankreich, zwölf aus dem übrigen Frankreich, drei aus Sedan, und nur noch zwei sind Waldenser aus dem Piemont.[94] 1703 vermeldet die Statistik 55 Familien, davon 19 französische, 15 schweizerische, elf pfälzische, neun piemontesische und eine Familie aus dem Hennegau.[95] In den offiziellen Statistiken werden von 1697 bis 1703 insgesamt 560 Neuankömmlinge gezählt.[96] Der Anteil der Zuwanderer ähnelte somit zu diesem Zeitpunkt mit knapp einem Drittel der Gesamtbevölkerung Stendals den Magdeburger Verhältnissen. Jean Jacques Sandoz soll allein bis 1709 insgesamt 252 Flüchtlinge aus der Pfalz nach Stendal gebracht haben, die sich auf 47 französische und 13 deutsche Familien verteilten.[97] Es handelte sich hinsichtlich Herkommen, Sprache und Lebensgewohnheiten anders als bei den Waldensern eben nicht um eine homogene Gruppe. Der große Flüchtlingszuzug kann spätestens 1710 als abgeschlossen bezeichnet werden. Aber noch bis 1750 durfte die Kolonie einen stetigen Bevölkerungsanstieg verzeichnen.[98]

Wegen der unterschiedlichen sprachlichen und kulturellen Prägung der Immigranten war schon bei der Zuwanderung der Waldenser nicht daran gedacht gewesen, diese in die sich schrittweise konstituierende (deutsch-)reformierte Gemeinde zu integrieren. 1691 rekrutierten aber selbst die Deutsch-Reformierten Stendals mit Johann Dieckstall einen Prediger, der als »ein aus der Pfalz vertriebener Kirchendiener« bezeichnet wird.[99] Nachdem dieser als erster direkt in Stendal ansässiger reformierter Seelsorger schon 1692 verstorben war, schien die Fortführung des Amtes

93 Willy Salewski; Ernst Görges: Die Bürgerbücher der Stadt Stendal 1694-1850 als Quelle für die Sippenforschung: mit einem Nachtrag über die Bürgermatrikel der Französischen und Pfälzer Kolonie (Sonderveröffentlichungen der Ostfälischen Familienkundlichen Kommission; 16). Marktschellenberg 1938, 157-164.

94 Eduard Muret: Geschichte der französischen Kolonie in Brandenburg-Preußen unter besonderer Berücksichtigung der Berliner Gemeinde. Berlin 1885, 316.

95 Götze: Urkundliche Geschichte … (wie Anm. 26), 515.

96 Beheim-Schwarzbach: Hohenzollerische Colonisationen (wie Anm. 49), 494.

97 Tollin: Die Geschichte der Französischen Colonie … (wie Anm. 70), 92.

98 Götze: Urkundliche Geschichte … (wie Anm. 26), 515.

99 Bekmann; Bekmann: Historische Beschreibung … (wie Anm. 34), Bd. 2, T. V, Buch 1, Kap. 2, Sp. 108.

in dieser Form bereits wieder gefährdet, weil der Spandauer Prediger Schultetus auf seine alten Rechte pochte. Daraufhin erklärten »sich die in und umb Stendal wohnenden Reformirten am Hoffe« bereit, zur Besoldung eines reformierten Pfarrers 50 Reichstaler aufzubringen. Das Legat eines anonymen Berliner Wohltäters in Höhe von 2.000 Reichstalern sicherte die reformierte Pfarrstelle auf Dauer ab.[100]

Die Waldenser dagegen behielten ihren eigenen Prediger, der sie schon auf der Flucht begleitet hatte. Die Wahl des Presbyteriums, dem die Leitung und Verwaltung der Gemeinde oblag und das über alle Gemeindebelange entschied, kann als Gründungsakt der französisch-reformierten Kirchengemeinde gewertet werden. Die ersten Geistlichen waren Pierre Bayle und sein Sohn Jacques Bayle, die 1688 aus dem Piemont nach Stendal gekommen, jedoch beide bereits 1693 verstorben waren. Auch wurde mit Daniel Forneron ein eigener Kantor und Schulmeister berufen.[101] Auf Jacques Bayle folgte im Predigeramt der aus Metz stammende Louis de Combles, zuletzt Pfarrer in Neuendorf bei Heidelberg.[102] Dieser führte bald nach seiner Berufung im August 1693 einige Neuerungen im Gemeindeleben ein. Er gab dem Presbyterium eine Geschäftsordnung und erweiterte es auf drei Älteste und drei Armenpfleger bzw. Diakone. Im April 1694 führte er Beschlüsse zur Verbesserung der Kirchenzucht mittels Anschaffung von Abendmahlsmarken herbei.[103] Den Gemeindegliedern, die sich eines sittlichen oder eines anderen Vergehens schuldig gemacht hatten, wurde die Abendmahlsmarke und damit der Zugang zum Abendmahl verweigert. Das Zusammenwirken von Prediger und Ältesten gestaltete sich in den Folgejahren keineswegs immer harmonisch: Im August 1716 sah sich Berlin angesichts der Stendaler Beschwerden zum Eingreifen genötigt. Dem Presbyterium wurde u. a. eine genauere Rechnungskontrolle auferlegt. Außerdem sollte es sich künftig nicht mehr im Haus des Pastors, sondern in der Kirche versammeln.[104]

Aber die Konflikte schwelten weiter, und bald musste die vorgesetzte Behörde erneut schlichten. Den Ältesten wurde auferlegt, ihren Seelsorger nicht bei seinen Vorgesetzten in Misskredit zu bringen. Dem Prediger befahl das Consistoire supérieur, das Presbyterium in allen Angelegenheiten einzubeziehen.[105] Gegen Pastor Louis de Combles erhob allerdings auch sein Amtsbruder Bartholomäus Gottfried

---

100 Reformiertes Pfarrarchiv Stendal: Kirchenbuch 1693-1766, 6f.
101 Götze: Urkundliche Geschichte … (wie Anm. 26), 508.
102 Bekmann; Bekmann: Historische Beschreibung … (wie Anm. 34), Bd. 2, T. V, Buch 1, Kap. 2, Sp. 132.
103 Reformiertes Pfarrarchiv Stendal: Nr. 10: Registre des actes du consistoire (1693-1738). Der Gebrauch von Abendmahlsmarken ist auch für Magdeburg und Halle bezeugt: Gabriel: Die reformierten Gemeinden … (wie Anm. 59), 67.
104 Reformiertes Pfarrarchiv Stendal: Nr. 9: Befehle und Reskripte des Oberkonsistoriums an die Französische Gemeinde Stendal (1691-1732).
105 Ebd. Das Schreiben des Consistoire supérieur vom 9. Februar 1717 konstatierte »une alienation du coeur qui ne peut aboutir qu'au scandale de l'Eglise«.

Gestrich Beschwerden, weil er angeblich seine Kompetenzen auf die deutsch-reformierte Gemeinde auszudehnen versucht hatte.[106]

Aus den Protokollen des Stendaler Presbyteriums wird deutlich, dass man sich in der neuen Heimat bewusst nach dem Genfer Vorbild zu organisieren suchte. Dies entsprach auch formal den ausdrücklichen Wünschen des brandenburgischen Kurfürsten, der am 7. Dezember 1689 den französisch-reformierten Gemeinden nach Unstimmigkeiten zwischen den Magdeburger Hugenotten die Beibehaltung der »Discipline ecclésiastique des églises réformées de France« ausdrücklich auferlegte.[107] Für die Zusammensetzung und Aufgabenerfüllung der französisch-reformierten Presbyterien galt seit 1720 eine einheitliche landesherrliche Verordnung.[108] Das Vorhandensein eines Presbyteriums bedeutete einen erheblichen Vorsprung bei der Laienbeteiligung im Vergleich zu den lutherischen Kirchengemeinden der Altmark, die vielfach erst nach 1873 Gemeindekirchenräte einführten, als dies zur allgemeinen landeskirchlichen Vorschrift wurde.

Über die Gemeindegrenzen hinaus war den Réfugiés die Umsetzung der »Discipline ecclésiastique« im östlichen Teil Brandenburgs allerdings nur eingeschränkt möglich. In der Altmark konnte sich wie im übrigen Brandenburg keine überregionale Synode bilden, wie dies in Frankreich (zeitweise) üblich gewesen war.[109] Lediglich in den linksrheinischen Territorien Brandenburg-Preußens sollte die Entwicklung anders verlaufen, was zweifellos primär in der Größe und Anzahl der dortigen Gemeinden begründet lag.[110] Die französisch-reformierten Gemeinden Brandenburgs wurden stattdessen in das traditionelle landesherrliche Kirchenregiment eingepasst und im Mai 1694 zur Schlichtung kirchlicher Streitfragen der

106 Ebd. (1718).

107 Christian Otto Mylius: Recueil des édits, ordonnances, règlements et rescripts, contenant les privilèges et les droits attribués aux François refugiés dans les états du roy de Prusse [...]. Berlin 1750, Nr. XX, Sp. 71-74.

108 »König Friedrich Wilhelms Verordnung wegen Obliegenheit derer Unter-Consistorium bey denen Frantzösischen Gemeinden in dero Landen« vom 15. Juli 1720, abgedruckt in: Johann Christoph von Dreyhaupt: Pagus Neletici et Nudzici, oder Ausführliche diplomatisch-historische Beschreibung des zum ehemaligen Primat und Ertz-Stifft, nunmehr aber durch den westphälischen Friedens-Schluß secularisirten Herzogthum Magdeburg gehörigen Saal-Creyses und aller darin befindlichen Städte, Schlösser, Ämter, Rittergüter, adelichen Familien, Kirchen, Clöster, Pfarren und Dörffer, insbesonderheit der Städte Halle, Neumarckt, Glaucha, Wettin, Löbejün, Cönnern und Alsleben. Bd. I. 2. Halle 1749. ND Halle 2002, 1101-1103.

109 Heinrich von Mühler: Geschichte der evangelischen Kirchenverfassung in der Mark Brandenburg. Weimar 1846, 215.

110 Michael Beintker: Konsequenzen der »Discipline Ecclésiastique« für Kirchenverfassung und Gemeindeordnung in Brandenburg-Preußen? In: Wege und Grenzen der Toleranz. Edikt von Potsdam 1685-1985/ hrsg. von Manfred Stolpe; Friedrich Winter. Berlin 1987, 56-58.

Commission ecclésiastique unterstellt.[111] Der Staatsminister Paul von Fuchs vertrat in diesem Gremium die Interessen des Landesherrn als summus episcopus.[112] 1701 wurde es als oberste Instanz für die geistlichen Angelegenheiten der Französisch-Reformierten in Gleichstellung mit dem Oberkonsistorium etabliert und in der Folge in Consistoire supérieur umbenannt.[113] Für die Deutsch-Reformierten wurde mit dem Edikt vom 19. August 1713 das Evangelisch-Reformierte Kirchendirektorium eingerichtet.[114] Diese Kirchenbehörden übernahmen die Aufgaben, die nach calvinischer Lehre den Synoden zugekommen wären.[115] Die letzte Entscheidung in Glaubensfragen behielt sich allerdings der König selbst vor – eine Tatsache, die mit dem Synodalprinzip eigentlich unvereinbar war. Auf der mittleren Ebene wurden 1737 fünf französisch-reformierte Inspektionen für die brandenburgischen Territorien eingerichtet. In der kirchenrechtlichen Theorie sollten die Inspektoren im Gegensatz zu ihren lutherischen Kollegen keine Vorgesetztenfunktion wahrnehmen, um ihre Existenz mit der Organisation einer Kirche von unten nach oben, wie sie der »Discipline ecclésiastique« zu Grunde lag, in Einklang zu bringen.[116] Die Stendaler Gemeinde wurde der Berliner Inspektion zugeteilt.[117] Die Deutsch-Reformierten Stendals dagegen gehörten spätestens seit 1737 zum »Inspektorat der Reformierten Kirchen im Herzogtum Magdeburg«.[118] Der lokalen Zusammenarbeit dürfte diese Aufteilung auf unterschiedliche kirchenbehördliche Instanzenwege kaum zuträglich gewesen sein.

Anfangs hatten die französisch- und die deutschsprachigen Reformierten in Stendal gemeinsam die Katharinenkirche genutzt, wenn auch zu unterschiedlichen Gottesdienstzeiten. 1695 wurde die 1680 ausgebrannte Kirche des Elisabeth-Hospitals den Französisch-Reformierten zur Nutzung übertragen. Aber die endgültige Aufteilung der Nutzung zwischen Elisabeth- und Katharinenkirche datierte erst in

111 Mylius: Recueil … (wie Anm. 107), Nr. XXXVIII, Sp. 117 f; vgl. Beintker: Konsequenzen … (wie Anm. 110), 59 f.

112 von Mühler: Geschichte der evangelischen Kirchenverfassung … (wie Anm. 109), 216.

113 Mylius: Recueil … (wie Anm. 107), Nr. XLVIII, Sp. 191-194. Vgl. Muret: Geschichte der französischen Kolonie … (wie Anm. 94), 24 f.

114 Text des Edikts in: Ralph Meyer: Geschichte der Deutsch-Reformierten Gemeinde in Magdeburg von den Anfängen bis auf die Gegenwart. Bd. 2. Magdeburg 1914, 732 f. Vgl. Gabriel: Die reformierten Gemeinden … (wie Anm. 59), 98.

115 von Mühler: Geschichte der evangelischen Kirchenverfassung … (wie Anm. 109), 217.

116 Mylius: Recueil … (wie Anm. 107), Nr. CXXXIII, Sp. 628: »Nous declarons que la Commission des dits Inspecteurs ne leur donnera aucune Superiorité, ni sur leurs Confrères ni sur les Consistoires; mais comme elles n'a pour But, que l'Edification des Eglises, l'Avancement de la Piété, & l'Observation du bon Ordre dans tout ce qui appartient à l'Etat ecclésiastique, les dits Inspecteurs y travailleront dans les differentes Eglises de leurs Districts, sur le pied de Moderateurs des Assemblées Consistoriales.«

117 Ebd, Sp. 630.

118 Meyer: Geschichte der Deutsch-Reformierten Gemeinde … (wie Anm. 114), 752.

das Jahr 1699.[119] Die französisch-reformierte Gemeinde zählte damals 48 Haushaltungen mit 199 Personen.[120] Die Anzahl der Deutsch-Reformierten wird 1707 mit 118 Personen (davon 50 Kommunikanten) angegeben.[121] Die Katharinen- und die Elisabethkirche besaßen zum Zeitpunkt der Zuweisung an die Reformierten keine eigenen Gemeinden und waren lange ungenutzt gewesen. Die Zuordnung einer lutherischen Pfarrkirche hätte zweifelsohne einen Aufstand provoziert. Für den deutsch-reformierten Prediger Bartholomäus Gestrich konnte im Juni 1699 das Haus des Bürgermeisters Döllen am Stendaler Markt für 520 Reichstaler erworben werden.[122] Die Französisch-Reformierten konnten oder wollten noch nicht in ein Pfarrhaus investieren, so dass der Prediger Louis de Combles aus privaten Mitteln ein Haus für seine Familie errichtete. 1710 wurde die Steuerfreiheit für dieses Haus beantragt, bis die Kolonie das geplante Pfarr- und Schulhaus errichtet hätte.[123]

Der Piemonteser Jean Jacques Sandoz wurde in Anerkennung seiner Verdienste um die Entwicklung der Kolonie am 9. Oktober 1691 vom Kurfürsten zum Inspektor der »Mannheimer Kolonie zu Stendal« ernannt. Da in den folgenden Jahren ein weiterer Bevölkerungsanstieg verzeichnet werden konnte, wurde er außerdem 1698 in den Stendaler Magistrat aufgenommen. 1692 war der Bürgermeister Johann Friedrich Berndis zum Richter der Kolonie berufen worden. Aber für die Etablierung eines eigenen Kollegiums bzw. eines eigenen Bürgermeisters, wie etwa in Magdeburg, galt dem Kurfürsten die Kolonie als zu klein.[124] Immerhin wurde dem reformierten Bürgermeister Schönhausen und dem Rat Beeke die Spezialaufsicht über dieselbe übertragen.[125]

Zur Unterstützung ihrer jungen Gemeinschaft erbaten die pfälzischen Emigranten 1695 ein kurfürstliches Privileg, das sich inhaltlich an das Magdeburger Privileg für die Mannheimer Flüchtlinge anlehnte.[126] Die Übertragung des am 25. Mai 1689 in Gröningen ausgestellten Privilegs[127] auf die Stendaler Kolonie wurde aber wegen der geringen Familienzahl und der besonderen Magdeburger Situation von Friedrich III. abgelehnt. Vielleicht war man in Berlin auch nach der trotz umfänglicher Unterstützung gescheiterten waldensischen Ansiedlung nicht mehr ganz so großzügig. Das Privileg vom 24. Januar 1695 für die Pfälzische Kolonie in Stendal gewährte u. a. einen fünfzehnprozentigen Steuernachlass, freien Handel

119 Götze: Urkundliche Geschichte … (wie Anm. 26), 514.
120 Muret: Geschichte der französischen Kolonie … (wie Anm. 94), 131 f. 267.
121 Gabriel: Die reformierten Gemeinden … (wie Anm. 59), 194.
122 Reformiertes Pfarrarchiv Stendal: Nr. 96: Besitz und Dokumente der reformierten Kirche (1696-1867); LASA MD: A 12 Generalia, Nr. 2803.
123 LASA MD: A 12 Specialia, Stendal, Nr. 514: Affaires des particuliers (1710-1800).
124 Tollin: Die Geschichte der Französischen Colonie … (wie Anm. 70), 91; vgl. Asche: Neusiedler … (wie Anm. 48), 513.
125 Götze: Urkundliche Geschichte … (wie Anm. 26), 514.
126 Reformiertes Pfarrarchiv Stendal: Nr. 9.
127 Text des Privilegs in: Fischer: Die Pfälzer Kolonie… (wie Anm. 91), 17-19.

innerhalb und außerhalb von Jahrmärkten, die Befreiung von Frondiensten und der Leibeigenschaft, die Freiheit vom Zunftzwang und bei der Wahl eines Handwerks, das Meisterrecht für diejenigen, die es schon in der Pfalz ausgeübt hatten, das Recht zur Errichtung von Manufakturen, die freie Verköstigung im Falle des Studiums an der Landesuniversität Frankfurt, die Nutzung der Kirche des Elisabeth-Hospitals und die Zollfreiheit, aber nur insoweit sie auch die Stendaler Bürger genossen. Rechtlich gesehen waren die Zuwanderer Bürger der »Französischen und Pfälzer Kolonie« Stendals.[128]

Im ersten Jahrzehnt nach ihrer Ansiedlung schienen die pfälzischen Einwanderer Stendal zu einem weiteren Tuchmacherzentrum neben Magdeburg erblühen zu lassen, denn 1693 zählte man immerhin 60 deutsche Tuchmachermeister.[129] Aber anders als in Magdeburg, Halle und Halberstadt dominierten bei den Stendaler Emigranten bald nur noch die nebenberufliche Landwirtschaft und das Kleingewerbe. Die Vielfalt an Berufen und Fertigkeiten, für die die hugenottischen Zuwanderer so umworben wurden, kam in der Altmark insgesamt nicht zum Tragen. In einer Kleinstadt wie Stendal mit begrenztem Kaufpotential versprach eine Produktion von hochrangigen Luxusgütern von vornherein nur geringen Erfolg. Größere Manufakturgründungen, wie sie das Magdeburger Bild prägten und zu denen das Potsdamer Edikt die Flüchtlinge so nachdrücklich ermutigte, konnte Stendal nie aufweisen.[130]

Die Réfugiés, berühmt für den Garten- und Obstanbau, brachten stattdessen maßgebliche landwirtschaftliche Innovationen in die Altmark. Die Pfälzer Einwanderer begannen mit dem Tabakanbau, wozu der sandige Boden gut geeignet war. Dieser erwies sich über mehrere Jahrzehnte als das eigentliche Rückgrat im Wirtschaftsleben der »Mannheimer Kolonie«. Die Tabakpflanzer stellten im ersten Drittel des 18. Jahrhunderts die große Mehrheit der Erwerbstätigen unter den Kolonisten: 1721 werden in den Bevölkerungslisten 46 Tabakspflanzer genannt, denen nur elf Handwerker aus anderen Gewerben gegenüberstehen.[131] Zu dieser Zeit soll der Tabakanbau jährlich eine Ernte von 300 bis 400 Zentnern eingebracht haben.[132]

Gemäß den früheren kurfürstlichen Plänen sollten die Zuwanderer aus der Pfalz auch hinsichtlich der Ackerpachten die Nachfolge der Piemontesen antreten. Prompt erhoben sich im September 1691 Proteste von den Vertretern der Kirchen St. Petri und St. Jakobi. 1692 wies der Kurfürst den Neuzuwanderern die Hälfte der vormals von den Waldensern bewirtschafteten Ländereien des Katharinenklosters zu.[133] Der Streit um die Nutzung der Äcker des Katharinenklosters zog sich unter

---

128 Reformiertes Pfarrarchiv Stendal: Nr. 9. Vgl. Muret: Geschichte der französischen Kolonie … (wie Anm. 94), 267.
129 Tollin: Die Geschichte der Französischen Colonie … (wie Anm. 70), 90.
130 Götze: Urkundliche Geschichte … (wie Anm. 26), 515-519.
131 Ebd, 515.
132 Tollin: Die Geschichte der Französischen Colonie … (wie Anm. 70), 96.
133 Ebd, 90.

verschiedenen Vorzeichen bis ins 19. Jahrhundert hin. 1699 mahnte der Landesherr die Übergabe der Kirchenäcker an die pfälzischen Einwanderer an. Und schon 1703 hielt es der König erneut für nötig, deren Ansprüche auf die gepachteten Kirchenäcker zu verteidigen.[134] Die Stendaler Bürger fühlten sich ob der landesherrlichen Vergünstigungen zugunsten der Fremden ungerecht behandelt und in ihren eigenen landwirtschaftlichen Aktivitäten behindert. Aus der ökonomischen Perspektive betrachtet, unterstreicht die Aktenfülle in dieser Angelegenheit die zentrale Rolle der Landwirtschaft im Erwerbsleben der »Mannheimer Kolonie«. 1718 versuchte die Stadt erneut, die wirtschaftlichen Privilegien der Kolonisten zu beschneiden und ihnen die zugeteilten günstigen Pachtäcker zu entziehen. Trotz deutlicher wirtschaftlicher Erfolge oder vielleicht gerade deswegen brach der Streit um die Kirchenäcker zwischen den Bevölkerungsgruppen schon 1719 und 1725 mit scharfer Polemik von neuem aus.[135]

Mit der Aufnahme ausländischer Glaubensflüchtlinge durch deutsche Landesherren verband sich immer auch die Hoffnung auf wirtschaftlichen Aufschwung. Zumindest wurden diese Vorzüge der Emigranten von der Obrigkeit gern betont, womöglich auch um die Bereitschaft zur Aufnahme der andersgläubigen und fremdsprachigen Flüchtlinge und deren Eingliederung bei den lokalen Verantwortlichen zu fördern. Dennoch schwand der Neid auf die Zuwanderer nicht. Der Stendaler Bevölkerungsanstieg vollzog sich insgesamt trotz der aktiven landesherrlichen Ansiedlungsbemühungen nur sehr langsam. Noch für 1719 zählte die offizielle Statistik 365 wüste Hausstellen. Diese Zahl ging zwar danach kontinuierlich, deutlich aber erst nach 1770 zurück.[136]

Es scheint deshalb nur folgerichtig, dass der König nach der Vertreibung der Salzburger Protestanten im Jahr 1732 den Blick erneut auf Stendal richtete. Mit der königlichen Anfrage, ob man einige der Salzburger Flüchtlinge, die von ihrem Fürstbischof vertrieben worden waren, zumindest vorübergehend beherbergen könne, kochte der alte Streitpunkt um die Kirchenäcker in Stendal prompt wieder hoch. Der Rat antwortete seinem Landesherrn mit einem klaren »Ja, aber«. Ja, man könne wohl zehn Salzburger Familien unterbringen, gäbe es doch noch fast 300 wüste Hausstellen in der Stadt. Dies sei aber nur dann möglich, wenn der König das Material für den Hausbau bezahle und die Pfälzer Kolonie zugunsten des Lebensunterhalts der Salzburger auf diejenigen Äcker verzichte, die den Exilanten Ende des 17. Jahrhunderts zur Pacht überlassen worden waren. Deren Bevorzugung

134 Ebd, 95.

135 Ebd, 92-98; Brandenburgisches Landeshauptarchiv (im Folgenden BLHA): Rep. 40 A, Nr. 783: Das Katharinen-Kloster in Stendal contra die Pfältzer Colonisten alda als Inhaber der Ländereien des Klosters wegen der Verpachtung dieser Ländereien (1717-1729).

136 Friedrich W. A. Bratring: Statistisch-topographische Beschreibung der gesamten Mark Brandenburg: für Statistiker, Geschäftsmänner, besonders für Kameralisten. 1. Bd.: Die allgemeine Einleitung zur Kurmark, die Altmark und Prignitz enthaltend. Berlin 1804, 247.

durch die Zuteilung günstiger Pachtäcker sah man als überholt an, weil von den Flüchtlingen kaum noch einer am Leben sei. Auch für den Sonderstatus der Kolonie sah man keine Berechtigung mehr:

> »da doch [...] der Nahme der Colonie nach und nach sich verlieren und die Colonisten als Eingebohrene consideriret werden und zu dem Ende den gewohnlichen Bürgern Eyd vor dem Magistrat thun sollen.«[137]

Zur Erleichterung der Stendaler Stadtväter zogen die Salzburger Emigranten in verschiedenen Trupps nach kurzen Ruhepausen in Stendal (30. August bis 8. September und 24. bis 26. September 1732) über Stettin bzw. Berlin nach Ostpreußen weiter. Den Plan einer Ansiedlung in der Altmark hatte der König inzwischen aufgegeben.[138]

Eine Generation später erregten die erwähnten Pachtäcker, die im Eigentum des Katharinenklosters, der Petrikirche und anderer geistlicher Einrichtungen standen, erneut heftig die Stendaler Gemüter. Die Stadtväter beklagten, dass die 63 Pächter fast zur Hälfte Handwerker seien, die auf Einkünfte aus der Landwirtschaft gar nicht angewiesen seien und die teilweise dieses Land ihrerseits mit Gewinn weiterverpachtet hätten. Folgende nichtlandwirtschaftliche Berufe der Kolonisten werden in diesem Zusammenhang genannt: Schneider, Schuster, Tischler, Färber, Chirurgen, Brauer, Perückenmacher, Tabakspinner, Bäcker, Bildhauer, Nadelmacher, Sergemacher, Strumpfwirker. Die Kolonisten machten in ihrer Gegendarstellung gegenüber der königlichen Untersuchungskommission geltend,

> »daß die Erbauung der Häuser die Stadt Stendal in florisanten Zustand gesetzet und selbiges peupliret hat, da sie zuvor meist öde und wüste gestanden, unsers Eltern auch selbst considerables Vermögen mit in die Provintz gebracht, wodurch der Grund zu unseren etablissement gelegt worden.«

Und sie kündigen an,

> »wann ihnen der wenige Acker und Tabacksbau, so jedoch ein sehr schlechtes Gewerbe ist, sollte entzogen werden, gantz und gar keine Nahrung mehr syn, und die meisten derselben den Wanderstab würden ergreiffen.«

Friedrich II. entschied endgültig zugunsten der Kolonisten, die ihre zinsgünstigen Äcker behalten durften: Ein königliches Reglement bekräftigte am 15. Februar 1766, dass die Nutzung und Verwaltung der Pachtäcker der Kolonie insgesamt übertragen werde.[139]

---

137 BLHA: Rep. 40 A, Nr. 785: Die Unterbringung der Emigranden Saltzburger in Stendal (1732-1733).

138 Vgl. »Kinder, ihr sollets bey mir gut haben!« (Friedrich Wilhelm I.): Chronik der Marschzüge Salzburger Emigranten 1731 bis 1741/ hrsg. von Norbert Stein. Bielefeld 2011, 352 f. 359; Henner Dubslaff: Die Salzburger in der Altmark: ihre Vertreibung aus der Heimat und ihre Wanderrouten in Altmark und Katte-Winkel. In: Offene Türen: Beiträge zur Geschichte, Religion und Kultur im Elb-Havel-Winkel/ hrsg. vom Geschichtskreis & Marionettenbühne im Kirchspiel Wulkow-Wust. Großwulkow 2005, 13-17.

139 Reformiertes Pfarrarchiv Stendal: Nr. 155: Règlement für die Französische und Pfälzer Kolonie zu Stendal (1766).

Nach der Mitte des 18. Jahrhunderts haben die Stendaler Reformierten den ehedem so prosperierenden Tabakanbau aber weitgehend aufgegeben. 1772 gliedern sich die 125 reformierten Hausstände praktisch in zwei unterschiedliche soziale Gruppen: in diejenigen, die ein Handwerk bzw. Gewerbe betreiben, und diejenigen, die der Verwaltung angehören bzw. von der Gemeinde, der Stadt oder vom Landesherrn besoldet wurden. Bei den Handwerkern handelt es sich fast ausschließlich um einfache, traditionelle Gewerke. Unter ihnen stellen die Schuhmacher mit elf Familien die mit Abstand größte Gruppe. Darüber hinaus zählen wir acht Weber und Tuchmacher, sechs Tischler, vier Maurer, drei Kürschner, einen Tabakspinner, zwei Schneider, zwei Arbeiter, einen Färber, einen Buchbinder, einen Sattler, einen Bauern, einen Müller, einen Brauer, einen Nagelschmied, einen Schlosser, einen Goldschmied und einen Kaufmann. Ansonsten gehörten der Gemeinde ein Obergerichtsrat, ein Justizkommissar, ein Postdirektor, ein Kirchenrat, ein Sekretär, drei Kopisten und Registratoren, ein Provisor, vier Steuereinnehmer, ein Soldat und natürlich ein Prediger an.[140]

Die Kolonie scheint vor allem als Organisationsstruktur für gemeinschaftliche wirtschaftliche Aktivitäten gedient zu haben. So betrieb die Kolonie auch ein eigenes Brauhaus.[141] Ob die Kolonie auch als Justizinstanz Bedeutung erlangte, bleibt fraglich, obwohl Richter, Schreiber und Gerichtsdiener täglich zusammenkamen.[142] Die Amtsführung des langjährigen Kolonialrichters Jean de Martineau, der 1717 auf den Pionier Sandoz folgte, war auch nicht dazu geeignet, deren Ansehen zu steigern. Gegen den Kolonialrichter de Martineau mehren sich seit 1727 ernsthafte Vorwürfe, dass er die ihm anvertrauten Gelder nicht korrekt verwalte und abrechne.[143] Die französisch-reformierte Gemeinde konnte deshalb jahrelang nicht auf ihre Armen- und Mündelgelder zurückgreifen. Erst durch das Eingreifen des Consistoire supérieur erhielt das Presbyterium sein Geld zurück. Eine ordentliche Verwaltung scheint jedoch erst wieder 1732 mit dem Amtsantritt des französischen Richters Le Clerc (bis 1756) eingekehrt zu sein.

Im ersten Drittel des 18. Jahrhunderts wurden nicht nur die ökonomischen Vorrechte der reformierten Gemeinden in Frage gestellt. So verweigerte im Oktober 1720 die lutherische Vorsteherin des Katharinenklosters, Margarethe Dorothea von Elvern,[144] mit Unterstützung des Rates Breuning den Reformierten den Zugang zur Katharinenkirche. Erst eine Strafandrohung des Berliner Oberkonsistoriums vom 16. November 1720 beendete die Blockade und ermöglichte den Reformierten wieder den Gottesdienst in der Katharinenkirche.[145] Möglicherweise handelte es

140 Reformiertes Pfarrarchiv Stendal: Nr. 103: Seelenregister (1772-1814).
141 Reformiertes Pfarrarchiv Stendal: Nr. 97: Bauten am Pfarrhaus (23. Mai 1769).
142 Tollin: Die Geschichte der Französischen Colonie … (wie Anm. 70), 94.
143 Ebd, 98-106.
144 Zur Person siehe Zahn: Geschichte des St. Katharinenklosters … (wie Anm. 78), 77.
145 LASA MD, A 12 Generalia, Nr. 2803

sich auch um eine gewisse Neidreaktion auf die von der Obrigkeit protegierten »Andersgläubigen«. Die deutsch-reformierte Gemeinde soll namentlich durch die Unterstützung des Landeshauptmanns Wilhelm Ludwig von dem Knesebeck zur Zeit ihres Predigers Johann Friedrich Scholtz (in Stendal 1727-1731) erheblich angewachsen sein und bedeutende Vertreter des altmärkischen Adels und des Stendaler Patriziats in ihren Reihen versammelt haben. So nahm Herr von Jagow auf Calberwisch 1729 die reformierte Konfession seiner Gemahlin an. Unter seinen reformierten Standesgenossen wird zu diesem Zeitpunkt u. a. auch die Familie von Saldern (Herrschaft Plattenburg) genannt.[146] Die Verbindung mit dem Adel führte seit 1736 zu einer erheblichen räumlichen Ausdehnung der Amtspflichten des deutsch-reformierten Predigers. Auf Ersuchen des Kammerherrn von dem Knesebeck und des Chefs des Salzwedeler Kürassierregiments reichte der Stendaler Prediger Johann Wahrendorff zweimal jährlich das reformierte Abendmahl in Salzwedel. Von dem Prediger Christian Friedrich Voigt (in Stendal 1739-1765) und seinem Nachfolger Peter Sigismund Friedrich Stegmann wird berichtet, dass diese häufig Gottesdienste für die in der Altmark stehenden Regimenter und Offiziersfamilien abhielten.[147] Ausdrücklich gehörte der Besuch kranker und blessierter Soldaten reformierter Konfession zu den mit der Pfarrstelle verbundenen Aufgaben.[148] Zu Pfarrer Stegmanns Zeiten zählten auch Reformierte in Storkau, Groß-Möringen und den benachbarten Orten zu seiner Gemeinde.[149]

Die Stendaler Reformierten hatten sich trotz ihrer begrenzten ökonomischen Möglichkeiten intensiv um die Unterstützung der Armen bemüht, wie wir an den Kirchenrechnungen ablesen können. Die aktive Sorge für die Armen in der Gemeinde war bereits ein Proprium der Genfer Kirchenverfassung. In den mitteldeutschen Gemeinden, die sich zumindest in der Anfangsphase mehrheitlich aus mittellosen Flüchtlingen rekrutierten, stand die Unterstützung der Armen, Waisen und Kranken von Anfang an im Zentrum der gemeinsamen Anstrengungen. Für die Organisation der Armenfürsorge wählten die Stendaler Gemeinden nach Genfer Vorbild Diakonen (Armenpfleger). Zu den Unterstützten gehörten vor allem kranke Gemeindeglieder, Witwen, Waisen sowie regelmäßig alte und invalide Soldaten der Stendaler Garnison. Aber die Zuwendungen reichten teilweise weit über die eigene

146 LASA MD: Rep. A 12 Generalia, Nr. 2803.

147 Ebd: »Das hat sich bis Lenzen, bey Vacanzen auch bis Jerichau, Rathenau, Havelberg erstreckt. So hat das Kürassier-Regiment, dessen Stab zu Saltzwedel stehet und vom Stendalschen Prediger jederzeit besorgt worden, daher denselben zu Saltzwedel, Werben, Seehausen, Osterburg die Kommunion austeilen lassen.« Zur Stationierung der altmärkischen Regimenter: Georg Adalbert von Mülverstedt: Die kurbrandenburgischen Garnisonen in der Altmark im 17. Jahrhundert. Jahresbericht des Altmärkischen Vereins für Vaterländische Geschichte und Industrie zu Salzwedel, Abt. für Geschichte 27 (1900), 4. 12 f.

148 Archiv und Bibliothek der Kirchenprovinz Sachsen (im Folgenden AKPS): Rep. H 41, Nr. 897: Actus ministerialis etc. (16. Dezember 1760).

149 LASA MD: A 12 Generalia, Nr. 2803

Gemeinde hinaus: So unterstützte man 1765 z. B. den Färbergesellen Kisling und den Lohgärbergesellen Fabri aus der Schweiz und »den um der Religion willen aus Cärnthen vertriebenen Studioso Waldmann und Consorten«. Auch beteiligte man sich am Freikauf christlicher Gefangener aus der Türkei.[150]

Neben der Armenfürsorge nahm die Unterhaltung der Schule immer eine zentrale Rolle in den reformierten Gemeinden ein. Die beiden Stendaler Gemeinden besaßen jeweils ihre eigene Schule, die sie auch für die Kinder anderer Konfessionen und Religionen öffneten. Das deutsch-reformierte Schulwesen nahm nach der Mitte des 18. Jahrhunderts einen ungeahnten Aufschwung. 1772 berichtete Prediger Stegmann über seinen Lehrer Christoph August Heringshausen nach Magdeburg, dass »seine Schule den Vorzug vor der grossen Stadtschule, was die Unterweisung im Lesen, Schreiben betrift, erhielt«.[151] Die hoffnungsvolle Entwicklung brach jedoch ab, als die lutherischen Pfarrer ihren Gemeindegliedern verboten, ihren Nachwuchs auf die reformierten Schulen zu schicken. Ab 1801 mehren sich die Klagen Stegmanns über den unzureichenden Schulbesuch der reformierten Kinder, die von ihren Eltern in der Landwirtschaft eingesetzt wurden.[152] Die französisch-reformierte Schule lag zu diesem Zeitpunkt schon völlig danieder: 1781 drohte man dem Pastor David Simonin mit Abberufung, falls er dem schlechten Zustand seiner Schule nicht abhelfe.[153]

Die französisch-reformierte Gemeinde in Stendal war von Anfang an nicht sehr zahlreich und schrumpfte durch die Einheirat ihrer Mitglieder in deutsche Familien zusehends. Der Prediger Moses Humbert berichtete 1755, dass von 29 Familienvätern seiner Gemeinde 19 mit deutschen Lutheranerinnen verheiratet seien und ihre Muttersprache aufgegeben hätten.[154] Bereits Mitte des 18. Jahrhunderts, früher als in allen anderen französischsprachigen Gemeinden in der späteren Provinz Sachsen, tauchte deshalb im Presbyterium nach dem Tod des französischen Predigers de La Meintaye die Idee auf, die beiden reformierten Gemeinden Stendals zu vereinigen. Die Finanzen der Französisch-Reformierten reichten angeblich nicht mehr aus, einen eigenen Pfarrer zu unterhalten, was eine jahrelange Stellenvakanz zur Folge hatte. Auf Intervention des Kolonierichters im Jahr 1755 unterblieb aber die Vereinigung

150 AKPS: Rep. H 41, Nr. 955: Die Kirchen- und Armen-Rechnungen und deren Abnahmen de anno 1764-1788, 12.

151 AKPS: Rep. H 41, Nr. 958: Schuleinrichtungen (Brief vom 23. Mai 1772).

152 Ebd: »Im Sommer schicken die Ältern ihre Kinder nicht gehörig zur Schule, weil bey den größten Theil die dringenste Armuth herrschet, und die Kinder den Ältern das Brod mithelfen müssen zu verdienen …« (Bericht vom 7. Oktober 1806).

153 Reformiertes Pfarrarchiv Stendal: Nr. 1: Reskripte und Briefe an die Gemeinde (1717-1798).

154 LASA MD: A 12 Specialia, Stendal, Nr. 514.

vorerst.[155] Auch ein erneuter Vorstoß des deutsch-reformierten Predigers, im Jahr 1765 die beiden Pfarrstellen zu fusionieren, scheiterte.[156]

An höherer Stelle war man ebenfalls bestrebt, die alten Strukturen am Leben zu erhalten. Nach einer Visitation, die neben dem schlechten Erhaltungszustand des Kircheninneren auch die mangelnden Französischkenntnisse der französisch-reformierten Gemeindeglieder monierte, erlaubte der preußische König zwar am 24. November 1794 dem Stendaler Pastor, alle drei Wochen den Gottesdienst in deutscher Sprache abzuhalten, forderte aber gleichzeitig die aktive Verbesserung der Sprachkenntnisse. So sollte ein Sonderunterricht wieder alle Gemeindeglieder mit dem Französischen vertraut machen. Am 22. Juni 1795 wurde die königliche Erlaubnis des dreiwöchentlichen deutschen Gottesdienstes erneuert, auch in Anbetracht der allgemeinen Tendenz innerhalb der reformierten Gemeinden.[157] Aber noch im April 1797 forderte der preußische König das Stendaler Presbyterium – wie üblich in französischer Sprache – auf, keine Gelegenheit auszulassen, um die Familienväter von der Notwendigkeit eines regelmäßigen Schulbesuchs ihrer Kinder zu überzeugen sowie »de les appliquer à la langue françoise«. Im Rückschluss darf man konstatieren, dass die Nachkommen der Glaubensflüchtlinge wohl bis ca. 1740 weitgehend in der kulturellen und eben auch sprachlichen Identität ihrer Vorfahren verankert waren. In der zweiten Einwanderergeneration ist wie in den anderen hugenottischen Niederlassungen von einer aktiven Zweisprachigkeit auszugehen. Ab der dritten Generation schwindet die Beherrschung des Französischen deutlich. Das Stendaler Beispiel bestätigt diesbezüglich die Ergebnisse früherer Untersuchungen, dass die französische Sprache bei den Nachkommen der Réfugiés in den größeren Städten (insbesondere Berlin, Magdeburg und Halle) mit einer breiteren bürgerlichen und adeligen Schicht weit länger Anwendung fand als in den Landgemeinden.[158] Die Sprachentwicklung in der Kleinstadt Stendal bewegt

155 Entscheidung des Reformierten Kirchendirektoriums vom 25. März 1755: »Da das Presbyterium zu Stendal in der mittelst des Herrn Inspectoris vom 17. dieses eingelangeten Vorstellung dahin angetragen, dass nach jüngsten Absterben dortigen französischen Predigers de la Mentaye die Combination der teutschen und französischen reformierten Gemeine vermittelt werden möge: so ist dasselbe zu bedeuten; wir nach erstatteten Bericht dasigen Colonie Richters und geschehene Untersuchung, das Suchen nicht statt finden möge.« (AKPS: Rep. H 41, Nr. 945: Die gesuchte Vereinigung der französischen Gemeinde mit der deutschen, 1753-1822).

156 LASA MD: A 12 Generalia, Nr. 2803.

157 »ainsi que cela s'est fait dans d'autres colonies … en faveur de ceux qui ont perdu l'usage de la langue françoise« (Reformiertes Pfarrarchiv Stendal: Nr. 22: Rescrits du Consistorie supérieur de 1794-1801).

158 Vgl. Manuela Böhm: Le changement du français à l'allemand chez les huguenots de la colonie de Berlin et dans les colonies rurales du Brandebourg. In: Hugenotten und deutsche Territorialstaaten: Immigrationspolitik und Integrationsprozesse. Les Etats allemands et les huguenots: Politique d'immigration et processus d'intégration/ hrsg. von Guido Braun; Susanne Lachenicht (Pariser Historische Studien; 82). München 2007, 156-160; Frédéric

sich dabei durchaus im Mittelfeld. Auch hier ist zu beobachten, dass das Französische zunehmend nur noch als Sakralsprache im Gottesdienst und bei offiziellen Niederschriften gebraucht wurde.

IV Die Entwicklungen nach Auflösung der Stendaler Kolonie

Die personelle Identität der reformierten (Kirchen-)Gemeinden und der Gemeinschaft der Kolonie nahm nach 1772 zunehmend ab. In diesem Jahr hatte Friedrich II. das Wahlbürgerrecht eingeführt.[159] Damit konnte jeder Zuzügler Mitglied der Stendaler Kolonie werden, auch Nichtreformierte. Die Wende zum 19. Jahrhundert beendete schließlich die Tradition der rechtlichen Privilegierung der ehemaligen Glaubensflüchtlinge innerhalb der städtischen Gesellschaft. Ausgerechnet das von französischen Gnaden errichtete Königreich Westphalen, zu dem Stendal aufgrund der militärischen Niederlage Preußens seit 1807 gehörte, hob den rechtlichen Sonderstatus der Kolonien auf. Dasselbe Schicksal hätte die Stendaler Kolonie allerdings auch unter preußischer Herrschaft ereilt. Das Königreich Preußen vollzog mit der neuen Städteordnung 1809 den gleichen Schritt und läutete ebenfalls moderne Zeiten ein.[160] Der lang gehegte Wunsch des Stendaler Rats, es möge nur noch eine Sorte von Stadtbürgern geben, war damit endlich in Erfüllung gegangen. Die Stendaler Kolonisten hätten die Neuerung dagegen am liebsten ignoriert und wollten sich mit dem Verlust ihrer wirtschaftlichen Privilegien lange nicht abfinden. Noch 1820 wandten sich die Stendaler Koloniebürger, wie sie sich selbst nannten, hilfesuchend an Friedrich Wilhelm III., weil die königliche Regierung zu Magdeburg die 1695 zugeteilten Ländereien eingezogen hatte. Der Rechtsstreit zog sich bis mindestens 1841 hin.[161] Zu diesem Zeitpunkt dürften die preußischen Behörden kaum noch Verständnis für die Privilegierung des späten 17. Jahrhunderts aufgebracht haben.

In die kurze westphälische Epoche fiel aber noch eine weitere gravierende Veränderung: 1813 wurden die französisch- und die deutsch-reformierte Gemeinde Stendals zu einer gemeinsamen vereinigt. Im Mai 1807 hatte Berlin nach der

---

HARTWIG: Die Hugenotten in Deutschland: eine Minderheit zwischen zwei Kulturen. In: Die Hugenotten 1685-1985/ hrsg. von Rudolf von Thadden; Michelle M. Magdelaine. München 1986, 172-185. Vgl. auch Manuela BÖHM: Sprachenwahl: Akkulturation und Mehrsprachigkeit der Brandenburger Hugenotten vom 17. bis 19. Jahrhundert (Studia Linguistica Germanica; 101). Berlin 2010.

159 Vgl. Eckart BIRNSTIEL: Asyl und Integration der Hugenotten in Brandenburg-Preußen. In: Hugenotten und deutsche Territorialstaaten (wie Anm. 158), 146 f.

160 Kohnke: Das Edikt von Potsdam (wie Anm. 66), 269 f. Das Reformierte Kirchendirektorium wurde im März 1810 aufgehoben: Gabriel: Die reformierten Gemeinden … (wie Anm. 59), 290 f.

161 Reformiertes Pfarrarchiv Stendal: Nr. 154: Sachen der Pfältzer und Französischen Colonie (1817-1841). Die kirchlichen Bediensteten, die Einkünfte aus den Kolonieäckern bezogen hatten, wurden entschädigt: AKPS: Rep. H 41, Nr. 948: Kantorat der reformierten Kirche (1835-1887).

schweren Erkrankung des deutsch-reformierten Predigers Stegmann dieses schon lange reflektierte Projekt, das natürlich primär der Senkung der Personalkosten dienen sollte, erneut aufgegriffen. Der Anfall Stendals an das Königreich Westphalen störte den Vorgang nur vorübergehend: Die provisorische Regierung in Kassel forderte im April 1808 das provisorische Konsistorium Stendals auf, über die Möglichkeit zu berichten, dem französisch-reformierten Prediger Jean-Louis Dihm beide reformierten Pfarrstellen zu übertragen. Der Innenminister stellte am 20. März 1808 fest, »dass es allerdings zweckmäßig sei, beide Gemeinden zu vereinigen, dass aber dazu ein förmlicher Antrag der Vorsteher erforderlich sei.« Begründet wurde die Zusammenlegung insbesondere mit der Schwäche der französisch-reformierten Gemeinde, »welche letztere nur aus sehr wenigen Mitgliedern, davon nur noch ein paar Hausväter der französischen Sprache kundig sind, besteht.«[162] Der Prediger Dihm nutzte aber im September 1808 eine Gelegenheit zum Wechsel auf die franzöisch-reformierte Pfarrstelle in Magdeburg, die vermutlich besser dotiert war. Außerdem verweigerte das deutsch-reformierte Presbyterium längere Zeit seine Zustimmung zur Vereinigung. Erst im Februar 1810 lag das positive Votum der beiden Stendaler Gemeinden vor. Die Verhandlungen wurden durch die Tatsache, dass die deutsch-reformierte Gemeinde dem Magdeburger Konsistorium unterstand, auch nicht gerade erleichtert.[163] Nach längeren Beratungen über die Einstellung eines Adjunkten für den geschwächten Prediger Stegmann beschloss die westphälische Regierung im Juni 1811 förmlich die Vereinigung der beiden reformierten Stendaler Gemeinden. Trotzdem erwies sich die Besetzung der nun finanziell voll abgesicherten Pfarrstelle der vereinigten reformierten Gemeinde als erstaunlich schwierig. Der von beiden Presbyterien einvernehmlich schon im Juli 1811 gewählte Burger Prediger Isaac Bonte wurde wegen des Einspruchs der preußischen Kriminalbehörde abgewiesen.[164] Ein weiterer Kandidat meldete sich gar nicht mehr. Der nächste war der französischen Sprache nicht mächtig.[165] Erst im Februar 1813 konnte schließlich mit dem französischsprachigen Prediger Karl Wilhelm Villaret aus (Neu-)Haldensleben die vereinigte Stendaler Pfarrstelle angemessen besetzt werden. Seit diesem Zeitpunkt wurde der reformierte Gottesdienst in der Kirche des Elisabeth-Hospitals eingestellt. Die Elisabethkirche in der

162 AKPS: Rep. H 41, Nr. 945.

163 LASA MD: A 12 Specialia, Stendal, Nr. 534 (1808-1813).

164 Ebd, Schreiben vom 14. Juli 1811: »natif de Magdeburg qui désire d'être placé dans sa patrie«. Die Heimatliebe war wohl nur vorgetäuscht. Prediger Bonte war 1811 wegen unwürdigen Lebenswandels in Burg abgesetzt worden: Tollin: Die Geschichte der Französischen Colonie … (wie Anm. 70), 160.

165 AKPS: Rep. H 41, Nr. 945, Schreiben vom 6. Februar 1812.

Rohrstraße wurde 1848 abgerissen.[166] Das Pfarrhaus befand sich bis 1862 in der Marienkirchstraße 119.[167]

Die Vereinigung der beiden reformierten Gemeinden verhalf der reformierten Schule nach Jahren des Niedergangs zu einem erneuten Aufschwung. Gleichzeitig entwickelte sich das reformierte Klassenzimmer Anfang des 19. Jahrhunderts zu einem Raum gelebter Ökumene: Von den 58 Schülern, die im Alter von vier bis 14 Jahren 1814 die reformierte Schule besuchten, bezeichneten sich 39 als lutherisch, sieben waren französisch-reformiert, nur fünf galten als deutsch-reformiert, aber zwei waren katholisch und sogar fünf Kinder gehörten dem Judentum an. Unter den 13 Schulabgängern des Vorjahrs wird auch ein von Bismarck genannt.[168]

Bald nach der Rückkehr Stendals zum Königreich Preußen begann die Diskussion über eine noch viel weitergehende Form der Annäherung von Lutheranern und Reformierten. Seit der zweiten Hälfte des 18. Jahrhunderts war im Zuge der Aufklärung zunehmend das Bewusstsein für die Unterschiedlichkeit der Konfessionen geschwunden. Das entscheidende trennende theologische Element – das unterschiedliche Abendmahlsverständnis – wurde von der Mehrzahl der Gemeindeglieder kaum noch nachvollzogen. Kirchliche und politische Obrigkeiten förderten diese Entwicklung nach Kräften. Die eigentliche Initiative in dieser Richtung ging aber vom Monarchen selbst aus. Um die Spaltung seiner Untertanen in zwei evangelische Konfessionen endlich zu überwinden, strebte Friedrich Wilhelm III. nachdrücklich deren Vereinigung an. Der König selbst verwies dabei auch auf eine ganz persönliche Motivation: Er hätte es stets bedauert, aufgrund des Konfessionsunterschieds das Abendmahl nicht gemeinsam mit seiner geliebten Königin Luise, einer Lutheranerin von Mecklenburg-Strelitz, einnehmen zu dürfen.[169] Das 300. Reformationsjubiläum von 1817 nahm Friedrich Wilhelm III. zum Anlass, bei Lutheranern und Reformierten für die gemeinsame Feier des Abendmahls zu werben.[170] Dem königlichen Unionsaufruf vom 27. September 1817 folgten zahlreiche Kirchengemeinden in Preußen. Dies bedeutete zunächst nur, dass Reformierte und Lutheraner gemeinsam das heilige Abendmahl nach einem unierten Ritus einnahmen. Die Mehrzahl der lutherischen Kirchengemeinden fühlte sich von der Initiative aber anfangs überhaupt nicht angesprochen, weil es keine Reformierten vor Ort gab.

166 Götze: Urkundliche Geschichte … (wie Anm. 26), 556. Das Inventar wurde 1831 ausgeräumt und verkauft: AKPS: Rep. H 41, Nr. 896: Reformierte Kirche (1826-1833).

167 Reformiertes Pfarrarchiv Stendal: Nr. 99: Bau des neuen Pfarrhauses (1861-1878).

168 AKPS: Rep. H 41, Nr. 958.

169 Erich Foerster: Die Entstehung der Preußischen Landeskirche unter der Regierung König Friedrich Wilhelms des Dritten nach den Quellen erzählt: ein Beitrag zur Geschichte der Kirchenbildung im deutschen Protestantismus. Bd. 1. Tübingen 1905, 201.

170 Die Geschichte der Evangelischen Kirche der Union: ein Handbuch/ hrsg. im Auftrag der Evangelischen Kirche der Union. Bd. 1: Die Anfänge der Union unter landesherrlichem Kirchenregiment (1817-1850)/ hrsg. von J. F. Gerhard Goeters; Rudolf Mau. Leipzig 1992, 94-115.

Die genaue Zielstellung der Unionsbestrebungen erschloss sich den meisten Kirchengemeinden erst mit einiger Verzögerung, und viele verstanden darunter lediglich den Zusammenschluss benachbarter lutherischer und reformierter Gemeinden. Ganz in diesem Sinne betrieb das königliche Konsistorium in Magdeburg seit den späten Zwanzigerjahren gezielt die Vereinigung reformierter und lutherischer Gemeinden. Der reformierte Konsistorialrat Matthias Maenß bereiste systematisch alle reformierten Gemeinden innerhalb der Provinz Sachsen und drängte auf den Anschluss der reformierten an die jeweils benachbarte lutherische Kirchengemeinde. Dieser Akt bedurfte aber kirchenrechtlich der Zustimmung aller wahlberechtigten Gemeindeglieder der beiden betroffenen Gemeinden. In Stendal fand am 5. Juni 1828 die Versammlung der »Hausväter« der Domgemeinde statt, die uni sono der Vereinigung mit den Stendaler Reformierten zustimmten. Die Vertreter der reformierten Gemeinde, die damals noch etwa 260 Gemeindeglieder umfasst haben soll, schloss sich am 6. Juni 1828 in Anwesenheit des bereits erwähnten Konsistorialrats Maenß der Entscheidung der Domgemeinde an.[171] Im Nachhinein stellte man aber fest, dass für diesen Fall Umbauten in der Domkirche und zusätzliche Kirchenstühle benötigt würden. Auch traten Bedenken wegen der unterschiedlichen Vermögensverhältnisse auf. 1831 teilte das Ministerium in Berlin mit, dass der König eine Umgestaltung der Domkirche nicht wünsche. Man empfahl die Weiternutzung beider Kirchen. Das Magdeburger Konsistorium meldete daraufhin dem Ministerium für geistliche Angelegenheiten,

> »dass eine Vereinigung der beiden Gemeinden mit Beibehaltung der beiden Kirchen nicht statthaft erscheint, weil das Kirchenlokal der reformierten Gemeinde so beschränkt ist, dass kaum diese darin Platz findet, und die Mitglieder der Domgemeinde dürften nicht veranlasst werden können, ihre stattliche Kirche mit jenem ärmlichen Local, wenn auch nur zu Zeiten, zu vertauschen.«[172]

Der Streit über die Übernahme eventueller Baukosten zog sich so lange hin, bis keine der Parteien mehr ein Interesse an der Vereinigung hatte.

Der reformierte Prediger Carl Theodor Voley, der im Oktober 1825 von der reformierten Gemeinde Trüstedt nach Stendal gewechselt war,[173] bemühte sich im Sommer 1830 nach Kräften, die kirchenpolitischen Erwartungen seines Monarchen zu erfüllen. Er strebte an, seine reformierte Gemeinde ohne Anschluss an eine andere Gemeinde in eine unierte Gemeinde umzuwandeln, die den Namen »Evangelische Katharinenkirche« tragen sollte. Damit stieß er aber auf den vehementen Widerstand seiner Pfarrkinder. An den Magdeburger Konsistorialrat Maenß berichtete Voley am 12. Juli:

171 AKPS: Rep. H 41, Nr. 896.

172 AKPS: Rep. A, Spec. G, Nr. A 4270: Union der reformierten mit der Dom-Gemeinde Stendal (1828-1903).

173 AKPS: Rep. H 41, Nr. 957: Pfarr- und Schulbedienung bei der reformierten Gemeinde zu Stendal (1825-1829).

»Dessen ungeachtet war nur ein sehr kleiner Theil der Gemeindeglieder, der aus den Gebildeten besteht, dafür, die große Mehrzahl derselben aber ganz dawider, und wollen diese den Namen Reformiert und Reformirte Gemeinde nicht ablegen. Es tut mir sehr leid, dass ich die Sache zu keinem glücklichen Resultate habe führen können, und liegt die Schuld gewiss nicht an mir, da ich von meiner Seite alles versucht habe, was in meinen Kräften stand, sie zu fördern; sondern vorzüglich derenweil der größeste Theil meiner Gemeinde-Glieder aus gewöhnlichen Ackerbürgern und Handwerkern besteht, die sich durch vernünftige Vorstellungen und selbst durch Bitten von einmal vorgefassten Meinungen nicht leicht abbringen lassen …«[174]

In der Provinz Sachsen verschwanden außerhalb Stendals im Zuge der Union zwischen 1830 und 1839 durch Vereinigung mit den Lutheranern zahlreiche reformierte Gemeinden, so z. B. das altmärkische Trüstedt mit seiner Filiale Hottendorf im Jahr 1830.[175] Dort vollzog man die Vereinigung mit der ortsansässigen lutherischen Gemeinde auf Drängen des bereits erwähnten Konsistorialrats Maenß ähnlich wie auch in Aken (1831), Barby (1839), Haldensleben (1831), Jerichow (1831), Milow (1831) und Ziesar (1830).[176] Nach 1840 erstarb die Diskussion über die Union von Lutheranern und Reformierten weitgehend, nicht nur in Stendal, sondern in der gesamten Provinz Sachsen. Sie wurde erst infolge wirtschaftlicher Zwänge nach 1970 wieder aktuell.

Die reformierte Gemeinde Stendal war von der Union immerhin so weit betroffen, als sie mit Verfügung vom 15. Mai 1833 infolge der Auflösung der reformierten Pauls-Diözese der Aufsicht des lutherischen Superintendenten der Diözese Stendal unterstellt wurde. Das Presbyterium versuchte anfangs die neuen Verhältnisse zu ignorieren und verweigerte dem Superintendenten die Überweisung der Ephoralgebühren. Superintendent Friedrich August Hermann Weber beschwerte sich am 22. Juli 1836 bei der Königlichen Regierung über die »höchst sträfliche Widersetzlichkeit gegen erlassene Gesetze« unter Beilegung einer ausführlichen Aufstellung der noch ausstehenden Gebühren.[177] Die reformierte Gemeinde verwies in ihrer Erwiderung auf die Tatsache, dass auch der reformierte Ephorus nie Gebühren erhoben habe, sowie auf die Verjährung der Forderung. Die Königliche Regierung in Magdeburg ließ sich auch durch die geschilderte Armut der reformierten Gemeinde nicht dazu erweichen, ihr die Gebühren zu erlassen. In der Sorge, dass die Zahl der reformierten Gemeinden noch weiter schrumpfen könnte und sicherlich ermutigt durch die konstitutionelle Debatte, stellten die Reformierten im Regierungsbezirk Magdeburg (Aschersleben, Burg, Calbe, Halberstadt, Magdeburg und Stendal) am 16. Februar 1846, den Antrag auf Wiederherstellung ihrer eigenen Diözese und auf

174 AKPS: Rep. H 41, Nr. 896.

175 AKPS: Rep. A, Spec. G, Nr. 6653: Beitritt der reformierten und lutherischen Gemeinde zu Trüstedt und Hottendorf zur Union (1830-1854).

176 Margit Scholz: Auf den Spuren der Reformierten in Mitteldeutschland. In: Die andere Reformation: Johannes Calvin und die Reformierten in Mitteldeutschland. Begleitband zur Wanderausstellung/ hrsg. von Margit Scholz (Schriften des Vereins für Kirchengeschichte der Kirchenprovinz Sachsen; Sonderbd. 1). Magdeburg 2010, 76. 96. 106. 122. 140.

177 AKPS: Rep. H 41, Nr. 908: Pfarrstelle an der reformierten Kirche (1834-1869).

Bildung einer Synode. Es darf nicht überraschen, dass das Anliegen im Januar 1847 von Konsistorialpräsident Karl Friedrich Göschel mit der Begründung der fehlenden historischen Grundlage abgelehnt wurde.[178] Auf behördlicher Ebene bestand damals keine Bereitschaft, Gremien einzurichten, in denen womöglich sogar Laien zu gesellschaftspolitischen Themen hätten das Wort ergreifen können. Die reformierten Gemeinden ließen sich dadurch jedoch nicht entmutigen, sondern wiederholten ihr Anliegen im Jahr 1851, als sich das politische Klima etwas beruhigt hatte. Aber auch dieser Antrag wurde nicht bewilligt, wobei das Magdeburger Konsistorium sich unter anderem auf die Nichtbeteiligung der Stendaler Gemeinde berief.[179]

Die synodale reformierte Initiative bedeutete jedenfalls keine Tendenz zur Abschottung gegenüber der lutherischen Umwelt. Zumindest in der Stendaler Gemeinde erleben wir im 19. Jahrhundert eine große Offenheit gegenüber der anderen evangelischen Konfession. So nahm sie im Juli 1834 den lutherischen Domorganisten Karl Fliege in ihren Dienst.[180] Und 1883 wählte das Presbyterium den lutherischen Theologen und vormaligen Rektor von Cochstedt, Richard Hasse, auf die reformierte Pfarrstelle. Allerdings wirkte diese Erfahrung offenbar dann doch so ernüchternd, dass sich das Presbyterium beim nächsten Stellenbesetzungsverfahren im Jahr 1899 gegenüber dem Superintendenten und dem Konsistorium entschieden gegen eine Wiederholung des Experiments verwahrte.[181] Vielleicht regte gerade diese im Rückblick als unglücklich empfundene Personalentscheidung das Presbyterium zur Wiederbelebung konfessioneller Traditionen an. So fassten die Ältesten genau vier Wochen nach dem Tod ihres letzten Seelsorgers den förmlichen Beschluss, dass nunmehr die Konfirmanden nach dem Heidelberger Katechismus zu unterrichten seien und baten eigens Superintendent und Konsistorium um die Genehmigung. Das Magdeburger Konsistorium unterstützte die presbyteriale Initiative.[182] Hasses Amtsnachfolger Karl Gerhard Berg, zuletzt Superintendent in Langensalza, bewarb sich dann ausdrücklich mit der Begründung auf die Stendaler Stelle, zu seinen reformierten Wurzeln zurückkehren zu wollen: Als Sohn eines

178 Reformiertes Pfarrarchiv Stendal: Nr. 52: Union der reformierten und lutherischen Gemeinden (1830-1849).

179 AKPS: Rep. A, Generalia, Nr. 20 a: Die reformierte Diözese Magdeburg (1825-1857). Der zweite Antrag wurde allerdings nicht rundweg abgelehnt, sondern man initiierte einen ausgiebigen Diskussionsprozess, um die Beschwernisse der einzelnen Gemeinden anzuhören. Die Rechtslage wurde allerdings nicht verändert. Vgl. Hans SEEHASE: Auf dem Weg zu einer Union zwischen Lutheranern und Reformierten in der Kirchenprovinz Sachsen. In: Die andere Reformation (wie Anm. 176), 37-72, hier 63-66.

180 AKPS: Rep. 41, Nr. 949: Organistenstelle der reformierten Kirche (1833-1897).

181 AKPS: Rep. 41, Nr. 898: Besetzung der Pfarrstelle der reformierten Kirche zu Stendal (1882-1899).

182 Ebd: Protokollbuchauszug vom 14. Dezember 1898.

reformierten Pastors von Barmen hatte er aber selbst 25 Jahre lang das Pfarramt ausschließlich in lutherischen Gemeinden wahrgenommen.[183]

Eine wirtschaftliche Notwendigkeit, sich bei den Lutheranern anzulehnen, bestand während des 19. Jahrhunderts für die reformierte Gemeinde nicht. Die Akten bezeugen, dass die reformierte Gemeinde, die 1861 298 Mitglieder zählte,[184] im 19. Jahrhundert noch regelmäßig Übertritte von Lutheranern und auch Zuzüge aus anderen Städten (Annaburg, Wettin, Aschersleben, Rathenow usw.) verzeichnen konnte.[185] Sie war offensichtlich für die Bevölkerung attraktiv und kann damals keineswegs als absterbende Institution bezeichnet werden. Dies lag aber vielleicht weniger an einer überragenden Gemeindearbeit, sondern hatte häufig den schlichten Grund darin, dass ihre Mitglieder keine Kirchensteuern zahlen mussten. In den Folgejahren profitierte man überdies von dem allgemeinen Bevölkerungswachstum. Als sie im Jahr 1899 580 Gemeindeglieder zählte, schritt man zur Wahl einer Gemeindevertretung, wie dies die Kirchengemeinde- und Synodalordnung für die älteren Provinzen von 1873 ab 500 Gemeindegliedern vorsah.[186] Zu diesem Zeitpunkt bemühten sich die lutherischen Gemeinden Stendals letztlich vergeblich, den freien Übertritt zur reformierten Gemeinde beschränken zu lassen.[187]

1927 zählten die Reformierten 697,[188] 1937 sogar über 800 Mitglieder.[189] Als sich nach der Pensionierung des langjährigen Pastors Ernst Immelmann im Juli 1930 die Nachfolgefrage stellte, zweifelte das Magdeburger Konsistorium diese Zahlen an und scheute das finanzielle Risiko einer Stellenneubesetzung. Ende 1931 erklärte es, die reformierte Gemeinde würde durch die Stendaler Domgeistlichen ausreichend mitversorgt. Obwohl das Konsistorium der Einstellung des pensionierten Herborner Missionars Robert Schneider auf privatrechtlicher Basis aus Kostengründen nicht zustimmen und erst die endgültige Entscheidung des Evangelischen Oberkirchenrats abwarten wollte, lud das Presbyterium diesen schon am 6. März 1932 zur Probepredigt ein. Der Berliner Evangelische Oberkirchenrat übertrug aufgrund des Drängens der Gemeinde im Juni 1932 dem Missionar a. D. Schneider, der fast ein Jahrzehnt lang auf Sumatra gewirkt hatte, kommissarisch die Verwaltung der reformierten Gemeinde Stendal.[190] Jedoch erst im April 1944

183 AKPS: Rep. A, Spec. P, B 316: Carl Gerhard Berg (1868-1917).

184 Reformiertes Pfarrarchiv Stendal, Nr. 106: Kreissynoden (1861-1869).

185 AKPS: Rep. H 41, Nr. 908; Reformiertes Pfarrarchiv Stendal, Nr. 23: Verzeichnis der Mitglieder der reformierten Gemeinde zu Stendal ab 1840.

186 Gesetz-Sammlung für die Königlichen Preussischen Staaten 1873. Berlin 1873, 425, § 27.

187 AKPS: Rep. A, Spec. G, Nr. A 4297: Parochialangelegenheiten zu Stendal (1890-1912).

188 AKPS: Rep. H 41, Nr. 1512: Reformierte Gemeinde Stendal (1925-1963).

189 AKPS: Rep. A, Spec. G, Nr. A 21912: Predigerstelle an der reformierten Kirche zu Stendal (1932-1988).

190 AKPS: Rep. H 41, Nr. 1512.

wurde der aus dem Rheinland stammende Robert Schneider als vollwertiger Pfarrer der Gemeinde eingeführt.[191]

In der Kirchenvisitation von 1925 sowie in den Pfarrakten der Dreißigerjahre spiegelt sich ein florierendes Gemeindeleben insbesondere hinsichtlich des Gottesdienstbesuchs. Superintendent Dr. Hermann Alberts sprach sich deshalb nach der Visitation im April 1925 ausdrücklich für den Fortbestand der reformierten Gemeinde aus.[192] Nach 1933 dürfte er seine Meinung wohl geändert haben, denn nicht nur in Stendal, sondern auch innerhalb der Gemeinschaft der reformierten Gemeinden der Provinz Sachsen sollten sich die Stendaler Reformierten mit ihren Sympathien für die Deutschen Christen ab 1933 weitgehend isolieren. Schon im August 1933 äußerte das Presbyterium unter dem Vorsitz von Pastor Schneider den Wunsch, sich direkt dem Reichsbischof zu unterstellen. Mit Rücksicht auf die reformierten Schwestergemeinden wurde der Beschluss jedoch vorübergehend ausgesetzt. Nach der Generalsynode in Berlin schrieb die Stendaler Gemeinde im September 1933 an den Reformierten Bund inspiriert von »dem dringenden Wunsch, dass deutsche Christen in der reformierten Kirche und im Reformierten Bund die Leitung übernehmen« möchten. Gleichzeitig teilte man Bischof Joachim Hossenfelder als dem Reichsleiter der Deutschen Christen mit, dass man »zur freudigen Mitarbeit an dem Neubau der Evangelischen Kirche durch die ›Deutschen Christen‹ bereit« sei.[193] Nachdem am 4. Januar 1934 sich die Freie reformierte Synode des Reformierten Bundes in Barmen der Bekenntnissynode der Deutschen Evangelischen Kirche unterstellt und Mitglieder der Deutschen Christen aus ihren Reihen ausgeschlossen hatte,[194] erklärte die Stendaler Gemeinde am 30. Januar 1934 ihrerseits ihren Austritt aus dem Reformierten Bund. Mit einem bestätigenden Beschluss vom 1. März 1934 unterstellte man sich ausdrücklich der Reichskirchenregierung.

Möglicherweise war diese kirchenpolitische Positionierung auch der eigentlich ausschlaggebende Grund für die gescheiterten Verhandlungen mit der Stendaler Jakobigemeinde in den folgenden Jahren. Da Pastor Robert Schneiders Besoldung nur unzureichend abgesichert war, hatte man beim Konsistorium beantragt,

---

191 Er trat zum Januar 1955 in den Ruhestand ein: AKPS: Rep. A, Spec. P, Sch 664.

192 AKPS: Rep. A, Spec. G, Nr. A 15534 (Visitationen, 1911-1929): »Zusammenfassend möchte ich sagen, dass der Bestand der reformierten Gemeinde, wenn sie wirklich als eine Bekenntnisgemeinde gehalten wird, für Stendal gut ist, dass aber der vorgeschlagene Plan, eine neu zu gründende Katharinengemeinde mit ihrem Pfarramt zu verbinden, schwere Bedenken weckt. Möge die reformierte Gemeinde, wenn sie fortbestehen kann, selbständig bleiben! Der Massengemeinde unseres Domes wird nicht dadurch aufgeholfen, dass einige Straßen von ihr Katharinengemeinde genannt werden …«

193 Reformiertes Pfarrarchiv Stendal: Nr. 21: Protokollbuch 1933-1959.

194 Robert Steiner: Der Weg der reformierten Kirchen und Gemeinden von 1933-1950. KJ 77 (1950), 259-261.

diesem die zweite Pfarrstelle von St. Jakobi zu übertragen.[195] Superintendent Dr. Alberts und die Jakobigemeinde lehnten aber den Antrag im April 1936 aus »finanziellen und konfessionellen Gründen« ab. Erst im November 1947 wollte man sich im Presbyterium zu den Verirrungen der NS-Zeit bekennen und beschloss den Wiedereintritt in den Reformierten Bund. Der Abstimmung scheinen aber keine unmittelbaren Maßnahmen gefolgt zu sein, denn im Dezember 1949 musste der Beschluss wiederholt werden. Und erst im Juni 1950 wurde die Wiederaufnahme in den Reformierten Bund bestätigt.[196]

Von den Kriegsfolgen waren die Stendaler Reformierten zwar längst nicht so schwer getroffen wie ihre Glaubensbrüder in Halberstadt, Calbe und Magdeburg, aber auch sie blieben von Bombenschäden nicht völlig verschont. Das Predigerwitwenhaus in der Hallstraße 43 wurde völlig zerstört. Die Katharinenkirche verlor bei einem Angriff Anfang 1945 ihre Fenster.[197] Die Unterhaltung der Gebäude entwickelte sich in der DDR-Zeit zu einer kaum noch leistbaren Aufgabe. Bis Kriegsende hatte die Katharinenkirche im Eigentum des adeligen Damenstifts St. Katharinen gestanden und war aus Grundstückseinkünften unterhalten worden. Aber 1946 wurden Gebäude und Stiftungsvermögen per Grundbucheintrag in das Eigentum der Volkssolidarität überführt. 1949 forderte das Magdeburger Konsistorium im Namen der reformierten Gemeinde bei der Landesregierung Sachsen-Anhalt die Rückgabe der Klosterkirche.[198] Die Landesregierung, vertreten von Dr. Georg Kunisch, befürwortete »auf das wärmste« die Abtretung der Klosterkirche an die reformierte Kirchengemeinde, die er mit dem Wunsch der Schaffung langfristig klar geschiedener Nutzungs- und Rechtsverhältnisse begründete.[199] Dazu kam es aber schließlich doch nicht, weil die reformierte Gemeinde vor der Übernahme des Eigentums und der damit verbundenen Baulast zurückschreckte. Schon 1935 waren Risse in der Katharinenkirche aufgetreten. In der Fünfzigerjahren drohten sich Steine aus dem Gewölbe zu lösen. Jahre lang stritten sich Stadt, Volkssolidarität, Denkmalschutz und Kirchengemeinde über die Übernahme der stetig ansteigenden Sanierungskosten, bis die Kirche drei Tage vor dem Weihnachtsfest 1962 baupolizeilich gesperrt werden musste.[200] 1966 verzichtete die reformierte

195 In einem konsistorialen Vermerk vom Januar 1937 heißt es: »Hierüber wird mit Herrn Superintendent Alberts, dem Pfarrer Müller und dem Gemeindekirchenrat der Kirchengemeinde St. Jakobi Stendal, evtl. auch der B. K. zu verhandeln sein.« (AKPS: Rep. A, Spec. G, Nr. A 21912).

196 Reformiertes Pfarrarchiv Stendal: Nr. 21.

197 AKPS: Rep. A, Spec. G, Nr. A 23115: Reformierte Bauten in Stendal, St. Katharinenkirche (1937-1988).

198 AKPS: Rep. H 41, Nr. 1512.

199 AKPS: Rep. A, Spec. G, Nr. A 23115 (2. November 1949).

200 Ebd.

Gemeinde schließlich formell auf die Nutzung der Katharinenkirche und zog sich in den Gemeindesaal in der Poststraße 5 zurück.[201]

Die Verselbständigung der Provinz Sachsen als eigene Landeskirche nach dem Krieg zeitigte insbesondere für die Reformierten rechtliche Veränderungen: Mit der Grundordnung der Evangelischen Kirche der Kirchenprovinz Sachsen von 1950 wurde ein reformierter Kirchenkreis begründet, in dem sich die verbliebenen reformierten Kirchengemeinden[202] vereinigten und somit aus der territorialen Zuständigkeit der übrigen Kirchenkreise herauslösten.[203] Die neuen landeskirchlichen Strukturen stärkten insgesamt die reformierte Stimme bei kirchenpolitischen Entscheidungen, weil der reformierte Senior nunmehr als ständiger Berater an allen Kirchenleitungssitzungen teilnehmen durfte. Diesem wurde überdies ein Vetorecht in reformierten Bekenntnisfragen eingeräumt (Art. 154). Außerdem sollte eines der Laienmitglieder der Kirchenleitung dem reformierten Bekenntnis angehören (Art. 152).[204] Gegen den allgemeinen Schrumpfungsprozess der folgenden Jahre blieb diese neue rechtliche Position jedoch wirkungslos.[205]

Die Massenauswanderung in den Westen und der alltägliche Druck auf die verbliebenen Kirchenmitglieder ließ deren Zahl insbesondere nach dem Mauerbau in der gesamten Kirchenprovinz Sachsen massiv schrumpfen. Die reformierten Gemeinden waren von diesem Prozess keineswegs ausgenommen.[206] Bis in die Fünfzigerjahre hatte die reformierte Gemeinde noch Zuwachs aufweisen können. 1955 zählte die reformierte Gemeinde Stendals immerhin noch 860 Mitglieder, so dass der Rat der Kirchenleitung keinen Einspruch gegen die Neubesetzung der Pfarrstelle durch den Prediger im Hilfsdienst Jürgen Dehne erhob.[207] Der tatsächliche Einbruch erfolgte erst nach dem Jahr 1966, als man immerhin angeblich noch 700 Gemeindeglieder aufweisen konnte.[208] Nach dem Tod des Predigers Karl Barniske im Oktober 1968 verweigerte der Rat der Kirchenleitung die Freigabe der Pfarrstelle, deren Mitgliederzahl bei diesem Anlass mit 393 beziffert wird.

201 AKPS: Rep. A, Spec. G, Nr. A 21912. Das Gemeindehaus erlitt im Sturm von 1972 schwere Schäden, die erst nach fünf Jahren beseitigt werden konnten (AKPS: Rep. A, Spec. G, Nr. A 23115).

202 Aschersleben, Burg, Calbe, Halberstadt, Halle, Magdeburg, Stendal und Wettin.

203 Grundordnung der Evangelischen Kirche der Kirchenprovinz Sachsen vom 30. Juni 1950. ABl.EKD (1950), 263-283.

204 Ebd, 279.

205 Zur Situation der reformierten Gemeinden in der DDR: Gabriel: Die reformierten Gemeinden … (wie Anm. 59), 149-157.

206 Der Reformierte Kirchenkreis zählte 1966 insgesamt noch 13.650 Gemeindeglieder (Pfarrer-Jahrbuch der Evangelischen Kirche der Kirchenprovinz Sachsen. 39. Ausgabe nach dem Stande vom 1. April 1966/ hrsg. vom Evangelischen Konsistorium der Kirchenprovinz Sachsen. Magdeburg 1966, 356).

207 AKPS: Rep. A, Spec. G, Nr. A 21912 (23./24. Februar 1955).

208 Pfarrer-Jahrbuch der Evangelischen Kirche der Kirchenprovinz Sachsen (wie Anm. 206), 358.

Der Stendaler Superintendent sprach sich »angesichts der trostlosen Lage auf dem Pfarrermarkt« ebenfalls entschieden gegen die Wiederbesetzung aus. Der Einspruch des reformierten Seniors Dr. Fritz Schröter gegen die Entscheidung des Rates wurde im Oktober 1969 endgültig zurückgewiesen. Aber im Pfarrkonvent fand sich auch kein Stendaler Pfarrer, der bereit gewesen wäre, die Versorgung der reformierten Gemeinde mit zu übernehmen. Die Kreissynode Stendal fasste am 13. November 1969 deshalb den Beschluss, die Aufgaben auf alle Stendaler Pfarrer zu verteilen. Die Kirchenleitung beendete die festgefahrene Debatte am 5. Dezember 1969 mit ihrer Entscheidung, die Verwaltung der reformierten Gemeinde dem Pfarrer Sebastian Meier von St. Marien zu übertragen und den förmlichen Protest des Superintendenten Haymo Alberts zurückzuweisen.[209] Die damalige Befürchtung des Presbyteriums, dass das Fehlen eines eigenen Geistlichen den Schrumpfungsprozess beschleunigen würde, sollte sich bewahrheiten: 1971 zählte man nur noch 139 Mitglieder.[210]

Zu diesem Zeitpunkt spielte der konfessionelle Unterschied zwischen Kirchengemeinden reformierter, unierter und lutherischer Prägung selbst unter profilierten Theologen nur noch eine untergeordnete Rolle: Die Leuenberger Konkordie begründete 1973 die Kanzel- und Abendmahlsgemeinschaft der evangelischen Konfessionen, die auch die gegenseitige Anerkennung der Ordination einschloss.[211] Dennoch bewahrte sich die Stendaler Gemeinde unter der Leitung des Presbyteriums ihre Eigenständigkeit fast bis zum Ende der DDR. Zum 1. Januar 1989 wurde die reformierte Gemeinde schließlich mit der Mariengemeinde Stendal vereinigt, die wiederum nach ihrem Zusammenschluss mit weiteren Stendaler Gemeinden heute die Evangelische Stadtkirchengemeinde bildet.

Die reformierte Gemeinde in Stendal war die letzte reformierte Gemeinde, die in der Kirchenprovinz Sachsen auf ihre Eigenständigkeit verzichtete. Seither ist der Bestand an fünf reformierten Gemeinden, die zusammen den Reformierten Kirchenkreis bilden, auch innerhalb der 2009 entstandenen Evangelischen Kirche in Mitteldeutschland unverändert geblieben. Stendal selbst kann an materieller reformierter Überlieferung heute nur noch das Pfarrarchiv im Keller des Kreiskirchenamts vorweisen. Der einst von den Reformierten genutzte Domfriedhof ist längst einer Rasenfläche gewichen. Die inzwischen perfekt sanierte Katharinenkirche – das ehemalige reformierte Gotteshaus – ist heute Bestandteil des Altmärkischen Museums und dient als Veranstaltungs- und Konzerthalle.

209 AKPS: Rep. A, Spec. G, Nr. A 21912.

210 Evangelische Kirche der Kirchenprovinz Sachsen: Anschriftenverzeichnis 1974 nach dem Stand vom 1. September 1974/ hrsg. vom Evangelischen Konsistorium der Kirchenprovinz Sachsen. Magdeburg 1974, 172.

211 Vgl. Langhoff: Von Paris über Potsdam … (wie Anm. 11), 103-111.

Aufklärung und Christentum im Werk von Christian Fürchtegott Gellert

Konflikt oder Kooperation?[1]

Von Ludwig Stockinger

I

Als in den Achtzigerjahren des 19. Jahrhunderts die St. Annenkirche in Annaberg restauriert wurde, entschloss man sich, wie das zu dieser Zeit in vielen Kirchen Sachsens üblich war, zu einer Neuausstattung mit farbigen Glasfenstern.[2] Das Bildprogramm dieser Fenster ist ein aufschlussreiches Dokument für das Selbstbewusstsein des Protestantismus im letzten Drittel des 19. Jahrhunderts. Es kombiniert Ereignisse und Figuren der biblischen Heilsgeschichte mit Darstellungen von Figuren der reformatorischen Kirchengeschichte – einschließlich für den Verlauf der Reformation relevanter Personen der politischen Geschichte,[3] die so als Fortsetzung der biblischen Heilsgeschichte gedeutet wird.[4] In diese Deutung von Reformationsgeschichte werden auch die Künste einbezogen. Die Musik ist vertreten durch Porträts von Johann Sebastian Bach und Georg Friedrich Händel, die Dichtung durch Hans Sachs, die bildende Kunst durch Albrecht Dürer und Lukas Cranach den Älteren, und auch das Kunsthandwerk ist vertreten: durch Barbara Uttmann, die im Erzgebirge das Klöppeln eingeführt hat.

An prominenter Stelle werden auch zwei Verfasser protestantischer Kirchenlieder abgebildet: Paul Gerhardt und Christian Fürchtegott Gellert. Gellert, so dokumentiert seine Integration in dieses Bildprogramm, galt offenbar im Protestantismus des späten 19. Jahrhunderts gleichrangig mit Gerhardt als zentraler Repräsentant dieser Textgattung. Das hat sich seither verändert. Während die Lieder Paul Gerhardts, Texte eines streng orthodoxen Lutheraners, in Sprache und Bildlichkeit in den uns fremd gewordenen Verfahren mittelalterlich-barocker Weltdeutung beheimatet, bis

1 Erweiterte Fassung eines Vortrags zur 67. Tagung für sächsische Kirchengeschichte am 29. Mai 2015 in Oschatz.

2 Vgl. Christian Zemmrich: Die Buntglasfenster in der St. Annenkirche zu Annaberg. Regensburg 2000.

3 Ein Fenster stellt Herzog Heinrich den Frommen dar, der in dieser Region die Reformation durchgesetzt hat: Er steht neben Ulrich von Hutten.

4 Das Fenster, das mit den Porträts Gustav Adolfs, Kaiser Wilhelms I. und des Reichskanzlers Bismarck die protestantische Sicht des Zusammenhangs von Reformationsgeschichte und Politik bis in die Gegenwart des 19. Jahrhunderts fortgeführt hat, ist bei der letzten Restaurierung in den Achtzigerjahren des 20. Jahrhunderts entfernt worden. Dass diese geistlich-politische Ikonographie im späten 19. Jahrhundert nicht unüblich war, dokumentiert auch das Programm der Fenster in der Leipziger Thomaskirche.

heute aktuell geblieben sind, und dies sogar über die Konfessionsgrenzen hinweg,[5] wird der Anteil Gellerts im Jahr der 300. Wiederkehr seines Geburtstages geringer eingeschätzt, obwohl doch dieser Autor aus der Zeit der Aufklärung unserem Empfinden näher stehen müsste als der Dichter des Barock. Dieses Phänomen zeigt sich auch bei einem Blick in derzeit benutzte Gesangbücher. Das Gesangbuch der norddeutschen Kirchenprovinz beispielsweise enthält etwa dreißig Texte von Gerhardt, von Gellert nur mehr sieben.[6] Vergleichbar ist der Befund bei einem Blick in das sächsische Gesangbuch. Diese Sachlage systematisch zu untersuchen und dabei auch die Bearbeitungen der Originaltexte zu ermitteln, wäre eine Aufgabe für sich, der ich in meinem Beitrag nicht weiter nachgehen möchte.[7] So viel scheint nach diesem sehr kursorischen Blick jedenfalls sicher zu sein: Man kann von einer Tendenz der Dekanonisierung Gellerts als Kirchenlieddichter im 20. Jahrhundert ausgehen.

Die Wirkungsgeschichte des Gesamtwerks von Gellert weist – das zeigen die Arbeiten von Eckhardt Meyer-Krentler[8] und Uwe Hentschel[9] – zwei unterschiedlich verlaufende Kurven auf. Während bei den »dichtenden Eliten«[10] das Ansehen des Autors schon kurz nach seinem Tod im Jahr 1769 rapide verfiel – in das Jahrzehnt danach fällt ja die grundlegende Wende zu dem neuen Literaturkonzept der ›Goethezeit‹, dem Gellerts Werk nicht mehr entsprach –, bleibt der Dichter der »Fabeln« und der »Geistlichen Lieder« im Schulunterricht und in der religiösen Praxis im 19. Jahrhundert in hohem Ansehen. Außerdem lässt sich zeigen, dass Gellert in

5 Als Versuch, dem Geheimnis der bleibenden Wirkung Paul Gerhardts mit den Mitteln der Literaturwissenschaft auf die Spur zu kommen, vgl. Ludwig STOCKINGER: Barocklyrik, die immer noch verstanden wird: Literaturgeschichtliche Überlegungen zur andauernden Wirkung von Paul Gerhardts geistlichen Liedern. In: »In Traurigkeit mein Lachen … In Einsamkeit mein Sprachgesell«: das evangelische Kirchenlied am Beispiel Paul Gerhardts aus interdisziplinärer Perspektive/ hrsg. von Ulla Fix. Berlin 2008, 81-102.

6 Es handelt sich um folgende Titel: »Dies ist der Tag, den Gott gemacht«, »Herr stärke mich, dein Leiden zu bedenken«, »Jesus lebt, mit ihm auch ich«, »So jemand spricht, ich liebe Gott, und hasst doch seine Brüder«, »Mein erst Gefühl sei Preis und Dank«, »Wenn ich, o Schöpfer, deine Macht«, »Gott ist mein Lied, er ist der Gott der Stärke«.

7 Dazu nur ein Beispiel: Gellerts bekanntes Osterlied »Jesus lebt« hat es bis in die neueste Ausgabe des katholischen Gesangbuchs geschafft. Allerdings hat der dortige Text außer den ersten zwei Zeilen nicht mehr viel mit dem Original gemein.

8 Eckhardt MEYER-KRENTLER: Christian Fürchtegott Gellert, Leipzig: vom Nachleben vor und nach dem Tode. In: Zentren der Aufklärung III: Leipzig: Aufklärung und Bürgerlichkeit/ hrsg. von Wolfgang Martens. Heidelberg 1990, 215-231.

9 Uwe HENTSCHEL: »Was will die Poesie Gellerts im neunzehnten Jahrhundert?«: ein Dichter und sein Platz in der deutschen Literaturgeschichte. In: Gellert und die empfindsame Aufklärung: Vermittlungs-, Austausch- und Rezeptionsprozesse in Wissenschaft, Kunst und Kultur/ hrsg. von Sibylle Schönborn; Vera Viehöver. Berlin 2009, 273-283.

10 Ebd, 276.

Adelungs Wörterbuch nach der Luther-Bibel der am meisten zitierte Autor ist.[11] Auf diesem Weg hat Gellert nicht nur bei der Entwicklung der hochdeutschen Schriftsprache seit dem späten 18. Jahrhundert einen erheblichen Einfluss gehabt, sondern aufgrund der Gellert-Zitate haben auch seine moralischen Normen Eingang ins allgemeine Bewusstsein gefunden. Im letzten Drittel des 18. Jahrhundert avancierte Gellert auch zu einem häufig gewählten Zitatlieferanten in den damals sehr beliebten Stammbüchern, dies allerdings in einer Selektion von Textteilen, in denen der christlich-religiöse Gehalt zugunsten eines aufklärerischen Stoizismus abgewandelt worden ist.[12] Als Dichter im ›elitären‹ Literaturdiskurs war Gellert aber schon ab 1770 aus dem Spiel. Der kirchliche Geltungsverlust hat also einen literaturgeschichtlichen Vorlauf.

Der Ansehensverlust zeigt sich auch in dem allmählichen Verschwinden der Erinnerung an Gellert in der Stadt Leipzig.[13] Am Ende des 19. Jahrhunderts hatte man noch im Neubau der Johanniskirche für Bach und Gellert eine neue Gruft mit zwei monumentalen Sarkophagen errichtet, mit der sinnfällig die Gleichrangigkeit dieser beiden Größen der Leipziger Kulturgeschichte zum Ausdruck gebracht wurde.[14] Nach der Zerstörung der Kirche im Zweiten Weltkrieg brachte man Bachs Gebeine in die Thomaskirche, die von Gellert in die Universitätskirche, und nach deren Sprengung 1968 wurde Gellert in ein vergleichsweise schlichtes Grab auf den Südfriedhof überführt, dessen Standort nur Kennern bekannt ist und das schon einmal in Gefahr stand, aufgelassen zu werden, offenbar weil die zuständigen Stellen der Friedhofsverwaltung mit dem Namen Gellerts keine Vorstellungen mehr verbunden haben.

Es wäre nun müßig, gegen diese ›Ungerechtigkeit‹ der Wirkungsgeschichte zu polemisieren und eine ›Rettung‹ des Autors anlässlich eines runden Geburtstags zu versuchen. Sinnvoller scheint es mir, auf dem Weg über eine Deutung des Werks im entstehungsgeschichtlichen Kontext die Ursachen für den Geltungsverlust zu ergründen und Gellert auf diese Weise als geschichtliche Gestalt für uns wieder

11 Vgl. Michael MÜHLENHORT: Das »Grammatisch-kritische Wörterbuch« von Johann Christoph Adelung: ein Gellert-Wörterbuch? In: Gellert und die empfindsame Aufklärung: Vermittlungs-, Austausch- und Rezeptionsprozesse in Wissenschaft, Kunst und Kultur/ hrsg. von Sibylle Schönborn; Vera Viehöver. Berlin 2009, 153-173.

12 Vgl. Katrin HENZEL: Zwischen Gelehrtentum und »Populärkultur«: Gellert-Zitate in Stammbucheinträgen des 18. Jahrhunderts. In: Gellert und die empfindsame Aufklärung: Vermittlungs-, Austausch- und Rezeptionsprozesse in Wissenschaft, Kunst und Kultur/ hrsg. von Sibylle Schönborn; Vera Viehöver. Berlin 2009, 189-201.

13 Vgl. Katrin LÖFFLER: Von Bauer und König gelesen: Vor dreihundert Jahren wurde Christian Fürchtegott Gellert geboren. Leipziger Blätter 66 (2015), 68-70.

14 Vgl. dazu: DIE BAU- UND KUNSTDENKMÄLER VON SACHSEN: STADT LEIPZIG: Die Sakralbauten: Mit einem Überblick über die städtebauliche Entwicklung von den Anfängen bis 1989/ hrsg. vom Landesamt für Denkmalpflege Sachsen. Bd. II. München; Berlin 1995, 824-829. Zum älteren Gellert-Denkmal im Chorraum der Johanniskirche vgl. ebd, 858-862. Ebd, 774 findet man auch eine Abbildung des Denkmals am damaligen Standort.

auf neue Weise interessant zu machen, interessant insofern, als wir in diesem Werk und in dieser Person Probleme gespiegelt sehen, die uns auch heute noch angehen. Gellerts Werk würde so zum Dokument der Wahrnehmung von Problemen, nicht aber einer Problemlösung. Mit einem dieser Probleme, sicherlich einem zentralen Problem dieses Werks, möchte ich mich in meinem Beitrag etwas eingehender beschäftigen: mit dem Verhältnis zwischen Aufklärung und christlicher Religion, denn mir scheint, dass sich darin ein Problem spiegelt, das bis heute die Debatte über das Verhältnis von Glauben und Wissen im Kontext von Säkularisierungstheorien bestimmt.[15] Meine methodische Einstellung ist keine theologische, sondern eine literatur- und religionsgeschichtliche; ich meine aber, dass die Ergebnisse meiner Überlegungen auch für Theologen nicht ganz uninteressant sind. Es geht, um es kurz vorweg zu sagen, (1) um die Schwierigkeit, im Rahmen des aufklärerischen Sensualismus eine sichere Basis für moralische Normen zu finden, und (2) um den unsicher gewordenen Wahrheitsanspruch der Bibel angesichts der aufklärerischen Bibelkritik. Beide Schwierigkeiten stehen bei Gellert, so wird zu zeigen sein, in einer engen Beziehung zueinander.

II

Ich stelle meine Deutung Gellerts in den Rahmen einer übergreifenden Problembeschreibung hinsichtlich der Stellung von Religion in der europäischen Neuzeit, die der Religionssoziologe Wolfgang Eßbach kürzlich in folgender These zusammengefasst hat:

> »Dominierende gesellschaftliche Zeiterfahrung erlittener ungelöster Probleme und die Wiederkehr des Interesses an Religion, das Streben nach einer anderen Religiosität und das Bewusstsein ihrer Fraglichkeit gehen Hand in Hand [...].«[16]

Eßbach stellt sich damit in die Tradition jener Deutungen der Geschichte der frühen Neuzeit, der zu Folge die Religionsgeschichte dieser Epoche als Reaktion auf die durch die konfessionellen Spaltungen ausgelösten psychischen und politisch-sozialen Integrationsprobleme zu interpretieren sei. Als Antwort auf diese Erfahrung seien zwei neue Typen von Religion entstanden, die ihrerseits neue ›Fraglichkeiten‹ hervorgebracht hätten, (1) eine neue Gestalt des Christentums als »Bekenntnisreligion«, d. h. »gegeneinander profilierte, bis in Kleinigkeiten distinkte Konfessionen«[17] – und (2) eine von der neuzeitlichen Philosophie entwickelte »Ra-

---

15 Als Überblick zum aktuellen Diskussionsstand vgl. z. B. Sebastian Maly: Glauben und Wissen. In: Religion und Säkularisierung: ein interdisziplinäres Handbuch/ hrsg. von Thomas M. Schmidt; Annette Pitschmann. Stuttgart; Weimar 2014, 291-304.

16 Wolfgang Essbach: Religionssoziologie I: Glaubenskrieg und Revolution als Wiege neuer Religionen. München 2014, 21.

17 Ebd, 28.

tionalreligion«, eine »aufgeklärte Religion, die auf den allmächtigen Baumeister der Welten [...] vertraute«.[18]

Das Folgeproblem des ›neuen‹ Christentums, das man – nach der These von Eßbach – seit der frühen Neuzeit bis in die Gegenwart nur mehr in der Gestalt einer Konfession erfahren konnte und kann, zeigt sich darin, dass eine religionsgestützte politisch-soziale Einheit – mit mehr oder minder durchgreifendem Erfolg – nur im Raum eines Territoriums machtpolitisch durchgesetzt werden konnte und den Frieden zwischen den Territorien permanent gefährdete. Eßbach nennt dieses Phänomen im Anschluss an Diskussionen der Geschichtswissenschaft über den Begriff der ›Konfessionalisierung‹[19] »Konfessionalisierung des Raums«.[20]

Eine Antwort auf die »traumatische Erfahrung der zweihundertjährigen quer durch Europa aufbrechenden Glaubenskriege«[21] im Zeichen der Konfessionalisierung ist nun der Versuch von »Intellektuellen«,[22] eine »neue Religion zu stiften, die für Religionsfrieden und Religionsfreiheit eine sichere Grundlage bieten kann. Dies gelang mit der Aufklärung der Religion und der Stiftung von Rationalreligion.«[23] Auch dieser Versuch ist mit Folgeproblemen behaftet, die Eßbach in seiner Darstellung allerdings ein wenig zu unterschätzen scheint: Eine derartige Intellektuellenkonstruktion ohne Bilder und Mythen und ohne Gemeinschaft stiftende Rituale kann die Leistung der ›Bekenntnisreligionen‹, die ja mit der Aufklärung beständig konkurrieren und die über ein traditionsreiches und bewährtes Arsenal von Mythen und Riten verfügen, nicht ersetzen.[24] Zudem ist es der Philosophie der Aufklärung nie gelungen, ein widerspruchsfreies System zu entwickeln – dies zu zeigen, ist das bleibende Verdienst des Philosophiehistorikers Panajotis Kondylis[25] –, und schließlich ist die ›rationalreligiöse‹ Metaphysik nicht die einzige Variante der aufklärerischen Religionsphilosophie, da es in einer kleinen, aber meinungsstarken Gruppe ja auch das Plädoyer für Atheismus und Materialismus gegeben hat.

---

18 Ebd.

19 Vgl. den Überblick über diese Diskussion ebd, 85-91.

20 Ebd, 85. Vgl. dazu auch Maximilian Lanzinner: Das konfessionelle Zeitalter 1555-1618. In: Handbuch der deutschen Geschichte. 10., völlig neu bearb. Aufl./ hrsg. von Wolfgang Reinhardt. Bd. 10. Stuttgart 2001, 97 f. 158-164.

21 Eßbach: Religionssoziologie (wie Anm. 16), 310.

22 Ebd.

23 Ebd f.

24 Man denke nur an die Versuche der Freimaurer, für ihre Logen ein Ritual zu kreieren, das nicht öffentlich werden konnte, oder an die Versuche von Robespierre, für die neue Staatsreligion einen öffentlichen Kult einzuführen. Sehr aufschlussreich ist auch die Darstellung des Versuchs der Turmgesellschaft in Buch VIII,8 von Goethes »Wilhelm Meister« (1795/96), den Tod von Mignon mit einem auf bizarre Weise aus säkularen und katholischen Elementen gemischten Ritual zu bewältigen.

25 Panajotis Kondylis: Die Aufklärung im Rahmen des neuzeitlichen Rationalismus. Stuttgart 1981.

Zwar habe es – so Eßbach – den Versuch einer »rationalreligiöse[n] Subversion der Bekenntnisreligion«[26] gegeben, was vor allem im Protestantismus im 18. und 19. Jahrhundert zu einigen Erfolgen geführt habe. »Allerdings mußte für einen legitimen Protestantismus ein Minimum an Offenbarungsreligion bekannt werden. Dieses Minimum hat [...] den Streit, wo Atheismus beginnt und christlicher Glaube aufhört, enorm angeheizt.«[27] Anders gesagt: Zwischen Aufklärungsphilosophie und Religion kann es, muss es aber nicht, ein Verhältnis der Kooperation geben, so weit sich die religiösen Überzeugungen den Vorgaben der philosophischen Vernunft unterordnen, nicht aber zwischen Aufklärung und Christentum,[28] da im Christentum, wenn es sich noch ernst nimmt, der Wahrheitsanspruch der Offenbarungstexte der Vernunft übergeordnet ist.[29] Dass deswegen der Kampf um diesen Wahrheitsanspruch im Kampf um die Argumente der rationalistischen Bibelkritik kulminieren musste, ist plausibel. In diesen problemgeschichtlichen Kontext lässt sich, so möchte ich in der folgenden Analyse zeigen, das Werk Christian Fürchtegott Gellerts mit seinen Leistungen und Schwächen einigermaßen präzise beschreiben.

III

Die Frage nach dem Verhältnis zwischen Aufklärung und Christentum spiegelt sich in auffallender Weise schon in der Konzeption der zwischen 1988 und 2008 erschienenen historisch-kritischen Edition von Gellerts Schriften.[30] Eine der Mitherausgeberinnen, Kerstin Reimann, vertritt die These, Gellert habe im Alter seine Texte christlich überarbeitet und »durch seine moralisch-religiös verengte Perspektive die ursprünglich aufklärerische Intention seiner frühen Werke oftmals verwässert«[31]. Deshalb sei man bei der Edition durchgehend auf die Erstdrucke zurückgegangen, sozusagen um den ›wahren‹ Aufklärer Gellert seiner jungen Jahre gegen den engen

26 Eßbach: Religionssoziologie (wie Anm. 16), 310.

27 Ebd, 311.

28 Zumindest die Vertreter des Leibniz-Wolffschen Rationalismus beanspruchten für sich, eine philosophische Begründung des Christentums liefern zu können, was aber von den Vertretern der Theologie und der Kirchen nicht akzeptiert wurde. Die Vertreibung von Christian Wolff aus Halle ist eines der Beispiele für die Austragung des Konflikts.

29 Es ist deshalb nachvollziehbar, dass die Versuche der katholischen Theologie, wie etwa der von Joseph Ratzinger (Benedikt XVI.), christlichen Glauben und Vernunft in ein Verhältnis der Kooperation zu bringen, den Vernunftbegriff nicht von der neuzeitlichen Aufklärung ableiten, sondern von der spätantiken Philosophie. Vgl. Eßbach: Religionssoziologie (wie Anm. 16), 311 f; Maly: Glauben ... (wie Anm. 15), 300 f.

30 Christian Fürchtegott Gellert: Gesammelte Schriften: kritische und kommentierte Ausgabe/ hrsg. von Bernd Witte u. a. 7 Bde. Berlin; New York 1988-2008.

31 Kerstin Reimann: »Es ist ein köstlich Ding geduldig zu sein.« Die Edition der nachgelassenen Schriften Christian Fürchtgott Gellerts. In: Gellert und die empfindsame Aufklärung: Vermittlungs-, Austausch- und Rezeptionsprozesse in Wissenschaft, Kunst und Kultur/ hrsg. von Sibylle Schönborn; Vera Viehöver. Berlin 2009, 285-299, 286.

und ängstlichen Christen der späten Jahre heutigen Lesern zugänglich zu machen. Aufklärung und Christentum werden demnach als Gegensatz gedacht, und in der Tat: Wenn man die qualvollen handschriftlichen Aufzeichnungen liest, für deren Edition im 7. Band der Gellert-Ausgabe Kerstin Reimann verantwortlich zeichnet, Aufzeichnungen, die »immer wieder um dieselben pietistischen Vorstellungen von der Sündenlast des Menschen, der Hoffnung auf den Gnadenstand und die Wiedergeburt durch den Tod Jesu Christi«[32] kreisen, mit deren Entzifferung Kerstin Reimann über Jahre beschäftigt war, so kann dieser Eindruck eines Gegensatzes von Aufklärung und Christentum, der sich in unterschiedlichen Lebensperioden verschieden ausprägt, durchaus entstehen.[33]

Mir scheint allerdings die Deutung Reimanns, wenngleich man der These von einem Gegensatz zwischen Aufklärung und Christentum zustimmen kann, etwas zu einfach. Ich folge stattdessen den Interpretationsansätzen von Mark-Georg Dehrmann[34] und Katrin Löffler,[35] die Gellert die Intention unterstellen, zwischen Aufklärung und Christentum ein Verhältnis der Kooperation zu erreichen, dabei aber zeigen, dass er die unlösbaren Konflikte, die dabei entstehen, eher verdeckt als gelöst hat. Dehrmann entwickelt seine These aus einer Analyse von Gellerts postum publizierten »Moralischen Vorlesungen«. Er stellt diese Vorlesungen in den Kontext der verschiedenen Strömungen der europäischen Aufklärung mit deren unterschiedlichen Versuchen, das prekäre Verhältnis zwischen Vernunft und Gefühl, zwischen Geist und Körper so zu bestimmen, dass daraus eine sichere Begründung von Moral abgeleitet werden könne. Da dies in keiner der verschiedenen Varianten der Aufklärungsphilosophie überzeugend gelungen sei und auch Gellert in seinen Vorlesungen bei dieser Frage bei einer »begrifflichen Inkonsistenz«[36] stecken bleibe, greife er bei Bedarf auf von der philosophischen Vernunft nicht begründbare Inhalte der Offenbarung zurück, um »den Sprengstoff, den das Problem der Moralbegründung

32 Ebd, 290.

33 Ob man Gellerts christliche Religiosität als ›pietistisch‹ bezeichnen kann, lasse ich einmal dahingestellt, weil Reimann einen eher umgangssprachlichen Begriff von ›Pietismus‹ voraussetzt. Nach meiner Lektüre von Texten Gellerts ergibt sich eher das Bild eines frommen orthodoxen Lutheraners.

34 Mark-Georg Dehrmann: Moralische Empfindung, Vernunft, Offenbarung: das Problem der Moralbegründung bei Gellert, Chladenius und Mendelssohn. In: Gellert und die empfindsame Aufklärung: Vermittlungs-, Austausch- und Rezeptionsprozesse in Wissenschaft, Kunst und Kultur/ hrsg. von Sibylle Schönborn; Vera Viehöver. Berlin 2009, 53-65.

35 Katrin Löffler: Gellerts »Leben der schwedischen Gräfin von G***« im Kontext der zeitgenössischen philosophischen und theologischen Anthropologie. In: Gellert und die empfindsame Aufklärung: Vermittlungs-, Austausch- und Rezeptionsprozesse in Wissenschaft, Kunst und Kultur/ hrsg. von Sibylle Schönborn; Vera Viehöver. Berlin 2009, 99-116. Vgl. dazu auch die differenzierten Textanalysen von Gellerts Komödien bei Katrin Löffler: Anthropologische Konzeptionen in der Literatur der Aufklärung: Autoren in Leipzig 1730-1760. Leipzig 2005, 312-348.

36 Dehrmann: Moralische Empfindung … (wie Anm. 34), 65.

in der deutschen Aufklärung birgt«,[37] notdürftig zu entschärfen. Das Christentum fungiert demnach als Kompensation von offenen Stellen der Aufklärungsmoral, wobei Gellert davon auszugehen scheint, dass dies unter der Voraussetzung einer vorgängigen Harmonie zwischen den Forderungen der Vernunft und den Gesetzen des christlichen Gottes ohne große Probleme möglich sei.

Von einer vergleichbaren Fragestellung ausgehend untersucht Katrin Löffler Gellerts Roman »Leben der schwedischen Gräfin von G***« (1747/48), wobei sie von den unterschiedlichen Richtungen der Philosophie und der Theologie ausgeht, die in Leipzig damals vertreten worden sind. Dabei lenkt sie die Aufmerksamkeit auf eine grundlegende Differenz zwischen dem Menschenbild der lutherischen Orthodoxie, die dem Menschen die Fähigkeit, aus autonomer Kraft das Gute zu tun, abspricht, und dem Menschenbild jener Richtungen der Aufklärungsphilosophie, vor allem der Leibniz-Wolffschen Schule, die in Leipzig Johann Christoph Gottsched vertrat und die mehr Vertrauen in das ethische Potential der menschlichen Vernunft propagierte. In diese Richtung zielte auch, mit anderer Begründung, die aus England importierte ›Moral-Sense-Philosophie‹, die dieses Vertrauen nicht primär, wie die Wolffianer, in der Vernunft, sondern in den Gefühlen des Menschen verankert sehen wollte.[38] In seinem Roman führt Gellert in der Haupthandlung zwar vor, wie die Gräfin, ihr Ehemann und ihrer beider Freund ein höchst kompliziertes Problem – die Gräfin ist hintereinander mit beiden verheiratet, da sie glaubt, ihr erster Mann sei tot, und die drei müssen nach dessen Rückkehr ihre Beziehung klären – in einem vorbildlichen harmonischen Ausgleich von Vernunft und Gefühlen zu lösen vermögen. In den Nebenhandlungen aber, in denen die Liebesbeziehungen einen katastrophalen Verlauf nehmen, werden in aller Deutlichkeit die »Grenzen vernünftiger Affektkontrolle«[39] aufgezeigt, und auch die Gefühle funktionieren dort nicht so, wie die ›Moral-Sense-Philosophie‹ es behauptet. Der Romanautor scheint also die offene Frage deutlicher anzusprechen als der Hochschullehrer in seinen »Moralischen Vorlesungen«. Auch im Roman, so kann Löffler zeigen, werden die Fehlstellen aus der Perspektive der Figuren und auch aus der Perspektive des Textes kompensiert durch Rückgriffe auf die Tröstungen der christlichen Religion, aber die dort transportierte lutherische Anthropologie steht in einem »unaufgelösten Spannungsverhältnis«[40] zur aufklärerischen Moralbegründung.[41] Das Verhältnis zwischen Aufklärung und Christentum sollte nach der Intention Gellerts also in ein

37 Ebd.

38 Vgl. dazu auch die knappe Zusammenfassung bei Löffler: Von Bauer und König … (wie Anm. 13).

39 Löffler: Gellerts »Leben … (wie Anm. 35), 106.

40 Ebd, 122-123.

41 Mit den Begriffen Eßbachs gesprochen: Da Gellert sein Christentum nur in der Gestalt einer ›Bekenntnisreligion‹ formulieren kann, in seinem Fall in Gestalt der lutherischen Rechtfertigungslehre, verschärft sich die Distanz zur Aufklärung, genauer gesagt: zur Anthropologie von Wolff und seiner Schule. Die Anthropologie von Christian Thomasius

Verhältnis wechselseitiger Ergänzung gebracht werden, aber dies ist ihm nicht gelungen. Die Analyse einschlägiger Passagen aus den »Moralischen Vorlesungen« wird die argumentativen Schwierigkeiten bei diesem Punkt noch zu beleuchten haben.

Ich möchte den Ansatz von Dehrmann und Löffler aufgreifen und mich dabei – neben den »Moralischen Vorlesungen« – auf Texte konzentrieren, die sich thematisch stärker auf religiöse Themen beziehen: auf ausgewählte Passagen handschriftlicher Aufzeichnungen, die seit 2008 im letzten Band der Gellert-Ausgabe vollständig zugänglich gemacht worden sind, und auf die »Geistlichen Oden und Lieder«, die 1757 veröffentlicht worden sind.

Dabei sei vorweg daran erinnert, dass Gellert Sohn eines lutherischen Pfarrers war, der ein Theologiestudium begonnen, sich dann aber der Philosophie und Literatur zugewandt hat und ab 1744 als Privatdozent, ab 1751 als außerordentlicher Professor Lehrveranstaltungen auf diesen Gebieten angeboten hat. Gellert gehört damit zu jener kultur- und literaturgeschichtlich bedeutsamen Gruppe, deren Leben und Werk immer auch als Ergebnis einer Verarbeitung von gruppenspezifischen biographischen Brüchen gedeutet werden kann.[42] Der Konflikt zwischen den Diskursen der christlichen Religion in Gestalt der reformatorischen Konfessionen und den Varianten der neuzeitlichen Philosophie musste von den Angehörigen dieser Gruppe in der Konstruktion ihrer Identität verarbeitet werden, ebenso wie – im Fall Gellerts – das Rollenbild des Pastors mit dem des Literaten und Hochschullehrers vereinbart werden musste. Es verwundert deshalb nicht, dass Gellert dieses Problem so zu lösen versucht hat, dass im Verhalten des Hochschullehrers und Dichters immer der Pastor, der er ja eigentlich hätte werden sollen, durchscheint.

IV

Um dieses gruppenspezifische Problem im Fall Gellerts anschaulich zu machen, möchte ich zunächst auf einen Text eingehen, der in der Forschung oft hauptsächlich für die Dekanonisierung Gellerts verantwortlich gemacht wird: Johann Wolfgang Goethes »Dichtung und Wahrheit« (1811-1814). Goethe charakterisiert hier im Rückblick auf seine Leipziger Studienzeit aus dem Abstand von einigen Jahrzehnten Gellert als einen Universitätslehrer, dessen Hauptaufgabe es zu sein schien, den Studenten nicht primär Wissen, sondern vielmehr zum einen Normen guten Schreibens und zum andern moralische Grundsätze beizubringen, wobei Goethe bei letzterem hervorhebt, dass sich der Professor in seinen Vorlesungen und noch mehr in persönlichen Gesprächen auch der Mittel der kirchlichen Praxis

steht dem Luthertum näher. Vgl. dazu Löffler: Anthropologische Konzeptionen … (wie Anm. 35), 93-107.

42 Grundlegend dazu: Albrecht SCHÖNE: Säkularisation als sprachbildende Kraft: Studien zur Dichtung deutscher Pfarrersöhne. Göttingen 1968.

seiner Konfession zu bedienen versucht hat. Es heißt dort im Zusammenhang mit dem sprichwörtlich lockeren Leben der Leipziger Studenten dieser Zeit:

»Besonders aber war es ein Unglück, daß Gellert sich nicht der Gewalt bedienen wollte, die er über uns hätte ausüben können. Freilich hatte er nicht Zeit, den Beichtvater zu machen, und sich nach der Sinnesart und den Gebrechen eines jeden zu erkundigen; daher nahm er die Sachen sehr im ganzen und glaubte uns mit kirchlichen Anstalten zu bezwingen; deswegen er gewöhnlich, wenn er uns einmal vor sich ließ, mit gesenktem Köpfchen und der weinerlich angenehmen Stimme zu fragen pflegte, ob wir denn auch fleißig in die Kirche gingen, wer unser Beichtvater sei und ob wir das heilige Abendmahl genössen? Wenn wir nun bei diesem Examen schlecht bestanden, so wurden wir mit Wehklagen entlassen; wir waren mehr verdrießlich als erbaut, konnten aber nicht umhin, den Mann herzlich lieb zu haben.«[43]

Goethe stellt diese Passage in einen biographisch und religionsgeschichtlich bedeutsamen Kontext: Er spricht über die Krise, in die die Theologie unter dem Eindruck der Bibelkritik und dem Anspruch der Philosophie geraten war, die Inhalte der Offenbarung gemäß ihrer Übereinstimmung mit der Vernunft überprüfen zu dürfen. Goethe kommt an dieser Stelle dann auch zu einer kritischen Darstellung jener ›Mainstream-Theologie‹ des 18. Jahrhunderts, in der – schon als Folge der »rationalreligiösen Subversion« (Eßbach) des Protestantismus – versucht worden ist, die Widersprüche zwischen philosophischer Vernunft auf der einen und Offenbarung sowie den daraus abgeleiteten Dogmen auf der anderen Seite zu bearbeiten:

»Auf diesem Wege mußten die Theologen sich zu der sogenannten natürlichen Religion hinneigen, und wenn zur Sprache kam, inwiefern das Licht der Natur uns in der Erkenntnis Gottes, der Verbesserung und Veredlung unserer selbst zu fördern hinreichend sei, so wagte man gewöhnlich sich zu dessen Gunsten ohne viel Bedenken zu entscheiden. […] Übrigens ließ man denn doch aber alles bestehen, und weil die Bibel so voller Gehalt ist, daß sie mehr als jedes andere Buch Stoff zum Nachdenken und Gelegenheit zu Betrachtungen über die menschlichen Dinge darbietet, so konnte sie durchaus nach wie vor bei allen Kanzelreden und sonstigen religiosen Verhandlungen zum Grunde gelegt werden.«[44]

Dabei waren, wie Goethe rückblickend konstatiert, Autorität und Geltungsanspruch der Bibel als Offenbarungstext schon längst fraglich geworden:

»Allein diesem Werke stand, so wie den sämtlichen Profanskribenten, noch ein eigenes Schicksal bevor, welches im Lauf der Zeit nicht abzuwenden war. Man hatte nämlich bisher auf Treu und Glauben angenommen, daß dieses Buch der Bücher in einem Geiste verfaßt, ja daß es von dem göttlichen Geist eingehaucht und gleichsam diktiert sei. Doch waren schon längst von Gläubigen und Ungläubigen die Ungleichheiten der verschiedenen Teile desselben bald gerügt, bald verteidigt worden. Engländer, Franzosen, Deutsche hatten die Bibel mit mehr oder weniger Heftigkeit, Scharfsinn, Frechheit, Mutwillen angegriffen, und ebenso war sie wieder von ernsthaften, wohldenkenden

43 Johann Wolfgang von GOETHE: Aus meinem Leben: Dichtung und Wahrheit (Goethes Werke. Hamburger Ausgabe/ hrsg. von Erich Trunz. Bd. 9). 8. Aufl. München 1978, 288.
44 Ebd, 274.

Menschen in Schutz genommen worden. [...] Mir mißfielen [...] die ungerechten, spöttlichen und verdrehenden Angriffe; doch war man damals schon so weit, daß man teils als einen Hauptverteidigungsgrund vieler Stellen sehr willig annahm, Gott habe sich nach der Denkweise und Fassungskraft der Menschen gerichtet, ja, die vom Geiste Getriebenen hätten doch deswegen nicht ihren Charakter, ihre Individualität verleugnen können, und Amos als Kuhhirte führe nicht die Sprache Jesaias, welcher ein Prinz solle gewesen sein.«[45]

In diesen Zusammenhang stellt Goethe auch seine persönliche religiöse Krise, aus der ihn die zu Formeln erstarrte rituelle Praxis des Protestantismus, die er schon in Frankfurt bei seiner ersten Beichte erlebt hatte, nicht befreien konnte.[46] In dieser Krise war Goethe – folgt man seiner Darstellung – mit Gellerts Ermahnungen in den Vorlesungen und Gesprächen konfrontiert, und da diese, wie noch genauer zu zeigen sein wird, ganz entscheidend den unbedingten und unbezweifelten Wahrheitsanspruch der Bibel voraussetzten und in der konfessionellen Praxis von Beichte und Abendmahl abgestützt werden sollten, erscheint es plausibel, dass sie die erwünschte Wirkung bei dem jungen Studenten verfehlten:

»Das philosophische Auditorium war in solchen Stunden gedrängt voll, und die schöne Seele, der reine Wille, die Teilnahme des edlen Mannes an unserem Wohl, seine Ermahnungen, Warnungen und Bitten, in einem etwas hohlen und traurigen Tone vorgebracht, machten wohl einen augenblicklichen Eindruck; allein er hielt nicht lange nach, um so weniger, als sich manche Spötter fanden, welche diese weiche und, wie sie glaubten, entnervende Manier uns verdächtig zu machen wußten.«[47]

Goethe zieht, sicher nicht nur, aber auch, unter dem Eindruck von Gellerts vergeblicher pastoraler Werbung für eine Synthese von Aufklärungsphilosophie und reformatorischer Kirchlichkeit, die für ihn selbst lebensgeschichtlich folgenreiche Konsequenz, sich »von der kirchlichen Verbindung ganz und gar loszuwinden«[48] und seine »seltsame Gewissensangst mit Kirche und Altar völlig hinter«[49] sich zu lassen. Goethe ist von da an zeitlebens ein bekennender ›Heide‹, ohne freilich die Achtung und Liebe, die er der Bibel entgegenbringt, jemals preiszugeben.

V

Goethes Erinnerungen an Gellerts wirkungslose Erbaulichkeiten, in denen philosophische Gründe mit Ermahnungen, am christlichen Glauben festzuhalten und sich an den kirchlichen Praktiken – Beichte und Abendmahl – zu beteiligen,

45 Ebd f.

46 Vgl. ebd, 292-294. Goethe konfrontiert die protestantische Praxis hellsichtig mit der katholischen Praxis der umfassenden Lebensbegleitung durch die Sieben Sakramente (vgl. ebd, 289-292).

47 Ebd, 295.

48 Ebd, 294.

49 Ebd.

locker gemixt waren, bekommen eine gewisse Plausibilität, wenn man sich – mit diesem Blick geschärft – den Schriften Gellerts selbst zuwendet, um zu prüfen, inwiefern diese sich als Dokument des Scheiterns dieser Kompromissgestalt des Christentums lesen lassen.

Ich beginne meine Analyse mit zwei zu Lebzeiten des Autors unveröffentlichten Texten, in denen die Probleme deutlicher werden als in den veröffentlichten Werken. Der erste Text stammt aus dem Jahr 1754, also aus einer vergleichsweise frühen Zeit. Er ist eine Anmerkung zur »Feyerlichen Erneuerung meines Bundes mit Gott dem Allmächtigen«[50], einer in der religiösen Praxis des 18. Jahrhunderts verbreiteten Textsorte, in der in einer Anrede an Gott die eigene Sündhaftigkeit bekannt, Besserungsvorsätze erneuert und schriftlich fixiert werden. Diesem Text ist eine Anmerkung hinzugefügt, in der Gellert seinen psychischen Zustand beschreibt:

> »Da ich dieses niederschrieb, waren es zwey, bis drittehalb Jahre, daß mich Gott mit Schwermuth u. Traurigkeit des Geistes heimgesucht. Kaltsinnigkeit, Unempfindlichkeit gegen das Gute, gegen die Religion u. den Glauben an Jesum waren meine Plagen. Unvermögen zum Gebete, Gott zu denken, und s. Allmacht, Güte, Allwissenheit; fürchterliche, entsetzliche Gedanken, deren ich mich nicht erwehren konnte, waren mein Jammer. Ich fand keinen Geschmack an den göttl. Verheißungen; ich empfand kein Schrecken über seine Drohungen, Finsternisse bedeckten meine Seele u. mein Geist war mir verzehret in meinem Leibe. Ich dachte ohne Gefühl an den Tod, an die Werke der Schöpfung u. der Erlösung. Schrecklicher Zustand! Unseliger Schlaf der Seelen! Verlassung von Gott! Aber mit großer Gnade will ich mich dein erbarmen! Darauf traue ich, will ich gerne trauen. [...] Ach Herr, ja du wirst geben, daß ich dein Gebot dein heil. Evangelium von unsrer Seligkeit festiglich für dein Wort halte u. nicht im Unglauben und Verzweiflung versinke.«[51]

Diesen Text kann man zunächst als Dokument einer schweren Depression lesen, an der Gellert bekanntlich über viele Jahre seines Lebens gelitten hat. Gemäß der damaligen medizinischen Begrifflichkeit war er ein exemplarischer Melancholiker, und er hat ja auch versucht, etwa durch tägliches Ausreiten auf einem, wie Goethe erzählt, »zahmen Schimmel«[52] die Krankheit zu therapieren. Körperliche Bewegung sollte nach der damaligen Medizin das schwere Blut des Melancholikers in besseren Umlauf bringen.[53] Die von Gellert gebrauchten sprachlichen Formeln zeigen allerdings, dass er sich an Muster anschließt, die aus der Tradition des Mystik stammen, wo dergleichen Zustände als ›geistliche Trockenheit‹ bezeichnet worden sind. Auch die pietistischen Beschreibungen des so genannten ›Bußkampfs‹ verwenden diese Muster, wenngleich bei Gellert die für pietistische Texte charakteristische Wende zur Zuversicht des Glaubens nach dem ›Bekehrungserlebnis‹ fehlt.

50 Gellert: Gesammelte Schriften ... (wie Anm. 30), Bd. VII, 3-5.
51 Ebd, 5
52 Goethe: Aus meinem Leben ... (wie Anm. 43), 296.
53 Zum Zusammenhang von Blutkreislauf und Temperament in der zeitgenössischen Medizin vgl. Löffler: Anthropologische Konzeptionen ... (wie Anm. 35), 187-195.

Dass wir es mit einem Zeitgenossen des 18. Jahrhunderts zu tun haben, der sich von der Philosophie seiner Epoche beeinflusst sieht, zeigt sich aber an zwei Stellen: Zum einen in der Klage darüber, dass dem Ich »Gefühl« und »Geschmack« in der religiösen Erfahrung fehlen, zum andern in dem Ausdruck von beinahe panischer Angst vor dem Zweifel daran, dass die Bibel die Offenbarung Gottes sei. In der Klage über das Fehlen von Empfindungen erweist sich Gellert – ich führe hier Argumente von Dehrmann und Löffler weiter – als beeinflusst von jener schon erwähnten Richtung der Aufklärung, in der die Gefühle ins Zentrum der Begründung von Wissen und Moral gestellt worden sind. Da diese sensualistische Richtung der Aufklärungsphilosophie in der Mitte des 18. Jahrhunderts in den deutschen Diskussionen über die rationalistische Richtung die Dominanz errungen hatte, spricht man in der literaturwissenschaftlichen Begriffstradition vom ›Zeitalter der Empfindsamkeit‹.[54]

Innerhalb der philosophischen Debatte der Zeit gab es allerdings ein Problem, das erstmals von Panajotis Kondylis in aller Schärfe analysiert worden ist.[55] Seine These ist: In der Konkurrenz mit der christlichen Theologie[56] und ihren Angeboten zur Weltdeutung und moralischen Orientierung musste die neuzeitliche Philosophie bei ihrem Versuch, ein von religiösen Autoritäten unabhängiges Angebot zu machen, zwei Extreme vermeiden. Das eine Extrem war der Rationalismus, d. h. der Versuch, die Weltorientierung aus der Konstruktion von rein abstrakten Vernunftbegriffen herzuleiten. Dabei, so Kondylis, sei die Gefahr nicht zu vermeiden gewesen, die Sinnlichkeit des Menschen zu vernachlässigen und so letztlich in Argumentationsverfahren der Theologie und in der Moral in unempfindlichen Asketismus zurückzufallen. Im anderen Extrem, bei der Entscheidung für den Sensualismus habe dagegen die Gefahr des Verlustes allgemein gültiger Normen, letztlich der moralische Nihilismus gelauert. Auch in dieser Version habe die Philosophie mit der Theologie nicht konkurrieren können. Als ›Aufklärung‹ im engeren Sinn bezeichnet Kondylis nun alle Versuche, einen mehr oder weniger überzeugenden Weg

54 Dies besagt auch der Titel des schon mehrfach zitierten Aufsatzbandes über Gellert: GELLERT UND DIE EMPFINDSAME AUFKLÄRUNG: Vermittlungs-, Austausch- und Rezeptionsprozesse in Wissenschaft, Kunst und Kultur/ hrsg. von Sibylle Schönborn; Vera Viehöver. Berlin 2009.

55 Kondylis: Aufklärung … (wie Anm. 25). Zur Bedeutung der Analysen von Kondylis für die Interpretation der Aufklärungsliteratur vgl. Matthias LÖWE: Epochenbegriff und Problemgeschichte: Aufklärung und Romantik als konkurrierende Antworten auf dieselben Fragen. In: Aufklärung und Romantik: Epochenschnittstellen/ hrsg. von Daniel Fulda; Sandra Kerschbaumer; Stefan Matuschek. Paderborn 2015, 52-59. Eine neuere Arbeit, die im Titel eine Einordnung von Gellerts Werk in die europäische Aufklärung verspricht, ignoriert Kondylis: Sikander SINGH: Das Glück ist eine Allegorie: Christian Fürchtegott Gellert und die Europäische Aufklärung. München 2012. Auch die Argumente von Dehrmann werden bei Singh nicht diskutiert.

56 Kondylis berücksichtigt noch nicht das Phänomen der Konfessionalisierung des Christentums.

zwischen diesen Extremen zu finden, ohne dass es je zu einer wirklich plausiblen Lösung gekommen wäre.

Es gab nun, wie schon gesagt, in der Mitte des 18. Jahrhunderts ein aus dem Geist des Sensualismus entwickeltes Angebot einer Problemlösung, das in Deutschland um die Jahrhundertmitte großen Einfluss ausübte, die schon erwähnte ›Moral-Sense-Philosophie‹, auf deren Hauptvertreter Francis Hutcheson sich Gellert in den »Moralischen Vorlesungen« mehrfach beruft.[57] Damit ist die Vorstellung gemeint, dass der Mensch in seiner Natur mit altruistischen Gefühlen ausgestattet sei, die ihn ohne Umweg über rationale Überlegungen zum Guten leiten würden. Gellert ist von dieser Richtung stark beeinflusst,[58] und erst in diesem Kontext kann man verstehen, warum er das Fehlen von Gefühlen bzw. von »Geschmack«[59] in der religiösen Erfahrung als eine solche Katastrophe wahrnehmen muss. Er fürchtet, jenes Gefühl nicht zu haben oder zu verspüren, das eigentlich zur natürlichen Ausstattung jedes Menschen gehören soll, und so bleibt ihm nur mehr ein Ausweg, der sich an die Vorgaben der lutherischen Rechtfertigungslehre hält: das Vertrauen des Sünders in die Gnade Gottes. Im Rahmen dieser theologischen Anthropologie ist der Mensch aber gerade nicht von vornherein mit altruistischen Gefühlen ausgestattet, denn das ganze Gefühlsleben ist ja durch die Erbsünde zu einer Brutstätte böser Begierden verwandelt worden. ›Moral-Sense-Philosophie‹ und lutherische Anthropologie lassen sich nicht harmonisieren.

Die Aufzeichnung dokumentiert, dass Gellert in seinen depressiven Phasen sozusagen ›am eigenen Leib‹ erfährt, dass das, was die ›Moral-Sense-Philosophie‹ über die natürliche Ausstattung des Menschen behauptet, bei ihm selbst nicht funktioniert, und man könnte im Anschluss an die Thesen von Kondylis sagen, dass dann, wenn man den Gefühlen und der Sinnlichkeit zu sehr traut, die Gefahren für die Moral nur zu deutlich sichtbar werden, die in diesem Bereich der menschlichen Natur lauern. Wenn die Sache schon bei Gellert selbst nicht so zu wirken scheint, wie die Philosophie es verspricht, um wie viel weniger konnte man darauf im Hinblick auf die jungen Studenten – die meisten vermutlich Sanguiniker oder Choleriker mit rasch umlaufendem Blutkreislauf – bauen, zu denen er in seinen Vorlesungen predigte. Anders gesagt: Je mehr man sich auf das Potential der Gefühle verlässt, um so dringender wird der Bedarf nach einer Einzäunung dieses unkontrollierbaren Vermögens der menschlichen Seele, aber nicht primär durch die Vernunft – das wäre

57 Vgl. z. B. Gellert: Gesammelte Schriften … (wie Anm. 30), Bd. VI, 8, 29.

58 Vgl. z. B. ebd, 24: »[…] es giebt außer dem Unterrichte, den uns die Vernunft von unsern Pflichten anbeut, noch eine andere Bekehrung, die uns das Herz durch eine angebohrne Empfindung von dem, was gut oder böse ist, ertheilet.«

59 Gellert nennt die »Empfindungskraft des Herzens« (ebd) den »Grund des Gewissens« (ebd) und gebraucht dafür als Synonym auch die Bezeichnung »moralische[r] Geschmack« (ebd, 27).

ein Rückfall in den Rationalismus – sondern durch die christliche Religion, der die Fähigkeit zugeschrieben wird, ebenfalls auf die Gefühle, auf das ›Herz‹, zu wirken.

Bei dem zweiten Aspekt, der Angst davor, den Glauben an die Bibel als Offenbarung zu verlieren, zeigt sich, dass Gellert von den Argumenten der neuzeitlichen Bibelkritik nicht nur Kenntnisse hatte, sondern von ihnen in hohem Grade verunsichert war. Er wollte und konnte aber die Autorität der Bibel als Gottes Gebot und Wort nicht preisgeben, weil ihm diese ja als Kompensation der Lücken weltlicher Moral unverzichtbar erschien und weil er als neuzeitlicher ›Bekenntnischrist‹ reformatorischer Prägung an der Bibel als oberster und allein gültiger Quelle der Offenbarung Gottes festhalten musste.

VI

Wie Gellert in diesem Punkt zu argumentieren versucht hat, das lässt sich exemplarisch an einem weiteren unveröffentlichten Text studieren, dem so genannten »Memorial an Friedrich II.« Gellert war am 11. Dezember 1760 zu einer Audienz beim Preußischen König gebeten worden. Das Gespräch mit dem König drehte sich, so weit wir das Gellerts eigener Darstellung entnehmen können,[60] hauptsächlich um den Wert der deutschen Literatur und den Platz seines eigenen Werks darin. Offenbar erwartete Gellert noch eine zweite Audienz, von der er annahm, dass der König, von dessen Distanz zum Christentum die Zeitgenossen wussten, ihn in eine Diskussion über religiöse Überzeugungen verwickeln würde. Um für diese Herausforderung gewappnet zu sein, verfertigte Gellert den Entwurf eines Schriftstücks, in dem er seine Argumente für das Festhalten am christlichen Glauben darlegen wollte. Es ging ihm dabei nicht um die Verteidigung jener Prinzipien einer Vernunftreligion, auf die man sich im Rationalismus der Leibniz-Wolffschen Schule geeinigt hatte – Existenz eines Gottes und Unsterblichkeit der Seele –, auch davon war der preußische König, wie die Zeitgenossen wussten, nicht überzeugt,[61] sondern um die Kernwahrheiten der christlichen Botschaft – Inkarnation, Erlösung der Menschheit durch den Kreuzestod Jesu, Auferstehung Jesu, Glaube an die Auferstehung der Toten am Jüngsten Tag –, an die der König erst recht nicht glaubte. Wie wollte Gellert diesen Glauben gegenüber einem explizit Ungläubigen verteidigen?

Der Entwurf dokumentiert, dass Gellert über die gängigen Argumente der neuzeitlichen Apologie des Christentums verfügte, wobei er gegenüber dem preußischen

60 Vgl. Gellert an Johanna Erdmuth von Schönfeld (12. Dezember 1760). In: Gellert: Gesammelte Schriften … (wie Anm. 30), Bd. III, 78-81.

61 Vgl. Johannes Bronisch: Der Kampf um Kronprinz Friedrich: Wolff gegen Voltaire. Berlin 2011.

König zuallererst den politischen Nutzen dieser Religion hervorhebt,[62] nicht ohne dabei an die einschlägige Wirkung seiner eigenen Werke zu erinnern.[63] Auch die berühmte Argumentation der »Wette« von Blaise Pascal wird von ihm eingesetzt, wenn er notiert:

> »Sire, wenn die Religion falsch ist u. ich habe sie geglaubt u. ausgeübt: so verliere ich nichts dabey.
> Ist sie wahr, u. das ist doch möglich, so kann ich unendlich viel auf eine ganze Ewigkeit verlieren, wenn ich sie nicht glaube, sondern verwerfe.«[64]

Ins Zentrum der Problematik führen aber die Argumente für die Wahrheit und Geltung der biblischen Offenbarung, die den größten Raum des Textentwurfs einnehmen:

> »Sire, warum sollte Gott nicht den Glauben als eine Pflicht, die das Geschöpf dem Schöpfer schuldig ist, von uns fordern können; so bald er uns Beweise giebt, daß wir etwas für sein Zeugniß halten, vernünftiger Weise berechtigt sind?«[65]

Diese »Beweise« sind nach Gellert empirisch belegbare Tatsachen, so die »unläugbarste Geschichte […] von den Wundern Gottes«[66], insbesondere die »großen Thaten Christi u. seiner Apostel, welche mehr Beweis haben, als keine Historie der Welt vor sich hat«.[67] Dazu zählt Gellert auch die »Erfüllung so vieler klaren Weissagungen«[68] des Alten Testaments im Neuen Testament.[69] Während diese Argumente an die Überzeugung von der unbezweifelbaren Faktizität der

62 Vgl. Gellert: Gesammelte Schriften … (wie Anm. 30), Bd. VII, 144: »Sire, die christl. Religion, die Ihnen so verdächtig vorkömmt, ist die Stütze der Könige, sie macht gute Bürger, fleißige Unterthanen u. rechtschaffne treue Soldaten. Ihre Armee ist der Beweis.«

63 Vgl. ebd: »Eben die christl. Gedichte lesen u. singen Ihre Soldaten; ich kann es erweisen. Ihr Berlin singt sie.« Vgl. auch ebd, 145: »Es ist vielleicht vom General Hülsen bis auf den Feldjäger herab kein deutscher Offizier u. Soldat unter Ihrer Armee, der mich nicht gelesen hat u. auch wohl auswendig weis.«

64 Ebd. Zur Kenntnis von Pascals »Pensées« vgl. Gellert: Gesammelte Schriften … (wie Anm. 30), Bd. VII, 261: »Pascal wollte ein großes Werk von der Wahrheit und Göttlichkeit der Religion schreiben, und darinnen den Atheisten und Freygeistern wiedersprechen. Er setzte dahero zu erst seine Gedanken und verschiedene Sätze auf. […] Diese kurtzen Sätze sind vortrefflich; man findet darinnen die vortrefflichsten Wahrheiten, die mit der grösten Ueberzeugung geschrieben sind.«

65 Ebd, 143.

66 Ebd, 144.

67 Ebd.

68 Ebd.

69 Zu diesen ›Erfüllungen‹ zählt Gellert auch die gegenwärtige Lage der Juden. Vgl. ebd, 146: »[…] die Juden, die vor meinen Augen herumgehen, sind Zeugen, daß Christus kein bloßer Mensch gewesen. Er hat ihre Erhaltung u. Zerstreuung u. den Fluch, der sie druckt vorhergesagt, u. sie selbst wußten Xum Blut wirke uber uns u. unsere Kinder.« Seit 1740 sind Juden als Besucher der Messe nachgewiesen, seit 1713 war die Ansiedlung von Juden in Leipzig erlaubt (vgl. Kommentar ebd, 435).

in der Bibel erzählten Wundergeschichten[70] gebunden sind – was sich mit dem Weltbild der rationalistischen Metaphysik, die von der ausnahmslosen Geltung der Naturgesetzte ausgeht, nicht in Einklang bringen lässt – versucht Gellert in einer zweiten Gruppe von Argumenten die »innerl. Vollkommenheit u. Wahrheit«[71] der Offenbarungsschriften dadurch zu erweisen, dass er deren Übereinstimmung »mit unserem Gewissen«[72] zu erweisen sucht. Hier appelliert der Autor demnach an das moralische Gefühl, das er auch dem König von Preußen zubilligt.

Die These von der Faktizität der erzählten Wunder wird schließlich dort, wo es um den Kern des christlichen Glaubens, um Tod und Auferstehung Jesu,[73] geht, mit einer Beschreibung der Situation der Apostel und Evangelisten[74] und der Deutung ihres Handelns aus dem richtigen moralischen Gefühl heraus untermauert:

> »Die Tugend wird in der Schrift besser gelehrt, als in allen menschl. Büchern. Wenn wir glauben, daß die Verfasser derselben tugendhafte Leute gewesen sind, so müssen wir auch glauben, daß sie uns nicht haben betrügen wollen, daß die Begebenheiten u. Wunder wahr sind, die sie uns erzählen, u. daß es auch wahr ist, daß sie von Gott inspiriret u. durch seinen Beystand vor allen Irrthümern bewahret worden.«[75]

Man muss hier auf die Strategie achten, mit der Gellert versucht, seinen Glauben mit Argumenten einer Vernunft zu verteidigen, deren Anerkennung er auch bei seinem Gegner voraussetzt. In Übereinstimmung mit den Annahmen der ›Moral-Sense-Philosophie‹ unterstellt er den Verfassern der Evangelien Tugendhaftigkeit, also eine moralische Disposition, die ihnen verbietet, zu lügen und zu betrügen. Und er leitet diese Tugendhaftigkeit aus dem Inhalt ihrer Lehre ab, aus deren Über-

70 In diesem Punkt bewegt sich Gellert ganz im Rahmen der lutherischen Orthodoxie des 18. Jahrhunderts, die an dieser Art der Beweisführung festhält. Vgl. Monika FICK: Lessing-Handbuch: Epoche – Werk – Wirkung. Stuttgart; Weimar 2000, 350: »Die Geschehnisse, von denen die Bibel erzählt, werden in ihrer Historizität ernst genommen. Die biblischen Geschichten werden […] als historische Berichte verstanden […]. Wenn aber an der Faktizität dessen, wovon die Bibel erzählt, nicht zu zweifeln ist, so lautet die Schlußfolgerung, dann sei es unvernünftig, den Glauben zu verweigern […].«

71 Gellert: Gesammelte Schriften … (wie Anm. 30), Bd. VII, 144.

72 Ebd.

73 Vgl. ebd, 145: »Ich glaube nicht allein an den gekreuzigten Erlöser, als an einen bloßen Menschen, sondern auch an den auferstandenen Erlöser, als den Sohn Gottes: Ist er auferstanden, so hat er mehr als ein Mensch seyn müssen, so war Gott mit ihm. Seine Auferstehung ist historisch gewiß, so gewiß als irgend eine Geschichte in der Welt.«

74 Vgl. ebd: »Die Apostel müssen Wunder gethan haben, wer würde ihnen sonst auf ihr Wort geglaubt haben, u. die väterl. Religion die Vorurtheile u. Laster verlassen u. sich zu einer Religion bekannt haben, die ihren Begierden zuwider ist, die verfolgt wird u. Schande ja den Tod brachte. Lassen Sie Männer in Berlin, oder Leipzig auftreten u. vorgeben, daß eine gewisse Person eines schmähligen Todes gestorben, aber wieder auferstanden u. gen Himmel gefahren sey […], werden wir es glauben, wenn es diese Männer nicht beweisen können. Die ehemaligen Menschen waren ebenso gesinnt.«

75 Ebd, 144.

einstimmung mit dem ›moralischen Gefühl‹. Indirekt antwortet Gellert damit auch auf die in der zeitgenössischen Religionskritik verbreitete These, dass Religion das Ergebnis eines ›Priestertrugs‹ sei. Ob ihm der auch in seinem Menschenbild eher zynische König von Preußen bei diesem Anfangsargument gefolgt wäre, lässt sich bezweifeln.

Wie Gellert von dieser Unterstellung zur Behauptung der Wahrheit der Inspirationslehre kommt, lässt sich dann allerdings innerhalb säkularer Argumentationsbedingungen nicht mehr plausibel nachvollziehen. Im nächsten Schritt wird nämlich der Glaube an die Göttlichkeit Jesu an den Glauben an die Auferstehung gebunden, und diesen Glauben wiederum versucht Gellert explizit als der Erfahrung zugängliches Wissen zu deuten, indem er die Wahrheit der Berichte über die Auferstehung zum einen an den Willen zur Wahrhaftigkeit der Berichterstatter bindet, zum andern behauptet, dass es den Evangelisten unmöglich gewesen sei, gegenüber ihren Zeitgenossen eine Lüge in die Welt zu setzen. Die Auferstehung Jesu erscheint so, obwohl sie den Charakter eines Wunders hat, nicht mehr als Gegenstand des Glaubens, sondern des Wissens.[76] Man sieht, dass die Argumentation letztlich doch auf einer Glaubensannahme basiert, allerdings einer philosophisch begründeten Annahme: dem Glauben an die moralische Integrität der Apostel. Die Vernunft soll so überzeugt werden, dass der Glaube an eine Botschaft, die fraglos die Annahmen der Vernunft übersteigt, auf rational nachvollziehbaren, ja geradezu empirisch belegbaren Gründen basiert.[77] Das Argument richtet sich letztlich, so sieht man, gegen ein Kernmotiv der aufklärerischen Religionskritik, gegen die Unterstellung, dass Jesus selbst und seine Jünger Betrüger waren.

---

76 Zu den Schwierigkeiten einer Deutung der Auferstehungsberichte aus der Sicht heutiger Exegese vgl. z. B. Jens Herzer: »So auch die Auferstehung der Toten…«: zum hermeneutischen Problem der Diskussion um die Wirklichkeit der Auferstehung Jesu. In: Im Klang der Wirklichkeit: Musik und Theologie. Festschrift für Martin Petzold zum 65. Geburtstag/ hrsg. von Nobert Bolin; Markus Franz. Leipzig 2011, 261-284.

77 Eine ganz ähnliche Argumentationskette erklärt die katholische Kirche auf dem 1. Vatikanum (1870) zum Dogma der Begründung des Glaubens. Vgl. Der Glaube der Kirche in den Urkunden der Lehrverkündigung: Neubearbeitet von Karl Rahner und Karl-Heinz Weger. 11. Aufl. Regensburg 1971, 45 (Nr. 32): »Wunder und Weissagungen« sind »äußere Erweise«, die die Vernunft veranlassen, die Wahrheit der Offenbarung anzunehmen. Noch ich selbst habe als Kind im katholischen Religionsunterricht im Zusammenhang mit der Auferstehung Jesu eine Formel gelernt, die mir bis heute im Gedächtnis geblieben ist, dass »die Apostel die Wahrheit sagen konnten, mussten und wollten«. Sie konnten, so ist mir das erklärt worden, weil sie dabei waren, sie mussten, weil sie unter der Kontrolle ihrer Mitwelt waren, sie wollten, weil sie wahrhaftig waren.

VII

Das zentrale Anliegen von Gellerts »Moralischen Vorlesungen« ist der in immer neuen Ansätzen vorgetragene Versuch, säkular-philosophische Argumente, die die Vernunft und gleichermaßen das Gefühl ansprechen, mit den als unverzichtbar erklärten Geboten zu kombinieren, die aus der Offenbarung abgeleitet sind. Schon in der Einleitung heißt es dazu programmatisch:

> »[...] die Absicht bey meinen moralischen Vorlesungen [...] geht nicht bloß dahin, [...] die Sittenlehre von derjenigen Seite vorzutragen, wo sie den Verstand als eine Wissenschaft unterrichtet [...]; sondern Ihnen die Sittenlehre vornehmlich von der Seite zu zeigen, wo sie das Herz rührt, bildet und bessert. [...] Und wie viel Studierende müßten Schulen und Akademien mit einem edlen Herzen und mit gebesserten Sitten verlassen, wenn die Tugend bloß ein Werk der Erziehung und nicht einer göttlichen Veränderung unsers Herzens wäre.«[78]

Tugend sei mehr als ein »Werk der Vernunft«, sondern vielmehr ein Werk der »Religion«[79], und dass damit nicht eine abstrakte ›rationalreligiöse‹ Überzeugung gemeint ist, sondern eine an eine konkrete Form des Christentums gebundene Praxis, wird ebenfalls schon in der Einleitung unmissverständlich klar gemacht: »Suchst du die wahre Weisheit und Zufriedenheit: so suche sie von deiner Jugend an in der Kenntniß und täglichen Ausübung der Religion [...].«[80] Dabei setzt Gellert bei sich und den Hörern allerdings schon die Erfahrung voraus, als Christ einer verachteten Minorität anzugehören:

> »Aber, was wird die große Welt von mir denken, wenn ich so gewissenhaft mich ihren Neigungen und Beyspielen entgegen stelle? Wird sie mich nicht mit dem Namen eines Schwermüthigen, eines Milzsüchtigen, eines Schwärmers [...] bestrafen? Und wie sehr fürchtet sich ein empfindliches Herz vor diesem Namen? Es ist wahr, die Verachtung ist ein fürchterlicher Feind; und ihr zu entgehen haben Tausend der Religion entsaget [...].«[81]

Der Universitätsprofessor wechselt in seiner Vorlesung diesem Programm gemäß laufend seine Rolle mit der eines Predigers, bleibt aber auf der philosophischen Lehrkanzel einer Universität. Das muss, wie man es aus den Erinnerungen Goethes und aus dem großen Zulauf zu Gellerts Auditorium schließen kann, wirkungsvoll und überzeugend gewesen sein, aber offenbar nur im Zusammenhang mit der besonderen Selbstdarstellung Gellerts als »Menschmedium«[82] – mit sichtbar leidendem Körper und hörbar sanfter Stimme voll liebreicher Zuwendung zu den Hörern. In

78 Gellert: Gesammelte Schriften ... (wie Anm. 30), Bd. VI, 7.
79 Ebd.
80 Ebd, 8.
81 Ebd, 48. Wichtig ist auch hier der Hinweis, dass gerade ein »empfindliches Herz« diesbezüglich besonders gefährdet ist.
82 Zu diesem Begriff vgl. Werner FAULSTICH: Einführung in die Medienwissenschaft: Probleme – Methoden – Domänen. München 2002, 25. 199-203.

der postumen Veröffentlichung im Medium der Schrift zeigt sich dagegen nur allzu deutlich der eklektische Charakter und der Mangel eines originären systematischen Ansatzes – in die Geschichte der Moralphilosophie sind diese Vorlesungen ebenso wenig eingegangen wie in die Geschichte der Moraltheologie.

Bei der Nennung von Gewährsleuten und Buchempfehlungen lässt sich – neben dem schon genannten Vertreter der ›Moral-Sense‹-Philosophie Hutcheson – demgemäß eine gewisse Konzentration auf solche Werke und Autoren feststellen, die im Grenzgebiet zwischen philosophischer und theologischer Moral angesiedelt sind.[83] Genannt werden u. a. Johann Lorenz Mosheim,[84] Siegmund Jakob Baumgarten[85] und Christian August Crusius.[86] Die einschlägigen Schriften von Wolff und Gottsched, aber auch die von Thomasius, dessen Position Gellert näher gestanden haben dürfte, werden mit beredtem Schweigen übergangen.

Diskursgeschichtlich interessant werden Gellerts Vorlesungen dann, wenn man sie nach den Begründungen für das Konzept einer abgestuften Hierarchie von Vernunft und Offenbarung befragt, denn eigentlich müsste die Ausstattung des menschlichen ›Herzens‹ mit der »angebohrne[n] Empfindung von dem, was gut oder böse ist«,[87] bzw. das »moralische Gefühl des Guten und Bösen«,[88] ja ausreichen, um tugendhaft leben zu können. Dies tut es aber nicht, denn es gibt auch und allzu oft, wie es in der Einleitung heißt, »das verdorbene Herz«,[89] und um das zur Umkehr zu bewegen, reicht auch die »beste Moral der Vernunft nicht […]. Dieses thut allein die göttliche Kraft der Religion«,[90] und um jede Verwechslung von ›Religion‹ mit der Vernunftreligion auszuschließen, spricht Gellert vom »Licht der Offenbarung« und von der »höhere[n] Kraft der Gnade«.[91] Diese Andeutungen

83 Vgl. Gellert: Gesammelte Schriften … (wie Anm. 30), 117: »Wir haben in unsern Zeiten treffliche Sittenschriften, wo sich das Licht der Religion mit dem Lichte der Vernunft vereiniget, oder worinne die durch die Religion aufgeklärte Vernunft unterrichtet und rühret.«

84 Johann Lorenz Mosheim: Sitten=Lehre der Heiligen Schrift. 4. Aufl. Helmstedt 1753. Zu Mosheim vgl. Löffler: Anthropologische Konzeptionen … (wie Anm. 35), 84; Andres Strassberger: Johann Christoph Gottsched und die »philosophische« Predigt: Studien zur aufklärerischen Transformation der protestantischen Homiletik im Spannungsfeld von Theologie, Philosophie, Rhetorik und Politik. Tübingen 2010, 112-115 u.ö.

85 Siegmund Jakob Baumgarten: Unterricht vom rechtmäßigen Verhalten eines Christen, oder theologische Moral, zum academischen Vortrag ausgefertiget. 3. Aufl. Halle 1744. Zu Baumgarten vgl. Löffler: Anthropologische Konzeptionen … (wie Anm. 35), 84 f.

86 Christian August Crusius: Anweisung vernünftig zu leben, Darinnen nach Erklärung der Natur des menschlichen Willens die natürlichen Pflichten und allgemeinen Klugheitslehren im richtigen Zusammenhange vorgetragen werden. Leipzig 1744. Zu Crusius, dem Hauptgegner des Wolffianismus in Leipzig, vgl. Löffler: Anthropologische Konzeptionen … (wie Anm. 35), 141-153.

87 Gellert: Gesammelte Schriften … (wie Anm. 30), Bd. VI, 24.

88 Ebd, 49.

89 Ebd, 8.

90 Ebd.

91 Ebd.

genügen, um dieses Christentum – mit den impliziten Hinweisen auf das Prinzip ›sola scriptura‹ und auf die Rechtfertigungslehre – konfessionell einzugrenzen.

Der explizit genannte Gegner ist nicht der Katholizismus, der mit Schweigen übergangen wird, sondern der Deismus als prominenteste Verkörperung der Vernunftreligion: »So manche deistischen Schriften«[92] würden beweisen, dass dann, wenn die »leitende Hand der Offenbarung« fehle,

> »sich die verderbten Neigungen des Herzens zu Führerinnen anbieten [...], bis man endlich über alle Grenzen der Pflicht hinaus ist. Wenigstens setzt man sich allezeit einer so großen Gefahr aus, wenn man in dem hellsten Licht der Offenbarung, anstatt sie gehörig zu prüfen, sich entschließen kann, lieber ein Deist zu seyn.«[93]

Es ist wieder das »verdorbene Herz«, auf das kein Verlass ist, und Gellert versucht hier, seine Hörer vor einer – aus seiner Sicht – falschen ›rationalreligiösen‹ Lösung des Problems fernzuhalten, nicht ohne anzudeuten, dass ein solcher Weg in der zeitgenössischen Bibelkritik begründet sein könnte. Deshalb seine Aufforderung, die Offenbarung vor einer Entscheidung für den moralisch riskanten Deismus »gehörig zu prüfen«[94], anstatt sie vorschnell zu verwerfen.

Die Vorzüge einer Moral, die den Geboten der Offenbarung folgt, gegenüber einer rein aus der Vernunft und den Gefühlen hergeleiteten Moral werden von Gellert in der dritten und vierten Vorlesung ausführlich dargelegt. Es fällt dabei auf, dass er den Akzent stark auf die ›innere Wahrheit‹, auf die Übereinstimmung der Offenbarung mit dem Gewissen legt, auf die er schon im »Memorial« hingewiesen hat, während die im »Memorial« stark gemachten Argumente für die Historizität der biblischen Berichte in den Hintergrund treten[95] – möglicherweise eine Reaktion auf die zunehmenden Schwierigkeiten, vor dem akademischen Publikum den Beweis der Historizität der biblischen Berichte noch plausibel zu führen. Die Un-

92 Ebd, 36.

93 Ebd. Vgl. auch ebd, 49, wo die »deistische Tugend« als eine Moral bezeichnet wird, »bey der wir uns selbst genug sind, also keiner Offenbarung [...] bedürfen«.

94 Immerhin gesteht Gellert an anderer Stelle zu, dass ein »vernünftiger und aufrichtiger Deist die höchste Anlage zum Christen hat« (ebd, 56). Er ist wenigstens kein Atheist!

95 In diesem Punkt ist Gellerts Verfahren zukunftsfähig. Der Versuch von Gotthold Ephraim Lessing, im Rahmen des Fragmentenstreits »die christliche Religion mit ihren spezifisch christlichen Glaubensinhalten« (Fick: Lessing ... [wie Anm. 70], 362) zu retten, stützt sich ganz auf die ›innere Wahrheit‹ der christlichen Offenbarungsschriften. Vgl. z. B. Gotthold Ephraim LESSING: Werke: Siebenter Band. Theologiekritische Schriften I und II/ hrsg. von Herbert G. Göpfert; Helmut Göbel. München 1976, 458: »Kurz: der Buchstabe ist nicht der Geist; und die Bibel ist nicht die Religion. Folglich sind Einwürfe gegen den Buchstaben, und gegen die Bibel, nicht eben auch Einwürfe gegen den Geist und gegen die Religion. [...] Auch war die Religion, ehe eine Bibel war. Das Christentum war, ehe die Evangelisten und Apostel geschrieben hatten. [...] Die Religion ist nicht wahr, weil die Evangelisten und Apostel sie lehrten: sondern sie lehrten sie, weil sie wahr ist. Aus ihrer inneren Wahrheit müssen die schriftlichen Überlieferungen erkläret werden, und alle schriftliche Überlieferungen können ihr keine innere Wahrheit geben, wenn sie keine hat.«

terlegenheit der philosophischen Moral wird in der dritten Vorlesung zunächst mit zahlreichen Beispielen für die Schwächen der antiken Moralphilosophien belegt, woraus Gellert dann die Vermutung ableitet, dass die Überlegenheit der modernen Moralphilosophie über die der Antike darauf zurückzuführen sei, dass sie eigentlich, ohne sich dessen bewusst zu sein, vom Christentum beeinflusst sei,[96] also den Charakter eines Säkularisats aufweise – ein nicht uninteressanter Beitrag Gellerts zur ›Querelle des Anciens et des Modernes‹.

In der vierten Vorlesung werden dann die beiden Systeme der Moral in einzelnen Aspekten verglichen. Während die Vernunftmoral wegen ihrer komplizierten Beweisführung »Scharfsinn, und einen geübten Verstand«[97] erfordere und deswegen nur »für wenige, nicht für die Welt«[98] geeignet sei, werde die christliche »mit einer so weisen Einfalt, Deutlichkeit und Kürze vorgetragen, daß sie von dem schwächsten Verstande kann begriffen [...] werden«[99]. Während die Vernunftmoral bestimmte Verhaltensweisen mit Vorteilen »des äußeren Glücks wegen«[100] empfehle und sich nur auf das »äußerliche Betragen«[101] richte, habe die Moral der Religion die »höhere Absicht, nämlich sein ganzes Herz zu ändern«[102], und dies nicht motiviert durch die Aussicht auf Glück und Erfolg, sondern allein aus »Liebe und Dankbarkeit gegen Gott«[103].

Mit dieser Gegenüberstellung zielt Gellert auf einen schwachen Punkt der Aufklärungsmoral aller Richtungen, nämlich die Begründung der Normen und Gebote aus dem System der Eudämonismus, das erst 1780 von Immanuel Kant in seiner »Grundlegung zur Metaphysik der Sitten« einer scharfen – allerdings säkular argumentierenden – Kritik unterzogen worden ist.[104] Gellert geht auf diesen Aspekt

96 Vgl. Gellert: Gesammelte Schriften ... (wie Anm. 30) Bd. VI, 42: »Die Feinde der geoffenbarten Religion rühmen sich in unsern Tagen, daß sie die Pflichten der natürlichen Religion deutlich zu erklären, die Eigenschaften Gottes aus der Vernunft zu beweisen [...] vermögen. Sie rühmen sich mit Recht; aber warum konnten dieses das scharfsinnige Athen und Rom [...] nicht auch? Woher haben sie also ihre richtigen Kenntnisse der philosophischen Moral? Aus der Quelle der Religion, deren sie sich stolz schämen, und die sie undankbar verspotten.« Ebd, 43: »Der Philosoph bildet seinen Verstand durch Wahrheiten der Religion, welche die Vernunft billiget, so bald sie solche erkennet, und welche sie doch ohne die Offenbarung bald nur undeutlich, bald gar nicht sieht.« Auch dies weist auf Lessings Konzeption des Verhältnisses von Vernunft und Offenbarung in »Erziehung des Menschengeschlechts« (1780) voraus.

97 Ebd, 51.

98 Ebd.

99 Ebd.

100 Ebd, 50.

101 Ebd.

102 Ebd.

103 Ebd, 51.

104 Vgl. Immanuel Kant: Werke. Bd. 7/ hrsg. von Wilhelm Weischedel. Frankfurt am Main, 1968.

in der fünften Vorlesung näher ein, wo über Handlungen, die nur in der Absicht getan werden, das äußere Wohlergehen und Glück zu befördern, geurteilt wird, dass »tausend und abertausend solche Handlungen, die die Gestalt der Tugend haben, [...] in Absicht der Quelle, aus der sie fließen, nichts weniger als Tugend [...] und nichts als geschmückte Selbstliebe«[105] seien. Dies sage nicht nur die Offenbarung – Gellert verweist hier auf 1 Kor 13 – sondern auch »das moralische Gefühl [...], wenn wir es nicht durch böse Gewohnheiten und Leidenschaften partheyisch gemacht haben«[106] Die Haltung, mit der diese Gefahr der Verwechslung von ›Tugend‹ und ›Selbstliebe‹ vermieden werden kann, heißt bei Gellert »Demut gegen Gott und Menschen«,[107] die begründet ist im Bewusstsein der prinzipiellen Unvollkommenheit aller menschlichen Handlungen. Wenn Gellert daran anschließend weiter ausführt, dass dem Menschen angesichts dieser Unvollkommenheit am Lebensende als Trost nur die Hoffnung auf die aus dem Erlösungswerk Jesu resultierende Gnade bleibe,[108] bindet er auf diesem Weg auch seine Kritik am Eudämonismus wieder zurück an die Grundsätze der Rechtfertigungslehre.

VIII

Die »Geistlichen Lieder« (1757), zweifellos das erfolgreichste Werk Gellerts, lassen sich in diesem Kontext als Versuch lesen, jene moralischen Gefühle und religiösen Überzeugungen zu erwecken und zu stärken, mit denen man sich gegen die unabweisbaren Anfechtungen der Melancholie, Sinnlichkeit und Glaubenszweifel schützen kann. Die Erweckung von Gefühlen, verbunden mit der Betonung zentraler Glaubenswahrheiten und göttlicher Gebote sowie die Belehrung mit Vernunftargumenten kommen dabei gleichrangig zum Einsatz

Eine erste Gruppe besteht aus Liedern, in denen nach dem tradierten Muster der Physikotheologie der Glaube an Gott aus der Betrachtung der Natur begründet wird. Ein Beispiel ist das Lied »Die Ehre Gottes aus der Natur« (»Die Himmel rühmen des Ewigen Ehre«),[109] das durch die Vertonung Ludwig van Beethovens aus dem Jahr 1803 weite Verbreitung gefunden hat.[110] Im Unterschied aber zu den physikotheologischen Gedichten von Barthold Hinrich Brockes, der einer älteren Generation angehört, in denen neben dem Eindruck der schönen Natur auf die Empfindungen immer auch die vernünftige Einsicht in den sinnreichen Bau der Naturphänomene zum Zuge kommt, reduziert der ›empfindsame‹ Gellert den Gottesbeweis – oder

105 Gellert: Gesammelte Schriften ... (wie Anm. 30), Bd. VI, 66.
106 Ebd.
107 Ebd, 50.
108 Vgl. ebd, 53-55.
109 Gellert: Gesammelte Schriften ... (wie Anm. 30), Bd. II, 115.
110 Vertonungen dieses Textes gibt es auch von Karl Philipp Emanuel Bach, Johann Adam Hiller und Joseph Haydn.

besser: das Gottesgefühl – ganz auf den Eindruck von Schönheit und Erhabenheit der Schöpfung.[111] Die Wirkung des Textes auf christlich sozialisierte Leser oder Hörer wird dadurch intensiviert, dass Gellert sich sehr eng an einen Text der Bibel anschließt; es handelt sich um eine freie Paraphrase von Psalm 19,2-7. Ein weiteres Beispiel für diesen Typus einer ›Physikotheologie der Gefühle‹, wie man das nennen könnte, ist »Preis des Schöpfers« (»Wenn ich, o Schöpfer, deine Macht«)[112], ein Lied, das sich bis heute in den evangelischen und katholischen Gesangbüchern behaupten konnte. Solcherart Texte verlieren freilich ihre Geltung allmählich dann, wenn – seit dem späten 18. Jahrhundert – die philosophischen Argumente gegen diese Art von Gottesbeweis und das damit verbundene Konzept der Theodizee sich zumindest in den Diskursen der Intellektuellen immer stärker durchsetzen.[113] Die Rhetorik der Beethovenschen Vertonung hat allerdings »Die Himmel rühmen« über die Einwände der Vernunft hinweg retten können.

Ganz dem Paradigma konventioneller Aufklärung im Rahmen eines eudämonistischen Moralkonzepts scheinen einige Gedichte verhaftet zu sein, die im Modus einer einfachen Moralpredigt für Studenten daher kommen, wie z. B. »Warnung vor der Wollust«,[114] ein Lied, das man sich gesungen schon damals und noch weniger heute kaum mehr vorstellen kann. Hier wird für die Tugend sexueller Enthaltsamkeit durch die anschauliche Darstellung der langfristigen Folgen der »Wollust« geworben, verbunden mit einem drastischen, auf das Gefühl der Angst zielenden Hinweis auf Geschlechtskrankheiten, wenn es heißt:

> »Die Wollust kürzt des Lebens Tage,
> Und Seuchen werden ihre Plage,
> […].
> Verwesung schändet sein Gesichte,
> Und predigt schrecklich die Geschichte
> Der Lüste, die den Leib verheert.«[115]

Als Hilfsmittel gegen die Versuchungen werden jene Mittel angeboten, die man gewöhnlich als ›bürgerlich‹ bezeichnet, nämlich zum einen Training von Askese in Bereichen, die eigentlich keine Sünde sind, also bei den ›Adiaphora‹ – »Versage dir, dich zu besiegen, / Auch öfters ein erlaubt Vergnügen, / Und steure deiner Sinnlichkeit.«[116] – und zum andern Arbeit – »Entzieh der Wollust ihre Kräfte / Im

111 Vgl. z. B. Gellert: Gesammelte Schriften … (wie Anm. 30), Bd. II, 115: »Kannst du der Wesen unzählbare Heere, / Den kleinsten Staub fühllos beschaun?«

112 Ebd, 141 f.

113 Vgl. z. B. Immanuel Kant: Über das Misslingen aller Versuche in der Theodizee (1791). In: Immanuel Kant: Schriften zur Anthropologie, Geschichtsphilosophie, Politik und Pädagogik. Erster Teil/ hrsg. von Wilhelm Weischedel. Frankfurt am Main 1968, 105-124.

114 Gellert: Gesammelte Schriften … (wie Anm. 30), Bd. II, 135-137.

115 Ebd, 137.

116 Ebd, 135.

Schweiße deines Angesichts.«[117] Das Bibelzitat (1 Mos 3,19) ist wiederum ein Beispiel für das Verfahren der kompensatorischen Ergänzung von Vernunftargumenten durch die Autorität der Offenbarung, womit, wie bei »Die Himmel rühmen«, auch die Wirkung auf Adressaten verstärkt wird, die mit der Sprache der Bibel von Kind an vertraut sind. Neben diesen in gewisser Weise säkularen Ermahnungen stehen Ermunterungen, gemäß den Geboten Jesu zu handeln, so in dem Lied »Die Liebe des Nächsten« (»So jemand spricht: ich liebe Gott!«)[118] mit einer Paraphrase der ›Werke der Barmherzigkeit‹ und des Liebesgebots der Bergpredigt – allerdings unter Ausklammerung der dort formulierten radikalen Forderungen.

Dem Programm der Kompensation von säkularer Moral durch die Offenbarung entsprechend enthält die Sammlung eine Reihe von Liedern, in denen, auch im Hinblick auf die Feste des christlichen Kirchenjahrs, zentrale Themen und Ereignisse der biblischen Heilsgeschichte und ihres dogmatischen Gehalts zum Thema gemacht werden. Wie schon bei den »Moralischen Vorlesungen« kann man auch hier feststellen, dass Gellert an den Punkten, in denen der christliche Glaube in Gestalt der lutherischen Konfession über die Metaphysik der rationalistischen Aufklärung hinausgeht – Inkarnation, Erlösung durch das Opfer Christi, Rechtfertigung aus der Gnade, Pflicht zur Nächstenliebe – daran korrekt festhält, dabei aber die Anfechtungen durch den Geist der Gegenwart nicht verschweigt. Ein eindrückliches Beispiel ist die Auseinandersetzung mit Einwänden gegen die Theologie der Erlösung durch das Kreuz im »Passionslied«[119], wo das Ich »trotz allen frechen Spottes«[120] an seinem Glauben festhalten will. Der Gedanke, dass ein Mensch geopfert werden musste, um Gott mit der Menschheit zu versöhnen, bereitete ja im 18. Jahrhundert nicht unerhebliche Probleme, die Satisfaktionstheorie Anselm von Canterburys ließ sich mit dem Weltbild der Aufklärung nur mehr schwer in Einklang bringen.[121]

Ein weiteres Beispiel für die implizite Auseinandersetzung mit der Kritik an der Erlösungstheologie ist das Lied »Trost der Erlösung«[122], wo sich wieder die charakteristische Kombination eines Appells an die allgemeinmenschlichen Gefühle mit einem Bibelzitat – hier ist es Hiob 19,25-26 – finden lässt:

> »Nein, diesen Trost der Christenheit
> Soll mir kein frecher Spötter rauben;
> Ich fühle seine Göttlichkeit,
> Und halte fest am Glauben.
> […]

117 Ebd.

118 Ebd, 151-153.

119 Ebd, 171-173.

120 Ebd, 173

121 Vgl. Gunther Wenz: Geschichte der Versöhnungslehre in der evangelischen Theologie der Neuzeit. Bd. I. München 1984.

122 Gellert: Gesammelte Schriften … (wie Anm. 30), Bd. II, 142-144.

Ich weis, daß mein Erlöser lebt,
Daß ich, erwecket aus der Erde,
Wenn er sich zum Gericht erhebt,
Im Fleisch ihn schauen werde.«[123]

Das Hiob-Zitat galt als eine der wenigen Stellen, wo schon im Alten Testament die Auferstehung des Fleisches verkündigt worden ist.[124] Und es fällt hier auf, dass ein Wort aus dem Wortfeld des ›Wissens‹ für das Zitat aus der Bibel reserviert ist, während die Erfahrung der Transzendenz in der erfahrbaren Immanenz mit Worten aus dem Wortfeld des ›Fühlens‹ und des ›Glaubens‹ bezeichnet wird. Der Erfolg eines solchen Verfahrens steht und fällt, wie man auch hier wieder sieht, mit der Anerkennung der Autorität der Bibel, weswegen auch ein Gedicht in die Sammlung der »Geistlichen Lieder und Oden« eingefügt ist, das einen starken emotionalen Appell zur Abwehr der Bibelkritik formuliert, ohne auf deren Argumente einzugehen: »Ermunterung die Schrift zu lesen«[125]

»Drum laß dich, frommer Christ, durch keine Zweifel kränken.
[…]
Verehre stets die Schrift; und siehst du Dunkelheiten:
So laß dich deinen Freund, der mehr als du siehst, leiten.
Ein forschender Verstand, der sich der Schrift geweiht,
Ein angefochtnes Herz, hebt manche Dunkelheit.
[…]
Verachte christlich groß des Bibelfeindes Spott;
Die Lehre, die er schmäht, bleibt doch das Wort aus Gott.«[126]

IX

Der vergleichsweise frühe Tod, den Gellert nach den Berichten seiner Freunde geradezu wie nach einem Lehrbuch der christlichen ›Ars moriendi‹ zelebrierte, im Jahr 1769 hat ihm eine Reihe von Erfahrungen der Siebziger Jahre des 18. Jahrhunderts erspart, die sein Konzept guten und richtigen Lebens in große Bedrängnis gebracht hätten. Die Heldin von Lessings Drama »Emilia Galotti«(1772) ist sich so unsicher über ihre Gefühle, dass sie lieber den Tod wählt als sich in die Gefahr der Verführung zu begeben:

123 Ebd, 143.
124 Der Sinn dieser Bibelstelle wurde aber schon einige Jahre später in den von Lessing publizierten Reimarus-Fragmenten mit philologischen Argumenten gegen die gängige Übersetzung in Frage gestellt, und zwar zur Untermauerung der These, dass es im Alten Testament noch gar keinen Glauben an die Unsterblichkeit gegeben habe. Vgl. Lessing: Werke … (wie Anm. 95), 416 f.
125 Gellert: Gesammelte Schriften … (wie Anm. 30), Bd. II, 169 f.
126 Ebd, 170.

»Ich habe Blut. mein Vater, so jugendliches, so warmes Blut als eine. Auch meine Sinne, sind Sinne. Ich stehe für nichts. Ich stehe für nichts gut. Ich kenne das Haus der Grimaldi. Es ist das Haus der Freude. Eine Stunde da, unter den Augen meiner Mutter; – und es erhob sich so mancher Tumult in meiner Seele, den die strengsten Übungen der Religion kaum in Wochen besänftigen konnten!«[127]

Das liest sich so, wie wenn Emilia in Gellerts »Moralischen Vorlesungen« gesessen hätte, aber feststellen muss, dass das Konzept bei ihr – die sich hier offenbar als jugendliche Sanguinikerin beschreibt – nichts fruchtet.

In der Literatur der nachfolgenden Generation, in der Literaturgeschichte als Literatur des ›Sturm und Drang‹ bezeichnet, wird – weitgehend unter Verzicht auf moralisch-religiöse Wertung – dann häufig dargestellt, zu welchen Katastrophen entfesselte Gefühle führen, wobei die Vergeblichkeit einer Kontrolle durch Vernunft oder Religion wiederum zum Thema gemacht wird – Goethes »Werther« (1774) und die Dramen von Jakob Michael Reinhold Lenz sind dafür eindrückliche Beispiele.

Der von Lessing mit der Veröffentlichung der Reimarus-Papiere ausgelöste ›Fragmentenstreit‹ verändert dann auch grundlegend die Einschätzung des Verhältnisses von Vernunft und Offenbarung sowie von Bibel und christlichem Glauben in den Intellektuellendebatten im letzten Drittel des 18. Jahrhunderts,[128] so dass Gellerts Versuch einer kompensatorischen Synthese auch von dieser Seite an Überzeugungskraft verliert. In den Debatten der nächsten Jahrzehnte haben deswegen andere Reaktionen auf die Argumente der Bibelkritik Karriere gemacht. Eine dieser Reaktionen ist uns schon in Goethes »Dichtung und Wahrheit« begegnet: die respektvolle Lektüre der Bibel als unübertroffen reiches Buch über »menschliche Dinge«. Eine andere Reaktion stammt aus dem Kreis der Frühromantiker um Friedrich Daniel Ernst Schleiermacher, Friedrich Schlegel und Friedrich von Hardenberg, nämlich der letztlich von Lessing herrührende Gedanke, dass die Bibel zwar ein Buch sei, das Offenbarungen der Transzendenz enthalte, aber einstweilen nur ein »roher, abstrakter Entwurf«[129] der Religion sei, wie es bei Hardenberg einmal heißt, den man durch immer neue Erzählungen von eigenen religiösen Erfahrungen in einem unendlichen Prozess zur ›wahren‹ Bibel als dem

127 Gotthold Ephraim Lessing: Werke: Zweiter Band: Trauerspiele. Nathan. Dramatische Fragmente/ hrsg. von Herbert G. Göpfert; Gerd Hillen. München 1971, 202.

128 Vgl. die klare und übersichtliche Darstellung bei Fick: Lessing-Handbuch … (wie Anm. 70), 344-375.

129 Novalis Schriften: Die Werke Friedrich von Hardenbergs. Bd. 3: Das philosophische Werk II/ hrsg. von Richard Samuel; Hans Joachim Mähl; Gerhard Schulz. 3. Aufl. Stuttgart 1983, 512. Vgl. auch Friedrich Daniel Ernst Schleiermacher: Kritische Gesamtausgabe. Abteilung I. Bd. 2 /hrsg. von Hans-Joachim Birkner u. a. Berlin; New York 1984, 243: »Nicht der hat Religion, der an eine heilige Schrift glaubt, sondern welcher keiner bedarf, und wohl selbst machen könnte.« Vgl. auch 323: »Die heiligen Schriften sind Bibel geworden aus eigener Kraft, aber sie verbieten keinem andern Buch auch Bibel zu sein oder zu werden […].«

Buch aller Bücher erst vollenden müsse. Im Herbst des Jahres 1799, in dem diese Gedanken formuliert wurden, schien es auch die Möglichkeit einer Überwindung der neuzeitlichen Konfessionalität und der Gründung eines transkonfessionellen romantischen Christentums auf der Basis der ins Unendliche forterzählten Bibel zu geben, aber nur für einen kurzen Moment der Sedisvakanz des päpstlichen Stuhls von August 1799 bis März 1800.[130]

130 Vgl. Ludwig Stockinger: Provokantes Christentum: Friedrich von Hardenbergs Beitrag zum Jenaer Romantikertreffen im November 1799. In: Das Jenaer Romantikertreffen im November 1799: ein romantischer Streitfall/ hrsg. von Dirk von Petersdorff; Ulrich Breuer. Paderborn 2015, 41-64.

»Zu Olivier's Volksbilderbibel«?

Über die Entstehung der »Erzählungen aus dem Leben Jesu« von Wilhelm Hey von 1838[1]

Von Saskia Pütz

Abb. 1: Friedrich Olivier: Geburt Christi. Aus: Volks-Bilder-Bibel in funfzig bildlichen Darstellungen ... (wie Anm. 49), Abb. IV.

»Zu Olivier's Volksbilderbibel« – mit diesem kurzen wie ungewöhnlichen Zusatz erschienen 1838 die »Erzählungen aus dem Leben Jesu« von Wilhelm Hey (* Leina

1 Vortrag gehalten auf der Jahrestagung der Gesellschaft für Thüringische Kirchengeschichte am 1. September 2012.

bei Gotha 1789 – † Ichtershausen 1854). Heys Text ist somit deutlich als Kommentarband – »für die Jugend dichterisch bearbeitet« – zu der Bilderbibel von Friedrich Olivier ausgewiesen, die schon drei Jahre früher veröffentlicht wurde. Allerdings waren die Bilder Oliviers[2] bei ihrer Veröffentlichung bereits mit Erläuterungen von Gotthilf Heinrich Schubert versehen. In welchem Verhältnis stehen nun die Verse Heys zu den Kompositionen Oliviers? Wollte er den Kommentar von Schubert ergänzen? Oder lediglich an die Popularität der Bilderbibel anknüpfen?

Das »Leben Jesu Christi« von Friedrich Olivier zählte schließlich zu den bekanntesten Bilderbibeln des 19. Jahrhunderts. Natürlich gab es frühere illustrierte Bibelausgaben, beziehungsweise Bibelhandschriften, diese sind bereits aus dem 4. Jahrhundert erhalten.[3] Der Begriff »Bilderbibel« bezeichnet dabei alle Folgen bildlicher Darstellungen aus der biblischen Geschichte mit oder ohne Text und Erläuterungen und umfasst sowohl illustrierte Bibeln wie lose oder gebundene Bilderfolgen. Nach einem ersten Höhepunkt der Bibelillustration im 16. Jahrhundert im Zuge von Luthers Bibelübersetzung von 1522, sank das Interesse daran im 18. Jahrhundert deutlich ab und damit vor allem auch die künstlerische Qualität. Erst im 19. Jahrhunderts bekam diese Text- und Bildgattung einen erneuten Auftrieb, der zu einer Reihe neuer Publikationen vor allem in der zweiten Hälfte des Jahrhunderts führte. Oliviers Bilderbibel ist dabei von besonderer Bedeutung, da sie eine der ersten dieser »neuen« Bilderbibeln ist, die im 19. Jahrhundert realisiert wurden. Und sie gehört zu den drei erfolgreichsten deutschen Bilderbibeln des 19. Jahrhunderts. Die anderen beiden stammen von Friedrich Overbeck, 1850-1852, und Julius Schnorr von Carolsfeld, 1860, beides Weggefährten von Friedrich Olivier. Bis ins 20. Jahrhundert hinein erfuhr Oliviers Bilderbibel immer wieder neue Auflagen. Soweit sind nur drei frühere Bibelprojekte bekannt: die illustrierte Darstellung des Alten Testaments von Joseph Führich, die sieben Jahre früher, 1827,[4] veröffentlicht wurde, dann eine heute leider nicht mehr bekannte illustrierte Schulbibel von Ludwig Richter, die den Quellen nach 1832 publiziert wurde,[5] und

2 Gestochen von Heinrich Merz.

3 Jutta Assel: Deutsche Bilderbibeln im 19. Jahrhundert: insbesondere nazarenische Bilderfolgen zum Alten und/oder Neuen Testament. In: Julius Schnorr von Carolsfeld: die Bibel in Bildern und andere Biblische Bilderfolgen der Nazarener/ hrsg. von Irmgard Feldhaus; Jutta Assel (Neuss, Clemens-Sels-Museum 28.11.1982 – 27.2.1983). Neuß 1982.

4 Bildliche Darstellung der Geschichte des Alten Testaments mit 75 Kupferstichen: nach Joseph Führich und mit einem ausführlichen Text von Joseph Deveri. Prag 1827.

5 Franz Ludwig Zahn: Biblische Historien, nach dem Kirchenjahre geordnet, mit Lehren, Liederversen und Schul-Liturgien versehen, mit Angabe des mit den Historien gleichlaufend zu ertheilenden Katechismusunterrichts, für Schüler, Lehrer und Familienväter. Mörs am Rhein; Dresden 1832. Die Ausgabe enthält 40 Lithographien, 14 davon von Ludwig Richter, siehe Karl Budde: Adrian Ludwig Richter: Maler und Radierer. Verzeichnis seines gesamten graphischen Werkes von Johann Friedrich Hoff, unter Mitwirkung von Eugen

schließlich die unvollendete und nahezu unbekannt gebliebene »Geschichte des Reiches Gottes, nach der heiligen Schrift« von Wilhelm von Kügelgen, der seine ersten vier Hefte in loser Folge von 1831 bis 1834 und dann 1845 veröffentlichte, bevor er das Unternehmen abbrach.[6]

Abb. 2: Wilhelm von Kügelgen: Jakobs Kampf mit dem Engel, Kupferstich, 1834. Aus: Geschichte des Reiches Gottes ... (wie Anm. 6).

Born, Karl Hobrecker, Walther Hoffmann und Otto Martin. 2. Aufl. Freiburg i. Br. 1922, 346, Nr. 3258-3271.

6 Die Geschichte des Reiches Gottes, nach der heiligen Schrift: in Bildern von Wilhelm von Kügelgen/ mit andeutendem Texte hrsg. von D. Friedrich Adolf Krummacher. 1. bis 4. Heft mit je 7 Kupfertafeln [unvollendet]. Essen 1831-1845.

Im Gegensatz zu Oliviers Bibel stießen die anderen frühen Publikationen jedoch auf keine große Resonanz im Publikum und waren nicht sehr verbreitet. Alle anderen illustrierten Bibel-Projekte, ob nun ganze Bibeln oder Bilder aus der Bibel, wurden erst sehr viel später realisiert. Hier wäre vor allem das Bibel-Gemeinschaftsprojekt zu nennen, an dem eine ganze Reihe von prominenten Künstlern beteiligt waren, darunter Julius Schnorr von Carolsfeld, Ludwig Richter, Friedrich Overbeck, Eduard Bendemann und andere. Ihre mit 175 Holzschnitten reich illustrierte Bibel erschien von 1846 bis 1850 bei Cotta in Stuttgart.[7] Overbeck hatte die Publikation

Abb. 3: Julius Schnorr von Carolsfeld: Der vierte Schöpfungstag, Holzstich. Aus: Die Bibel in Bildern (wie Anm. 9), Abb. 4.

Abb. 4: Julius Schnorr von Carolsfeld: Kain erschlägt Abel, Holzstich. Aus: Die Bibel in Bildern (wie Anm. 9), Abb. 13.

seiner eigenen illustrierten Bibelausgabe zwei Jahre später, 1852, abgeschlossen.[8] Weitere acht Jahre darauf, 1860, erschien dann erst die umfangreiche, mit 240 Holzschnitten ausgestattete Bilderbibel von Schnorr.[9]

---

7 Die Bibel oder die Heilige Schrift des Alten und Neuen Testaments nach der deutschen Übersetzung von Dr. Martin Luther mit 175 Holzschnitten nach Zeichnungen der ersten Künstler Deutschlands. Stuttgart; München 1850.

8 Darstellungen aus den Evangelien nach 40 Originalzeichnungen von Fr. Overbeck. Düsseldorf 1850/52; siehe dazu: Julius Schnorr von Carolsfeld (wie Anm. 3), 29, Kat. Nr. 20. 22, sowie Margaret Howitt: Friedrich Overbeck: sein Leben und Schaffen. Nach seinen Briefen und andern Documenten des handschriftlichen Nachlasses geschildert/ hrsg. von Franz Binder. Bd. 2. Freiburg i. Br. 1886 (ND Bern 1971), 426 f.

9 Die Bibel in Bildern: 240 Darstellungen erfunden u. auf Holz gezeichnet von Julius Schnorr von Carolsfeld. Erklärungen von Heinrich Merz. Leipzig 1860; vgl. Sigrid Nagy: Julius Schnorr von Carolsfelds »Bibel in Bildern« und ihre Popularisierung. Würzburg 1999 und Sigrid Metken: Nazarener und nazarenisch: Popularisierung und Trivialisierung

I Heys und Perthes' gemeinsame Idee einer illustrierten Geschichte Jesu Christi

Es scheint also, als hätte Hey die populäre Bilderbibel Oliviers als Anlass genommen, um zusätzlich zu den Erläuterungen von Schubert einen dichterischen Kommentar für die Jugend zu den Bildern zu verfassen. Dieser Eindruck steht in merkwürdigem Widerspruch zu einem erhaltenen, bisher unpublizierten Brief des Verlegers Friedrich Perthes (*Rudolstadt 1772 – †Gotha 1843) an Wilhelm Hey vom Februar 1834. Daraus geht hervor, dass der Plan zu der bebilderten und dichterischen Bearbeitung des Lebens Jesu bei dem Dichter und dem Verleger schon lange vor der Veröffentlichung der Olivier'schen Volksbilderbibel bestand und sogar bereits in die Tat umgesetzt wurde. So erklärt Perthes sich in dem Brief mit dem Titel einverstanden und lässt Hey völlige Freiheit bei der Stoffauswahl der einhundert geplanten Episoden aus dem Leben Jesu, von denen die ersten bereits bearbeitet vorlagen:

»Und nun wohl zu dem was Ihnen am Herzen liegt, wie mir auch: zum Leben Jesu in Bildern u.s.w. welchen Tittel ich vollkommen angemessen finde.

Ich kann nicht beurtheilen wie Sie die Thaten und Züge Jesu zu Ihren Dichtungen gewählt haben, ob noch andre dazu kommen und dagegen welche der jetzt gewählten wegfallen – darinn vertraue ich vollkommen Ihrem frommen Sinn, Ihrem Dichter-Talent, Ihrem Geschmack, Ihren Erfahrungen bei den Kindern und beim Unterricht.

Eben so kann ich das Weglassen der Parabeln nicht anders als billigen, da das Wirkliche im Leben Jesu selbst ausreichend Stoff darbietet.

Also bin ich dann über das was Sie zu liefern gedenken ganz übereinstimmend mit Ihnen – und hier zieht die Frau Louise mit ihrer Meinung, daß ich etwas unpassend finden würde, den Kürzern – was aber die Ausführung anbelangt so sind der scharfen Frau Bedenken mehr begründet.

Es fragt sich ob Künstler, die in den Dichtungen aufgestellten Handlungen, bildlich darstellbar finden? – und wenn dies, wie ich überzeugt bin daß sie darstellbar sind: finden wir diese Künstler? Unsern Fabelbildner[10] traue ich für diese Darstellungen nicht, schon nicht als Menschen-Zeichner – und die Aufgabe ist hoch, tief und schwer – da in den letzten Bildern auch die verherrlichte Persönlichkeit Christi gegeben werden soll. Gewiß sind Overbeck u. Schnorr die rechten Meister dafür und so müssen wir auf diese Anlauf nehmen. Um nun aber einen vollständigen Begriff unsers Vorhabens zu geben, ist erforderlich daß ich Bunsen nicht allein Ihre Ansichten genau vorlege, sondern auch das Verzeichnis der ausgewählten 100 Erzählungen sende und so auch die ersten sechzehn Dichtungen selbst.

---

eines Kunstideals. In: Die Nazarener (Frankfurt am Main, Städelsches Kunstinstitut und Städtische Galerie, 28.4. – 28.8.1977)/ hrsg. von Klaus Gallwitz, Henri Dorra und Paul Eich. Frankfurt am Main 1977, 365-388. Schnorrs Bibel fand vor allem in evangelischen Gegenden ungemeine Verbreitung. Sie dürfte die wohl bekannteste Publikation ihrer Art sein, die bis weit ins 20. Jahrhundert hinein immer wieder neue Auflagen erfuhr.

10 Gemeint ist Otto Speckter, der Zeichner der »Fünfzig Fabeln für Kinder«, die 1833 bei Perthes erschienen waren.

Ich lasse beides jetzt auf ganz feines Papier abschreiben.
Genehmigen Sie diese Sendung an Bunsen? – Sollte es nicht sayn, so bitte ich mit erstem Boten um Nachricht, denn ich muß diese Woche noch nach Rom schreiben.
Ich hoffe es gelingt uns zum Ziele zu gelangen, also arbeiten Sie nur fort. Mit dem Anfang der Parabeln, die ich nicht gern missen möchte, findet sich's künftig.«[11]

In einem weiteren Brief vom Oktober desselben Jahres betont Perthes noch einmal die Bedeutung der bildlichen Darstellung und damit zugleich die Vorgängigkeit von Heys Gedichten. Die Bilder werden gewissermaßen zum Maßstab für die Güte der Verse erhoben, da sie durch diese angeregt und zur richtigen Auffassung geleitet werden sollen:

»Auch Ihren Brief an M. d. A. P., Ihre biblischen Erzählungen betreffend, habe ich gelesen – darüber jetzt aber noch weiter sich zu besprechen, hatte ich nicht anders Zeit: – die Künstler werden entscheiden: werden diese durch den Dichter zur lebendig treffenden Darstellung geleitet – so ist das Gegebene das richtig Wahre. Es gehen mir aber bei dieser Veranlassung ganz abgesehen von Ihren Darstellungen für die Jugend, durch Sinn u Geist manche Betrachtungen, über den Fortgang in der christlichen Kirchengeschichte, der die Vorstellung von dem Gott-Christus gewinnt und über die menschliche Hinreichung zu dem Göttlichen in der menschlichen Person Jesu. Darüber mündlich.«[12]

Es zeigt sich deutlich, dass Heys dichterische Bearbeitung der Jesusgeschichte ursprünglich als Vorlage für eine bildkünstlerische Umsetzung gedacht war und kein nachträglicher Kommentar, wie der Zusatz »Zu Olivier's Volksbilderbibel« suggeriert. Wie kam es dann, dass Perthes zunächst die Bilder Oliviers dazu noch mit dem Kommentar von Schubert veröffentlichte und erst drei Jahre später die Verse von Hey, zudem reduziert auf die Hälfte der ursprünglich geplanten einhundert Erzählungen? Was war inzwischen passiert? Und worin bestand überhaupt die Motivation zu einem so aufwändigen Projekt?

II Perthes' religiöse Motivation

Perthes' Interesse an diesem Bibel-Projekt ging weit über das rein Verlegerische hinaus. Und auch die Beziehung zwischen ihm und Hey war nicht rein beruflicher Art, sondern in ihrem gemeinsamen Glauben begründet. Perthes war zu Beginn seiner Hamburger Zeit, also ab 1793, in intensiven Kontakt mit Vertretern eines persönlichen und konfessionsübergreifenden Christentums getreten, allen voran Matthias Claudius,[13] der als einer der wichtigsten Vorläufer der norddeutschen Er-

11 Brief von F. Perthes an W. Hey vom 10.2.1834 (StA Hamburg: Perthes NL I, Mappe 19 d, Bl. 35 f).

12 Brief von F. Perthes an W. Hey vom 14.10.1834 (StA Hamburg: Perthes NL I, Mappe 19 d, Bl. 39).

13 Claudius galt als einer der besten Kenner der lutherischen Theologie seiner Zeit, wenn auch seine theologiegeschichtliche Einordnung heute sehr schwer fällt, siehe Jörg-Ulrich Fechner: Literatur als praktische Ethik: das Beispiel des Wandsbecker Bothen von Matt-

weckung bezeichnet werden kann.[14] Durch die Heirat mit dessen Tochter Caroline hatte Perthes ab 1797 ein besonders nahes Verhältnis zu ihm.[15] Darüber hinaus hatte der junge Buchhändler und Verleger enge Verbindungen zu den konservativ-pietistischen Adelskreisen in Holstein um die Brüder Stolberg sowie die Erweckten

hias Claudius. In: Aufklärung und Pietismus im dänischen Gesamtstaat 1770-1820/ hrsg. von Hartmut Lehmann; Dieter Lohmeier. Neumünster 1983, 217-230, bes. 218; MATTHIAS CLAUDIUS 1740-1815: Leben, Zeit, Werk. Internationales Interdisziplinäres Symposium der Lessing-Akademie, Wolfenbüttel, 1.-5. Oktober 1990 (Wolfenbütteler Studien zur Aufklärung; 21)/ hrsg. von Jörg-Ulrich Fechner. Tübingen 1996; Ute MENNECKE-HAUSTEIN: Die Nordwestpassage entdecken: zur religiösen Identität und Wirkungsabsicht von Matthias Claudius' Wandsbecker Bothen. Pietismus und Neuzeit: Jahrbuch zur Geschichte des neueren Protestantismus 26 (2001), 121-126. 143-146; Anne CONRAD: Wahrheit überall?: Esoterik, Toleranz und Konfessionsbewußtsein bei Matthias Claudius. In: Zeitenwenden: Herrschaft, Selbstbehauptung und Integration zwischen Reformation und Liberalismus/ hrsg. von Jörg Deventer, Susanne Rau und Anne Conrad (Festgabe für Arno Herzig zum 65. Geburtstag). Münster [u.a.] 2002, 359-382, bes. 357; Anselm STEIGER: Matthias Claudius (1740-1815): Totentanz, Humor, Narretei und Sokratik. Heidelberg 2002, 9-16, sowie Siobhán DONOVAN: Der christliche Publizist und sein Glaubensphilosoph: zur Freundschaft zwischen Matthias Claudius und Friedrich Heinrich Jacobi. Würzburg 2004, 58-60, dort jeweils weitere bibliographische Angaben. Claudius griff vor allem ab den 1780er Jahren eigenständig auf die reformatorischen Grundlagen der Theologie zurück und entwickelte eine undogmatische Mittlerstellung zwischen Pietismus und Spätaufklärung, die Jörg-Ulrich Fechner als eine sowohl rationalistisch als auch emotional von der Brüderlichkeit Christi geprägte »natürliche Religion« charakterisiert, Fechner: Literatur … (wie Anm. 13), 222. Claudius ist in seiner Religiosität heterogen: Einerseits trägt er eindeutig aufklärungskritische Züge und war vor allem in theologischer Hinsicht ein entschiedener Kritiker des Rationalismus und einer Verabsolutierung der Vernunft. Andererseits kann bei ihm auch eine durchaus positive Verwurzelung im Denken der Aufklärung konstatiert werden, siehe Steiger: Matthias Claudius … (wie Anm. 13), 10. 13. 17-20. So betonte er das Gefühl und trat gleichzeitig für eine rationale Apologie des christlichen Glaubens und der biblischen Offenbarung ein mit einer sehr toleranten und weltoffenen Religionsauffassung, siehe Friedrich LOOFS: Zum Gedächtnis des Wandsbecker Boten. Theologische Studien und Kritiken: eine Zeitschrift für das gesamt Gebiet der Theologie 88 (1915), 173-223. 273-366, bes. 279-287. 309-316. 337-363; Fechner: Literatur … (wie Anm. 13), 220, Mennecke-Haustein: Die Nordwestpassage … (wie Anm. 13), 121; Conrad: Wahrheit … (wie Anm. 13), 371-378, sowie Donovan: Der christliche Publizist … (wie Anm. 13), 184.

14 Hartwig Harms und Ute Mennecke-Haustein haben Claudius als wichtigen Vorläufer der norddeutschen Erweckung bezeichnet, der ebenso wie Klopstock bedeutende Impulse für den religiösen Aufbruch lieferte, Hartwig HARMS: Hamburg und die Mission zu Beginn des 19. Jahrhunderts: kirchlich-missionarische Vereine 1814 bis 1836. Hamburg 1973, 21; Mennecke-Haustein: Die Nordwestpassage … (wie Anm. 13), 119.

15 Zum Verhältnis von Perthes und Claudius, siehe Saskia PÜTZ: Philipp Otto Runge zwischen Aufklärungstheologie und Erweckungsbewegung. In: Kosmos Runge: das Hamburger Symposium/ hrsg. von Markus Bertsch, Hubertus Gaßner und Jenns Howoldt. München 2013, dort weitere Literatur.

am Niederrhein um die Gräfin Gallitzin und die Brüder Droste-Visschering.[16] Diese tendenziell anti-rationalistische, neupietistische Orientierung spiegelte sich auch in Perthes' Verlagsprogramm dieser Zeit wider, dessen wichtigste Werke in der Hamburger Anfangsphase die letzten Teile von Claudius' Werkausgabe (1797-1812) waren sowie Friedrich Wilhelm Schellings »Von der Weltseele« (1798) und Friedrich Leopold von Stolbergs »Geschichte der Religion Jesu Christi« (1806-1818). Auch Claudius' Streitschrift »An den Naber mit Radt«, in der er eindeutig Stellung für einen eng an Luther und der Bibel orientierten Glauben an Christus bezog und mit der er in der religiösen Auseinandersetzung der pietistisch-orthodoxen Landadligen von Reventlow gegen den kirchlich-universitären Rationalismus für seine Holsteiner Freunde eintrat, wurde noch im gleichen Jahr 1805 in einer übersetzten hochdeutschen und damit breitenwirksamen Fassung von Perthes veröffentlicht.[17]

Später wandte sich Perthes zunehmend der Erweckungstheologie zu. Er hatte Umgang mit den wichtigsten Vertretern der Erweckungsbewegung in Hamburg wie

---

16 Neben anderen frommen Kreisen ordnet Martin Brecht Claudius und den Emkendorfer Kreis um Friederike Juliane und Friedrich Karl von Reventlow sowie Johann Caspar Lavater der nachaufklärerischen Phase des Pietismus zu, der sich gegen den theologischen Rationalismus wandte und zur Erweckungsbewegung des 19. Jahrhunderts überleitete, siehe Martin Brecht: Der Spätpietismus: ein vergessenes oder vernachlässigtes Kapitel der protestantischen Kirchengeschichte. Pietismus und Neuzeit: Jahrbuch zur Geschichte des neueren Protestantismus 10 (1984), 124-151; ders.: Spätpietismus und Erweckungsbewegung. In: Erweckung am Beginn des 19. Jahrhunderts: Referate einer Tagung an der Freien Universität Amsterdam, 26.-29. März 1985/ hrsg. von Ulrich Gäbler; Peter Schramm. Amsterdam 1986, 1-22, bes. 5 f. 18. 22.

17 [Matthias Claudius]: An den Nachbar mit Rath: »Sendschreiben an Sr. hochgräflichen Excellenz den Herrn Grafen Friederich von Reventlow, Ritter vom Dannebrog, Geheimen-Rath und Curator der Universität Kiel« Von einem Holsteiner. Aus dem Plattdeutschen ins Hochdeutsche übersetzt von einem Freunde alter deutscher Art [Friedrich Perthes]. Hamburg 1805; Matthias Claudius: Werke in einem Band. München 1968, 955. Zu Claudius' Flugschrift siehe Carl Mönckeberg: Matthias Claudius: ein Beitrag zur Kirchen- und Litterar-Geschichte seiner Zeit (Gallerie hamburgischer Theologen; 6) Hamburg 1869, 347-349; Loofs: Zum Gedächtnis … (wie Anm. 13), 321-337, sowie Otto Brandt: Geistesleben und Politik in Schleswig-Holstein um die Wende des 18. Jahrhunderts. 2. Aufl. Kiel 1927, 235 f. – Wie in Hamburg war auch die Mehrzahl der protestantischen Geistlichen in Schleswig-Holstein Anhänger des theologischen Rationalismus, vgl. Hans Nicolai Andreas Jensen: Schleswig-Holsteinische Kirchengeschichte nach hinterlassenen Handschriften/ überarb. und hrsg. von Andreas Ludwig Jakob Michelsen. Bd. 4. Kiel 1879, 297-299. Zu den religiösen Auseinandersetzungen in Schleswig-Holstein und Claudius' Stellung darin vgl. Loofs: Zum Gedächtnis … (wie Anm. 13), 326-335; Jendris Alwast: Die Aufklärungszeit. In: Kirche im Umbruch/ hrsg. vom Verein für Schleswig-Holsteinische Kirchengeschichte (Schleswig-Holsteinische Kirchengeschichte; 5). Neumünster 1989, 40-42; Dieter Lohmeier: Matthias Claudius und Schleswig-Holstein. In: Matthias Claudius: 250 Jahre Werk und Wirkung/ hrsg. von Friedhelm Debus (Symposium der Joachim Jungius-Gesellschaft der Wissenschaften Hamburg; 31. August-2. September 1990). Göttingen 1991, 234-238; Brandt: Geistesleben … (wie Anm. 17), 176-246.

Martin Hudtwalcker, Karl Sieveking und Ferdinand Beneke.[18] 1814 war er Mitbegründer der Hamburgisch-Altonaischen Bibelgesellschaft. Perthes hielt an dieser religiösen Überzeugung fest, wie seine späteren Verlagsprodukte zeigen, so vor allem die ab 1828 herausgegebene[19] Zeitschrift »Theologische Studien und Kritiken: Zeitschrift für das gesammte Gebiet der Theologie«, die zum maßgeblichen Organ der protestantischen Vermittlungstheologie in der Tradition Schleiermachers wurde. An der Gründung und programmatischen Formulierung der Zeitschrift waren die überwiegend erweckungstheologisch beeinflussten, führenden Theoretiker der Vermittlungstheologie beteiligt.[20] Dass diese Verlagsprodukte der persönlichen Haltung Perthes' entsprachen sei deshalb besonders hervorgehoben, da Perthes bereits zu Lebzeiten 1822 in einem öffentlich ausgetragenen Streit mit Johann Heinrich Voß vorgeworfen wurde, sich nur von ökonomischen Interessen leiten zu lassen. Eine Meinung, die sich selbst in der jüngeren Literatur über Perthes noch wieder findet.

Seit seiner Übersiedelung nach Gotha 1822 vermisste Perthes den religiösen Hamburger Kreis und den damit verbundenen Austausch, wie er 1828 an Hudtwalcker schrieb.[21] In Wilhelm Hey fand er dann jedoch einen gleichgesinnten Vertrauten.[22]

III Heys religiöse und pädagogische Interessen

Der Pfarrer stammte aus einer orthodox-lutherischen Pastorenfamilie und gilt als Vertreter der so genannten evangelischen Erweckungsbewegung in Thüringen. Seit seinem Theologie-Studium in Göttingen von 1810 bis 1811 war er eng mit

18 Rudolf Kayser: Henri Merle d'Aubigné und die Anfänge der Erweckung in Hamburg. Zeitschrift des Vereins für Hamburgische Geschichte 30 (1929), 106-135.

19 Herausgeber waren Carl Christian Ullmann und Friedrich Wilhelm Carl Umbreit.

20 Friedrich Lücke, Carl Immanuel Nitzsch und Johann Karl Ludwig Gieseler. Insbesondere Ullmann, ein stark an Schleiermacher orientierter Freund und Kollege Richard Rothes, setzte sich kritisch mit den Schriften David Friedrich Strauß' auseinander, wandte sich entschieden gegen die konservativ-nationalistischen Pietisten und Autoren der »Evangelischen Kirchenzeitung« Hengstenberg und Gerlach und engagierte sich für Bunsens Projekt eines deutschen Bistums in Jerusalem sowie die Entstehung der Inneren Mission, siehe Rudolf Kayser: Friedrich Perthes und das religiöse Leben seiner Zeit. Zeitschrift des Vereins für Hamburgische Geschichte 25 (1924), 89-109; ders.: Friedrich Perthes und seine katholischen Freunde. Zeitschrift des Vereins für Hamburgische Geschichte 35 (1934), 1-24.

21 Brief von F. Perthes an M. H. Hudtwalcker, Juli 1828. In: M[artin] H[ieronymus] H[udtwalcker]: Ein halbes Jahrhundert aus meiner Lebensgeschichte. Theil 3: Die Jahre 1820 bis 1839 umfassend. Hamburg 1864, 263; vgl. Dirk Moldenhauer: Geschichte als Ware: der Verleger Friedrich Christoph Perthes (1772-1843) als Wegbereiter der modernen Geschichtsschreibung (Veröffentlichungen der Historischen Kommission für Thüringen. Kleine Reihe; 22). Köln u.a. 2008, 453.

22 Briefentwurf von F. Perthes an Ulrich, 29.2.1828 (StA Hamburg: Perthes NL I, Mappe 17 b, Blatt 164); Briefentwurf von F. Perthes an Tholuck 5.2.1830 (StA Hamburg: Perthes NL I, Mappe 18 a, Blatt 215); siehe auch Moldenhauer: Geschichte … (wie Anm. 21), 453.

theologisch Gleichgesinnten wie Friedrich Lücke, Heinrich Abeken, Carl Christian Ullmann und Christian Carl Josias von Bunsen befreundet, die auch zu Perthes' engerem Bekannten- und Autorenkreis zählten. Bunsen wollte Hey 1823 sogar als evangelischen Gesandtschaftsprediger nach Rom holen. Dieser lehnte das Angebot jedoch aus privaten Gründen (Krankheit seiner Frau) ebenso ab wie die erneuten Anfragen Bunsens 1824 und 1827. 1827 wurde Hey Hofprediger in Gotha, womit er nun Friedrich Perthes räumlich näher war, den er bereits seit 1817 kannte. Allerdings blieb er dort nur für fünf Jahre, bis er 1832 als Superintendent nach Ichtershausen versetzt wurde. Hey hatte ein ausgeprägtes pädagogisches Interesse und setzte sich intensiv mit der Versorgung der Schullehrer in seiner Gemeinde mit Lektüre und Unterrichtsmaterial über Perthes auseinander. Er entwickelte auch selbst verschiedene Materialien für Kinder, allen voran die berühmten »Fünfzig Fabeln für Kinder« mit Illustrationen von Otto Speckter, die 1833 von Perthes verlegt wurden und bald vielerorts ein wichtiger didaktischer Bestandteil des Volksschulunterrichts wurden, so dass 1837 ein Folgeband erschien.[23] Besonders wichtig war Hey, dass der Stoff des Anschauungsunterrichts die Kinder nicht nur intellektuell ansprechen, sondern auch ihr ästhetisches und religiöses Interesse wecken sollte.

So waren Hey und Perthes auch beruflich durch ähnliche Interessen verbunden: als Wissenschaftsverleger teilte Perthes das pädagogische Interesse von Hey. Bei der Auswahl seiner Autoren und Verlagsprojekte spielte für Perthes immer wieder die Verständlichkeit der Texte für gebildete Laien, die seine Hauptzielgruppe bildeten, eine große Rolle. Seiner Meinung nach seien Erkenntnisse am besten über die persönliche Erfahrung zu vermitteln. Nur so könne Wissen auch wirksam werden. Dieser subjektive Anspruch an die kritische Geschichtsschreibung in Verbindung mit einem christlich determinierten Weltbild, das für Perthes den höheren Gesichtspunkt bildete, der allein die Forschung durch Sinnstiftung legitimierte und ihr einen festen Standpunkt verlieh, kann als Konzept von Perthes' verlegerischer Tätigkeit charakterisiert werden.[24] So wurde Hey für Perthes auch ein wichtiger Ratgeber in theologischen Fragen und beide tauschten sich über aktuelle Publikationen und Diskussionen aus. Religionspädagogik war natürlich ein dauerndes zentrales Thema für den Pfarrer, und er besprach sich mit seinem Freund Perthes wohl schon früh über geeignetes Material für den Religionsunterricht.

23 Wilhelm Hey: Noch fünfzig Fabeln für Kinder. In Bildern, gezeichnet von Otto Speckter: Nebst einem ernsthaften Anhange. Hamburg 1837.

24 Persönliche Lebenserfahrung war für ihn ein wichtiges Korrektiv der vermeintlich objektiven Wissenschaft. Durch diese subjektive Komponente würden nach Perthes' Vorstellung die Schwächen, Fehlbarkeit und Ohnmacht der Menschheit in der Forschung aufgedeckt und beim Leser dadurch der Wunsch nach Erlösung deutlich werden. Dies würde letztlich zum christlichen Glauben führen und damit das Leben Jesu in den Mittelpunkt der Weltgeschichte stellen.

IV Das gemeinsame Vorgehen gegen die kritische Leben-Jesu-Forschung

Wann genau die Idee zu einer bebilderten Jesuserzählung in Versen entstand, lässt sich nicht eindeutig zurückverfolgen. Heys Überlegungen über die Mangelhaftigkeit der deutschen Bibelsprache, die er 1831 in einem Brief an Perthes ausführt, könnten schon damit in Zusammenhang stehen.[25] In seiner 1832 publizierten Abschiedspredigt befasste Hey sich dann eingehende mit »Jesus Christus gestern und heute«.[26] Sehr aufmerksam verfolgten beide die Leben-Jesu-Forschung, also den Versuch im 19. Jahrhundert, das Leben Jesu aufgrund historischer Daten zu rekonstruieren. Dies gipfelte 1835 im Streit um die Veröffentlichung des Theologen David Friedrich Strauß »Das Leben Jesu, kritisch bearbeitet«, in der Strauß die Darstellungen Jesu Christi in den Evangelien kurz gesagt als Mythen bezeichnete und vor allem dem Johannes-Evangelium eine »klar bestimmte apologetisch-dogmatische Tendenz« nachwies.[27]

Perthes missbilligte diese Art der kritischen Theologie ebenso wie Hey. Seiner Meinung nach könne das Leben Jesu Christi nicht genauso wissenschaftlich dargestellt werden wie das historischer Persönlichkeiten. Eine so empirische Vorgehensweise würde auch völlig am Ziel vorbeiführen, da der Faktor Glaube berücksichtigt werden müsse, um zum Herzen vorzudringen – also auch hier wieder: um wirksam werden zu können.[28] Hey sah von der Publikation von Strauß sogar eine Gefahr ausgehen, da sie Nichtgläubigen die falschen Argumente in die Hand liefern würde, wie er später anlässlich einer erschienenen Streitschrift gegen Strauß an Perthes schreibt:

> »Das Straußsche Buch ist vielen willkommen gewesen als eine Rechtfertigung ihres Unglaubens. Gegen die muß die Wahrheit Zeugniß ablegen, daß ihnen kein Vorwand bleibe. Und schöne Zeugnisse in jeder Art hat jenes Buch hervorgerufen, u. in großer Zahl, daß meiner Überzeugung nach recht klar geworden ist, wie groß die Zahl der Streiter für das Heilige sei.«[29]

Es ist wichtig, sich diese religiösen wie verlegerischen Überzeugungen deutlich zu machen, die meiner Ansicht nach hinter dem gemeinsamen Interesse an einer Volksbilderbibel stehen. Perthes realisierte nämlich als einer der ersten Verleger ein so aufwändiges Unternehmen wie eine illustrierte Bibel, dazu noch mit der

25 Brief von W. Hey an F. Perthes, Ichtershausen 20.11.1831 (StA Hamburg: Perthes NL I, Mappe 18 b, Bl. 148-149).

26 Wilhelm HEY: Jesus Christus gestern und heute und derselbe auch in Ewigkeit: Abschiedspredigt am Sonntage Exaudi 1832 in der Hofkirche zu Gotha gehalten. Gotha 1832.

27 Albert SCHWEITZER: Geschichte der Leben-Jesu-Forschung. Tübingen 1951 (fotomechan. Nachdr. d. 6. Aufl. 1913), 79-97, zum Johannes-Evangelium ebd, 86-89.

28 Siehe Moldenhauer: Geschichte … (wie Anm. 21), 502.

29 Brief von W. Hey an F. Perthes, Ichtershausen 29.1.1837 (StA Hamburg: Perthes NL I, Mappe 20 e, Bl. 13).

ungewöhnlich hohen Startauflage von 4.000 Exemplaren.[30] Das ist keinesfalls selbstverständlich, denn solche graphischen Werke waren sehr arbeitsintensiv und kostspielig in der Herstellung und die Gefahr von Nachdrucken war groß. Das Risiko einer solchen Produktion war also vergleichsweise hoch, selbst für einen so erfolgreichen Verleger wie Perthes, der als einer der bedeutendsten deutschen Buchhändler und Verleger des ausgehenden 18. und der ersten Hälfte des 19. Jahrhunderts neben Johann Friedrich Cotta, Friedrich Arnold Brockhaus, Anton Philipp Reclam und Georg Joachim Göschen gelten kann.[31]

Dieses Engagement von Perthes ist umso bemerkenswerter, da sein Verlag nicht auf die Herausgabe illustrierter Werke oder gar Druckgraphik spezialisiert war, wie beispielsweise sein Onkel Justus Perthes, der sich auf Kartenwerke spezialisiert hatte. Ganz im Gegenteil profilierte Friedrich Perthes sich zunehmend als wissenschaftlicher Verleger, vor allem mit seinem neuen Verlag in seiner Gothaer Zeit nach 1823 in den Bereichen Geschichte und Theologie. Perthes verlegte in diesen beiden Disziplinen groß angelegte Zeitschriften- und Buchprojekte. Er konnte zu seinen Autoren einen Großteil namhafter Wissenschaftler dieser Disziplinen deutscher Universitäten zählen, wie beispielsweise Leopold Ranke, Johann Droysen, Johann Pfister, August Neander, Friedrich Lücke, August Tholuck und viele andere.[32] Diese wissenschaftlichen Werke aus der Zeit ab den 1820er Jahren waren, soweit bisher bekannt, nicht illustriert, abgesehen von vereinzelten Titelkupfern oder Karten[33] in historischen Werken und Ausnahmen, wie dem Fabelbuch von Speckter und Hey, das aber nicht zum theologisch-historischen Kernsegment des Verlags zählte. Kurz: Graphische Werke von Künstlern oder auch nur umfassend illustrierte Bücher zählten also nicht zu Perthes' eigentlichem Verlagssortiment, weder vor noch nach der Veröffentlichung der Bilderbibel.[34] Es fragt sich, wie es dazu kam, dass Perthes ein so aufwändig illustriertes Werk zu einem so frühen

30 Brief von F. Perthes an F.A. Brockhaus, Gotha 2.8.1838 (StA Leipzig: Verlag F.A. Brockhaus); siehe Moldenhauer: Geschichte … (wie Anm. 21), 443.

31 Perthes ist vor allem bekannt als Mitverantwortlicher für die Neuorganisation des Buchhandels und als Mitbegründer des Börsenvereins des Deutschen Buchhandels 1815. Allgemein zur Person Perthes' siehe Clemens Theodor PERTHES: Friedrich Perthes' Leben: nach dessen schriftlichen und mündlichen Mitteilungen aufgezeichnet. 6. Aufl. Gotha 1872 [1. Ausg. Gotha 1857] und Ingeborg GROLLE: Friedrich Christoph Perthes: mit einem Vorwort von Helmut Schmidt. (Hamburger Köpfe) Hamburg 2004.

32 Perthes' Renommee als wissenschaftlicher Verleger war so groß, dass er gerade jüngeren Wissenschaftlern durch eine Publikation in seinem Verlag eine optimale Ausgangsbedingung für die berufliche Karriere und ihr öffentliches Ansehen bot.

33 Letztere entstanden in Kooperation mit dem ebenfalls in Gotha ansässigen Verlag von Justus Perthes, worauf mich Petra Weigel freundlicher Weise hingewiesen hat.

34 Eine weitere Ausnahme bildet die zweite Ausgabe von Schnorrs Bibelbildern, die 1860 nach dem Tod von Friedrich Perthes von seinem Sohn Andreas im Familienverlag erschien. Friedrich Perthes war bereits früher an diesen Darstellungen interessiert, konnte das Projekt jedoch selbst nicht realisieren.

Zeitpunkt in sein Programm aufnahm. Was zeichnet das Werk aus, dass es jenseits ökonomischer Interessen den Verleger dazu bewog, dieses hohe Risiko einzugehen? Und wie kam die außergewöhnlich schnelle Zusammenarbeit mit Olivier zustande, zu dem weder Perthes noch Hey vor Ende 1834 Kontakt hatten? Warum begleiteten schließlich nicht die Verse von Hey, sondern der Text von Schubert die Bilder der ersten Ausgabe?

V Die preußische Gesandtschaft in Rom als Dreh- und Angelpunkt

Der Weg von Perthes zu Olivier, also von Gotha nach München, führt über Rom: Über sein Engagement in der Erweckungsbewegung lernte Perthes nämlich auch den Preußischen Gesandten im Vatikan, Christian Carl Josias von Bunsen, kennen. Beide waren über den persönlichen Kontakt hinaus durch die Bekanntschaft mit führenden Köpfen der neupietistischen Erweckungsbewegung, wie Hans Ernst von Kottwitz, August Neander und Ludwig Nicolovius, sowie Bunsens Studienfreund Hey verbunden. Eine wesentliche Gemeinsamkeit zwischen Perthes, Bunsen und Hey bestand darin, dass ihre durchaus konservativ einzuschätzenden Erneuerungsideen sich nicht mit den pietistisch-nationalen Strömungen in Deutschland, die von Hengstenberg, Stahl und dem Brüdern Gerlach getragen wurden, deckten.[35] Bunsen, Perthes und Hey pflegten stattdessen enge Kontakte zu neupietistisch-erweckungstheologisch geprägten Protestanten, die eher als liberal einzuschätzen sind.[36]

Alle drei waren an einem tätigen und wirkungsvollen Christentum interessiert: Während Perthes über didaktische, christlich fundierte Publikationen sowie die Gründung der Hamburgisch-Altonaischen Bibelgesellschaft versuchte, den evangelischen Offenbarungsglauben an ein breites Publikum zu vermitteln, gab Hey der religionspädagogischen Arbeit vor allem mit Kindern neue Impulse und Bunsen strebte ab 1817 an, das Kapitol in Rom zu einem Zentrum evangelischer Erneuerung zu machen.[37] Insbesondere die gehäuften Konversionen zum Katholizismus unter den Künstlern waren für Bunsen ein wichtiger Auslöser, um dem ein protestantisches Gewicht entgegenzusetzen.[38]

35 Hans Joachim HATTENHAUER: Stahl und Bunsen: eine Kontroverse um die Toleranz. In: Der gelehrte Diplomat: zum Wirken Christian Carl Josias Bunsens/ hrsg. von Erich Geldbach (Beihefte der Zeitschrift für Religions- und Geistesgeschichte; 21). Leiden 1980.

36 Dazu sind Friedrich Schleiermacher und die von diesem stark beeinflussten Theologen Carl Immanuel Nitsch, Friedrich Lücke und Karl Heinrich Sack ebenso zu rechnen wie die deutsch-römischen Gesandtschaftspfarrer Heinrich Schmieder und Richard Rothe.

37 Vgl. Saskia PÜTZ: Künstlerautobiographie: die Konstruktion von Künstlerschaft am Beispiel Ludwig Richters. Berlin 2011, 256-269. 275-292.

38 Zu den konvertierten deutschen Künstlern in Rom zählten beispielsweise die Stiefsöhne Friedrich Schlegels, Philipp und Johann Veit (1810), Friedrich Overbeck (1813) sowie die Brüder Wilhelm und Rudolf Schadow (1815), die in Rom zum Katholizismus übertraten.

Er förderte daher explizit protestantische Künstler und bildete auf dem Kapitol in Rom eine Art protestantische Keimzelle, zu denen in erster Linie Julius Schnorr von Carolsfeld, Friedrich Olivier und Ludwig Richter gehörten.[39] Diese Künstler definierten ihre Arbeit gerade über ihre konfessionelle Zugehörigkeit.

Die erhaltenen Briefwechsel im Nachlass von Bunsen und Perthes zeugen von den fruchtbaren gegenseitigen Anregungen und dem intensiven Austausch über verschiedene christlich-religiöse Publikationsprojekte, in die auch Hey involviert war.[40] Wie Perthes bereits in dem zitierten Brief an Hey ankündigte, wollte er Bunsen in Rom anschreiben, um über ihn einen geeigneten Künstler für die Darstellungen zu finden. Ein Brief vom Februar 1834 hat sich auch erhalten, in dem Perthes Bunsen über Heys Arbeit an seiner »Erzählung Jesu« berichtete und die ersten 34 Nummern davon nach Rom schickte. Aus dem Brief geht hervor, dass beide sich über das Projekt bereits bei einem vorangegangenen Besuch Bunsens in Gotha ausgetauscht hatten.

Bunsen hat dann von Rom aus dem mittlerweile in München lebenden Schnorr davon berichtet.[41] Und dieser informierte Bunsen im November desselben Jahres über das Bibel-Projekt von Olivier:

> »Was nun den Hauptgegenstand Deiner Briefe anbelangt, nehmlich das von Perthes und Hey projektierte Werk so hoffen ich, dir manches Nützliche und eine auf Erfahrung gestützte Meinung über die Sache entgegnen zu bringen und bin auch bereit nach besten Kräften bei der Ausführung des Werkes behilflich zu sein, wenn meine Vorschläge Billigung finden sollten. Vor allem aber muß ich darauf aufmerksam machen, daß Friedrichs [Friedrich Oliviers, S. P.] Unternehmen dem Deinen [Bunsens, S. P.] allerdings sehr verwandt ist. Ich sage diß nicht Friedrichs wegen sondern Perthes wegen. Friedrichs Werk wird in 60 Blättern die evangelische Geschichte die Erscheinung Jesu und sein

39 Der Versuch des preußischen Gesandten, das Kapitol zu einem Zentrum evangelischer Erneuerung zu machen, ist von zentraler, weit über Rom hinausreichender Bedeutung für die künstlerische Produktion protestantischer Künstler. Auch zielten alle lokalen Unternehmungen Bunsens, der im Sinne der Erweckungsbewegung an einer von unten, von den Gemeinden ausgehenden, synodal organisierten Erneuerung der Kirche interessiert war, von vornherein immer auf eine Veränderung der gesamten evangelischen Kirche in Deutschland. Allgemein zur protestantischen Gemeinde in Rom und ihrem Einfluss auf die bildenden Künstler, siehe Pütz: Künstlerautobiographie … (wie Anm. 37), 256-292, dort weitere Literatur.

40 Siehe den Briefwechsel F. Perthes – C. Bunsen (StA Hamburg: Perthes NL I, Mappe 30 d). Die erhaltenen Briefe zwischen Hey und Perthes zeigen deutlich Heys Beteiligung, beispielsweise an Bunsens Gesangbuch, siehe Briefe von W. Hey an F. Perthes vom 5.1., 26.1. und 26.3.1834, und von F. Perthes an W. Hey vom 30.6.1834 (StA Hamburg: Perthes NL I, Mappe 19 c, Bl. 5-7. 38 und d, Bl. 25). Zudem war Bunsen aufgrund seiner engen Verbindung zu anglikanischen evangelikalen Kreisen sehr gut über die, den Deutschen vorangehenden, erfolgreichen Aktivitäten der englischen Bibelgesellschaft informiert, siehe Pütz: Künstlerautobiographie … (wie Anm. 37), 259. 286, Anm. 229. 302-307.

41 Die dazugehörigen Briefe Bunsens an Schnorr haben sich im Schnorr-Nachlass leider nicht erhalten.

Leben auf Erden darstellen. Die Darstellungen können dem biblischen Text beigebunden werden, sind aber vorzüglich darauf berechnet mit einer von unserem Schubert abgefassten Geschichte Jesu zu erscheinen, was das Werk überaus populär machen wird.«[42]

Oliviers Plan zu einer Bilderbibel bestand schon seit langer Zeit – er hatte die Anregung dazu bereits während seines Romaufenthaltes von 1818 bis 1823 erhalten. Er stand dort in Beziehung zu den so genannten »Nazarenern«, einer deutschen, antiakademischen Künstlergruppe, die ab 1811 einen engen, stark religiös geprägten Zusammenhalt bildete. Sie lebten von 1810 bis ungefähr 1817 in einer Art brüderlichen Vereinigung, zeitweise sogar in einem römischen Kloster, um ihr Ideal der Verbindung von Religion und Kunst verwirklichen zu können. Dieser deutsche Künstlerkreis war stark katholisch geprägt. Allerdings gründete diese Begeisterung für das römisch-katholische Christentum weniger im katholischen Dogma, als in der Faszination von der ästhetisch-ekstatischen Komponente des Glaubens und der insbesondere in Rom allgegenwärtigen christlichen Kunst. Der Katholizismus bildete so einen starken Kontrast zum religiösen Rationalismus der Aufklärung, wodurch auch viele Protestanten angezogen wurden.[43]

Das intensive Bibelstudium mit dem Ziel, neue bildliche Darstellungen zu schaffen, war eine wesentliche Gemeinsamkeit dieser deutschen Künstlergruppe in Rom. Hier liegt der gemeinsame Ursprung der vielen künstlerisch anspruchsvollen Bibelillustrationen, die – mit oder ohne Text – im Verlauf des 19. Jahrhunderts in Deutschland erschienen. 1811 wurde nachweislich erstmals in Rom der Wunsch von Friedrich Overbeck geäußert, das Leben Jesu als graphische Folge darzustellen. Ein gemeinsames Projekt zur Illustration einer Bibel war von den deutschen Künstlern in Rom zwar seit 1815 geplant, wurde jedoch trotz intensiver Arbeit daran nicht realisiert.[44] Ab 1819 nahm auch Olivier regelmäßig an den Kompositionsabenden zu biblischen Themenstellungen teil, die diese Künstlergruppe veranstaltete.

---

42 Brief von J. Schnorr v. C. an C. Bunsen, München 15.11.1834 (GStAPK: Abt. VI, Nachlass Bunsen, B 123, Bl. 54), vollständig abgedruckt in Pütz: Künstlerautobiographie … (wie Anm. 37), 320-323.

43 Siehe Daniela Tandecki: Die Bibel in der Kunst. Bd. 1: Das 19. Jahrhundert. Stuttgart 1993, 14.

44 Mit Unterstützung der preußischen Gesandtschaft und der protestantischen Gemeinde wurde erstmals 1819 in Rom ein Verein von Künstlern und Gelehrten gegründet mit dem Ziel, gemeinschaftlich eine volkstümliche illustrierte Bibel herauszugeben. Ein erneuter Versuch wurde 1824 gestartet – bewusst genau in dem Jahr, in dem Papst Leo XII. die Tätigkeit der evangelischen Bibelgesellschaften in seiner Antrittsenzyklika verdammte. Die Protestanten Julius Schnorr von Carolsfeld und Friedrich Olivier entwickelten während dieser Zeit bereits detaillierte Programme für eigene Bilderbibeln, ebenso wie der katholische Friedrich Overbeck, der ebenfalls zu den Treffen kam, siehe Pütz: Künstlerautobiographie … (wie Anm. 37), 281.

VI Oliviers Bibelbilder

Im Gegensatz zu den meisten anderen deutsch-römischen Künstlern hatte Olivier seit seinem Aufenthalt in Rom weiter an seinen Bibelillustrationen gearbeitet und den befreundeten Schubert bereits um Kommentare dazu gebeten. Schnorr lag richtig mit seiner Einschätzung, dass »Friedrichs Unternehmen dem Deinen [Bunsens, S. P.] allerdings sehr verwandt ist«. Durch die Vermittlung von Bunsen wurde das Projekt nun an Perthes weitergeleitet. Perthes war an der Übernahme dieses bereits begonnenen Projekts interessiert und informierte Hey darüber, wie ein bisher unveröffentlichter Brief vom Dezember 1834 zeigt:

»Hier dann auch Bunsens Brief, mein theurer Freund! - gut daß wir da des Herrn Schnorr haben, ohne welchen wir noch nicht genugsame Aufklärung über den Stand der Sache haben würden.

Das Resultat von Allem ist: das Olivier-Schubertsche Werk abzuwarten – zu beobachten, welche Bedürfnisse des geistlich[e]n Publikum[s] es befriedigt und dann kann für die Zukunft Entschluss gefasst werden. – Wir wollen nichts aufgeben. Mündlich weiteres.

Prof. Schnorr werde ich ebenklarlichst antworten – und ebenfalls sagen: Aufgeschoben, aber nicht aufgehoben.«[45]

Abb. 5: Friedrich Olivier: Jesu Versuchung. Aus: Volks-Bilder-Bibel in funfzig bildlichen Darstellungen ... (wie Anm. 49), Abb. XIII.

Hey antwortete darauf zwei Tage später:

»Mit den Bibelbildern haben Sie ganz Recht: Wir können ja warten, wie und welches Bedürfniß die Menschen befriedigen. Ich freue mich darauf die erste Lieferung zu sehn.

45 Brief von F. Perthes an W. Hey, Gotha 11.12.1834 (StA Hamburg: Perthes NL I, Mappe 19 d, Bl. 45).

> Da 60 Bilder aus dem N.T. allein, so wird ja wohl gerade mein Wunsch nach einem Leben Jesu in Bildern erfüllt. Die Schubertschen Ext.[emporierungen? S. P.], so schön gläubig, kindlich der Mann zu schreiben weiß, kann ich mir noch nicht denken. Wenn schon dichterische Darstellung, die doch ihr eigenthümliches Recht u. Reiz hat, neben dem einfachen Bibelwort nicht allen recht gefallen will, welche Erzählung in Prosa wird man da geben können? – Doch man muß sehn.«[46]

Olivier schien damit einverstanden zu sein, denn bereits im Januar trafen seine Bilder bei Perthes in Gotha ein, wie wiederum aus einem Brief Heys hervorgeht:

> »Sie haben, höre ich, die Bilder aus München erhalten. Ich möchte sie auch gern sehn, L.[47] wollte schon bitten, daß Sie sie einmal herausschicken möchten. Aber seit ich vor drei Stunden das Schreiben unterbrechen mußte, ist es so gründlich kalt geworden, daß ich auf festes Wetter u Weg bessre Hoffnung habe, u. so kommen wir wohl nächstens herein.«[48]

Nachdem die ersten zwanzig Blätter der Bilderbibel Oliviers offensichtlich im Freundeskreis zirkulierten, übernahm Perthes die Veröffentlichung von 50 Darstellungen zusammen mit dem Text von Schubert. Offensichtlich stimmten Konzept und Inhalt mit Perthes' Vorstellungen überein, da er sehr schnell handeln und die Bilderbibel zeitnah herausgeben konnte. Es scheint, dass diese schnelle Umsetzung des Projekts Perthes ein wichtiges Anliegen war. Warum sonst ist das Werk nur mit 50 anstatt der genannten 60 Darstellungen von Olivier und mit dem Kommentar Schuberts erschienen, datiert auf 1834? Tatsächlich muss das Werk irgendwann zwischen Dezember 1834 und März 1835 auf dem Markt gewesen sein.

VII Die Olivier'sche Bilderbibel mit Schuberts Kommentar

Vergleicht man die von Perthes verlegte Bilderbibel mit anderen illustrierten Ausgaben des Alten oder Neuen Testaments, fällt zunächst auf, dass das Werk den eigentlichen Bibeltext gar nicht enthält. Die Bilder Oliviers sind somit keine Illustrationen im eigentlichen Sinne, zumal sie sich gar nicht auf den gesamten Text beziehen – es handelt sich also streng genommen nicht um eine Bilderbibel. Das Werk stellt eine kommentierte Bilderfolge dar, die ausschließlich Szenen aus dem Leben Jesu gemäß der kanonischen Texte wiedergibt.

Der Text selbst ist auch nicht auszugsweise wiedergegeben. Unter den Bildern sind lediglich die Stellen, auf die Bezug genommen wird, angegeben. Olivier bezieht sich dabei 18 Mal auf das Matthäus-Evangelium, 14 Mal auf Lukas, elfmal auf Johannes und siebenmal auf Markus. Statt der Textstellen werden die Bilder jeweils von einem Kommentar begleitet, der in zwei Teilen zunächst die Bilder beschreibt

46 Brief von W. Hey an F. Perthes, Ichtershausen 14.12.1834 (StA Hamburg: Perthes NL I, Mappe 19 c, Bl. 81).

47 Schwer entzifferbar, vielleicht ist damit Heys Frau Luise gemeint.

48 Brief von W. Hey an F. Perthes, Ichtershausen 22.1.1835 (StA Hamburg: Perthes NL I, Mappe 20 a, Bl. 11).

Abb. 6: Friedrich Olivier: Jesus und der sinkende Petrus auf dem See. Aus: Volks-Bilder-Bibel in funfzig bildlichen Darstellungen ... (wie Anm. 49), Abb. XXVI.

und dann die zugehörigen Bibelstellen erläutert, die einleitend wie ein Motto kurz mit einem Satz zitiert werden. Diese Begleittexte von Gotthilf Heinrich Schubert (* Hohenstein 1780 – † Laufzorn bei München 1860) gehen direkt von den Bildern Oliviers, nicht von den Evangelien aus. Sie beschreiben und interpretieren das Dargestellte in Hinblick auf die persönlichen Gefühle und die Auseinandersetzung mit dem individuellen Glauben des Einzelnen. Darin gehen die Interpretationen weit über die Bibelstellen hinaus und bieten christlich fundierte Reflexionen über das persönliche Seelenleben, wie beispielsweise die Ausführungen zur Darstellung von Jesus und dem sinkenden Petrus zeigen:

> »Die nächtlichen Schrecken sind in der Seele der Jünger erwacht. Es giebt solche Stunden, wo der Grund des Gemüths gleichet der stürmischen See. Aus seiner Tiefe heben sich Gedanken der Verzweifelung, die sich seltsam verschlingen wie die erregten Wellen, das innere Ohr ist vom Rauschen derselben betäubt, der innere Sinn verwirrt. Düster brennet dann das Glaubenslämplein und gleicht dem abnehmenden Mondlicht, welches die Nacht mit leiser Dämmrung durchbricht. In solchen Stunden kann sich des Herrn Klarheit nicht spiegeln in der Seele, er selbst erscheint dann gleich einem Schreckensbild der Nacht; der Friede Gottes muß in uns wohnen, soll unsre Seele ein reiner Spiegel seyn für die Gnadensonne, die aus der Finsterniß des Todes über uns aufgegangen. Sieh, sie naht, diese ewige Sonne, auch den erschrockenen Jüngern. Wohl hat sie ihr helles Licht verborgen unter eine unscheinbare Hülle; aber doch ist's eine Lichtgestalt, die so leicht über die Wellen hinschreitet. Himmlische Kräfte gehen von ihr aus, durch die der Mensch emporgetragen werden soll über die niedere Erdennoth. – Aber es herrscht in ihm eine Gewalt der Schwere; sie zieht ihn immerdar nach unten; und, statt daß er in des Glaubens Kraft gleich einem Herrscher über die stumbewegten Wellen des Lebens schreiten sollte, wird er von ihnen, wie Petrus, hinabgezogen in ihren finstern Schooß, wenn er nicht die rettende Hand des Heilands im rechten Augenblick ergreift. Diese aber wird einem jeden so freundlich dargeboten von einer allerbarmenden Liebe.«[49]

Schubert war als Naturhistoriker an einer religiös fundierten Gesamtdeutung der Natur oder besser des ganzen Universums interessiert, also einem Einklang von Naturerkenntnis und christlicher Glaubenserfahrung ebenso wie an einer praktischen protestantischen Missionsarbeit.[50] Er galt als einer der neuen »Mystiker« und seine Schriften wurden weit über Bayern hinaus, wo er einen Lehrstuhl für Naturgeschichte innehatte, von vielen Erweckten oder der Erweckungsbewegung nahe stehenden gelesen.[51] Die Verbreitung eines lebendigen Glaubens war Schubert neben seiner wissenschaftlichen Tätigkeit ein zentrales Anliegen, das sich in zahlreichen und seiner Zeit sehr bekannten Schriften niederschlug – wie auch aus der oben zitierten Bemerkung Schnorrs deutlich wird, der hofft, dass die Bekanntheit Schuberts die Bilder Oliviers »überaus populär« machen würde. Die deutlich erweckliche Richtung der Texte wurde jedoch von den Rezensenten auch kritisiert:

> »Und der fromme Sinn des Hrn. v. Schubert würde leicht allgemeineren Anklang finden, wenn bei dem begleitenden Texte nicht allein zu große Allgemeinheit der Betrachtungen, sondern auch jene theologische Einseitigkeit fern gehalten wäre, an welcher ein Theil unserer Zeitgenossen kränkelt.«[52]

---

49 VOLKS-BILDER-BIBEL: in funfzig bildlichen Darstellungen von Friedrich Olivier. Nebst einem begleitenden Text von G. H. von Schubert. Hamburg 1836, XXVI.

50 DER PIETISMUS IM NEUNZEHNTEN UND ZWANZIGSTEN JAHRHUNDERT/ hrsg. von Ulrich Gäbler, Gustav Adolf Benrath und Martin Sallmann (Geschichte des Pietismus; 3). Göttingen 2000, 136.

51 Ebd, 204.

52 Rez.: Volks-Bilder-Bibel in funfzig bildlichen Darstellungen von Friedrich Olivier: nebst einem begleitenden Text von G. H. von Schubert. Hamburg, bei Fr. Perthes. 1836. 4. (Erste

Abb. 7: Friedrich Olivier: Christi Himmelfahrt. Aus: Volks-Bilder-Bibel in funfzig bildlichen Darstellungen ... (wie Anm. 49), Abb. L.

Mit dieser Art der Kommentierung steht die Bibel grundsätzlich in einer aufklärerischen Tradition. Im 18. Jahrhundert stand die moralisch-ethische Vorbildfunktion illustrierter Bibeln im Vordergrund. Ein bekanntes Beispiel und interessantes Bindeglied, das Perthes und Hey mit Sicherheit kannten, ist die »Moralische Bilderbibel mit Kupfern nach Schubertschen Zeichnungen und mit Erklärungen von Kaspar Friedrich Lossius«, die 1805-1812 bei Friedrich Perthes' Onkel Justus Perthes in Gotha erschienen war.[53]

Diese Bilderbibel kann hier stellvertretend für den pädagogischen Ansatz der Spätaufklärung stehen, bei dem die Jugendbildung im Sinne bürgerlicher Ethik und aufgeklärt-vernünftiger Moral auf der Grundlage der christlichen Lehre im Vordergrund stand. Entsprechend war die umfangreiche, fünfbändige »Moralische Bilderbibel« auch explizit für den häuslichen Unterricht der Kinder durch ihre Eltern konzipiert worden.[54]

Schuberts und Lossius' Erläuterungen sind in dem Punkt vergleichbar, dass auch Lossius die szenischen Darstellungen zum Anlass allgemeiner Reflexionen über moralisch gute Handlungen des Menschen nahm. Allerdings zeigt gerade die Gegenüberstellung beider Texte, wie säkular die Ausführungen Lossius' und wie christlich-erbaulich demgegenüber die Texte Schuberts gehalten sind. Interessanter Weise, und darin unterscheidet sich die Lossius-Bibel ebenfalls vollständig von der Olivier'schen, weichen Text und Bilder bisweilen vollständig von der Bibelvorlage ab. Dies betrifft nicht nur einzelne Bilder, sondern ganze Bände. So hat der zweite Band der Lossius-Bibel weder mit dem Alten noch dem Neuen Testament, noch

bis dritte Lieferung à 16 Gr.). Theologisches Literaturblatt. Zur Allgemeinen Kirchenzeitung 10.4.1837 und 12.4.1837, 329-333 und 337-341, 341.

53 Kaspar Friedrich Lossius (* Erfurt 1753 – † Erfurt 1817) war Diakon an der Prediger-Kirche zu Erfurt und vor allem für seine religionspädagogischen Werke bekannt. Lossius wollte damit zur Bildung der Jugend im Sinne bürgerlicher Ethik und aufgeklärt-vernünftiger Moral auf der Grundlage der christlichen Lehre beitragen. Er war mit Friedrich Perthes verwandt, da er mit seiner Cousine Rosalie Welz verheiratet war, einer Nichte des Onkels Justus Perthes. Ein Verwandter, Eduard Friedrich Lossius, war von 1825 bis 1827 Privatschüler bei Hey, woraus sich eine lebenslange Freundschaft entwickelte.

54 Gerade unter Geistlichen und Pädagogen war die Bedeutung der bildlichen Anschauung für Erziehung und Unterricht erkannt worden. Auch Lossius hatte bereits in früheren Schriften die Pflicht der Eltern zur Erziehung ihrer Kinder angemahnt. Diese sollte nicht einfach Hauslehrern abgetreten werden. Wobei diese Bilderbibel, ebenso wie ähnliche Ausgaben aus dieser Zeit, auch in ihrer einfachsten Ausführung für das eigentlich »Volk« gar nicht erschwinglich war. Diese Bildungsmittel waren für die oberen Schichten geschaffen worden und wurden in der häuslichen Erziehung des Bürgertums und Adels sowie im Religionsunterricht in der Schule genutzt. Dem »Volk« blieben um und nach 1800 die günstigen anonymen, teils kolorierten Bilderbögen, die auch biblische Motive enthielten, siehe Assel: Deutsche Bilderbibeln … (wie Anm. 3), 27. Zu Lossius allgemein siehe Katja E. A. Eichler: Biblische Geschichten bei Rudolph Christoph Lossius und Kaspar Friedrich Lossius: eine Analyse zu Kinderbibeln in der Aufklärungszeit (Arbeiten zur Religionspädagogik; 44). Göttingen 2011.

Abb. 8: Johann David Schubert: Frontispiz. Aus: Moralische Bilderbibel mit Kupfern nach Schubertschen Zeichnungen und mit Erklärungen von Kaspar Friedrich Lossius. Gotha: Justus Perthes 1805-1812, Bd. 1.

Abb. 9: Johann David Schubert: Jesus als Lehrer und Wohlthäter der Menschen. Aus: Moralische Bilderbibel mit Kupfern nach Schubertschen Zeichnungen und mit Erklärungen von Kaspar Friedrich Lossius. Gotha: Justus Perthes 1805-1812, Bd. 5, Abb. LXIV.

Abb. 10: Johann David Schubert: Aeneas trägt seinen Vater aus den Flammen von Troja. Aus: Moralische Bilderbibel mit Kupfern nach Schubertschen Zeichnungen und mit Erklärungen von Kaspar Friedrich Lossius. Bd. 2. Gotha: Justus Perthes 1807, Abb. XIV.

mit den Apokryphen etwas zu tun – er ist vollständig der griechischen Antike gewidmet. Dort werden historische Ereignisse wie der Trojanische Krieg behandelt, oder einzelne Personen dargestellt, beispielsweise Pythagoras oder Perikles. Demgegenüber widmet sich nur der fünfte Band dem Neuen Testament. Auf insgesamt lediglich acht Darstellungen sind Szenen aus der Geschichte Jesu wiedergegeben. Lossius' Bibel bietet mit dieser Verbindung von Mythologie, Geschichte der Antike und Heilsgeschichte also mehr eine Art weltgeschichtliches Panorama. Die Bibel ist damit in typischer Weise für die Aufklärung zu einem Kinderbuch umgestaltet worden, dessen Ziel die Verstandes- und Gesinnungsbildung, die moralische Erziehung ist.[55]

Abb. 11: Friedrich Olivier: Jesus erscheint der Maria Magdalena. Aus: Volks-Bilder-Bibel in funfzig bildlichen Darstellungen ... (wie Anm. 49), Abb. XLVII.

55 Christine Reents; Christoph Melchior: Die Geschichte der Kinder- und Schulbibel: evangelisch – katholisch – jüdisch (Arbeiten zur Religionspädagogik; 48). Göttingen 2011, 159.

Im Vergleich damit wird deutlich, wie unterschiedlich die Auswahl der Bilderbibel von Olivier ist: Hier handelt es sich bei allen 50 Abbildungen ausschließlich um Darstellungen aus dem Leben Jesu gemäß der Evangelien.

Die Darstellungen konzentrieren sich auf das Leben Jesu Christi und stellen die Szenen anschaulich dar, ohne sie jedoch in Bild oder Text zu sehr auszuschmücken oder gar von der Textvorlage abzuweichen. Die kreative Ausgestaltung der Bibeltextvorlage und Ergänzung von »unerweislichen, wenn auch sinnreichen Hypothesen«[56] war ein Hauptkritikpunkt an den früheren Aufklärungsbibeln oder Jesusdarstellungen, so beispielsweise die Kritik an Rudolph Christoph Lossius' »Neuesten Geschichten der Bibel«.[57] Darin war der Stoff zu einem »Jesusroman mit dialogischen Elementen« umgewandelt worden.[58] Demgegenüber sind die Darstellungen Oliviers reduziert und auf das Wesentliche konzentriert. Jesus wird sehr milde in primär beschaulichen, ruhigen Szenen dargestellt. Diese Schlichtheit und Beschaulichkeit hebt auch Hey hervor in seiner Empfehlung der Bilderbibel, die von Perthes gemeinsam mit Auszügen aus dem Vorwort Oliviers in einer Anzeige veröffentlicht wurde. Hey stellt die didaktische Eignung der Bibel für den Religionsunterricht heraus und gibt zugleich eine prägnante und bündige Charakterisierung der Darstellungen Oliviers:

> »Diesen Erfolg glaube ich, neben der Wahrheit und Innigkeit der aus einem aufrichtig christlichen Herzen hervorgegangenen Bilder, hauptsächlich auch ihrer Sparsamkeit schuldig zu seyn, daß sie sich alles überflüssigen Beiwerks enthalten, sich möglichst auf die wirklich genannten und handelnden Personen beschränken und darum auch diese in einer dem kindlichen Auge zusagenden Größe geben können.«[59]

Interessanter Weise schaltete Perthes diese Anzeige 1837 in seiner verlagseigenen Zeitschrift »Theologische Studien und Kritiken«. Die Anzeige schloss direkt an einen umfangreichen Artikel über die »Fortschritte in dem christl. Religionsunterrichte« an, der sich deutlich von einem erweckungstheologischen Standpunkt aus gegen die vorherrschenden rationalistischen Strömungen und dezidiert gegen das umstrittene Werk über das »Leben Jesu« von David Strauß richtete.[60]

---

56 Die neuesten Geschichten der Bibel: oder das Leben Jesu in Erzählungen für Kinder. Erster Theil: Von dem Verfasser der ältesten Geschichte der Bibel. 1789. 296, 8° (von Hrn. Lossius, Rector und Prediger in Erfurt.) (12 gr.). Allgemeine Literaturzeitung 4 (1789), 76.

57 Rudolph Christoph Lossius: Die neuesten Geschichten der Bibel: oder das Leben Jesu in Erzählungen für Kinder. Erster Theil: Von dem Verfasser der ältesten Geschichte der Bibel. Erfurt 1789. Rezensiert: Die neuesten Geschichten der Bibel … (wie Anm. 56).

58 Reents; Melchior: Die Geschichte der Kinder- und Schulbibel … (wie Anm. 55), 169.

59 Anzeige der Volksbilderbibel im Anzeige-Blatt: Theologischen Studien und Kritiken: eine Zeitschrift für das gesammte Gebiet der Theologie 10 (1837) Bd. 1, H. 1, 250.

60 [Johann Karl Eduard] Schwarz: Fortschritte in dem christl. Religionsunterrichte; mit einigen Belegen. Theologische Studien und Kritiken: eine Zeitschrift für das gesammte

Die Konzentration auf das Leben Jesu Christi, der konkrete Textbezug, die reduzierten Darstellungen mit einem mildtätigen Christus, der pädagogische Kommentar, die eingehende Auseinandersetzung über das Projekt mit religiös Gleichgesinnten im Vorfeld und schließlich die schnelle Umsetzung und der risikoreiche Einstieg in den Markt mit einer hohen Auflage – all dies sind Indizien dafür, dass es sich bei dieser Publikation um ein besonderes Verlagsprodukt handelte, an dem Perthes persönliches Interesse hatte. Meiner Ansicht nach ist die Bilderbibel für Perthes sein Beitrag zur aktuellen Diskussion um das Leben Jesu, seine Offenbarung und schließlich die Frage nach einer adäquaten, wirksamen Vermittlung an ein breites Publikum, dem Zweck theologisch-religiöser Publikationen überhaupt.

Diese Positionierung in der theologischen Debatte um die historisch-kritische Jesusforschung erklärt auch, warum Perthes die Olivier'sche Bilderbibel zwei Jahre nach ihrer ersten Veröffentlichung erneut durch eine umfangreiche Anzeige bewarb. Im gleichen Jahr 1837 war von Strauß die »Streitschrift zur Verteidigung meiner Schrift über das Leben Jesu und zur Charakteristik der gegenwärtigen Theologie«[61] erschienen. Gleichzeitig veröffentlichten Tholuck und Neander, beides Vertraute von Perthes und zentrale Autoren seines Verlags, ihre Auseinandersetzungen mit den Strauß'schen Thesen bei Perthes.[62] Neander hatte bereits im Vorjahr eine ausführliche kritische Rezension auf die Schrift von Strauß veröffentlicht.[63] Hey beschäftigte sich eingehend mit dieser Diskussion, so schreibt er im März 1837 an Perthes: »Diese Tage haben ich mich an dem trefflichen Tholuckschen Buche erfreut. Da ist Salz und Lauge für viele und daneben ein so heiliger Ernst der Überzeugung. Der Herr Christus kann noch viele Strauße aushalten.«[64] Und im Oktober desselben Jahres berichtet er über die Lektüre von Neanders »Leben Jesu«[65]:

> »Seit einigen Tagen habe ich mich des Neand[ers] Lebens Jesu erfreut, habe aber erst den 6[t] Theil etwa gelesen. Mit heimlichem Zweifel – nach Neanders Erklärungen über Strauß u. Evangel. Kirchenzeitung – ging ich daran und war darauf gefaßt, manche Theile

Gebiet der Theologie 10 (1837), 223-248, vor allem 232, gegen Strauß siehe vor allem 233, Anm. a.

61 David Friedrich STRAUSS: Streitschrift zur Verteidigung meiner Schrift über das Leben Jesu und zur Charakteristik der gegenwärtigen Theologie. Tübingen 1837.

62 August THOLUCK: Die Glaubwürdigkeit der evangelischen Geschichte: zugleich eine Kritik des Lebens Jesu von Strauß: für theologische und nicht theologische Leser dargestellt. Hamburg 1837 und August Wilhelm NEANDER: Das Leben Jesu-Christi in seinem geschichtlichen Zusammenhange und seiner geschichtlichen Entwickelung. Hamburg 1837.

63 August Wilhelm NEANDER: Neander's Erklärung in Beziehung auf einen ihn betreffenden Artikel der Allgemeinen Zeitung: nebst dem auf höhere Veranlassung von ihm verfaßten Gutachten über das Buch des Dr. Strauß »Leben Jesu«. Berlin 1836. Gleich nach Erscheinen des Buches von Strauß 1835 hatte Neander im Auftrag des Preußischen Ministeriums ein Gutachten darüber verfasst, das die Grundlage der Publikation 1836 bildete.

64 Brief von W. Hey an F. Perthes, Ichtershausen 27.3.1837 (StA Hamburg: Perthes NL I, Mappe 20 e, Bl. 35-36).

65 Neander: Das Leben Jesu-Christi … (wie Anm. 62).

der heiligen Geschichten, zumal die wunderbaren Anfänge verflüchtigt zu sehn. Das ist gar nicht. Vielmehr bekennt sich N. zu dem Allen und rechtfertigt es mit geistreicher Darstellung des ganzen Zwecks u. Wesens Jesu; widerlegt auch oft recht schlagend die Einwendungen die Strauß u. a. aus dem Gange der Erzählung selbst gewonnen haben. – Ich glaube daß das Buch einen bedeutenden Erfolg haben wird, gerade bei den halben Rationalisten, unter denen seine Heftigkeit gegen die Ev. Kirchen-Zeitung ihm einen guten Namen gemacht hat.

Für einen schlichten Bibelgläubigen ist das Buch natürlich weder ein Bedürfnis noch auch befriedigend, lezteres weniger weil N. doch manches aufgiebt, als weil auch in dem Vielen, was er festhält, doch sein Ausdruck meist nur allgemein gehalten Höheres, Göttliches anerkennt, während das Evangel. mit einfachen Worten geradezu einen Gabriel, die Engel u.s.w. nennt.

Dieß mag großentheils daher kommen, daß N. sich den Hergang doch nicht buchstäblich so denken kann, wie er geschrieben steht u. doch für seine Vorstellung keine bestimmte Gestalt hat; also auch keine solche Darstellung daran geben kann. Recht deutlich zeigt sich das in der Versuchungsgeschichte, dem lezten was ich gelesen. Da weist er auf Schwierigkeiten hin, wodurch die Annahme eines wirklichen so geschehenen Ereignisses ihm unmöglich werde u. hat diese Schwierigkeiten doch nicht angegeben, stellt dann recht schön vor, wie die einzelnen Versuchungsstufen gerade das andeuten, was im nachherigen Verlaufe des Lebens Jesu ihn hätte versuchen können, giebt nun zu verstehn (hieran an Schleiermacher grenzend) daß der Herr den Jüngern dieß symbolisch habe darstellen wollen und behauptet doch zulezt daß der Teufel irgendwie dabei thätig gewesen seyn könne, ohne weiter etwas zu bestimmen. – Was er hier für die Existenz desselben sagt, ist für mich vollständig gewiß, wird aber die Teufels-Ungläubigen nicht überzeugen.

Auch die Sprache, freilich bei N. überhaupt doch hier wieder mehr als sonst, ist schwerfällig und dem Ganzen fehlt die Tholucksche Frische u Lebendigkeit. – Aber gewiß wird das Buch großen Erfolg haben; schon durch den Namen u. dann weil es von einem festen Glaubensgrund aus und, ohne Zweifel mit höchster Gelehrsamkeit, geschrieben ist. – Da haben Sie nun ordentlich eine Kritik u. noch dazu nur über einen so kleinen Theil des Werks. So geht's wenn man den Leuten etwas weißmacht von kritischem Geschick, das in ihnen stecke. –«[66]

Im Dezember bemerkt er anlässlich einer weiteren Publikation gegen Strauß, dass er sich freue, »daß nicht bloß Theologen den Straußschen Angriff abzuwehren sich berufen fühlen. Schöner und wohl in mancher Hinsicht wirksamer thut es ein glaubensfester geistvoller Laie.«[67] Im März des darauffolgenden Jahres berichtet er dann von der Lektüre des Buches.[68]

66 Brief von W. Hey an F. Perthes, Ichtershausen 18.10.1837 (StA Hamburg: Perthes NL I, Mappe 20 e, Bl. 147-148).

67 Brief von W. Hey an F. Perthes, Ichtershausen 16.12.1837 (StA Hamburg: Perthes NL I, Mappe 20 e, Bl. 160).

68 »In dem Buche des Laien gegen Strauß habe ich erst angefangen.« Brief von W. Hey an F. Perthes, Ichtershausen 12.3.1838 (StA Hamburg: Perthes NL I, Mappe 21 a, Bl. 32).

VIII Heys dichterische Bearbeitung des Lebens Jesu

Es scheint kein Zufall zu sein, dass Perthes und Hey gerade auf diesem Höhepunkt der Diskussion die Publikation von Heys dichterischer Bearbeitung des Lebens Jesu wieder aufnehmen. So schickt Hey im Februar 1838 Korrekturen der Bilderbibel[69] zu und sagt im März die Lieferung der noch ausstehenden Gedichte dafür zu:

> »Sodann melde ich, daß ich von Herzen gern die Gedichte zu den Olivierschen Bildern liefern werde; nur wenige sind wohl noch zu machen, und bis Michaelis ist wills Gott alles fertig. Wieviel Sie aber damit schaffen werden? Ich möchte an Rists Erfahrungen erinnern, die er so trefflich komisch schildert. – Verse, wer macht sie nicht? und wer liest sie? – Doch davon abgesehen. Diese Woche fange ich zu ordnen an.«[70]

Im Vergleich mit den Interpretationen Schuberts halten sich Heys Verse viel stärker an die Textgrundlage der Evangelien und das darin geschilderte äußere Geschehen der biblischen Handlungen. Seine dichterische Bearbeitung richtet sich im Gegensatz zu Schubert explizit an ein junges Publikum. Den didaktischen Zweck, die bessere Einprägsamkeit der Erzählungen durch die Versform, hatte Hey deutlich dargelegt. In der Folge interessierte er sich dann auch weniger für den Erfolg seiner Arbeit im Sinne des ökonomischen Gewinns, als in Bezug auf ihre Verbreitung bei dem jugendlichen Publikum, an das sich seine Ausführungen hauptsächlich richteten:

> »Daß der Preis höher werden muß, als Sie erst dachten, bedaure ich wie ich es begreife. Es ist noch immer mäßig genug. – Ob es passend und nützlich wäre, Schulanstalten, für Partien einen billigen Erlaß anzubieten, verstehen Sie besser als ich.«[71]

Und im Dezember desselben Jahres:

> »Um nicht Sie, verehrten Freund, wider Willen um [unleserliches Wort, S.P.] Gabe auch des beiliegenden Correspondenten u. seiner etwas parteiischen Empfehlung unsres Büchleins zu bringen, benutze ich die erste Gelegenheit zur Zurücksendung. Vielleicht hat sich manche Mutter zum Ankauf bewegen lassen. Vielleicht wäre es gut gewesen ausdrücklich auszusprechen, daß die eigentlich beabsichtigten Leser zwischen 12-16 Jahren zu suchen seien, wenn auch mit großem Dank das Zeugniß anzunehmen ist, daß selbst Jüngere und Dorfkinder dafür Empfänglichkeit zeigen. – Nun, wir wollen dem Büchlein guten Abgang wünschen für uns und ich denke für die Jugend selbst.«[72]

---

69 Brief von W. Hey an F. Perthes, Ichtershausen 4.2.1838 (StA Hamburg: Perthes NL I, Mappe 21 a, Bl. 25-26).

70 Brief von W. Hey an F. Perthes, Ichtershausen 23.4.1838 (StA Hamburg: Perthes NL I, Mappe 21 a, Bl. 37).

71 Brief von W. Hey an F. Perthes, Ichtershausen 23.10.1838 (StA Hamburg: Perthes NL I, Mappe 21 a, Bl. 161-162).

72 Brief von W. Hey an F. Perthes, Ichtershausen 28.12.1838 (StA Hamburg: Perthes NL I, Mappe 21 a, Bl. 71).

Mit vierjähriger Verspätung realisierte sich also 1838 schließlich der ursprüngliche Plan Heys und seine dichterische Bearbeitung des Lebens Jesu wurde veröffentlicht. Die nachträgliche Verbindung mit den Bildern Oliviers erklärt nun auch die Verringerung der Menge von Heys Versen: Da er an die vorliegende Auswahl der bereits veröffentlichten Bilder gebunden war, konnte er nicht die ursprünglich geplanten 100 Episoden bearbeiten, sondern musste die Zahl anpassen und um die Hälfte reduzieren. Sein Wunsch nach einer bebilderten Ausgabe seiner eigenen Arbeit wurde jedoch nicht umgesetzt. Auch in den folgenden Ausgaben wurden die Bilder Oliviers von dem Kommentar Schuberts begleitet. Hey stellte die Verbindung jedoch durch den nachträglichen Verweis auf die Bilder her »Zu Olivier's Volksbilderbibel« – die ja ursprünglich für seine Verse angefragt worden waren. Wenn sein ursprünglicher Plan somit zwar nicht in geplantem Umfang und Ausstattung veröffentlicht werden konnte, so wusste Hey doch, dass seine Arbeit Teil eines vielgliedrigen übergeordneten Ganzen war: dem gemeinsamen, erweckungstheologisch motivierten Engagement gegen die kritische Leben-Jesu-Forschung.

Die Evangelisch-reformierte Gemeinde Dresden in der Zeit des Nationalsozialismus*

Ihre Geschichte aus der Sicht der Opfer

Von Eberhard Gresch

Über das Verhalten der evangelisch-lutherischen Landeskirchen im Dritten Reich gibt es einiges an Literatur. Zur evangelischen Konfessionsfamilie gehören aber auch Kirchgemeinden, die in der Tradition der Reformationen des 16. Jahrhunderts stehen, aber nie Glied einer lutherischen Landeskirche waren. Eine solche ist die Evangelisch-reformierte Gemeinde in Dresden. Hier soll ihr Verhalten in der Zeit des Dritten Reiches beschrieben werden. Anfangs ordnete sie sich in die Bekenntnisfront ein. Bald strebten aber Gemeindeglieder nach einer Anpassung an nationalsozialistisches Gedankengut. Dieser Gruppierung gelang es am 11. November 1935, mit staatlicher Hilfe in der Art eines Staatsstreiches die bisherige Gemeindeleitung (Konsistorium genannt) zum Rücktritt zu zwingen und selbst die Leitung zu übernehmen. Kurz darauf wurde auch der Pfarrer aus der Gemeinde ausgestoßen. Nun fügte sie sich in das nationalsozialistische System ein. Im Folgenden wird die Vorgehensweise auf dem Weg zur Neuausrichtung der Gemeinde und ihre dann öffentliche Bejahung des Staates beschrieben. Besonders im Blickpunkt stehen die Hauptvertreter der beiden Richtungen: Pfarrer Richard Zitzmann[1] und der pensionierte Rektor eines Dresdner Gymnasiums Gustav Rosenhagen.

Anfang der 1930er Jahre bemühten sich die Gemeindeleitung und ihr Pfarrer Richard Zitzmann, die weitgehend traditionell geprägte Gemeinde in die Bekenntnisfront einzureihen und sich glaubensverfälschenden Bestrebungen entgegenzustellen.[2] Seine Gegner diffamierten daraufhin den Pfarrer mit persönlichen Verleumdungen. Zudem konstruierten sie von ihm das Bild eines »schwierigen

* Der Artikel beruht auf zwei Vorträgen, die der Verfasser am 9. April 2015 und am 12. November 2015 in der Evangelisch-reformierten Gemeinde Dresden gehalten hat.

1 Vgl. zu ihm: Eberhard GRESCH: Bekenntnispfarrer Richard Zitzmann (1892-1981): seine Vertreibung aus der Evangelisch-reformierten Gemeinde Dresden. HCh 34/35 (2010/2011), 175-194.

2 Als neueste Literatur sind noch anzuführen: Karl DIENST: Politik und Religionskultur in Hessen und Nassau zwischen ›Staatsumbruch‹ (1918) und ›Nationaler Revolution‹ (1933): Ursachen und Folgen. Frankfurt am Main u. a. 2010, 197-205. Wiederabdruck in Karl DIENST: Religionskultur zwischen Biographie und Historie. Frankfurt am Main u. a. 2013, 48-52; EVANGELISCH GETAUFT – ALS »JUDEN« VERFOLGT: Theologen jüdischer Herkunft in der Zeit des Nationalsozialismus. Ein Gedenkbuch/ hrsg. von Hartmut Ludwig; Eberhard Röhm; Jörg Tierfelder. Stuttgart 2014. Enthält auf den Seiten 378 f einen Artikel zu Richard Zitzmann und seiner Frau Eugenie.

Charakters«, das bis in die heutige Zeit hinein noch auf fruchtbaren Boden fällt.[3] So schafften sie es, dass er einer Reihe von Gemeindegliedern als nicht mehr tragbar galt. Zudem hielten ihn NS-nahe Gemeindeglieder als nicht eingliederungsfähig in das nationalsozialistische System.[4] Gegen die böswilligen Verleumdungen ging Zitzmann, der am 29. Dezember 1935 fristlos entlassen wurde, auch gerichtlich vor. Mit Urteil vom 29. September 1936 gewann er den Verleumdungsprozess vor dem Oberlandesgericht Dresden. Das Gericht verpflichtete sogar die Gemeinde, das Urteil im Gemeindeblatt abzudrucken. Das erfolgte in der Ausgabe zum 1. Advent 1936.[5] Dort sind die 14 Verleumdungen und die neun Verleumder (allerdings ohne Namensnennung, nur mit den Ziffern 1 bis 9) aufgeführt, wenn auch in einem kaum lesbaren Kleinstdruck. Der Abdruck erfolgte also nicht aus christlicher Einsicht eines Fehlverhaltens.

Ein weiterer Nachteil Zitzmanns war, dass er nach amtlicher Auffassung wegen seiner nichtarischen Ehefrau Eugenie als »jüdisch versippt« galt. Offiziell wurde das – wohl aus taktischen Gründen – nicht geäußert. Somit mussten die Zitzmann-Gegner auch nicht den theologisch und rechtlich umstrittenen kirchlichen Arierparagrafen[6] bemühen. Dieser bedeutete »judenfreie« Kirche. In der sächsischen lutherischen Landeskirche war er im Herbst 1933 eingeführt worden. Damit war die nationalsozialistische Judenfeindlichkeit in ihrer rassischen Dimension von der evangelischen Kirche übernommen worden.[7] Auf Verlangen der sächsischen Landesregierung musste die Kirche aber die Ausgrenzung von Geistlichen mit nichtarischen Ehepartnern zurückstellen, weil diese kirchengesetzliche Bestimmung über die des entsprechenden Reichsgesetzes vom 7. April 1933 hinausging.[8] Später dann, nach der Einführung des Judensterns im Reich im September 1941, verfügte

3 Man denke hier nur an einen Satz von Karl Barth, den »Vater der Bekennenden Kirche« in den 1930er Jahren: »Es waren vielmehr in der Regel gerade die bemerkenswertesten christlichen Persönlichkeiten, deren Bild sich durch die kräftigsten Schlagzeilen, durch die tiefste Problematik ihrer Charaktere, Gewohnheiten und Entscheidungen auszeichnete.« In Karl BARTH: Das christliche Leben. Die Kirchliche Dogmatik IV.4: Fragmente aus dem Nachlaß. Vorlesungen 1959-1961/ hrsg. von Hans-Anton Drewes; Eberhard Jüngel. Zürich 1979, 312. Den Hinweis verdanke ich Rolf-Joachim Erler-McLean, Berlin.

4 Kirchenblatt der evang.-reformierten Gemeinde zu Dresden (1935) Nr. 55 vom 14.12.1935.

5 Gemeindeblatt der evangelisch-reformierten Gemeinde zu Dresden (1936) Nr. 62 vom 1. Advent 1936.

6 Joachim FISCHER: Die sächsische Landeskirche im Kirchenkampf 1933-1937. Göttingen 1972, 20 f. Siehe auch GESETZ- UND VERORDNUNGSBLATT DER EVANGELISCH-LUTHERISCHEN LANDESKIRCHE IN SACHSEN 1933, Nr. 27.

7 »BESEITIGUNG DES JÜDISCHEN EINFLUSSES ...«: antisemitische Forschung, Eliten und Karrieren im Nationalsozialismus/ hrsg. vom Fritz Bauer Institut (Jahrbuch 1998/99 Zur Geschichte und Wirkung des Holocaust). Frankfurt am Main 1999.

8 Georg WILHELM: Die Evangelisch-lutherische Landeskirche Sachsens im Dritten Reich. In: Sachsen in der NS-Zeit/ hrsg. von Clemens Vollnhals. Leipzig 2002, 135.

die sächsische lutherische Landeskirche »den gänzlichen Kirchenausschluss ihrer Mitglieder jüdischer Herkunft«.[9]

Hinzuweisen ist auch darauf, dass die von den Deutschen Christen[10] dominierte Sächsische Evangelisch-Lutherische Landessynode im Dezember 1933 die von ihrem damaligen Oberkirchenrat Walter Grundmann[11] verfassten »28 Thesen der sächsischen Volkskirche zum inneren Aufbau der Deutschen Evangelischen Kirche« als verbindliche Richtlinien für ihre kirchliche Praxis übernahm. Es ging hier um die Entjudung von Kirche und Theologie. Zwei Thesen lauten zum Beispiel:

> »3. These: Die Volkskirche bekennt sich zu Blut und Rasse, weil das Volk eine Bluts- und Wesensgemeinschaft ist. Mitglied der Volkskirche kann nur sein, wer nach dem Recht des Staates Volksgenosse ist.
>
> 5. These: Weil die deutsche Volkskirche die Rasse als Schöpfung Gottes achtet, erkennt sie die Forderung, die Rasse rein und gesund zu erhalten, als Gottes Gebot: Sie empfindet die Ehe zwischen Angehörigen verschiedener Rassen als Verstoß gegen Gottes Willen.«

Diese Thesen sind praktisch die Vorwegnahme der Nürnberger Rassengesetze vom September 1935. Erinnert sei auch an den reichsweiten Boykott jüdischer Geschäfte am 1. April 1933. Es ist nicht vorstellbar, dass die vielfachen Bestrebungen, Menschen jüdischer Herkunft aus dem gesellschaftlichen und kirchlichen Leben auszugrenzen, von den Gliedern der Evangelisch-reformierten Gemeinde nicht wahrgenommen wurden.

In die erbitterten Auseinandersetzungen zwischen dem Konsistorium und den Gegnern (der Rosenhagen-Gruppe) wurden Rechtsanwälte und schließlich sächsische Ministerien einbezogen. Man stritt unnachgiebig um die Rechtmäßigkeit verschiedener Beschlüsse. Es darf dabei aber nicht außer Acht gelassen

---

9 Gerhard Besier: Kirche, Politik und Gesellschaft im 20. Jahrhundert. München 2000, 30.

10 Es war eine seit Juni 1932 aus dem Nationalsozialismus erwachsene Richtung innerhalb der evangelischen Landeskirchen. Sie wollten eine enge Verzahnung von Christentum und NS-Gedankengut. Für sie offenbarte sich Gott auch in der Geschichte, in der arischen Rasse und im Führer Adolf Hitler. Sie forderten eine nach dem Führerprinzip strukturierte Reichskirche, die Amtsenthebung nicht systemkonformer Geistlicher, die Anwendung des Arierparagrafen in der Kirche, die Außerkraftsetzung des Alten Testaments, die »Entjudung« der christlichen Botschaft, den Schutz des Volkes vor Untüchtigen und Minderwertigen. Diese Bekenntnishaltung der Deutschen Christen dokumentierte Walter Grundmann im Dezember 1933 in 28 Thesen. Vgl. hierzu auch Walter Grundmann: Die 28 Thesen der Deutschen Christen erläutert. Dresden [1935].

11 1930 NSDAP-Mitglied, 1933 Anschluss an die »Glaubensbewegung Deutsche Christen«, Schriftleiter des Monatsblattes »Christenkreuz und Hakenkreuz«, 1934 förderndes Mitglied der SS, 1939 wissenschaftlicher Leiter des Instituts zur Erforschung und Beseitigung jüdischen Einflusses auf das deutsche kirchliche Leben. Er lieferte die religiöse Legitimation zur Vernichtung der Juden. Nach 1945 war er in der DDR im kirchlichen Hochschuldienst und Berater der Evangelischen Verlagsanstalt Berlin. Bekannt sind seine Evangelienkommentare. Vgl. zu Grundmann: Walter Grundmann: ein Neutestamentler im Dritten Reich/ hrsg. von Roland Deines, Volker Leppin und Karl-Wilhelm Niebuhr (AKThG; 21). Leipzig 2007.

werden, dass Zitzmann nie Beschlüsse im Alleingang gefasst hat, wie ihm von den Gegnern unterstellt wurde, sondern dass es immer Beschlüsse des von der Gemeinde gewählten Konsistoriums waren. Ende Dezember 1934 begann dann die Rosenhagen-Gruppe mit dem Aufbau einer eigenen Teil-Kirchgemeinde mit eigenem Gegenkonsistorium, eigener Gemeindevertreterversammlung und eigenem Gottesdienst. Im November 1935 gewann auf Grund einer ministeriellen Verfügung[12] die eng mit dem NS-Staat verbundene Rosenhagen-Gruppe den Machtkampf. Das Gegenkonsistorium übernahm sofort die Gemeindeleitung. Es war sozusagen ein Staatstreich im kirchlichen Bereich. Und mit dem dann folgenden Rauswurf Zitzmanns hatte sich die Kirchgemeinde eines Bekenntnispfarrers entledigt und mit seiner Frau zugleich noch einer Halbjüdin. Mit dem erfolgreichen »aus-dem-Weg-räumen« des alten Konsistoriums und des bisherigen Pfarrers änderte sich schlagartig die Außendarstellung der Gemeinde. Es zeigte sich, dass nun schon viele Gemeindeglieder deutlich vom völkisch-nationalen bzw. vom nationalsozialistischen Gedankengut geprägt waren. Sie setzten die Treue zum NS-Staat über das Evangelium. So passte sich die Gemeinde nun dem nationalsozialistischen Staat an. Sie wurde anfällig für eine Bejahung des Dritten Reiches und beteiligte sich an der politischen Propaganda. Dazu nachfolgend einige Belege.

An der Spitze der dem Nationalsozialismus ergebenen Gruppe stand seit Sommer 1934 das Gemeindeglied Gustav Rosenhagen. Er war etwa 30 Jahre Leitungsmitglied (1897-1905, 1915-1931, 1935 – nachweisbar mindestens bis 1939). Sein Vater war der Lutheraner Christian *Gustav* Wilhelm Rosenhagen, der 1852-1870 Pfarrer dieser Kirchgemeinde war, aber nicht zur reformierten Kirche übertrat. Rosenhagen besuchte die Dresdner Kreuzschule, studierte in Leipzig Geschichte, Germanistik und alte Sprachen. Dann war er Gymnasiallehrer in Dresden. Sein wesentliches Unterrichtsfach war Geschichte. 1910 wurde er Rektor des traditionsreichen Gymnasiums Dreikönigsschule in Dresden auf der Wigardstraße.[13] Obwohl alter Reserveoffizier, wurde er im 1. Weltkrieg, in dem ein Sohn 1918 im Felde fiel, nicht eingezogen. Nach seiner Pensionierung zog er 1927 nach Kötzschenbroda, das 1935 nach Radebeul eingemeindet wurde. Er wohnte auf der Heinrich-Zille-Str. 51, in der 1881/82 erbauten Villa Carl Gottfried Bär, die heute ein geschütztes Denkmal ist. Nach Ausbruch des Zweiten Weltkrieges 1939 gab er noch im hohen Alter Unterricht am Gymnasium, um den Unterrichtsausfall durch die Einberufung von Lehrern abzumildern. Er starb 1945 im Radebeuler Krankenhaus.[14] Er hinterließ seine 17 Jahre jüngere Ehefrau Anna Margaretha, geb. Roßberg, die lutherischer Konfession war und die am 30. März 1948 verstarb.[15] Beigesetzt wurde er auf

12 Gresch: Bekenntnispfarrer … (wie Anm. 1), 186.

13 Dieses Schulgebäude wurde 1945 vollkommen zerstört. 1997 wurde der Name auf das Gymnasium in der Äußeren Neustadt in der Louisenstraße übertragen.

14 Beerdigungsbuch der Evangelisch-reformierten Gemeinde Dresden.

15 Ebd.

dem Johannesfriedhof Radebeul. Als Historiker trat Rosenhagen im Jahr 1910 bemerkenswert hervor. In diesem Jahr vollendete er das 685 Seiten starke Buch des 1907 verstorbenen Dresdners Gymnasiallehrers Edmund Ulbricht nach dessen Vorgaben, und gab es heraus mit dem Titel: »Weltmacht und Nationalstaat: eine politische Geschichte der neueren Zeit von 1500 bis 1815«, erschienen 1910 in Leipzig. In späteren Jahren verfasste er mehrere kleine Bücher für den gymnasialen Geschichtsunterricht. Etwas näher bekannt sind vier Veröffentlichungen aus den Jahren 1918 bis 1929. Sie behandeln die Zeit vom Mittelalter bis zur Neuzeit. Für die Charakterisierung Rosenhagens ist sein Buch über die Geschichte der Dresdner Gemeinde eine ergiebige Quelle.[16]

Wie in jedem totalitären Gesellschaftssystem hatte auch im Dritten Reich ein für die Diktatur ideologisierter Geschichtsunterricht große Bedeutung. Oberstes Ziel der Schule war, verstärkt seit 1938, auf rassistischer, militaristischer und totalitärer Grundlage die Formung der Jugend zu nationalsozialistischen Menschen. Da Rosenhagen Geschichtslehrer war, ist ein Blick auf die Schulgeschichtsbücher im Dritten Reich aufschlussreich. Dort kann man erkennen, was im Dritten Reich von den Menschen gefordert wurde. Zunächst ein Auszug aus dem Vorwort eines Schulgeschichtsbuches aus dem Jahr 1934:

> »Mangel an Verantwortungsgefühl und an Entschlußkraft, tatenloses Zuwarten und lähmende Gleichgültigkeit hatten im alten Parteienstaat in Deutschland jene Zustände herbeigeführt, die unsere Nation an den Rand des Verderbens brachten. Adolf Hitler rettete das deutsche Volk im letzten Augenblick vor dem Versinken im Abgrund des völligen Zusammenbruchs.
>
> Die belebenden Triebkräfte der deutschen Freiheitsbewegung, Wille und Tat, schufen den Durchbruch zur neuen Volkswerdung, zum neuen deutschen Bewußtsein, zu nationaler Verantwortung und Pflicht. Seit der Machtübernahme hat Adolf Hitler im neuen Deutschland eine Aufbauarbeit geleistet, die auf allen Gebieten des deutschen Lebens – dies veranschaulicht die zusammenfassende Überschau des vorliegenden Bändchens – großartige Erfolge zeitigte. Angesichts dieser Tatsache ist es tief empörend, daß noch immer gewissenlose Miesmacher und Nörgler ihre Wühlarbeit betreiben. Sie üben durch ihr volks- und vaterlandsfeindliches Verhalten Verrat an Volksgemeinschaft und Führer.
>
> Deutsche Jungen und Mädchen, deutsche Männer und Frauen, stellt den Nörgeleien die Wahrheit über die Taten und Leistungen der Regierung Adolf Hitlers entgegen. Widersprecht allen Miesmachern und bringt diese Volksfeinde zum Schweigen! Kein Deutscher darf zulassen, daß die alten Erbübel des lähmenden Mißtrauens, der deutschen Uneinigkeit, der politischen Kurzsichtigkeit, des nationalen Undanks gegen große Führerpersönlichkeiten weiter aufleben. Die heimtückischen Nörgler sollen es nicht länger wagen, sich zu versündigen gegen Volksgemeinschaft und Einigkeit der Nation.

16 Gustav ROSENHAGEN: Geschichte der evangelisch=reformierten Gemeinde in Dresden. I. Teil: 1689-1835. Dresden 1934. II. Teil: 1835-1939. Dresden 1939 – Für eine aktuelle Kurzdarstellung der Gesamtgeschichte der Dresdner Gemeinde siehe Eberhard GRESCH: Der Weg der Evangelisch-reformierten Gemeinde zu Dresden. In: Reformierte Gemeinden in Sachsen-Anhalt und Sachsen: vierzehn Beiträge zu ihrer Geschichte und Gegenwart/ hrsg. von Eberhard Gresch. Bad Karlshafen 1998, 98-112.

Jeder wahrhaft deutsche Mensch muß durchdrungen sein von tiefster Dankbarkeit, von grenzenlosem Vertrauen und felsenfester Treue gegen das neue Deutschland und dessen Führer Adolf Hitler.«[17]

Und nun ein Auszug aus dem Vorwort eines Schulgeschichtsbuches aus dem Jahr 1936:

»Nun wünsche ich unserem Volke noch solche Lehrer, die Geschichte lehren und erleben lassen wie der Geschichtslehrer unseres Führers. Adolf Hitler schreibt in seinem Buch ›Mein Kampf‹ über Geschichtsunterricht und Geschichtslehrer: ›Geschichte ‚lernen' heißt die Kräfte suchen und finden, die als Ursache zu jenen Wirkungen führen, die wir dann als geschichtliche Ereignisse vor unseren Augen sehen. Die Kunst des Lebens wie des Lernens ist auch hier: Wesentliches behalten, Unwesentliches vergessen. [...]‹. In aller Geschichtsschreibung werden Zahlen und Tatsachen ausgewählt, und allein schon mit solcher Auswahl aus der Fülle des Geschehens legt sogar der objektivste Geschichtsschreiber, wenn auch unbewußt und ungewollt, ein Bekenntnis ab, er deutet die Geschichte. Es gibt keine Neutralität in der Geschichtsschreibung: bewußt oder unbewußt wird man Farbe bekennen; wird man zeigen, daß man die Welt so oder so sieht. Wir aber wollten keine beziehungslose Geschichtsschreibung, sondern eine, die sich offen und gerade zu völkischen Werten bekennt und aus dem Urgrund völkischen Lebens emporwächst.«[18]

Nun zu Rosenhagens sehr verkürzter und verschleiernder Beschreibung des Richtungskampfes in der Dresdner Kirchgemeinde:

»Es ist nicht angebracht, Einzelheiten des 1933 beginnenden Streites anzuführen; Fehler und Übergriffe lagen auf beiden Seiten. Nur das Entscheidende muß in einer Geschichte der Gemeinde, die bis zur Gegenwart herangeführt werden soll, aufgezeichnet werden, und das waren Verstöße gegen die Verfassung der Reformierten Kirche Sachsens, nicht Bekenntnisfragen. An dem Streit zwischen Bekenntnisfront und deutschen Christen war die Gemeinde nicht beteiligt.«[19]

Hier ist eine Übereinstimmung mit der NS-Geschichtsschreibung im Dritten Reich zu erkennen: weglassen und verleumden, wenn es dem Geist des Gesellschaftssystems dient. Die erforderliche Neutralität, also »so zu schreiben wie es eigentlich gewesen ist«, wurde ignoriert. Konkret verschweigt Rosenhagen zum Beispiel, dass das bisherige Konsistorium Mitte 1935 auch ein Gutachten durch den renommierten reformierten Kirchenrechtler Karl Mensing aus Wuppertal-Elberfeld, Rechtsanwalt der Bekennenden Kirche, anfertigen ließ. Und dieser wies mit Datum 5. Juli 1935 nach, dass die Reaktionen des Konsistoriums gegen die Zitzmann-Gegner um Rosenhagen in der »Verfassung der evangelisch-reformierten

17 Max Stoll: Adolf Hitler baut auf: Überblick über die Arbeit der nationalsozialistischen Regierung (März 1933 bis April 1934). Eine Ergänzung zu jedem Lehrbuch der Geschichte. Bamberg 1934.

18 Heinrich Eidmann: Geschichte als Gegenwart: ein Weg zum Erlebnis deutscher Geschichte. Stuttgart 1936.

19 Rosenhagen: Geschichte ... II. Teil (wie Anm. 16), 82.

Gemeinden im Königreiche Sachsen« vom 3. Juli 1909, dem »Regulativ über die kirchlichen Rechtsverhältnisse der evangelisch-reformierten Glaubensgenossen in den königlich sächsischen Ländern« vom 7. August 1818, und im Bekenntnis begründet waren.[20] Bei Rosenhagen findet sich kein Wort über das Kesseltreiben gegen Zitzmann oder zum Beispiel über dessen oben genannten Gewinn des Verleumdungsprozesses.

Wenn man also den tatsächlichen Verlauf der Gemeindegeschichte in den 1930er Jahren kennt, und wenn man dann die Textpassagen Rosenhagens liest, muss man feststellen, dass seine Geschichtsschreibung für diese Jahre unseriös ist, weil er wesentliche Fakten ausblendet. Sie ist erkennbar tendenziös aus dem Geist des Nationalsozialismus heraus geschrieben. So verbietet es sich von selbst, zur heutigen Meinungsbildung über den innergemeindlichen Kampf nur Rosenhagens Buch heranzuziehen.

Auch über den letzten Satz der Textpassage »An dem Streit zwischen Bekenntnisfront und Deutschen Christen war die Gemeinde nicht beteiligt« lohnt es, sich Gedanken zu machen. Hier ist nur eine, aber auch nicht passende Variante des vielfältigen damaligen Kirchenkampfes im Blickfeld. In der Dresdner Gemeinde haben wir es mit einer anderen Variante des innerkirchlichen Konflikts zu tun, nämlich mit dem Kampf stark nationalsozialistisch geprägter Christen gegen bekennende und traditionell geprägte Christen.

Zur weiteren Charakterisierung Rosenhagens gehen wir nun noch einen Schritt weiter. Werfen wir zunächst einen Blick auf die Personen, die er im zweiten Teil seines Buches über die Gemeindegeschichte beschreibt, und wen er besonders zu Wort kommen lässt. Auch damit lässt sich seine Positionierung im System des Nationalsozialismus gut verorten. Unter Beachtung seiner beruflichen Tätigkeit muss er auch Parteigenosse der NSDAP gewesen sein.

Als erstes ein Blick in den Buch-Anhang, wo drei Predigten der Gemeindepfarrer ab 1919 aufgeführt sind. Die erste ist eine von Max Maurenbrecher, als gehalten am 9. November 1919 angegeben. Diese Predigt anlässlich des ersten Jahrestages der Ausrufung der Republik in Deutschland (Novemberrevolution) ist bei weitem die längste, sie nimmt zwölf Seiten ein.[21] Man kann davon ausgehen, dass es gar nicht ein Originalpredigttext ist, eine solche Predigt wäre viel zu lang, sondern einer seiner vielen Aufsätze, wobei Rosenhagen ja auch dazu eine Quelle liefert. Hier geht es um das erste biblische Gebot und um Aussagen des deutschen Kulturphilosophen Paul de Lagarde.

---

20 Schreiben des Konsistoriums vom 27.08.1935 an Prof. Dr. Otto Fritzsche, Freiberg i. Sa. (Archiv der Evangelisch-reformierten Gemeinde Dresden).

21 Rosenhagen: Geschichte … II. Teil (wie Anm. 16), 249-261.

Zunächst einige Angaben zu Max Maurenbrecher.[22] Er ist eine schillernde Person, ein Mann mit vielen Wandlungen. Sohn des Wilhelm Maurenbrechers, eines bedeutenden Forschers auf dem Gebiet der Reformationsgeschichte, hatte er Theologie, Philosophie und Geschichte studiert. Er war ein typisch politischer Prediger, und auch politischer Publizist und Politiker. Der Historiker Manfred Gailus nannte ihn einen »protestantischen Glaubensapostel«.[23] 1903-1913 war er SPD-Mitglied. 1906 trat er aus der Evangelischen Kirche aus, erklärte sich zum Atheisten, trat 1917 aber wieder in die Kirche ein. Dazwischen war er auch freireligiöser Prediger. Von April 1919 bis Ende März 1921 war er Pfarrer der Dresdner Gemeinde. Auch danach übernahm er Predigtdienste, und war ab 1925 noch einige Male Gastprediger.[24] Einige seiner Predigten kann man in der Schriftenreihe »Glaube und Deutschtum« nachlesen. 1920/21 saß er auch im Sächsischen Landtag für die nationalkonservative Deutschnationale Volkspartei, die strikt das »Weimarer System« ablehnte und 1933 zum Steigbügelhalter Adolf Hitlers wurde. Im März 1921, noch in seiner Amtszeit in Dresden, traf er sich wahrscheinlich mit Hitler.[25] Liest man seine Schriften, kann man zu der Ansicht kommen, dass er für Hitler in dessen Frühphase Ideengeber für dessen Ideologie und Weltanschauung war. 1920-1924 war er, also schon in seiner Dresdner Amtszeit, Schriftleiter der in Berlin herausgegebenen antisemitischen »Deutschen Zeitung«. In seinen letzten Lebensjahren war er wieder als evangelischer Pfarrer in Thüringen tätig.

Maurenbrecher gilt als einer der Wegbereiter völkischen Gedankenguts und als Vertreter der NS-Ideologie der Deutschen Christen. Sein 1930 erschienenes Buch »Der Heiland der Deutschen. Der Weg der Volkstum schaffenden Kirche« wurde zum viel gelobten Grundlagenwerk der Deutschen Christen. Dort befinden sich auch wortwörtliche Passagen aus der oben genannten »Predigt« vom 9. November 1919. Das Buch wurde zu einem Erfolg für den Göttinger Verlag Vandenhoeck & Ruprecht, der aus Bedarfsgründen gleich noch eine zweite Auflage nachschob. Dieses rassistische und antisemitische Werk zitiert auch Rosenhagen in seinem Literaturverzeichnis,[26] wo er die Veröffentlichungen benennt, die er bei der Er-

---

22 Handbuch des Antisemitismus: Judenfeindschaft in Geschichte und Gegenwart. Bd. 2: Personen/ hrsg. von Wolfgang Benz. Berlin 2009, 530; Marlies Jansen: Max Maurenbrecher: der weltanschaulich-politische Weg eines deutschen Nationalsozialisten. 1900-1930. München 1964; Gangolf Hübinger: Maurenbrecher, Max. RGG[4] 5, 924.

23 Manfred Gailus: »Nationalsozialistische Christen« und »christliche Nationalsozialisten«. In: National-sozialistische Mentalitäten/ hrsg. von Manfred Gailus; Hartmut Lehmann. Göttingen 2005, 223-261.

24 Rosenhagen: Geschichte … II. Teil (wie Anm. 16), 75.

25 Satparam: Der Stern des Abgrundes: das Medium Adolf Hitler im Lichte Sri Aurobindos und der Mutter. o O. 2010.

26 Rosenhagen: Geschichte … II. Teil (wie Anm. 16), 209; Wiebke Wiede: Rasse im Buch: antisemitische und rassistische Publikationen in Verlagsprogrammen der Weimarer Republik. München 2011, 256.

arbeitung seines Gemeinde-Geschichtsbuches benutzte. Rosenhagen widmete Maurenbrecher in seinem Buch trotz nur zweijähriger Amtszeit dreieinhalb Seiten. Über dessen Abschied von Dresden schreibt er:

> »Am 30. August 1925 nahm er Abschied von Dresden, doch ist er noch einige Male, stets willkommen geheißen, als Gastprediger wiedergekommen. [...] Auf die Frage, welcher politischen Partei er nun angehöre, antwortete er: Keiner, aber er sah schon damals in der nationalsozialistischen Bewegung die Partei der Zukunft, erkannte in Adolf Hitler den Führer. ›Es formt sich die Truppe, die in einem Menschenalter das neue Deutschland herbeizwingen wird‹ schrieb er einem Freund kurz vor seinem Tode.«[27]

Man kann davon ausgehen, dass dieser »Freund« Rosenhagen selber war. Auch die Aufnahme dieses Textes in sein Buch zeigt Rosenhagen als Befürworter der nationalsozialistischen Ideologie. Übrigens hatte sich Maurenbrecher, wie wir heute wissen, erheblich geirrt: es ging alles viel schneller.

In dem erwähnten Predigttext Maurenbrechers vom November 1919 häufen sich bereits Gedanken von Volk und Führer. Hier zwei Passagen:

> »Ein Volk ist eine Masse von Menschen, die durch gemeinsames Schicksal und gemeinsame Führer zu einer Einheit des Wesens geworden sind, die nun gemeinsame Hochgedanken über sich aufstellen, sich zu gemeinsamen Werturteilen und Gefühlen erziehen, einen gemeinsamen Glauben an ihre Bestimmung besitzen und sich gemeinsam die Gesetze und Gewohnheiten schaffen, die diese geistige Art lebendig erhalten sollen auch für die fernsten Geschlechter. Ohne den schöpferischen Führer, der das Schicksal zu sehen vermag, entsteht kein Volk.«[28]

Und etwas weiter heißt es:

> »Die Masse ist Wachs in der Hand ihrer Führer. Sie ist edel, treu, arbeitsam, redlich, bescheiden, wenn sie von starken Führern in dieser Linie gehalten wird. Und sie ist zuchtlos, entartet, aufgehend in Gier und Genuß, wenn die Führer versagen oder selbst die Entartung noch kräftig fördern. Die Verantwortung liegt immer bei den Führern, bei der Aristokratie des Geistes.«[29]

Nun noch etwas zu dem in Maurenbrechers Predigttext genannten Paul Anton de Lagarde,[30] auf dessen Schriften er Bezug nahm. Der 1827 als Deutscher geborene Paul Anton Bötticher wurde von seiner Großtante de Lagarde adoptiert, deshalb sein späterer Name. Dieser Göttinger Orientalist ist Kronzeuge der völkischen Bewegung am Ende des 19. Jahrhunderts. Er trat sowohl für ein nationales Christentum mit germanischer Prägung als auch für ein zukünftiges Germanien ein, das bis zur Adria und zum Schwarzen Meer reichen sollte. Er war Wegbereiter des Antisemitismus in der Zeit der Wende zum 20. Jahrhundert und gilt als Vorden-

27 Rosenhagen: Geschichte ... II. Teil (wie Anm. 16), 75.
28 Ebd, 253.
29 Ebd, 256.
30 Handbuch des Antisemitismus ... (wie Anm. 22), 447; Paul de Lagarde: Juden und Indogermanen. Göttingen 1887.

ker des Nationalsozialismus. Das ist aus seinen »Deutschen Schriften« von 1853 zu entnehmen, von denen es in den 1930er Jahren auch Nachauflagen gab. Der Protestant de Lagarde übte großen Einfluss besonders auf das deutsche Bürgertum aus. Er forderte, »alle nicht zum Deutschen gehörenden [...] fremden Stoffe abzustoßen«, und bezeichnete die Juden als »Trichinen« und »Bazillen«, die »auf niedriger Stufe der Sittlichkeit« leben. Im nationalsozialistischen Reich hatte er ein beträchtliches Ansehen. So gab es zu seinem 50. Todestag am 22. Dezember 1941 reichsweit etwa 180 Lagarde-Feiern.

Zurück zur Gemeindegeschichte. Nach dem Rauswurf des Bekenntnispfarrers Zitzmann am 29. Dezember 1935 übernahm nach zwei kurzzeitigen Zwischenlösungen am 1. November 1936 der Lutheraner *August* Rudolf Adolf de Haas das Pfarramt. Man kann davon ausgehen, dass de Haas wusste, aus welchen tieferen Gründen die Dresdner Pfarrstelle neu zu besetzen war. Etwas zu seiner Person. Seine Eltern stammten aus dem Rheinland. Seine Mutter *Martha* Wilhelmine stammte aus dem rheinischen Geschlecht Clarenbach. Sein Vater *August* Rudolf de Haas war ebenso Pfarrer. 1894-1919 amtierte dieser in einer lutherischen Kirchgemeinde in Saarlouis im Saarland. Im Februar 1919 wurde er von der Regierungskommission des vom Völkerbund verwalteten Saargebietes ausgewiesen, wie es hieß »wegen seiner prodeutschen Haltung«. Seine weitere Pfarrtätigkeit übte er dann wieder im Rheinland aus. Sein Sohn, auch August genannt, das vierte Kind bei vier Jungen und einem Mädchen, studierte auch Theologie. Dessen erste Pfarrstelle war in Bischmisheim (Saar). 1931 war er Gründungsmitglied der evangelischen Michaelsbruderschaft, einer geistlichen Gemeinschaft, der Laien und Geistliche aus sieben verschiedenen Konfessionskirchen angehörten. Rosenhagen schreibt in seiner Gemeindegeschichte über den dann bis 1956 in Dresden amtierenden Gemeindepfarrer August de Haas:

> »Am 1. Juli 1931 übertrug ihm das Landeskirchenamt die Parochie Reiffenhausen im Kirchenkreis Göttingen III. Seit dieser Zeit trat er mehrfach als Redner bei Saarkundgebungen des VDA [Volksbund für das Deutschtum im Ausland] und der Organisationen der NSDAP auf, vom 1. November 1933 bis 31. März 1938 war er in der SA Schulungswart und Fürsorgereferent und wurde zum Rottenführer befördert.«[31]

Diese Fakten, die auch in seine Dresdner Amtszeit hineinragen, dürften dem neuen Konsistorium und manch anderem Gemeindeglied gefallen haben. De Haas erklärte sich auch bereit, sich dem Reichskirchenausschuss zu unterstellen. Dieser nirgendwo geforderte vorauseilende Gehorsam erstaunt schon. Denn der Ausschuss war das Leitungsgremium der Deutschen Evangelischen Kirche (DEK, das war die damalige Vereinigung der deutschen evangelischen Landeskirchen, der die Dresdner Kirchgemeinde gar nicht angehörte), und der sich am 12. Februar 1937 (also 3 ½ Monate später) selbst auflöste. Und die DEK war das staatlich gewünschte Projekt

31 Rosenhagen: Geschichte ... II. Teil (wie Anm. 16), 90.

»Reichskirche«, das aber mit der Einrichtung eines eigenen Reichskirchenministeriums im Juli 1935 schon keine besondere Rolle mehr spielte. Zur Erläuterung: Die SA war die uniformierte paramilitärische Kampforganisation der NSDAP. Und Rottenführer war der Leiter in der untersten Organisationsstruktur der SA. De Haas' Rücktritt von der SA-Mitgliedschaft zum 31. März 1938 erfolgte auf staatlichen Druck. Denn mit der seit 1937 aufkommenden staatlichen antikirchlichen Propaganda wurden auch die Pfarrer gezwungen, ihre Ämter in den NS-Organisationen niederzulegen.

Am 4. Juli 1938 leistete August de Haas vor dem Erweiterten Konsistorium, unter Rosenhagens Vorsitz, den Eid auf den Führer Adolf Hitler. Mit ihm auch der zweite Pfarrer Werner Degeller und der Verwaltungsleiter Ebert. Mit dieser Aktion schloss sich, auf Anregung des Vorsitzenden des Bundes evangelisch-reformierter Kirchen Deutschlands,[32] Theodor Kamlah, dem auch Dresden angehörte, die Dresdner Gemeinde einer Anfang 1938 in den evangelischen Kirchen und Kirchgemeinden grassierenden Treueid-Kampagne an. Die von den Kirchen benutzte Eidesformel war mit der staatlichen identisch:

> »Ich schwöre: ich werde dem Führer des Deutschen Reiches und Volkes, Adolf Hitler, treu und gehorsam sein, die Gesetze beachten und meine Amtspflichten gewissenhaft erfüllen, so wahr mir Gott helfe!«[33]

Den Vollzug meldete Rosenhagen an das sächsische Volksbildungsministerium. Ausgangspunkt der Kampagne war das neue Deutsche Beamtengesetz vom 26. Januar 1937, das von jedem Staatsdiener den bedingungslosen Treueid auf den Führer forderte. Dieses Gesetz ließ zu, dass die öffentlich-rechtlichen Religionsgesellschaften und deren Verbände »zur Regelung des Rechts ihrer Beamten und Seelsorger diesem Gesetz entsprechende Vorschriften« erlassen konnten (§174). Es war also eine Kann-Bestimmung, aber keine vom Staat geforderte Pflicht. Und sonderbarer Weise wurde im August 1938 bekannt, dass sich Hitler zu einem auf ihn in den Kirchen zu leistenden Treueid gar nicht geäußert hatte. So kam aus staatlicher Sicht dem Treueid nur eine innerkirchliche Bedeutung zu. Übrigens: Interessant wäre schon das Ansinnen des Treueids auf Hitler bei einem judenchristlichen oder jüdisch »versippten« Pfarrer gewesen, wie es Zitzmann war. Das wäre ein für die Gemeinde sicher folgenreicher Affront gegen den NS-Staat gewesen. Und: Für die Tätigkeit als Pfarrer ist der Treueid auf den Führer kaum mit der Bindung an Schrift und Bekenntnis vereinbar.

Noch einige Worte zu Theodor Kamlah, Pfarrer der Evangelisch-Reformierten Gemeinde Göttingen und 1928 Mitbegründer sowie 1929-1931 und 1933-1964

---

32 Karl Eduard HAAS: Der Bund evangelisch-reformierter Kirchen Deutschlands. Erlangen 1982; Theodor KAMLAH: Der Bund Evangelisch-reformierter Kirchen Deutschlands. Göttingen 1967.

33 Rosenhagen: Geschichte … II. Teil (wie Anm. 16), 90.

Leiter des schon genannten Bundes evangelisch-reformierter Kirchen Deutschlands. In der Fachliteratur wird er wie folgt eingeschätzt: leutselig, sehr guter Organisator, gewiefter Verhandler auch mit Nazi-Größen, aber mangelhaftes theologisches Profil, bekannt als der Kurzprediger von Göttingen (10 Minuten – das war es dann), war Lutheraner und wollte nie Reformierter werden, hielt nicht viel vom reformierten Bekenntnis (Heidelberger Katechismus), vertiefte sich umso mehr in die alte germanische Religion, die im Dritten Reich allgemein ein Schwerpunkt des Konfirmandenunterrichts war.[34] Von der Hinwendung des Dresdner Pfarrers Zitzmann und der Kirchgemeinde zur Bekennenden Kirche sprach Kamlah »abfällig als von einer ›Erweckungsbewegung‹ und einem ›frommen Mäntelchen‹, bei dem ihm das Brechen komme«.[35]

Zu Kamlahs geschmeidiger Anpassungsfähigkeit an das Dritte Reich ein Beispiel. 1941, zu Hitlers 52. Geburtstag am 20. April, telegraphierte er folgende Ergebenheitsadresse an ihn:

> »Gott schenke Ihnen im neuen Lebensjahr den Sieg. Auch wir stehen zum inneren Aufbau Großdeutschlands freudig bereit. Heil, mein Führer.«[36]

Auch die evangelisch-reformierte Kirchgemeinde Dresden ließ es sich nicht nehmen, beim Führerkult dabei zu sein. Sie gab gleich diesen Gruß an Hitler ihren Gemeindegliedern zur Kenntnis.[37] Und auch die Antwort aus der Präsidialkanzlei des Führers und Reichskanzlers wurde mit veröffentlicht:

> »Der Führer hat mich beauftragt, Ihnen für die ihm zu seinem Geburtstag übermittelten guten Wünsche herzlich zu danken. Heil Hitler! gez. Meißner.«

Und der verantwortliche Herausgeber des Gemeindeblattes schob dort gleich folgende Zeilen nach:

> »Nun danket alle Gott
>
> Wir haben als deutsches Volk in den letzten Jahren mannigfach Gelegenheit gehabt Gott zu danken, und vielleicht haben noch niemals in der deutschen Geschichte Menschen so oft den inneren Drang gespürt, einzustimmen in das alte Danklied preußischer Soldaten, das sich eben seit jener Stunde auf dem Schlachtfeld von Leuten zu dem deutschen Choral schlechthin entwickelt hat. – Nun danket alle Gott! So haben wir singen dürfen nach dem Sieg über Polen. So klang es in uns auf, als jene Stunde im Wald von Compiègne kam, in der die uns einst angetane Schmach beseitigt werden konnte. Und nun dürfen wir nach der Kapitulation der serbischen Armee, nach einem Kampf von noch nicht

---

34 Haas: Der Bund … (wie Anm. 32), 25; Hans Otte: Die Geschichte der Kirchen. In: Göttingen: Geschichte einer Universitätsstadt. Bd. 3: Von der preußischen Mittelstadt zur südniedersächsischen Großstadt. 1866-1989/ hrsg. von Rudolf von Thadden; Günter J. Trittel. Göttingen 1999, 591-674.

35 Haas: Der Bund … (wie Anm. 32), 29.

36 Ebd, 39.

37 Gemeindeblatt der evangelisch-reformierten Gemeinde Dresden. Mai 1941 (letzte Ausgabe in der Zeit des Dritten Reiches).

einmal 12 Tagen, nach Abschluß der Kämpfe mit Griechenland abermals Gott zu Lob und Dank singen, weil ja jenes Wort auf dem Koppelschloß unserer Soldaten ›Gott mit uns‹ für alle deutschen Menschen greifbare Wirklichkeit geworden ist. Wer von uns ist denn nicht von diesem einzigartigen Geschehen überwältigt? Und wen drängt es denn nicht, in diesen Tagen dem Lenker aller Schlachten zu danken? Der Führer hatte seinen Soldaten in seinem Tagesbefehl zu Beginn der Kämpfe im Südosten gesagt, dass die Gebete aller Deutschen bei ihnen sind. Die Männer des Kampfes stürmten, und die Heimat stand nicht untätig und lässig beiseite, sondern auch sie arbeitete; aber die Hände falteten sich auch zum Gebet im Gedenken an die, die im Kampfe standen. So ist doch jenes Wort Ernst Moritz Arndts wahr geworden: ›Wer sich von Gott nicht scheiden lässt, der kann die Hölle zwingen.‹ Zu dem ›Gott mit uns‹ tritt und muß immer wieder treten das ›Wir mit Gott.‹ Darum gilt auch nicht nur jenes Wort: ›Nach dem Siege binde den Helm fester!‹ es gilt auch dem Rufe Arndts zu folgen: ›Auf, bleibet treu und haltet fest!‹ Zu dem Lob der Lippen trete so das Herzens-Gelöbnis:
Gott ist mit uns und wir mit Gott!
Den Sieg woll'n wir erlangen«.

Bei solch einem Text kann man nicht nur von Loyalität der Gemeinde gegenüber dem Staat reden, sondern man muss schon von einer Bejahung des Staates sprechen, von einer Gleichschaltung mit der nationalsozialistischen Ideologie. Sie unterwarf sich dieser und beteiligte sich auch an der politischen Propaganda. Sie war zum »Segen der Volksgemeinschaft« zum Partner des Staates geworden und unterstützte ideell auch die nationalsozialistische Expansionspolitik. Auch drängt sich der Verdacht auf, dass man in den Aktionen des NS-Staates so etwas wie »Gottes Hand« wirken sah. Und bemerkenswert ist ein solcher Text natürlich auch noch dadurch, da sich Hitler ab der zweiten Hälfte der 1930er Jahre gar nicht mehr kirchenfreundlich zeigte.

Es ist also ersichtlich, dass mit der Auswechslung der gesamten Gemeindeleitung mittels staatlicher Gewalt, mit dem Rauswurf des Bekenntnispfarrers, und nach zwei kurzen Zwischenlösungen mit der Anstellung eines anders ausgerichteten Pfarrers sich das Gesicht der Gemeinde grundlegend geändert hatte. Nun war der Weg frei in die vom NS-Regime gewünschte Richtung »für Führer, Volk und Vaterland«. Die Gemeinde pflegte jetzt den Führerkult, verfiel der Volksgemeinschaftsideologie und applaudierte den militärischen Anfangserfolgen. Das war bekanntermaßen für das Dritte Reich identitäts- und legitimitätsstiftend.[38] Hier stellt sich auch die Frage, ob die Dresdner Gemeinde mit dieser Haltung eine Ausnahme war. Es ist zu sagen, dass dieses Auftreten im deutschen Protestantismus keine Seltenheit war. Als ein Beispiel sei ein prominenter Vertreter der Bekennenden Kirche genannt: Martin Niemöller. Er meldete sich sogar als KZ-Häftling 1939 bei Kriegsausbruch freiwillig zur Kriegsmarine, was staatlicherseits aber abgelehnt wurde.

38 Kirchen in der Diktatur: Drittes Reich und SED-Staat. Fünfzehn Beiträge/ hrsg. von Günther Heydemann; Lothar Kettenacker. Göttingen 1993, 10.

Groß im Dritten Reich wurde schon am 20. April 1939 überall der 50. Geburtstag Adolf Hitlers gefeiert. Zu diesem »Großereignis« schrieb der Dresdner Gemeindepfarrer im Gemeindeblatt:

> »Der 50. Geburtstag des Führers. Am 20. April feierte der Führer seinen 50. Geburtstag. Noch nie durfte ein Mensch auf solcher Lebenshöhe die Karte seines Vaterlandes ohne Krieg und Blutvergießen so erweitern wie Adolf Hitler. Die Befreiung der Rheinlande – Österreich – Sudetenland – Böhmen-Mähren – Memelland – das sind die leuchtenden Zeichen auf dem Heldenweg der letzten Jahre. In der Einzigartigkeit dieser Siege spricht sich eine Instanz aus, die nur mit dem Worte Segen auszudrücken ist. Auch die evangelischen Kirchen haben dem Mehrer des Reiches ihre Grüße und Glückwünsche dargebracht. Sie haben in der Stille des Gotteshauses freudig des Apostels Auftrag an die Gemeinden befolgt: ›Vor allen Dingen sollen sie Bitte, Gebet, Fürbitte und Danksagung tun für alle Menschen, für die Könige und für alle Obrigkeit‹. So haben sie Gott die Fürbitte empor gesandt, er möge das Werk und Leben des Führers segnen für unser Volk und Vaterland.«[39]

Dem Gemeindeblatt legte man noch eine Sonderausgabe des vom Evangelischen Presseverband für Deutschland herausgegebenen »Bilderboten« bei. Auf der ersten Seite in A4-Größe das Führerbild im Edeldruckverfahren. Auf der zweiten Seite folgen ein Glückwunsch und zwei kurze Hitler-Zitate. Alle drei Texte haben kirchlichen Bezug, denn es hatte ja der Evangelische Presseverband herausgegeben. Oben steht zunächst ein Satz aus der Reichstagsrede des Führers vom 30. Januar 1939:

> »Danken wir Gott dem Allmächtigen, daß er unsere Generation und uns gesegnet hat, diese Zeit und diese Stunde zu erleben.«

Dann folgt »Unser Glückwunsch«:

> »Der Führer feiert seinen 50. Geburtstag. Ganz Deutschland gedenkt am 20. April des Mannes, dem es unermesslich Großes verdankt. Mit den 80 Millionen im Großdeutschen Reich vereinigen sich die volksdeutschen Brüder jenseits der Grenzen in ihrer Liebe und Verehrung für Adolf Hitler. Welch wunderbar reiche Ernte ist ihm vergönnt nach vierzehn Jahren des Kampfes, nach sechs Jahren des rastlosen Aufbaus! Und wir alle dürfen daran teilhaben, dürfen mitarbeiten, mitkämpfen, mithoffen, mitopfern. So steigen an diesem Tage, der ein Festtag des ganzen Volkes ist, unsere innigen Gebete zu Gott empor: für den Führer und sein Werk, für unseres Volkes Glück und Größe!
>
> Martin Luther sprach einst davon, dass Gott einem Volke durch ›Wundermänner und Helden‹ aufhilft, die nach seinem Willen das Außerordentliche vollbringen. Unserem Volke ist diese Gnade Gottes dadurch zuteil geworden, dass ihm ein Adolf Hitler geschenkt wurde. Weil wir solches erlebt haben, darum ist es für uns als Deutsche und Christen Herzensgebot, unsern Dank gegenüber dem Retter des Volkes durch Treu und Hingabe zu erfüllen. Zu solcher Dankespflicht gehört für uns Christen auch die treue Fürbitte zu Gott. So sei denn unser Gebet am 20. April: Gott segne unsern Führer!«

Und am Ende der Seite zwei Sätze aus der Schlussrede des Führers auf dem Reichsparteitag 1938:

---

39 Gemeindeblatt der evangelisch-reformierten Gemeinde Dresden. Mai 1939.

»Das deutsche Volk ist nun erwacht und hat seiner tausendjährigen Krone sich selbst als Träger gegeben. Für uns, die wir die geschichtlichen Zeugen dieser Wiederaufstehung sind, liegt darin ein stolzes Glück und eine demutsvolle Dankbarkeit vor dem Allmächtigen.«

Zum Vergleich das Grußwort der Deutschen Evangelischen Kirche zum Führergeburtstag. Hier wurde noch stärker aufgetragen.

»Mit dem gesamten deutschen Volke feiert die Evangelische Kirche am 20. April in jubelnder Freude den 50. Geburtstag unseres Führers.

In ihm hat Gott dem deutschen Volke einen wahren Wundermann geschenkt, wie Martin Luther die Großen nannte, die Gott nach seinem freien Rat und Willen je und dann aussendet, daß sie in die Weite und Tiefe der Geschichte mächtig hineinwirken, daß sie ihrem Volke und der Welt neue Ziele weisen, Bahn brechen in eine lebendige Zukunft und ein neues Zeitalter heraufführen.

In tiefer und dankbarer Ergriffenheit erlebt das deutsche Volk, erlebt in ihm auch die deutsche evangelische Christenheit noch einmal die gewaltige Größe des Geschehens, das die mit Adolf Hitler anbrechende Stunde der Deutschen in sich faßt:

Die Aufrüttelung aller völkischen Kräfte zu kampfes- und todesfreudigem Einsatz für Freiheit, Ehre und Macht des Vaterlandes; die Befreiung von der schmachvollen Knechtschaft eines Gewaltfriedens; das Geschenk von Arbeit und Brot für jeden Volksgenossen; die Rückführung der Brüder aus der West- und Ostmark und aus dem Memelland in die Gemeinschaft des Blutes und tausendjähriger Geschichte.

In alledem ist das deutsche Volk ein anderes geworden, als es vor Adolf Hitler gewesen ist. Der entschlossene und unbeugsame Wille, unseren Führer und die große geschichtliche Stunde, die uns durch ihn von Gott geschenkt ist, nicht zu enttäuschen, das sei der Dank, den das deutsche Volk und in ihm die deutsche evangelische Christenheit dem Führer zu seinem 50. Geburtstag darbringt.

Daß die Befreiung von den letzten Resten äußerer Knechtschaft bewahrt werde in der inneren Freiheit, die sich freudig einordnet in die Gemeinschaft gegenseitigen Dienstes; daß die Ausmerzung allen wesensfremden Einflusses auf die geistige, sittliche und künstlerische Kultur unseres Volkes begleitet sei von einer immer tieferen Erschließung der Quellen, aus denen unser Volk geboren und seine Geschichte gespeist ist; daß wir durch das, was Gott an dieser Wende der Geschichte der Deutschen an uns tut, zu immer festeren Vertrauen auf ihn und zu immer willigerem Gehorsam gegen ihn uns rufen lassen, das sei unser Begehren, unser Wille, unser Gelübde zum 50. Geburtstag unseres Führers.

Berlin, den 14. April 1939

Heil Hitler!
Deutsche Evangelische Kirche
Dr. Werner
Präsident des Evangelischen Oberkirchenrats«

Aus allen diesen Darlegungen ist ersichtlich, dass die offizielle Dresdner Gemeindegeschichte für die Zeit ab 1918 neu geschrieben werden muss. Rosenhagens Niederschrift lässt für den Zeitraum bis 1939 viele Fakten weg und verfälscht zudem noch. Ihr fehlt die Glaubwürdigkeit. Für die Zeit ab Mitte 1941 bis zum Kriegsende Mitte 1945 wird es schwieriger sein, eine an Fakten zuverlässige Gemeindegeschichte in den Blick zu nehmen. Es fehlt auch an belastbarem Material. Zudem änderte ab 1941 der NS-Staat stark seine Kirchenpolitik. Nun betonte er sehr deutlich, dass Nationalsozialismus und Christentum unvereinbar sind. Alles Religiöse wurde aus dem öffentlichen Leben verbannt, der Religionsunterricht an den Schulen abgeschafft. Kirchliche Nachrichten durften nicht mehr in den Zeitungen erscheinen. Dem NS-Staat ging es jetzt darum, die Kirche zu zersplittern und sie zu schwächen.[40] Dieses und auch das Kriegsgeschehen ab Mitte 1941 mit dem Überfall auf die Sowjetunion und den folgenschweren Niederlagen führten auch dazu, dass mancher das Leben unter dem Hakenkreuz nun etwas anders einordnete und seine Sympathie für den NS-Staat etwas zurückschraubte. Wenige zeigten jetzt auch Zivilcourage im Kleinen oder sogar im Großen. Allerdings muss man auch deutlich differenzieren. Es wird nicht einfach sein, geschönte Eigendarstellungen oder Gefälligkeitsaussagen nach dem Ende des Zweiten Weltkrieges auszusortieren.

Erstaunen ruft übrigens eine beifällige Bemerkung über den Pfarrer August de Haas in einem Standardwerk über Dietrich Bonhoeffer hervor. Sie steht dort unverändert von der ersten bis zur aktuellen Auflage. Sie bezieht sich auf eine deutsch-französische Regionalkonferenz im Juli 1932 auf der Westerburg im Westerwald unter dem Thema »Die Einheit des deutsch-französischen Protestantismus zwischen Katholizismus und Bolschewismus.« De Haas trat dort als Vertreter des Bundes deutscher Jugendvereine auf.

> »Abends berichteten von deutscher Seite Fritz Söhlmann und August de Haas, der reformierte Pfarrer aus Dresden und kompromißlose Streiter der Bekennenden Kirche. Er legte den Franzosen dar, was vom Nationalsozialismus zu erwarten sei.«[41]

Die nicht zutreffenden Angaben zu de Haas sind ohne Nennung einer Belegstelle. Zum einem übernahm er erst am 1. November 1936 die Dresdner Pfarrstelle. Zum anderen sind keine tragfähigen Hinweise für ihn als »kompromisslosen Streiter der Bekennenden Kirche« bekannt. Die oben zitierte Einschätzung des August de Haas' durch Rosenhagen, der Rauswurf des Bekenntnispfarrers (!) Zitzmann zehn Monate vor seinem Dienstantritt und seine Texte im Gemeindeblatt der Dresdner Gemeinde weisen nicht in diese Richtung. Übrigens auch über das, »was vom Nationalsozialismus zu erwarten sei« lässt sich inhaltlich nur spekulieren. Man kann es unterschiedlich interpretieren.

Nun noch kurz der Versuch einer Antwort, wie es zu den deutlichen Veränderungen in der Dresdner Gemeinde Mitte der 1930er Jahre kommen konnte. Die Gesellschaft in Deutschland in der ersten Hälfte des 20. Jahrhunderts, auch im Dritten Reich, war noch eine christliche Gesellschaft. Das Spektrum des deutschen Protestantismus war breit gefächert. Es gab eine große Zahl protestantischer Christen, die eine enge Verbindung zwischen Nationalem und Christlichem sahen

---

40 Dokumente zur Kirchenpolitik des Dritten Reiches. Bd. 5: 1939-1945. Gütersloh 2008.

41 Eberhard Bethge: Dietrich Bonhoeffer: Theologe – Christ – Zeitgenosse. München 1967 (8. Aufl. Gütersloh 2004), 294.

und auch pflegten, womöglich eine Folge der jahrhundertlangen engen Verbindung von Thron und Altar im weitgehend protestantischen Deutschland. Beim Nationalen ist zum Beispiel zu denken an die Bestimmungen des Versailler Vertrages von 1919, die auch von den Christen jeglichen Couleurs unisono abgelehnt wurden. Oder an das Gutheißen des Kriegsbeginns gegen Polen im September 1939, oder an den allseitigen Jubel nach dem kampflosen Einmarsch deutscher Truppen in Paris im Juni 1940, oder an die genannten christlichen Grußadressen an das Partei- und Staatsoberhaupt Adolf Hitler.

Eine größere Zahl Protestanten im Dritten Reich kann man als dem Nationalsozialismus zugeneigte Christen einordnen. Sie waren primär christlich orientiert und auch kirchlich aktiv. Zugleich waren sie bekennende Nationalsozialisten, weil sie vom NS-Gedankengut angetan waren, oder zumindest von Teilen davon. Vielen von ihnen lag auch die propagierte »artgerechte« Frömmigkeit und Sittlichkeit am Herzen. Aber auch die Judenfeindschaft war allgegenwärtig. Die Kirche mit ihrem ursprünglichen christlichen Gedankengut hatte den Einfluss auf den Staat und auf das gesellschaftliche Leben verloren. Gesellschaftliches Leben, das bedeutete damals vorrangig die nationale, völkische und nationalsozialistische Bewegung. Umgekehrt war es dem Nationalsozialismus weitgehend gelungen, mit seinem Gedankengut in das konfessionelle Umfeld einzudringen. Man kann somit die provokante Frage stellen: Waren Christenkreuz und Hakenkreuz überhaupt miteinander vereinbar?[42] Waren nicht Christentum und Nationalsozialismus zwei von vornherein getrennte, sich ausschließende Größen? In der einschlägigen Literatur über jene Zeit findet man folgende Antwort. Sie schlossen sich nicht gegenseitig aus. Es gab zwar Unvereinbarkeiten. Es gab aber auch eine gemeinsame Schnittmenge von christlich-protestantischer Mentalität und nationalsozialistischer Weltanschauung, von christlicher Grundprägung und völkisch-politischer Gläubigkeit.[43]

Nun nochmals zurück zum Pfarrer Richard Zitzmann. Es gibt unterschiedliche Strategien, eine Person aus einer Position zu drängen. Eine bekannte und selbst in der »Großen Politik« benutzte Methode ist das Mobbing. Hier wird eine Person kontinuierlich schlechtgeredet (verleumdet, verunglimpft, skandalisiert), und damit zur Unperson gemacht. Dieses Grundmuster wurde auch bei Zitzmann im Vorfeld der eigentlichen »Operation Rauswurf« angewandt.[44]

Im hohen Alter holten, wie bei vielen anderen, die Kränkungen, seelischen Verletzungen und die furchtbaren Erlebnisse im Dritten Reich und danach die Zitzmann-Kinder wieder ein. So wandten sich die Söhne im Juni 2008 noch einmal an die Dresdner Gemeinde. Sie baten um eine Äußerung der heutigen Gemeinde

42 So jedenfalls in der weit verbreiteten Schrift von Hermann VON SCHULZ-HAUSMANN: Der Heiland vom Hakenkreuz und unser deutscher Gott: ein Weg zur Nationalkirche. Liegnitz 1931.

43 Wie Anm. 23.

44 Wie Anm. 1.

zum Verhalten der damaligen Gemeinde gegenüber ihrem Vater und ihrer Familie. Das Konsistorium dachte – trotz mehrfacher Erinnerung – sehr lange darüber nach, wie den Zitzmann-Nachfahren zu antworten sei. Durch das lange Schweigen fühlten sich die Zitzmann-Söhne wiederum schmerzhaft getroffen durch die Gleichgültigkeit und Interessenlosigkeit gegenüber ihrem Schicksal und ihren Leiden in der Nazizeit. Und so kam es, dass sie ihren Schmerz über die andauernde Stille in Dresden mit ins Grab nehmen mussten. Dass nach sieben Jahren endlich im Juli 2015 den Nachfahren geantwortet wurde,[45] dürfte zum beträchtlichen Teil durch den Vortrag des Autors vom 9. April 2015 veranlasst worden sein, bei dem auch ein Zitzmann-Enkel anwesend war.[46] Die Antwort ist aber nicht zufriedenstellend.

Wesentliche Grundlage für das Antwortschreiben des Konsistoriums war, wie in diesem erwähnt, ein Aufsatz von Joachim de Haas,[47] Enkel des auch von Rosenhagen gewünschten, oben schon genannten langjährigen Zitzmann-Nachfolgers August de Haas. Er war von der Gemeindeleitung beauftragt worden, sich mit der Gemeindegeschichte in der ersten Hälfte der 1930er Jahre zu befassen. Der Aufsatz wird in dem Schreiben als »sehr differenziert und weiterführend« eingestuft. Erstaunlicherweise bewegt sich Joachim de Haas aber fast ausschließlich in dem vom Zitzmann-Hauptgegner vorgegebenen, wesentliche Fakten vernachlässigenden Rahmen, und benutzt vorwiegend die Darstellung Rosenhagens und dessen Anhänger. Er folgt also der Sichtweise der Täter, negiert aber das Leiden der Opfer. Die zwingend gebotene Einbindung der Problematik in die Zeitgeschichte erfolgt nicht. Zitzmann war aber für die Rosenhagen-Gruppe sowohl theologisch unerwünscht (da bekenntnisorientiert) als auch als Mensch, weil er zum einen »jüdisch versippt«, zum anderen, weil er wegen »mangelnder Staatstreue« für sie politisch nicht tragbar war.[48] Letzteres ist übrigens ein Totschlag-Argument in jeder Diktatur. Joachim de Haas beachtet diesbezügliche Literatur und auch wesentliche aussagekräftige Dokumente nicht. Pfarrer Zitzmann charakterisiert er zusammenfassend wie folgt:

> »Auf der anderen Seite des Konflikts stand ein Mann, der es seinen Feinden leicht und seinen Freunden schwer machte. In allen drei Gemeinden, an denen er wirkte, kam es zu erheblichen Auseinandersetzungen; stets wurden die Vorwürfe erhoben, er führe das Amt autoritär und stellte die eigene Person in den Mittelpunkt.«

---

45 Schreiben des Konsistoriums an die Familie Zitzmann, Juli 2015. Gemeindebrief der Evangelisch-reformierten Gemeinde zu Dresden 21 (2015) 4, Beilage »Pfr. Richard Zitzmann: ein Kapitel Gemeindegeschichte aus der Zeit des Dritten Reiches«, 2.

46 Eberhard Gresch: Zitzmann-Enkel besuchte Dresdner reformierte Gemeinde. Ebd, 3-5.

47 Joachim de Haas: Kirchenkampf oder Bruderzwist?: der »Fall Zitzmann« 1933-1938. Ebd, 5-12.

48 Eberhard Gresch: Gedanken zur Gemeindegeschichtsschreibung. Gemeindebrief der Evangelisch-reformierten Gemeinde zu Dresden, 325 Jahre. Sondernummer zum Jubiläum September 2014, 7 f.

Das ist undifferenziert, in der Sache nicht weiterführend, und kann auch als eine erneute Diffamierung aufgefasst werden. Belastbare Belege, warum es Reibungen außerhalb Zitzmanns Dresdner Amtszeit gab, um zu eigenen Wertungen kommen zu können, liefert er nicht. Aber es gab schon während seiner Amtszeit in Hahnheim (Rheinhessen) 1921-1930 »zunehmend politische Auseinandersetzungen«, und auch in Berlin erregte er wegen seiner »Zugehörigkeit zur Bekennenden Kirche«[49] Anstoß. Für Dresden ist vorstellbar, dass Zitzmann sich gegen das Eindringen nationalsozialistischen Gedankenguts in die Kirche wehrte, und deshalb von seinen Gegnern als uneinsichtig beurteilt wurde. Und in Dresden klagte er sogar erfolgreich vor Gericht gegen die zahlreichen Verleumdungen. Und zumindest für Dresden trifft auch de Haas' Nachrede einer autoritären Amtsführung Zitzmanns nicht zu. Bekanntlich gab es entsprechend evangelisch-reformierter Grundsätze nie Einzelentscheidungen Zitzmanns in der Gemeinde, sondern nachweislich nur Entscheidungen des gewählten regulären Konsistoriums.

Auch andere Sachverhalte werden von Joachim de Haas nicht nachvollziehbar dargestellt. Der »Bund evangelisch-reformierter Kirchen Deutschlands« hat zum Beispiel der Rosenhagen-Gruppe niemals ein Gutachten erstellt. Er hatte verfassungsmäßig auch gar nicht die Möglichkeit dazu. Die Gruppe wandte sich an staatliche Stellen und hatte erst dadurch Erfolg. »Schlichtweg ein Skandal«, wie 1982 der Erlanger Pfarrer Karl Eduard Haas formulierte.[50] Auch zum von Joachim de Haas ironisch reflektierten Wunsch Zitzmanns nach Bekenntnisfreiheit ist zu sagen, dass auch sie nicht grenzenlos ist. Ebenso ist die von ihm erwähnte Akzeptanz seines Großvaters von nichtarischen Christen im Jahre 1938 nicht übertragbar auf die Familie Zitzmann. Bis Ende 1935 herrschte in der Gemeinde ein erbitterter Kampf um deren Führung, da war von Seiten der Rosenhagen-Gruppe jedes Argument oder Scheinargument recht. Irritierend ist auch, wie Joachim de Haas auf den Zitzmann-Sohn Karl als Student eingeht. Dieser musste im Dritten Reich Diffamierung, Leid und Not ertragen und neun Monate mit der Familie unter Lebensangst im Untergrund sein Dasein fristen. Er war entsetzt,[51] dass nach dem Ende des Zweiten Weltkrieges in vielen Fällen die Stühle bei den Kirchenleitungen noch von den Personen besetzt waren, die vor dem Mai 1945 dem Nationalsozialismus wohlgesonnen waren. Das war möglich, weil alle vier Besatzungsmächte irrtümlicher Weise annahmen, dass im Dritten Reich die Kirche die Widerstandsbewegung war, und zwar in ihrer gesamten Breite. So durften sich die Kirchen selbst entnazifizieren.[52] Mit dem Ergebnis, dass auch »gewendete« Personen weiterhin auf ihren angestammten Plätzen saßen. Karl Zitzmann hatte also damals den »Fehler« begangen, in seinem Bemühen um die

49 Evangelisch getauft – als »Juden« verfolgt (wie Anm. 2), 378.
50 Haas: Der Bund … (wie Anm. 32), 29.
51 De Haas: Kirchenkampf … (wie Anm. 47), 12.
52 Clemens Vollnhals: Entnazifizierung und Selbstreinigung im Urteil der evangelischen Kirche: Dokumente und Reflexionen 1945-1949. München 1989.

Wiedereinstellung seines Vaters in unbekümmerter studentischer Manier mit dem Finger auf diesen Fakt zu zeigen.

Die jetzige Dresdner Gemeindeleitung bedauert in dem Antwortschreiben an die Nachfahren der Familie Zitzmann das Vorgehen von Gemeindegliedern im Dritten Reich gegen ihre Vorfahren, die diese »in materielle Not und Gefahr« brachten. Hier ist also noch eine beträchtliche Distanz zu einer Verurteilung damaligen Verhaltens gegenüber dem bekenntnistreuen, »jüdisch versippten«, sich gegen nationalsozialistisches Gedankengut stellenden Gemeindepfarrer und seine Familie vorhanden. Sie waren nicht nur in materieller Not und Gefahr, sie waren in Lebensgefahr.

Zum Schluss noch ein Blick auf die Familie der Pfarrfrau Eugenie Zitzmann, geb. Lebrecht. Ihr jüngerer Bruder Heinrich Lebrecht war von 1928 bis 1944 Pfarrer in der Bekenntnisgemeinde Groß Zimmern in der Evangelischen Landeskirche Nassau-Hessen, wie sie damals hieß. Auch er war dort wegen seiner jüdischen Wurzeln eine Belastung für seine Kirchgemeinde. Dennoch stand, im Gegensatz zu Dresden, die Mehrheit der Gemeindeglieder durchgängig hinter ihm. Im Mai 1944 wurde er als »Mischling« zur Zwangsarbeit bei der Organisation Todt verpflichtet. Das kostete ihn im Februar 1945 sein Leben.[53]

53 Marianne LEBRECHT: Verschweigen oder Kämpfen: ein Pfarrer und seine Gemeinde im Kirchenkampf 1933 bis 1945. Heppenheim 2001; Ulrich SCHWEMER: Heinrich Lebrecht: »Der Strafversetzung habe ich nicht Folge geleistet.« Blickpunkte: Materialien zu Christentum, Judentum, Israel und Nahost (2014) Heft 1.

Erziehung zum Gehorsam

Gefahren und Chancen im Blick auf die historische Entwicklung der Diakonissenanstalt Dresden

Von Annett Büttner

Einleitung

»Kranke pflegen lässt sich mit Kriegführen vergleichen.«[1] mit diesen Worten begann der Chefarzt des Elisabeth-Diakonissen- und Krankenhauses in Berlin einen unter dem Eindruck des Ersten Weltkrieges entstandenen Aufsatz zum Thema »Notwendige Eigenschaften der Krankenpflegerin«. Weiter hieß es dort:

> »Wie im Kriege eine Oberleitung, die die Art der Kampfmittel, die Zeit und die Weise ihrer Verwendung bestimmt, und ebenso notwendig eine Truppe vorhanden sein muß, die mit unverbrüchlichem Gehorsam die Befehle der Oberleitung bis in die kleinsten Einzelheiten in die Tat umsetzt [...], so auch in der Krankenpflege. Der Arzt als Leiter und die Pflegerin als ausführendes Organ sind eine notwendige Einheit und gegenseitige Ergänzung.«[2]

Dieses Zitat weist bereits auf die grundsätzliche Bedeutung des Gehorsams in der Krankenpflege, dem wichtigsten Arbeitsgebiet der Mutterhausdiakonie hin.

Im Folgenden wird das Thema »Erziehung zum Gehorsam« in der Mutterhausdiakonie und insbesondere der Diakonissenanstalt Dresden aus verschiedenen Blickwinkeln betrachtet. Zunächst wird auf die so genannten normativen Quellen, wie etwa die Hausordnung eingegangen. Anschließend folgt ein Blick zurück auf die Intentionen der Gründergeneration der evangelischen Mutterhausdiakonie und die Erläuterung der Bedeutung des ihr zugrunde liegenden patriarchalischen Familienmodells des 19. Jahrhunderts sowie die Darstellung der strukturellen Ähnlichkeiten zwischen Militär und den Mutterhäusern. Besondere Aufmerksamkeit verdient die Rolle der Diakonissenanstalt Dresden in der Zeit der nationalsozialistischen Herrschaft. Abschließend wird über die Entwicklung nach dem Zweiten Weltkrieg berichtet, die sich hier aufgrund besonderer personeller Voraussetzungen anders gestaltete, als in den übrigen Diakonissenanstalten.

---

1 Hans Burghart: Notwendige Eigenschaften der Krankenpflegerin. In: Krankenseelsorge/ hrsg. von Gerhard Füllkrug. 5. Aufl. Schwerin 1925, 30.

2 Ebd, 30 f.

I Der Gehorsam – ein handlungsleitendes Motiv des Diakonissenamtes?

Die Diakonissenanstalt Dresden wurde 1844 unter starker Beteiligung des ersten evangelischen Diakonissenmutterhauses in Kaiserswerth bei Düsseldorf gegründet. Dessen Vorsteher Theodor Fliedner verstand sich als »Erneuerer des apostolischen Diakonissenamtes«, seine Intentionen waren daher überwiegend theologisch motiviert und weniger sozial-diakonisch. Dies erklärt auch die zahlreichen biblischen Argumentationen in den normativen Quellen der Mutterhausdiakonie. Fliedner beriet die Dresdner Anstalt nicht nur in der Gründungsphase, sondern entsandte auch die ersten Diakonissen. Man kann tatsächlich von einem »Export« seines Organisationsmodells im Sinne eines »Franchiseunternehmens« sprechen.[3] Dies schloss auch die Übernahme der Kaiserswerther Hausordnung ein, in der der Dienst- und Ordnungsbegriff sowie der Gehorsam eine tragende Säule waren.[4] Eine selbständige Rolle war für die einzelne Diakonisse in diesem Organismus nicht vorgesehen.

Abb. 1: Diakonissenanstalt Dresden von der Elbseite um 1900 (Archiv der Fliedner-Kulturstiftung Kaiserswerth).

3 Vgl. Annett BÜTTNER: Das internationale Netzwerk der evangelischen Mutterhausdiakonie. In: Women in Welfare: soziale Arbeit in internationaler Perspektive. Ariadne 49 (2006), 64-71.

4 Vgl. Peggy RENGER-BERKA: Weibliche Diakonie im Königreich Sachsen: das Dresdner Diakonissenhaus 1844-1881. Leipzig 2014, 189-192.

Wann sich die Diakonissenanstalt Dresden eine eigene Hausordnung gab, kann nicht mit Sicherheit gesagt werden, da die entsprechenden Quellen fehlen.[5] Eine Druckfassung erschien wohl um 1900, enthält aber keine Jahresangabe. Bereits in der Präambel heißt es: »Seid unterthan aller menschlichen Ordnung um des Herrn willen (1. Petri 2,13).«[6] Kurz darauf wird der Gehorsam direkt angesprochen, indem auf das 1. Buch Samuel verwiesen und der Vergleich des Gehorsams mit den zur Zeit der Entstehung des Alten Testaments üblichen Tieropfern auf dem Altar gezogen wird: »Gehorsam ist besser denn Opfer und Aufmerken besser denn das Fett von Widdern. Denn Ungehorsam ist eine Zaubereisünde und Widerstreben ist Abgötterei und Götzendienst. (1Sam 15,22-23)«[7] Die Positionierung dieses Passus in der Präambel der Hausordnung weist auf die grundlegende Bedeutung hin, die dem Gehorsam von ihren Verfassern beigemessen wurde. Neben freudigem, willigem Gehorsam werden im Weiteren Bedürfnislosigkeit und Selbstverleugnung zu den Haupttugenden des Diakonissenberufs gezählt.[8] Die Hausordnung der Kaiserswerther Diakonissenanstalt aus dem Jahr 1940 formulierte ebenfalls unmissverständlich: »Am Gehorsam zeigt sich die diakonische Gesinnung am deutlichsten.«[9] Gemeinsam mit Dienstbereitschaft, Demut und Selbstverleugnung wird er somit in den Rang der unabdingbaren Charaktereigenschaft einer Diakonisse erhoben. In diesem Punkt ist sich die historische Forschung weitgehend einig, die bereits in mehreren Untersuchungen auf dieses Problem eingegangen ist.[10] Konfessionelle Schwesternschaften stellen bei der Betonung des Gehorsams jedoch keine Ausnahme innerhalb des Christentums dar, in dem dem Gehorsam stets eine tragende Rolle beigemessen wurde , wodurch die Gefahr bestand, dass naheliegende Gebote, wie beispielsweise die Nächstenliebe, dahinter zurück traten.[11]

---

5 Die Festschrift von 1894 spricht bereits von einer eigenen Hausordnung, ohne deren Entstehung zu datieren. Vgl. Gustav MOLWITZ: Jubiläums-Bericht der evangelisch-lutherischen Diakonissenanstalt zu Dresden. Dresden 1894, 106. Das historische Archiv der Diakonissenanstalt Dresden wurde im Zweiten Weltkrieg weitgehend zerstört.

6 Aus der Präambel der HAUS-, BERUFS- UND GENOSSENSCHAFTSORDNUNG FÜR DIE SCHWESTERN DER DIAKONISSEN-ANSTALT DRESDEN. Dresden o.J. [um 1900], 3.

7 Ebd.

8 Haus-, Berufs- und Genossenschaftsordnung … (wie Anm. 6), 11.

9 HAUSORDNUNG UND DIENSTANWEISUNG FÜR DIE SCHWESTERN DES DIAKONISSEN-MUTTERHAUSES KAISERSWERTH. Kaiserswerth 1940, 25.

10 Vgl. z. B.: Birgit FUNKE: Gehorsam als ›diakonische Gesinnung‹?: Kaiserswerther Schwestern erzählen von ihrer Probezeit. In: Soziale Rolle von Frauen in Religionsgemeinschaften/ hrsg. von Siri Fuhrmann. Münster 2003, 105-118; Ute GAUSE: Dienst und Demut: Diakoniegeschichte als Geschichte christlicher Frauenleitbilder. In: Ebd, 65-88; Norbert FRIEDRICH: »Man wusste immer erst was, wenn man gerufen wurde«: die Institution als Schicksal. In: Kosmos Diakonissenmutterhaus/ hrsg. von Ute Gause und Cordula Lissner. Leipzig 2005, 275-287.

11 Vgl. Dorothee SÖLLE: Phantasie und Gehorsam: Überlegungen zu einer künftigen christlichen Ethik. Stuttgart 1968, 9-14.

Selbstverständlich ist eine Schwesterngenossenschaft, die zugleich eine Glaubens-, Lebens- und Arbeitsgemeinschaft ist, für ihr Funktionieren auf eine verbindliche Ordnung und Struktur angewiesen. Welche Folgen daraus erwachsen, wenn der Gehorsam quasi in den Rang einer »Kardinaltugend« erhoben wird, werden die folgenden Ausführungen zeigen.

II Das patriarchalische Familienmodell als grundlegendes Organisationsprinzip der Mutterhausdiakonie

Mit der Übernahme des Mutterhaussystems von den katholischen Pflegeorden bediente sich Pfarrer Theodor Fliedner einer auf Gehorsam beruhenden, nach dem patriarchalischen Eltern-Kind-Prinzip funktionierenden Organisationsform.[12] Dies bezog sich sowohl auf die Schwestern, als auch auf die Oberin, die den christlichen und bürgerlichen Rollenvorstellungen der Geschlechter entsprechend dem Vorsteher unterstellt war. Auf der ersten internationalen Zusammenkunft der Diakonissenmutterhäuser einigte man sich 1861 auf den gemeinsamen Grundsatz: »Der Pfarrer ist nach göttlicher Bestimmung das natürliche Haupt der Oberin.«[13] Dies erforderte »Gehorsam [...] aber keine knechtische Furcht«, wie Friederike Fliedner in ihren Gedanken über das für sie neue Amt der ersten Oberin der Kaiserswerther Schwesternschaft formulierte.[14]

Die gesellschaftliche Emanzipation der Frau war demnach nicht das Ziel der Gründergeneration der evangelischen Mutterhäuser, auch wenn den unverheirateten Frauen hier sowohl eine qualifizierte Berufsausbildung als auch weitgehende soziale Absicherung geboten wurden. Fliedners Amtsnachfolger Julius Disselhoff, Vorsteher des Kaiserswerther Diakonissenmutterhauses von 1865 bis 1896, formulierte es noch deutlicher:

> »Durch den Mann führt Gott seinen Plan auf Erden aus, und damit der Mann diesen ausführen könne, ist ihm das Weib mit seinen Gaben als Gehilfin beigegeben. Jedes Weib, welches diese Gottesordnung erkennt, nicht selbständige Bedeutung verlangt, sondern es für ihre Aufgabe hält, Helferin und Dienerin sein zu können, die hat ihre Bestimmung verstanden.«[15]

---

12 Vgl. Catherine M. PRELINGER: Die deutsche Frauendiakonie im 19. Jahrhundert: die Anziehungskraft des Familienmodells. In: Frauenbilder und Frauenwirklichkeiten: interdisziplinäre Studien zur Frauengeschichte in Deutschland im 18. und 19. Jahrhundert/ hrsg. von Ruth-Ellen Joeres u.a. Düsseldorf 1985, 268-285 sowie Renger-Berka: Weibliche Diakonie im Königreich Sachsen (wie Anm. 4), 191-192.

13 Ruth FELGENTREFF: Die Diakonisse: Beruf und Religion im 19. und frühen 20. Jahrhundert. In: Beruf und Religion im 19. und 20. Jahrhundert/ hrsg. von Frank-Michael Kuhlemann und Hans-Walter Schmuhl. Stuttgart 2003, 204.

14 Anna STICKER: Friederike Fliedner und die Anfänge der Frauendiakonie: ein Quellenbuch. 2. Aufl. Neukirchen-Vluyn 1963, 138.

15 Julius DISSELHOFF: Das Diakonissen-Amt in der evangelischen Kirche. Berlin 1870, 34 f.

Die Konformität des Diakonissenamtes mit den gesellschaftlichen und christlichen Leitbildern des 19. Jahrhunderts war eine Voraussetzung für seinen Erfolg.[16] Ute Gause stellte dazu fest:

> »Der gleichsam geniale Schachzug Theodor Fliedners bestand darin, dass er das in der Gesellschaft des 19. Jahrhunderts herrschende Bild der Frau als der für eine Familie sorgenden und sich aufopfernden Mutter mit dem christlichen Dienstgedanken verband und daraus ein gesellschaftlich hoch akzeptables neues Modell entwickelte.«[17]

In der zölibatären Lebensweise innerhalb einer Schwesternschaft boten sich Frauen darüber hinaus offenbar größere Entfaltungsmöglichkeiten als im Zivilleben als Ehefrau und Mutter. Als Gemeindeschwester, Lehrerin, Krankenschwester oder Stationsleiterin eines Krankenhauses ließen sich die Vorstellungen von einer gottgefälligen Lebensweise mit den bürgerlichen weiblichen Rollenmustern und der Entfaltung persönlicher Fähigkeiten gut in Einklang bringen, was auch den großen Zustrom an jungen Schwestern im 19. Jahrhundert verständlich macht. Mit dem Eintritt verpflichtete sich eine Schwester zur Ehelosigkeit und zum Gehorsam gegenüber der Anstaltsleitung. In der Dresdner Hausordnung heißt es dazu: »Dem Rektor und der Oberin, welche im Namen des Vorstands die gesamte Schwesternschaft leiten, haben alle Schwestern in und außer dem Hause kindlichen Gehorsam zu leisten.«[18] Während der Ausbildung stellten die Vorgesetzten die besonderen Fähigkeiten und Begabungen einer Probeschwester fest und steuerten ihre weitere Ausbildung in Richtung Krankenpflege, Pädagogik oder Hauswirtschaft. Nur bescheidene Bitten »in Bezug auf die Erlernung solcher Dinge, [...], die sie für sich noch besonders nötig erachten« sind in der Dresdner Hausordnung für Probeschwestern vorgesehen.[19] Auf jeden Fall wurde der Charakterformung zur Diakonisse in der Probezeit eine ebenso große Bedeutung beigemessen, wie der fachlichen Ausbildung.

Sowohl eine Probeschwester als auch eine Diakonisse konnten jederzeit auf einen Arbeitsplatz entsandt werden, auf dessen Auswahl sie keinen Einfluss hatte.[20] Das Mutterhaus schloss einen Gestellungsvertrag mit der anfordernden Stelle ab und erhielt die für diese Arbeit vereinbarten Zahlungen. Dieses Entsendungsprinzip war ein entscheidender Faktor für die erfolgreiche Etablierung und Entwicklung der Mutterhausdiakonie, die zunächst selbst in evangelischen Kreisen mit Misstrauen beobachtet wurde. Es ermöglichte der Diakonissenanstalt eine schnelle Reaktion auf Anforderungen, die von der Gesellschaft an sie herangetragen wurden. Für die Schwestern bedeutete dies jedoch, dass sie jederzeit damit rechnen mussten, unvorbereitet aus einem lieb gewordenen Arbeitsfeld auszuscheiden und auf eine

16 Vgl. dazu: Gause: Dienst und Demut (wie Anm. 10), 65.
17 Ebd, 66.
18 Haus-, Berufs- und Genossenschaftsordnung ... (wie Anm. 6), 14.
19 Ebd, 5.
20 Ebd, 8. 14.

andere Stelle zu wechseln. Besonders unbeliebt war offenbar die psychiatrische Pflege. So äußerte beispielsweise die Vorsteherin der Kaiserswerther »Heilanstalt für gemütskranke Frauen« in den 1950er Jahren ihre Verwunderung über eine junge Probeschwester, die diese Aufgabe frohen Mutes antrat: »Sie sind die erste Schwester, die ohne Tränen kommt.«[21] Mangels geeigneter Quellen kann in Dresden nur aus mündlichen Berichten von Diakonissen bestätigt werden, dass bis in die Zeit nach dem 2. Weltkrieg mitunter Tränen flossen, wenn sie plötzlich auf ein neues Arbeitsgebiet entsandt wurden. Der insbesondere durch das Entsendungsprinzip geforderte absolute Gehorsam setzte ein besonderes Maß an Selbstverleugnung und Entsagungswillen voraus, dem nicht alle Schwestern gewachsen waren. Für das Kaiserswerther Mutterhaus hatte diese Anforderung beispielsweise zur Folge, dass auch im 20. Jahrhundert noch etwa die Hälfte der Probeschwestern vor der Einsegnung wieder austrat.[22] Für Dresden liegen leider keine vergleichbaren statistischen Angaben vor. Es ist jedoch davon auszugehen, dass auch hier zahlreiche Interessentinnen vom Beruf der Diakonisse ferngehalten wurden, weil sie die an sie gestellten überaus hohen Gehorsamsanforderungen nicht erfüllen konnten oder wollten. Weitere mit dem Diakonissendienst verbundene persönliche Einschränkungen, wie beispielsweise das Verbot des Besuchs von Theater- und Konzertveranstaltungen und Kinovorstellungen oder der Lektüre von Tageszeitungen wurden selbst in protestantischen Kreisen in den 1920er Jahren kritisch diskutiert.[23] Vertreter der Mutterhausdiakonie wiesen diese Einwürfe als unbegründet zurück. Alternative Organisationsmodelle, wie sie beispielsweise von der Reformerin des britischen Krankenpflegewesens Florence Nightingale in kritischer Auseinandersetzung mit dem Kaiserswerther Vorbild entwickelt worden waren, ignorierte man weitgehend. Nightingale schätze zwar Fliedners Pionierleistung, kritisierte jedoch die Verknüpfung der Krankenpflege mit dem zwar nicht de facto aber quasi geistlichen Amt der Diakonisse.

III Strukturelle Ähnlichkeiten zwischen Mutterhausdiakonie und dem Militär[24]

In dem bereits eingangs zitierten Aufsatz des Berliner Oberarztes stellte sich die zeittypische Auffassung von der hierarchischen Unterordnung der Schwester folgendermaßen dar:

21 Funke: Gehorsam als ›diakonische Gesinnung‹? (wie Anm. 10), 112.

22 Ebd, 115.

23 Vgl. beispielhaft: [Adolf] Amelung: Für und wider die Mutterhaus-Diakonie. Sonderabdruck aus dem Sächsischen Kirchenblatt 7 (1926).

24 Vgl. dazu auch: Annett Büttner: »Mannschaften der Barmherzigkeit«: Konvergenzen und Divergenzen zwischen Militär und konfessionellen Genossenschaften. In: Dies.: Die konfessionelle Kriegskrankenpflege im 19. Jahrhundert. Stuttgart 2013, 372-395.

»Leistet sie [die Pflegerin] Höchstes, so steht sie dem Arzt ebenbürtig zur Seite [...]. Wenn ich in diesem Sinne das Wort ›ebenbürtig‹ gebrauchte, so laufe ich wohl nicht Gefahr dahin verstanden zu werden, dass die Pflegerin strengste Unterordnung unter den Arzt, gewissenhafte Befolgung seiner Anordnungen auch nur dann und wann einmal hintenansetzen dürfe. Wie nur der Schlachtenlenker die Mittel zur Erreichung des Zwecks übersehen kann [...], so vermag nur der Arzt, nicht die Pflegerin, die Mittel auszuwählen und trägt allein die Verantwortung. Daher bleibt oberste Pflicht unbedingter Gehorsam.«[25]

Abgesehen davon, dass die Unterordnung der Schwester unter die ärztlichen Anweisungen bis heute Konfliktpotential in sich birgt, wird hier die strukturelle Ähnlichkeit einer straff organisierten Schwesternschaft mit dem Militär explizit ausgesprochen. Der Dresdner Rektor Heinrich Fröhlich bezeichnete die Teilnahme der Anstalt am Deutsch-Französischen Krieg in den Jahren 1870/71 auch nicht als Einsatz in der Kriegskrankenpflege, sondern als den »Feldzug der Dresdner Diakonissen«.[26]

Abb. 2: Pfarrer Heinrich Fröhlich (Archiv der Fliedner-Kulturstiftung Kaiserswerth).

Beschäftigt man sich mit dem Einsatz evangelischer Schwestern in den Lazaretten der sogenannten Reichseinigungskriege, die Deutschland in den Jahren 1864 bis 1871 gegen verschiedene Gegner geführt hat, so wird die große Affinität zwischen ihnen und dem Militär deutlich. Gleichzeitig mit den konfessionellen Schwestern und Brüdern waren Tausende von Freiwilligen beiderlei Geschlechts unter dem Deckmantel der freiwilligen Krankenpflege auf die Kriegsschauplätze gedrängt, die mehr von Neugier und Sensationslust, als von dem Bedürfnis zu helfen getrieben wurden. Sie brachten das Rot-Kreuz-Zeichen in Misskredit und mussten vom Militär mit großem Aufwand wieder entfernen. Die Organisationen des Roten Kreuzes hatten sie nicht sorgfältig genug ausgewählt, viele »Schlachtenbummler« waren auf eigenen Faust angereist. Da es an einer straffen Organisation fehlte, »kamen manche Exzesse vor, welche nicht nur an sich keine Entschuldigung verdienen, sondern auch geeignet waren, die weiße Binde am Arm zu diskreditieren«, ja sogar von

25 Burghart: Notwendige Eigenschaften der Krankenpflegerin (wie Anm. 1), 31.
26 Heinrich FRÖHLICH: Die Thätigkeit des Dresdner Diakonissenhauses in dem deutsch-französischen Kriege 1870/71. Dresden o.J., 8.

einem Fiasko war die Rede.[27] Mit den ebenfalls aus eigener Initiative angereisten Angehörigen religiöser Pflegeorganisationen machte das Militärsanitätswesen hinsichtlich Sachkunde, Disziplin, Pflichterfüllung und ehrbarem Betragen überwiegend positive Erfahrungen. Welche Gemeinsamkeiten bestanden also zwischen dem Militär und den Schwesternschaften?

Beide, sowohl das Militär als auch die konfessionellen Genossenschaften, waren bis in die Mitte des 20. Jahrhunderts sogenannte »totale Institutionen«[28], die das gesamte Leben ihrer Akteure regelten und kontrollierten. Zu ihren Merkmalen gehörten die Abgrenzung nach außen, die Entwicklung eigener Regeln und Ordnungen sowie ein hohes Maß an Fremdbestimmung der in ihrem System befindlichen Personen. Der amerikanische Soziologe Erving Goffmann hat sein Konzept der »totalen Institution« ausdrücklich auch auf Klöster und Kasernen angewandt.[29] Silke Köser wies in ihrer Dissertation über die kollektive Identität Kaiserswerther Diakonissen nach, wie der Alltag der Schwestern durch Vorschriften geprägt war und deren Charakterformung durch Hausordnungen, eigene Leitbilder und Formen kollektiven Handelns erfolgte.[30] Einen besonderen Stellenwert in diesem Erziehungsprozess nahm die Gewöhnung an Ordnung, Disziplin und Gehorsam ein. Wegen der Herkunft der meisten Schwestern aus unterbürgerlichen Schichten wurde darauf ein besonderes Augenmerk gerichtet.[31] Auch in Dresden rekrutierte sich der Schwesternnachwuchs überwiegend aus Handwerkerfamilien, gefolgt von Beamten und Kaufleuten.[32] Einige benötigten nach dem Eintritt noch Elementarunterricht und insbesondere Anweisungen zur Abfassung verständlicher Arbeitsberichte.[33]

27 Johannes Wichern: Die freiwillige Pflege im Felde verwundeter und erkrankter Krieger durch die deutschen Vereine vom roten Kreuz. Hamburg 1886, 82.

28 Erving Goffmann: Asyle: über die soziale Situation psychiatrischer Patienten und anderer Insassen. Frankfurt/M. 1973.

29 Vgl. dazu auch Philipp Osten: Krankenhäuser. In: Querschnitt Geschichte, Theorie und Ethik der Medizin/ hrsg. von Thorsten Noack, Heiner Fangerau und Jörg Vögele. München 2007, 97 f.

30 Silke Köser: Denn eine Diakonisse darf kein Alltagsmensch sein: kollektive Identitäten Kaiserswerther Diakonissen 1836-1914. Leipzig 2006, 286-303. Zur Herausbildung des Anstaltscharakters vgl.: Norbert Friedrich: Mutterhaus- und Anstaltsdiakonie: zu einer spezifischen Form der protestantischen Vereinsbildung im 19. und 20. Jahrhundert. Korrespondenzblatt der diakonischen Gemeinschaften von Neuendettelsau 10 (2004), 144-154.

31 Jutta Schmidt hat an Hand der Analyse der Berufe der Väter von Kaiserswerther Diakonissen festgestellt, dass zwei Drittel aus dem Handwerk oder Arbeiter- und Bauernkreisen stammten. Vgl. Jutta Schmidt: Beruf Schwester: Mutterhausdiakonie im 19. Jahrhundert. Frankfurt/M. 1995, 161-183.

32 Vgl. Renger-Berka: Weibliche Diakonie im Königreich Sachsen (wie Anm. 4), 45-48.

33 Molwitz: Jubiläums-Bericht der evangelisch-lutherischen Diakonissenanstalt zu Dresden (wie Anm. 5), 111.

Der bereits zitierte Kaiserswerther Pfarrer Disselhoff stellte den Ordnungsbegriff sogar über Seelsorge und Mission. Er hatte während des Deutsch-Dänischen Krieges (1864) beobachtet, dass Traktatverteiler in einigen Lazaretten unangemeldet erschienen und ohne erläuternde Worte christliche Literatur auf die Betten legten. Dieses unerlaubte Vorgehen prangerte er mit den Worten an: »Das darf nicht sein, denn das ist keine Ordnung, und Gott ist ein Gott der Ordnung.«[34]

Im Kriegslazarett.

Abb. 3: Kaiserswerther Diakonisse im Lazarettdienst (Jahrbuch für christliche Unterhaltung/ hrsg. von der Diakonissenanstalt Kaiserswerth [1866], 115).

Ähnlich argumentierte der Neuendettelsauer Vorsteher Pfarrer Wilhelm Löhe im Deutsch-Französischen Krieg. Er hielt es sogar für nötig, seine Diakonissen für den Lazaretteinsatz zusätzlich zu disziplinieren, was nicht für großes Vertrauen in ihre Persönlichkeiten spricht:

> »Was ist der Krieg selbst ohne Ordnung, und was soll aus allen seinen unheilvollen Wirkungen und Folgen werden, wenn nicht eine durchgreifende Ordnung in die Hilfe kommt. […] Wie schwer wird es sein, einen Haufen an Ordnung gewöhnte Diakonissen im richtigen Gang zu erhalten, und gewiß noch viel schwerer wird es werden, die freiwillige Hilfe zu leiten und segensreich zu machen. Wir haben es erst in den letzten Tagen zu einem kleinen Anfang gebracht, unsere Diakonissen mit dem Rufe zur Ordnung aufzusuchen, und ob wir es im Laufe dieses ganzen Krieges nur so weit bringen, als es unerläßlich ist, das ist eine Frage, die ich mich nicht zu beantworten getraue.«[35]

34 Julius Disselhoff: Züge aus der Reise des Herausgebers in die schleswig-holsteinischen Feldlazarethe. Der Armen- und Krankenfreund (März-April 1864), 44.

35 Correspondenzblatt Neuendettelsau 9 (1870), 45.

Auch in der Ausbildung männlicher Diakone ging der biblisch fundierte Dienstbegriff Hand in Hand mit dem Ordnungsgedanken,

> »der in der Diakonie durch Amts- und Pflichtbewusstsein im Sinne der vielbeschworenen ›preußischen‹ (Sekundär-) Tugenden ausgestaltet [wurde]: Treue, Opferbereitschaft, Fleiß, Pünktlichkeit, Gehorsam und Bescheidenheit, ergänzt um die ›christlichen‹ Tugenden der Demut, Züchtigkeit und Mäßigung – das waren bis in die Zeit nach dem 2. Weltkrieg die Hauptanforderungen an die Persönlichkeit des Diakons.«[36]

In Anlehnung an ähnliche Grundsätze verlief die Ausbildung beim Militär, das jungen Rekruten zu Soldaten erzog. Die internen Hierarchien sind eine weitere Gemeinsamkeit, denn die »straffe Subordination Vorsteher – Vorsteherin – Hausmutter – Diakonisse«,[37] ist mit dem Verhältnis zwischen Offizier und Soldat vergleichbar. Dazu gehörte ebenfalls die Weisungsbefugnis der Vorgesetzten hinsichtlich des Einsatzortes, die in den Diakonissenanstalten in Form des bereits beschriebenen Entsendungsprinzips anzutreffen war.

Weitere Ähnlichkeiten zwischen dem Militär und konfessionellen Schwesternschaften bestanden in der Einhaltung eines streng vorgeschriebenen Verhaltenskodex, starkem Pflichtbewusstsein und berufsständischer Ehre.[38] Die bisher genannten Paradigmen prägten das Verhalten von Soldaten bzw. Schwestern gegenüber Vorgesetzten, den Mitschwestern und Kameraden sowie institutionenfremden Personen, wie Patienten oder Zivilisten. In Anlehnung an den von Ute Frevert geprägten Begriff der »kasernierten Nation«[39] können die an die strenge Mutterhausdisziplin gebundenen Schwestern als der weibliche Teil der kasernierten Nation aufgefasst werden. So wie nicht der einzelne Soldat, sondern sein Kollektiv für den militärischen Erfolg wichtig war, trat auch die einzelne Schwester in Friedens- und Kriegszeiten hinter die Leistungen ihrer Genossenschaft zurück.

> »Das Individuum war nur noch insofern wichtig, […] als der gesamte Mechanismus nicht funktionierte, wenn nicht jeder an seinem Platz das Nötige und das Richtige täte. Die Unterordnung musste mit intelligentem Mittun verbunden sein, wenn der gesamte Apparat wirklich funktionieren sollte.«[40]

Auch äußerlich war die Zugehörigkeit zu einem besonderen Berufsstand an Hand der Tracht bzw. der Uniform in beiden Fällen sofort erkennbar. Eine besondere Bekleidung hatte identitätsstiftende Wirkung bis hin zur Ausprägung eines

---

36 Michael HÄUSLER: »Dienst an Kirche und Volk«: die deutsche Diakonenschaft zwischen beruflicher Emanzipation und kirchlicher Formierung (1913-1947). Stuttgart 1995, 28.

37 Erich BEYREUTHER: Geschichte der Diakonie und inneren Mission in der Neuzeit. Berlin 3. Aufl. 1983, 67.

38 Zur Ausbildung einer berufsständischen Soldatenehre im 19. Jahrhundert vgl. u.a. Ralf PRÖVE: Militär, Staat und Gesellschaft im 19. Jahrhundert. München 2006, 34 f.

39 Ute FREVERT: Die kasernierte Nation: Militärdienst und Zivilgesellschaft in Deutschland. München 2001.

40 Frank BECKER: Bilder von Krieg und Nation. München 2001, 492.

gemeinsamen Standesbewusstseins. Die Schwesterntracht fungierte als Zeichen der Zugehörigkeit zu einem Beruf, dem, wie den Militärangehörigen, eine besondere Ehrerbietung in der Öffentlichkeit entgegen gebracht wurde. Sie hatte somit die Funktion einer Uniform, der Ehre gemacht, aber auch erwiesen werden musste und die im Ersten Weltkrieg schließlich gesetzlich geschützt wurde.[41] Die Schwestern genossen in der Öffentlichkeit ein hohes Prestige, dass durchaus dem eines Offiziers vergleichbar war.[42]

Abb. 4: Oberin Amalie Faber in Dresdner Diakonissentracht (Archiv der Diakonissenanstalt Dresden um 1930).

Die Tracht der Dresdner Diakonissen lehnte sich zunächst eng an das Kaiserswerther Vorbild an. In den 1880er Jahren wurde jedoch die Rüschenhaube durch ein einfaches Baumwollmodell ersetzt.

---

41 Zur Rolle der Militäruniform vgl. Sabina BRÄNDLI: Von »schneidigen Offizieren« und »Militärcrinolinen«: Aspekte symbolischer Männlichkeit am Beispiel preußischer und Schweizer Uniformen des 19. Jahrhunderts. In: Militär und Gesellschaft im 19. und 20. Jahrhundert/ hrsg. von Ute Frevert. Stuttgart 1997, 201-228. Im »Abkommen des Kaiserswerther Mutterhauses mit dem Johanniterorden betr. die Überlassung von Diakonissen in Kriegs- und anderen Notfällen« vom 5. Mai 1886 wird die Bekleidung der Schwestern als Uniform bezeichnet. Archiv der Fliedner-Kulturstiftung Kaiserswerth (künftig: AFKSK), Bestand 2-1, 516 Zusammenarbeit mit dem Johanniterorden 1852-1886. Die Tracht der Kaiserswerther Diakonissen wurde 1917 unter Markenschutz gestellt, da sie viele unbefugte Nachahmer gefunden hatte. Vgl. dazu: Charlotte VON CAEMMERER: Berufskampf der Krankenpflegerinnen in Krieg und Frieden. München 1915, 119-136.

42 Im Deutsch-Dänischen Krieg wurden die Soldaten angewiesen, die Schwestern wie Offiziere zu grüßen. Vgl. Angela BERLIS: Eine Borromäerin im Deutsch-Dänischen Krieg (1864): Amalie Augustine von Lasaulx und die Pflege Verwundeter. In: Schriften des Vereins für Schleswig-Holsteinische Kirchengeschichte 54 (2009), 102.

Wie wir bereits gehört haben, sahen insbesondere Ärzte das Pflegepersonal bevorzugt in der Rolle der Befehlsempfänger. Ein an den Reichseinigungskriegen beteiligter Arzt äußerte 1867:

> »Die Krankenpflege setzt zwei Dinge voraus: Unterricht und Disciplin. Die Krankenpflege hat dieses gemein mit dem activen Militär […]. Im weiblichen Orden übt die Disciplin die Oberin, im Militär der Unteroffizier […] Alles was die Krankenpflege je Grosses geleistet hat, hat sie durch Unterricht und Disziplin geleistet – blinder Gehorsam ist die erste Pflicht des guten Krankenwärters.«[43]

Die konfessionellen Pflegekräfte hatten aus Sicht des Militärs vor den temporären weltlichen also den unbestreitbaren Vorteil der Gewöhnung an befehlsabhängige Strukturen, die sie befähigte, sich problemlos in den Betrieb der Militärlazarette zu integrieren, während letztere zu eigenmächtigem Verhalten neigten.[44]

Nicht zufällig verdeutlicht auch ein Lehrbuch, das von Dr. Paul Rupprecht,[45] dem langjährigen chirurgischen Oberarzt des Dresdner Diakonissenkrankenhauses 1890 verfasst wurde, den engen Zusammenhang zwischen der Kriegs- und der zivilen Krankenpflege. Sein Titel lautete: »Die Krankenpflege im Frieden und im Kriege – Zum Gebrauch für jedermann insbesondere für Pflegerinnen, Pfleger und Ärzte«. Darin wird nicht nur die zivile Krankenpflege mit dem Schwerpunkt »Versorgung von Verletzungen« und »Hilfe bei chirurgischen Operationen« ausführlich behandelt, sondern auch die Krankenpflege im Krieg in einem besonderen Kapitel dargestellt. »Wer sich an der Krankenpflege im Kriege beteiligen will, muß sein wie ein Soldat: mutig, gehorsam, über die bestehenden Einrichtungen unterrichtet!«, konstatierte Rupprecht in diesem Abschnitt.[46]

Rupprecht war dem Dresdner Diakonissenkrankenhaus von 1882 bis 1911 als Oberarzt verbunden. Von 1899 bis zum Ausbruch des Ersten Weltkrieges fungierte er zugleich als Generalarzt des Sanitätskorps und Lehrer für Chirurgie in den militärärztlichen Fortbildungskursen, die höchstwahrscheinlich im Lazarett der nahe der Diakonissenanstalt gelegenen Kasernen in der Albertstadt stattfanden.

In ganz Deutschland bereiteten sich seit den 1880er Jahren weltliche und kirchliche Krankenpflegeorganisationen auf einen möglichen neuen Krieg vor. In Preußen hatten die konfessionellen Schwesternschaften bereits ab diesem Zeitpunkt jährliche Musterungslisten der im Kriegsfall zur Verfügung stehenden

43 [Heinrich Georg] KÜCHLER: Die Organisation der Hülfsvereinthätigkeit. In: Erfahrungen aus dem Krieg von 1866 über die Organisation der freiwilligen Hülfsthätigkeit und die Genfer Uebereinkunft von 1864 zur Verbesserung des Looses der im Felddienst verwundeten Militärpersonen. Darmstadt 1867, 62.

44 Vgl. Gustav PLITT: Bericht über die bairische Felddiakonie. Fliegende Blätter aus dem Rauhen Hause 10 (1870), 322.

45 Vgl. Hubert KOLLING: Paul Rupprecht. In: Biographisches Lexikon zur Pflegegeschichte. Bd. 4. München 2008, 245-247.

46 Paul RUPPRECHT: Die Krankenpflege im Frieden und im Kriege. 2. Aufl. Leipzig 1894, 351.

Schwestern einzureichen. In Sachsen wurden erst 1906 entsprechende Verträge mit dem Landesdelegierten der freiwilligen Krankenpflege und dem Johanniterorden abgeschlossen. Darin sicherte das Dresdner Diakonissenmutterhaus die Bereitstellung von insgesamt 170 Schwestern für Reservelazarette und die Etappe zu. In allen mit den auswärtigen Stationen abgeschlossenen Gestellungsverträgen wurde ein Passus eingefügt, der die Abberufung insbesondere der Gemeindeschwestern im Kriegsfall vorsah. Sie konnten so schnell mobilisiert und den Militäreinheiten zugeordnet werden. Dadurch verloren sie aber die in den Reichseinigungskriegen noch existierende Handlungsfreiheit wie beispielweise die Entscheidung darüber, in welchen Lazaretten sie tätig sein wollten. Widerstand gegen die zunehmende Vereinnahmung von Seiten des Militärs konnte in keiner Diakonissenanstalt festgestellt werden.

Die konfessionellen Genossenschaften hatten also von vorn herein hinsichtlich ihrer Organisationsstrukturen und ihrer Unternehmenskultur eine große Affinität zum Militär und wurden dadurch zu den einzig akzeptierten Organisationen in der freiwilligen Kriegskrankenpflege bzw. zum organisatorischen Vorbild für weltliche Neugründungen, wie den Schwesternschaften des Roten Kreuzes, die das Mutterhausprinzip übernahmen.

Bei einigen Mutterhausvorständen führte die starke Identifizierung mit dem Staat, die in der historischen Forschung unter dem Begriff des »Nationalprotestantismus« zusammengefasst wird,[47] auch zu einer schleichenden Militarisierung der Sprache. Diesem Prozess unterwarfen sich die Mutterhäuser mit unterschiedlicher Intensität, im preußischen Rheinland freudiger als etwa in Bayern und Sachsen. Wie die nachfolgende Aufstellung verdeutlicht, wurde militärisches Vokabular nicht nur zur Beschreibung der Kriegseinsätze, sondern zunehmend auch für zivile Sachverhalte benutzt. Die Bezeichnung karitativer Handlungsweisen mit militärischer Terminologie trägt mitunter surreale Züge und entbehrt aus heutiger Sicht nicht einer gewissen unfreiwilligen Komik.

---

47 Vgl. dazu Hartmut LEHMANN: Einführung. In: Nationalprotestantische Mentalitäten in Deutschland (1870-1970)/ hrsg. von Hartmut Lehmann und Manfred Gailus. Göttingen 2005, 7-18 sowie Gangolf HÜBINGER: Sakralisierung der Nation und Formen des Nationalismus im deutschen Protestantismus. In: »Gott mit uns«: Nation, Religion und Gewalt im 19. und frühen 20. Jahrhundert/ hrsg. von Gerd Krumeich und Hartmut Lehmann. Göttingen 2000, 233-248.

Kriegsvokabular in Quellen der Mutterhausdiakonie

Zeit	Inhalt	Quelle
nach 1871	»Und so entschloß ich mich, […] den ›Feldzug der Dresdner Diakonissen‹ mitzumachen.«	Rektor Fröhlich, in: Heinrich FRÖHLICH: Thätigkeit des Dresdner Diakonissenhauses in dem deutsch-französischen Kriege. Dresden o.J., 8.
1872	Nachruf auf Wilhelm Löhe: »Aber wie schön und wie von Gott ihm bescheert war es, daß seine glückwünschende Heerde wie zur letzten Musterung noch einmal an ihm vorüber gehen […] durfte.«	Correspondenzblatt der Diaconissen von Neuendettelsau (1872) Nr.1 f, 2.
1886	»Fliedner, damals selbst schon ein todesmüder Krieger auf dem geistlichen Kampfplatz, musterte die Reihen seiner Diakonissen: ›Freiwillige vor!‹ Sie wären alle bereit gewesen, sich in die Kriegslazarette senden zu lassen.«	Julius DISSELHOFF: Die Arbeit unserer Diakonissen im Krieg. 1: Der dänische Krieg 1864. In: Jubilate. Kaiserswerth 1886, 207.
	Über eine im Kriegslazarett verstorbene Diakonisse: »Sie ist gefallen, eine Streiterin Jesu Christi im heiligen Kampfe, den die Barmherzigkeit gegen die Not der armen Sündenwelt führt.«	Ebd, 211.
1888	»Wo die römische Kirche zehn Schwestern auf den Kampfplatz der Liebe stellt, können wir kaum eine ins Feld führen.«	BERICHT ÜBER DIE IX. KAISERSWERTHER GENERALKONFERENZ. In: 52. Jahresbericht der Diakonissenanstalt Kaiserswerth. Kaiserswerth 1888, 2.
um 1890	»Die Diakonissen sind die ständige Truppe, die Johanniterschwestern die Reserve[…]. Geeinigt durch ein Ziel […], treu zu bleiben bis in den Tod.«	Anastasia PAPPENHEIM: Unter dem Johanniterkreuz. Berlin o. J. [um 1890], 32.
1924	»An die Front der weiblichen Diakonie«	Ohne Autor, Titel eines Werbeblatts des Diakonissenmutterhauses Bethlehem Hamburg.

IV Die Dresdner Diakonissenanstalt in der NS-Zeit[48]

Dieser Abschnitt soll mit einem Rückblick auf die Zeit der Weimarer Republik beginnen, um den Kontrast zu den folgenden Jahren zu verdeutlichen. In der Mitte der zwanziger Jahre hatte die Dresdner Anstalt die wohl unbeschwerteste Zeit ihrer Entwicklung, was nicht nur an der gebesserten wirtschaftlichen Situation, sondern auch am Führungsstil von Rektor und Oberin lag. Pfarrer Albrecht Ranft hatte in seiner Antrittspredigt 1926 darauf hingewiesen, dass die Entschiedenheit im Be-

48 Vgl. dazu Annett BÜTTNER: Diakonissenanstalt Dresden 1844-2014. Essen 2014, 71-111.

kenntnis fröhlich machen sollte und vor Verhärtung und Hochmut gewarnt.[49] Ein Jahr darauf trat Schwester Amalie Faber als Oberin an seine Seite. Von ihr ist der folgende Spruch überliefert, der ihre Intentionen im Amt wiederspiegelt:

> »Liebe Schwestern, der Heiland wurde von seinen Zeitgenossen ›die Freundlichkeit‹ genannt. Wenn wir doch mehr in Seine Fußstapfen treten würden und unser ganzes Leben von Liebe und Freundlichkeit durchstrahlt wäre!«[50]

Diese Einstellung hatte auch Auswirkungen auf die pädagogische Arbeit. So wurden bei der Erziehung sogenannter »sittlich verwahrloster« Mädchen im Magdalenenasyl in Kötzschenbroda entgegen der damals herrschenden Auffassung körperliche Strafen explizit abgelehnt.[51] Der Gehorsam wurde durch sanfte Unterweisung und das Vorbild der Diakonissen eingeübt, helle und freundliche Farben sollten aus der Anstalt eine Heimat machen.

Mit dem Beginn der nationalsozialistischen Herrschaft änderte sich auch das Klima innerhalb der Anstalt deutlich, wobei an die seit dem 19. Jahrhundert latent vorhandenen antidemokratischen Traditionen angeknüpft werden konnte. Schon Rektor Fröhlich hielt selbst Liberale und erst recht Demokraten »für Feinde der gottgewollten Ordnung, die selbstherrlich durch ihre ›Vernunft‹ in diese eingriffen.«[52] In Abgrenzung zu Errungenschaften der Aufklärung wie Vernunftglauben, rationalistischem Denken und den Naturwissenschaften verwies er in einer Predigt auf die »ordentliche Obrigkeit« als Machtinstanz und verwarf die Presse als Ort demokratischer Mitbestimmung. Mit der pluralistischen, aus allgemeinen und demokratischen Wahlen hervorgegangenen Weimarer Demokratie unter Beteiligung der Sozialdemokratie konnte und wollte sich erst recht kein evangelisches Mutterhaus in Deutschland identifizieren. Die Dresdner Anstaltszeitschrift »Kleine Chronik«, deren Schriftleiter Rektor Ranft war, betonte in der Zeit nach 1933 immer wieder die volle Zustimmung zum nationalen Staat. Diese Äußerungen können auf Grund ihrer Fülle und Vehemenz nicht als bloßes Taktieren gewertet werden, auch wenn Rektor Ranft sie im nachhinein als notwendig verteidigte und betonte, dass »nur die vaterländischen und sozialen Gedanken des NS zu Worte kamen«.[53] So hieß es im April 1934 beispielsweise:

> »Vieles von dem, was sich jetzt allgemein durchgesetzt hat, haben wir in der Mutterhaus-Diakonie im bewußten Gegensatz zu den früheren geistigen Strömungen vertreten,

49 Albrecht RANFT: Antrittspredigt über Röm. 15,29. Dresden 1926, 4.

50 Archiv der Diakonissenanstalt Dresden: Rundgespräch zum Tagesthema zum 13.06.1971, 6.

51 Archiv der Diakonissenanstalt Dresden: Prospekt des Magdalenenasyls, o.J. [um 1927].

52 Zit. nach: Peggy RENGER-BERKA: »Der Feldzug der Dresdner Diakonissen«: die deutsche Frage im Königreich Sachsen und die Dresdner Diakonissen im deutsch-französischen Krieg 1870/71. In: Reichsgründung 1871/ hrsg. von Michael Fischer; Christian Senkel; Klaus Tanner. Münster 2010, 43.

53 Landeskirchenarchiv Dresden: Best. 2 Nr. 2476, Schreiben des Rektors Albrecht Ranft an die Superintendentur Dresden-Stadt vom 12.10.1945.

> nicht nur mit Worten, sondern auch mit der Tat. Volksgemeinschaft, Ueberwindung der Standesunterschiede, Opferwilligkeit und Dienstbereitschaft, Grundforderungen des neuen deutschen Staates, sind in der Mutterhaus-Diakonie von Anfang an gepflegt worden. ›Gemeinnutz geht vor Eigennutz‹ – ›Du bist nichts, dein Volk ist alles‹ – das sind Grundsätze, die in der Diakonie stets befolgt wurden, mochten sie auch anders ausgedrückt werden.«[54]

Die Tendenz der Mutterhausleitung ging ab 1933 ganz klar in Richtung Bekennender Kirche. Rektor Ranft hatte sich im Sommer 1933 gegen die Übernahme der Sächsischen Landeskirche durch die Deutschen Christen und die Wahl ihres Vertreters Friedrich Coch zum Landesbischof engagiert und war hier in gewissem Sinne »ungehorsam«. Die Deutschen Christen behandelten ihn daraufhin wie einen Staatsfeind und forderten seine Entlassung aus dem Rektorenamt. Als dies vom Verein der Diakonissenanstalt abgelehnt wurde, kürzte das Landeskirchenamt die erheblichen Zuschüsse zu seinem Gehalt. Die Zwangsmaßnahme wurde erst zwei Jahre später wieder aufgehoben. Auf Bitten des Kaiserswerther Verbandes und um der Dresdner Anstalt nicht zu schaden, beendete Ranft daraufhin sein öffentliches Engagement für die Bekennende Kirche und nahm zumindest offiziell eine neutrale Haltung ein. Der Vorsteher des Kaiserswerther Verbandes Pfarrer Siegfried von Lüttichau hatte ihn zu einem Gespräch nach Berlin gebeten und diese Haltung im Interesse der gesamten Inneren Mission von ihm gefordert. Er sollte in Zukunft nur noch »Gewehr bei Fuß in der zweiten Linie« stehen.[55] Für Ranfts Familie hatte sein Engagement jedoch drastische Folgen, bis hin zur unbegründeten Diffamierung seiner Frau als »jüdisch versippt«.[56]

Die Zugehörigkeit zur Bekennenden Kirche änderte jedoch nichts an der prinzipiellen Zustimmung der meisten Mutterhausangehörigen zu vielen Grundsätzen des nationalsozialistischen Staates. Wie der Name schon sagt, war sie eine religiöse Bekenntnisbewegung und keine politische Widerstandsorganisation, auch wenn für einige ihrer Mitglieder ihr dortiges Engagement zu schwerwiegenden persönlichen Konsequenzen führte.

Als ein ganz andersartiger Akt des Ungehorsams kann zweifellos die Tatsache gelten, dass bereits im Januar 1933 schätzungsweise 50 der über 800 Dresdner Diakonissen heimlich Mitglied der NSDAP oder einer ihrer Gruppierungen geworden waren, denn der Typus der Diakonisse war ausdrücklich als apolitisch angelegt. Der Besuch von politischen Veranstaltungen war ihnen an sich verboten, wie bereits erwähnt, wurde selbst von der Lektüre von Tageszeitungen abgeraten. Es handelte sich in Dresden bei diesen Sympathisantinnen meist um Gemeindeschwestern, die an Umzügen und Versammlungen teilnahmen und teilweise das Parteiabzeichen

54 Kleine Chronik der Diakonissenanstalt Dresden, April 1934, 3.

55 Landeskirchenarchiv Dresden: Bestand 5, Sign. 710,1, Bl. 359, Albrecht Ranft: Meine Erlebnisse im Kirchenkampf.

56 Vgl. dazu Büttner: Diakonissenanstalt Dresden (wie Anm. 48), 84-85.

trugen. »Nach der ›Machtergreifung‹ war die Schwesternschaft, wenige urteilsfähige Schwestern ausgenommen, wie fast das ganze deutsche Volk vom Begeisterungsrausch ergriffen«, urteilte Rektor Ranft rückblickend.[57] Wie viele Schwestern daraufhin noch in die NSDAP eintraten, ist nie festgestellt worden. Einige von ihnen übernahmen nun öffentliche Ämter im staatlichen Wohlfahrtssystem und trugen verstärkt nationalsozialistisches Gedankengut ins Mutterhaus. Insbesondere Frauen öffneten sich im »neuen Staat« Handlungsoptionen, die die Diakonissen teilweise aus seinem strengen Ordnungsgefüge herausführten. Für die Mutterhausleitung bedeutete dies, einen schwierigen Balanceakt zwischen den verschiedenen weltanschaulichen Strömungen in der Schwesternschaft herzustellen und die bisherige Disziplin den neuen Gegebenheiten anzupassen. Insbesondere die Briefe, Aufsätze und Predigten Ranfts sind ein ständiges Lavieren, ein »sowohl als auch« einander widersprechender Ansichten. Er versuchte stets, alle Strömungen anzusprechen und einzubinden. So regelte er im August 1933 die Anwendung des sogenannten »Hitler-Grußes« in der Weise, dass er von Belegschaftsmitgliedern und Schülerinnen zu benutzen sei, es den Diakonissen aber freigestellt war, wie sie grüßen wollten. Die Ansichten über die Teilnahme der Schwestern am öffentlichen Leben wandelten sich generell, wie in einem Arbeitsbericht von 1936 festgestellt wurde:

> »Tote Formen und starre Tradition haben keine Berechtigung. Weltoffenheit und Beweglichkeit, Natürlichkeit und Echtheit, Wahrhaftigkeit und Frohsinn sollen unter der heranwachsenden Schwesternschaft gefördert werden. Wir können und wollen unseren Schwestern die Teilnahme am vielgestaltigen Leben unseres Volkes nicht verwehren und müssen versuchen, uns vor gesetzlicher Einstellung und pietistischer Enge dem Leben gegenüber freizumachen. Wahrhaft nationalsozialistische Gesinnung und Einsatzbereitschaft betrachten wir als unerläßliche Voraussetzung zum Diakonissendienste. Immer tiefere Gründung im Glauben unserer ev.-luth. Kirche, Bibelkenntnis, Heilsgewißheit und Zeugnisfreudigkeit erbitten wir für alle unsere Schwestern vom Herrn der Diakonie.«[58]

Auch über das Verbot des Kinobesuchs hatten sich spätestens mit Beginn des Krieges zahlreiche Schwestern hinweg gesetzt. Offenbar gab es diesbezügliche Meldungen an das Mutterhaus. Rektor und Oberin gestatteten daher den Schwestern den Besuch der Kriegswochenschau, baten aber dringend darum, bei anderen Kinovorstellungen Zurückhaltung zu üben.

Wie bereits erwähnt, sah sich die Mutterhausleitung um des aufgetragenen Dienstes willen nicht in der Lage, aktiv für die Ziele der Bekennenden Kirche einzutreten, die Unterstützung fand im Stillen statt. Die Mutterhausdiakonie »stand und steht [...] doch bekennend und fürbittend Schulter an Schulter und Seite an

57 Landeskirchenarchiv Dresden: Bestand 5, Sign. 710,1, Bl. 364, Albrecht Ranft: Die Ev.-Luth. Diakonissenanstalt Dresden während des Kirchenkampfes.

58 Archiv der Diakonissenanstalt Dresden: Aus der Arbeit der Ev.- luth. Diakonissenanstalt zu Dresden 1. Oktober 1934 bis 30. September 1936, 9 f.

Abb. 5: Großer Saal der Diakonissenanstalt Dresden in den 1930-er Jahren (Archiv der Diakonissenanstalt Dresden).

Seite mit allen, die dafür kämpfen und darum ringen, daß Kirche Kirche bleibe.«[59] Dennoch hielt man weiterhin engen Kontakt zum Staat und konnte oder wollte sich seiner Propagandamaschinerie nicht entziehen. Einige Gemeindeschwestern waren zugleich Zellenverwalterin der NSV und »Blockwartin« der NS-Frauenschaft. Zwei Schwestern berichteten mit einem Lichtbildervortrag von ihren Erlebnissen auf dem Reichsparteitag in Nürnberg.[60] Am 6. November 1936 wurde der Film »Triumph des Willens« von Leni Riefenstahl über den Parteitag von 1934 im Festsaal vorgeführt.

Ein besonderes Problem stellte im Dresdner Mutterhaus die sogenannte »Arisierung« dar. Das »Gesetz zur Wiederherstellung des Berufsbeamtentums« vom 7. April 1933 schloss Personen »nichtarischer Herkunft« und politisch Unzuverlässige aus dem öffentlichen Dienst aus. Im September wurden entsprechende Bestimmungen in das landeskirchliche Berufsbeamtengesetz übernommen. Darunter fielen auch Menschen, deren Eltern oder Großelternteile jüdischer Herkunft waren, unabhängig von ihrer aktuellen religiösen Orientierung. Dieses Gesetz griff zunächst nicht in konfessionellen Einrichtungen. Dennoch wurden auch Diakonissen auf den Außenstationen zum Ausfüllen entsprechender Fragebögen gedrängt. Reichsweit legte dagegen erst das »Gesetz zur Ordnung der Krankenpflege« von 1938 die Notwendigkeit der arischen Abstammung des Pflegepersonals fest. Im Dresdner

59 Ebd, 17.
60 Kleine Chronik der Diakonissenanstalt Dresden, Jan. 1937, 15.

Mutterhaus entsandte man im vorauseilenden Gehorsam aber bereits ab dem Sommer 1933 »nur solche Schwestern, deren rein deutsche (arische) Abstammung feststeht«[61] in die Gemeindepflege und Krankenhäuser. Drei »nicht voll arische Schwestern« wurden nur noch im Innendienst eingesetzt.[62] Von 1937 ist ein Fall überliefert, in dem einer »Halbjüdin« die Aufnahme in die Krankenpflegeschule der Anstalt verwehrt wurde.[63]

In der Ausbildung der Krankenpflegeschülerinnen der Diakonissenanstalt musste nach eigener Einschätzung der Anstaltsleitung 1933 nicht viel geändert werden, da, wie die »Kleine Chronik« berichtete,

> »wir schon immer in unserem Mutterhause die Lernschule, Individualismus und Intellektualismus bekämpften, Dienst, opferwillige Hingabe und Gehorsam, Ueberwindung der Standesunterschiede, echte Fraulichkeit und Mütterlichkeit gefördert, gepflegt und mit der Tat bewiesen haben. Daß wir seit der nationalen Erhebung in unserm Unterrichte die neu erkannte Bedeutung von Blut und Rasse, den völkischen Gedanken und den Dienst am Volk besonders betont haben, ist selbstverständlich. [...] In mehreren Vorträgen wurde unsere Schwesternschaft in den Gedankenkreis der nationalsozialistischen Bewegung eingeführt. Wir planen auch einen nationalsozialistischen Schulungskurs, für den wir die Unterstützung der Partei erbeten haben.«[64]

Lässt man das bisher zum Thema »Diakonissenanstalt und Nationalsozialismus« gesagte noch einmal Revue passieren, verwundert es nicht, dass auch den staatlich verordneten Zwangssterilisationen im Rahmen der Eugenik kein Widerstand entgegen gesetzt wurde. Zu bedenken ist allerdings, dass dieses Thema schon lange vor der »Machtübertragung« in allen weltanschaulichen Lagern diskutiert wurde. Gerade sozialpolitisch engagierte Wohlfahrtspfleger befürworteten bereits seit dem letzten Jahrzehnt des 19. Jahrhunderts Maßnahmen zur Geburtenkontrolle in sozial schwachen Bevölkerungsschichten. Insbesondere die Weltwirtschaftskrise und die daraus folgende Krise des Weimarer Wohlfahrtsstaates ließen die Bereitschaft zu Maßnahmen der sogenannten positiven Eugenik, wie Eheberatungsstellen und bewussten Verzicht auf Nachkommen durch erblich Erkrankte auch in diesen Kreisen rasant steigen. In Umsetzung des »Gesetzes zur Verhütung erbkranken Nachwuchses« vom 14. Juli 1933 beteiligte sich auch das Krankenhaus der Dia-

61 Archiv der Diakonissenanstalt Dresden: Brief von Rektor Ranft an die Schwestern vom 14. Juli 1933.

62 Landeskirchenarchiv Dresden: Bestand 5, Sign. 710,1, Bl. 366, Albrecht Ranft: Die Ev.-Luth. Diakonissenanstalt Dresden während des Kirchenkampfes.

63 Vgl. Ursula von Koss: In: Evangelisch getauft – als »Juden« verfolgt: Theologen jüdischer Herkunft in der Zeit des Nationalsozialismus: ein Gedenkbuch/ hrsg. von Hartmut Ludwig und Eberhard Röhm. Stuttgart 2014, 180-181. Vgl. auch die Ergebnisse einer Umfrage unter Anstalten der Inneren Mission über Ausbildungsmöglichkeiten für christliche »Nichtarier« in: Eberhard Röhm, Jörg Thierfelder: Juden, Christen, Deutsche 1933-1945. Bd.2/2. Stuttgart 1992, 122-127.

64 Kleine Chronik der Diakonissenanstalt Dresden, April 1934, 4.

Krankenanstalten zur Unfruchtbarmachung (Seite 69) § 33

Hau: ProvHPf f. Geisteskranke ~Bedburg
Hückeswagen: Evang. Kh Johannes-Stift
Kettwig: Evang. Kh
Krefeld-Uerdingen:
Allg. Städt. Kh, Fischelner Str. 75
Klin JohanniterH
Langenberg (Rheinprov.): VereinsKh
Mettmann: Evang. Kh
Moers: Kh Bethanien
Mülheim (Ruhr): Evang. Kh
München-Gladbach: Evang. Kh Bethesda, Ringstr. 15 **MF-St**
Neuss: Städt. Kh
Oberhausen (Rheinprov.):
Evang. Kh, Hochstr. 20
JohanniterKh, ~Sterkrade, Steinbrinkstr. 67
Ratingen: Evang. Kh
Remscheid: Städt. Kh Kaiser-Wilhelm-Auguste-Viktoria-Stiftung **MF-St**, Kh ~Lennep
Rheinhausen: BerthaKh
Rheydt:
Städt. Kh, Krankenhausstr. 41
Solingen: Städt. Kh **MF-St** / HAnst Bethesda
Velbert: (Rheinprov.) Städt. Kh
Viersen: AllgKh
Wesel: Städt. Kh
Wülfrath: Evang. Kh Herminghausstift
Wuppertal:
ProvHebammenLehrAnst, ~ Elberfeld, Vogelsangstr. 106 **F**
Städt. Kh, ~Elberfeld, Arrenberger Str. 24
Städt. Kh, ~Barmen, Heusnerstr. 29 **MF-St**
Städt. Kh, ~Ronsdorf
Kh Bethesda, ~Elberfeld, Hainstr.
Hosp d. Vaterl. Frauenvereins v. Roten Kreuz, ~Elberfeld, Hardtstr. 43
Chirurg. u. FrauenKlin v. Dr Pipo, ~Oberbarmen, Freiligrathstr. 23

Regierungsbezirk Köln
Bergisch-Gladbach: Kh Maria Hilf
Bonn: Kh Maria Hilf
Chirurg. UnvKlin, Theaterstr. 5 **M-St**
UnvFrauenKlin, Theaterstr. 5 **F-St**
Gummersbach: Städt. Kh **M**
Köln:
Städt. Kh Lindenburg, ~Lindenthal, Josef-Stelzmann-Str. 9 (Chirurg. UnvKlin **M**, UnvFrauenKlin **F-St**)
Rö- u. LichtInst d. Unv (Bürgerhosp) **St**
StrahlenInst d. AOK **St**
Evang. Kh, ~Lindenthal, Weyertal 76
Waldbröl: Evang. Kh **M**

Regierungsbezirk Trier
Baumholder: Städt. Kh
Trier: Evang. Kh
Saarburg: KreisKh **M**
Wittlich: KreisKh **M**

Regierungsbezirk Aachen
Aachen:
Städt. Kh, Goethestr. **MF-St**
LuisenHosp, Boxgraben 99
Kh G.m.b.H., ~Forst, Altstr. 3
Kh Emmichstr. G.m.b.H.
Rö- u. LichtHeilInst d. KK-Verb. d. RegBez Aachen **St**
RöInst v. Dr Kreutzwald **St**
Bardenberg: KnappschaftsKh
Düren (Rheinprov.): Städt. K- u. WohlfahrtsAnst
Heinsberg: Städt. St. Josefs-Stift
Jülich: Städt. St. ElisabethKh
Mechernich: KreisKh

Regierungsbezirk Sigmaringen
Sigmaringen: LKh **M**

II. Land Bayern

Regierungsbezirk Oberbayern
Aichach: KAbt d. GefangenenAnst **F** / Städt. Kh
Eglfing-Haar: Oberbay. KreisHPf f. Geisteskranke
Landsberg: KAbt d. GefangenenAnst
München:
Chirurg. UnvKlin **M**
UnvFrauenKlin, Maistr. 11 **F-St**
II. UnvKlin f. Frauenkr., Lindwurmstr. 2a **F-St**
Städt. Kh Schwabing, Kölner Platz 1 **MF-St**
Pfaffenhofen (Ilm): Städt. Kh
Prien: BezKh
Rosenheim: Städt. Kh
Wasserburg: Städt. Kh
Weilheim: Städt. Kh

Regierungsbezirk Niederbayern-Oberpfalz
Amberg: Städt. MarienKh / K-Abt d. GefangenenAnst
Natternberg: Niederbayerische KreisHPf f. Geisteskranke, ~ Mainkofen
Neumarkt: Städt. Kh
Passau: Städt. Kh
Pfarrkirchen: BezKh
Regensburg: Oberpfälzische KreisHPf **M** / Evang. Kh
Straubing: KAbt d. Zuchthauses
Viechtach: BezKh
Weiden: Städt. Kh
Zwiesel: Kh d. AOK Regen

Regierungsbezirk Pfalz
Kaiserslautern: Städt. Kh
Landau (Pfalz): Städt. Kh
Ludwigshafen: Städt. Kh, Bergmannstr. 1 **MF-St**
Neustadt (Weinstr.): Städt. Kh Hetzelstift
Pirmasens: Städt. Kh
Speyer: Städt. StiftungsKh
Zweibrücken: KAbt d. Gefang.-Anst

Regierungsbezirk Oberfranken und Mittelfranken
Ansbach: Städt. Kh
Bamberg: Allg. Städt. Kh
Bayreuth: Städt. Kh
Coburg: LandKh / StadtKh **M**
Dinkelsbühl: BezKh **M**
Ebensfeld: Oberfränk. KreisHPf f. Geisteskranke, ~Kutzenberg
Erlangen: Chirurg. UnvKlin **M** / UnvFrauenKlin **F-St**
Fürth: Städt. Kh
Hof: Städt. Kh
Nürnberg:
Städt. Kh, Flurstr. 17 **M-St**
Städt. FrauenKlin, Flurstr. 7 **F**

Regierungsbezirk Unterfranken
Würzburg:
LuitpoldUnvKh, Dr.-Josef-Schneider-Str. 2 **MF-St**

Regierungsbezirk Schwaben
Augsburg: Städt. Kh, Krankenhausstr. H. 248
Günzburg: Schwäb. KreisHPf f. Geisteskranke / Städt. Kh
Kaufbeuren: Städt. Kh
Kempten: DistriktsSpit. / Städt. Kh, ~Altstadt
Memmingen: BezKh

III. Land Sachsen

Kreishauptmannschaft Chemnitz
Annaberg: BezKh **M** / PrivKlin v. Dr Voigt **F**
Chemnitz:
Staatl. FrauenKlin, Flemmingstr. 4 **F**
Städt. Kh i. Küchwald, Bürgerstr. 2
Städt. Kh a. d. Zschopauer Str. 87 **MF-St**
Frankenberg: Städt. Kh
Glauchau: Neues Städt. Kh **M** / PrivKlin v. Dr Apel **F**
Hoheneck: Kh d. LGefangenenAnst
Lichtenstein-Callnberg: BezKh **M**
Marienberg: Städt. Kh **M**
Meerane: Städt. Kh **M**
Rabenstein: BezKh
Stollberg: BezKh
Thum: Städt. Kh **M**

Kreishauptmannschaft Dresden-Bautzen
Arnsdorf: LHPf **M**
Bautzen: Städt. Kh **M** / Kh d. LGefangenenAnst **M**
Dresden:
Staatl. FrauenKlin, Pfotenhauerstr. 90 **F-St**
Städt. Kh, Friedrichstadt, Friedrichstr. 41 **MF-St**
Städt. Rudolf-Heß-Kh, Fürstenstr. 74 **M-St**
Kh d. DiakonissenAnst, Holzhofgasse 27/29
Dohna-Heidenau: JohanniterKh
Ebersbach: BezKh **M**
Freiberg: Städt. u. BezKh **M**
Freital: Städt. Kh
Großenhain: Städt. Kh **M**
Löbau: Städt. Kh
Meißen: LandKh **M** / Städt. Kh / EntbindungsH, Domprobstberg **F**
Neustadt: Städt. Kh **M**
Pethau: EntbindungsAnst WatzdorfH **F**
Pirna: Städt. Kh **M** / PrivFrauenKlin v. Dr Kühn **F**
Radeberg: Städt. Kh **F**
Riesa: Städt. Kh **M**
Sebnitz: Städt. Kh
Zittau: Städt. Kh **M**

Kreishauptmannschaft Leipzig
Borna: Städt. Kh **M**
Döbeln: StadtKh **M** / PrivKlin v. Dr Beßler **F**
Grimma: BezKh **M**
Hainichen: StadtKh
Hubertusburg: LHPf **M**
Leipzig:
UnvFrauenKlin, Kaiser-Maximilian-Str. 55 **F**
Städt. Kh St. Jacob, Liebigstr. 20 **M-St**
Städt. Kh St. Georg, An der Delitzscher Landstr. **M**
PrivKlin am Rosenthal, Jacobstr. 11 **F**
PrivKlin v. Oberin Ehrmann, Salomonstr. 18 **F**
PrivKlin v. Dr Buchbinder
PrivKlin v. Dr Arnold **M**
PrivKlin v. Dr Goepel **M**
PrivKlin v. Dr Thies **F**
PrivKlin v. Dr Stumme **F**
HPf ~Dösen
Leisnig: KreisKh
Mittweida: Städt. Kh
Oschatz: Städt. Kh **M**
Rochlitz: Städt. Kh
Waldheim: Kh d. LStrafAnst
Wurzen: Städt. Kh
Zschadraß: LHPf f. Geisteskranke
Zwenkau: Stadt- u. BezKh

Kreishauptmannschaft Zwickau
Aue: Städt. Kh **M** / PrivKlin v. Dr Duseberg **F**
Auerbach: PrivKlin v. Dr C. Bauer **M**
Crimmitschau: Städt. Kh **M** / PrivFrauenKlin v. Dr Kobes **F**
Klingenthal: PrivKlin v. Dr Knoblauch **M**
Oelsnitz: Städt. Kh
Plauen: Städt. Kh, Am Alberthain 12 / PrivFrauenKlin v. Dr Brandess **F**
Reichenbach: Städt. Kh **M** / PrivFrauenKlin v. Frl. Dr E. Riedel **F**
Untergöltzsch: LHPf **M**
Werdau: Städt. Kh
Zwickau: Staatl. Heinrich-Braun-Kh **MF-St** / LGefangenenAnst **M** / PrivFrauenKlin v. Dr Burgkhardt **F** / PrivKlin v. Dr Kellner **M** / PrivFrauenKlin v. Dr Köhler **F**

Abkürzungen zu diesen Seiten: siehe Seiten 66 und 102

6 RMK 1937 II

Abb. 6: Verzeichnis der Krankenanstalten zur Durchführung der gerichtlich zur Verhütung erbkranken Nachwuchses angeordneten Unfruchtbarmachung (Reichs-Medizinal-Kalender für Deutschland 1937, 69).

konissenanstalt an Zwangssterilisationen. Über die Herkunft der Patienten, ihr weiteres Schicksal und die Anzahl der Sterilisationen können auf Grund fehlender Quellen keine Angaben mehr gemacht werden.[65] Lediglich ein Operationsjournal aus den Jahren 1936 bis 1938 belegt mehrere Fälle. Sie stehen ganz selbstverständlich zwischen Routinebehandlungen wie Appendizitis und Patellafraktur. Die sterilisierten Personen litten an Krankheiten wie erblicher Schwerhörigkeit und Blindheit, »angeborenem Schwachsinn« oder Schizophrenie.

Die im Rahmen der sogenannten »Euthanasie« (griech. für »guter Tod«) angeordnete Überstellung unheilbar Kranker in nur notdürftig getarnte Tötungsanstalten, wie beispielsweise in Pirna-Sonnenstein überschritt aber auch bei den Diakonissen offenbar eine Gehorsamsgrenze. Betroffen waren hier die Heilanstalt Bethesda in Radebeul und die von Dresdner Diakonissen betreute Einrichtung der Inneren Mission für Epileptiker in Kleinwachau bei Radeberg. Die Diakonissen hatten Verdacht geschöpft, weil entsprechende Fragebögen vom Innen- und nicht vom Gesundheitsministerium verschickt wurden. Entgegen der ausdrücklichen Anweisung füllten sie zunächst diese Bögen nicht aus und benachrichtigten wenn möglich die Angehörigen und baten sie darum, die Patienten nach Hause zu holen. Schließlich wurden die am schwersten erkrankten Patienten von den Behörden an unbekannte Orte verbracht.[66] Auch wenn keine schriftlichen Quellen darüber Auskunft geben können, ist den mündlichen Überlieferungen mehrerer Diakonissen Glauben zu schenken, dass sie mit einigen Schutzbefohlenen in abgelegene Gebäude und Erholungsheime gingen, um deren Leben zu retten. Bis an ihr Lebensende litten die Schwestern unter der Last, dass es ihnen nicht möglich war, allen Patienten zu helfen.

V Die »Ära Reisner« nach dem Zweiten Weltkrieg

Der Zusammenbruch des auf Gehorsam fußenden faschistischen Staates provozierte neue Denkweisen, denen sich auch die Mutterhausdiakonie nicht entziehen konnte. Selbst der bis zum Kriegsende stramm nationalsozialistisch orientierte Vorsteher der befreundeten Diakonissenanstalt Neuendettelsau Pfarrer Hans Lauerer sah

65 Die bessere Quellenlage in anderen Einrichtungen der Inneren Mission ermöglichte umfangreiche Untersuchungen, z. B. Christine-Ruth MÜLLER; Hans-Ludwig SIEMEN: Warum sie sterben mußten: Leidensweg und Vernichtung von Behinderten aus den Neuendettelsauer Pflegeanstalten im »Dritten Reich«. Neustadt a. d. Aisch 1991; Klaus HÜMMER: Zwangssterilisationen in der ehemaligen Diakonissenanstalt Neuendettelsau. Regensburg 1998 sowie Uwe KAMINSKY: Zwangssterilisation und »Euthanasie« im Rheinland: evangelische Erziehungsanstalten sowie Heil- und Pflegeanstalten 1933-1945. Köln 1995.

66 Ob hier ein Zusammenhang mit der Tötungsanstalt Sonnenstein in Pirna bestand, in der 13.700 Menschen ermordet wurden, müsste in weiteren Untersuchungen geklärt werden. Vgl. dazu auch die kurzen Ausführungen in: Landeskirchenarchiv Dresden: Bestand 5, Sign. 710,1, Bl. 367, Albrecht Ranft: Die Ev.-Luth. Diakonissenanstalt Dresden während des Kirchenkampfes.

sich zur »kritischen Beleuchtung des Grundsatzes vom Gehorsam der Diakonisse« veranlasst.[67] Auf einer Vorstehertagung konstatierte er 1949: »Die Menschen sind ohne Zweifel jetzt selbständiger geworden. Daß das gerade von jüngeren Menschen besonders gilt, weiß und erfährt jeder.«[68] Gleichzeitig verneinte er vehement die Tatsache, dass sich durch die nach wie vor erhobene strikte Gehorsamsforderung selbständige Naturen vom Eintritt ins Mutterhaus abhalten ließen. Dass die Eintrittszahlen merklich zurückgingen tat er mit der Bemerkung ab: »Es ist besser, klein zu sein und dabei zu bleiben, was man ist, als groß zu werden und dabei zu verlieren, was man hat. Modernisierung, das ist ein Schlagwort, das im Raum der Kirche verdammt sei.«[69] Vehement verteidigte er das Festhalten an der Gehorsamsforderung des Mutterhauses gegenüber seinen Diakonissen, solange Gott nicht zeige, »daß die Zeit für den Umbau gekommen ist.«[70] Seinen Vortrag beendete er mit den Worten:

> »Ein klarer Befehl ist letztlich immer doch die größte Barmherzigkeit. Wer nicht befiehlt, wo er befehlen muß, der fällt ebenso aus der Diakonie wie der andere, der nicht gehorcht, wo er gehorchen muß. So ist es gemeint, wenn ich denke, daß der nächste Weg der Mutterhausdiakonie nicht Lockerung, sondern Befestigung im Sinne der Vertiefung des Grundsatzes vom Gehorsam der Schwester gegen das Mutterhaus ist.«[71]

Da beide Anstalten seit der Gründung der Neuendettelsauer Diakonie durch ihre dezidiert lutherische Ausrichtung eng verbunden waren, dürften die Worte Lauerers auch für das Dresdner Mutterhaus von besonderer Bedeutung gewesen sein.

Zu Recht hat Dorothee Sölle bereits 1968 auf die unheilvolle Tradierung des Gehorsams insbesondere auch im deutschen Christentum hingewiesen und betont, dass dieser Begriff nach den nationalsozialistischen Verbrechen seine »theologische Unschuld« verloren habe.[72]

> »Wir können nicht aus unserer Geschichte herausspringen, wenn wir im Ernst von Gott reden wollen, und in unserer, der christlichen, der deutschen Geschichte dieses Jahrhunderts hat Gehorsam eine katastrophale Rolle gespielt. Wer diesen Hintergrund vergißt oder verdrängt und fröhlich wieder beim Gehorsam anfängt, als komme es darauf an, dem richtigen Herrn zu gehorchen, der hat nichts aus dem Unterricht Gottes, der Geschichte heißt, gelernt.«[73]

Der Mutterhausdiakonie waren solche Gedankengänge in den unmittelbaren Nachkriegsjahren noch völlig fremd. Auch eine weitere Feststellung Dorothee Sölles passt zur Situation in der Dresdner Diakonissenanstalt: »Wir leben in ei-

67 Hans Lauerer: Der Gehorsam der Diakonisse. Wuppertal 1949, 12.
68 Ebd, 7.
69 Ebd, 12.
70 Ebd, 14.
71 Ebd, 16.
72 Sölle: Phantasie und Gehorsam (wie Anm. 11), 13.
73 Ebd.

ner Zeit, da der Glaube an Christus am meisten gefährdet wird durch die, die ihn besorgt bewahren wollen,«[74] denn einen Bruder im Geiste fand Hans Lauerer in Pfarrer Alexander Reisner, Rektor der Dresdner Diakonissenanstalt seit 1943. Er vertiefte zwar das geistliche Leben innerhalb der Schwesternschaft, schottete die Anstaltsmitglieder aber zunehmend von der Außenwelt ab und unternahm nach dem Krieg keine ernsthaften Versuche des Wiederaufbaus der im Februar 1945 zu zwei Drittel zerstörten Anstaltsgebäude. Durch seine rigide Amtsführung geriet die Diakonissenanstalt gegenüber der Landeskirche, der Landesleitung der Inneren Mission und den Gemeinden zunehmend in die Isolation.

Abb. 7: Rektor Pf. Alexander Reisner (Archiv der Diakonissenanstalt Dresden).

Den Akten des Landeskirchenarchivs ist zu entnehmen, dass mehrfach kirchliche Darlehen zur Sicherung der Diakonissenkirche und zum Wiederaufbau der übrigen Gebäude nicht abgerufen wurden, so dass sich dort der Eindruck verfestigte, die Anstalt wolle die Gebäude gar nicht aufbauen. Wiederholt fanden Gespräche zwischen der Leitung der Diakonissenanstalt und Vertretern des Landeskirchenamtes statt. Letzterem kamen Klagen Außenstehender bis hin zu Regierungskreisen das Landes Sachsen und des Landesbruderrates der Bekennenden Kirche über die Verhältnisse im Mutterhaus zu Ohren. Sie bezogen sich unter anderem darauf, dass die Schwestern mehrfach kein Taschengeld bekamen, die Post der Probeschwestern geöffnet wurde und das selbst wiederholte Anfragen von Pfarrern und Ärzten an das Mutterhaus unbeantwortet blieben. Der Neueintritt von Probeschwestern ließ merklich nach, nicht zuletzt weil die Gemeinden und die Jugendkammer auf Grund des inneren Zustandes des Mutterhauses sich außer Stande sahen, weiterhin dafür zu werben. Unbehelligt vom überalterten ehrenamtlichen Vorstand trieb die Anstaltsleitung die Umwandlung der Schwesternschaft in einen kontemplativen evangelischen Orden voran, in dem nicht mehr die praktische diakonische Arbeit im Vordergrund stehen sollte. Es herrschte eine Uniformierung der Schwesternschaft im Äußeren, dem Denken und der Frömmigkeit. Auch an eine Aufgabe des Geländes an der Bautzner Straße und einen kompletten Rückzug in das anstaltseigene Ferienheim nach Bärenfels

74 Ebd, 7.

wurde gedacht. In einer zeitgenössischen Mutterhauschronik heißt es über die Motivationen der Beteiligten:

> »Die Katastrophe, die unser Mutterhaus zerstörte, hatte uns von manchem befreit, das in Wirklichkeit nur ein hinderlicher Ballast auf dem Wege der Nachfolge gewesen war. Wir waren aus aller bürgerlichen Behaglichkeit herausgerissen, und so war es uns leicht gemacht, zur echten diakonischen Existenz zurückzukehren, in der unser Haus seinen Dienst begonnen hatte. [...] Dazu kam die innere Hilfe einer Verkündigung, die uns unter das Wort [der] Heiligen Schrift ohne Abstriche stellte und die unabdingbare Autorität des Wortes Jesu so formulierte: Was Jesus sagt, ist wahr – was Jesus sagt, will ich tun. Die klare Absage an alle Formen liberalistischer Bibelkritik führte konsequenterweise zur Forderung, aber auch zur Bereitwilligkeit zum absoluten Gehorsam. Dieses aber war der Weg zur wahren Jüngerschaft.«[75]

Vorbild war die durchaus umstrittene Marienschwesternschaft Darmstadt, die bis heute sowohl konservativ-evangelikale als auch katholische Züge trägt und ganz auf die Gründungspersönlichkeit der »Mutter Basilea« Schlink zugeschnitten ist. Zu ihr bestanden zeitweise enge Beziehungen. Die Dresdner Oberin Luise Denneberg hat diese Kooperation maßgeblich vorangetrieben. So verwundert es nicht, dass Wesenszüge dieser Schwesternschaft, wie die Abschottung von der Umwelt und eine gewisse Herablassung gegenüber Nichtmitgliedern auch an der Schwesternschaft des Dresdner Mutterhauses beobachtet wurden. Außenstehende äußerten sich gegenüber dem Landeskirchenamt besorgt darüber, dass die Probeschwestern sich von ihrem Elternhaus und der übrigen Familie in hochmütiger Art und Weise entfremdeten und allen Mutterhausangehörigen durch den Vorstand von der Teilnahme an Gemeindegottesdiensten außerhalb der Anstalt abgeraten würde.

In einem Gespräch mit dem Landeskirchenamt zog zu dessen großem Befremden die Anstaltsleitung selbst Parallelen zwischen ihrer Einrichtung und einem Kloster. Das Protokoll vermerkt darüber:

> »Es wurde demgegenüber erklärt, daß ein Kloster und eine Diakonissenanstalt unvergleichbare Größen seien, da im Kloster das geistliche Leben Selbstzweck sei, die Diakonie höchstens eine Nebenfrucht, während es in einem Diakonissenhaus Mittel zum Zweck der Diakonie sei.«[76]

Der Rektor hatte einen »inneren Kreis« von Vertrauten um sich geschart, der Rest der Schwesternschaft war weitgehend von Informationen abgeschnitten und wurde durch Maßnahmen, wie den Ausschluss vom Abendmahl oder dem Verweigern der Absolution nach der Beichte diszipliniert. Es herrschte »Beichtzwang« und die Schwestern wurden dazu bis in die späten Abendstunden, selbst am Wochenende verpflichtet. Etliche Schwestern, insbesondere der jüngeren Generation und der Probeschwestern, traten wieder aus. Andere harrten im Dienst und Glauben aus,

---

75 Archiv der Diakonissenanstalt Dresden: Das zweite Jahrhundert beginnt, 29.

76 Landeskirchenarchiv Dresden: Best. 2, Nr. 69, Niederschrift über ein Gespräch zwischen Landeskirchenamt und Diakonissenanstalt Dresden am 17. Februar 1950.

da sie nicht wegen Menschen eingetreten waren und auch nicht wegen einiger Menschen wieder austreten wollten. Nicht zu Unrecht fürchtete die Landeskirche, dass die geschilderten Zustände an die Öffentlichkeit gelangen und dort gegen die Kirche verwendet werden würden.

Mit dem Amtsantritt von Superintendent Hans Kircheis begann im April 1959 ein neuer Entwicklungsabschnitt für die Diakonissenanstalt. Die Verbindung zur Landeskirche wurde enger. Beide sahen sich vor die Entscheidung gestellt, sich zur Wahrung ihrer Identität weiter zurückzuziehen und abzuschotten, oder sich zur Erfüllung des Verkündigungsauftrages »auf das System der DDR und ihre davon geprägte Gesellschaft auch unter den politischen Vorzeichen des SED-Staates einzulassen.«[77] Unter dem neuen Rektor suchte man einen Mittelweg und scheute ebenso wie die Kirchenleitungen die direkte Konfrontation mit dem atheistischen Staat. Die grundsätzliche aber kritische Akzeptanz seiner Existenz und Verhandlungen zum Erreichen kleiner Fortschritte war die erfolgversprechendere Vorgehensweise. Dennoch führten die Maßnahmen des atheistischen Staates zu einer dramatischen Schrumpfung des protestantischen Milieus, aus dem sich bisher der Schwesternnachwuchs rekrutiert hatte.

Wie bereits ausgeführt wurde, handelte es sich beim Diakonissenamt um ein Lebensmodell des 19. Jahrhunderts, das seine Bedeutung durch zunehmende Säkularisation und berufliche Emanzipation der Frau in der zweiten Hälfte des 20. Jahrhunderts verlor. Eine Publikation aus den 1950er Jahren mit dem Titel »Sterbende Mutterhausdiakonie« erreichte innerhalb kürzester Zeit zwei Auflagen.[78]

Nur durch die Anpassung an neue gesellschaftliche Bedingungen war die Weitergabe des christlichen Profils an kommende Generationen möglich.[79] In Folge dessen wurde in der »Lebensordnung für die Diakonissen« von 1988 der Gehorsam der Diakonisse »gegen Gottes Wort und die Ordnungen des Mutterhauses und der Schwesternschaft« im Text erwähnt, aber nicht mehr als handlungsleitende Ermahnung an den Anfang gestellt.[80] Die »Ordnung für das gemeinsame Leben der Diakonissenschwesternschaft der Ev.-Luth. Diakonissenanstalt Dresden« von 1993 bezog sich nur noch auf den Gehorsam gegenüber Gottes Wort. Die Akzeptanz der verschiedenen Lebensentwürfe erfolgte darüber hinaus durch die Gründung der Diakonischen Schwestern- und Bruderschaft im Jahr 1970 und deren Zusammenschluss mit der traditionellen Diakonissenschwesternschaft und der Evangelischen Mitarbeitergruppe zur Diakonischen Gemeinschaft 2007.

77 Thomas GROSSBÖLTING: Der verlorene Himmel. Göttingen 2013, 235.

78 Heinrich LEICH: Sterbende Mutterhausdiakonie: zur gegenwärtigen Lage der Mutterhausdiakonie in Deutschland. Bielefeld 1955, 2. Aufl. 1956.

79 Vgl. dazu: Büttner: Diakonissenanstalt Dresden (wie Anm. 48), 125-173.

80 Archiv der Diakonissenanstalt Dresden: Lebensordnung für die Diakonissen der Ev.-Luth. Diakonissenanstalt Dresden, Neufassung vom 13.10.1988, 5.

Ein Aspekt des Gehorsams, das seit einigen Jahren in der Öffentlichkeit besonders lebhaft diskutierte Problem der Disziplinierung in der westdeutschen Heimerziehung der 1950er und 1960er Jahre muss in diesem Aufsatz nicht behandelt werden, da diakonische Einrichtungen in der DDR keine Heime für gesunde Kinder unterhalten durften.[81] Hier drängt sich eine auffällige Parallele der DDR-Politik zur NS-Zeit auf, in der sich die Kirchen vor allem um behinderte Personen kümmern durften, die nicht mehr ideologisch zu beeinflussen waren. Die Bildung und Betreuung junger, potentiell arbeitsfähiger Menschen erfolgte dagegen in staatlichen Einrichtungen.

VI Fazit

Es ist eine selbstverständliche Tatsache, dass das Funktionieren eines so großen sozialen Gebildes, wie es eine Diakonissenanstalt mit mehreren hundert Schwestern und Mitarbeitern darstellt, von der Existenz einer gewissen Grundstruktur und -ordnung abhängt. Nur das reibungslose Ineinandergreifen der einzelnen Funktionsträger garantiert den geregelten Ablauf der Arbeitsprozesse. Die vorliegende Arbeit wollte vor allem auf die Gefahren und Fehlentwicklungen aufmerksam machen, die daraus resultieren, wenn dem absoluten Gehorsam ein Wert an sich beigemessen wird. Verhärtete Strukturen und Drill statt christlicher Nächstenliebe und Zuwendung dominieren dann oft den Arbeits- und Lebensstil der Anstaltsangehörigen. Gleichzeitig konnte aber auch gezeigt werden, zu was für ambivalenten Situationen insbesondere der Ungehorsam in der Zeit des Nationalsozialismus führte.

81 Vgl. dazu u. a. Bernhard Frings; Uwe Kaminsky: Gehorsam-Ordnung-Religion: konfessionelle Heimerziehung 1945-1975. Münster 2012.

Die Geschichte des Predigerseminars in Stettin-Kückenmühle

Dargestellt an seinen Direktoren

Von Friedrich Bartels

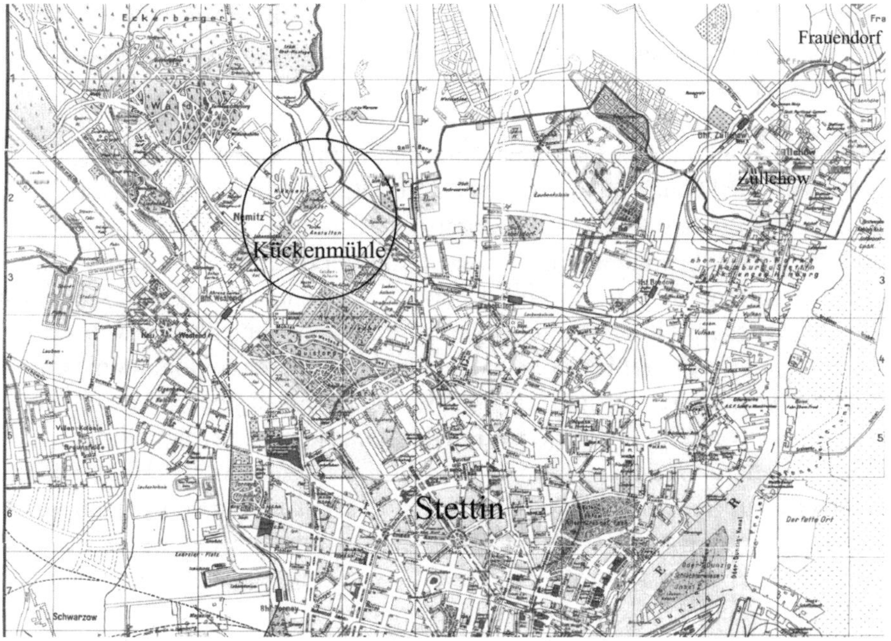

Einleitung

Als im September 2013 nach jahrzehntelangen Nachforschungen über die Geschichte der Kückenmühler Anstalten das Buch »Kückenmühler Spuren«[1] herauskam, war das Echo bei und nach der Präsentation sehr groß. Viele, die als Kinder in und um die Kückenmühler Anstalten gelebt hatten, teilten ihre Erinnerungen mit. Es schien, dass zum 150. Jubiläum der Gründung die oft sehr mühsamen Recherchen abgeschlossen seien und, nachdem die zweite Auflage vergriffen war, dieser Forschungsgegenstand zunächst beiseite gelegt werden könnte.

Es kam aber ganz anders: In kleinen Notizen fanden sich Hinweise auf Lebenserinnerungen des Generalsuperintendenten D. Paul Kalmus, der in den Jahren 1930-1940 Vorsitzender des Kuratoriums der Kückenmühler Anstalten gewesen war und die Geschichte der Einrichtung nach dem Ersten Weltkrieg aufgezeichnet

1 Friedrich BARTELS: Kückenmühler Spuren. Greifswald 2013.

hatte.[2] Außerdem fand sich ein Verweis auf eine kleine Schrift »Kückenmühler Nachrichten«[3] Nr. 6, 1936. Bei Inaugenscheinnahme einer Kopie davon, die im Evangelischen Zentralarchiv Berlin (EZAB) aufbewahrt wird, stellte sich heraus, dass in dieser Schrift nicht Nachrichten aus den Anstalten verbreitet wurden, sondern dass sie Nachrichten aus dem Predigerseminar Stettin-Kückenmühle enthielt, über dessen Existenz der Verfasser bisher nur wenig Kenntnis hatte. Sie waren unterzeichnet von dem früheren Seminardirektor Lic. Martin Albertz, der aber schon acht Jahre vor der Drucklegung aus dem Amt ausgeschieden war. Das machte neugierig auf die Hintergründe der Angelegenheit. Erkundigungen beim EZAB zeitigten, dass dort ein großes Aktenpaket zum Predigerseminar Stettin-Kückenmühle existiert. Eine Sichtung des Materials förderte zutage, dass es das komplette Material über die Geschichte der Einrichtung von der Eröffnung im Jahre 1923 bis zur Auflösung im Jahre 1941 enthielt, einschließlich Jahresberichten, Rechnungen, Angaben zu den Direktoren und Studieninspektoren sowie zu den Kandidaten und zu besonderen Ereignissen und Vorkommnissen. Allein schon der Fund dieser umfangreichen Unterlagen setzte die eigentlich abgeschlossene Arbeit am Thema »Kückenmühle« wieder in Gang, mehr aber noch der Hinweis auf einen sogenannten »Kückenmühler Kreis«, den der ehemalige Predigerseminarsdirektor Martin Albertz eingerichtet hatte und noch viele Jahre nach seinem Ausscheiden zusammenhielt. In der kirchlichen Tradition der Pommerschen Evangelischen Kirche nach dem Zweiten Weltkrieg ist meist nur die Erinnerung an das Bonhoeffersche Predigerseminar in Stettin-Finkenwalde und an die besondere Lebensgemeinschaft der zur Bekennenden Kirche (BK) gehörenden Kandidaten lebendig. Daneben aber und sehr viel länger existierte in Stettin ein zweites Predigerseminar unter einem ebenfalls prominenten Studiendirektor mit einem besonders geprägten Bruderkreis.[4]

Dieser Befund forderte geradezu heraus, die Details der Geschichte zu sichten und zu veröffentlichen und eine abgewogene zeitgeschichtliche Bewertung zu versuchen.

2 Paul Kalmus: Eine Hütte am Strom: Lebenserinnerungen Teil II (1915-1933). Fotokopie einer Maschinenschrift in der Bibliothek des EZAB, Signatur 1980/4972.

3 Martin Albertz: Kückenmühler Nachrichten Nr. 6. Berlin 1936.

4 Unter der Auflistung der Predigerseminare der Altpreußischen Union mit seinen Studiendirektoren und -inspektoren bis 1945 fehlt es aber natürlich nicht im Handbuch der deutschen evangelischen Kirchen 1918 bis 1949: Organe – Ämter – Verbände – Personen. Bd. 1: Überregionale Einrichtungen. Göttingen 2010, 256.

I Vorgeschichte(n)

Der erste Kurs in Kückenmühle begann im Frühjahr 1923. Bis zu diesem Start war es aber ein weiter Weg zu einem eigenen Predigerseminar in der Pommerschen Kirche gewesen. Das Seminar in Kückenmühle hat eine Vorgeschichte, eigentlich mehrere Vorgeschichten.

Um 1900 wurde in Preußen die Ausbildung der Predigtamtskandidaten im Anschluss an das Studium neu geordnet: Jeder zukünftige Pfarrer sollte nach Abschluss des Studiums ein Jahr als Lehrvikar die Pfarramtspraxis kennenlernen und diese in einem einjährigen Kursus im Predigerseminar theoretisch reflektieren. Innerhalb der Kirche der Altpreußischen Union (APU) wurden Seminare eingerichtet, jedoch nicht für jede Provinzialkirche ein eigenes Seminar.[5]

In Stettin gab es aber schon 40 Jahre davor die Gründung eines Predigerseminars.[6] Mit Schreiben vom 17. Dezember 1866 wurde ein solches durch Generalsuperintendent Albert Sigismund Jaspis angeregt.[7] Offenbar sollten die Kandidaten der großen Provinz Pommern möglichst nahe am Sitz des Konsistoriums auf das Pfarramt vorbereitet werden. Jaspis hielt den Ort Züllchow wegen der Nähe zu Stettin und wegen seiner ruhigen Lage für geeignet. Realisiert wurde der Plan aber dann im Nachbarort Frauendorf, wo man das Haus »Schönsicht« erwerben konnte. In einem Zeitungsbericht vom Einweihungstage heißt es:

> »Das Hauptgebäude ist 65 Fuß lang, 45 Fuß breit und besteht aus einem in den Umfassungsmauern massiven Souterrain, massivem Erdgeschoss mit großer Freitreppe, verblendetem ersten Stock und Dachgeschoss und ist mit Schiefer gedeckt. Außer dem großen Souterrain mit Wohnung für den Hausdiener und den Wirtschaftsräumen enthält das Gebäude im Erdgeschosse einen großen Saal mit 2 Öfen, 6 heizbaren Stuben und 3 Vorratskammern; auch eine zweite massive Treppe nach hinten. In dem ersten Stock sind 6 heizbare Stuben und 3 nicht heizbare Räume. Endlich das voll ausgebaute Dachgeschoss enthält 8 heizbare und 2 nicht heizbare Zimmer, außerdem 2 Utensilien-Kammern. Das Wohngebäude liegt in einem ziemlich großen, auf der Anhöhe eben gelegenen, mit einem 52 Fuß tiefen Brunnen versehenen Garten, der zum Teil mit edeln Obstbäumen besetzt, auch mit Pavillon und mehreren Lauben ausgestattet und teils umzäunt, teils ummauert und mit eisernem Gittertor zur Einfahrt versehen ist. Auf dem zum Hause gehörenden Lande sind noch mehrere Ökonomiegebäude. Nur wenige Schritte außerhalb der Umfriedung steht die stattliche, in edlem Stil unter Teilnahme Seiner Majestät, des Königs Friedrich-Wilhelm IV. neuerbaute Kirche von Frauendorf«.[8]

Diese Örtlichkeit wird stets als besonders idyllisch beschrieben:

5 Ausführlich sind Gründe und Durchführung dieser Entwicklung dargestellt von Oliver JANZ: Bürger besonderer Art: evangelische Pfarrer in Preußen 1850-1914. Berlin 1994, 207-209.

6 EZAB 7/16098 und 7/16099.

7 EZAB 7/16098.

8 Zeitungsausschnitt vom 6. Mai 1868 in EZAB 7/16098.

»Untergebracht war das Amtsbüro in dem Hause Schönsicht, ein Grundstück in der oberen Bergstraße, unterhalb der Kirche gelegen mit Wohnhaus, das im Laufe der Jahrzehnte verschiedenen Zwecken gedient hatte und ganz früher einmal ein Kossäthenhof gewesen war. ›Schönsicht‹ wurde es der schönen Aussicht wegen genannt, die man von dort aus auf Oder, Wiesen, Dammschen See bis weit nach Stargard hin hatte. Ein Stettiner Kaufmann hatte um 1830 herum das Grundstück erworben und darauf ein Gebäude für die Herstellung von Streichhölzern errichtet. Nachdem sich das als unrentabel erwies, wurde es von einer kirchlichen Behörde erworben und war mehrere Jahre Predigerseminar. Dann ging das Grundstück in den Besitz eines Naturarztes über, der aus dem Hause eine Wasserheilanstalt errichtete. Nach kurzer Zeit wechselte es wieder den Besitzer, das Polizeiamt Warsow-Frauendorf kaufte es und richtete das Polizeibüro im Erdgeschoss ein. [...] 1909 brannte das Gebäude nieder und nun kaufte der Kreis Randow das Grundstück und ein Nachbargrundstück und erbaute hierauf das Kreiskrankenhaus. Das Krankenhaus hat über drei Jahrzehnte seinen segensreichen Zwecken gedient und ist 1944, wie viele andere Bauten, Bombenangriffen zum Opfer gefallen.«[9]

Etwas von dem Charme des Hauses ist auch dem Bericht einer Visitationskommission aus dem Jahr 1873 abzuspüren:

»Gleich nach dem Eintritt in den ansehnlichen, im Frühlingsschmuck dastehenden mit reichem Baumwuchs wie mit kleinen und schönen Vasen gezierten Garten, in dessen Mitte das überaus ansehnliche hoch und gesund gelegene Hauptgebäude steht, machte die Ordnung und Reinlichkeit, die geschmackvolle und zweckmäßige Benutzung des Raumes einen wohltuenden Eindruck; noch mehr das Innere des Hauses selbst, das in aller Einfachheit überall die Spuren einer einsichtigen, sorgfältigen, Kleines und Großes in bester Ordnung und die Wirtschaft in stillem, sicheren Gang haltenden Hausfrau trägt [...].«[10]

Mit einer Urkunde des Evangelischen Oberkirchenrates vom 17. Juli 1867 wurde das Seminar eröffnet. Es erhielt mit seinen nur acht Plätzen den gleichen Status wie die renommierten Seminare in Lutherstadt Wittenberg und wie das Domkandidatenstift in Berlin. Als Inspektor wurde der Pastor von Niepars bei Stralsund, Friedrich August Retzius, berufen.[11] Eine Reihe von Konsistorialräten aus Stettin hielten als Dozenten Übungen ab, darunter Generalsuperintendent Jaspis. Der Bestand der Bibliothek des verstorbenen Generalsuperintendenten Johann Ludwig Daniel Karl Lehnert wurde erworben. Die Qualität der Ausbildung und das Leben im Hause wurden bei der Visitation lobend hervorgehoben.

Der Betrieb des Seminars Frauendorf bereitete aber von Anfang an Probleme, besonders wirtschaftlicher Art. Schon vor der Gründung wurde darüber verhandelt,

9 Carl Halbrock: Chronik der Gemeinde Frauendorf. Maschinenschrift 1950, 34-35.

10 Aus dem Bericht des Konsistorialrats Dr. Isaak August Dorner – EZAB 7/16099. – Diese hochgelobte Hausfrau war Frau Marie Retzius geb. Quistorp (*1828), Schwester des Stettiner Kommerzienrates Johannes Quistorp (1822-1899). Das Ehepaar Retzius heiratete im Jahr 1851. Die Ehe blieb kinderlos. Als Friedrich Retzius im Jahr 1894 in Stettin starb, wurde er auf der Familiengrabstätte der Quistorps am Diakonissenhaus »Bethanien« beigesetzt.

11 *18.10.1822, † Stettin 3.2.1894, 1851-1868 Pfarrer in Niepars/Stralsund, 1874 Pastor in Woltin, Pommern.

dass leitende Geistliche sich als Dozenten zur Verfügung stellen müssten. In § 2 der Statuten wurde als Zweck aufgenommen, dass unter den Kandidaten einige für die Militärseelsorge gewonnen werden sollten. Damit hoffte man, aus einem zweckbestimmten Fonds Zinsen zu aquirieren. Schließlich sollte der preußische König die Gründung anordnen, weil man sich davon ein größeres Renommee in der Öffentlichkeit erhoffte. All das war aber nicht ausreichend, obwohl die Beträge für Unterkunft und Verpflegung sehr gering gehalten wurden. Die Einnahmen von Spenden blieben weit unter den Erwartungen, weil wohlhabende Männer an der konfessionellen Ausrichtung auf die Altpreußische Unionskirche Anstoß nahmen, sie bezeichneten das Institut als »Unionsfabrik«.[12] So wurde im Jahr 1873 eine Visitation durchgeführt, in deren Verlauf der Studieninspektor Retzius am 8. April 1873 aus gesundheitlichen Gründen ein Entlassungsgesuch einreichte und das Seminar geschlossen wurde.

Eine weitere Vorgeschichte ereignete sich im Johannesstift Spandau. Als nach dem 1. Weltkrieg infolge der Gebietsabtretung Teile Westpreußens an Polen fielen, musste das Seminar in Wittenburg (Wpr.)[13] geschlossen werden. Es wurde in das Evangelische Johannesstift Spandau verlegt und wurde in Zukunft als »Predigerseminar im Johannesstift Spandau« geführt.

Lic. Martin Albertz wurde der Leiter. Der erste Kurs begann am 1. November 1921, der letzte endete im Dezember 1922.[14] Das Seminar blieb nur kurze Zeit im Johannesstift: Es wurde ab Januar 1923 nach Stettin-Kückenmühle verlegt.

Was führte zu diesem schnellen Umzug? Offenbar herrschte permanent eine Unzufriedenheit mit der wirtschaftlichen Lage. Weder das Johannesstift Spandau noch der Evangelische Oberkirchenrat hatten genügend Mittel für den laufenden Betrieb. Die Kandidaten, die größtenteils Kriegsteilnehmer gewesen waren, waren körperlich und psychisch sehr schwach, so dass die mangelhafte Ernährung durch das Johannesstift ständig Grund für Auseinandersetzungen war. Mit dem Zusammenbruch der Stiftsschule im Herbst 1922 entfiel ein wichtiges Praxisfeld für die Ausbildung der Kandidaten. Das Seminar beklagte einen »neuen Geist des kaufmännischen Rationalismus« bei der Leitung des Johannesstifts. So entschloss sich der Evangelische Oberkirchenrat zur Schließung des Standorts Spandau und gleichzeitig zur Fortführung der Arbeit in den Kückenmühler Anstalten in Stettin. Diese Anstalt litt ebenso wie das Johannesstift Spandau unter dem Mangel der Nachkriegsjahre, doch der Vorsteher D. Paul Karig bemühte sich um eine stabile Nutzung der z.T. leer stehenden Gebäude. Beim Oberkirchenrat erreichte er die

12 EZAB 7/16099.

13 Die Chronik Bd. 1 u. 2 im EZAB 19/288,19/289 sowie weitere Aktenstücke stellen gutes Material für eine Beschreibung der Geschichte dar.

14 Die Akten aus dieser Zeit sind in den Akten des Predigerseminars Kückenmühle mit enthalten, weshalb eine Nachfrage beim Archiv des Johannesstifts Spandaus zunächst auch ergebnislos geblieben war.

Verlegung des Predigerseminars nach Stettin,[15] wo es blieb, bis es im Zusammenhang der Beschlagnahme der Anstalten im Jahr 1940 aufgelöst wurde.

II Das Predigerseminar in Stettin-Kückenmühle

Nach diesen skizzierten Vorgeschichten in Frauendorf und Spandau sollen im Folgenden die Kückenmühler Jahre dargestellt werden, gegliedert nach den Amtszeiten der Direktoren: Martin Albertz (1923-1928), Friedrich Walcker (1928-1931), Otto Haendler (1931-1934) und Hans Nordmann (1935-1940).

Haus 5 der Kückenmühler Anstalten

1 Martin Albertz – Predigerseminarsdirektor 1923-1928[16]

Albertz war am 7. Mai 1883 in Halle an der Saale geboren worden als Sohn des dortigen reformierten Dompredigers.[17] In Halle und später in Breslau und Posen wurde er in reformierter und pietistischer Haltung geprägt. Nach dem Abitur im

15 Bartels: Kückenmühler Spuren (wie Anm. 1), 76.

16 Vgl. hierzu die ausführliche und kompetente Biographie von Peter Noss: Martin Albertz: Eigensinn und Konsequenz. Neukirchen-Vluyn 2001. Der Zeit als »Direktor am Predigerseminar« (1921-1928) ist ein ganzes Kapitel (1.7) gewidmet (ebd, 49-57).

17 Sein 32 Jahre jüngerer Bruder Heinrich Albertz (1915-1993) wurde später Regierender Bürgermeister von Berlin.

Jahre 1901 begann er sofort mit dem Theologiestudium in seiner Heimatstadt, wechselte dann aber an die Theologische Fakultät in Berlin. Hier wurde sein Interesse für Kultur und Politik geweckt, auch durch den Umgang mit vielen gebildeten und einflussreichen Menschen. Bleibende Bedeutung für seine wissenschaftliche Zukunft bekam die formgeschichtliche Forschung, die er von dem Alttestamentler Hermann Gunkel auf das Neue Testament übertrug.

Nach einem besonders guten Ersten Examen in Erlangen wurde er auf das Predigerseminar in Wittenberg »delegiert«, was eine Auszeichnung bedeutete. Es zeichnete sich schon ab, dass er eine wissenschaftliche Laufbahn einschlagen würde. 1907 legte er die Lizenziatenprüfung in Halle an der Saale ab. Im März 1908 die Zweite Theologische Prüfung. Anschließend wurde er Studieninspektor am Reformierten Konvikt in Halle. Nach der Trauung mit Marianne geb. Klein im Hallenser Dom zog die junge Familie nach Stampen bei Breslau, wo Albertz seine erste Pfarrstelle erhielt. Mit dieser Berufung war er offenbar nicht recht zufrieden, eigentlich hatte er eine reformierte Pfarrstelle in Berlin angestrebt, und wollte außerdem seine Karriere als Wissenschaftler vorantreiben. Theologisch arbeitete er an dem Problem der Ökumene als tragender Idee für das sich zerstreitende Europa und propagierte die Trennung von Staat und Kirche.

Als 1914 der Weltkrieg ausbrach, wollte er als Patriot Soldat werden, wurde aber aus gesundheitlichen Gründen ausgemustert. Die Seelsorge an den vom Krieg betroffenen Familien wurde Zentrum seines pastoralen Dienstes.

Der Übergang zur Republik im Jahr 1918 bedeutete einerseits das Zerbrechen des Bündnisses von Thron und Altar mit dem Zwang für die protestantische Kirche zu einer Neugestaltung und andererseits das Zerbrechen der nationalen Einheit: Dem wollte sich Albertz entgegenstellen, indem er in seinem kleinen Dorf »zur Aufrechterhaltung der Ordnung« einen antirevolutionären Volksrat und später eine Ortsgruppe der Deutschnationalen Volkspartei gründete.[18]

Theologisch waren die folgenden Jahre geprägt durch die Arbeiten von Martin Dibelius, Karl Ludwig Schmidt und Rudolf Bultmann zur Formgeschichte des Neuen Testaments, denen Albertz mit seiner Schrift »Die synoptischen Streitgespräche Jesu« 1921 zur Seite trat.[19]

Noss fasst die Entwicklung von Albertz folgendermaßen zusammen:

> »An der Gemeindearbeit war er theologisch und praktisch-seelsorgerlich gewachsen, die Erarbeitung der formgeschichtlichen Arbeit war die Frucht dieser Zeit, die kirchen-

---

18 Nachdem die DNVP sich stärker zur konservativen Rechten verändert und Albertz selbst ein positiveres Verhältnis zur Republik gewonnen hatte, trat er 1928 aus der DNVP aus.

19 Martin Dibelius: Die Formgeschichte des Evangeliums. Tübingen 1919; Karl Ludwig Schmidt: Der Rahmen der Geschichte Jesu: literarkritische Untersuchungen zur ältesten Jesusüberlieferung. Berlin 1919; Rudolf Bultmann: Die Geschichte der synoptischen Tradition. Göttingen 1921; Martin Albertz: »Die synoptischen Streitgespräche Jesu. Berlin 1921.

politische Arbeit nach 1918 hatte ihn auch der Kirchenleitung gegenüber profiliert [...] Albertz gelang nun auch der berufliche Durchbruch«.[20]

Im Sommer 1921 erreichte ihn den 38jährigen die Anfrage, ob er das Amt des Direktors am neu entstehenden Predigerseminar im Johannesstift Spandau übernehmen wollte. Er und seine Frau sagten gern zu. Trotz der vorher beschriebenen Schwierigkeiten war es Albertz gelungen, das Seminar erfolgreich zu führen und zu den meisten Kandidaten ein brüderliches Verhältnis aufzubauen. Noss zitiert eine Stellungnahme von Otto Dibelius für den EOK:

Marianne und Martin Albertz

»[...] vor allem liegt mir daran, die ausgezeichnete Kraft des Direktors Albertz für die Aufgabe der Kandidatenbildung zu erhalten [...] weiß ich, dass die Kandidaten [...] mit großer Verehrung an Albertz hängen. Sie achten seine wissenschaftliche Überlegenheit und seine Leitung der Debatten. Sie stehen unter dem starken Eindruck, in ihrem Direktor eine wahrhaft fromme Persönlichkeit zu haben. Sie sind besonders dankbar für das warme Interesse, das er jedem einzelnen von ihnen entgegenbringt [...] mein Votum dahin zusammenzufassen, dass Albertz meines Erachtens das in ihn gesetzte Vertrauen an den entscheidenden Punkten durchaus gerechtfertigt hat und dass ich ihn für einen der tüchtigsten unter den gegenwärtigen Seminardirektoren halten muss«.[21]

Am 4. Januar 1923 besichtigte Albertz zusammen mit seiner Frau das Haus 5 in den Kückenmühler Anstalten. In dem auf fünf Jahre abgeschlossenen Mietvertrag zwischen Evangelischem Oberkirchenrat und Anstaltsleitung wurde vereinbart, dass eine Renovierung des Hauses nach und nach erfolgen sollte. Im April 1923 begann der erste Kurs in Kückenmühle. Der Briefkopf für den offiziellen Schriftverkehr lautet: »Sammelvikariat Predigerseminar Kückenmühle«. Bisher schien es, dass der Begriff »Sammelvikariat« nur für die illegalen Seminare der Bekennenden Kirche in Köslin und Sigurdshof nach der Auflösung des Predigerseminars in Finkenwalde galt, offenbar hieß aber schon seit vielen Jahren die kombinierte Form der Durchführung von Vikariat und Predigerseminar am gleichen Ort »Sammelvikariat«.

Aus den Studienplänen geht hervor, dass neben die historisch-kritische Textarbeit die Begegnung mit der Theologie Karl Barths trat. Dessen gerade erschienener Kommentar zum Römerbrief fand bei vielen Kandidaten große Zustimmung. Für Albertz war seine Übereinstimmung mit Barth nicht verwunderlich, da ja beide

20 Noss: Martin Albertz (wie Anm. 16), 49.
21 Ebd, 51 f.

von der biblischen Exegese herkamen und in der reformierten Tradition standen. Die praktischen Übungen für Andachten, Unterricht und Gottesdienste fanden zum Teil in den Heimen der Anstalt, zum Teil in der St. Lukas-Gemeinde statt. Besonderen Wert legten Albertz und seine Frau auf eine gute Gemeinschaft im Hause. Ihre Wohnung stand allen Kandidaten regelmäßig zu Gesprächen, Spielen und kulturellen Veranstaltungen offen.

Ganz ohne Schwierigkeiten blieb das Seminar aber auch in Kückenmühle nicht. Die Herrichtung der angemieteten Räume ließ zu wünschen übrig. Die Organisation von Unterricht war oft kompliziert. Eine Studienreise nach Dänemark und Südschweden wurde zwar vom Evangelischen Oberkirchenrat genehmigt, im Nachhinein aber als zu aufwändig kritisiert und eine Wiederholung untersagt.

Eine besondere Konfliktsituationen ergab sich im November 1923: Nach dem Hitler-Putsch in München beabsichtigte eine Gruppe von Kandidaten dorthin zu wechseln, um sich den Nationalsozialisten anzuschließen. Sie waren ehemalige Kriegsteilnehmer und hatten in den vergangenen Jahren an illegalen Schießübungen teilgenommen. Es gelang nur mit Mühe, sie von ihrem Plan abzuhalten. Albertz hat nachträglich dieses Ereignis als ersten »Kirchenkampf« gewertet und sich entschieden, gegen die deutsch-völkische Welle unter den Kandidaten vorzugehen. Er änderte den Lehrplan in der systematischen Theologie, indem die völkisch-rassischen Theorien Houston Chamberlains sowie die Werke und Schriften Richard Wagners kritisch bearbeitet wurden.

Im Herbst 1927 sorgte eine nicht gelingende Wiederbesetzung der Stelle des Studieninspektors für Unruhe, wodurch das schon immer schwierige Verhältnis zwischen Albertz und dem Evangelischen Oberkirchenrat sich weiter verschlechterte und zu seiner Entlassung aus dem Amt führte. Offenbar gab es in der letzten Phase seiner Tätigkeit interne Spannungen mit einer Gruppe unter den Kandidaten (ca. acht Personen). Sie hatten Vorwürfe gegen die Hausmutter Frau Albertz verbreitet, ohne bereit zu sein, sie zu belegen. Albertz hatte das wiederholt als Feigheit bezeichnet, was die Gruppe wiederum als Beleidigung auffasste und eine Klärung durch den Evangelischen Oberkirchenrat verlangte. Das alles brachte viel Unruhe in das Haus. Gegen seine Versetzung protestierte er:

> »[...] da mir die wissenschaftliche und praktische Tätigkeit im Seminar und der Umgang mit den alten und jungen Brüdern fest ans Herz gewachsen ist, bitte ich gehorsamst, mir das Rektorat so zu lassen, dass eine Versetzung ohne meinen Willen nicht erfolgen kann«.

Dieser Protest blieb erfolglos, so dass er und seine Frau im Mai 1928 nach Soldin (Mysliborz) in der Neumark umzogen. Die Versetzung in die Superintendentur und Dompfarrstelle Soldin empfand er als Disziplinierungsmaßnahme, durch die ihm der Zugang zu einer wissenschaftlichen Laufbahn versperrt worden war.

Eine Feststellung muss an dieser Stelle wegen der erwähnten Spannungen hervorgehoben werden: Albertz und seine Frau haben niemals die Verbindung zu der

Gemeinschaft der Kandidaten und späteren Pastoren aufgegeben. Schon in allen Jahresberichten der verschiedenen Kurse in Spandau und in Kückenmühle war ein Kapitel der Hausgemeinschaft des Seminars gewidmet gewesen. Im Laufe der Jahre entstand so ein »Kückenmühler Kreis«. Die dazu gehörenden jungen Pastoren wurden zu Rüstzeiten und regelmäßigen Treffen (später auch in die Spandauer Superintendentur) eingeladen und mit Rundbriefen über die allgemeine kirchliche Lage informiert. Bisher konnten die Rundbriefe Nr. 4 vom Mai 1934 und Nr. 6 vom August 1936 aufgefunden werden. Aus ihnen gewinnt man einen tiefen Eindruck von der Persönlichkeit Martin Albertz‘ und von dem Geist innerhalb dieser besonderen Gemeinschaft. Darum seien sie hier zusammengefasst dargestellt.

In Nr. 4 schildert Albertz die kirchenpolitischen Auseinandersetzungen zwischen den Deutschen Christen und den Bekenntnisgemeinden in Berlin im Jahr 1933/34. Er gehörte zu den profilierten Gegnern der Reichskirche und zu den ersten Unterzeichnern des Pfarrernotbundes.

Die mehrmaligen Amtsenthebungen als Superintendent und Pfarrer werden wegen seiner Weigerung, die durch den staatlichen Kirchenkommissar und durch den Reichsbischof geforderte Gehorsamsverpflichtung zu unterschreiben. Sehr ausführlich begründet er gegenüber den Brüdern vom »Kückenmühler Kreis« seine Haltung mit theologischen Argumenten: die Verpflichtung allein auf das Bekenntnis, die Bindung an die Ordination und das Verständnis vom Amt der Leitung in der Kirche. Obwohl er sich mit tief greifender theologischer Begründung und mit tatsächlichen Lebensentscheidungen als entschiedener Kämpfer auf Seiten der Bekenntnisfront zu erkennen gibt, lädt er auch alle Brüder, die sich in den Auseinandersetzungen für die Gegenseite entschieden haben, eindringlich zum Dialog über die Zukunftsfragen der Kirche und des Volkes ein. Er bittet die Brüder, die sich bisher auf keine Position festgelegt haben, um eine Entscheidung.

Bemerkenswert ist, mit welcher Herzlichkeit Albertz die brüderliche Diskussion anregt, die schon in den letzten Monaten im kleinen Kreis in seiner Wohnung stattgefunden hatte. Als einzige Voraussetzung für diesen gewiss spannungsvollen Dialog bittet er »[…] nur dringend um einen Kampf mit geistlichen Waffen, dem Worte und dem Geiste Gottes«. Dazu soll ein viertägiger Brüdertag im August 1934 in seinem Haus stattfinden. »Wir fordern alle auf, denen an ehrlicher brüderlicher Aussprache gelegen ist«.

Beeindruckend an diesem Rundbrief ist, dass Albertz sich an alle Teilnehmer wendet, mit der werbenden Betonung ihrer gemeinsamen Verantwortung für Kirche und Volksgemeinschaft. Offenbar ging es ihm nicht um eine Kompromissformel bei einem Jahrestreffen von Ehemaligen, sondern um das Ringen für eine neue, glaubwürdige Kirche in Deutschland. Während im Predigerseminar in Finkenwalde nur Teilnehmer waren, die sich zur Bekennenden Kirche entschieden hatten, hielt

Albertz den Kückenmühler Kreis betont offen. In Finkenwalde hatte Bonhoeffer den langen Streit unter den Kandidaten um Weg A oder Weg B[22] mit dem Machtwort zu beenden versucht, »[...] dass, wer die bekennende Gemeinschaft verlässt, das Heil verliert«. Albertz bewahrte bei aller Entschiedenheit in der Sache in der Gemeinschaft einen freien, offenen Geist, den Dibelius schon Jahre vorher in seiner Stellungnahme hervorgehoben hatte.

Das wird auch in dem zweiten erhaltenden Rundbrief »Kückenmühler Nachrichten« Nr. 6 vom August 1936 sehr deutlich: Auf den Seiten 1-7 beschreibt Albertz seine Erfahrungen im Kirchenkampf der letzten Jahre und die im Gang befindlichen Erneuerungen in der Kirche sowie sein eigenes Engagement in der Vorläufigen Kirchenleitung der Bekennenden Kirche. Auf den Seiten 8-16 teilt er persönliche Nachrichten über jeden Einzelnen aus dem »Kückenmühler Kreis« mit, die sich aus einer Umfrage nach »Erfahrungen im Kirchenkampf« ergeben haben. Von 103 Mitgliedern hatten nur elf nicht reagiert. Auch dieser Rundbrief zeugt von der geistlichen Weite, die von Albertz ausgegangen ist.

Am unteren Rand der letzten Seite ist folgender Vermerk zu lesen: »Druck Max Eisemann, Steglitz, Feuerbachstr. 14«. Eine Recherche brachte den Hinweis, dass in der Gemeinde Steglitz »[...] ein Flugblatt verteilt wurde, das in der Druckerei des Gemeindevertreters Max Eisemann hergestellt worden war. In Eisemanns Druckerei wurden die verbotenen Schriftstücke der Bekenntnisfraktion vervielfältigt«.[23] Und ein anderer Beleg für dieses Engagement ist von Alfred Salomon überliefert:

> »Bis nach Mitternacht war ich in diesen Monaten für die sich formierende BK tätig. [...] In der Geheimdruckerei unserer BK war immer Not am Mann. Die Großauflagen wie etwa die Liturgischen Blätter, die Predigtmeditationen, die Bekanntmachungen oder Mitteilungen an die Gemeinden wurden bei der Druckerei Eisemann in der Feuerbachstraße gedruckt – und oft genug beschlagnahmt [...]«.[24]

Man kann also davon ausgehen, dass der »Kückenmühler Kreis« durch seinen Leiter als eine Institution im Umkreis der Bekennenden Kirche galt.

Die Bedeutung von Martin Albertz für das Predigerseminar Kückenmühle bezieht sich also nicht nur auf die Jahre seines Direktorats 1923-1928, sondern weit darüber hinaus als Mittelpunkt des »Kückenmühler Kreises«. Man kann nicht belegen, wie lange dieser bestand, wahrscheinlich aber bis zu Albertz‘ Tod im Jahr 1956. Mehrere Kinder ehemaliger Kandidaten aus Kückenmühle erklärten, dass ihre Väter bis ins eigene hohe Alter hinein in großer Hochachtung von Martin und

---

22 Vgl. hierzu Friedrich BARTELS: Einer mit dem großen Namen Bruder. Zeitgeschichte regional, 1/2005, 85

23 Heidemarie OEHM: »Kirchenkampf in Steglitz 1933-1945« (onlineunter: http://www.markus-gemeinde.de/fileadmin/_migrated/content_uploads/26-kirchenkampf.pdf).

24 Alfred SALOMON: Sehen wir den Tatsachen ins Auge: ein Zeitzeuge des Kirchenkampfs berichtet (Calwer Taschenbibliothek; 22). Stuttgart 1991.

Marianne Albertz erzählt hatten. Schriftliche Quellen für die Zeit nach August 1936 sind bisher nicht auffindbar gewesen.

Von Kückenmühle aus wechselte Albertz als Superintendent und Pfarrer nach Soldin (Neumark), von wo aus er aber schon 1931 als Superintendent und Pfarrer nach Berlin-Spandau berufen wurde. Damit rückte er dem Zentrum des Kirchenkampfes sowohl räumlich als auch inhaltlich näher. Zwei Schwerpunkten widmete er sich in den kommenden Jahren besonders: 1. der Ausbildung der jungen Theologinnen und Theologen im Raum der Bekennenden Kirche[25] sowie 2. der starken Verankerung des reformierten Bekenntnisses und seiner Entfaltung in der Theologie der Bekennenden Kirche. Mit diesen Schwerpunkten war Albertz in den Leitungsgremien der Bekennenden Kirche engagiert und hoch geachtet. Hier in Spandau verblieb er im Grunde bis an sein Lebensende, auch wenn er inzwischen von seinen Ämtern entbunden, in Moabit in Haft war und sogar die Rechte des Geistlichen Standes verlor – er blieb immer Prediger und Seelsorger der Bekenntnischristen in Spandau und profilierter Theologe reformierter Prägung in der Bekennenden Kirche. Nach 1945 war Albertz neben seinem Pfarramt als Neutestamentler an der Kirchlichen Hochschule und gleichzeitig als Professor für »Reformierte Theologie« an der Humboldt-Universität Berlin tätig. Tief enttäuscht blieb er davon, dass er nicht zum Leiter des Prüfungsamtes in Berlin-Brandenburg berufen wurde, zumal er als der kompetente Fachmann für die Zurüstung junger Pastoren zum Pfarramt galt und in diesem Amt früher große Nachteile in Kauf genommen hatte: Als Vorsitzender dieses Amtes war er 1941 verhaftet und zu anderthalb Jahren Gefängnis verurteilt worden, danach auch der Rechte des geistlichen Standes verlustig gegangen.

> »Durch die Dozententätigkeit blieb er in ständigem Austausch mit jungen Theologinnen und Theologen […]. Doch spielten die universitären Kontakte eine geringere Rolle als die nach 1945 weiter bestehenden Beziehungen zum ›Kückenmühler Kreis‹ und den Mitgliedern des Bruderbundes. Es blieb Tradition, an den Geburtstagen von Marianne und Martin Albertz in Spandau zu Spielen und theologischer Diskussion zusammenzukommen«.[26]

Albertz verstarb am 30. Dezember 1956 in Spandau, seine Ehefrau Marianne zwanzig Jahre später am 30. Mai 1977 ebenfalls dort. Noss würdigt beide mit folgenden Worten:

> »[…] für viele Menschen, die Martin Albertz (und seiner Frau Marianne) begegnet sind, war der Eindruck lebenslang prägend, die theologische Position herausfordernd und die theologische Ethik (besonders in ihrer konkreten Konsequenz) vorbildhaft. Es waren neben den vielen theologischen und kirchenleitenden Tätigkeiten besonders die privaten und auf ein »gemeinsames Leben« zielenden Wirkungskreise, die das Lebenswerk von

25 Er war maßgeblich am Aufbau der Predigerseminare der Bekennenden Kirche ab 1935 in Bloestau, Naumburg am Queis, Bielefeld-Siecker, Finkenwalde und Wuppertal-Elberfeld beteiligt (vgl. Noss: Martin Albertz (wie Anm. 16), 248-251.

26 Ebd, 553.

Predigtamtskandidaten mit Marianne und Martin Albertz, 1927

Martin und Marianne Albertz bestimmten. Das Leben in der Gemeinschaft, das Lachen und Spielen hatten eine große Bedeutung.

Die verschiedenen Nachrufe und Erinnerungen zeichnen Albertz als eine insgesamt zurückhaltende, in Bezug auf die wissenschaftliche Arbeit umstrittene, aber über die nationalen Grenzen hinaus angesehene Persönlichkeit. Dass Albertz nach 1945 ins Abseits und nach 1956 in Vergessenheit geriet und bis heute keine wissenschaftliche Arbeit über Leben und Werk vorliegt, wurde dadurch verursacht, dass sein unkonventionelles und in manchem innovatives Denken nicht zu den polarisierenden Schulstreitigkeiten der 50er Jahre (Barth/Bultmann) passte und zum konkreten Wiederaufbau der Kirche quer lag«.[27]

2 Friedrich Walcker – Studiendirektor 1928-1931

Martin Albertz Nachfolger wurde sein früherer Studieninspektor, Pastor Friedrich Walcker aus Greifswald, St. Marien, wo er nebenamtlich das Studentenpfarramt wahrnahm.

Über sein Leben bis dahin ist nur wenig bekannt. Geboren am 11. Oktober 1889 in Pasewalk, wurde er am 28. Mai 1916 in Stettin ordiniert. Zunächst Militärhilfs-

27 Ebd, 563.

prediger in Swinemünde war er ab 1. Juni 1916 Militärpfarrer in Gnesen, ab 1. Dezember 1916 das gleiche in Kolberg und ab 1. März 1918 in Schneidemühl. Seit 1. August 1918 amtierte er als Pastor in Swinemünde und war von Oktober 1921 bis 1922 Studieninspektor am Predigerseminar in Spandau. Am 16. Oktober 1925 wurde er Erster Pfarrer an St. Marien in Greifswald.[28]

Seine Arbeit als Studentenpfarrer in der Zeit von Herbst 1925 bis Herbst 1926 ist in einem Bericht vom 5. August 1928 dargestellt.[29] Daraus geht hervor, dass die Theologische Fakultät Greifswald die Einrichtung eines Studentenpfarramtes recht kritisch ansah, weil dadurch die Kirche Einfluss auf die Studenten nahm, der in ihren Augen eigentlich den Praktischen Theologen zustand. Walcker betonte dagegen die besondere Aufgabe des Studentenpfarrers für die Begleitung der Nichttheologen. Als Walcker 1928 nach Stettin-Kückenmühle ging, blieb das Studentenpfarramt in Greifswald bis 1938 unbesetzt.

Die Persönlichkeit Walckers ist am besten zu erkennen in der Stellungnahme des Generalsuperintendenten Walter Kähler, die dieser zu der beabsichtigten Berufung Walckers am 1. Februar 1928 verfasste:

> »Ich kenne Walcker recht gut und habe seine Leistungen nach verschiedenen Seiten hin in besonderem Maße schätzen gelernt. Auf einer Generalkirchenvisitation, an der er als Visitator teilnahm, war das allgemeine Urteil, dass er in der Predigt hervorragend ist und in der Katechese sehr gutes leistet. Hinter allen Leistungen aber steht eine geschlossene, früh ausgereifte Persönlichkeit mit einer ganz besonders gewinnenden Wärme. Ein besonderer Vorzug seiner Persönlichkeit ist der sichere Takt, welches sich nach unser aller Urteil auch bewährt hat, als er in Greifswald zum Studentenpfarrer bestellt wurde, was zunächst das Missbehagen einiger Professoren hervorrief, demgegenüber er sich aber in sehr feiner Weise durchzusetzen gewusst hat. Mit der Geisteswelt und Geistesrichtung unserer Jugend hat er innerste Fühlung. Soweit ich aus der Entfernung mir ein Urteil bilden kann (nach dem überraschenden Anklang seiner Veranstaltungen und indirekt nach Gesprächen mit ihm) darf ich annehmen, dass er den Anforderungen der Studentenseelsorge in dankenswerterweise gerecht wird. Mit seiner anziehenden Frau, die aus gutem Hause stammt, führt er ein richtiges Pfarrhaus mit offenen Türen für alle Anschlussbedürftigen. Aus den Professorenkreisen habe ich verschiedentlich spontane Anerkennung über seine gesamte dortige Stellung und Tätigkeit gehört.
>
> Nach alledem halte ich ihn für wohl befähigt, einen erziehlichen Einfluss auf junge Kandidaten auszuüben und in ihnen das beste zu entwickeln. Wenn Sie als Bedenken geltend machen, dass er in dem Mädchenlyzeum Schwierigkeiten mit der Disziplin haben soll, so möchte ich dem kein besonderes Gewicht beilegen. Gutem Vernehmen nach hat auch der Professor von der Goltz in derselben Tätigkeit an derselben Schule Schwierigkeiten mit der Disziplin gehabt. Auch darf ich darauf hinweisen, dass Wal-

28 Diese Angaben sind entnommen aus: Das Evangelische Pommern: ein kirchliches Nachschlagebuch/ hrsg. auf Grund amtl. Quellen vom Evangelischen Pfarrerverein der Provinz Pommern. Stettin 1927.

29 Geistige Heimat ESG: in Freiheit leben aus gutem Grund. Erinnerungen an 60 Jahre Evangelische Studentengemeinde Greifswald/ hrsg. von Raimund Nitzsche; Konrad Glöckner. Greifswald 2006, 10.

cker in dem Seminar, so lange es noch in Spandau war, als Inspektor tätig gewesen ist, worüber Ihnen die Akten ein unmittelbares Zeugnis eröffnet werden, während ich nur sagen kann, durch Hören-Sagen zu wissen, dass er es recht gut verstanden haben soll.
Seine theologische Ausrüstung zu bewerten ist für mich nicht im gleichen Maße leicht. Aber ich kann auch sagen, dass ich bei Gesprächen mit ihm immer den Eindruck eines sehr gebildeten Theologen hatte und kann aus der Erinnerung zufällig herausgreifen, dass ein Vortrag von ihm über das »Luthererlebnis« das besondere Lob zweier nicht unkritischer Professoren gefunden hat. So werden Sie es, sehr geehrter Herr Präsident, verstehen, dass ich die Überzeugung habe, Walcker werde unsere jungen Kandidaten in günstiger Weise beeinflussen. Dieses mein Urteil darf ich wohl auch dadurch stützen, dass der Dezernent von Greifswald, Herr Konsistorialrat Mielke, mein Urteil voll und ganz billigt und mich ermächtigt hat, davon Gebrauch zu machen.«[30]

Grab Walckers auf dem Cimetero acattolico in Rom (Foto: Michael Meyer-Blanck)

Walcker wurde am 8. Juli 1928 durch den Evangelischen Oberkirchenrat berufen. Er hatte sich schon neben Albertz einer hohen menschlichen und theologischen Wertschätzung erfreut. In das Jahr 1928 fiel in Kückenmühle der Wechsel im Amt des Anstaltsdirektors von D. Paul Karig auf August Stein sowie Verhandlungen über eine Neufassung des auslaufenden Mietvertrages. In diesem Zusammenhang gab es auch eine Diskussion über eine mögliche Verlegung des Predigerseminars von Kückenmühle nach Naumburg an der Saale, was durch Albertz sehr befürwortet wurde. Aber die Bindung an Pommern gab den Ausschlag, über einen veränderten Vertrag in Kückenmühle zu verhandeln. In den Akten befinden sich Bauzeichnungen und Kostenvoranschläge für den Umbau von Haus 5, der schließlich wegen der hohen Investitionssumme verworfen wurde. Stattdessen erhielt das Seminar das sehr viel bessere Gebäude Haus 23 zur Miete, das vor dem Umzug umfangreich instandgesetzt wurde.[31]

Als Studieninspektor schlug Walcker Günter Besch vor, der zum November 1928 berufen wurde und später für die Pommersche Kirche und Innere Mission Bedeutung erlangte. Aus dem Jahresbericht Walckers ist zu entnehmen, dass er das Seminar im Geiste von Albertz weitergeführt hat. Walcker blieb bis zum Februar 1931 in

30 Generalsuperintendent Kähler an den Präsidenten des EOK D. Burghart am 1. Februar 1928 (EZAB 7/107).
31 EZAB 7/16107.

Kückenmühle. Er amtierte dann als Auslandspfarrer in Rom, wo er 1939 starb. Er ist der einzige in Rom beerdigte Pfarrer der dortigen lutherischen Gemeinde.[32]

3 Otto Haendler – Studiendirektor 1931-1934

Walckers Nachfolger wurde zum 1. April 1931 Otto Haendler.[33] Er war damals 41 Jahre alt. Sein Vater Wilhelm Haendler war Pastor in der Nähe von Königsberg, dann in Bamberg und Potsdam, später Generalsuperintendent für Berlin-Land. In Potsdam legte Otto Haendler 1908 das Abitur ab und begann danach das Studium der Theologie in Berlin und Tübingen, das er 1913 beendete. Es schloss sich die weitere Ausbildung am Domkandidatenstift in Berlin an, die mehrfach durch Einberufung zum Heer und durch Verwundungen unterbrochen wurde. Zwischendurch legte er im Jahr 1915 die Zweite theologische Prüfung ab. Zum 1. August 1919 wurde er in die Pfarrstelle Gumtow in der Prignitz berufen, wohin er kurz nach der Heirat mit der Krankenschwester Erika Badstübner zog. In Gumtow wurde 1924 der Sohn Gert geboren.

Otto Haendler
(Landeskirchl. Archiv Greifswald)

Neben der pfarramtlichen Tätigkeit arbeitete Haendler an seiner Promotion. Sein Thema war die Christologie des Franz Hermann Reinhold von Frank. Etwa gleichzeitig mit dem Abschluss der Promotion wurde Otto Haendler im Jahr 1925 als Zweiter Geistlicher an die St. Nikolai-Kirche in Stralsund berufen. Hier wurde im Jahr 1926 die Tochter Ethelinde geboren. Von Stralsund aus führte er an der Theologischen Fakultät Greifswald homiletische und katechetische Kurse durch und habilitierte sich im Jahr 1930 mit einer Arbeit über »Die Idee der Kirche in der Predigt«.[34] Mit seiner Habilitation hatte er die Wende von der Systematischen zur Praktischen Theologie vollzogen. Zum 1. April 1932 wurde er als Studiendirektor an das Predigerseminar Kückenmühle berufen. Diese Jahre waren für Haendler lebensprägend.

32 Jürgen Krüger; Michael Meyer-Blanck: Evangelisch in Rom: der etwas andere Reiseführer. Göttingen 2008, 187, mit Foto des Grabes; vgl. zu seiner Zeit in Rom auch ebd, 204-207.

33 Ich danke Volker Gummelt herzlich für die Genehmigung, die vita von Otto Haendler an Hand seines Manuskripts beschreiben zu können: »Neuenkirchen und Greifswald als Lebens- und Arbeitsorte des Pfarrers und Professors Otto Haendler« (erscheint in: Die Praktische Theologie Otto Haendlers: Spurensicherung eines Epochenwechsels/ hrsg. von Winfried Engemann. Leipzig 2017).

34 Otto Haendler: Die Idee der Kirche in der Predigt. Habilitation Greifswald 1930 (unveröff.).

Im Jahr 1932 trat Haendler der Michaelsbruderschaft bei. Diese Gemeinschaft hatte lebenslang eine große Bedeutung für ihn, für seine eigene liturgische Lebenspraxis, für seine Erschließung der liturgischen Dimension des Gottesdienstes, für sein ganzheitliches Menschenverständnis, für sein lebendiges Kirchenverständnis und für die Dimension der Weltverantwortung.[35]

Besonders war die Begegnung mit der Tiefenpsychologie für seine Zukunft bestimmend. Hierüber hat Kerstin Voigt in ihrer Dissertation »Otto Haendler – Leben und Werk«[36] umfangreiche Ergebnisse vorgelegt. In ihrem Beitrag im Rahmen einer Ringvorlesung an der Theologischen Fakultät Jena über die Praktische Theologie im Dritten Reich[37] stellt sie Haendlers Entwicklung in diesen Jahren unter den Leitbegriff »Innenwendung«. »Dieses Wort klingt nach Rückzug, nach Einigeln, nach Wirken im Verborgenen. So möchte ich es aber nicht verstanden wissen«.[38] Sicher wäre es überzogen, von Resignation zu sprechen, aber seinem Wesen war offenbar kämpferisches Auftreten fremd. Die persönliche Innenwendung war eine schöpferische Phase.

> »Otto Haendler ging in jenen Jahren seinen Weg in großer Besonnenheit, er verfiel weder in Aktionismus noch in politische Gleichgültigkeit. Sein literarisches Wirken in jenen Jahren fand keine breite Öffentlichkeit. Sein pastorales Wirken galt den ihm anvertrauten Gemeindegliedern […] Seine Hinwendung zum Einzelnen mit seiner je eigenen Geschichte und seinem je eigenen Gottesverhältnis ist denen, die Otto Haendler in dieser Zeit erlebten, in prägender Erinnerung geblieben. Deutlich ist, dass Händlers praktisch-theologisches Lebensthema, nämlich die Bedeutung des Subjekts für das Evangelium herauszuarbeiten, aus der Begegnung von Theologie und Tiefenpsychologie in ihm selbst erwachsen ist«.[39]

Ohne Zweifel wurde Otto Haendler ein früher und profilierter Brückenbauer zwischen Theologie und Humanwissenschaften.

Die Jahre von Haendlers Direktorat waren kirchenpolitisch spannungsreich, was auch das Leben und Arbeiten im Seminar beeinflusste. Der Sohn Gert Haendler erinnert sich:

> »Von den Problemen des Jahres 1933 bekam ich nur am Rande etwas mit: Ich erinnere mich an eine Klage meines Vaters über die Kandidaten im Winter 1933/34: ›Die einen laufen im Braunhemd herum, die andern werden Barthianer, wie soll man da richtig arbeiten!‹ […] Mein Vater hat über seinen kirchenpolitisch erzwungenen Weggang

35 Vorwort zur Festschrift zum 70. Geburtstag, 7.

36 Kerstin Voigt: Otto Haendler: Leben und Werk: eine Untersuchung der Strukturen seines Seelsorgeverständnisses (Erfahrung und Theologie: Schriften zur Praktischen Theologie; 21). Frankfurt am Main u. a. 1993, 18 f.

37 Kerstin Voigt: Otto Haendler: die Innenwendung. Tiefenpsychologie in der Praktischen Theologie. In: Zwischen Volk und Bekenntnis: Praktische Theologie im Dritten Reich/ hrsg. von Klaus Raschzok. Leipzig 2000, 97-110.

38 Voigt: Otto Haendler (wie Anm. 36), 97.

39 Ebd, 109.

aus Stettin selten gesprochen. 1934 war ihm als Studieninspektor ein Parteigänger der ›Deutschen Christen‹ an die Seite gestellt worden, der selbst Direktor werden wollte. Er erreichte sein Ziel bei der Leitung der Pommerschen Kirche, die im Sommer 1933 den ›Deutschen Christen‹ in die Hände gefallen war«.[40]

In einem Schreiben vom 27. September 1934 erwähnte Otto Haendler, dass ihm durch die Reichskirchenregierung nahegelegt wurde, das Amt zu verlassen.[41] Gründe für diese Empfehlung nennt er nicht.

Dass Haendlers Ausscheiden als Predigerseminarsdirektor mit kirchenpolitischen Auseinandersetzungen zwischen ihm und dem Studieninspektor Nordmann zusammenhing, wie Gummelt und Voigt unter Berufung auf Gert Haendler behaupten, ist anzunehmen. Gert Haendler berichtet: »Nordmann hielt meinen Vater für ungeeignet, weil er die ›Gegenwart‹ nicht verstand. Das hat er ihm direkt gesagt, er hat das wohl auch anderen Instanzen gesagt«.[42] Aus den Akten sind diese Auseinandersetzungen nicht zu bergen. In seinem letzten Jahresbericht vom 5. Februar 1935 schreibt Haendler davon jedenfalls nichts. Über die Entscheidung des Vaters zur beruflichen Zukunft berichtet sein Sohn: »Der neue Bischof [Karl] Thom verhielt sich jedoch fair; er sprach ausführlich mit meinen Vater und bat ihn, sich in der Pommerschen Kirche nach einer freien Pfarrstelle umzusehen, er wollte ihn sogar als Superintendenten in Hinterpommern einsetzen. Mein Vater entschied sich für die Pfarrstelle Neuenkirchen bei Greifswald, weil er von dort aus am besten seine Tätigkeit als Privatdozent für Praktische Theologie an der Theologischen Fakultät in Greifswald fortsetzen konnte, die er seit 1930 ausübte.«[43] Gummelt beschreibt die nun folgende Zeit in Neuenkirchen und Greifswald so:

»So dürfte Haendler die Berufung in das Pfarramt des in der unmittelbaren Nähe zur Universitätsstadt Greifswald gelegenen Kirchspiels Neuenkirchen zu Anfang des Jahres 1935 gern angenommen haben [...] Im folgenden Sommersemester 1935 hielt Haendler eine Vorlesung zum Thema ›Seelsorge als Grundanliegen der Kirche‹. Diese Lehrveranstaltung dürfte Dietrich Bonhoeffer und die ihn begleitenden Kandidaten aus dem Predigerseminar Stettin-Finkenwalde bei ihrem Aufenthalt in Greifswald im Juni 1935 besucht haben. Danach schloss sich ein Gespräch im Neuenkirchener Pfarrhaus an.[44] Jenes Haus wurde gern von Studenten und Mitgliedern der Greifswalder Theologischen Fakultät aufgesucht, aber auch Freunde aus der Jugend- und der Berliner Zeit wie etwa der Pianist Wilhelm Kempff waren oftmals zu Gast bei Haendlers in Neuenkirchen. [...] Neben seiner pfarramtlichen

40 Gert Haendler: Kirchengschichte: erlebt und dargestellt. In: Kirchengeschichte als Autobiographie. Bd. 1/ hrsg. von Dietrich Meyer. Köln 1999, 25-75.
41 EZAB 7/16108.
42 Brief Gert Haendlers an den Vf. vom 14. April 2016.
43 Ebd.
44 Diese Begegnung wird unterschiedlich wiedergegeben: Während Haendler sich positiv daran erinnert, schreibt Eberhard Bethge in seiner Bonhoeffer-Biographie, dass die Finkenwalder Kandidaten kaum Verständnis für Haendlers theologische Position aufgebracht hätten. Bonhoeffer und Haendler verband ihre Herkunft aus der Berliner Schule und der gemeinsame Doktorvater Reinhold Seeberg.

und universitären Tätigkeit absolvierte Otto Haendler von 1935 bis 1937 eine psychotherapeutische Ausbildung am ›Berliner Psychologischen Institut‹. Nach dessen Abschluss im November 1937 wurde er zum Mitglied des ›Deutschen Instituts für Psychologische Forschung und Psychotherapie‹ sowie der ›Deutschen allgemeinen ärztlichen Gesellschaft für Psychotherapie‹ ernannt. [...] Die Folgen des Krieges erreichten in dieser Zeit auch unmittelbar die Familie Haendler. Im Jahre 1942 wurde der Sohn Gert Soldat. Im Jahr darauf bekamen erste Flüchtlinge Unterkunft im Pfarrhaus, auch Verwandte aus Berlin von Frau Erika zogen in das Neuenkirchener Pfarrhaus. Zudem war Haendler in jenen Jahren als Lazarettseelsorger in den Greifswalder Kliniken tätig. Im Winter 1944/45 fanden bis zu 40 Flüchtlinge Zuflucht im Pfarrhaus zu Neuenkirchen. [...] Am 14. November 1946 wurde er dann vom Rektor der Universität Rudolf Seeliger auf den ordentlichen Lehrstuhl der Praktischen Theologie berufen und zum beamteten außerordentlichen Professor ernannt. Schließlich zum 1. März 1947 erfolgte die Ernennung vom Schweriner Kultus-Minister Gottfried Grüneberg zum Ordinarius für Praktische Theologie an der Greifswalder Universität. Schließlich übergab er zum 1. Februar 1949 das Pfarramt Neuenkirchen an Pastor Kurt Born. Dieser, ein emeritierter Pfarrer, hatte nach der Flucht aus Hinterpommern im Neuenkirchener Pfarrhaus Unterkunft gefunden und Haendler seitdem bei dessen pfarramtlichen Aufgaben unterstützt.

Die Familie Haendler zog im Sommer 1949 aus dem liebgewordenen Pfarrhaus Neuenkirchen in die Stadt Greifswald, doch blieb die besondere Verbundenheit mit dem Ort weiterhin bestehen. [...] Bereits am 1. April 1951 nahm Otto Haendler den Ruf auf den Lehrstuhl für Praktische Theologie seiner Berliner alma mater an. Zu Anfang des Jahres 1952 zogen Haendlers dann nach Berlin. Erst im Jahre 1959 und damit im Alter von 69 Jahren erfolgte die Emeritierung. [...] Am 12. Januar 1981 verstarb Otto Haendler im 91. Lebensjahr in Berlin. Fünf Tage später, am 17. Januar fand seine Beerdigung auf dem Kirchenfriedhof von Neuenkirchen statt.«[45]

4 Hans Nordmann – Studiendirektor 1935-1940

Beim Ausscheiden Haendlers aus dem Amt des Studiendirektors befürwortete der deutschchristliche Oberkonsistorialrat Heinrich Laag die Berufung von Hans Nordmann zum neuen Studiendirektor[46], als der er am 6. Juni 1935 berufen wurde:

»Auf Ihr Schreiben vom 6.4.1935 teile ich Ihnen mit, dass ich es außerordentlich begrüßen würde, wenn Pfarrer Lic. Nordmann zum Studiendirektor des Ev. Predigerseminars in Kückenmühle ernannt würde. Pfarrer Nordmann ist, wie seine Examenszeugnisse beweisen und mir auch sonst bekannt ist, mit einem reichen theologischen Wissen ausgestattet und verfügt andererseits über gute pädagogische Fähigkeiten und hat in seinem Pfarramt bewiesen, dass er eine Gemeinde zu leiten und aufzubauen versteht. Pastor Nordmann hat bei den beiden Kursen, die er zu leiten hatte, es verstanden, die Kandidaten vom kirchenpolitischen Kampf fernzuhalten und sie zur positiven Arbeit hinzuführen. Ihm ist es in der Hauptsache zu verdanken, wenn die beiden Kurse ohne Störung zu Ende geführt werden konnte ich habe Kandidaten der verschiedensten Richtungen gesprochen, die alle Pastor Nordmann sowohl wegen seiner wissenschaftlichen Befähigung als auch als Menschen sehr hoch schätzten. Ich glaube, dass es sehr zur Befriedung in der Provinz Pommern beitragen würde, wenn Pastor Nordmann Direktor des Predigerseminars in Kückenmühle wurde.

45 Vgl. Anm. 33.
46 Schreiben Laag an EOK am 13.04.1935, EZAB 7/16108.

Heil Hitler!
Propst D. Laag«

Hans Nordmann wurde am 22. April 1904 in Berlin geboren, sein Vater war Postinspektor. Nach seinem Abitur (1922) studierte er Theologie und Philosophie in Berlin und Tübingen. Das Erste Theologische Examen legte er 1926 in Berlin ab, das Zweite ebenfalls dort im Jahr 1928. Nach einigen Aufgaben in Berlin und Danzig wurde er 1930 Pfarrer in Angermünde. Zuvor wurde er im Jahr 1929 zum Lic. theol. über die Theologie des Johann Joachim Spalding promoviert.[47] Sowohl die Noten der Examina als auch das Prädikat der Promotion (summa cum laude) weisen ihn als einen wissenschaftlich beschlagenen Theologen aus.

In Angermünde trat er schon am 1. Mai 1933 der NSDAP bei, »die als deutsche Bewegung mit ausgesprochen kirchen- und christentumsbejahender Haltung als Helferin in schwersten wirtschaftlichen Depressionen sich gab«.[48] Im Juli 1933 war er der »Glaubensbewegung Deutsche Christen« beigetreten, aber schon im Dezember hat er sie nach der Sportpalastkundgebung (13.11.1933) wieder verlassen, »da sie sich kirchenpolitisch demaskiert hätten«.

Bereits im Jahr 1932 wurde er Pastor an St. Jacobi in Stettin und nebenamtlich Studieninspektor am Predigerseminar Kückenmühle. Offenbar wurde er durch den Repräsentanten der Deutschen Christen in Pommern, OKR Lic. Heinrich Laag, stark gefördert.

Mit Nordmann kam ein Mitglied der NSDAP und zeitweiliges Mitglied der Deutschen Christen nach Kückenmühle. Bezeichnend ist, dass er im Fach »Nationalpolitische Schulung« die Pflichtlektüre von Hitlers »Mein Kampf« einführte. In dem Protokoll seiner Anhörung im Entnazifizierungsverfahren sagte er, »[…] trotz des Hinweises auf manche Stellen in Hitlers ›Mein Kampf‹, insbes. über die Mission müsse er sagen, dass das Buch vielerlei enthalte, was nicht destruktiv ausgelegt werden konnte«.[49]

Drei Publikationen Nordmanns aus seiner Kückenmühler Zeit konnten gefunden werden: Die Schrift »Die Haltung des Predigers: eine theologische Betrachtung«[50] ist eine etwas bizarre Homiletik, die er vermutlich so auch im Seminar gelehrt hat. In ihr lehnt Nordmann sowohl die »humane Haltung« der liberalen Theologie als auch die »prophetische Haltung« der dialektischen Theologie entschieden ab und postuliert eine »politische Haltung« des Predigers. Damit ist nicht eine patriotische Predigtweise vergangener Zeiten, aber auch nicht die »gebräunte« Predigt

47 Hans Nordmann: Hans Johann Joachim Spalding:ein Bild aus dem geistigen Ringen der deutschen Aufklärung. Diss. Berlin 1929. 45 S.

48 So Nordmanns politische Stellungnahme im Rahmen eines innerkirchlichen Entnazifizierungsverfahrens (ELAB 105/1646).

49 Handschriftliches Protokoll vom 18. September 1946 (ebd).

50 Hans Nordmann: Die Haltung des Predigers: eine theologische Betrachtung. Leipzig: Deichert, 1936. 23 S.

des Mythos und des Rausches der Begeisterung gemeint. Politische Predigt ist für Nordmann die Verkündigung der Christussubstanz in die schicksalhafte Situation des Ringens der Völker. Dabei geht es um die Überwindung des egoistischen Individualismus durch den Universalismus des Volkes. Der Weg, den die Predigt ebnen soll, ist der Weg vom Ich zum Wir. »Das politische Wir aber, das unser Einzelleben trägt und beansprucht, ist bestimmt durch den Boden, auf dem wir stehen, durch das Blut, das unsere Art prägt, durch die Geschichte, die unser Wesen ausgestaltet.« Der Prediger hat die Aufgabe, in diese Kampfsituation hinein die Christuskunde zu verkündigen. Charakteristisch für diese Nordmannsche Homiletik ist die geschickte Verbindung einer konservativ-lutherischen Theologie mit dem Gedankengut der Nationalsozialisten.

Die kleine Schrift »Der Dienst am Grabe«[51] ist eine Agende für Laienchristen als Handreichung für Bestattungsfeiern, zu denen ein Pfarrer nicht zu erreichen ist. Der Gedanke liegt nahe, da seit Kriegsbeginn auch viele Pastoren eingezogen worden waren und nicht immer eine Vertretung geregelt werden konnte. Das wird in der Einleitung so nicht explizit benannt, aber z.B. hielt die Mutter des Verfassers in der Gemeinde Jarmen viele Beerdigungen und Trauerfeiern, nachdem sein Vater gefallen war. Sie hatte keinerlei kirchliche Ausbildung. Eine solche Agende mit Liedvorschlägen, Lesungen und Gebeten für unterschiedliche Kasualien war eine große praktische Hilfe. Auch die Schrift *»Der Dienst am Taufstein«*[52] ist eine Handreichung, in diesem Falle für Tauffeiern, die von Gemeindegliedern durchgeführt werden.

III Das Ende

Die Geschichte des Predigerseminars Kückenmühle fand ihr Ende im Zusammenhang mit den Kriegsvorbereitungen im Sommer 1939. In der Akte des Evangelischen Oberkirchenrates zum Predigerseminar Kückenmühle ist darüber nur ein kurzer Hinweis enthalten: »September 1939 für Lazarett beschlagnahmt«.[53] Ausführlicher sind die Abläufe in einer Chronik des stellvertretenden Anstaltsdirektors Werner Dicke dargestellt:

> »Am 25. August 1939 wurde uns mitgeteilt, dass die Kückenmühler Anstalten 5 Häuser, insgesamt 450 Betten, zu Lazarettzwecken zu räumen hätten. […] Am 30. 08. 39 wurde der Betrieb im Predigerseminar geschlossen und dieses am 31.08. auch geräumt. […] Am 15. Oktober wurde das Lazarett aufgehoben […].«[54]

Danach versuchte die Seminarleitung, die Räume wieder nutzen zu können, wurde aber zurückgewiesen. In den folgenden Monaten wurden die Häuser mit

51 Hans Nordmann: Der Dienst am Grabe. Berlin-Steglitz: Ev. Preßverband, [1940]. 36 S.
52 Hans Nordmann: Der Dienst am Taufstein. Berlin-Steglitz: Ev. Preßverband, [1940]. 8 S.
53 EZAB 7/16115.
54 Bartels: Kückenmühler Spuren (wie Anm. 1), 96.

sogenannten »Baltendeutschen« gelegt, die nach Kriegsausbruch vor der Besetzung durch die Rote Armee geflohen waren.

Am 25. April 1940 traf bei der Direktion der Kückenmühler Anstalten der Räumungsbefehl des Gauleiters Reinhold Schwede-Coburg ein, der den Abtransport von ca. 1.500 Heimbewohnern verfügte. Man kann sich vorstellen, welche Panik diese Maßnahme innerhalb der Kückenmühler Anstalten auslöste. Am 7. Mai 1940 teilte Anstaltsdirektor Stein dem Predigerseminars-Direktor Dr. Nordmann diese Lage mit, welcher sich am 24. Mai und am 21. Juni beim EOK um Beratung bemühte. Am 28. Mai 1940 teilte Nordmann dem EOK mit, dass das Seminar für Kirchenmusik Räume des Predigerseminars für Unterricht nutzen würde.[55] Bis Ende November gingen schriftliche und mündliche Verhandlungen hin und her, um Mietpreis-Erstattungen oder eine vorzeitige Vertragsauflösung zu erreichen. Diese blieben im Grunde erfolglos. Die staatlichen Stellen argumentierten damit, dass das Betreiben eines Predigerseminars in den Kückenmühle Anstalten nicht zum Satzungszweck gehörte und darum illegal sei. Schließlich berichtet Nordmann dem EOK am 10. Oktober 1940, dass man eine Notunterkunft in der Körperbehinderten-Anstalt Bethesda in Stettin-Züllchow gefunden hätte. Die Möbel sowie alles Geschirr und die Bibliothek seien in Kisten dorthin ausgelagert worden.[56]

Nachdem sich im Laufe der Zeit herausstellte, dass während des Krieges eine geordnete Seminararbeit nicht stattfinden könnte, wurden Möbel, Geschirr und Bücher der Anstalt Bethesda übereignet, deren Vorsteher Pastor Georg Klütz die Erstattung des errechneten Wertes ablehnte, sodass der EOK einen offiziellen Schätzer beauftragte. Am 20. Januar 1941 fand der Kassenschluss statt, am 5. Januar 1942 gab es einen Bericht über eine Besichtigung in Stettin.

Das betr. Aktenstück[57] dokumentiert viele kleine, ja kleinliche Auseinandersetzungen über Gegenstände. Von den betroffenen Menschen ist nicht mit einem einzigen Wort die Rede. Selbst das vermeintlich gerettete Inventar ging beim Bombenangriff auf Züllchow Ende August 1944, bei dem alle Anstaltsgebäude zerstört wurden, restlos verloren.

Der Studiendirektor Hans Nordmann wurde noch 1940 in die kirchliche Bürokratie übernommen. Zunächst war er in Berlin beim EOK als Hilfsarbeiter beschäftigt mit der Aufgabe, die Sitzungen des Vertrauensrates vorzubereiten. Im Jahr 1941 wurde er als geistlicher Konsistorialrat an das Ev. Konsistorium Berlin-Brandenburg versetzt. Dies war in jenen Jahren von scharfen Vertretern der Deutschen Christen geleitet, von denen sich Nordmann offenbar distanzierte.

55 Welche Räume vorher genutzt wurden, ist nicht bekannt.

56 Die Bibliothek muss nicht ganz klein gewesen sein. Bei der Eröffnung des Seminars wurden Bücher aus dem Domkandidatenstift Berlin umgelagert, außerdem wurde die Bibliothek des verstorbenen Generalsuperintendenten Wilhelm Reinhard (1860-1922) für 4000.000 Mark (Inflation!) erworben. EZAB 7/16114.

57 EZAB 7/16115.

Nach Kriegsende wurde unter Führung durch Bischof Otto Dibelius die Kirche von Berlin-Brandenburg neu geordnet. In dem Zusammenhang ließ sich Hans Nordmann aus dem Konsistorium entlassen und wurde Gemeindepfarrer an der Kirche »Zum Heilsbronnen« in Berlin-Schöneberg. Bei dem Entnazifizierungsverfahren konnte Nordmann eine ganze Reihe von entlastenden Beurteilungen seiner Person und seiner Arbeit vorlegen, z.B. von Heinrich Grüber:

> »Bescheinigung
> Herrn Pfarrer Lic. Nordmann wird hiermit bescheinigt, dass er nach meiner Verhaftung sich für die Fortsetzung der Arbeit an den christlichen Nichtariern und Rasseverfolgten in der Kirche eingesetzt hat. Er hat in seiner Eigenschaft als Konsistorialrat die erforderlichen Verhandlungen geführt und meinen Nachfolger, den im KZ ermordeten Pfarrer [Werner] Sylten, erheblich unterstützt. Pfarrer Nordmann hat sich auch um meine Entlassung aus dem KZ sehr bemüht. Er hat sich bei seinem Einsatz stark gefährdet und aus seiner Einstellung zu den Maßnahmen des Naziregimes keinen Hehl gemacht.
> H. Grüber
> Propst«[58]

So wurde ihm zum Abschluss des Verfahrens der Bescheid erteilt, »[…] dass gegen seine Persönlichkeit und seine weitere Amtsführung […] keine Bedenken bestehen.«[59] Seine langjährige Mitgliedschaft in der NSDAP wurde ihm zur Last gelegt. Seine kurze Mitgliedschaft bei den Deutschen Christen fiel nicht ins Gewicht. Auch wenn (abgesehen von kleinen Ungenauigkeiten) kein Anlass besteht, an den Grundaussagen der Voten zu zweifeln, so ist doch die Beurteilung durch ein Mitglied des Pfarrkonventes kaum zutreffend:

> »Seine Referate über die Barmer Theologische Erklärung und über die Entwicklung der Theologie Karl Barths zeigten, dass er von der Erneuerung der Theologie erfasst ist und der Theologischen Erklärung von Barmen in ihren wesentlichen Anliegen ganz zustimmt.«[60]

Im Verlaufe des Verfahrens hatte Nordmann selbst ausgesagt:

> »[…] Ich habe mich unter Ablehnung der Politik der sog. Dahlemer Richtung der BK […] und in scharfer Bekämpfung der Thüringer D.C. um Ausgleich bemüht«.[61]

Hans Nordmanns, der später auch Mitglied der Provinzialsynode war, beteiligte sich 1956 an der Revision des Neuen Testamentes. Seit dem 1. Januar 1954 war er Direktor des Paul-Gerhardt-Stiftes in Berlin. Er verstarb 1977.

---

58 Vom 20. September 1946, ELAB 105/1646.
59 Vom 15. April 1946, ebd.
60 Pfarrer Dr. Walter von Rabenau (ebd).
61 Ebd.

IV Nachgeschichte

Das Predigerseminar in Kückenmühle teilt das Schicksal des Predigerseminars in Finkenwalde, auf dessen Gelände kein Stein auf dem andern blieb und auf dem lediglich zwei alte Bäume an frühere Zeiten erinnern. In Kückenmühle stehen zwar die Häuser 5 und 23 sowie Kirche und Schule, aber ohne sichtbare Hinweise auf deren Geschichte.

Mit den Erinnerungen an beide pommersche Predigerseminare ist es nicht weit her. Das Finkenwalder Seminar hatte nach 1945 wenigstens einige Zeitzeugen, die aus der Arbeit und dem Leben in diesem Hause berichteten, besonders Eberhard Bethge. Die inhaltliche Rezeption dieser Tradition blieb in der sich neu konstituierenden Pommerschen Evangelischen Kirche schwach. Das Erbe der Bekennenden Kirche geriet in den schwierigen Nachkriegsjahren weitgehend in Vergessenheit oder wurde bewusst nicht aktiviert.[62] Immerhin blieben die Namen der Teilnehmer der einzelnen Kurse sowie deren Fotos auf der Gartentreppe erhalten. Man hat den Eindruck, dass Erinnerungen an die Zeit des Kirchenkampfes nicht gepflegt werden sollten. Gerne berief man sich auf die Lichtgestalt Dietrich Bonhoeffers, der ja den größten Teil seiner Dienstzeit in Pommern erlebt hatte. So gab es wenigstens einen positiven Anknüpfungspunkt an die jüngste Vergangenheit des Predigerseminars Stettin-Finkenwalde.

In Bezug auf das Predigerseminar in Stettin-Kückenmühle sucht man bis heute vergeblich eine Erinnerungskultur in der Pommerschen Evangelischen Kirche. Es gibt kaum Fotos von den Kandidaten, keine Veröffentlichungen über die theologischen Arbeiten im Seminar. Von Kückenmühle ist bestenfalls in den Familien der Kandidaten erzählt worden, aber es wurde nichts aus den Studien und dem Leben im Hause veröffentlicht. Wenn man überhaupt etwas mit dem Stichwort »Predigerseminar Kückenmühle« verband, dann das Direktorat des letzten Studiendirektors Nordmann. Der aber war keine solch positive Identifizierungsgestalt wie Dietrich Bonhoeffer in Finkenwalde. Dass das Seminar sieben Jahre lang von Martin Albertz, einem der später profiliertesten Theologen in der Bekennenden Kirche geleitet worden war, wurde vergessen. Das ist umso bemerkenswerter, als Albertz und seine Frau so viele Jahre lang den »Kückenmühler Kreis« zusammengehalten hatten. Wie kann man das erklären? Man bekommt den Eindruck, dass die Bedeutung dieses Mannes bewusst heruntergespielt wurde. Beim Neubeginn in der Kirche Brandenburgs in den Auseinandersetzungen um

62 Vgl. die ausführliche Bewertung der Entwicklung der Pommerschen Ev. Kirche nach 1945 in Friedrich Bartels: Einer mit dem großen Namen Bruder. Zeitgeschichte regional 1/2005, 87 f, vgl. auch Kurt Meier: Der evangelische Kirchenkampf. Bd. 3. Göttingen 1984, 292 f.

die Bewahrung des Erbes aus der Kirchenkampfzeit war er 1945 dem künftigen Bischof Otto Dibelius[63] unterlegen.

Wenn man die Biografie von Peter Noss gelesen hat, muss man feststellen, dass die beiden pommerschen Predigerseminare in Dietrich Bonhoeffer, Martin Albertz und Otto Haendler jeweils hoch kompetente, eigenständige, wirkmächtige Direktoren besaßen, von denen der eine wegen seines Märtyrertodes geehrt, der andere beim Neubeginn nach Kriegsende an den Rand gedrängt wurde und der Dritte aus dem Dienst in der Pommerschen Kirche ausschied.

Zwischen beiden Seminaren gab es nach der Quellenlage so gut wie keine institutionellen Kontakte. Bonhoeffer, Albertz und Haendler kannten sich aus mehrfachen Begegnungen, die Kandidaten hatten keine gemeinsamen Interessen. In Kückenmühle wurde, wie die Namensliste bezeugt, eine große Zahl junger pommerscher Pastoren auf ihr Amt vorbereitet. Die Bedeutung des ersten Studiendirektors Martin Albertz verdient, besonders hervorgehoben zu werden. Schon in einem Brief von Günter Harder an Martin Niemöller vom 9. August 1945[64] betreffend die Neuordnung kirchlicher Ämter wird die prägende Kraft von Martin Albertz beschrieben:

> »[...] dass es ein für die BK wie die Ökumene unübersehbares Zeichen wäre, das aufgerichtet werden müsste, wenn neben Ihnen und [Theophil] Wurm die VKL, also [Hans] Böhm und – als der Vertreter der Reformierten zugleich, – Albertz in ihr erschiene. Alle ordentlichen Leute in der Kirche, ich meine, die Brüder der BK, die den Kampf wirklich getragen haben, suchen bisher vergeblich nach einem solchen Zeichen. Auch hier in Berlin ist Albertz vollkommen ausgeschaltet, was geradezu ein Ärgernis ist. Dabei fragen alle jungen Brüder nach ihm und sind zornig und resigniert. Denn Albertz ist doch der Mann, der die jungen Brüder geleitet und jeden Einzelnen wirklich in Anfechtungen bei der Stange gehalten hat, und dafür sind ihm viele, viele, die jetzt ein gutes Gewissen und ein frohes Herz haben dürfen, unendlich dankbar.«

An beide Predigerseminare darf die Pommersche Evangelische Kirche dankbare Erinnerungen lebendig halten. Die Vielfalt der eigenen Entwicklungen ist in ihr wenig bewusst. Mit diesem Mosaiksteinchen soll zu einem angemessenen Bild ihrer Geschichte beigetragen werden.

---

63 Dibelius hatte noch im April 1945, als er das 1933 verlorene Amt des Generalsuperintendenten zurückerhielt, den Vorsitz im Konsistorium beansprucht und durchgesetzt, einen Beirat zum Restkonsistorium eingesetzt und sich den Titel »Bischof« verleihen lassen. Mit dieser handstreichartig vorgenommenen Neuordnung war der sich auf die Synoden von Barmen, Dahlem und Oyenhausen berufende »radikale« Flügel der Bekennenden Kirche um Martin Niemöller, Günther Harder, Hans Böhm und Martin Albertz entmachtet, was weit über die Kirche von Berlin-Brandenburg hinaus Bedeutung gewann. (Siehe hierzu Meier: Der evangelische Kirchenkampf (wie Anm. 55), 256.

64 Noss: Martin Albertz (wie Anm. 16), 526.

Liste der Kandidaten aus Pommern

Name, Vorname	*Ort*	*Mitgliedsnummer*
Bahlmann, Martin	Bärwalde	95
Bahnemann, Georg	Stolpe/U.	42
Bartelt, Johannes	Glowitz	62
Besch, Günter	Stettin	
Boettiger, Julius	??	
Bolle, Karl	Zirkow/R.	76
Buzello, Werner	Richtenberg	64
Damrow, Hans	Tonnin	
Erichsen, Willi	??	
Faißt, Hans	Freienwalde	
Friedrich, Gerhard	Köslin	58
Henning, Gerhard	Brünken	
Jahn, Fritz	Abtshagen KKR. Schlawe	
Kunst, Friedrich	Henkenhagen	73
Kusch, Walter		
Lemke, Kurt	Wopersnow	53
Mentzel, Günther	Stettin	
Mielke, Fritz	Borntuchen	2
Pfannschmidt, Joachim	Groß-Kiesow	23
Ristow, Georg	Heringsdorf	91
Rohde, Gerhard	Benz	40
Scheel, Karl	Köslin	27
Schliewe, Oskar	Schluschow	49
Schwandt, Friedrich	Naugard	
Seils, Ernst	Stolp	10
Simon, Eberhard	??	
Strege, Ulrich	Falkenburg	68
Strege, Martin	Köpitz	85
Thom, Karl	+	9
Gadow, Mogens von	Köslin Salem II	
Walcker, Friedrich	Rom	
Weigle, Theodor	Tribsow	
Wellmer, Gottfried	Hohenreinkendorf	75

Christian-Lehmann-Symposium in der
St. Johanniskirche in Scheibenberg
am 12. November 2011

Christian Lehmann (1611-1688)

Pfarrer – Chronist – Forscher

Von Stephan Schmidt-Brücken

Pfarrer Christian Lehmann gehört zu den markantesten Pfarrerpersönlichkeiten Sachsens im 17. Jahrhundert und wird zu Recht als der bedeutendste Altchronist und inzwischen als der eigentliche »Entdecker des Erzgebirges« bezeichnet. Zwar ist er heute vorwiegend in seiner Heimatregion bekannt, doch wäre ohne seine unermüdliche Lebensarbeit die erzgebirgische Geschichte mit riesigen, die sächsische zumindest mit bedauerlichen Lücken behaftet.

Sein Lebenslauf, der sich allmählich recht umfassend rekonstruieren lässt, spiegelt dramatisch die Ereignisse des 17. Jahrhunderts in Sachsen, und seine schriftstellerische Hinterlassenschaft öffnet uns ein Fenster in diese und die vorhergehenden Epochen. Das Besondere daran ist, dass Lehmanns Werke bis dahin kaum beschriebenes Terrain betreten und darin nicht die allseits bekannten Eckdaten erneut wiedergeben, sondern stattdessen einen tiefen und sehr detaillierten Einblick in die Lebenswelt seiner Zeit ermöglichen. Denn Fühlen und Denken, Glauben und Unglauben, Arbeit und Muße, Leiden und Freude, Reden und Tun, Sitten und Unsitten machte er zum Gegenstand seiner Darstellungen. Gleichzeitig galt sein Interesse allen Facetten des Naturraumes und seiner Umwelt. Dazu zählten: Grund und Boden, Bergbau, Forst- und Landwirtschaft, Flüsse und Berge, Wetter und Kosmos, Pflanzen und Tiere, Städte und Dörfer, Kirchen, Befestigungen und Wirtschaftsbauten, Ackerbau, Viehzucht und Jagd, Handwerk und Handel, Kunst und Sprache, Gebräuche und Lebensumstände, Krankheit, Tod und Heilung etc.

Beachtenswert dabei ist, dass sich Christian Lehmann als erster selbst diese Aufgabe stellte, das Erzgebirge, und dazu gehörte für ihn der sächsische und der böhmische Teil, in seiner Gesamtheit systematisch zu erfassen und zu beschreiben.

Außerdem gehört er zu den wenigen authentischen Chronisten des 30-jährigen Krieges. Aus eigenem Erleben schildert er dieses Drama der Deutschen in seiner ausführlichen Kriegschronik und in vielen versprengten Stücken innerhalb seiner sonstigen Werke. So bietet uns Christian Lehmann »Fleisch auf den trocknen Knochen der Geschichte«, und das in einem damals gut verständlichen Deutsch und nicht in den schwülstigen Formulierungen seiner Zeit.

All diese Eindrücke waren der Anlass für mehrjährige Forschungen zu Leben und Werk Lehmanns, bei denen unerwartete Entdeckungen gemacht wurden,[1] und für die Ausrichtung zahlreicher Festveranstaltungen zum 400. Geburtstag von Christian Lehmann im Jahre 2011 durch den aus diesem Anlass gegründeten

1 Zum Teil veröffentlicht in: Stephan SCHMIDT-BRÜCKEN; Karsten RICHTER: Der Erzgebirgschronist Christian Lehmann: Leben und Werk. Marienberg 2011.

Christian-Lehmann-Arbeitskreis. Einige Ergebnisse, die beim wissenschaftlichen Symposiums am 11. November 2011 in Scheibenberg präsentiert werden konnten, sowie Ergänzungen sollen auf den folgenden Seiten wiedergegeben werden.

Um aber überhaupt einen Einblick zu ermöglichen, soll zunächst ein sehr gerafftes Lebensbild gezeichnet werden.

Lebensbild

»Ich liebe Gott, Gebirg, Diät[2] und Bücherfleiß!«

So lautete ein Lebensmotto von Pfarrer Christian Lehmann, der am 11. November 1611 im Pfarrhaus zu Königswalde (bei Annaberg-Buchholz) das Licht der Welt erblickte. In Elterlein (Erzgebirgskreis) wuchs er auf. Dieser Ort war für 26 Jahre seine Heimatstadt. Von dort aus besuchte er die Fürstenschule St. Afra in Meißen, später die Schule in Halle, wo er z. B. als Kurrendesänger »an die 3000 Pestleichen hat mit hinaussingen müssen«. Weiter studierte er in Guben, bis er, von Krieg und Pest vertrieben, nach Stettin (Pommern) gelangte.

Im Jahre 1633 wurde ihm, gegen seine Absichten, die Stelle des Hilfsgeistlichen (als Substitut) in Elterlein übertragen, weil dem Vorgänger von kaiserlich-Holkschen Truppen der Schädel gespalten und sein Vater so schwer misshandelt worden war, dass er sein Amt lange nicht allein ausüben konnte. Fünf Jahre später, 1638, wurde Christian Lehmann als Pfarrer ins benachbarte Bergstädtlein Scheibenberg berufen, wo er ein halbes Jahrhundert bis zu seinem Lebensende amtierte. Hier erlebte und erlitt er weitere zehn Jahre lang alle Schrecken des 30-jährigen Krieges, mit 32 Truppendurchzügen, 20 Haupteinquartierungen, unzähligen räuberischen Einfällen, Misshandlungen, Plünderungen, Todesdrohungen, Seuchen, Hunger, Bränden und Grausamkeiten. Oft floh er mit seiner Gemeinde und Familie in die Gebirgswälder oder auf den nahen Scheibenberg, trat aber auch mehrfach unter Lebensgefahr Truppenführern und Soldatenhorden entgegen. In dramatischen Situationen erreichte er durch seinen Einsatz die Verschonung der Stadt oder wenigstens der Schutzbefohlenen.

In diesen Notzeiten wurden ihm und seiner Frau Euphrosyna, geb. Kreusel, insgesamt zehn Kinder geboren, von denen drei Söhne und drei Töchter auch das Erwachsenenalter erreichten.

In all den Jahren, in denen Elend, Gefahr und Gewalt alltäglich waren und schließlich sogar die Pest ausbrach, stand Christian Lehmann unerschütterlich zu seiner Gemeinde. Er stärkte sich und sie mit Gottes Wort, hielt Taufen, Trauungen und Heiliges Abendmahl auch in den Wald-, Fels- und Bergverstecken und linderte mit seinen eigenen Mitteln die äußerste Not, bis er offenbar ebenfalls alles verloren hatte.

2 Hier: Mäßigkeit, Bescheidenheit.

Nach dem 30-jährigen Krieg half er, innere und äußere Wunden zu heilen, und als sich das Land langsam erholte, begann er, wie schon mehrere seiner Vorfahren, all das genauer aufzuschreiben, was er für interessant erachtete. Dazu zählen sowohl die großen Kriegs- und Weltereignisse als auch die sog. Alltäglichkeiten. Gerade diese Informationen aber sind von heute unschätzbarem Wert.

Vorrangig widmete er sich aber seiner Amtstätigkeit und ließ dabei Erfahrungen und Ergebnisse seiner Forschungen sehr anschaulich als Beispiele in seine Predigten und seinen Briefwechsel einfließen. Christian Lehmann war ein tiefgläubiger lutherischer Pfarrer, der sich keineswegs bei Problemen zurückzog, sondern im christlichen Glauben die Kraft fand, tatkräftig für seine Gemeinde zu wirken. Er starb nach 55 Dienstjahren im hohen Alter von 77 Jahren am 11. Dezember 1688 in Scheibenberg und wurde auf dem Kirchhof bestattet. Sein beachtenswerter Grabstein, der heute innerhalb der St. Johanniskirche steht, zeigt ihn gemeinsam mit seiner Frau Euphrosyna und wird durch das Familienwappen und die Attribute von Glaube, Standhaftigkeit, Geduld und Gelehrsamkeit geziert. In der Kirche haben sich weitere Ausstattungstücke erhalten, die auch er schon kannte. Dazu zählen der spätgotische Altar, der Taufstein, drei Kruzifixe, eine Glocke, ein Epitaph und etliche Hand- und Druckschriften; ebenso befindet sich dort sein Altersporträt.

Lehmanns Werke

In der Mitte des 17. Jahrhunderts konzipierte Christian Lehmann ein monumentales, sechsbändiges Werk über alle erdenklichen Lebensbereiche des Erzgebirges, dem wir heute nur mit Staunen und Hochachtung begegnen können.[3] Dazu verfasste er im Laufe der Jahre die erforderlichen Manuskripte. Es teilt sich ein in:

I *Gebirgschronik*: veröffentlicht posthum als: Historischer Schauplatz derer natürlichen Merckwürdigkeiten in dem Meißnischen Ober-Ertzgebirge. Leipzig: Friedrich Lanckischens sel. Erben, 1699. Das bekannteste, weil lange das einzige gedruckte Buch Lehmanns.

II *Landchronik*: Geschichte und Beschaffenheit des Erzgebirges, sämtlicher Orte und der besonderen Lebensumstände der Einwohner: verschollen, Teile in den Historischen Schauplatz … (siehe oben I) übernommen, weitere Manuskriptteile in den Collectanea autographa (siehe unten c)) erhalten.[4]

III *Kirchenchronik*: Beschreibung aller erzgebirgischen Kirchen und ihrer Ausstattung, Geschichte der Superintendentur Annaberg, Reformation und

3 Für jeden Band sind jeweils 1000 Druckseiten anzunehmen.

4 Teile veröffentlicht in Schmidt-Brücken; Richter: Der Erzgebirgschronist … (wie Anm. 1), 79-84.

Gegenreformation besonders auch im benachbarten Böhmen: verschollen, Manuskriptteile in den Collectanea autographa erhalten (siehe unten c).[5]

IV *Kriegschronik*: Kriegszüge und Fehden vom 1. Jahrhundert n. Chr. bis 1650, Hussitenzeit, Bauern-, Türken- und Schmalkaldischer Krieg, besonders ausführliche und authentische Darstellung des 30-jährigen Krieges mit Schwerpunkt Erzgebirge: Manuskript erhalten in der Sächsischen Landes- und Universitätsbibliothek Dresden.[6]

V *Bergchronik*: Der Bergbau im Erzgebirge in allen Teilbereichen bis ins 17. Jahrhundert: Bis 1945 in Privatbesitz, dann verschollen. Geringe Manuskriptteile in den Collectanea autographa (siehe unten c) und in der Sittenchronik (siehe unten VI) erhalten.[7]

VI *Sittenchronik*: Lebensumstände, Tugenden und Laster, Merkwürdigkeiten usw.: Ein Großteil des Manuskriptes ist in der Universitätsbibliothek Leipzig vorhanden.[8]

Zum literarischen Nachlass Christian Lehmanns, der bis heute bekannt, aber völlig zerstreut ist, gehörten weiterhin folgende Schriften:

a) die »Apologia« – Verteidigungsschrift, mit einem lebendigen Sittenbild von 1673, Original im Archiv der Ev.-Luth. Kirche Scheibenberg,[9]
b) ein Predigtband, verschollen und nur aus Lehmanns Leichenpredigt nachweisbar,
c) die »Collectanea autographa«, in welcher sich etliche Erstfassungen verschollener Manuskripte erhalten haben, heute in der Universitätsbibliothek Halle,[10]
d) die »Annalen« (Jahrbücher), verschollen, Teile in c,
e) eine Leichenpredigt für Anna Regina Dietrich von 1674, Exemplar in der Ratsschulbibliothek Zwickau,[11]

5 Teile veröffentlicht in: Schmidt-Brücken; Richter: Der Erzgebirgschronist … (wie Anm. 1), 84-87.

6 Signatur: H 1d. Die das Erzgebirge betreffenden Teile veröffentlicht von Leo Bönhoff in: Christian LEHMANN: Das sächsische Erzgebirge im Kriegesleid/ hrsg. von Leo Bönhoff. Annaberg 1911. 1916; ND hrsg. von Hendrik Heidler als: Christian Lehmann: Die Kriegschronik: Sachsen mit Erzgebirge /hrsg. von Leo Bönhoff. Scheibenberg 1998; auch Norderstedt 2009.

7 Die spärlichen Reste übertragen und veröffentlicht in: Schmidt-Brücken; Richter: Der Erzgebirgschronist … (wie Anm. 1), 94-105.

8 Signatur: Handschriftenabteilung, RP III, 5m [Z89], Auszüge in: Schmidt-Brücken; Richter: Der Erzgebirgschronist … (wie Anm. 1), 105-125.

9 Übertragen und fast vollständig veröffentlicht in: Schmidt-Brücken; Richter: Der Erzgebirgschronist … (wie Anm. 1), 139-157.

10 Das Manuskript in der UB Halle (Hist, 2° 119) ist nicht vollständig erhalten.

11 Signatur: 49,5,6 / 14a

f) das »Chronicon Scheibenbergense« (Stadtchronik von Scheibenberg), Original aus der Stadtbibliothek Leipzig heute in der Universitätsbibliothek Leipzig,[12]
g) die Annaberger Ephoralbriefe, Original im Archiv des Ev.-Luth. Kirchenbezirkes Annaberg / Ephoralarchiv,[13]
h) eine Nachricht von den Wahlen (über ausländische Schatzsucher),[14]
i) die »Descriptio Nigromontana« (Schwarzenberger Stadtchronikgedicht),[15]
j) verschiedene Dienstschreiben,[16]
k) die Gießener Briefsammlung (enthält 191 Briefabschriften über geistliche, historische, seelsorgerliche, wirtschaftliche u. a. Themen), erhalten in der Universitätsbibliothek Gießen.[17]

Es ist bedauerlich, dass von seinem Gesamtwerk nicht einmal die Hälfte auf unsere Zeit gekommen ist.[18] Wenn man dieses rekonstruiert, lässt sich ausrechnen, dass Christian Lehmann für seine literarische Arbeit ca. 25.000 Blätter eng mit seiner winzigen Handschrift beschrieb, bei der große Buchstaben meist nur vier und kleine nur gut einen Millimeter hoch sind.

Die Materialsammlung zu den meisten der 17 genannten Schriften bzw. Sammlungen begann Lehmann schon in seinen Kindertagen (siehe oben). Kontinuierlich hielt er später Wetter-, Himmels-, Kriegsereignisse und besondere Vorkommnisse

12 Signatur: Rep. IV. Fol 36c; Die Übertragung ist veröffentlicht unter: Christian LEHMANN: Chronicon Scheibenbergense. Bearb. u. zum Druck gebracht von Lutz Mahnke. Scheibenberg 1992.

13 Signatur: EAA 5218; zwei Briefe veröffentlicht in Schmidt-Brücken; Richter: Der Erzgebirgschronist … (wie Anm. 1), 226-229.

14 Der Enkel veröffentlichte Teile aus dem Manuskript seines Großvaters und erweiterte offenbar das Werk; zu finden in: Christian Gottlob LEHMANN: Nachricht von Wahlen: wer sie gewesen, wo sie Gold-Erz aufgesucht, und gefunden, wie sie solches geschmelzt und zu gut gemacht, auch wie sie aus Erzen und Kräutern Gold gebracht, aus alten Schriften und Nachrichten gezogen, und denen Liebhabern des Bergwerks und Schmelz-Wesens, auch Chymicis eröffnet. Frankfurt; Leipzig 1764.

15 Veröffentlicht: Christian SCHÖTTGEN; Georg Christoph KREYSIG: Diplomatische und curieuse Nachlese der Historie von Obersachsen und angrentzenden Ländern. 7. Teil. Dresden; Leipzig: Hekel, 1732, 529-546 (VII: »Christian Lehmanns, Pfarrs zu Scheibenberg, Lateinisch carmen vom Städtgen Schwarzenberg vor 1688 geschrieben«).

16 Teile z. B. erhalten in den Visitationsakten von 1673 im SächsHStA Dresden (10088 Oberkonsistorium Nr. 1979), im Ephoralarchiv Annaberg und in den Kirchenbüchern von Scheibenberg und Elterlein.

17 Signatur HS 116.

18 Von den kleineren Schriften sind a, e, f, h und i vollständig erhalten und in verschiedenen Jahrhunderten gedruckt; b ist verschollen; c, d, g, j und k sind teilweise erhalten und z. T. abgedruckt in: Der Erzgebirgschronist; bei h und i stammen nur Teile des Erstentwurfes von Christian Lehmann sen.

chronikalisch fest und widmet sich dann in Scheibenberg, etwa zwischen 1650 und 1685,[19] der genaueren Ausformulierung seiner Manuskripte.

Für seine Erkundungen durchwanderte er offensichtlich das gesamte Erzgebirge auf sächsischer und böhmischer Seite, forschte in unzähligen älteren Druck- und Handschriften, von denen heute viele untergegangen sind, in der Natur und in und an den unterschiedlichsten Bauwerken. Er unterhielt sich mit Geistlichen, Adligen, Hammerherren (dem damaligen Industrieadel im Erzgebirge), kurfürstlichen Beamten, Richtern und Professoren, mit Bauern, Bergleuten, Schulmeistern, Exulanten,[20] Ärzten, Kantoren, Waldköhlern, Klöppelfrauen, Kräuterweiblein, Schafhirten, Jägern und Hammerschmieden. Ebenso führte er eine umfangreiche Korrespondenz mit Menschen verschiedener gesellschaftlicher Schichten und gab sein Erleben und seine Forschungsergebnisse in teils nüchternen aber oft auch in erschütternden oder kuriosen Darstellungen wieder.

Das Leben, Glauben und Schaffen des erzgebirgischen Pfarrers Christian Lehmann inmitten der 30-jährigen Kriegszeit und der folgenden Jahrzehnte ist unbedingt der Erinnerung wert.

Das Symposium 2011

Die Vielfalt des Lebens, Leidens, Forschens und Schreibens von Christian Lehmann spiegelten nun 2011 zahlreiche Veranstaltungen wieder. Dazu zählten drei Ausstellungen, 24 Lesungen, vier Konzerte, drei Theaterstücke, Buchveröffentlichungen, Zeitungsartikel, Vorträge, Führungen, Gottesdienste und ebenso das wissenschaftliche Symposium in der St. Johanniskirche Scheibenberg am 12. November 2011, dem Tag nach Lehmanns 400. Geburtstag am 11. November 1611.

1. Eröffnet wurde die gut besuchte Veranstaltung vom Ortspfarrer und Verfasser dieser Zeilen, der in seinem Beitrag »Christian Lehmann: Pfarrer, Chronist, Forscher – Bekanntes und Neues«, das Leben und Werk Lehmanns vorstellte, summarisch die Ergebnisse seiner Forschungen des letztens Jahrzehnts darlegte und auf die neusten genealogischen Ergebnisse einging.[21] Dem folgte die kommentierte Lesung einiger Passagen aus bisher ungedruckten Schriften Lehmanns.

2. Dr. Michael Wetzel/Zwönitz sprach anschließend über »Die Bewältigung der Folgen des 30jährigen Kriegs im Erzgebirge« und schilderte einleitend den Kriegs-

19 Als ältestes bisher bekannte Stück konnte das Gedicht »Euphrosyna« in einer Leichenpredigt seines Vaters von 1633 entdeckt werden: Theodosius LEHMANN: Strophiolium Lugentium. Halberstadt 1633.

20 Ihre Vertreibung aus Böhmen erlebte Lehmann direkt mit und half und ermutigte, wo er konnte. Aus ihren Berichten und Lehmanns Aufzeichnungen ließe sich eine »Geschichte der Gegenreformation im böhmischen Erzgebirge« zusammenstellen.

21 ERZGEBIRGSCHRONIST CHRISTIAN LEHMANN, SEINE FAMILIE, VORFAHREN UND NACHFAHREN/ hrsg. von Stephan Schmidt-Brücken; Hans-Rüdiger Albert; Ortrud Richter; Rainer Gebhardt (Erzgebirgische Genealogien; 14). Annaberg-Buchholz 2011.

verlauf und die Leiden der Bevölkerung. Durch Lehmanns »Kriegschronik« und seinen »Historischen Schauplatz« bekamen die heute kaum noch nachvollziehbaren Kriegsopfer, die materiellen und mentalen Schäden ein Gesicht. Klar wurde, dass beim Wiederaufbau der christliche Glaube für den Scheibenberger Pfarrer und seine Zeitgenossen entscheidende Stütze und Motor war. (Beitrag siehe unten).

3. Es folgte Hans-Hermann Schmidt/Adorf mit einem Vortrag über »Die erzgebirgische Kirchenmusik zur Zeit Christian Lehmanns«. Er schilderte das reiche musikalische Leben im Erzgebirge und die Kantoreien als dessen Träger, stellte Komponisten dieser Zeit vor und belebte sein Referat mit Tonbeispielen.

4. Der »Mundartbrief« aus der »Epistelsammlung« Lehmanns,[22] bildete die Vorlage für ein originelles Schauspiel von begabten Laiendarstellern und hauchte so dem alten Text, zur allgemeinen Erheiterung, neues Leben ein.

5. Der Altphilologe Andreas Glock (†) vom Landesgymnasium St.Afra/Meißen stelle anschließend das »Descriptio Nigromontana« (siehe oben i) und die von ihm erarbeitete Übersetzung vor. Das lateinischen Lobgedicht auf die Stadt Schwarzenberg, verfasst von Christian Lehmann und seinem Sohnes Theodosius, bezeichnete er als ein Werk »von großer Gestaltungskraft und hohem literarischen Anspruch«.

6. Den Abschluss des Symposiums gestaltete Pf. i. R. Dr. Bernd Stephan/Großrückerswalde, der unter dem Thema »Hussiten im Erzgebirge?« der Frage nach dem Quellenwert von Lehmanns »Kriegschronik« für das 15. Jahrhundert nachging.

Als Ergänzung zu dieser Veranstaltung wurde ein weiterer Beitrag zur Verfügung gestellt, der im Folgenden dankenswerterweise mit dem Beitrag von Wetzel veröffentlicht werden kann: PD Dr. Hans-Joachim Jakob/Siegen widmet sich in seinem Beitrag der »Anthropologie Christian Lehmanns«.

Es wäre wünschenswert, dass Pfarrer Christian Lehmann und seine Schriften nicht vergessen, sondern als interessante Quellen der Öffentlichkeit zugängig gemacht werden können und dass sein Werk Gegenstand weiterer wissenschaftlicher Untersuchungen wird.

22 Transkribiert vom Verfasser, abgedruckt in Schmidt-Brücken; Richter: Der Erzgebirgschronist … (wie Anm. 1), 207-209.

Gottes Zeichen am menschlichen Körper und im menschlichen Geist

Christian Lehmanns Chronik »Historischer Schauplatz derer natürlichen Merckwürdigkeiten« (1699) als regionale Anthropologie der Ausnahmefälle und Kuriositäten

Von Hans-Joachim Jakob

Was ist der Mensch? Eine Frage, die sich angesichts der von Menschen verursachten Drangsale und Katastrophen in Mitteleuropa mindestens in der ersten Hälfte des 17. Jahrhunderts mit äußerster Dringlichkeit zu stellen scheint – legt man die historischen und soziologischen Deutungsmuster des 21. Jahrhunderts zugrunde. Die Philosophie und der Spezialbereich der ›Menschenkunde‹ im 17. Jahrhundert verhandelt und verursacht die geistesgeschichtlichen Umbrüche, die mit dem Rationalismus verbunden sind, der sich als adäquates Erkenntnismodell in einem Zeitalter der Entdeckungen und naturwissenschaftlichen Experimente entwickeln sollte. Die Allmacht und Güte Gottes bleibt auf der anderen Seite für den Menschen als endlichem – und daher hochgradig fehlerbehaftetem – Element der Schöpfung konstitutiv.[1] So kann die Philosophie nur Teilbereiche einer ›Menschenkunde‹ bereitstellen, unmittelbar zuständig sind mindestens ebenso die Theologie (als Mediatorin zwischen Gott und Mensch), die Jurisprudenz (als Ordnungsmodell des menschlichen Zusammenlebens), die Medizin (als Korrektiv der unzähligen menschlichen Gebrechen, in denen die Endlichkeit besonders plastisch zum Ausdruck kommt) und die Historiographie (als Exempelsammlung aller von Menschen unternommenen Handlungen). Und auch die Rhetorik leistet mit der Lehre von den Affekten einen überaus wichtigen Beitrag zur Erklärung bestimmter Vorgänge im menschlichen Temperament.

Zentraler Anlaufpunkt der kulturwissenschaftlichen Forschung war bislang indes das 18. Jahrhundert, wie z. B. das Symposion der Deutschen Forschungsgemeinschaft von 1992 mit dem Titel »Der ganze Mensch: Anthropologie und Literatur im 18. Jahrhundert« mit seinen vielen facettenreichen Vorträgen überzeugend demonstrieren konnte.[2] So rückte der Mensch in seiner Körperlichkeit, seinem geistigen Befinden und seinen Handlungsmaximen im Zeitalter der Auf-

1 Vgl. zum Stellenwert der ›Wissenschaft vom Menschen‹ in der Philosophie des 17. Jahrhunderts den Überblick von Martin Schneider: Das Weltbild des 17. Jahrhunderts: philosophisches Denken zwischen Reformation und Aufklärung. Darmstadt 2004, bes. 144-175 (»Leib und Seele«) und 235-261 (»Tugend und Affekt«).

2 Der ganze Mensch: Anthropologie und Literatur im 18. Jahrhundert. DFG-Symposion 1992/ hrsg. von Hans-Jürgen Schings (Germanistische Symposien. Berichtsbände; 15). Stuttgart; Weimar 1994.

klärung und der Französischen Revolution als legitimer, nun von der göttlichen Schöpfung separierter Untersuchungsgegenstand in den Blickpunkt der sich weiter ausdifferenzierenden Wissenschaften – sei es z. B. in der Neurophysiologie, der Erfahrungsseelenkunde, der Physiogmomik oder der Erkenntnistheorie, die ihre Revolutionierung mit Immanuel Kant fast am Ende des 18. Jahrhunderts erfahren sollte. Der anthropologische Rekurs auf das 17. Jahrhundert hat hingegen bislang nur sporadisch stattgefunden, auch wenn jüngste Veranstaltungen wie die Tagung der Grimmelshausen-Gesellschaft »Grimmelshausen und das Wissen vom Menschen« vom 14. bis 16. Juni 2012 in Basel prononcierte Verstöße in die frühe Neuzeit unternehmen.[3] Nicht eben einfacher wird die Erforschung der ›Menschenkunde‹ im Barockzeitalter dadurch, dass die unterschiedlichen Wissenschaften ihrerseits unterschiedliche methodologische Konzeptionen bereitstellen, um dem Menschen auf die Spur zu kommen – sei es nun aus biologie- und medizingeschichtlicher, ethnologischer, historischer oder literarischer Perspektive.[4] Aber auch das Untersuchungsfeld gestaltet sich verwirrend vielfältig – schließlich ist für eine historische ›Menschenkunde‹ eine unüberschaubare Anzahl von Parametern zu berücksichtigen, die das menschliche Leben bestimmen und sich im historischen Prozess entweder verstetigen oder verändern.[5]

Angesichts der in Christian Lehmanns »Historischem Schauplatz« (1699)[6] in ordentlicher Systematik versammelten anthropologisch akzentuierten Teilkapitel

---

3 Die Tagungsakten sind erschienen in Simpliciana 34 (2012).

4 Aus der Fülle der Ansätze der einzelnen Fachdisziplinen sollen hier zur Auseinandersetzung mit einer historischen Chronik zwei herausgegriffen werden. Der Rückgriff auf die methodischen Instrumentarien der Geschichtswissenschaft ist schon angesichts der Textsorte ›Chronik‹ mehr als naheliegend. Angesichts der Regionalität von Lehmanns »Historischem Schauplatz« erscheint in erster Linie eine Mikroperspektive empfehlenswert, vgl. dazu Jakob TANNER: Historische Anthropologie zur Einführung (Zur Einführung; 301). 2. Aufl. Hamburg 2008, 97-135 (»Probleme und Perspektiven der Historischen Anthropologie«). Als Leitfaden für eine Systematisierung der einzelnen anthropologierelevanten Themen im »Historischen Schauplatz« empfiehlt sich hingegen vorzüglich Alexander KOŠENINA: Literarische Anthropologie: die Neuentdeckung des Menschen. Berlin 2008, dessen Schwerpunkt zwar im 18. Jahrhundert liegt, der seinen Überblick über die literarische Anthropologie durch Rückblicke in das 17. Jahrhundert aber historisch exakt verortet.

5 Ein entsprechendes Panorama möglicher Forschungen versammelt die Zeitschrift Historische Anthropologie (1993 ff.).

6 Die ausführliche Titelei lautet: J. N. J! CHRISTIAN LEHMANNS SEN. WEILAND PASTORIS ZU SCHEIBENBERG HISTORISCHER SCHAUPLATZ DERER NATÜRLICHEN MERCKWÜRDIGKEITEN IN DEM MEISSNISCHEN OBER-ERTZGEBIRGE/ Darinnen Eine außführliche Beschreibung dieser gantzen gebirgischen und angräntzenden Gegend/ Nach ihrem Lager/ Gestalt/ Bergen/ Thälern/ Felßen/ Flüssen/ Brunnen/ warmen Bädern/ Wäldern/ Landes-Art/ Früchten/ Wildsbahne/ wie auch observirten Zustand der Elementen/ Himmels-Zeichen/ Witterung und allerhand curiösen Begebenheiten/ Wunder und Ebentheuer/ Glücks- und Unglücks Fällen an Menschen und Vieh/ enthalten/ Weiland von dem seel. Autore mit grossem Fleiß/ aus alten Schrifften und Documenten/ meistentheils aber mühsamer eigener Erfahrung

überrascht es ein wenig, dass die voluminöse Chronik bislang noch nicht in das Blickfeld der Historischen Anthropologie geraten ist.[7] Als historischer Quellentext verlangt der »Schauplatz« allerdings in der Auslegung einige Behutsamkeit, die Lehmann in der älteren Forschung immerhin einen Eintrag im »Handwörterbuch des deutschen Aberglaubens« einbrachte und mit der Dissertation von Fritz Roth eine der wenigen monographischen Abhandlungen über den Scheibenberger Pfarrer initiierte.[8] So erscheint Lehmanns Erzgebirge auf den ersten Blick als überaus abwechslungsreiche Drohkulisse, die durchwebt ist von einer nicht abreißenden Kette von Wunderzeichen und phantastischen Vorfällen, die einer trockenen, historiographisch relevanten Faktenakkumulation – aus neuzeitlicher Perspektive – nahezu Hohn sprechen. Im Sinne mittelalterlicher und frühneuzeitlicher Erklärungsmodelle der Welt übernimmt der »Historische Schauplatz« hier die Funktion eines ›Buchs der Natur‹, in dem die niedergelegten Dinge nie allein in ihrem gegenständlichen Sinn aufzufassen sind, sondern etwa im mehrfachen Schriftsinn immer auf ihren Stellenwert in Gottes Schöpfung verweisen und daher einer Exegese unterzogen

---

zusammen getragen/ und mit warhafften Geschichten ausgeschmücket/ Nun aber Mit schönen Kupfern und nöthigen Figuren gezieret/ und durch den öffentlichen Druck aufgethan von dessen Hinterlassenen Erben. Leipzig 1699. Zugrunde gelegt wurde der Nachdruck Stuttgart 1988. Die Seitenangaben aus dieser Ausgabe finden sich in der Folge mit dem Kürzel »HS« im Haupt- wie im Anmerkungstext.

7 Vgl. als Verzeichnis der bisherigen Forschungen zu Lehmann: Stephan SCHMIDT-BRÜCKEN; Karsten RICHTER: Der Erzgebirgschronist Christian Lehmann: Leben und Werk. Marienberg 2011, 264-267. – Zu ergänzen wäre die ungemein aufschlussreiche Untersuchung von Ina-Maria GREVERUS: Die Chronikerzählung: ein Beitrag zur Erzählforschung am Beispiel von Chr. Lehmanns »Historischem Schauplatz« (1699). In: Volksüberlieferung: Festschrift für Kurt Ranke zur Vollendung des 60. Lebensjahres/ hrsg. von Fritz Harkort; Karel C. Peeters; Robert Wildhaber. Göttingen 1968, 37-80. Die historische Erzählforschung hat allerdings Kritik an Greverus' Modell der Chronikerzählung angemeldet und dem »Historischen Schauplatz« die Gattungsnormen einer Chronik abgesprochen, vgl. Wolfgang BRÜCKNER: Art. Chronikliteratur. In: Enzyklopädie des Märchens: Handwörterbuch zur historischen und vergleichenden Erzählforschung/ begr. von Kurt Ranke. Bd. 3. Berlin; New York 1981, 7 f: »Christian Lehmanns ›Hist. Schauplatz derer natürlichen Merckwürdigkeiten in dem meißnischen Ober-Ertzgebirge‹ steht neben seiner ›Kriegschronik‹ und seiner ›Sittenchronik‹ und zeigt ihn als ›curiösen spectator‹ des ›Natur-Wunder-Baus‹ von Land und Leuten, vorgestellt in Kapiteln vom Gebirge, den Wäldern, Felsen, Wassern, Luft und Witterung, Feuer etc. über das Vieh bis hin zum Menschen und schließlich zur Pest. Chronik im Sinne der Ereignisgeschichte ist das nur noch in sehr bedingtem Maße, aber eine typische Entwicklungsform dieser Art erzählender Literatur.«

8 Vgl. Art. CHRISTIAN LEHMANN. In: Handwörterbuch des deutschen Aberglaubens/ hrsg. von Hanns Bächtold-Stäubli. Bd. 5. Berlin; Leipzig 1933 [ND Berlin; New York 1987], 1014-1019 und Fritz ROTH: Christian Lehmanns Leben und Werke und seine Stellung zum Aberglauben. Schwarzenberg 1933. – Aus der neueren Lehmann-Forschung ist zu nennen Jürgen KUCZYNSKI: Studien zu einer Geschichte der Gesellschaftswissenschaften. Bd. 6: Gelehrtenbiographien. Berlin 1977, 31-49 (»Eine erzgebirgische Gelehrtenfamilie«), hier 42-49 (»Aberglauben, Wissen und Religion«).

werden müssen.[9] Auch der Mensch und die menschlichen Handlungen stehen somit unter geistlicher Deutungshoheit. Auch wenn Lehmann stellenweise Zweifel an besonders abenteuerlich erscheinenden Ereignissen anmeldet, so muss er sie doch in treuer Chronistenpflicht niederlegen. Die Geltung seiner Chronik sieht er gewährleistet durch die Dignität der »historia«, die sich von erfundenen und daher unmoralischen und sittenverderbenden Geschichten dezidiert abgrenzt – eine Negativsetzung, die bereits in der »Vorrede« des »Schauplatzes« einen wichtigen Raum einnimmt.[10]

Erscheint das Untersuchungsfeld der Anthropologie nur mit Mühe überschaubar, so bietet auch der »Historische Schauplatz« eine Vielzahl von Anknüpfungspunkten, die zur rigorosen Auswahl zwingen und daher im Sinne einer ersten Übersicht nur punktuell-exemplarisch skizziert werden können.[11] Die Chronik präsentiert 227 Teilkapitel in 17 Abteilungen, von denen bereits Abt. VI (»Von der Lufft/ allerhand Meteoris und Lufft-Witterungen«, HS 295-425) die Brücke schlägt zum astrologisch-astronomischen Schrifttum der frühen Neuzeit, das sich anheischig macht, das Verhältnis von Mensch und Kosmos zu bestimmen.[12] Und auch Abt. X

9 Vgl. zum »Buch der Natur« Ernst Robert CURTIUS: Europäische Literatur und lateinisches Mittelalter. 11. Aufl. Tübingen; Basel 1993, 323-329 und Heribert Maria NOBIS: Art. Buch der Natur. In: Historisches Wörterbuch der Philosophie/ hrsg. von Joachim Ritter. Bd. 1. Basel; Stuttgart 1971, 957-959; zum vierfachen Schriftsinn empfiehlt sich die klassische Studie von Friedrich OHLY: Vom geistigen Sinn des Wortes im Mittelalter. Zeitschrift für deutsches Altertum 89 (1958/1959), 1-23.

10 HS unpag. (»Vorrede«): »Gewiß/ es wird mehr Frucht aus diesen warhafftigen Begebenheiten zu gewarten seyn/ als aus allen mit so grossen Kopffbrechen/ Arbeit und Zeitverlust ausgesonnenen heroischen Lügen-Gedichten/ so unter dem Nahmen der Romains der albern Jugend in die Hände gespielt werden/ zu ihren grossen Verderb/ und derer sich die Autores in ihrem reiffen Alter gemeiniglich selbst schämen/ oder aus andern lustigen Fabeleyen/ die künstlich/ unter den Schein besonderer Handgriffe/ einem die Klugheit beyzubringen/ ausgearbeitet/ und anmuthig zu lesen sind/ hinterlassen aber unvermerckt den Gifft und Stachel der Welt-Liebe und sündlicher Vanität/ dazu unser Fleisch und Blut von sich selbst mehr als zu geneiget ist.«

11 Vgl. zu weiteren zukünftigen Aufgaben der Lehmann-Forschung Lutz MAHNKE: Christian Lehmann (1611-1688): der Chronist des Erzgebirges im 17. Jahrhundert. Untersuchungen zur Lyrik in seinen Werken. Diss. masch. Pädagogische Hochschule Zwickau 1993, 121 f: »Zukünftige Forschungen werden vor allem auf folgende Schwerpunkte intensiver eingehen müssen: – auf das gesamte lyrische Schaffen Christian Lehmanns; – auf das Genre der Chronik bei Christian Lehmann; – auf den Briefwechsel Christian Lehmanns (200 Briefe in Gießen und 70 Briefe in Annaberg); – auf Fragen des Bearbeitens der Manuskripte zum tomus naturalis durch die Söhne; – auf die Rezeption der Lehmannschen opera seit dem 18. Jahrhundert; – auf den Adressatenkreis Christian Lehmanns.«

12 Vgl. dazu nach wie vor Klaus HABERKAMM: »Sensus astrologicus«: zum Verhältnis von Literatur und Astrologie in Renaissance und Barock (Abhandlungen zur Kunst-, Musik- und Literaturwissenschaft; 124). Bonn 1972. – Ein Teilkapitel der Chronik befasst sich zudem mit Himmelszeichen: »Von Wunderzeichen und ominösen Erscheinungen am Himmel« (HS 399-412). Vgl. zu dieser Sonderform der Prodigienliteratur Rudolf SCHENDA: Die

(»Von wilden Thieren«, HS 522-609) nähert sich einer frühneuzeitlichen Anthropologie über den Umweg benachbarter Gattungen, wenn es indirekt auch um das Zusammenleben von Menschen und Tieren geht.[13] Im Sinne der Systematik der Chronik bieten aber die explizit anthropologisch betitelten Abteilungen XV (»Vom Menschen«, HS 705-834) und XVI (»Von allerley Menschlichen Zufällen«, so die Betitelung im Inhaltsverzeichnis, HS 834-953) das ergiebigste Quellenmaterial und sollen daher in den Mittelpunkt der nun folgenden Ausführungen gestellt werden, während Abt. XVII (»Von der Pestilentz«, HS 953-1005) zwar auch wieder anthropologische Relevanz als Krankheitsprophylaxe erlangt, hier aber den Medizinhistorikern überlassen werden muss.[14]

I

Lehmann beginnt seine anthropologischen Ausführungen am Anfang der menschlichen Existenz, der Geburt. Sein besonderes Interesse gilt dem Ausnahmefall und seiner Zeichenhaftigkeit für zukünftige und seiner Rückbezüglichkeit auf vergangene Ereignisse.[15] So erweist sich das »Weinen der Leibes-Frucht vor

deutschen Prodigiensammlungen des 16. und 17. Jahrhunderts. Archiv für Geschichte des Buchwesens 4 (1963), 673-680 und Michaela SCHWEGLER: »Erschröckliches Wunderzeichen« oder »natürliches Phänomenon«?: frühneuzeitliche Wunderzeichenberichte aus der Sicht der Wissenschaft (Bayerische Schriften zur Volkskunde; 7). München 2002, 62-92.

13 Vgl. dazu die Beiträge des Bandes TIERE: eine andere Anthropologie/ hrsg. von Hartmut Böhme u. a. (Schriften des Deutschen Hygiene-Museums Dresden; 3). Köln; Weimar; Wien 2004.

14 Vgl. aus der unüberschaubaren Forschung als Überblick zunächst Franz MAUELSHAGEN: Pestepidemien im Europa der Frühen Neuzeit (1500–1800). In: Pest: Die Geschichte eines Menschheitstraumas/ hrsg. von Mischa Meier. Stuttgart 2005, 237-265. – Vgl. außerdem die perspektivenreichen Beiträge des Bandes DIE LEIDIGE SEUCHE: Pest-Fälle in der Frühen Neuzeit/ hrsg. von Otto Ulbricht. Köln; Weimar; Wien 2004, hier bes. die Einführung von Otto ULBRICHT: Einleitung: die Allgegenwärtigkeit der Pest in der Frühen Neuzeit und ihre Vernachlässigung in der Geschichtswissenschaft (ebd, 1-63, zu Lehmanns Chronik kurz ebd, 23. 39. 49). Darüber hinaus bietet die Spezialstudie von Matthias LANG: »Der Vrsprung aber der Pestilentz ist nicht natürlich, sondern übernatürlich …«: medizinische und theologische Erklärung der Seuche im Spiegel protestantischer Pestschriften 1527-1650 (ebd, 133-180) eine ideale Ausgangsbasis für die Behandlung von Lehmanns Pestkapitel.

15 Wobei Zeichen für kommende Ereignisse nochmals einen besonderen Stellenwert besitzen. Lehmann bezeichnet sie im Kapitel »Von Ominibus oder Ahntungen« (HS 777-786) denn auch explizit als »Prognostica« (Marginalie HS 783). Prognostiken hatten für die frühneuzeitliche Kalenderliteratur eine große Bedeutung, vgl. zu einem Zentrum der Kalenderherstellung Klaus MATTHÄUS: Zur Geschichte des Nürnberger Kalenderwesens: die Entwicklung der in Nürnberg gedruckten Jahreskalender in Buchform. Archiv für Geschichte des Buchwesens 9 (1969), 1199-1234 (»Die Praktik«), als konkretes Beispiel einer Kalenderreihe Peter HESSELMANN: Die simplicianischen Jahreskalender in der Altenburger Kalendersammlung. In: Astronomie – Literatur – Volksaufklärung: der Schreibkalender der Frühen Neuzeit mit seinen Text- und Bildbeigaben/ hrsg. von Klaus-Dieter Herbst (Acta

der Geburt« (HS 705) als Ankündigung künftiger Katastrophen mittlerer oder schwerwiegender Qualität: »Anno 1639. hörte Samuel Morgensterns Eheweib zu Neudorff ihr Kind unter Mütterlichem Hertzen weinen/ darüber sie sich sehr gehärmet/ wie denn auch erbärmliche Zeiten erfolget.« (HS 706) Der Verweisimpuls kann sich dabei sowohl auf Fehlbildungen und den frühen Tod des Kindes als auch auf kommende Unglücksfälle beziehen: »Item: Es wartete nach dieser Zeit eine Müllerin auf Böhmisch Wiesenthal ihrer häußlichen Arbeit in der Stuben um den Ofen herum/ hörte darüber ihre Leibesfrucht bitterlich weinen: Kurtz hernach brante die gantze Mühle weg.« (HS 706) Das Lebensumfeld und der tägliche Umgang können ebenso in die Physis der Neugeborenen hereinspielen, so »wurde in Böhmisch-Wiesenthal eines Fleischhackers Tochter mit Schweins-artigen Pfötlein gebohren/ derer sie an ieder Hand drey hatte.« (HS 713) Eine »Bürgerin, die ein Schäflein« aufzieht, bringt daraufhin »einen Sohn mit einem weichen wolligten Schafskopf« (HS 713) zur Welt.

Weitaus gravierender erscheint die Qualität der Zeichenhaftigkeit in dem Kapitel »Von Prodigiösen Warnungs-Zeichen an Neugebohrnen Kindern« (HS 719-722).[16] Lehmann verweist mit größter Deutlichkeit auf die göttliche Warnung, die den spektakulären Fehlbildungen an Neugeborenen buchstäblich in den Leib geschrieben ist. Selbst die verheerende Einnahme, Plünderung und Zerstörung Magdeburgs 1631 hätte so bereits vorhergesehen werden können:

> »Wer wolte doch der blossen Phantasie beymessen/ daß Anno 1630. vor der jämmerlichen Zerstörung Magdeburg ein Soldaten-Weib in der Geburt gestorben/ nach derer eröffnetem Leibe man eine Frucht mit gantzer Soldaten-Mundirung/ einem Cascét auff dem

---

Calendariographica. Forschungsberichte; 5; Presse und Geschichte – Neue Beiträge; 67). Bremen 2012, 115-149, zu den Prognostiken ebd, 121. 124-126. 134. – Es gab aber auch eine einschlägige Traktatistik, vgl. Bernhard Dietrich HAAGE: Artes magicae: die magischen und mantischen Künste. In: Bernhard Dietrich Haage; Wolfgang Wegner: Deutsche Fachliteratur der Artes in Mittelalter und Früher Neuzeit (Grundlagen der Germanistik; 43), Berlin 2007, 284-291.

16 Zuerst hingewiesen hat auf einen einschlägigen Zusammenhang mit der Wunderzeichenpublizistik Greverus: Die Chronikerzählung (wie Anm. 7), 42. Vgl. aus der reichen Forschung zur frühneuzeitlichen Prodigienliteratur den Überblick von Jürgen BEYER: Art. Prodigien. In: Enzyklopädie des Märchens … (wie Anm. 7). Bd. 10. Berlin; New York 2002, 1378-1388, die klassische Studie von Schenda: Die deutschen Prodigiensammlungen … (wie Anm. 12), die aufschlussreiche medienhistorische Untersuchung von Irene EWINKEL: De monstris: Deutung und Funktion von Wundergeburten auf Flugblättern im Deutschland des 16. Jahrhunderts (Frühe Neuzeit; 23). Tübingen 1995, außerdem Schwegler: »Erschröckliches Wunderzeichen« … (wie Anm. 12) und das regionale Fallbeispiel von Kai LOHSTRÄTER: Der mahnende Fingerzeig Gottes: zum Prodigienglauben des 17. Jahrhunderts in Dortmund. Beiträge zur Geschichte Dortmunds und der Grafschaft Mark 95 (2004), 7-39. – Zu Lohsträters programmatischem Titel vgl. auch die einschlägige Stelle HS 719: »Man überlege nachfolgende Beyspiele in des HErrn Furcht/ so wird man den Warnungs-Finger GOttes wohl erkennen.«

Kopf/ einem Harnisch am Leibe/ alamode-Stiefeln an Beinen/ und einem am Leibgen hangenden Pantalier angetroffen?« (HS 719)

Lehmanns Kritik richtet sich hier auch gegen das berüchtigte Alamode-Wesen, also der ständig neuesten, äußerst kostspieligen Einkleidung bevorzugt nach französischem Vorbild.[17] Im persönlichen Lasterkatalog des Geistlichen nimmt die Partizipation an der jeweils neuesten Mode offenbar einen hohen Stellenwert ein: »Nachdem der Teutsche 30jährige Krieg geendet/ und der edle Friede erlanget/ hat sich die leidige Weiber-Hoffart mit allerley Haarschmuck/ Zöpfen/ Umgebinden/ Zipfelmützen allmählig wieder angesponnen.« (HS 720) Der Hang zu einer derartig übertriebenen Aufmachung muss natürlich bestraft werden: »Diese bestialische Undanckbarkeit rügte GOtt mit Vorstellung abscheulicher Geburten.« (HS 720) Umgehend »gebahr Paul Raschens Weib im Grünstädtel ein Kind mit Haarzöpfen und aufgeputztem Hauptschmuck/ von Fleisch gebildet«. (HS 720)[18] Doch nicht nur die »Hoffahrt« entpuppt sich als hochgradig korrekturbedürftiges Laster, auch andere menschliche Verfehlungen werden drakonisch am Kindeskörper abgestraft: »So kan auch nicht geleugnet werden/ daß GOtt damit beydes der Frommen Besserung/ als der Gottlosen Bestraffung/ sonderlich Entdeckung der heimlichen Sünden und Eröffnung bevorstehender Land- oder Stadt-Plagen zu verstehen gebe.« (HS 722) So erfährt z. B. auch vorehelicher Geschlechtsverkehr göttliche Ahndung, im Jahre 1678 bringt »Hanß Bäßlers Weib am Weipert 8 Wochen nach ihrer Hochzeit eine heßliche Mißgeburt mit einem spitzigen Ziegen-Kopf« (HS 725) zur Welt. Die entsetzten Eltern vergraben den deformierten Körper, er wird »aber auf Oberkeitl. Befehl wieder ausgegraben/ und den ruchlosen Eheleuten zum Abscheu ihrer Sünden vorgewiesen«. (HS 725) Doch auch die üblichen Geburtsumstände – ohne Fehlbildungen des Fötus – bringen für Mutter und Kind eine Kette virulenter Gefahren mit sich (HS 730-736).[19]

Dabei liest sich Lehmanns Galerie des prä- und postnatalen Schreckens keineswegs wie ein spektakuläres Pandämonium sensationsheischender Horrormeldungen. Die Zeichenhaftigkeit göttlicher Warnungen am menschlichen Körper verdeutlicht vielmehr Gottes Allgegenwärtigkeit in seiner Schöpfung, die sich dazu anschickt,

17 Vgl. dazu kompakt Brigitte Badelt: Die Alamode-Kritik im gesellschaftlichen Kontext neu gelesen. Frühneuzeit-Info 7 (1996), 9-17.

18 Vgl. nochmals mit Hinweis auf die Warnungsfunktion HS 720: »Anno 1681. im May warnete der treue GOtt abermahl/ da der schändliche Hauben-Pracht bey Weibern und Jungfrauen im Schwange gieng/ denn in Crotendorff gebahr Daniel Schreibers eines Land-Fuhrmanns Weib ein todtes Kind/ welches auff dem Haupt ein wunderlich-formirtes Stück Fleisch trug/ als eine von unterschiedlichen Stücken zusammen gefügte Frauens-Haube.«

19 Wohl gemerkt: Lehmanns vordringliches Interesse gilt zumindest in den Geburtenkapiteln der Ausnahme und nicht dem Regelfall, womit seine Menagerie der Fehlbildungen wiederum in den Stoffbereich der Kuriositätenliteratur rückt. Vgl. Rudolf Schenda: Art.: Kuriositätenliteratur. In: Enzyklopädie des Märchens … (wie Anm. 7). Bd. 8. Berlin, New York 1996, 647-660.

die sündhaft agierende Menschheit wieder auf den rechten Weg zu bringen.[20] Die Gottesebenbildlichkeit des Menschen bleibt dabei durchaus gewahrt – fast mit Erleichterung vermerkt Lehmann bei den einschlägigen Fällen, dass die von Fehlbildungen heimgesuchten Säuglinge innerhalb kurzer Zeit verstorben seien. Lehmanns vehemente Ausfälle gegen das Alamode-Wesen lassen sich durch eine genauere Betrachtung des zugrundeliegenden Lasters erklären. Übertriebene (weibliche) Kleiderpracht verweist direkt auf die schlimmste aller Sieben Todsünden, die »superbia« oder »Hoffahrt«, wie sie Lehmann nennt. Die Fixierung auf das rein Äußerliche, nur der Eitelkeit Schmeichelnde und zudem aufgrund der Kostspieligkeit dem schnöden Mammon Huldigende lenkt von Gott ab und richtet selbstbespiegelnd und frevlerisch den Blick auf den Menschen und seinen überflüssigen Tand. Doch auch Hans Bäßler und Frau haben sich einer der Todsünden verschrieben – hier handelt es sich um Wollust (luxuria), die ganz offensichtlich des Teufels ist: abgesehen vom Ziegenkopf hat das Neugeborene »2 Hörnern/ die an statt der Augen stunden« (HS 725), eindeutig teuflische Attribute.[21] Wie generell in der Exempel- und Kompilationsliteratur bieten die Sieben Todsünden auch bei Lehmann einen ergebnissicheren Exemplifizierungsrahmen für menschliche Sünden und Untaten.[22]

Darüber hinaus sind bei Lehmann die Grenzen zwischen Mensch und Tier mindestens durchlässig, auch an Tieren finden sich nahezu selbstverständlich prodigiöse Zeichen.[23] Physiognomische und körperliche Besonderheiten an einzelnen Menschen ohne explizit prodigiöse Ausdeutung werden dennoch im bewährten theologischen Rahmen interpretiert. Fehlende Gliedmaßen (HS 748-754) finden ihre »explicatio« in der Sentenz »GOtt giebt nicht alles allen« (HS 749). Menschen mit übermäßiger Behaarung (HS 755-759), die ein ›wildes‹ Leben in den erzge-

20 Vgl. dazu HS 722: »Daß der nach GOttes Bild vormahls erschaffene Mensch/ nach dem Fall/ aus unerforschlichem Gerichte in so mancherley und offt abscheuliche Ungestalt/ und zwar alsobald in Mutterleibe verfället/ ist ein unfehlbar Merckzeichen der Erbsünde/ und kan mit keinen Thränen gnugsam bejammert werden.«

21 Vgl. zu entsprechenden Darstellungen in Flugblättern des 16. Jahrhunderts Ewinkel: De monstris … (wie Anm. 16), 11: »Eine kleine Gruppe der phantastisch anmutenden Monstra bilden jene, bei denen zur Veranschaulichung der Mißbildung nicht auf Vergleiche mit der Tierphysiognomie oder der Kleidermode zurückgegriffen wurde, sondern auf Elemente der im 16. Jahrhundert durch Illustrationen bekannten Physiognomie des Teufels: Die vermeintlichen Monstrageburten wurden mit Hörnern, Fledermausflügeln, Krallenhänden, Bocksbeinen, Raubvogelfüßenklauen und anderen ›teuflisch‹ anmutenden physiognomischen Versatzstücken versehen […].«

22 Vgl. zur Korrekturfunktion auch ebd, 69-77 (»Die tropologisch-moralische Deutung der Monstra – Monstra als Lasterabbilder«).

23 Vgl. dazu HS 668-673 (»Von verwilderten/ Monströsen und Prodigiösen Viehe) und HS 690-692 (»Von fremden und theils Prodigiösen Vogeln«).

birgischen Wäldern geführt haben, und aufgefundene ›Wolfskinder‹ (757)[24] sind zumindest potentiell des Teufels.[25] Eine eher neutrale Bewertungsperspektive nimmt Lehmann bei Phänomenen wie großer Körperkraft (HS 759-761) oder biblischem Alter (HS 762-768) ein, während das Verschlingen von Objekten, die schwerlich zum Verzehr geeignet erscheinen (HS 774-776), wiederum in den Geltungsbereich der Todsünde Maßlosigkeit (gula) fällt.[26]

II

Als sensibler und aufgrund der Flüchtigkeit seines Gegenstandes ungemein diffiziler Geltungsbereich der Anthropologie darf die Traumlehre gelten.[27] So reklamiert Peter-André Alt in seiner Kulturgeschichte des Traums für die in der frühen Neuzeit einflussreiche Schrift »Wahrhafftige gewissen vnd vnbetrügliche vnderweisung wie alle Tröum/ Erscheinungen vnnd Nächtliche Gesicht [...] außgelegt werden sollen« (1540) von Walter Hermann Ryff eine mehrstufige Typologie unterschiedlicher Traumgattungen.[28] Lehmann adaptiert einzelne Bausteine frühneuzeitlicher Traumlehren und setzt einen klaren Schwerpunkt im geistlichen Bereich. Im Kapitel »Von importirlichen Träumen« (HS 786-792) unterscheidet er »I. Warnungs-Träume« (Marginalie HS 786), »II. Wahre Historische Vorstellungen« (Marginalie HS 788), »III. Heimlichkeiten entdeckende« (Marginalie HS 789) und »IV. Sterbens-Träume« (Marginalie HS 790). Diese Systematik richtet ihren Funktionskontext genau nach dem aus, was schon für die Prodigien konzediert wurde:

---

24 Vgl. zum virulenten Diskurs im 18. Jahrhundert Košenina: Literarische Anthropologie (wie Anm. 4), 23-38 (»Reisen zum Ursprung: Wolfskinder und edle Wilde«).

25 Dazu HS 757: »Kan seyn/ daß sich der leidige Satan in solcher Gestalt auffgeführet/ wie ers den Einsiedlern [u. a. Antonius] mehr gethan. In unserm Gebirge trägt man sich mit einer alten Tradition, daß solche wilde Wald-Leute bißweilen an die Waldhäuser und zu den Weibern in Wald-Räumen kommen und Beyschlaff gesuchet.«

26 Vgl. die ähnliche Thematik in der Historie »Die Verschlinger« von Georg Philipp Harsdörffer: Der Grosse Schau-Platz jämmerlicher Mord-Geschichte. Hamburg 1656 (ND Hildesheim; New York 1975), 585-588.

27 Vgl. dazu Košenina: Literarische Anthropologie (wie Anm. 4), 177-192 (»Traum und Schlafwandeln«), zum Traum in der frühen Neuzeit hingegen Peter-André Alt: Der Schlaf der Vernunft: Literatur und Traum in der Kulturgeschichte der Neuzeit. München 2002, 56-141. 382-399.

28 Ryffs Traumschrift sind zwei Vorreden vorgeschaltet, die zweite stammt von Melanchthon höchstpersönlich, vgl. Alt: Der Schlaf ... (wie Anm. 27), 57: »Prinzipiell sei, wie Melanchthon erklärt, von einer Ordnung auszugehen, die natürliche, weissagende, göttliche und dämonische Träume umfasse.« Melanchthon und Lehmann dürfte insbesondere eine Typologisierungsfacette verbunden haben: »Gegen den Skeptiker Aristoteles und den ›Sau=Wanst‹ Epikur verteidigt Melanchthon energisch die Möglichkeit göttlicher Trauminhalte. Die prophetische Dimension des Traums läßt sich aber nur dort systematisch beobachten, wo sie auf eine geoffenbarte Wahrheit, mithin auf die Zeichen des Schöpfers zurückdeutet.« (ebd, 59).

»Es gibt Somnia prognostica, vorbedeutende Warnungs-Träume.« (HS 786) Für die Erfassung dieser Warnfunktion ist einmal mehr die hermeneutische Exegese des Geträumten unabdingbar, zumal sich kommendes Unheil häufig in allegorisch eingekleideter Form präsentiert:

> »Ehe Anno 1687. gantz Wolckenstein von einem Donnerstrahl wegbrandte/ träumete unterschiedlichen Inwohnern/ es wären etliche rothe Kühe wegen eines zornigen Gewitters in des Stadtschreibers Hauß eingegangen/ die man ferner nicht gesehen hätte. Und in dieses Hauß hat das Wetter erstlich eingeschlagen.« (HS 787)

Doch die ausdeutbaren Zeichengeflechte der Träume lassen sich auch in therapeutischer Hinsicht nutzen, wie Lehmann in den Kapiteln »Von Träumen der Bekümmerten/ Schwermüthigen/ Angefochtenen und Betrübten« (HS 796-799) und »Von Medicinalischen Träumen« (HS 816-818) demonstriert. Anfechtungen durch Satan erfahren im Traum ihre Zurückweisung z. B. durch die Intervention Christi (HS 797) und die erneute Festigung des Glaubens durch den Gesang der Engel (HS 798). Außerhalb der spirituellen Sphäre gewinnt die Traumdeutung in der Medizin handfesten Charakter als Ratgeber für die richtige Behandlungsmethode: »Man lieset in alten Geschichten von dergleichen heilsamen Träumen/ dadurch den Krancken eine Genesungs Mittel gewiesen worden.« (HS 816)[29]

Diese Ausfaltungen der Zeichenhaftigkeit bekommen für Lehmanns wichtigste Traumgattungen, die in den Kapiteln »Von Göttlichen Träumen« (HS 792-796) und »Von Religiosen Träumen« (HS 799-816) versammelt sind, eine schon durch den schieren Umfang des zweiten Kapitels exzeptionell herausgehobene Bedeutung.[30] So enthält die umfangreiche Historie des sächsischen Reformators Friedrich Mykonius[31] hochgradig erbauliche Züge als Vita eines tief religiösen Menschen (HS 799-809). Bei genauer Betrachtung erweist sich Mykonius' Weg zu Gott als Abfall vom falschen und Hinwendung zum richtigen Glauben, bei der ein Traum

29 Ein gottgefälliges Leben erhöht dabei selbstverständlich die Wahrscheinlichkeit, dass sich im Traum göttliche Zeichen für die Krankheitsbekämpfung finden lassen, vgl. HS 817: »Ein Christlicher Patient suchet seine Heilungs-Mittel vor allen Dingen durch bußfertiges Gebet bey GOtt/ und dann auch bey einem verständigen treuen Medico. Doch findet man auch/ daß der gütige GOtt in schweren Fällen auch durch den Schlaf einige Mittel gewiesen.«

30 Vgl. zur theologischen Traumexegese den Überblick von Marco FRENSCHKOWSKI; Christoph MORGENTHALER: Art. Traum. TRE 34, 28-50.

31 Vgl. zu Mykonius Hans-Ulrich DELIUS: Friedrich Mykonius: das Leben und Werk eines Thüringischen Reformators. Diss. masch. Münster 1957; Heinrich ULBRICH: Friedrich Mykonius 1490-1546: Lebensbild und neue Funde zum Briefwechsel des Reformators. Mit einer textgeschichtlichen Einleitung und einem Korrespondentenverzeichnis der gesamten Erstausgabe (Schriften zur Kirchen- und Rechtsgeschichte; 20). Tübingen 1962, bes. 11-23 (»Lebensbild des Friedrich Mykonius«), knapp Horst CARLOWITZ: Friedrich Myconius (1491–1546): Lateinschüler und Franziskanermönch in Annaberg. Erzgebirgische Heimatblätter 18 (1996), 6-9; Im Hinblick auf das Geburtsjahr von Mykonius – 1490 oder 1491 – konnte keine Einigung erzielt werden, vgl. zur Problematik Delius: Friedrich Mykonius (wie Anm. 31), 4.

mit der unbedingten Notwendigkeit seiner Auslegung wiederum eine zentrale Rolle spielt. Nach dem Eintritt in den Franziskanerorden hat Mykonius einen mit religiös-allegorischer Symbolik hochgradig aufgeladenen Traum. Der Apostel Paulus rettet Mykonius aus einer »grausame[n] Wüsteney« (HS 800) und führt ihn durch einen fruchtbaren Landstrich zu einem Brunnen, in dem »das Bildniß Christi« (HS 803) sichtbar wird. Paulus badet Mykonius im »Brunn des Heyls« (HS 804) und setzt ihn bei der Aberntung eines endlos erscheinenden Getreidefelds ein. Wüsten-, Weges-, Brunnen- und Ernte-Metaphorik wechseln sich in zwangloser Folge ab. Ans Krankenbett gefesselt und von Paulus getröstet imaginiert Mykonius sogar eine »imitatio Christi«. Nach dem Aufwachen bezieht er den Traum auf sein bisheriges Leben und den Eintritt ins Kloster, wundert sich aber, warum im Traum Mönche keine Rolle spielten.[32] Diese Irritation versucht Mykonius mit ausufernden theologischen Studien zu bekämpfen, der Zweifel bleibt jedoch und wächst sich zur Anfechtung aus. Bis zum Thesenanschlag in Wittenberg:

> »Denn Anno 1517. meines Alters im 27. Jahr/ sandte er [Gott] seinen Helden und erwehlten Engel/ D. Martin Luthern/ der von wahrer Busse/ Vergebung und Gnugthuung vor unsere Sünde Propositiones geschrieben und ausgehen lassen.« (HS 808 f)

In einer erneuten Exegese seines Traums erkennt Mykonius, dass Martin Luther »der Mann wäre/ der zu mir in der Wüsten geschickt worden«. (HS 809) Hier klärt sich nun auch die Brunnen-Metaphorik: »Denn alsobald eröffnete mir GOtt Augen und Ohren/ führte mich zum rechten Brunnen/ warff mich auf Christum/ und da er mich in Gefahr gesehen/ leitete er mich/ und machte mir die Auslegung klar.« (HS 809) Mykonius wendet sich von den Franziskanern ab und kann sich mit Mühe aus den Fängen des Ordens befreien. Abschließend konkretisiert der Reformator auch die Ernte-Metaphorik des Traums, Mykonius sei »Anno 1527. nach Zwickau kommen/ darnach gen Gotha geschickt und also wohl in des Herrn Erndte geübt worden« (HS 809). Die »Ernte« bezieht sich also auf die Verbreitung des reformierten Glaubens und die dadurch wachsende Anhängerschar der neuen Konfession.[33] Ohnehin bezieht Lehmann im Kapitel »Von Religiosen Träumen« offen Stellung für eine pro-lutherische Position, besonders massiv im Abschnitt »Conversi Träume« (Marginalie HS 815), in dem ein »Barbier-Geselle/ aus Böhmen von Leutmeritz bürtig« (HS 814 f) auf die im Traum gestellte Frage »Ach wie komme ich in Himmel?« die unmissverständliche Antwort »Werde Lutherisch« (HS 815) bekommt.

32 Was Mykonius zu einer bitteren Schlussfolgerung führt, vgl. HS 807: »Ich habe erfahren/ daß man nirgends weniger Ruhe/ Vergebung der Sünden/ Glauben und Hoffnung des ewigen Lebens finde/ denn in der Mönche Religion.«

33 Der Traum wird von Mykonius im Brief vom 21. Februar 1546 an Paul Eber geschildert, vgl. Ulbrich: Friedrich Mykonius (wie Anm. 31), 22 f. Eine leicht greifbare deutsche Übersetzung des lateinischen Schriftstücks findet sich u. a. bei Paul SCHERFFIG: Friedrich Mekum von Lichtenfels: ein Lebensbild aus dem Reformationszeitalter (Quellen und Darstellungen aus der Geschichte des Reformationsjahrhunderts; 12). Leipzig 1909, 20-26.

III

Durchaus vielschichtig entfaltet sich auch die frühneuzeitliche Affektenlehre. Geht es in der Rhetorik gerade darum, durch die kunstvolle Rede bestimmte Affekte zu produzieren und im Sinne des »movere« bei den Zuhörerinnen und Zuhörern hervorzurufen, so diskutieren die medizinische Seite der Affektenlehre und die Humoralpathologie eine Diätetik der Gemütsbewegungen, da allzu heftige Affekte einen negativen Einfluss auf den menschlichen Gesundheitszustand zeitigen.[34] Lehmanns kurzes Kapitel »Von schädlich- und tödtlichen Affecten oder Gemüths-Bewegungen« (HS 834-838) ist dabei ganz auf die medizinischen Aspekte zugeschnitten und kommt zu der mit entsprechenden Exempeln untermalten Erkenntnis: Unvermittelter und heftiger Schrecken kann ohne weiteres tödliche Folgen haben. Lehmann beginnt seinen Reigen des Schreckens und Erschreckens mit dem heftigen Abscheu vor plötzlich erscheinenden Gespenstern – seien sie nun echt oder unecht (HS 835).[35] Ähnlich verhält es sich mit dem Teufel. Schon die Annahme, dass jemand der Teufel sei, affiziert einen Soldaten mit der Krankheit zum Tode, er »kömmt kranck nach Hause/ und nach 9. Tagen sagt er allererst auff seinen Siechbette: der Teuffel habe ihn gejagt/ er müste doch sterben« (HS 835). Der negative Affekt des übermäßigen (Er-)Schreckens folgt dabei in seinem Ablauf einem einfachen Reiz-Reaktion-Schema, in dem auf eine Katastrophe (häufig ein Todesfall) das blanke Entsetzen über ebendiesen Vorfall folgt und dadurch ein weiteres Ableben zu beklagen ist.

34 Vgl. dazu als Übersicht Rudolf Behrens u. a.: Art.: Affektenlehre. In: Historisches Wörterbuch der Rhetorik/ hrsg. von Gert Ueding. Bd. 1. Tübingen 1992, 218-253, speziell zum 17. Jahrhundert Claus-Michael Ort: Affektenlehre. In: Die Literatur des 17. Jahrhunderts/ hrsg. von Albert Meier (Hansers Sozialgeschichte der deutschen Literatur vom 16. Jahrhundert bis zur Gegenwart; 2). München 1999, 124-139. 606-611, als eindrucksvolle Fallstudie zu Elementen des frühneuzeitlichen Diskurses im literarischen Text Reinhart Meyer-Kalkus: Wollust und Grausamkeit: Affektenlehre und Affektdarstellung in Lohensteins Dramatik am Beispiel der »Agrippina« (Palaestra; 279). Göttingen 1986.

35 Hier wäre ohnehin die Frage angebracht, ob das (als real existierend gedachte) Gespenst ebenfalls in den Geltungsbereich der frühneuzeitlichen Anthropologie gehört, zumal sich Lehmann in den Kapiteln »Von Polter-Geistern und vermeinten wiederkommen der Toden« (HS 942-947) und »Von andern Gespenstern« (HS 948-953) explizit mit der Materie befasst. – Vgl. dazu Roth: Christian Lehmanns Leben … (wie Anm. 8), 53-79, ferner Schenda: Die deutschen Prodigiensammlungen … (wie Anm. 12), 689-692, Schwegler: »Erschröckliches Wunderzeichen« … (wie Anm. 12), 135-157, als Überblick hingegen Wolfgang Neuber: Die Theologie der Geister in der Frühen Neuzeit. In: Gespenster: Erscheinungen – Medien – Theorien/ hrsg. von Moritz Baßler; Bettina Gruber; Martina Wagner-Egelhaaf. Würzburg 2005, 25-37.

IV

Mit einem nachhaltig und dauerhaft gestörten Affekthaushalt ist bei denjenigen Menschen zu rechnen, die dem Narrentum oder dem Wahnsinn in seinen vielfältigen Spielarten verfallen sind.[36] Aus Lehmanns Fallsammlung (»Von Deliranten/ die im Haupt verirret gewesen«, HS 857-864) lässt sich eine rudimentäre Typologie ableiten.[37] Es geht um Menschen mit einem deutlich unterdurchschnittlichen Intelligenzquotienten (»I. Kind-albere Leute«, Marginalie HS 857) ebenso wie um Abweichungen bei besonders intelligenten Leuten (II. »Gelehrte Deliranten«, Marginalie HS 858). Die unscharf erscheinende Kategorie »III. An Ketten liegende« (Marginalie HS 859) verweist in erster Linie auf die schwerwiegende Qualität der nun folgenden Fälle. So ist im Jahre 1687 Anna Pleuner aus Wiesental von lebensbedrohlicher »Anfechtung und Verwirrung« (HS 860) betroffen. Die fromme Christin redet ohne logische Folgerichtigkeit vor sich hin, wird schließlich bettlägerig und pendelt zwischen äußerster Ermattung und heftigen Tobsuchtsanfällen. Auch die Anrufung Gottes löst starke Reaktionen aus, als ein Geistlicher mit dem Gebet »GOtt der Vater wohn uns bey« (HS 860) beginnt: »Da fieng die Delirantin an zu toben/ speyete nach ihn [dem Geistlichen]/ sprüete wie eine Katze/ fuhr ihn nach den Haaren/ aber sie wurde mit Bremsen und Anziehung der Riemen und Ruthenschärffe gebändiget.« (HS 860) Hier deutet sich im Leiden der Anna Pleuner (teuflische) Besessenheit an.[38] Nachdem sich die Kranke beruhigt hat, findet sie in der pausenlosen Wiederholung von Paul Gerhardts Lied »Warum sollt ich mich denn grämen« zunächst Ruhe, verweigert dann aber die Nahrungsaufnahme und stirbt. Ein tödlicher Ausgang ist in Lehmanns Fallrevue keineswegs ungewöhnlich, weitaus konstruktivere Konsequenzen haben jedoch diejenigen Exempel, die sich unter der Marginalie »Wieder zum Verstand kommende« (HS 862) zusammengetragen finden. Mit Zufriedenheit vermerkt Lehmann etwa, dass sich bei zuvor gotteslästerlichen »Deliranten« auf dem Totenbette die Bereitschaft zur Andacht und Bußfertigkeit wieder einstellt (HS 862).

Vergleichsweise arm an Trennschärfe gestaltet sich das folgende Kapitel »Von Melancholey und Schwermuth« (HS 864-868). Ist die Bedeutung des

36 Vgl. dazu zunächst Košenina: Literarische Anthropologie (wie Anm. 4), 39-52 (»Irrenhaus: Menschenforschung am Extrem«) und für den französischsprachigen Raum Michel Foucault: Wahnsinn und Gesellschaft: eine Geschichte des Wahns im Zeitalter der Vernunft. Frankfurt am Main 1969, zum Anschluss an die historische Anthropologie bes. 539-551 (»Der anthropologische Kreis«). – Mindestens für das 16. Jahrhundert aufschlussreich – mit Exkursen ins 17. Jahrhundert – ist H. C. Erik Midelfort: A History of Madness in Sixteenth-Century Germany. Stanford 1999.

37 Vgl. zur Typologie und Semantik in den einschlägigen Abhandlungen zwischen 1609 und 1790 die tabellarische Übersicht von Foucault: Wahnsinn … (wie Anm. 36), 188-191.

38 Vgl. zur Interdependenz von Wahnsinn und Besessenheit Midelfort: A History … (wie Anm. 36), 25-79 (»Historical Problems: Sin, St. Vitus, and the Devil«).

Melancholie-Diskurses für die Kulturwissenschaft kaum zu überschätzen und auch für die Frühneuzeitforschung – insbesondere im Hinblick auf Verfahren zur Melancholie-Abwehr – von einiger Relevanz,[39] so bleiben die Historien zur Melancholie und Schwermut im Vergleich zum vorangegangenen Kapitel irritierend unspezifisch. Lehmanns Melancholikerinnen und Melancholiker tendieren dabei ganz überwiegend zu höchst aktiver, wenn auch in Schüben auftretender Raserei und unterscheiden sich dadurch kaum von den vorherigen »Deliranten«. Geistliches Gewicht erhält dann wieder der Fall eines 13-Jährigen aus Unter-Wiesental im Jahre 1691, der tobt und nach seiner Mutter schlägt, nach den Anfällen aber in Selbstzerknirschung und Schwermut verfällt. Er erfährt kurzzeitige Linderung, als er »auff Vermahnung seines Beichtvaters den Teuffel« (HS 868) anspuckt. Neben Vorausdeutungen imaginiert der 13-Jährige in der Folge Himmelsvisionen. Eine medikamentöse Behandlung erbringt keine durchschlagenden Ergebnisse: »Die arme Mutter brauchte viel Artzney Mittel/ wolte aber wenig anschlagen/ ja es wurde offt ärger.« (HS 868) Einmal mehr verortet die Chronik die faktischen Heilungsmöglichkeiten im strikten Rahmen der göttlichen Gnade: »Endlich hat ihn [dem 13-Jährigen] GOtt wieder geholffen/ daß er ein Handwerk erlernet.« (HS 868)

V

Abschließend sei auf ein Teilkapitel hingewiesen, das sich außerhalb der beiden anthropologischen Hauptkapitel »Vom Menschen« und »Von allerley Menschlichen Zufällen« befindet. Das Erzgebirge als »locus terribilis« konstituiert sich besonders anschaulich in einigen Teilkapiteln der »II. Abtheilung«, u. a. im Abschnitt »Gefahr wegen Mordes und Strassen-Raubes« (HS 65-70). Grausige Verbrechen haben nun ihre Zeichenhaftigkeit »post factum« hinterlassen, wenn die Bezeichnungen der Schauplätze schließlich als Ortsnamen fungieren: »Diebs-Grube, Raube-Berg, der geröderte Mann, Hirnschedel, Mord-Grube« und »Hader-Winckel« (HS 65). Drei Schreckenshistorien geschahen in der Zeit des Dreißigjährigen Krieges und berichten von der Zivilbevölkerung, die mit marodierenden Soldaten kurzen Prozess macht.

Lehmann nimmt dabei Bezug auf eine im 17. Jahrhundert populäre Gattung, wenn er über das Teilkapitel hinaus die Empfehlung gibt, »darzu meine Mord-Geschichte zu konsultieren, darinnen gnugsam exempla der gebirgischen Mord-Fälle vorgestellet worden« (HS 66).[40] Mord-Geschichten, »crimina, tragica« oder »histo-

---

39 Vgl. Foucault: Wahnsinn … (wie Anm. 36), 268-285 (»Manie und Melancholie«) und Midelfort: A History … (wie Anm. 36), 182-227 (»Witchcraft and the Melancholy Interpretation of the Insanity Defense«).

40 Lehmann verweist noch mehrmals auf seine »Mord-Geschichten«, z. B. HS 70: »Mehr exempla findest du in meinen Mord-Geschichten« und HS 833: »In meinen Mord-Historien ist zu lesen/ wie der erschlagenen und verscharreten Leichnam von Hunden oder auch

ires tragiques« beruhen idealiter auf historisch verbürgten Fällen und schmücken sich bevorzugt mit der Dignität von »historia« und »veritas«.[41] Als Exempelkompilationen abweichenden menschlichen Verhaltens beanspruchen sie anthropologische Relevanz als Modellfundus für Vergehen und gerechte Bestrafung. Sie finden sich in Sammlungen zusammengestellt, von denen Georg Philipp Harsdörffers »Grosser Schau-Platz jämmerlicher Mord-Geschichte« (Erstdruck 1649–1650) die heute noch geläufigste sein dürfte.[42] Dabei ist gerade der Brückenschlag zu Harsdörffer von einigem Interesse, zumal Lehmann in seiner Epistelsammlung auch Exempel für alle Lebenslagen zusammengetragen hat und in diesem Zusammenhang den Nürnberger Literaturorganisator erwähnt.[43] Die populären und auf dem Buchmarkt stark nachgefragten Mordgeschichten erweitern den Focus auf die Kompilationsliteratur und die Buntschriftstellerei der frühen Neuzeit – zu fragen bleibt, welche der einschlägigen Publikationen Lehmann ausgewertet hat und welche Fluktuation die Geschichten aufweisen. Dabei wäre eine Herauslösung der Einzelhistorien aus dem Gesamtzusammenhang der Chronik von beträchtlichem Vorteil. Erste Systematisierungsversuche durch die Konstruktion thematischer Übersichten hat Ina-Maria Greverus unternommen.[44]

So bleibt der Mensch nach Lehmanns Chronik in seiner Körperlichkeit, seinen Träumen, seinen Affekten, seinem Narrentum und seinem devianten Verhalten[45] immer untrennbar mit Gott verbunden, dessen Zeichenhaftigkeit überall in der Schöpfung sichtbar werden kann, freilich der fachgerechten Exegese bedarf. Trotz der deutlichen Distanzierung von der Historiographie der Reichen und Mächtigen, die sich in der »Vorrede« des »Historischen Schauplatzes« niedergelegt findet,[46]

Farr-Ochsen auff der Weyde ausgewittert worden.« – Roth verortet die Mordgeschichten in Lehmanns »Sittenchronik«, vgl. Roth: Christian Lehmanns Leben … (wie Anm. 8), 20. Zur »Sittenchronik« vgl. die Quellenauszüge von Schmidt-Brücken; Richter: Der Erzgebirgschronist … (wie Anm. 7), 105-126.

41 Vgl. als Überblick wiederum Košenina: Literarische Anthropologie (wie Anm. 4), 53-67 (»Kriminalliteratur: von der Fallgeschichte zur Erzählung«), zu den Spezifika der Textsorte hingegen Rudolf Schenda: Artikel: Mordgeschichten. In: Enzyklopädie des Märchens … (wie Anm. 7). Bd. 9. Berlin; New York 1999, 879-894.

42 Vgl. zur Klassifikation der im »Schau-Platz« abgedruckten Texte etwa Ingo Breuer: Barocke Fallgeschichten?: zum Status der Trauer- und Mordgeschichten Georg Philipp Harsdörffers. Zeitschrift für Germanistik NF 14 (2009), 288-300.

43 Roth hat eine Aufstellung der von Lehmann konsultierten Werke erarbeitet, dort finden sich auch »Harsdörfers Lehrgeschichten«: Roth: Christian Lehmanns Leben … (wie Anm. 8), 27. – Vgl. zur Epistelsammlung die Quellenauszüge von Schmidt-Brücken; Richter: Der Erzgebirgschronist … (wie Anm. 7), 157-226.

44 Vgl. Greverus: Die Chronikerzählung … (wie Anm. 7), 54-64.

45 Auch die Mordgeschichten sind letztlich evidente Beweise für eine wohlgeordnete Schöpfung: egal wie schrecklich die Verbrechen sind, die Übeltäter werden am Schluss überführt und erhalten ihre weltliche (oder göttliche) Strafe.

46 HS unpag. (»Vorrede«): »Werden hier nicht eitel grosse Welt-Händel und wichtige Geschichte ansehnlicher Leute/ über welche man allein pflegt die Augen auffzusperren/ gleich

bedient Lehmann ein zentrales geschichtsphilosophisches Deutungsmuster, das auch den Großchroniken absolut inhärent ist. Repräsentative Geschichtswerke wie Matthäus Merians berühmtes »Theatrum Europaeum« (1633-1738) präsentieren allen Katastrophen zum Trotz den Ablauf der »res gestae« als heilsgeschichtlich grundiertes Sinnmodell, in dem die Möglichkeit der Abwesenheit göttlicher Providenz genau so absurd erscheint wie in Lehmanns von göttlichen Zeichen durchdrungenem Erzgebirge. Dabei erscheint der Blick auf die minutiöse Abfolge von Kriegshändeln, dynastischen Auf- und Abstiegen und von Unglücksfällen berühmter (und nicht ganz so berühmter) Persönlichkeiten auf tausenden von Seiten im »Theatrum Europaeum« doch ungleich abstrakter als die Perspektive Lehmanns. Das »Theatrum« stützt sich – nach allem, was wir bislang wissen – bevorzugt auf Distanzmedien wie zeitgenössische Relationen, Flugblätter und Flugschriften. Der Scheibenberger Pfarrer generiert hingegen erzgebirgische Geschichte gleichsam »on location«, er exzerpiert das relevante Schrifttum und lässt sich von den Erzgebirglern mit Informationen versorgen.[47] Hier geht es nun tatsächlich um die Historie der »kleinen Leute« weit entfernt von den Macht- und Handelszentren des 17. Jahrhunderts. Die eigene Betroffenheit Lehmanns von den grausamen Drangsalen des Dreißigjährigen Krieges und die dazugehörigen mündlichen Berichte der Bewohner des Scheibenberger Raums scheinen keinesfalls zur Schlussfolgerung einer möglichen Unvollkommenheit der göttlichen Schöpfung geführt zu haben. Im Gegenteil – wie die endlose Faktenabfolge im »Theatrum Europaeum« konstituiert sich die Datensammlung des »Historischen Schauplatzes« als Theodizee, als Rechtfertigung Gottes angesichts der von Menschen verursachten Übel, wie sie besonders drastisch aus den Folgen des Dreißigjährigen Krieges hervorgingen.

als wenn sonst nichts Schreibwürdiges in rerum natura wäre/ gelesen/ so sind doch auch die Geschichte/ die GOtt unter gemeinem Volck vorgehen lässet/ und die von seiner heiligen Regierung Zeugniß gnugsam abstatten/ nicht zu verachten/ oder mit Stillschweigen zu ubergehen/ und haben bey frommen Leuten geringes Standes in der application mehr Nutzen/ als die Geschichte der Grossen in der Welt/ wen der Riesen Schue zu kleiner Leute Füssen sich übel schicken.«

47 Vgl. zu einer derartigen Konstruktion von ›historia‹ im Spannungsfeld von Schriftlichkeit und Mündlichkeit Greverus: Die Chronikerzählung … (wie Anm. 7), 43: »Lehmanns Buch ist gleichzeitig Reservoir alter literarischer Traditionen und mündlicher Überlieferungen.«

Wiederaufbau und Kriegsfolgenüberwindung im Erzgebirge nach dem Dreißigjährigen Krieg

Von Michael Wetzel

Der Dreißigjährige Krieg stellt eine der leidvollsten Epochen in der erzgebirgischen Geschichte dar – vielleicht die dunkelste überhaupt. 30 Jahre Krieg, davon 16 Jahre mit unmittelbaren Auswirkungen auf das Erzgebirge, dazu 50 weitere Jahre, die das Land brauchte, um die Kriegsfolgen zu überwinden – all dies prägte dem 17. Jahrhundert das Signum der Krise auf.[1] In der »Kriegschronik« von Christian Lehmann findet sich ein Satz, der über das Ausmaß des Leides eigentlich alles ausdrückt:

> »Do war kein ampt, Stad, flecken, dorf oder Schloß in gebirg frey, das nicht geplündert oder gebrandtschazt wurde.«[2]

Nicht zuletzt das schriftstellerische Schaffen Christian Lehmanns[3] hat dazu beigetragen, dass der Dreißigjährige Krieg in der erzgebirgischen Geschichtsforschung heute als ein vermeintlich gut bekanntes Thema gilt. Man denke nur an solch markante Stichworte wie die »Holckschen Reiter« oder die »Pest«. Beim genaueren Hinsehen offenbaren sich jedoch zum Teil beträchtliche Forschungslücken, vor allem, was die Kriegsfolgenüberwindung angeht.

Der Kriegsverlauf ist aus den reichhaltigen Quellen allgemein gut rekonstruierbar. Auch über die Begleiterscheinungen des Krieges, wie die Pest, sind wir dank Christian Lehmann und vieler weiterer Chronisten der erzgebirgischen Städte umfassend unterrichtet.[4] Schwieriger wird es dagegen, wenn es um die Bezifferung

1 Vgl. Sachsen im 17. Jahrhundert: Krise, Krieg und Neubeginn/ hrsg. von Uwe Schirmer. Beucha 1998.

2 Christian Lehmann: Die Kriegschronik: Sachsen mit Erzgebirge/ bearb. und hrsg. von Leo Bönhoff. Annaberg 1916 (ND Scheibenberg 1998), 95.

3 Vgl. neuerdings Stephan Schmidt-Brücken; Karsten Richter: Der Erzgebirgschronist Christian Lehmann: Leben und Werk. Marienberg 2011.

4 Neben den Werken Christian Lehmanns kommen hier hauptsächlich in Betracht: Andreas Möller: Theatrum Freibergense Chronicum: Beschreibung der alten löblichen Berg-HauptStadt Freyberg in Meissen. Freiberg 1653; Tobias Schmidt: Chronica Cygnea oder Beschreibung Der sehr alten Loblichen und Churfürstlichen Stadt Zwickau. Zwickau 1656; Christian Meltzer: Historia Schneebergensis renovata. Schneeberg 1716 (ND Stuttgart 1995); Christoph Meissner: Umständliche Nachricht von der Churf. Sächß. Schriftsässigen freyen Zien-Berg-Stadt Altenberg. Dresden; Leipzig 1747 (ND Kleinvoigtsberg 2001); Johann Paul Oettel: Alte und Neue Historie der Königl. Pohln. und Churf. Sächß. Freyen Berg-Stadt Eybenstock. Schneeberg 1748 (ND Stuttgart 1997); Gotthelf Friedrich Oesfeld: Historische Beschreibung einiger merckwürdiger Städte im Erzgebürge, insonderheit der Bergstadt Lößnitz. 2 Teile. Halle 1776/77 (ND Lößnitz 2001). – Zur erzgebirgischen Chronistik vgl. allgemein: Helmut Bräuer: Stadtchronistik und städtische Gesellschaft: über

der Kriegsschäden geht, namentlich der materiellen Schäden, also der Zahl der zerstörten Häuser, wüsten Güter usw., der personalen Schäden, also der Kriegs- und Pesttoten und vor allem der immateriellen Schäden, also dem Verfall von Moral, Sitte und Glaube, dem Rückgang der Bildung usw. Noch schwieriger ist die Frage zu beantworten, wann denn die Folgen des Dreißigjährigen Krieges im Erzgebirge als überwunden angesehen werden können, welche Wiederaufbaustrategien es gab und wie regionale Unterschiede im Tempo des Wiederaufbaus zu erklären sind.

Insbesondere zu diesen letzten Fragestellungen sollen hier einige Überlegungen vorgetragen werden, deren vorläufiger Charakter nicht genug betont werden kann. Denn eine Geschichte der Kriegsfolgenüberwindung im Erzgebirge muß noch geschrieben werden. Die nachfolgenden Ausführungen sind daher als einige Impulse ohne Anspruch auf Vollständigkeit zu verstehen.

Dem Thema muss freilich eine recht ausführliche Vorgeschichte vorangestellt werden, um eine Bilanz des Krieges ziehen zu können. Vergegenwärtigen wir uns deshalb noch einmal einige Fakten zum Kriegsverlauf:

Bis kurz nach 1600 verfügte das Erzgebirge über viele wohlhabende Bergstädte und ein gut entwickeltes Umland. Ergiebige Silberfunde hatten der Region im 16. Jahrhundert eine enorme wirtschaftliche Blütezeit beschert.[5] Zuzügler aus halb Europa ließen sich im Erzgebirge nieder, bauten die Infrastruktur aus, förderten Kultur und Bildung.

Nicht nur das Erzgebirge befand sich im Aufschwung. Alle deutschen Territorien profitierten von steigender Konjunktur. Aber nach 1600 machten sich dann allerorts Krisenerscheinungen bemerkbar. Der wohl symbolträchtigste Vorbote einer nahenden Katastrophe war der Konkurs des mächtigen Bankhauses Fugger 1617/18. Die landwirtschaftliche Produktion sank. Nahrungsmittelknappheit, Münzverschlechterung und Kaufkraftverlust traten ein.[6]

Auch politisch waren im Deutschen Reich viele Dinge ungelöst. Der Konfessionsstreit verschärfte sich. Die Landesfürsten rangen um Machtgewinn zu Ungunsten des Kaisers. Eine Lagerbildung zwischen protestantischer Union und katholischer Liga konnte nicht verhindert werden.[7]

---

die Widerspiegelung sozialer Strukturen in der obersächsisch-lausitzischen Stadtchronistik der frühen Neuzeit. Leipzig 2009.

5 Vgl. Adolf LAUBE: Studien über den erzgebirgischen Silberbergbau von 1470 bis 1546. 2. Aufl. Berlin 1976.

6 Vgl. Wilhelm ABEL: Massenarmut und Hungerkrisen im vorindustriellen Europa. Hamburg; Berlin 1974. Die sächsischen Verhältnisse beleuchten: Robert WUTTKE: Zur Kipper- und Wipperzeit in Kursachsen. NASG 15 (1894), 119-156; Uwe SCHIRMER: Beobachtungen zur wirtschaftlichen Situation in Kursachsen bis zur Mitte des 17. Jahrhunderts. Dresdener Hefte 56 (1998), 77-85.

7 UNION UND LIGA 1608/09: konfessionelle Bündnisse im Reich – Weichenstellung zum Religionskrieg?/ hrsg. von Albrecht Ernst; Anton Schindling. Stuttgart 2010.

Es bedurfte nur eines Auslösers, um die angespannte Situation eskalieren zu lassen. Das geschah mit dem oft volkstümlich ausgeschmückten Fenstersturz von Prag am 23. Mai 1618. Die Heere waren fortan in Bewegung. Es begann ein Krieg, der Sachsen und das Erzgebirge stärker als viele andere Gebiete in Mitleidenschaft zog. Allerdings – und dies gilt es zu betonen – sorgten nicht in erster Linie Kampfhandlungen, sondern eher die Begleiterscheinungen des Krieges, wie Truppendurchzüge, Plünderungen, Kontributionen oder die schon erwähnte Pest, für die schwersten Schäden.[8]

Der damalige Regent Sachsens, Kurfürst Johann Georg I., ein Mann von mäßiger Intelligenz und einem ausgeprägten Hang zum Essen und Zechen, war kein Visionär – zumindest aber von aufrichtiger Wesensart.[9] Er wollte Vermittler sein und streng im Interesse des Reiches handeln. Aber gerade dadurch zog er tragischerweise Sachsen tief in den Kriegsstrudel hinein.[10] Aus anfänglicher Neutralität wurde ein Hin und Her zwischen verschiedenen Bündnispartnern: zuerst mit dem Kaiser gegen das aufständische Böhmen,[11] was Sachsen immerhin die Ober- und Niederlausitz einbrachte; dann an der Seite der Schweden gegen den Kaiser und schließlich erneut in der kaiserlichen Allianz gegen Schweden.[12]

Im Erzgebirge tummelten sich also Söldner und Kriegsknechte der unterschiedlichsten Truppenverbände, und im Verhalten der Kriegsleute gegenüber der Bevölkerung wäre es verfehlt, hier Freund und Feind unterscheiden zu wollen. Selbstverständlich hatte der Kurfürst die Kampfhandlungen von Sachsen und dem Erzgebirge möglichst fernhalten wollen. Dazu richtete er ein Defensionswerk ein,[13] besetzte die größeren Städte mit Garnisonen und ließ die erzgebirgischen Pässe, namentlich den Preßnitzer Pass, den Reitzenhainer und den Frauensteiner Pass bewachen.

Wie wenig diese Maßnahmen für den Ernstfall taugten, zeigte sich nach den großen Schlachten von Breitenfeld und Lützen. Seit 1632 bis zum Kriegsende 1648 und noch darüber hinaus stand nun ständig Militär im Erzgebirge. Den Anfang

---

8 Vgl. Christian KUNATH: Kursachsen im Dreißigjährigen Krieg. Dresden 2010.

9 Vgl. etwa die Charakteristiken bei: Cicely Veronica WEDGWOOD: Der 30jährige Krieg. 8. Aufl. München; Leipzig 1995, 55-57; Axel GOTTHARD: Johann Georg I. 1611-1656. In: Die Herrscher Sachsens: Markgrafen, Kurfürsten, Könige 1089-1918/ hrsg. von Frank-Lothar Kroll. München 2004, 137-147.

10 Frank MÜLLER: Der Absturz vom Grat: die Niederlage der kursächsischen Deeskalationsstrategie nach dem Ausbruch des Dreißigjährigen Krieges. In: Friedliche Intentionen – kriegerische Effekte: War der Ausbruch des Dreißigjährigen Krieges unvermeidlich?/ hrsg. von Winfried Schulze. St. Katharinen 2002, 52-70.

11 Frank MÜLLER: Kursachsen und der böhmische Aufstand 1618-1622. Münster 1997.

12 Volker RUHLAND: Der Dreißigjährige Krieg und Kursachsen. Sächsische Heimatblätter 6 (1994), 325-333; Karlheinz BLASCHKE: Sachsen im Dreißigjährigen Krieg. Sächsische Heimatblätter 6 (1995), 329-333.

13 Rolf NAUMANN: Das kursächsische Defensionswerk (1613-1709). Leipzig 1916.

machten im August 1632 die sogenannten »Holkschen Reiter«, die in diesem und im folgenden Jahr 1633 das Erzgebirge schwer heimsuchten. Sie wurden zum Symbol des Krieges, zum Symbol von Drangsal und Zerstörung schlechthin.

Gemessen am Grad der Zerstörung und an der Zahl der Todesopfer waren die Jahre 1632 und 1633 mit Abstand die schwersten Kriegsjahre. Exemplarisch für das Schicksal der erzgebirgischen Städte und Dörfer sei das Vorgehen der kaiserlichen Soldaten gegen Schneeberg am 16. August 1632 erwähnt. Christian Lehmann notiert hierzu, es seien Bewohner

> »niedergehauen, [...] verborgene keller erbrochen, alles außgeplundert, feuer in die Schächte geworfen und barbarisch gehauset worden. [...] Alß Sich der Bürgemeister zur gegenwehr stellte, schoßen sie ihn zum Munde durch den Kopf todt.«[14]

Wo keine Zerstörungen zu beklagen waren, fielen die Bewohner doch der Plünderung anheim. In Thum beispielsweise nahmen die Truppen Holcks vier Tage nach den Schneeberger Ereignissen den Leuten »Viehe und gedreite und was sie fortbringen kunten, daß Sie kaum das Hembd an Leib behielten.«[15]

In Einzelfällen war aufgrund der soldatischen Willkür gar die Zerstörung ganzer Städte zu beklagen. So brannten innerhalb von nur zwei Tagen am 4. August 1633 erst Aue und am 5. August Stollberg fast völlig ab. In Aue rächten sich die Kroaten an den Bürgern, indem sie die Stadt einäscherten »mit kirche, Schule, Pfarr, Rathhauß und allen biß auf 3 kleine heußerlein«.[16] Von ähnlicher Tragik war das Schicksal Stollbergs. Hier hatten sich die kaiserlichen Soldaten anfangs mit der Zahlung eines Schutzgeldes in Höhe von 700 Gulden zufrieden gegeben. Als sie dann auf dem Weitermarsch in Streit über die Beute gerieten, kehrte der unzufriedene Teil der Kriegsleute noch einmal um und zündete Stollberg an.[17]

Am erschütterndsten ist wohl die erschreckende Gleichförmigkeit der Greueltaten von Ort zu Ort. 1634 brannten Zschopau und Glashütte ab, 1639 wurde Zöblitz eingeäschert – die Liste ließe sich fortsetzen. Besonders entlang der Hauptdurchzugsrouten, etwa von Zwickau zum Preßnitzer Paß und umgekehrt, sind aufgrund der häufigen Wiederkehr der Soldaten die schwersten Schäden feststellbar. So erlitt allein das Amt Stollberg während des Krieges neun verheerende Durchmärsche.

Hilflosigkeit und tiefe Furcht prägte die Bewohner des Gebirges. Als am 15. Oktober 1632 in Schneeberg während des Gottesdienstes das Gerücht aufkam, Holk rücke erneut auf die Stadt vor, kam es zur panikartigen Flucht. Und als 1633 ein der Rittersgrüner Plünderung Entflohener sich nach Schwarzenberg durchschlug,

---

14 Lehmann: Die Kriegschronik (wie Anm. 2), 34 f.

15 Ebd, 43.

16 Ebd, 64.

17 Michael WETZEL: Stollberg im 17. Jahrhundert: ein stadtgeschichtliches Porträt. In: Michael Wetzel; Gunter Lasch: Die Kaufmannsfamilie Höckner: biographische und stadtgeschichtliche Porträts aus dem barocken Stollberg. Stollberg 2010. 18 f.

um die Stadt zu warnen, geschah es »daß die Leute auß der Predigt entliefen und die Communicanten ungespeist blieben«.[18]

Die Möglichkeiten der Gegenwehr blieben gering. Meist blieb nur die Flucht in Schächte und Wälder. Um die rohen, disziplinlosen Soldaten zu besänftigen, wurden enorme Kontributionsleistungen erbracht. Bekannt ist ferner der Erwerb von Schutzbriefen, sogenannte »Salvaguardien«, die oft hohe Geldsummen kosteten aber völlig nutzlos blieben, da weder Freund noch Feind sie beachteten. Auf jeden Fall geriet durch solche Schutzmaßnahmen das private wie das kommunale Finanzwesen in arge Zerrüttung bis zum Zusammenbruch. Überschuldete Stadtkassen gehören daher auch zumindest mittelbar zu den Kriegsschäden.

Doch die Soldaten nahmen nicht nur, sie brachten auch – die Pest. Hinter diesem Begriff verbirgt sich die Subsummierung mehrerer epidemischer Krankheitsbilder.[19] Christian Lehmann beschreibt die Pest wie folgt:

> »Sie fället an mit ungewöhnlichem Frost, auch Schrecken und Schwindel, innerlicher Hitze und Unruhe, Mattigkeit in allen Gliedern, Haupt-Schmertzen, Seiten-Stechen; es schiessen Carfunkel und Brand-Drüsen auf.«[20]

Stadt und Land waren gleichermaßen betroffen. Pestsäulen und Pestfriedhöfe in einigen Orten des Erzgebirges erinnern noch heute daran. Wieder waren 1632 und 1633 große Schreckensjahre. In Schneeberg starben in einem Jahr etwa 1200 Menschen, so daß die Einwohnerzahl von 5.677 auf 3.493 sank.[21] Im Dorf Bockau wurden 1633 108 Todesopfer gezählt, was 20% der Bevölkerung entsprach.[22]

Damit ist bereits zur Bilanz des Dreißigjährigen Krieges im Erzgebirge übergeleitet. 1648 erfolgte der Friedensschluß. Fremde Truppen standen aber noch länger im Land. Erst im Sommer 1650 feierte Sachsen ein Friedensdankfest.[23]

Erst allmählich wurde man sich über das Ausmaß der Schäden bewusst. Am offensichtlichsten waren die materiellen Schäden, allen voran die zerstörte Bausubstanz. Die vorhin genannten Beispiele haben dokumentiert, dass viele Kirchen, Rathäuser und Innenstädte schwer geschädigt waren – so schwer, dass das öffentliche Leben mancherorts nur schwer aufrecht zu erhalten war. Wie die Ratsprotokolle von Stollberg zeigen, bestand dort zwar ein handlungsfähiger Stadtrat, doch machte die Zerstörung des Rathauses die Regelmäßigkeit von Sitzungen unmöglich. Auch wurde aus Furcht vor der Pest oft monatelang keine Sitzung gehalten.[24]

---

18 Lehmann: Die Kriegschronik (wie Anm. 2), 63.

19 Vgl. Klaus Bergdolt: Die Pest: Geschichte des Schwarzen Todes. München 2006.

20 Christian Lehmann: Historischer Schauplatz derer natürlicher Merckwürdigkeiten in dem Meißnischen Ober-Ertzgebürge. Leipzig 1699 (ND Stuttgart 1988), 959.

21 Aus den Zahlenangaben bei Meltzer: Historia Schneebergensis renovata (wie Anm. 4).

22 750 Jahre Bockau/ hrsg. von der Gemeinde Bockau. Bockau 2006, 33.

23 Katrin Keller: Kriegsende und Friedensfest in Kursachsen. Dresdener Hefte 56 (1998), 86-93.

24 Wetzel: Stollberg im 17. Jahrhundert (wie Anm. 17), 35.

Hier schließt sich nahtlos der Mangel an Wohnraum an. In Schneeberg galten von 600 Bürgerhäusern noch 100 als bewohnbar. In Chemnitz waren von 960 Häusern noch 270 intakt, allerdings bar jeden Schutzes, denn die Mehrzahl der Mauer- und Tortürme der Stadtbefestigung lag in Trümmern.[25]

Auf den Dörfern waren viele Bauernhöfe verlassen oder zerstört. In den amtlichen Verzeichnissen wurden sie manchmal jahrzehntelang als »wüst« geführt. In Siegmar bei Chemnitz traf das auf acht von 14 Höfen zu.[26] In Bräunsdorf bei Freiberg war gar der gesamte Ort verlassen worden. Die Folgen blieben nicht aus: Die landwirtschaftliche Produktion sank, das Steueraufkommen ebenso. So werden im Steuerregister des Amtes Chemnitz von 1661 die Mindereinnahmen damit erklärt, daß die Äcker »meistentheils mit Holz unnd Heyde verwachßen« seien.[27]

Als eine weitere Folge der Kriegszerstörungen ist das Sinken der Immobilienpreise zu nennen. Einige Gegenden Deutschland hatten 30-50% an Einwohnern verloren. Auch in Sachsen und dem Erzgebirge war die Bevölkerung beträchtlich reduziert worden.[28] Viele Häuser fanden nun keine Käufer mehr. Jahrzehntelang hielt dieser Trend an. Kaufpreisvergleiche im Erzgebirge zeigen, dass erst nach 1700 der Wert von Immobilien wieder den Vorkriegsstand erreichte.[29]

Von der Überschuldung privater und öffentlicher Kassen war bereits die Rede. Wo man aufgrund hoher Kontributionen nicht mehr zahlungsfähig war, musste auch der Wiederaufbau, wenn überhaupt, dann einen bescheidenen Rahmen finden. So konnte der Neubau der 1633 eingeäscherten Stollberger Jakobikirche erst 1652, also mit knapp 20jähriger Verzögerung beginnen und 1659 vollendet werden.[30] Die einst wohlhabende Stadt Chemnitz fing gar erst 1667 an, ihre zerstörten Stadtmauern zu reparieren. Eher noch kamen Handel, Gewerbe und Wirtschaftsleben wieder in Gang – doch auch dies bedurfte langer Phasen der Erholung.

Nicht weniger nachhaltig war das kirchliche Leben im Erzgebirge geschädigt worden. Kirchen und Pfarrgebäude gehörten zu den Objekten im Ortsbild, die ten-

25 Irene Crusius: Atlas Crusius – Bürgermeister in schwerer Zeit: die Stadt Chemnitz nach dem Dreißigjährigen Krieg (Aus dem Stadtarchiv Chemnitz; 7). Chemnitz 2004, 25.

26 Markus Walter: Die Überwindung der materiellen Schäden des Dreißigjährigen Krieges in den Chemnitzer Amtsdörfern in der 2. Hälfte des 17. Jahrhunderts. Mitteilungen des Chemnitzer Geschichtsvereins 73 (NF 12) (2003), 30.

27 Ebd, 16.

28 Karlheinz Blaschke: Bevölkerungsgeschichte von Sachsen bis zur industriellen Revolution. Weimar 1967, 88-94; Rainer Aurig: Betrachtungen zur wirtschaftlich-sozialen Situation in Sachsen im Gefolge des Dreißigjährigen Krieges. Sächsische Heimatblätter 6 (1995), 343-351.

29 Vgl. etwa das Zahlenmaterial bei Albin Schwind: Das Erzgebirgsdorf Beutha und seine Geschichte. Stollberg 1940.

30 Michael Wetzel: St. Jakobi Stollberg 1659-2009: Festschrift zum 350. Kirchweihjubiläum. Stollberg 2009, 41-49.

denziell am häufigsten zerstört oder geplündert wurden. Eine statistische Erhebung für das Erzgebirge bzw. für Sachsen insgesamt wäre wünschenswert.

Empfindlich wirkte sich der Personalmangel aus. Von den 53 Parochien der Ephorie Chemnitz hatten allein 1632/33 elf ihre Geistlichen verloren, größtenteils durch die Pest, aber auch durch Gewaltakte.[31] Da es an ausgebildeten Theologen fehlte, waren in vielen Fällen Neubesetzungen vakanter Stellen ein Ding der Unmöglichkeit. Selbst ein solch wichtiges und einflussreiches Amt wie das des Chemnitzer Superintendenten blieb 1632 bis 1636 mehr als vier Jahre lang unbesetzt. Einige erzgebirgische Pfarrstellen mussten in Ermangelung an Bewerbern bis in die 1680er Jahre von Nachbarorten aus versorgt werden. Und selbst wenn es Bewerber gab, das Pfarrhaus aber aufgrund finanzieller Engpässe nicht wiederaufgebaut werden konnte, blieb die kirchliche Versorgung der betreffenden Orte lange ausgesetzt.

Hinzu kamen die immateriellen Schäden: eine traumatisierte Bevölkerung. Das Erlebte hatte zu mentalen Schocksituationen geführt. In diesen Zusammenhang ist sicher die in volkstümlicher Ausschmückung verzerrt wiedergegebene Schilderung über das Ableben des Chemnitzer Superintendenten Zachäus Faber zu stellen, der 1632 aus Gram über den Missbrauch seiner Kirche durch katholische Söldner gestorben sein soll.[32]

Christian Lehmanns Schaffen selbst kann als eine Bewältigungsstrategie für die Erlebnisse des Krieges angesehen werden. Was die moderne Psychologie heute zur Verarbeitung verschiedener Traumata empfiehlt, nämlich das Schreiben, hat Lehmann vorweg genommen. Er schreibt, um sich und anderen die Vergangenheitsbewältigung zu erleichtern.

Insgesamt ist auch unter der erzgebirgischen Bevölkerung nach dem Dreißigjährigen Krieg ein Rückgang von Sitte und Moral bei gleichzeitiger Verrohung und ethischer Verwahrlosung nicht ausgeblieben. Bildung und Kultur verfielen. Die Wertevermittlung, z. B. an Schulen, geriet ins Stocken. Als es 1671 zu einer großangelegten Kirchenvisitation kam, fielen große Mängel in der Amts- und Lebensführung der Geistlichen und Schulmeister ebenso auf wie Disziplinlosigkeit beim Gottesdienst, Trunksucht, Sonntagsentheiligung und Völlerei.[33]

Andererseits war es aber gerade der christliche Glaube, der auch Halt gab inmitten der Katastrophe. Nach den theologischen Deutungsmustern der Zeit sah man Krieg und Pest als Strafgerichte Gottes an, die zu Buße und Lebensänderung aufriefen. In bestimmten Bevölkerungskreisen hat man sich in diesem Zusammen-

31 Vgl. die Angaben in: NEUE SÄCHSISCHE KIRCHENGALERIE: Ephorien Chemnitz I und II. Leipzig 1904.

32 Karl KIRCHNER: Der Streit um das Patronat über das Pfarramt an der Jacobikirche. Mitteilungen des Chemnitzer Geschichtsvereins 6 (1887/88), 95 f.

33 Bernd STEPHAN: Die Lage der Chemnitzer Kirchgemeinden nach dem Dreißigjährigen Krieg. In: Der Kelch bitterster Leiden: Chemnitz im Zeitalter von Wallenstein und Gryphius/ hrsg. von Chemnitz 2008, 110.

hang stark dem Pietismus zugewandt. Persönliche Frömmigkeit und praktische Diakonie verbanden sich hier sehr eindrucksvoll.[34] Zahlreich sind die Erneuerungen bzw. Erstgründungen karitativer Einrichtungen nach dem Dreißigjährigen Krieg. Besonders die Hospitäler in den größeren und mittleren Städten des Erzgebirges sind hier zu nennen.

Tiefer Glaube ist es auch gewesen, der in innigen Friedensdankfeiern zum Ausdruck kam, und der im Angesicht der Zerstörung den Willen zum Wiederaufbau bekräftigte. So bargen die Stollberger Bürger noch aus den rauchenden Trümmern ihrer Stadtkirche die Metallklumpen der geschmolzenen Glocken, um sie zur Umgießung nach Zwickau zu senden.[35]

Dennoch brauchte die Kriegsfolgenüberwindung im Erzgebirge mehrere Jahrzehnte. Verschiedene statistische Kennziffern belegen, dass vielerorts erst um 1700 der Vorkriegsstand wieder erreicht wurde, um dann in eine neue Blütezeit im Augusteischen Zeitalter einzumünden. Mehr als 50 Jahre – das mutet lang an. Dennoch erholte sich das Erzgebirge damit noch schneller als andere Gegenden Deutschlands. Ja, angesichts des Ausmaßes der Zerstörung muss man zweifellos das langsam aber stetig betriebene Wiederaufbauwerk als eine große Kulturleistung bewerten.

Unterstützt wurde dieses Wiederaufbauwerk durch politische Maßnahmen des sächsischen Kurfürsten. Modern würde man von einem Konjunkturprogramm sprechen. Denn Kurfürst Johann Georg II. versprach 1659 finanzielle Vergünstigungen für jeden, der die Wiederbesiedlung eines wüsten Bauerngutes in Angriff nehmen wollte. Ein Erfolg dieser Maßnahme ist nicht zu verkennen, auch wenn hier wiederum von langsamen Verbesserungen zu sprechen ist. Aber immerhin konnte 1682 im Amt Chemnitz die überwiegende Mehrzahl der Güter wieder als bewirtschaftet gemeldet werden.[36]

Schon Johann Georgs Vater, Johann Georg I., hatte durch politisch kluge Maßnahmen dem Erzgebirge zu einer ungeahnten Entwicklungsperspektive verholfen: Er öffnete das Land für Zuwanderer. Und so erlebte Sachsen nach dem Dreißigjährigen Krieg einen wahren Ansturm protestantischer Glaubensflüchtlinge aus Böhmen, die dort der Rekatholisierung wichen.[37] Die Flucht über die Grenze geschah in bereits bestehende Siedlungen. Sie führte aber auch zu Neugründungen. Besonders im Osterzgebirge um Seiffen sind Ortsnamen wie Deutsch-Einsiedel, Deutsch-Catharinenberg, Deutsch-Neudorf, Georgenfeld bei Zinnwald oder Neunschönberg an der Flöha Indikatoren für diese Zuwanderung.[38]

---

34 Ebd, 112-115.

35 Wetzel: St. Jakobi Stollberg (wie Anm. 30), 41 f.

36 Walter: Überwindung der materiellen Schäden (wie Anm. 26), 16.

37 Vgl. Alexander SCHUNKA: Gäste, die bleiben: Zuwanderer in Kursachsen und der Oberlausitz im 17. und frühen 18. Jahrhundert. Hamburg; Münster 2006.

38 Alfred DIETRICH: Erzgebirgische Exulantendörfer. Crimmitschau 1927.

Das eindrucksvollste Beispiel aber ist zweifellos Johanngeorgenstadt. Eine anrührende Geschichte verbindet sich mit der Gründung der Stadt. Sie wird von Johann Christian Engelschall in seiner Stadtchronik geschildert: Im Dezember 1653 schleppte sich ein Flüchtlingszug von der böhmischen Bergstadt Platten über die Grenze nach dem Fastenberg, wo ein Jahr zuvor bereits acht Familien Asyl gefunden hatten. Die wenigen Häuser vermochten nicht, den Ansturm der Exulanten aufzufangen. In einem Haus sollen zwischenzeitlich 23 Familien gehaust haben.

Angesichts der trostlosen Lage richteten die Vertriebenen am 12. Februar 1654 ein Gesuch an Kurfürst Johann Georg I. zum Bau einer Stadt. Es wurde zwei Wochen später genehmigt unter der Auflage, dass die neue Stadt den Namen des Kurfürsten tragen solle. So ist es geschehen. Im Frühjahr begann die Rodung, am 10. Mai legte man die erste Türschwelle, 1655 begann der Bau der Kirche und 1656 erhielt der planmäßig angelegte Ort ein Stadtprivileg. Durch den anhaltenden Zustrom von Exulanten konnte Johanngeorgenstadt 1661 bereits 163 Häuser aufweisen.[39]

Insgesamt kann man festhalten: Die Zuwanderung wirkte sich positiv auf das Erzgebirge aus. Neben dem Ausgleich von Bevölkerungsverlusten trugen die Flüchtlinge zur wirtschaftlichen Belebung des Grenzgebiets bei. Zum Teil brachten sie völlig neue Gewerke mit.

Allerdings belegen die Quellen eine im Erzgebirge regional sehr unterschiedliche Regenerationsfähigkeit der einzelnen Ortschaften. Als es beispielsweise 1699 auf kurfürstlichen Befehl zu einer Bestandsaufnahme des sächsischen Städtewesens kam, erfasste die Statistik neben der Zahl der Handwerker, des Viehbesitzes und weiterer Kennziffern auch die Anzahl der noch wüst liegenden Häuser. Dabei ergab sich ein höchst unterschiedliches Bild. Während in Stollberg nur noch 1,5% der Häuser wüst lagen, der Krieg mithin als überwunden gelten konnte, waren es in Schwarzenberg 5,5%, in Zwönitz 8%, in Chemnitz aber 40,8% und in Buchholz gar 49,8%.[40] Welche Gründe es dafür gab, läßt sich zumindest andeuten, auch wenn das Thema, wie gesagt, noch genauerer Untersuchung bedarf.

Schauen wir auf die Städte mit dem niedrigsten und dem höchsten Wert. Stollberg, der Spitzenreiter im Hinblick auf die Regenerationsfähigkeit, kann als Exportgewerbestadt charakterisiert werden. Die hier produzierten Textilien waren

39 Vgl. Johann Christian ENGELSCHALL: Beschreibung der Exulanten- und Bergstadt Johann-GeorgenStadt. Leipzig 1723 (ND Stuttgart 1997); Friedrich Francke: Zur Gründungsgeschichte von Johanngeorgenstadt: Mittheilungen aus archivalischen Quellen. Schneeberg 1854; Frank TELLER: Bergbau und Bergstadt Johanngeorgenstadt (1654-1945). 2. Aufl. Johanngeorgenstadt 2002; Alexander SCHUNKA: »St. Johanngeorgenstadt zu kurfürstlicher Durchlaucht unsterblichem Nachruhm«: Stadtgründung und städtische Traditionsbildung in der Frühen Neuzeit. NASG 74/75 (2003/2004), 175-205.

40 Katrin KELLER: Kursachsen am Ende des 17. Jahrhunderts: Beobachtungen zur regionalen und wirtschaftlichen Struktur der sächsischen Städtelandschaft. In: Sachsen im 17. Jahrhundert (wie Anm. 1), 158 Tabelle 2.

in wirtschaftlich potenten Regionen stark nachgefragt. Der Absatz stieg. Dadurch floss der Stadt Geld zu, was für eine rasche Erholung sorgte.[41]

Ganz anders die Stadt Buchholz, wo 50 Jahre nach dem Krieg noch die Hälfte der Häuser als »wüst« geführt wurde. Diese Stadt hatte einseitig vom Bergbau gelebt. Schon vor dem Dreißigjährigen Krieg befand sich dieser Wirtschaftszweig im Niedergang. Der Krieg tat sein Übriges. Da alternative Erwerbszweige nicht entwickelt waren, wirkte sich dies in einem dauerhaften Bedeutungsverlust aus.

Jenseits der strukturellen Gründe zeigt das Stollberger Beispiel aber auch, dass sich dort die größten Wiederaufbauerfolge einstellten, wo sich verschiedene gesellschaftliche Kräfte zum gedeihlichen Zusammenwirken zusammenfanden. Die überragende Persönlichkeit der Stollberger Stadtgeschichte im 17. Jahrhundert ist mit dem Kaufmann und Ratsherrn Johann Ernst Höckner bezeichnenderweise ein Mann gewesen, der als Bindeglied zwischen Rathaus, Kirche, Handwerksinnung und Bürgerschaft fungierte. Durch kluges Unternehmertum hatte Höckner seinen Besitz über die Zeit des Krieges bewahrt. Aber das negative Bild eines bloßen »Kriegsgewinnlers« trifft auf ihn nicht zu. Vielmehr hat Höckner seine gesamtgesellschaftliche Verantwortung erkannt. Als Leiter des kirchlichen Wiederaufbaus gelang es ihm, die sozialen Netzwerke in seiner Stadt zu aktivieren. Auf diese Weise vermochte das Gemeinwesen die Kräfte zu entfalten, die zur Überwindung der Kriegskatastrophe, zu Neubeginn und Wiederaufbau nötig waren.

Mit Menschen wie Johann Ernst Höckner verbindet sich freilich noch ein weiteres: Aufgrund familiärer Beziehungen zu dem Ratsherrn erhielten namhafte Künstler, wie etwa Vertreter der Schneeberger Bildhauerfamilie Böhme, Aufträge in der wieder aufblühenden Stadt. Sie schufen baulich und stilistisch Neues.[42] Die Nachkriegszeit ist daher auch eng mit verschiedenen künstlerischen und architektonischen Neukonstituierungen verbunden.

Im Erzgebirge brach sich ein neuer Kirchenbaustil Bahn. Man denke nur an die Dreifaltigkeitskirche in Carlsfeld, die in Form eines achteckigen Zentralbaus als Barockkirche mit Kanzelaltar von Veit Hans Schnorr in Auftrag gegeben wurde. Die Entwürfe des Oberlandbaumeisters Wolf Caspar von Klengel gaben dann das Vorbild für die spätere Frauenkirche in Dresden ab.[43] Weitere Beispiele des neuen Stils sind die Kirchen in Bernsbach, Crandorf, Grünstädtel u. a.

Neben den Kirchen entstand das Ortsbild vieler Städte und Dörfer neu. Vergleicht man die vor dem Dreißigjährigen Krieg von Wilhelm Dilich angefertigten

---

41 Wetzel: Stollberg im 17. Jahrhundert (wie Anm. 17), 26.

42 Mario TITZE: Das barocke Schneeberg: Kunst und städtische Kultur des 17. und 18. Jahrhunderts in Sachsen. Dresden 2002, 97-112; Michael WETZEL; Gunter LASCH: »Die Hinterlassenen gedenken«: das Höckner-Epitaph in der Stollberger Stadtkirche St. Jakobi. In: Dies.: Die Kaufmannsfamilie Höckner (wie Anm. 17), 157-164.

43 Mario TITZE: Baugeschichte und Baugestalt der Dreifaltigkeitskirche in Carlsfeld im Erzgebirge. In: Die Dresdner Frauenkirche: Jahrbuch 3 (1997), 131-141.

Federzeichnungen sächsischer Städte[44] mit entsprechenden Abbildungen vom Ende des 17. Jahrhunderts, so fallen zum Teil deutliche Unterschiede auf.

So gilt letztlich auch: Die Zerstörungen schufen Raum für Neues. Es ist daher falsch zu meinen, das 17. Jahrhundert ließe sich einzig in den Stichworten, Krieg, Krise und Depression zusammenfassen. Zweifellos war das Säkulum ein Zeitalter der Zerstörung. Aber aus der Krise resultierten Neubeginn und dynamische Veränderung. Die Menschen im Erzgebirge haben die Chance des Neubeginns genutzt. Sie haben unter großen persönlichen Opfern Bewährtes wieder neu mit Leben gefüllt. Sie haben nach der Katastrophe das öffentliche Leben wieder aufgerichtet und neu gestaltet in vielfältiger Form. Einer dieser Gestalter war Christian Lehmann.

44 Wilhelm DILICH: Federzeichnungen kursächsischer und meißnischer Ortschaften aus den Jahren 1626-1629. 3 Bde. Dresden 1907.

Berichte aus den Arbeitsgemeinschaften und Vereinen für Kirchengeschichte

Arbeitsgemeinschaft für pommersche Kirchengeschichte e.V. (AG) Jahresbericht 2015

1 Zweiter Studientag der Arbeitsgemeinschaft in Stettin

Das Jahr 2015 begann für die Arbeitsgemeinschaft mit dem 2. Studientag, der am 24. Januar im Historischen Institut der Universität Stettin / Szczecin unter dem Thema »Gesellschaft und Kirche in Pommern während des Ersten Weltkrieges« stattfand. Die Organisation und Vorbereitung der Konferenz lag im Wesentlichen in der Hand von Dr. Paweł Gut, Mitarbeiter im Staatsarchiv Szczecin und Kurator der Arbeitsgemeinschaft für Projekte der deutsch-polnischen Zusammenarbeit. Er hielt nach Begrüßung und Einleitung durch Dr. Jan Macholak, Prof. Dr. Adam Makowski und den Vorsitzenden der Arbeitsgemeinschaft auch das Eröffnungsreferat »Quellen zur Geschichte von Gesellschaft und Kirche in Pommern während des 1. Weltkrieges im Bestand des Staatsarchivs Stettin«. Es folgten Beiträge von Dr. Irmfried Garbe (»Ein Weltkrieg auf Papier: der Erste Weltkrieg im Spiegel pommerscher Pfarrchroniken«), ks. Prof. Dr. Gregorz Wejman (»Katholische Pfarreien in Pommern während des Ersten Weltkrieges«), Dr. Agnieszka Chlebowska (»Unterstützungssystem für deutsche Soldatenfamilien während des Ersten Weltkriegs am Beispiel Stettin«). Dr. Maciej Szukała referierte über »Die Gesellschaft für Pommersche Geschichte und Altertumskunde in Beziehung zu den Ereignissen des Ersten Weltkrieges« und Dr. Dariusz Chojecki über die »Demographische Krise in Stettin während des Ersten Weltkrieges«. Dr. Michael Lissok führte unter dem Thema »Im Frieden begonnen, nach dem Krieg vollendet: der Bau der neuen Garnisonkirche in Stettin 1913-1919 (seit 1945 Herz Jesu Kirche). Eine architekturhistorische Betrachtung im zeitgeschichtlichen Kontext« in eine kleine Exkursion in das Stadtzentrum ein, die zusammen mit einem Besuch in der Evangelisch-lutherischen Trinitatiskirche und einer Begegnung mit der Gemeinde den Abschluss des Studientages bildete. Im Rückblick auf den Studientag ist vor allem festzuhalten, dass die Zusammenarbeit mit polnischen Historikern gewinnbringend und in hohem Maß erkenntnisfördernd ist. Alle Teilnehmer waren beeindruckt davon, mit wie viel Liebe zum Detail gerade auch jüngere polnische Wissenschaftler die Ereignisse und Prozesse aus einer für sie zunächst ja fremden zeitlichen und örtlichen Welt aufarbeiteten. Eine Dokumentation der Konferenz kann hoffentlich demnächst vorgelegt werden.

2 Mitgliederversammlung mit Wahl des Vorstandes

Am 27. Mai 2015 fand in Greifswald eine Mitgliederversammlung statt, auf der wegen formaler Mängel der letzten Wahl der Vorstand neugewählt und in seiner bisherigen Zusammensetzung bestätigt wurde. Dankbar konnte auf der Mitgliederversammlung auf verschiedene Beiträge aus dem Kreis der Mitglieder in verschiedenen Publikationen zur pommerschen Geschichte hingewiesen werden, zum Beispiel auf den Aufsatz von Dr. Wolfgang Fiedler, langjähriges Mitglied des Vorstands der Arbeitsgemeinschaft, über das Kloster Neuenkamp in dem Buch »Kirchen und Klöster der Zisterzienser in Deutschland, Österreich und der Schweiz«, erschienen 2015 im Kunstverlag Josef Fink. Ebenso wurden die Mitglieder über Initiativen informiert, für die Kirchengeschichtsvereine auf dem Gebiet der Evangelisch-Lutherischen Kirche und Norddeutschland einen gemeinsamen Internetauftritt einzurichten sowie über Planungen für ein Buchprojekt über herausragende Persönlichkeiten, die auf dem Territorium der heutigen »Nordkirche« prägend für Kirche, Theologie und Kultur wirkten. Auf den Fortgang beider Vorhaben darf mit Spannung gewartet werden.

Unmittelbar vor der Versammlung fand die Präsentation von Band 19 der von der Arbeitsgemeinschaft herausgegebenen Beiträge zur Kirchen-, Kunst- und Landesgeschichte Pommerns statt, die Monographie von Professor Jürgen Petersohn »Die Kamminer Bischöfe des Mittelalters: Amtsbiographien und Bistumsstrukturen vom 12. bis 16. Jahrhundert«. Professor Werner Buchholz hielt einen Festvortrag über die Titularbischöfe des Bistums Kammin nach der Reformation bis zum Erlöschen des Herzogshauses.

3 Exkursion der Arbeitsgemeinschaft in das Danziger Land

Vom 28. bis zum 31. Mai fand die diesjährige Exkursion der Arbeitsgemeinschaft statt, die unter dem Thema stand »Auf den Spuren der Reformation im Danziger Land«. Inhaltlich und organisatorisch waren Dr. Jana Olschewski, Dr. Małgorzata Grzywacz (Posen / Poznań), Prof. Werner Buchholz und Dr. Michael Lissok für die Studienreise verantwortlich, die die Begegnung mit vielen interessanten Zeugnissen der Reformation in Danzig, im früher Pommerellen genannten Gebiet und verschiedenen Orten, Kirchen und Klosteranlagen in »Königlich Preußen« vermittelte. Die vielfältigen wechselseitigen Verschränkungen unterschiedlicher Motive und Triebkräfte im zunächst ja völlig offenen Prozess der Reformation in einer konkreten historischen Landschaft, im Spannungsfeld deutscher und slawischer Kulturen, städtischen und ländlichen Milieus, sozialer und nationaler Emanzipationsbestrebungen und Neuaufbrüchen in der Frömmigkeit wurden allen Teilnehmern eindrucksvoll deutlich.

4 Tagungsteilnahme / Kooperationen / Förderungen

Vom 14. bis zum 16. Oktober 2015 beteiligte sich die Arbeitsgemeinschaft unter anderem durch einen Beitrag ihres Vorsitzenden über Bugenhagens Pomerania an einer internationalen Konferenz in Stolp / Słupsk über »Gemeinschaften und Nationen in Groß-Pommern«, die von der Pommerschen Akademie in Słupsk und dem Kaschubischen Institut in Danzig / Gdańsk durchgeführt wurde. Auch diese Konferenz war ein beeindruckendes Zeichen für die intensive Arbeit polnischer Historiker an der pommerschen Geschichte.

Hingewiesen werden soll in diesem Zusammenhang auch auf das unter maßgeblicher Mitwirkung von Dr. Irmfried Garbe, Vorstandsmitglied der Arbeitsgemeinschaft, erschienene, sehr interessante Sonderheft Nr. 6 von »Zeitgeschichte regional. Mitteilungen aus Mecklenburg-Vorpommern« (Ingo Koch Verlag Rostock 2015) über Aspekte der polnischen Nachkriegsgeschichte Pommerns. Finanziell gefördert hat die Arbeitsgemeinschaft eine außergewöhnlich umfangreiche und informative, von Dr. Norbert Buske, Dr. Haik Thomas Porada und Wolfgang Schmidt herausgegebene Festschrift »Die Marienkirche in Grimmen und ihre Gemeinde. Beiträge zur Kirchengeschichte einer pommerschen Stadt« (Verlag Ludwig Kiel 2015).

5 Aus der Arbeitsgemeinschaft / Planungen

Erfreulich ist die Aufnahme neuer, auch jüngerer Mitglieder in die Arbeitsgemeinschaft. Gleichwohl sieht es der Vorstand als vordringliche Aufgabe, das Interesse an der pommerschen Kirchengeschichte gerade in der jüngeren Generation zu wecken und anzuregen. Diesem Ziel dient unter anderem die von Rainer Neumann, Kurator der Arbeitsgemeinschaft für Presse- und Öffentlichkeitsarbeit und Leiter der Geschäftsstelle, gepflegte Internetseite (www.pommersche-kirchengeschichte-ag.de) sowie eine zeitnahe Informations- und Kommunikationsarbeit über die »Mitteilungen« durch e-Mail, inzwischen bei Nr. 91 angelangt.

Dankbar ist abschließend zu berichten, dass inzwischen das Buch von Professor Rudolf von Thadden, Ehrenmitglied der Arbeitsgemeinschaft, über »Trieglaff: eine pommersche Lebenswelt zwischen Kirche und Politik 1807-1948« in polnischer Übersetzung erschienen ist. Sobald die Umstände es erlauben, werden der Autor und die Arbeitsgemeinschaft zu einer öffentlichen Präsentation des Buches in Polen einladen. In der Planung befinden sich außerdem der 3. Studientag im März 2016 über »Religiöses Leben in Pommern am Vorabend der Reformation«, eine Vortragsveranstaltung mit Friedrich Bartels über das kaum noch bekannte Predigerseminar der Altpreußischen Union in Stettin – Kückenmühle (siehe Beitrag in diesem Band) sowie eine Publikation der Stralsunder Kirchenordnung von 1525, der ersten Kirchenordnung der Reformation.

Greifwald — Christoph Ehricht

Verein für Berlin-Brandenburgische Kirchengeschichte

Jahresbericht 2014

Die Mitgliederzahl stieg im Vergleich zu 2013 von 85 auf 89. Im Zentrum der Tätigkeit standen die regelmäßigen Vortragsveranstaltungen sowie die Herausgabe des Jahrbuchs. Das Jahrbuch ist im November 2013 erschienen – mit einem Schwerpunkt bei der Geschichte der brandenburgischen Reformation.

Am Freitag, dem 14. März 2014, fand im Märkischen Museum eine Gedenkveranstaltung zu Ehren des verstorbenen Landes- und Kirchenhistorikers an der Freien Universität zu Berlin, Prof. Dr. Gerd Heinrich, statt. Der Verein war Mitveranstalter neben Vereinen wie der Historischen Kommission zu Berlin und der Landesgeschichtlichen Vereinigung. Über Gerd Heinrichs Bedeutung für die Arbeit der Arbeitsgemeinschaft für Berlin-Brandenburgische Kirchengeschichte hat unser Vorstandsmitglied Dr. Klaus Neitmann gesprochen, über seine Rolle bei den Exkursionen der Arbeitsgemeinschaft für die Kirchengeschichte der Uckermark unser Vorstandsmitglied Dr. Reinhard Schmook.

Im April folgte die zweite Tagung zur Geschichte der brandenburgischen Reformation, diesmal auf dem westlichen Gebiet der historischen Mark Brandenburg, in der Altmark, nach Stendal. Veranstaltet wurde die Tagung zusammen mit dem Verein für die Geschichte der Kirchenprovinz Sachsen mit einem sehr interessanten Programm und einer Teilnehmerzahl von über 100 Personen.

Am Sonnabend, dem 21. Juni 2014, fand unter Leitung von Frau Prof. Strohmaier-Wiederanders eine gut besuchte Exkursion nach Jüterbog statt. Auch da lag ein Schwerpunkt beim Thema Reformation. Ein Vortrag von Dr. Hartmut Kühne zur Frömmigkeit im Spätmittelalter diente der Vorbereitung auf die Exkursion.

Am 1. November 1714 wurde Johann Joachim Spalding geboren, seinerzeit Propst an St. Nikolai, der führende Kopf der Berliner Aufklärung in der Kirche. Wir feierten dieses Jubiläum zusammen mit der Landeskirche und der Stiftung Stadtmuseum am Freitag, dem 7. November, um 19 Uhr, in der Nikolai-Kirche zu Berlin. Den Festvortrag hielt der Münsteraner Kirchenhistoriker Prof. Dr. Albrecht Beutel, der Herausgeber der Spalding-Gesamtausgabe.

Die Geschäftsstelle des Vereins beim Landeskirchlichen Archiv in Berlin weist auch immer wieder auf von anderen organisierte Veranstaltungen zur regionalen Kirchengeschichte hin und bietet themenbezogene Ausstellungsführungen an, die nur dann zustand kommen, wenn sich genügend Interessenten finden.

Seit August 2013 sind die Bestände des Landeskirchlichen Archivs, des Evangelischen Zentralarchivs und der Berliner Missionsarchive online recherchierbar. Im Bereich des Berliner Missionswerks und der Gossner Mission und Kirche in Indien umfasst das Angebot sogar die digitalisierten Originalakten.

Jahresbericht 2015

Das Jahr 2017 rückte näher. Deswegen spielten die Aktivitäten des Vereins, die sich auf dieses Jubiläum bezogen, eine immer wichtigere Rolle. Am Beginn der Luther-Dekade hatte sich der Verein vorgenommen, die Reformation in Brandenburg im Übergang vom späten Mittelalter zur frühen Neuzeit weiterführend wissenschaftlich zu erforschen und die Ergebnisse einem größeren Publikum zugänglich zu machen. Dabei war natürlich allen bewusst, dass das spezielle Brandenburger Reformationsdatum ins Jahr 1539 fällt. Dies Projekt wurde durch Vorträge und Tagungen vorangetrieben. In Berlin fanden bislang elf Vorträge zu Themen der brandenburgischen Reformation statt, die auf großes Interesse stießen. Sehr erfolgreich verliefen Tagungen in den Regionen Brandenburgs, die das Thema der Reformation auf der Ebene der Städte und Landregionen behandelten. Solche Tagungen fanden (mit einer Teilnehmerzahl von 60 bis 100) 2013 in der Prignitz (Bad Wilsnack), 2014 in der Altmark (Stendal) und zuletzt im April 2015 in der Uckermark (Prenzlau) statt. Diese Tagungen haben zusätzlich gute Kontakte zu den regionalen Geschichtsvereinen hergestellt und die zu den regionalen Kirchengeschichtsvereinen gefestigt. So wurde die Tagung in Prenzlau gemeinsam mit der Arbeitsgemeinschaft für uckermärkische Kirchengeschichte und dem Uckermärkischen Geschichtsverein durchgeführt und auch in der regionalen Presse beachtet. Weitere Tagungen wurden daher für 2016 und 2017 geplant.

Jetzt, in der letzten Phase der Dekade vor 2017, stehen zusätzlich die Sicherung und Verbreitung der Ergebnisse des Forschungsprojekts in Publikationen an. Geplant waren drei Veröffentlichungen, die sich an unterschiedliche Zielgruppen richten:

Die erste (»Quellen und Literatur zur Reformation in der Mark Brandenburg«) richtet sich an diejenigen, die sich als Wissenschaftler oder als Erforscher der örtlichen Geschichte in Kirchengemeinden und Regionen mit der Reformation befassen. Sie stellt die *Geschichte der bisherigen Forschung* zur brandenburgischen Reformation und ihren gegenwärtigen Stand dar und bietet eine umfangreiche *Bibliographie*, und sie gibt Auskunft zur Quellenlage in staatlichen und kirchlichen Archiven. Autoren sind unserer Vorstandsmitglieder PD Dr. Andreas Stegmann, Prof. Dr. Klaus Neitmann, Leiter des Brandenburgischen Landesarchivs, und Dr. Wolfgang Krogel, Leiter des Landeskirchlichen Archivs. Diese erste Publikation ist 2015 erschienen.

An ein breites Publikum von interessierten Gemeinden, Pfarrerschaft und Öffentlichkeit richtet sich ein Buch, das vom Verein herausgegeben, von seinem Vorstandsmitglied PD Dr. Andreas Stegmann verfasst wird und in der Evangelischen Verlagsanstalt erscheinen soll. Die geplante *Monographie zur Geschichte der brandenburgischen Reformation* wird den aktuellen Stand der wissenschaftlichen Forschung in einer für ein breiteres Publikum bestimmten Erzählung und Deutung darstellen. In zehn Kapiteln wird die Geschichte der Reformation im Kurfürstentum

Brandenburg einschließlich ihrer Vor-, Nach- und Wirkungsgeschichte dargestellt. Das Buch soll 2017 Jahr erscheinen.

Über den Vorarbeiten zu diesen Publikationen ist die Idee entstanden, auch ein *Quellenbuch zur brandenburgischen Reformationsgeschichte* herauszugeben, das die oft nur sehr schwer zugänglichen Quellen abdrucken soll. Wir denken, dass ein solches Quellenbuch über den Kreis der Forschenden hinaus auch für Unterrichtende in Schulen und Hochschulen von großem Interesse ist. Wir meinen, dass wir mit diesen Publikationen einen wichtigen Dienst für die Evangelische Kirche Berlin-Brandenburg-schlesische Oberlausitz tun. Ein solches »Set«, das auf der Basis des aktuellen Forschungsstands umfassend über einen bedeutenden Teil der brandenburgischen Geschichte und Kirchengeschichte Auskunft gibt, wird nicht nur für die nächsten Jahre, sondern auch für die nächsten Jahrzehnte (2039 steht das spezielle brandenburgische Reformationsjubiläum an) das Fundament der Beschäftigung mit dieser Epoche sein. Die letzte ausführliche und wissenschaftlich fundierte Monographie mit einer Gesamtdarstellung der brandenburgischen Reformation stammt aus dem Ende des 19. Jahrhunderts; ein Quellenbuch gab es zuletzt 1927.

Im Zentrum der kontinuierlichen Arbeit standen weiterhin die regelmäßigen Vortragsveranstaltungen im Fakultätsgebäude der Humboldt-Universität zu Berlin und die Herausgabe des Jahrbuchs. Das Jahrbuch Nr. 70/2015 enthält Beiträge zu allen Epochen der brandenburgischen Geschichte, darunter drei Beiträge, die zu unserem Reformationsprojekt gehören, und mehrere zeitgeschichtlicher Beiträge.

Mitglieder unseres Vorstands haben bei der Planung der Tagung »Was heißt Kirchen-Union heute?« mitgewirkt, und Frau Prof. Dr. Dorothea Wendebourg hielt dort einen Vortrag über die Entstehung der Union mit dem Untertitel »Fragwürdiger Akt, interessante Früchte«. Die Beiträge dieser Tagung sind erschienene in: Was heißt Kirchen-Union heute: Beiträge zu einem Symposium der Evangelischen Kirche Berlin-Brandenburg-schlesische Oberlausitz/ hrsg. von Karl-Heinrich Lütcke und Eckhard Zemmrich. Leipzig 2015. 80 S.

Nicht unmittelbar den Verein betreffend, aber doch von Bedeutung für das Aufgabengebiet des Vereins, zu dem auch die Pflege der Erinnerungskultur auf dem Gebiet der Landeskirche gehört, war 2015 die Berufung der Pfarrerin Marion Gardei zur landeskirchlichen Beauftragten für Erinnerungskultur. Der Vorstand hat sie zu einer seiner Sitzungen eingeladen; dabei wurde Zusammenarbeit vereinbart.

Speziell für die Aktivitäten des Vereins im Zusammenhang mit dem Reformationsjubiläum wurde 2016 zusätzlich zu der vorhandenen Seite eine eigene Internetseite (http://reformation-mark-brandenburg.de/) eingerichtet, über die aktuelle Informationen abgerufen werden können.

Veranstaltungen 2013-2015

7. Oktober 2013 – Gunter *Hünerhoff*: Propst Hans Böhm

14. November 2013 – Torsten *Dressler*: Verschwundene Kirchen: ein Archäologischer Bericht zur ehemaligen St. Georgenkirche am Alexanderplatz

5. Dezember 2013 – Andreas *Stegmann*: Die Kirchenpolitik Joachims II

16. Januar 2014 – Wolfgang *Thierse*: »Die Zukunft der Vergangenheit«: schrumpfende Dörfer, schwindende Gemeinden. Was geschieht mit den Kirchen?

13. Februar 2014: Matthias *Asche*: Der Augsburger Religionsfrieden von 1555 und die Territorien und Städte in Norddeutschland

20. März 2014 – Karl-Heinz *Voigt*: Geschichte der methodistischen Gemeinden in Berlin-Brandenburg

5. April 2014 (Tagung in Stendal: Reformation in der Altmark) – Andreas *Stegmann*: Reformation im Kurfürstentum Brandenburg; Michael *Scholz*: Reformation in kleinen Städten der Altmark; Reinhard *Creutzburg*: Martin Luthers Lieder und Justus Jonas′ Predigt als Anstöße zur Reformation in Stendal; Alkmar *von Alvensleben*: Adel und Reformation in der Altmark; Peter *Lippelt*: Kirchenordnung im Kurfürstentum Brandenburg um 1540 und deren Auswirkung auf die Visitationen in der Altmark

15. Mai 2014 – Karl-Heinrich *Lütcke*: Der Notruf: Pfarrer aus dem Westen für den Osten (1949-1955)

12. Juni 2014 – Hartmut *Kühne*: Frömmigkeit in der Vorreformationszeit in der Mark Brandenburg; anschließend Mitgliederversammlung und Exkursion

21. Juni 2014 – Gerlinde *Strohmaier-Wiederanders*, Bernhard *Gutsche* u. a.: Kloster Zinna und Jüterbog, mit Schwerpunkt Reformation

9. Oktober 2014 – Christian *Neddens*: Bekennende Kirche und Altlutheraner im Kirchenkampf

7. November 2014 – Albrecht *Beutel*: Johann Joachim Spalding (1714-1804): (im Rahmen eines Festakts Meistertheologe der Berliner Aufklärung in der Nikolaikirche)

4. Dezember 2014 - Hans-Rainer *Sandvoß*: Religionsgesellschaften und Widerstand in Berlin

8. Januar 2015 – Michael *Malliaris*: Dominikanerkloster und Domkirche in Cölln: Ausgrabungen auf dem Schlossplatz in Berlin-Mitte

22. Januar 2015 (Matthäuskirche) – Bernd *Janowski*: »Bevor wir anfangen, unsere Kirchen zu schließen, sollten wir sie öffnen!«: Gedanken zur Zukunft der brandenburgischen Dorfkirchen

19. Februar 2015 – Frank *Göse*: Städtereformation in Brandenburg: Überlegungen zu einem Forschungsdesiderat

12. März 2015 – Uwe *Folwarczny*: Die Personalpolitik Johann Georgs und Joachim Friedrichs

18. April 2015 (Prenzlau) – Klaus *Neitmann*, Andreas *Stegmann* u.a.: Tagung zur Reformation in der Uckermark
21. Mai 2015 – Matthias *Deuschle*: Hengstenberg und der preußische Konservatismus
13. Juni 2015 – Uwe *Czubatynski*, Gerline *Strohmaier-Wiederanders*: Exkursion nach Brandenburg/Havel anlässlich des 850-jährigen Dom-Jubiläums
18.-20.September 2015 (Schloss Delitzsch) – Tagung der Arbeitsgemeinschaft für Deutsche Landeskirchengeschichte: Die kirchengeschichtlichen Folgen des Wiener Kongresses
15. Oktober 2015– Martin *Richter*: Konsistorium: 1815/1816 wiedererrichtet
19. November 2015 – Rajah *Scheepers*: Heinrich Albertz (Mitgliederversammlung)
10. Dezember 2015 –Friedhelm *Groth*: Der Iserlohner Pfarrerssohn Gerhard Friedrich Abraham Strauß (1786-1863) und sein Weg zum preußischen Hof- und Domprediger und Professor für Praktische Theologie in Berlin

Berlin Karl-Heinrich Lütcke, Wolfgang Krogel

Arbeitsgemeinschaft für Sächsische Kirchengeschichte

66. Tagung für sächsische Kirchengeschichte in Kamenz, 19.-21. Juni 2014

Zur 66. Tagung für sächsische Kirchengeschichte trafen ca. 45 Teilnehmer im Kirchgemeindehaus sowie im Ratssaal in Kamenz in der Oberlausitz zusammen. Der thematische Schwerpunkt der Veranstaltung lag auf der Geschichte und Kirchengeschichte der Stadt einschließlich ihrer architektonischen und künstlerischen Zeugnisse. Besonders in den Blick genommen wurde die für Kamenz wichtige Niederlassung der Franziskaner. Mit Gotthold Ephraim Lessing wurde der bedeutendste Kamenzer angemessen gewürdigt, was in kleinerem Rahmen auch für Emil Sulze gilt, der sich – zuletzt als Pfarrer in Dresden-Neustadt – um die Reform der Kirchengemeinden verdient gemacht hat.

Vortragsprogramm:

Stadtarchivar Thomas *Binder*, Kamenz: Schlaglichter der Stadtgeschichte aus dem dunklen Magazin des Stadtarchivs

Pfarrer Jörg *Naumann*, Kamenz: wesentliche Momente und Monumente aus der Kirchengeschichte von Kamenz

Hartmut *Mai*, Leipzig: Die Kanzel in der Hauptkirche St. Marien (1563-1566): ein herausragendes Zeugnis der lutherischen Reformation in der Oberlausitz

Alexander *Sembdner*, Leipzig: »ad vacandum deo«. Der Franziskanerorden im spätmittelalterlichen Sachsen: das Fallbeispiel Kamenz (abgedr. in diesem Band)

Alexander *Wieckowski*, Großhennersdorf: Kollegiatstifter im Bistum Meißen: 900 Jahre Kollegiatstift St. Marien in Wurzen

Markus *Hein*, Leipzig: Emil Sulze: ein Kamenzer reformiert die Kirche
Albrecht *Beutel*, Münster: Gotthold Ephraim Lessing und die Theologie der Aufklärung (abgedr. in diesem Band)

Im Rahmen der traditionellen Exkursion fanden Besichtigungen und Führungen in St. Marien, in der Katechismuskirche, in der Begräbniskirche St. Just sowie im Sakralmuseum in der Franziskanerkirche St. Annen statt.

67. Tagung für sächsische Kirchengeschichte in Oschatz, 28.–30. Mai 2015

Die 67. Tagung für sächsische Kirchengeschichte fand mit ca. 65 Teilnehmern in der Klosterkirche Oschatz statt. Die Referate widmeten sich neben der Geschichte von Ort und Umland den zahlreichen Jubiläen des Jahres 2015 und untersuchten deren besondere Relevanz für die sächsische Kirchengeschichte.

Vortragsprogramm:

Doreen *Zerbe*, Leipzig: Lucas Cranach der Jüngere: ein Maler im Zeitalter der Reformation
Hartmut *Mai*, Leipzig: Carl Alexander von Heideloff (1789-1865) und der deutsche Kirchenbau um die Mitte des 19. Jahrhunderts
Armin *Kohnle*, Leipzig: Jan Hus: Ketzer – Märtyrer – Vorläufer Luthers
Stefan *Michel*, Gera/Leipzig: Umkämpfte Lutherbibel: die Durchsetzung der Textfassung von 1545 in der zweiten Hälfte des 16. Jahrhunderts in Kursachsen
Ludwig *Stockinger*, Leipzig: Aufklärung und Christentum im Werk von Christian Fürchtegott Gellert: Konflikt oder Kooperation? (abgedr. in diesem Band)
Michael *Beyer*, Schönbach/Leipzig: Sachsen und der Wiener Kongress
Gert *Jubisch*, Oschatz: Zur Oschatzer Stadt- und Baugeschichte

Die Exkursion führte die Teilnehmer nach Kiebitz (Dorfkirche), Schweta (St. Andreas), Mügeln (Schloss Ruhethal) und Altmügeln (St. Marien).

Leipzig — Christian Winter

Gesellschaft für Thüringische Kirchengeschichte e.V.

Jahresbericht 2014

Der Vorstand hatte die Anregung der Mitgliederversammlung 2013 aufgenommen und statt einer Jahrestagung mit Übernachtungen zwei Studientage organisiert. Leider musste aufgrund der Absage der Hauptreferentin gleich der erste Frühjahrsstudientag kurzfristig abgesagt werden.

Der Herbst 2014 gab durch das 100jährige Gedenken des Weltkriegsbeginns das Thema »Christen im Krieg« vor. Den Herbststudientag veranstaltete die Gesellschaft für Thüringische Kirchengeschichte in Schmalkalden. Dort führte der Kurator und Direktor des Museums Schloss Wilhelmsburg Dr. Kai Lehmann durch die beeindruckende Sonderausstellung »Leben und Sterben im Dreißigjährigen Krieg«. Er erläuterte Konzeption und die Auswertung der Kirchenbücher der Region als Quellengrundlage der Präsentation. Auszüge sind nun nachzulesen in: Kai Lehmann: Leben und Sterben im Dreißigjährigen Krieg: zwei authentische Familienschicksale aus dem 17. Jahrhundert. Untermaßfeld 2014.

Der Blick auf das Thema »Christen im Krieg« wurde erweitert durch den Vortrag bzw. Praxisbericht »Der 1. Weltkrieg in einem Nordthüringischen Dorf: das Tagebuch von Pfarrer Heinrich Rönnefarth und Feldpostbriefe aus seiner Gemeinde Limlingerode«. Pfarrer Dr. Ehrhart Neubert stellte diese neu entdeckte Quelle und den Umgang der Kirchengemeinde damit vor. Mit dem Besuch der Abendandacht in der Schlosskirche endete dieser Studientag.

Jahresbericht 2015

Im März 2015 lud die Gesellschaft für Thüringische Kirchengeschichte in Kooperation mit der Ev.-Luth. Kirchengemeinde Weimar nach Weimar zu einer Buchpräsentation ein. Hier wurde der fünfte Band der Beiträge zur Thüringischen Kirchengeschichte. Neue Folge vorgestellt. Er bietet die neuesten Erkenntnisse zum Weimarer Luther-Retabel in der Weimarer Stadtkirche. Helga Hoffmann publizierte sie unter dem Titel »Das Weimarer Luthertriptychon von 1752: sein konfessionspolitischer Kontext und sein Maler Veit Thiem«.

Einen etwas längeren »Frühjahrsstudientag« gestaltete der Verein gemeinsam mit dem Verein für die Kirchengeschichte der Kirchenprovinz Sachsen am 24. und 25. April 2015 in Naumburg. Die Tagung war anlässlich des 450. Todestages ganz Nikolaus von Amsdorf gewidmet.

Prof. Armin Kohnle machte darauf aufmerksam, wie die Wettinischen Landesherren bischöfliche Rechte schon vor der Reformation beschnitten. Nach der Leipziger Teilung 1485 wirkten sie besonders auf die »inländischen« Bistümer Naumburg, Merseburg und Meißen ein. Insbesondere an letzterem ließen sich anhand der Doppelverwaltung durch die Albertinische und Ernestinische Kanzlei Unterschiede in der Verwaltung beider Linien verdeutlichen.

Prof. Rolf Decot skizzierte den Umgang mit geistlichen Territorien während der mitteldeutschen Reformation und Luthers Einflussnahme darauf. Der Samstag war der Person Amsdorf und seinem Wirken in Magdeburg und als Luther-Erbe-Verwalter gewidmet.

Alle thematischen Beiträge zu dieser Tagung im Überblick:

Prof. Dr. Armin *Kohnle* (Leipzig): Die Bistumspolitik der Wettiner

Dr. Hans *Seehase* (Magdeburg): Weltliche Experimente mit einem evangelischen Bischofsamt

Prof. Dr. Harald *Schultze* (Magdeburg): Amsdorf als lutherischer Bischof

Prof. Dr. Rolf *Decot* (Mainz): Die geistlichen Territorien als »Problem« der Reformation: von Luthers »Vermahnung an die Geistlichen» (1530) bis zum »Geistlichen Vorbehalt« (1555)

Dr. Hartmut *Kühne* (Berlin): Nikolaus von Amsdorf als »Superintendent« in Magdeburg: zum Problem der Magdeburger Kirchenverfassung 1524-1544

Pfr. Dr. Christoph *Ilgner* (Dresden): Die Auseinandersetzung Amsdorfs mit den Dompredigern zu Magdeburg

Dr. Daniel *Gehrt* (Gotha): Myconius – Menius – Amsdorf: Oberaufseher der evangelischen Kirchen in der provincia Thuringicae

Hans-Otto *Schneider* (Mainz): Streit um Luthers Erbe: Amsdorf, Melanchthon und das Interim

Pfrn. Dr. Sabine *Kramer* (Halle): Amsdorffs Sicht auf die Ehe Luthers

Pfr. Dr. Hagen *Jäger* (Eisenach): Aus dem Nachlass Amsdorffs in der Eisenacher Ministerialbibliothek

Den Herbst-Studientag veranstaltete die Gesellschaft für Thüringische Kirchengeschichte am 24. Oktober 2015 in dem neuen Gebäude des Landeskirchenarchivs in Eisenach. Es wurde im März 2014 in Nutzung genommen, da die Kreuzkirche keinen Platz mehr bot. Ein moderner Funktionsbau beherbergt nun etwas 7.000 lfm Akten, dazu Urkunden, Filme, Pläne, Tonbänder u.v.a.m. Die Bestände des Deutschen Pfarrhausarchivs sind ebenfalls hierher umgezogen. Alle Magazine konnten die Teilnehmenden besichtigen. Die Archivleiterin Dr. Hannelore Schneider führte in die Themen der einzelnen Bereiche ein und erläuterte den neuesten Stand der Erfassung von Nachlässen und Beständen.

Die Besichtigung des Lutherhauses mit der neuen Dauerausstellung »Luther und die Bibel« schloss sich an.

Dr. Wolfgang Schenk zeigte anschließend die Georgenkirche. Er schlug den Bogen von der Gründungszeit im 12. Jahrhundert unter Landgraf Ludwig III. bis zum Abschluss der Sanierungsarbeiten im Inneren 2014.

Apolda — Susanne Böhm

Buchbesprechungen

Jürgen PETERSOHN: Die Kamminer Bischöfe des Mittelalters: Amtsbiographien und Bistumsstrukturen vom 12. bis 16. Jahrhundert. Schwerin: Thomas Helms Verlag, 2015. 160 S. 9 Abb. (Beiträge zur Kirchen-, Kunst- und Landesgeschichte Pommerns; 19)

Jürgen Petersohn veröffentlichte in den vergangenen Jahrzehnten zahlreiche Einzelstudien zum pommerschen Bistum Kammin. Mit dieser Monographie legt der nunmehr achtzigjährige Marburger Mediävist eine Zusammenfassung seiner diesbezüglichen Forschungen vor.

Nach einer kurzen Einleitung, die Gedanken zur Gattung der »Amtsbiographie« sowie Anmerkungen zur bisherigen Erforschung des Kamminer Bistums enthält, werden dessen Bischöfe im Einzelnen behandelt. Interessanterweise eröffnet P. seine Darlegungen mit der Gestalt des Bischofs Reinbern, der um das Jahr 1000 und somit weit über einhundert Jahre vor der Christianisierung Pommerns zum Bischof von Kolberg ernannt wurde, jedoch sein Bistum nach nur wenigen Jahren wieder aufgeben musste. Die eigentliche Reihe der pommerschen Bischöfe setzt dann zu Recht mit Adalbert ein, der einst Mitarbeiter des Pommernmissionars Otto von Bamberg war und 1140 Bischof zu Wollin wurde. Erst unter dessen Nachfolger Konrad I. (1163/64-1186) erhielt Pommerns Bistum seinen endgültigen Sitz in Kammin. Insgesamt 33 Bischöfe stellt P. vor. Dabei geht er über die im Titel vorgenommene zeitliche Abgrenzung des Mittelalters hinaus, denn in die Betrachtungen sind auch die Persönlichkeiten miteinbezogen, die nach der Einführung der Reformation in Pommern den Kamminer Bischofsstuhl innehatten, bevor sich das pommersche Herzogshaus ab dem Jahr 1556 den Zugriff auf das Stiftgebiet sicherte und fortan den Bischofstitel an nachgeborene Söhne verlieh. Die Umfänge der einzelnen Biographien sind mit von einer halben bis zu fünf Seiten sehr unterschiedlich. Nur zum Teil dürfte dies dem jeweils erhaltenen Quellenmaterial geschuldet sein. Bei seiner komprimierten Darstellungsweise setzt P. oftmals vertiefte Kenntnisse zur spätmittelalterlichen Geschichte des Papsttums und Pommerns voraus. Zudem wurde bedauerlicherweise auf einen Anmerkungsapparat verzichtet. Jedoch finden sich stets am Ende eines Lebensbildes die genauen Nachweise der verwendeten Quellen und der benutzten Sekundärliteratur. Den biographischen Zugang zur Geschichte des Kamminer Bistums fasst P. mit einer knappen vergleichenden Analyse der recht unterschiedlichen Bischofsgestalten zusammen.

Unter der Überschrift »Das Bistum Kammin: Entwicklung und Strukturen« folgen sodann Ausführungen zu den einzelnen historischen Etappen des Bistums sowie spezielle Studien beispielsweise zum Kamminer Domkapitel, den Stiftslanden oder zu den Wappen der Bischöfe. Dieser mehr systematische Abschnitt hätte gut als Einführung vor den Biographien stehen können.

Mit 14 Seiten ist die beigefügte Bibliographie sehr umfangreich. Hingegen hätte das abschließende zweiseitige Glossar kirchlicher und kirchenrechtlicher Fachbegriffe umfassender sein können, da zahlreiche Begriffe, die P. ganz selbstverständlich verwendet, dem heutigen Leser nicht mehr vertraut sind.

Somit ist P.s Monographie zu dem Kamminer Bistum ein verdienstvolles Werk, das für diese Epoche der pommerschen Kirchengeschichte sicher alsbald als ein Standardwerk gelten wird und gewiss zahlreiche Anregungen zur weiteren Forschung geben dürfte.

Neuenkirchen bei Greifswald Volker Gummelt

Die Herzöge von Pommern: Zeugnisse der Herrschaft des Greifenhauses/ hrsg. von Norbert Buske; Joachim Krüger; Ralf-Gunnar Werlich. Wien; Köln; Weimar: Böhlau, 2012. 456 S., 242 Abb. (Veröffentlichungen der Historischen Kommission für Pommern, Reihe V: Forschungen zur Pommerschen Geschichte; 45)

Dieser Band beinhaltet Studien des von der Historischen Kommission für Pommern, von der Gesellschaft für pommersche Geschichte, Altertumskunde und Kunst sowie von der Arbeitsgemeinschaft für pommersche Kirchengeschichte initiierten Projektes »Monumenta Ducum Pomeranorum«. Seit dem Jahr 2001 wird dabei nach den heute noch auffindbaren Spuren des einstigen pommerschen Herzogsgeschlechts geforscht. Nachdem in Vorträgen auf verschiedenen Tagungen einzelne Ergebnisse vorgestellt wurden, sind diese nunmehr im Druck zusammengefasst.

Die ersten beiden Beiträge (S. 11-28 bzw. 29-48) stammen von Hellmut Hannes und geben einen Überblick über die erhaltenen Bildnisse der pommerschen Herzöge bzw. Herzoginnen sowie interessanterweise auch einiger Prinzessinnen, so etwa Elisabeth von Pommern (†1393), der vierten Frau von Kaiser Karl IV. Der Aufsatz von Joachim Krüger zur Münzprägung der Herzöge in Pommern (S. 49-106) spannt einen beeindruckenden Bogen von den Anfängen der Herrschaft des Greifengeschlechts im 12. Jahrhundert bis zum Ende der Dynastie in der 1. Hälfte des 17. Jahrhunderts. Aufgrund der reichen Bebilderung sind diese Darlegungen sehr anschaulich. Gleiches gilt für die Studie von Ralf-Gunnar Werlich (S. 107-161), die sich den Siegeln der pommerschen Herzöge widmet. Desweiteren untersucht Werlich (S. 163-254) akribisch die Entwicklung der heraldischen Herrschaftssymbole der Herzöge, dabei insbesondere die Darstellung des Greifen, der diesem Geschlecht einst seinen Namen gab. Eine dritte Abhandlung von Werlich (S. 255-310) zu den Herrschaftszentren und Residenzen der Pommernfürsten orientiert sich weniger an den erhaltenen Monumenten, sondern nimmt Fragestellungen der jüngsten Residenzforschung auf und gibt angesichts der pommerschen Gegebenheiten Antworten darauf. An einigen ausgewählten Beispielen des ausgehenden 15. Jahrhunderts skizziert Joachim Zdrenka in seinem Beitrag (S. 311-320) die Bedeutung von Inschriften für die Forschung zum pommerschen Herrscherhaus. Überblicksartig stellt Arthur Behn in einem Aufsatz (S. 321-342) die immerhin 28 bekannten Begräbnissorte für die Angehörigen des Greifengeschlechts vor. Einen detaillierten Bericht (S. 343-361) über archäologische Untersuchungen zu den Grabinhalten in der Grablege der Herzogsfamilie von Pommern-Wolgast in der dortigen Petrikirche gibt Regina Ströbl. Abschließend führt Klaus Winand (S. 363-372) anhand von mehreren Entwürfen in die denkmalpflegerischen Überlegungen zur Neugestaltung der Grablege in der einstigen Sakristei der Wolgaster Stadtkirche ein.

Somit liegt mit diesem Aufsatzband dank des beschreibenden und überblickshaften Charakters der meisten Beiträge und der zahlreichen Abbildungen ein verdienstvolles Nachschlagewerk zu den vielfältigen erhaltenen Denkmalen der pommerschen Herrscherfamilie vor. Eine allgemeine Darstellung der Geschichte des Herzogshauses, wie man angesichts des Titels »Die Herzöge von Pommern« vermuten könnte, war nicht Ziel dieses Projektes. Dennoch wäre eine einleitende Übersicht über die Herzöge Pommerns oder ein Stammbaum des Greifengeschlechts wünschenswert gewesen, um dem Leser das Verständnis der einzelnen Beiträge zu erleichtern.

Neuenkirchen bei Greifswald Volker Gummelt

St. Nikolai zu Leipzig: 850 Jahre Kirche in der Stadt/ im Auftrag der Kirchgemeinde St. Nikolai hrsg. von Armin Kohnle. Petersberg: Michael Imhof Verlag, 2015. 351 S.: Ill.

Wenn man bisher zur Geschichte der Leipziger Nikolaikirche und ihrer Geschichte nur auf wenig umfangreiche oder auch vergriffene Literatur angewiesen war, so vermittelt jetzt der hier anzuzeigende üppige Text- und Bildband einen bedeutend erweiterten Bericht. Dabei war es eine glückliche Entscheidung des Herausgebers, dass er im Blick auf die zu verhandelnden vielfältigen Themen 16 Fachleute ansprach und zudem den ganzen Stoff in vier, aber zugleich miteinander korrespondierende Sektionen unterteilte. Daraus ergab sich – ohne dass im vorliegend begrenzten Rahmen nochmals alle Autoren namentlich genannt werden – nachstehende Einteilung:

Zunächst erfolgt ein historischer Block, der durch fünf Beiträge die Zeit von der Gründung bis einschließlich des Friedensgebetes darstellt (S. 17-156). Wert gelegt ist jeweils auf die Einbindung in die Stadt und übrigens auch die Universitätsgeschichte. Aber ebenso wird etwa am Beispiel der Nikolaikirche die Ausprägung des spätmittelalterlichen Kirchenwesens grundsätzlich erörtert, und überhaupt zeigt sich wiederholt in wechselnden Epochen, und nicht erst durch das Friedensgebet, die Ausstrahlung auf Theologie und Frömmigkeit über Leipzig hinaus.

Der anschließende zweite Teil (S. 157-242) beschäftigt sich mit der Bau- und Kunstgeschichte, und zwar nicht nur mit der des Kirchengebäudes, sondern auch mit der der Predigerhäuser und der der Nikolaischule. Ausgiebig wird die Innenausstattung im Wandel der Jahrhunderte beschrieben, und gleichfalls findet die in großen Bildern gemalte biblische Geschichte von Friedrich Oeser (†1799) gesonderte Berücksichtigung.

Im dritten Teil (S. 243-296) wird auf das geistliche und musikalische Leben eingegangen. Behandelt werden die Kirchenmusik in älterer Zeit, die verschiedenen nacheinander angeschafften Orgeln (bis zur derzeit größten in Sachsen), das Schicksal der Glocken vor allem seit dem 19. Jahrhundert, die 1930 an die Albertina der Universität gegebene Kirchenbibliothek, sowie ein Blick auf das Gemeindeleben, ausgezogen bis hin zu den vielfältigen Handlungsfeldern in unserer Zeit, seit 1968 unter Einschluss der Gemeinde von St. Johannis und seit 1999 der von Heilig Kreuz.

Der letzte Teil (S. 297-330) besteht aus vier Anhängen. Erfasst werden zunächst die Pfarrer, Unterpfarrer [!] und Prediger bis zur Reformation (erstmals in diesem Umfang ermittelt); sodann die Pfarrer und Superintendenten seit der Reformation; anschließend die Organisten, seit 1945 als Kantoren an St. Nikolai, und die Kantoren der Nikolaischule (1650-1820). Auf weitere Listen etwa zu den Küstern oder anderen kirchlichen Mitarbeitern ist verzichtet. Viertens folgt eine sehr brauchbare Zeittafel zur Geschichte der Nikolaikirche, welche die wichtigsten Ereignisse nochmals im Überblick festhält.

Mehr als in vielen anderen Beispielen ergänzen sich in diesem Band Text und Bild. Er umfasst 176 Abbildungen in einer inhaltlich und formal breit aufgefächerten Palette (vgl. auch das extra Verzeichnis am Schluss des Bandes). Mitunter handelt es sich um Abbildungen in faszinierender Schärfe, fast schon unreal, eine Qualität, mit welcher der Michael Imhof Verlag inzwischen bereits länger auf sich aufmerksam macht. Einen speziellen Akzent setzen acht doppelseitige farbintensive Aufnahmen zur Außen- und Innenansicht der Nikolaikirche, die einen Panoramablick ermöglichen, der weiter greift, als ihn an sich das Auge fasst. Auffallend ist öfter ein eingesetzter bläulicher Effekt; zumindest bei der Abbildung des 1993 sorgsam restaurierten historischen Gemeindesaales wirkt er allerdings eher verfremdend als unterstützend.

Einen ausdrücklichen Hinweis verdienen außerdem die zahlreichen dem Text beigegebenen Anmerkungen, und zwar besonders in dem langen geschichtlichen ersten Teil, dort allein 454 Stück. In ihrer häufig sehr ausführlichen Form stellen sie zusammen mit den Sachinformationen viel Literatur vor, mit der sich, auch über die Verhältnisse von St. Nikolai hinausgreifend, die künftige Forschung zu beschäftigen hat (zuweilen wünschte man sich hier im Zuge der Nacharbeit ein Literaturverzeichnis). Dass derzeit Fragen offen bleiben, wird erwähnt. Eine zusätzliche Auskunft bringt das einundzwanzigmal benutzte »Schlaglicht« – eine bereits in früheren Publikationen des Herausgebers verwendete methodische Praxis: Ein im laufenden Text lediglich kurz angesprochenes Thema erfährt, drucktechnisch farbig hervorgehoben, durch einen Exkurs nochmals eine einbettende Orientierung. Ebenfalls eine Hilfe im Umgang mit dem stattlichen Band liefert schließlich das bei entsprechenden Publikationen eher ungewöhnliche, aber sehr zu begrüßende Personenregister. Es nennt etwas über 600 Namen mit Bezug zur Nikolaikirche.

Insgesamt empfiehlt sich der vorgelegte Band, in dem sich nur wenige Corrigenda finden, gleich mehrfach: Allein schon durch seine Aufmachung spricht er das Interesse eines großen Publikums an. Zudem vermittelt er wesentliche neue Impulse bei der wissenschaftlichen Bearbeitung von Leipzigs Kirchen- und Stadtgeschichte. Und nicht zuletzt bietet er eine Vorlage, von der sich ähnlich geartete Projekte in der Zukunft anregen lassen sollten.

Leipzig — Gerhard Graf

Hermann KINNE: Das Kollegiatstift St. Petri zu Bautzen von der Gründung bis 1569. Berlin; Boston: de Gruyter Akademie Forschung, 2014. 1062 S.; Faltkarte. (Germania Sacra Dritte Folge 7: Die Bistümer der Kirchenprovinz Magdeburg; Das [exemte] Bistum Meissen; 1)

Das beeindruckende und gewichtige Buch von Hermann Kinne über das Bautzener Kollegiatstift St. Petri ging aus seiner Dissertation am Lehrstuhl für sächsische Landesgeschichte der Universität Leipzig im Jahre 2012 hervor. Angeregt und betreut wurde das Werk von Enno Bünz, dem Nestor der sächsischen Mittelaltergeschichte und dem derzeit besten Kenner der mitteldeutschen Dom- und Kollegiatstiftsforschung. Unter einem Kollegiatstift, wie das in Bautzen, versteht man eine rechtlich definierte Gemeinschaft von Weltgeistlichen, den sogenannten Kanonikern, die in einem Stiftskapitel organisiert und durch Stiftspfründen alimentiert waren. Im Gegensatz zu den Mönchen unterstanden die Kanoniker dabei keiner Ordensregel und waren so auch nicht den Gelübden von Armut, Keuschheit und Gehorsam verpflichtet. Sie durften daher Besitz haben, waren erbberechtigt und testierfähig. Kollegiatstifte unterschieden sich von Domstiften weder in der Lebensform noch in der Verfassung, sondern allein im Hinblick auf das Recht der Bischofswahl, das nur den Domkapiteln zustand. Kollegiatstifte gehörten neben den Pfarrkirchen, Klöstern und Kommenden zur kirchlichen Landschaft im Mittelalter. Ihre große Gründungswelle fiel in das 10. und 11. Jahrhundert. In dieser Zeit bestand im Bistum Meißen, gegründet 968 , nur das Domkapitel am Bischofssitz in Meißen als geistliche Institution. Erst anderthalb Jahrhunderte später folgte 1114 das Wurzener St. Marienstift als zweite geistliche Gemeinschaft sowie als erstes von fünf Kollegiatstiften in der Meißner Diözese. Das Bautzener St. Petristift wurde im Zuge des Landesausbaus vom Meißner Bischof Bruno II. in den zwanziger Jahren des 13. Jahrhunderts als zweites Kollegiatstift ins Leben gerufen. In dieser Zeit entstand auch wenig später St. Georg in Großenhain-Zscheila (1226). In die zweite Gründungswelle von Stiftskirchen im Spätmittelalter gehörten das nur kurzzeitig bestehende bischöfliche Residenzstift St. Erasmus in Stolpen (1409/10) und das Stadtstift St. Marien in Freiberg (1480). Weitere geplante Stiftsgründungen in Colditz (1373) und in Dresden (1400) kamen nicht zur Ausführung. Im Zuge der Reformation wurden schließlich fast alle Stifte aufgelöst, nur St. Petri in Bautzen blieb als einzige weltgeistliche Institution des Meißner Bistums altgläubig, bzw. später römisch-katholisch erhalten. Dagegen wurde St. Marien in Wurzen in ein evangelisches Domstift umgewandelt.

Die Stiftsmonographie von Kinne ist im Rahmen des Germania-Sacra Projektes erschienen. Die renommierte Reihe, als nun »Dritte Folge« seit 2008 unter dem Dach der Akademie der Wissenschaften zu Göttingen angesiedelt, hat sich zum Ziel gesetzt, die Bistümer, Domkapitel, Stifte und Klöster der Reichskirche bis zur Säkularisation 1803 bzw. bis zur Reformation nach einheitlichen Gesichtspunkten überblicksmäßig, also handbuchartig, darzustellen. Dabei sollen die einzelnen Institutionen in die allgemeine Landes- und Territorialkirchengeschichte eingezeichnet werden. Dieses schon seit 1917 bestehende ambitionierte Forschungsprojekt, zuerst am Kaiser-Wilhelm-Institut für deutsche Geschichte angebunden, erbrachte Erträge im mitteldeutschen Raum für drei Bistümer, ein Domstift und vier Kollegiatstifte. So erschienen bisher auf dem Gebiet der Magdeburger Kirchenprovinz, in der später sogenannten »Alten Folge«, die Arbeiten zum Bistum Brandenburg (1929 und 1941) und zum Bistum Havelberg (1933) . In der seit 1956 durch das Max-Planck-Institut für Geschichte in Göttingen verantworteten »Neuen Folge« der Germania Sacra kamen die Forschungen zum Magdeburger Domstift St. Moritz und zu den Magdeburger Kollegiatstiften St. Sebastian, St. Nikolai, St. Peter und Paul und St. Gangolf (1972) sowie zum Bistum Naumburg (1997/98) zum Druck. Mit dem Bautzener Petristift eröffnet Kinne nun die Reihe der Untersuchungen in der Dritten Folge zu den Bistümern der Kirchenprovinz Magdeburg und legt zum Meißner Bistum überhaupt den ersten bearbeiteten Band vor. Endlich – möchte man laut ausrufen! Nach dem vorgegebenen Schema der Germania Sacra gliedert Kinne seine Arbeit wie folgt: (1) Quellen, Literatur und Denkmäler, (2) Archiv und Bibliothek, (3) Historische Übersicht, (4) Verfassung und Verwaltung, (5) Religiöses und geistiges Leben, (6) Besitz und (7) Personallisten. Die Hauptquelle zur Erforschung der Stiftsgeschichte bildete der Urkundenbestand des Petristiftes, der mit seinen 1063 Stücken in Form von Originalausfertigungen, Vidima, Transumpte und Abschriften in nahezu vollständiger Überlieferung vorliegt. Weiterhin standen Kinne verschiedene Kopialbücher mit aufschlussreichen Verzeichnissen und Eintragungen über Einkünfte, Besitzungen, Kaufgeschäfte und Stiftungen sowie den Stiftsstatuten zur Verfügung. Vervollständigt wird die Überlieferung durch Urkunden in Originalausfertigung bzw. in kopialer Form im Sächsischen Hauptstaatsarchiv Dresden, in den Stadtarchiven Bautzen, Kamenz und Löbau sowie dem Sorbischen Kulturarchiv in Bautzen. Darüber hinaus werden auch die Stiftsbibliothek und die baulichen Denkmale, darunter die Stiftskirche St. Petri , die Kanonikerkurien sowie der Domschatz, in den Blick genommen. Somit bietet Kinne auf 1.062 Seiten ein wahrhaft quellengesättigtes Werk. Da die Kenntnis des Lateins auch unter den Gebildeten stark rückläufig ist, wäre eine Übersetzung der zitierten Statuten u.a. angebracht und sinnvoll gewesen.

Der zeitliche Rahmen der Untersuchung reicht von der Stiftsgründung im ersten Drittel des 13. Jahrhunderts bis zur Inkorporation der apostolischen Administratur des Meißner Bistums in den Lausitzen in das Stiftskapitel St. Petri im Jahr 1569 (1570 von Rom bestätigt). Das eigentliche Gründungsdatum ist unbekannt, eine Stiftungsurkunde wie sie beispielsweise für das Marienstift in Wurzen vorliegt, fehlt; vielleicht hat es auch eine solche nie gegeben. Kinne spricht daher von einem Gründungsprozess, der sich bis 1221 bzw. 1226 erstreckt. Das in der älteren Literatur angegebene Gründungsjahr 1213 bleibt für Kinne reine Spekulation. Vielmehr gibt es einzelne Etappen auf dem Weg der Stiftswerdung. 1218 werden in einer Urkunde bereits zwei Bautzener Kanoniker erwähnt, 1220 nahm der Böhmenkönig Otakar Premysl das in Errichtung befindliche Stift in seinen Schutz und verglich sich 1226 mit dem Meißner Bischof Bruno II., über die Neubruchzehnten. Ein entscheidendes Dokument liegt schließlich in der ältesten Urkunde des Domstiftsarchivs vor. Sie datiert auf den 24. Juni 1221 und bezeugt, dass Bischof Bruno II. den neuerbauten Chor der Bautzener Johanneskirche (seit 1237 St. Johannes der Täufer und St. Petrus; seit 1324 nur St. Petri) weihte und das Dorf Schmiedefeld bei Stolpen sowie den Zehnten im Dorf Cunnersdorf bei Löbau dem Stift für die Pfründen der Stiftsmitglieder schenkte. Bis heute betrachtet das Bautzener Domkapitel dieses Dokument als Gründungsurkunde. Tatsächlich ist sie als eine Schenkungsurkunde zu verstehen, die einen längeren Gründungsvorgang beschließt. Kinne beschreibt diesen Gründungsvorgang sachlich nüchtern und sehr komprimiert. Mancher Gesichtspunkt hätte hier eine ausführlichere Diskussion durchaus verdient. Ebenso knapp und konzentriert sind Kinnes Ausführungen zur Reformationsgeschichte des Stiftes wie zum gesamten Bautzener Kirchenwesen, die somit weiterhin ein eigenes Desiderat darstellt. Die sonst sehr gewinnbringende handbuchartige Konzeption des Germania-Sacra-Bandes wirkt sich an dieser Stelle etwas nachteilig aus. Bedeutsam für die Entwicklung des Stiftes ist seine Lage in der Oberlausitz. Kirchlich zählte diese Region zur Meißner Diözese, so dass der jeweilige Bischof bestimmenden Einfluss nahm. Herrschaftlich gehörte die Oberlausitz von 1158 bis 1635 mit einer Unterbrechung zwischen 1253 und 1319 als ein Nebenland zur böhmischen Krone und unterstand politisch dem König von Böhmen. Ausführlich schildert Kinne die Beziehungen des Petristiftes sowohl zum jeweiligen Landesherrn als auch zum Diözesan.

Galt in der älteren Forschung der vorrangige Einsatz der Kollegiatstifte vor allem dem gemeinsamen Vollzug der Liturgie in den Stundengebeten und Gottesdiensten sowie der geistlichen Versorgung des Landes, so weist Kinne sehr überzeugend dem Bautzener Petristift eine weitaus größere Bedeutung zu. Zum einen stellt das Bautzener Kollegiatstift das geistliche Zentrum der Oberlausitz dar, in dem der Gottesdienst und das liturgische Geschehen gefördert werden sollte. Ferner wurde das Kollegiatstift in die praktisch-administrative Erfassung des östlichen Teils der Meißner Diözese eingebunden. So war der Propst in Personalunion zugleich Archidiakon des Archidiakonats Budissin sowie Erzpriester des Sedes »Präpositur Bautzen« und der Dechant Erzpriester des Sedes »Decanatus Budissinensis«. Weiterhin war das Stift für die Seelsorge im Bautzener Kirchenwesen zuständig, die Pfarrkirche war in die Stiftskirche inkorporiert. Ferner übten die Stiftsherren auch das Patronat über die Filialkirchen in Cunewalde, Gröditz, Guttau, Hochkirch, Klix, Neukirch/Spree, Purschwitz, Sohland/Spree und Wilthen aus. Insgesamt zählten ca. 180 Dörfer zum Sprengel der Bautzener (Stifts-)Pfarrei. Auch der Unterrichtsbetrieb der Stiftsschule – vielleicht schon seit 1222, nachweislich spätestens seit 1331 – zählte zu den Stiftsaufgaben. Zum anderen diente das Stift mit seiner Pfründenorganisation der Versorgung von Weltgeistlichen als Leitungs- und Funktionsträger. Sie standen als geistliche Räte und Richter oder als Kanzleibeamte, Notare und Prokuratoren in den Diensten der Bischöfe und weltlichen Landesherrn und waren somit eine wichtige Schnittstelle zwischen Kirche und Welt. Zuletzt war das Kollegiatstift für den Bischof auch ein entscheidender Machtfaktor in der Oberlausitz. Seinen Einfluss im Kapitel behielt er durch die Kollatur von Scholastikat und Kustodie. Das Stift garantierte ihm den dortigen Zehntbesitz als wichtige Einnahmequelle.

In einem Großkapitel stellt Kinne die Verfassung und Verwaltung des Petristiftes dar. Die ältesten Bautzener Kapitelstatuten entstanden nach 1355 und liegen in einer Originalurkunde von 1372 vor. Sie regelten das Stiftsleben, so die Aufnahme und Wahl der Kanoniker, das Stimmrecht im Kapitel, die Pfründenverleihung, die Bezüge des Präsenzgeldes und anderer Reichnisse. Weiterhin enthielten sie die Rechte und Pflichten der Kanoniker, ferner die Festlegungen zum liturgischen und gottesdienstlichen Leben sowie die verschiedenen Kanonikereide. 1458 kam es zu statuarischen Erweiterungen. Darunter fielen die Zahlungsverpflichtung der Statutengelder, die Erlangung einer der drei Kanonikerkurien, die Regelungen zum Kapitelnotar und zum Kapitelprokurator. Die Bautzener Statuten besaßen für das Wurzener Kollegiatstift in weiten Teilen Modellcharakter. Als Zugangsbedingungen für ein Bautzener Kanonikat waren die Statutengelderzahlung und die Eidablegung festgelegt; darüber hinaus dürften auch eheliche Geburt und kanonisches Alter vorausgesetzt sein. Der Eintritt ins Kapitel kannte verschiedene Wege, die Kinne im Einzelnen vorstellt, so die Kooptation und Kapitelexpektanzen, die päpstliche Provision, die patronatsherrliche Präsentation, der Pfründentausch sowie das Recht der ersten Bitte von Seiten des Bischofs oder Landesherrn.

Die Zahl der Kanoniker war nicht festgelegt. 1222 umfasste das Petristift elf, 1317 zwölf Kanonikate. Zustiftungen erhöhten die Anzahl im Jahre 1504 auf maximal 16 Kanonikate, wobei durch Aufhebungen und

Vereinigungen sich der Pfründenbestand mehrfach veränderte. Innerhalb der Pfründen gab es große Unterschiede bezüglich ihrer Rechtsstellung und wirtschaftlichen bzw. finanziellen Ausstattung. Gab es bis ins 14. Jahrhundert sogenannte Minor- und Majorpräbenden, so unterschied man seit Ende des 15. Jahrhunderts zwischen niederen, mittleren und höheren Präbenden. Allein die Inhaber der Major- bzw. höheren Präbenden waren als canonici integrati vollberechtigte Kanoniker mit Sitz und Stimme im Kapitel und konnten die Dignitäten und Ämter besetzten. Die älteste und erste Dignität war die Propstei. Der Propst wurde vom Kapitel gewählt, musste aber aus den Reihen der Meißner Domherren entstammen. Seit 1476 hatten die Wettiner das Präsentationsrecht des Propstes inne. Die Bautzener Propstei war noch mit den Ämtern des Archidiakons und des Erzpriesters verbunden. Im Archidiakonatsbezirk, der 214 Pfarreien in der gesamten Oberlausitz und in Teilen der Niederlausitz umfasste, übernahm der Propst bischöfliche Aufgaben, indem er den Klerus beaufsichtigte und die geistliche Gerichtsbarkeit ausübte. Als Erzpriester der Sedes Präpositur Bautzen kümmerte er sich um die Pfarrer vor Ort. Da der Propst als Meißner Domherr nur selten vor Ort war, lies er sich in liturgischen Dingen von einem Vikar, dem Oculus praepositi, und in weltlichen Dingen von einem Offizial vertreten. Der eigentliche Leiter des Petristiftes war der Dekan. Diese zweite Dignität gab es erst seit 1222. Der Dekan verwaltete als Geschäftsführer die inneren Angelegenheiten des Kapitels, führte die offizielle Korrespondenz und übte die Disziplinargewalt über das Stift und seine Angestellten aus, zugleich war er Erzpriester eines eigenen Sedes. Gewählt wurde der Dekan aus den Reihen der Kapitularen und war zur Residenz in Bautzen verpflichtet. Neben diesen beiden Dignitäten gab es bestimmte Ämter. So werden 1218 der Scholaster und 1222 der Kustos genannt. Seit 1355 gab es den Kantor und seit 1499 den Cancellarius. Seit 1262 ist der Bautzener Plebanus als Kanoniker mit Pfründe nachweisbar. Er war der Seelsorger der Bautzener Pfarrei und als solcher verpflichtet, ein Pferd zu halten, um die Sakramente den Kranken und Sterbenden auch außerhalb Bautzens spenden zu können. Außerhalb des Stiftskapitels gab es noch weitere Ämter, die nicht von Kanonikern besetzt wurden; auch diese werden von Kinne gewürdigt: Propsteioffizial, Oculus decani, Oculus praepositi, Prediger, Schulmeister, Hebdomadarius, Sakristanus, Glöckner, Prokurator, Kapitelnotar, Stiftssyndicus, Fiscalis und sowie Organist, Bläser, Sänger, Bälgetreter, Boten und Torhüter. Eine eigene wichtige Gruppe am Stift waren die Vikare. Da die Kanoniker nur selten vor Ort waren und zum Teil auch nicht die entsprechenden Weihen für den liturgischen Dienst besaßen, verrichteten die Vikare die gottesdienstlichen Aufgaben. Besoldet wurden sie aus den Erträgen der Altar- und Vikariestiftungen. Detailliert beschreibt Kinne die einzelnen Altäre und Vikarien in den Bautzener Kirchen. Genannt werden jeweils der Erstbeleg, die Patrone, der Stifter und materielle Ausstattung; zur Erstorientierung dient eine hilfreiche Tabelle.

Für die Bautzener Stadt- und Kirchengeschichte ist die von Kinne herausgearbeitete sakrale Topographie von großem Interesse. Die einzige Kirche mit Pfarrrechten war die Stiftskirche St. Petri. Alle anderen Kirchen in der Stadt Bautzen und vor ihren Toren mit Ausnahme des 1248 gegründeten Franziskanerklosters unterstanden dem Kollegiatstift. An der Liebfrauenkirche, der heutigen Pfarrkirche der katholischen Sorben, war ein Vikar der Stiftskirche als Plebanus bzw. Rector angestellt. Er musste sowohl die deutsche als auch die sorbische Sprache beherrschen. Konnte er kein Sorbisch, war er verpflichtet einen sorbisch-sprachigen Gehilfen auf eigene Kosten anzustellen. Überhaupt erfolgte die Seelsorge in Bautzen sowohl in deutscher als auch in sorbischer Sprache. Neben dem Rektor der Liebfrauenkirche gab es zwei weitere Institutionen für die sorbisch-sprachige Bevölkerung. Zum einen den wendischen (slawischen) Prediger bzw. Kaplan an St. Petri und zum anderen den Inhaber der 1376 gestifteten Ewigvikarie St. Jakob am Jakobusaltar in St. Petri. An der Nikolaikirche wurde 1447 ein Halbstift errichtet, an dem 13 Vikare eine eigens geregelte Liturgie zu feiern hatten. Die Vikare dieses Halbstifts waren zugleich Vikare der Stiftskirche oder Kapläne gewisser Pfründeninhaber des Kollegiatstifts. Als Wohnung dienten ihnen zwei extra für sie bestimmte Häuser an der Nikolaikirche. Weitere Stiftsvikarien bestanden an der Friedhofskapelle, an der Michaeliskapelle, der heutigen Pfarrkirche der evangelischen Sorben, an der Georgen- bzw. Marienkapelle im Schloss, an der Hospitalkapelle Maria Magdalena und Martha sowie an der Hospitalkirche Zum Heiligen Geist. Aufschlussreich sind die Schilderungen über das Verhältnis des Petristiftes sowohl zur Stadt Bautzen als auch zu den geistlichen Einrichtungen in der Oberlausitz, so zu den Bautzener Franziskanern, zur Bautzener Terminei der Dresdener Augustinereremiten, zu den Zisterzienserinnenklöstern Marienstern in Panschwitz-Kuckau und Marienthal in Ostritz sowie zum Magdalenerinnenkloster Lauban.

In einem leider nur sehr kurzen Kapitel eröffnet Kinne einen faszinierenden Blick in das religiöse und geistige Leben im Petristift. Ein ganzes Panorama mittelalterlicher Frömmigkeit wird dabei entfaltet. Thematisiert werden Festkalender, Choroffizium, die Messen, Benediktionen, Reliquien, Ablässe, Prozessionen, geistliche Spiele, fromme Stiftungen, Anniversarien und die beiden Bautzener Bruderschaften.

Auf weiteren 219 Seiten entfaltet Kinne eine überblicksartige Besitz- und Wirtschaftsgeschichte des Stiftes. Der Stiftsbesitz gliedert sich in verschiedene Vermögenscorpora wie Kapitelsgut, Präbendalgut, Präsenzgut, Vikarien oder Amtsgüter. Gespeist wurden diese aus den Einkünften, die das Stift durch Kauf, Tausch und Stiftungen, vielfach in Form von Testamenten, erwarb. Drei Gruppen sind hier zu unterscheiden. Zum ersten sind die Erb- und wiederkäuflichen Zinsen in Geld, Naturalien und Diensten zu nennen. Ganz wesentlich waren hier die Einnahmen aus den Dörfern der stiftischen Grundherrschaft. In ihnen übte das Stift auch das Recht der niederen Gerichtsbarkeit aus. Die zweite Einnahmequelle bildete der Dezem (Bischofszehnt). Zur dritten Gruppe gehörten die Einnahmen aus den inkorporierten Pfarreien mit ihren Filialen. Ein detaillierter alphabetisch geordneter Besitzkatalog listet 284 Orte auf, aus denen das Stift Zinsen, Dezem oder andere Einnahmen bekam. Eine im Anhang beigegebene Klappkarte verzeichnet den Grundbesitz und die verschiedenen Stiftseinkünfte. Der größte Teil des Stiftsbesitzes lag dementsprechend in einem Radius von ca. 30 Kilometern um Bautzen herum. »Lokale Ausreiser« waren Taschaslau (Caslav) in 180 km, Leopoldshain (Lagow) in 170 km, und Klappendorf bei Lommatzsch an der Hohen Straße, der heutigen B 6, in 110 km Entfernung. Klappendorf war damit nicht der weit entfernteste Besitz (S. 551); im Übrigen fehlt er in der Besitzüberblickskarte. Unter dem Abschnitt Vermögensverwaltung informiert Kinne über die Einkünfte der Stiftskanoniker aus ihren Präbenden, Prälaturen und Ämtern sowie den ihnen gewährten Präsenzgeldern.

Ein Schwerpunkt der Arbeit von Kinne liegt auf der Personengeschichte des Stifts. Durch Auswertung der Aussteller- und Zeugenlisten der Stiftsurkunden, der Urkundeneditionen, Stiftsakten, Universitätsmatrikeln und der kurialen Überlieferung entstanden 301 Lebensskizzen, davon entfielen 227 Biogramme auf Stiftskanoniker und 74 auf Provisen, Petenten und Expektanten. Als sehr ergiebige Quellen für die Prosopographie erwiesen sich die vatikanischen Registerserien des »Repertorium Germanicum«, das lückenlos von 1378 bis 1471 vorliegt und der »Monumenta Vaticana res gestas Bohemicas illustrantia« für den Zeitraum 1342 bis 1431. Die Lebensskizzen enthalten Angaben zu regionaler und ständischer Herkunft, Bildungsgang und Graduierung(en), Weihegrad(en), Tätigkeiten für weltliche Herrscher, Informationen für das jeweilige Bautzener Kanonikat, Ämter und Pfründe in anderen Dom- und Kollegiatstiften sowie Angaben zu Tod, Begräbnisort und Memoria. Die Personallisten in einem Umfang von 250 Seiten sind nach Dignitäten gegliedert und chronologisch geordnet, wobei die einzelnen Personen gut über die fettgedruckte Seitenangabe im Register gefunden werden können. Kinne bietet mit der Aufarbeitung einen tiefen Einblick in das Sozialgefüge des St. Petristiftes und liefert wertvolle Informationen zu Bildungsstand, Karriereformen und personellen Netzwerken der Kanoniker sowie zur regionalen und ständischen Zusammensetzung des Kapitels. So konnte beispielsweise bei 89 Kapitularen ein Universitätsbesuch nachgewiesen und bei weiteren 15 ein solcher erwogen werden. Studiert wurde hauptsächlich in Prag und Leipzig; über 60 Stiftsangehörige besuchten die Universität in Bologna. 73 Kanoniker erwarben dabei einen akademischen Grad, bei weiteren vier ist er sehr wahrscheinlich. Die Bautzener Stiftsherren stammten vorwiegend aus dem regionalen Umfeld, d.h., aus den Lausitzen, hier besonders aus den Städten Bautzen und Görlitz, aus Meißen und Schlesien. Da keine Zugehörigkeit zum Adel erforderlich war, war das Kapitel gemischtständig mit leichtem bürgerlichem Überhang. 92 Kanoniker können sicher, 17 wahrscheinlich zum Bürgertum gerechnet werden. 57 Kanoniker gehörten zum Adel, für weitere 18 ist dies zu vermuten. Von Interesse ist auch der Pfründenbesitz, diente er doch vor allem der Versorgung von Klerikern als Leistungs- und Funktionsträger. Die Bautzener Kanoniker waren häufig im Meißner Domstift als Mutterstift und im Wurzener und Zscheilaer Kollegiatstift bepfründet. Zu den von Kinne erwähnten Bautzener Anwärtern oder Stiftsherrn, die auch in Wurzen präbendiert waren, können ergänzt werden: Johannes von Gusk, Johann Schwoffheim und Martin von Mutschau. In Wurzen hatte um 1570 Johann Leisentrit noch die Vikarie Matthias inne. Eine Vollständigkeit der Angaben bei diesen Datenmengen kann zwar angestrebt werden, lässt sich aber nicht wirklich realisieren. So manche angedachte Edition wird weitere Erkenntnisse liefern. Umso wichtiger ist die Pflege der Personendatenbank auf der Internetseite der Germania-Sacra. Dort könnten nun die Angaben Kinnes zum Bautzener Kanoniker und Wurzener Dechanten Johannes Caesar um Sterbedatum und –ort ergänzt werden: 16.9.1554 Wurzen, begraben im Dom, Grabstein vorhanden.

Mit der systematischen Erfassung des Bautzener Kollegiatstiftes St. Petri gelingt Kinne eine höchst beachtliche Forschungsleistung, die zudem in der überaus sorgfältig bearbeiteten Publikationsreihe der Germania Sacra präsentiert wird. Durch das detaillierte Inhaltsverzeichnis und das 50seitige Personen- und Ortsregister kann das Werk gut erschlossen werden. Bedauerlich bleibt allein das Fehlen eines (kurzen) Überblickkapitels zum weiteren Fortgang des St. Petristiftes nach 1569, gerade angesichts der Bikonfessionalität der Oberlausitz. So unterstanden noch bis ins 19. oder gar 20. Jahrhundert die evangelisch lutherischen Kirchgemeinden Cunewalde, Hochkirch, Nieder-und Obercunnersdorf und Wehrsdorf dem Patronat des römisch-katholischen Domstifts St. Petri. Die 1828 gegossene und erhaltene Bronzeglocke der evangelischen Kirche von Niedercunnersdorf trägt die Namen der Bautzener Domkapitulare (Der Rezensent amtierte 2016/17 als Vakanzpfarrer an dieser Kirche). Mit der Wiedereinrichtung des Bistums Meißen im Jahr 1921 wurde das Bautzener Kollegiatstift in den Rang eines Domkapitels erhoben. Bis 1980 war Bautzen schließlich Bischofssitz. 1996 erklärte das evangelische Domkapitel Meißen das Amt des evangelischen Bautzener Dompropsts im römischen Domkapitel St. Petri, das schon seit 1987 ist mehr besetzt wurde, für erloschen. Dieser ökumenischen Geste anlässlich des Jubiläums »775 Jahre Domkapitel St. Petri« verwehrt das Ev.-Luth. Landeskirchenamt Dresden seine Zustimmung bis heute. Eine Aufarbeitung des neuzeitlichen St. Petristiftes wäre also lohnend. Derzeit kann zumindest das gelungene Handbuch zum mittelalterlichen Kollegiatstift intensiv genutzt werden. Kinne hat damit einen gewichtigen Beitrag zur Kirchengeschichte der Stadt Bautzen, der Oberlausitz und des Meißner Bistums geleistet und stellt der Stiftsforschung eine breite Materialbasis zur Verfügung. Mögen zeitnah weitere fundierte Bände der Germania-Sacra-Reihe zum Meißner Bistum folgen!

Großhennersdorf Alexander Wieckowski

Das religiöse Leipzig: Stadt und Glauben vom Mittelalter bis zur Gegenwart/ hrsg. von Enno Bünz und Armin Kohnle; Redaktion Sebastian Kusche. Leipzig: Universitätsverlag, 2013. 543 S.: Ill. (Quellen und Forschungen zur Geschichte der Stadt Leipzig; 6)

Der jährlich in Leipzig stattfindende Tag der Stadtgeschichte, initiiert durch den örtlichen Geschichtsverein, befasste sich vom 15. bis 17. November 2012 mit dem Thema »Stadt und Glauben«. Die während des dortigen wissenschaftlichen Kolloquiums gehaltenen Vorträge, vermehrt um einige weitere Beiträge, sind jetzt in dem hier anzuzeigenden Band vereint. Dabei deutet der Titel »Das religiöse Leipzig« bereits an, dass es nicht einfach um einen kirchengeschichtlich orientierten Bericht geht, sondern dass vielmehr dem Rechnung getragen ist, dass man vor allem dann seit dem 19. Jahrhundert auf eine weit umfangreichere religiöse Landschaft in Leipzig trifft. Insgesamt umfasst der Band 25 Beiträge, die an Bekanntes anknüpfend vielfach Forschungsergebnisse vermitteln, die aus den beiden letzten Jahrzehnten stammen. Diese recht große Zahl an Beiträgen gestattet es auch, dass sich der folgende Bericht hauptsächlich kommentarlos auf die Anzeige der behandelten Themen nebst Nennung ihrer Bearbeiter beschränken wird. Nach einem überleitenden Vorwort der beiden Herausgeber wird zunächst als erstes Thema die anhaltende Spannung zwischen der sorbischen Gentilreligion und der christlichen Mission während des 10. bis 12. Jahrhunderts erörtert (Matthias Hardt).

Gleich mehrfach Aufschluss erfährt hingegen das Zeitalter des Spätmittelalters. Geschildert werden: das kirchliche Leben und die Laienfrömmigkeit (Enno Bünz), vergleichsweise auch andere Städte heranziehend; die Wallfahrt zur Hl. Kreuz-Kapelle im später wüsten Ölschwitz (Hartmut Kühne), sowie dessen genauere Ortsbestimmung, benachbart Marienbrunn (Armin Rudolph); das jüdische Leben in Leipzigs Alltag (Maike Lämmerhirt); die Kontakte zum Hussitismus (Thomas Krzenck).

Der Epochenwechsel durch die Reformation wird zweimal bedacht: Zunächst sind es insbesondere die Jahrzehnte vor ihrer offiziellen Einführung 1539 (Christoph Volkmar), und anschließend ist es das theologisch wie politisch immer wieder unruhige konfessionelle Zeitalter bis 1648 (Armin Kohnle). Dabei erhält auch die Berücksichtigung des Calvinismus einen neuen Stellenwert.

Der Beginn des 18. Jahrhunderts gab der Ausübung der Religion in Leipzig ein verschiedentlich verändertes Gesicht. Dies spiegelt sich in dem Streit um den Sitzanspruch in der Universitätskirche (Rüdiger Otto), in der Gründung einer französisch-reformierten Gemeinde (Katharina Middell), im Neubeginn des Katholizismus (Birgit Mitzscherlich) und in den Anfängen einer orthodoxen griechisch-russischen Gemeinde (Stefan Reichelt).

In dem Maße, wie sich Leipzig seit Mitte des 19. Jahrhunderts zur Großstadt entwickelte, nahm ebenfalls der religiöse Pluralismus zu. Zwar blieb Leipzig bis weit in das 20. Jahrhundert eine evangelische Stadt (Markus Hein), überzogen schließlich von einem Netz der Inneren Mission (Nikola Schmutzler), aber gleichberechtigt entfalteten sich nunmehr andere Bekenntnisse, wie die durch Zuzug aus dem Osten wachsende jüdische Gemeinde (Katrin Löffler), die deutschkatholische Bewegung (Frank Engehausen), die römisch-katholische Kirche (Benjamin Gallin), aber beispielsweise auch die anglikanische Kirche (Fanny Stoye). Zum damaligen Auftreten weiterer Religionsgemeinschaften ist – den vorliegenden Band damit entlastend – auf Belege im »Handbuch Leipziger Religionen«, 2. Aufl. 2010, hingewiesen.

Bestandteil dieser wachsenden Pluralität waren dabei auch, in den Beiträgen ausgezogen bis in unsere Gegenwart, die Kirchenkritik und die weltanschaulichen Gegenentwürfe, so manifest etwa im Freidenkertum und dem Monismus (Beate Berger), ebenso in der Entwicklung vom ehrlich-christlichen Begräbnis zur modernen Bestattung (Doreen Zerbe), und gleichfalls im Wandel der Bestattungskultur in säkularer Zeit (Christine Schlott).

Zum einen werden die Berichte abgeschlossen durch zwei Überblicke zur jüngsten Zeitgeschichte: Doppelte Diktaturerfahrung – die evangelische Kirche von 1933 bis 1968 (Georg Wilhelm), sowie ergänzend dazu Kirche in Leipzig: auf dem Weg zur »Friedlichen Revolution« (Klaus Fitschen). Zum anderen wird bei den Ermittlungen zu Kirche und Christentum in der modernen Großstadt (Gert Pickel) am Ende aktuell festgestellt, dass die Kirche als klassische Glaubensgemeinschaft sich zwar auf dem Rückzug befindet, aber als kulturelle und soziale Institution erhalten bleibt; sie ist ein Motor des modernen zivilgesellschaftlichen Engagements.

Alle 25 Beiträge wurden ausgiebig mit Quellen- und Literaturnachweisen versehen. Beigefügt sind ihnen ein möglichst mit Lebensdaten erarbeitetes Personenregister und – sämtlich schwarzweiß – mehr als 100, zum Teil wenig bekannte Abbildungen und außerdem 14 Diagramme. Nicht selten werden in dem Band bisher wenig oder noch gar nicht beachtete Sachverhalte bei der jeweils verhandelten Thematik in den Blick gerückt. Allein schon die Summe solcher Informationen macht diesen Band schätzenswert. Er hat teilweise den Charakter eines Handbuches, das sich für die persönliche Weiterarbeit empfiehlt, er befruchtet zudem Diskussionen, auch über die Kirchengeschichte hinaus, und kann für andere Großstädte ebenfalls ein anregendes Modell bei der Aufarbeitung der eigenen Geschichte sein.

Leipzig Gerhard Graf

Martin LUTHER: Schriften I: Aufbruch der Reformation. Schriften II: Reformation der Frömmigkeit und Bibelauslegung/ hrsg. von Thomas Kaufmann. Berlin: Verlag der Weltreligionen, 2014. 655; 424 S.; Martin LUTHER: Schriften III: Kirche und Schule. Schriften IV: Christ und Welt/ hrsg. von Albrecht Beutel. Berlin: Verlag der Weltreligionen, 2015. 394; 360 S.

Noch eine neue Lutherausgabe im Vorfeld des Reformationsjubiläums 2017? Ja, und durchaus nicht überflüssig. Denn diese Ausgabe steht im Zusammenhang mit dem neuen Interesse an Religion und einem dafür aufgelegten Großprojekt, für das innerhalb des Insel Verlags eigens der Verlag der Weltreligionen gegründet wurde. Als Einführung in das Projekt erschien 2007 der umfangreiche Band: Die Religionen der Welt: ein Almanach zur Eröffnung des Verlags der Weltreligionen (in Verbindung mit Jan Assmann … hrsg. von Hans-Joachim Simm). Hier ist u. a. ausgeführt, dass neben religionswissenschaftlicher Literatur die wichtigsten Quellenschriften der Weltreligionen in deutscher Sprache zugänglich gemacht werden sollen. Bezüglich des Christentums waren das Neue Testament in Luthers Übersetzung von 1522 und in einer modernen Übersetzung sowie neben altkirchlichen, mittelalterlichen und neuzeitlichen Quellen auch eine Auswahl von wichtigen Lutherschriften vorgesehen, die bereits für 2009 angekündigt war. Als Materialgrundlage wurde die mehrbändige Lutherausgabe des Insel Verlages aus dem Umkreis des Jubiläumsjahrs 1983 (hrsg. von Gerhard Ebeling; Karin Bornkamm) ausgewählt. Die Schriften sollten einer gründlichen Überarbeitung unterzogen werden.

Die schließlich vorliegende vierbändige Ausgabe bietet entsprechend der oben genannten Gliederung der Bände für die Orientierung in Luthers Werk durch ein breiteres, an Religionsfragen interessiertes Publikum einen hinreichend guten Querschnitt. Den Aufbruch der Reformation zeigen Texte wie die 95 Thesen sowie die Vorreden Luthers zu dem je ersten Band seiner deutschen wie lateinischen Gesamtausgaben, die sogenannten »Hauptschriften«: die Adelsschrift, Von der babylonischen Gefangenschaft der Kirche und Von der Freiheit eines Christenmenschen. Auch die Auslegung der 10 Gebote durch Von den guten Werken ist abgedruckt sowie Luthers Rechtfertigung seiner verurteilten Sätze (Grund und Ursach aller Artikel), die Rede auf dem Wormser Reichstag und seine Vermahnung an die Geistlichen, mit der er anlässlich des Augsburger Reichstags von 1530 unter den Bischöfen für die Reformation warb. – Schriften II, zu Frömmigkeit und

Bibelauslegung, versammelt neben einigen Bibelvorreden hermeneutische Schriften zur Bibel und zur Übersetzungstheorie u.a. den Sermon von der Bereitung zum Sterben, die Magnificatauslegung sowie Dass Jesus ein geborener Jude sei, den Kleinen Katechismus und die Gebetsanleitung für Meister Peter Balbierer. – Schriften III bietet grundsätzliche Texte Luthers zur Ekklesiologie, so die umfangreiche späte Schrift Von den Konziliis und Kirchen, sodann u. a. die an Gemeindeaufbau und der damit zusammenhängenden christlichen Bildung orientierten Schriften zur Pfarrerberufung und zum Gottesdienst für die Stadt Leisnig (das Vorwort zur breit rezipierten Lesisniger Kastenordnung fehlt leider) und die Schulschriften von 1524 und 1530. Luthers Bemühen um die Beseitigung von Irritationen innerhalb der frühen Gemeindebildung illustrieren die Invocavitpredigten. – Schriften IV schließlich bietet wichtige Texte Luthers zum Verhältnis von Christsein und öffentlicher Ordnung. Hierzu gehören u. a. Von weltlicher Oberkeit, aber auch die Bauernkriegsschriften, eine der Türkenschriften, aber auch die Vorrede zu De votis monasticis, die Schrift Vom ehelichen Leben sowie die Thesenreihe De homine mit ihrer klaren Unterscheidung von vernunftgeleiteter und theologischer Definition des Menschen.

In ihrem Textbestand folgt die Ausgabe allerdings nur teilweise den alten Plänen. Die Präsentation der frühneuhochdeutschen Texte beruht auf der Weimarer Lutherausgabe (vgl. die in allen vier Bänden zu Anfang des Kommentarteils plazierten gleichlautenden Texte zur Luthersprache), und zwar selbst dann, wenn diese Texte inzwischen auf einem weitaus kritischeren Niveau als in WA neu ediert wurden (so in Martin Luther: Studienausgabe/ hrsg. von Hans-Ulrich Delius u.a. 5 Bde., 1 Register- und Glossar-Bd. Berlin und Leipzig 1979-1999). Die Herausgeber verfolgten dabei das Ziel, »möglichst viel des authentischen ›Luther-Klangs‹ zu bewahren« (so Schriften I, 510, und in den drei anderen Bänden), wogegen grundsätzlich nichts einzuwenden ist. Um diesem Ideal nahezukommen, wäre es jedoch viel sinnvoller gewesen, die in der WA auf sehr unterschiedlich gehandhabte Weise der Angleichung der Satzzeichen sowie der Groß- und Kleinschreibung an den seinerzeit modernen Sprachgebrauch (die WA erschien in einem Zeitraum, der sich über ein Jahrhundert lang erstreckte) auf den originalen Bestand zurück- und in seine rhetorische Zielsetzung einzuführen. Denn die originale Zeichensetzung bzw. Groß- und Kleinschreibung erschwert das Verständnis der Texte keinesfalls. Das lässt sich relativ leicht nachvollziehen, indem man die Texte laut liest und an den originalen Punkten, Virgeln, Kommata oder Doppelpunkten innehält und überlegt, ob das nachfolgende Wort bzw. der nachfolgende Satzabschnitt von Luther z. B. besonders hervorgehoben werden sollte oder ob es sich vielleicht um ein Zitat handelt. Alles, was der leichteren Lesbarkeit und damit dem leichteren Verständnis des schwierigen Frühneuhochdeutschen dient, sollte für solch eine Edition genutzt werden. Dazu reicht die dankenswerterweise vorgenommene Vereinfachung bzw. Vereinheitlichung des seinerzeit noch ungenormten Buchstabenbestandes in den Wörtern nicht aus.

In ihrem umfangreichen Kommentarteil folgt die Ausgabe den Regeln, die für die Quellenausgaben des Gesamtprojektes aufgestellt wurden. Das Eingehen auf diese Festlegung macht neben der Auswahl der Texte ohne Zweifel den Reichtum der neuen Ausgabe aus. Denn der jeweils insgesamt ans Ende eines jeden Bandes gestellte Kommentarteil (durch den Einsatz des beigegebenen Lesebändchens sind Text und Kommentar leicht miteinander zu verbinden) enthält ausführliche Einleitungen zu den einzelnen Schriften, Literaturangaben sowie Anmerkungen mit Sach- und – zu den frühneuhochdeutschen Schriften – Worterklärungen, sowie Glossar und Kurzbiogramme. Dies alles entspricht aufs Ganze gesehen dem neuesten Stand der Lutherforschung. Jedoch bleiben auch hier Wünsche offen. Zwar sind viele Worterklärungen in Bezug auf das richtige Verstehen frühneuhochdeutscher Wörter beigegeben, aber damit ist das Problem der sog. »falschen Freunde«, also Wörter, die aufgrund ihrer Verwandtschaft mit heute noch gebräuchlichen Wörtern das heutige Verständnis suggerieren, nicht immer hinreichend gelöst. So kommt z. B. in der zusammenfassenden Schlusspassage von Luthers »Von der Freiheit eines Christenmenschen« zweimal das Wort »fähret« vor: »Durch den Glauben fähret er [der Christenmensch] uber sich in Gott, aus Gott fähret er wieder unter sich durch die Liebe [gegenüber dem Nächsten] …« (Schriften I, 332, 25 f). Unser Verständnis von Fahren beinhaltet sowohl das aktive wie das passive Element, z. B. das Fahren eines Autos oder das Gefahrenwerden in einem Auto. Zumindest alle Autofahrer(innen) werden bei dem von Luther genutzten »fähret« automatisch an das aktive Fahren denken, was in diesem Fall ein wirklich gravierendes falsches Verstehen des gesamten Sinnzusammenhangs zur Folge hat. Aufgrund der lateinischen Fassung der Freiheitsschrift ist es vollkommen klar, dass es sich beim ersten »fähret« geradezu um ein Hineingerissen-Werden in Gott handelt und dass mit dem zweiten »fähret« ein stilles Hinabgleiten zum Nächsten gemeint ist (»per fidem sursum rapitur supra se in deum, rursum per charitatem labitur infra se in proximum«; WA 7, 69, 14 f). Für das Verständnis des Glaubens des Christen im Verhältnis gegenüber Gott und der daraus resultierenden Werke gegenüber dem Nächsten ist die Passivität ausschlaggebend. Der Glaube selbst ist Geschenk, und das Liebeshandeln am Nächsten ebenfalls gottgewirkt. Hier wäre die Klärung der Wortbedeutung im Kommentarteil augenscheinlich nötig gewesen.

Die Übersetzungen aus dem Lateinischen sind gut lesbar. Die Herausgeber haben sie teils selbst besorgt, teils sind ältere aufgenommen. Auch fehlt nicht der Hinweis auf das dankbare Benutzen der mehrhundertjährigen, reichen Luther-Übersetzungstradition. Trotz der Anfragen im Einzelfall dürfte diese handliche Neuausgabe zurecht einen eigenen Platz neben den neuen zweisprachigen lateinisch-deutschen sowie deutsch-deutschen Studienausgaben oder der genannten, mittlerweile auch wieder neu aufgelegten Insel-Ausgabe behaupten. Der stolze Preis von über 50 EUR pro Band ist übrigens inzwischen dadurch relativiert, dass es inzwischen (2016) eine limitierte Jubiläumsausgabe aller vier Bände im Schuber für 98 EUR gibt: Martin Luther: Schriften. 4 Bände in Kassette.

Leipzig/Schönbach Michael Beyer

Oliver Meys: Memoria und Bekenntnis: die Grabdenkmäler evangelischer Landesherren im Heiligen Römischen Reich Deutscher Nation im Zeitalter der Konfessionalisierung. Regensburg: Schnell & Steiner, 2009. 888 S.: 152 s/w Abb.

In seiner an der Philosophischen Fakultät der Ludwig-Maximilians-Universität München eingereichten und beim renommierten Regensburger Verlag Schnell & Steiner zum Druck gebrachten leicht überarbeiteten Dissertation widmet sich Meys den sehr aufwändig und großdimensionierten Grabdenkmälern lutherischer und reformierter Landesherren. Meys versteht sie als bedeutende landesgeschichtliche und kunsthistorische Zeugnisse des Konfessionalisierungszeitalters, an denen sowohl die Entwicklung der Repräsentation dynastischer und konfessionspolitischer Interessen als auch die Entwicklung der Grabmalkunst zwischen 1550 und 1660 ablesbar ist.

Wird im Titel vom Heiligen Römischen Reich Deutscher Nation als Untersuchungsgebiet gesprochen, begrenzt Meys dann seine Untersuchung räumlich auf das Gebiet der heutigen Bundesrepublik. Nach Meys sei diese Einschränkung gerechtfertigt, weil auf der heutigen Fläche Deutschlands die historischen Territorien liegen, in denen die jeweiligen Landesherren durch das landesherrliche Kirchenregiment auch Oberhaupt ihrer (Landes-) Kirche waren. So bleiben beispielsweise wegen der nicht entwickelten protestantischen Landesherrschaft Böhmen und Schlesien unberücksichtigt. Diese Begründung ist aber nicht ganz einsichtig. So hätte beispielsweise für Schlesien die Grablege der evangelischen Piastenherzöge in Liegnitz Erwähnung finden können, denn trotz böhmischer Lehnshoheit waren die Piasten souveräne Landesherren. Dagegen weitet Meys an drei Stellen seine Konzeption, indem er mit Sonderburg (Dänemark), Stettin (Polen) und Königsberg

(Russland) Orte aufnimmt, die in den ehemaligen Herzogtümern Schleswig und Preußen außerhalb des Deutschen Reichs lagen. Aus dem »Herbergen-Gebiet« werden folgende 19 Grabanlagen evangelischer Landesherren behandelt: Mecklenburg-Vorpommern: Barth, Bad Doberan, Güstrow, Ribnitz, Schwerin, Vilmnitz und Wolgast; Sachsen: Freiberg; Sachsen-Anhalt: Barby, Blankenburg, Dessau, Eisleben, Mansfeld, Petersberg (Halle), Wittenberg und Zerbst; Thüringen: Rudolstadt, Schleusingen und Weimar. Vermisst wird die Grablege der Kurfürsten von Brandenburg. Versteckt in der Anmerkung 18 auf S. 30 erfährt schließlich der Leser, dass im Untersuchungszeitraum in der Berliner Fürstengruft neben der Bestattung in aufwendigen Särgen keine separate Grabdenkmalsetzung vorgenommen wurde. Hängt diese Bestattungsart vielleicht mit dem Wechsel zum reformierten Glauben unter Kurfürst Johann Sigismund 1613 zusammen? Meys stellt sich diese Frage nicht. In seiner Studie lässt er sich vor allem von der Frage leiten, inwieweit die landesherrlichen Grabdenkmäler nicht nur allein als »Herrscherdenkmäler«, sondern auch als Manifestationen ihres Summepiskopats verstanden sein wollen. In drei Großkapiteln untersucht er die Grabdenkmäler nach der Wahl des Standorts, dem Grabmaltypus und der ikonographischen Ausprägung. Die in der Form als Frei- und Wandgrabmäler gestalteten landesherrlichen Denkmale fanden in der Regel im Chor, und dort speziell auf der Nordseite ihre Aufstellung. Traditionell stand auf dieser sogenannten Evangelienseite seit dem Hochmittelalter in den Kathedralen der Bischofsstuhl. Die bewusste Besetzung dieses Platzes mit den Grabmalen lutherischer und reformierter Landesherren verdeutlichte ganz wesentlich ihre Funktion als Oberhäupter ihrer (Landes-)Kirchen. Die Gestaltung der Grabdenkmale mit lebensgroßen Figuren, Wappen und »Herrscherlob«-Inschriften dienten der Fürstenmemoria. Der Bekenntnischarakter der Grabdenkmäler zeigte sich in ihrer Ikonographie, die sich dabei in der Themenauswahl auf zentrale Glaubensinhalte konzentrierte.

Als Motive kommen vor: Kreuzigung und Auferstehung Christi, Vision des Ezechiel, Auferweckung des Lazarus, Jüngstes Gericht, Darstellungen der Evangelisten, Helden, Könige und Propheten des Alten Testaments. Das häufigste Motiv auf den Grabmalen war der vor dem Kruzifixus kniende Beter. Die Motivation für diese Motivwahl wird aber wohl weniger in der zentralen Bedeutung des Opfertods Christi in der Theologie Luthers zu suchen sein, wie es Meys vermutet, als vielmehr in der Zurschaustellung und in der Vorbildwirkung des frommen christlichen Lebenswandels des Landesherrn begründet liegen. In der Darstellung der Tugenden kann Meys eine Tendenz in der Auswahl feststellen. Die theologischen Tugenden hatten Vorrang gegenüber den Kardinaltugenden und ab 1600 verdrängte die Justitia Fides und Caritas. Der religiöse Bekenntnischarakter kommt ikonographisch auch in den Bibelzitaten zur Sprache. Sehr erhellend ist dabei das Verzeichnis der zitierten Bibelstellen, auch im Vergleich mit den von Luther vorgeschlagenen Epitaphsprüchen. In seiner »Vorrede zur Sammlung der Begräbnislieder« empfahl Luther 1542 folgende Bibelstellen: Hi 19,25ff; Ps 3,6; 4,9; 116,15; Jes 25,7 f; 26 19f; 57,1; Ez 37,12; Dan 12,2; Hos 13,14; Mt 22,32; Joh 6,39; 11,25 f; Röm 14,7ff; 1 Kor 15,19.22.55ff; Phil 1,21; 1. Thess 4,14.

Meys stellt anschaulich die landesherrlichen Grabdenkmale als Memorialstiftung, Herrschaftszeichen und Bekenntnismonument dar. Dabei hätten die kirchengeschichtlichen und theologischen Ausführungen allerdings etwas mehr gedankliche und sprachliche Tiefenschärfe verdient. So wird bei den reformatorischen Veränderungen von der Abschaffung der Eucharistie und eines besonderen Priesterstandes gesprochen (vgl. S. 15. 313 u. ö.). Leider bleibt der in der sehr kurzen Zusammenfassung geäußerte interessante Gedanke, dass in den landesherrlichen Bekenntnismonumenten »die lutherische Lehre vom allgemeinen Priestertum der Gläubigen zum Ausdruck« kommt, an dieser Stelle eine reine These. Denn verstärkt wird ja im ersten Moment die Standesgliederung. Die Grabmale im Chorraum zeigten an exponierter

Stelle den »Landeskindern« als Untertanen die Durchsetzung und Etablierung der Fürstenherrschaft. Bezüglich der Leitfrage nach dem Summepiskopat muss festgehalten werden, dass das landesherrliche Kirchenregiment keine evangelische Erfindung ist. Ein Vergleich mit römisch-katholischen Grablegen würde die konfessionellen Spezifika der evangelischen Grabdenkmale noch profilierter herausstellen. Auch hätten die lutherischen und reformierten Eigenheiten und deren Ausprägung auf die Ausgestaltung der Grabmale stärker in den Blick genommen werden müssen, gerade bei den Konfessionswechseln der Landesherren in einem Territorium.

Im Schlusswort seiner Darstellung, nimmt Meys noch einmal Bezug auf seine Leitfrage, ob die Grabdenkmäler als »Zeichen landesherrlichen Summepiskopats« interpretiert werden können. Ikonographisch lässt es sich nur höchst selten belegen, allein der Standort im Chor spräche dafür.

Große Beachtung verdient der Katalog. Dieser 87 Orte umfassende alphabetisch nach Ortsnamen zusammengestellte Katalog der Grabdenkmale (S. 321-829) ist das Herzstück der Arbeit. Umfassend und differenziert werden im ersten Teil die Denkmale vor dem Hintergrund der Stadt- und Landesgeschichte beleuchtet, in dem das Verhältnis von Dynastie, Residenz und Begräbniskirche eingehend dargestellt wird. In einem zweiten Teil werden die Grabdenkmäler kunsthistorisch beschrieben und eingeordnet, darunter gehören Angaben zur Auftrags- und Entstehungsgeschichte, zum Standort und zum Erhaltungszustand. Ein weiterer Schwerpunkt liegt schließlich auf der Analyse des ikonographischen Grabmalprogramms. Spezielle Sekundärliteratur erhöht den Informationswert des höchst informativen Katalogs. Dieser hätte noch gesteigert werden können, wenn von allen Orten Abbildungen vorlägen. Eine besondere Würdigung erfährt die Freiberger Grablege der Albertiner als lutherischer Memorial- und Bekenntnisort. Zwischen 1541 und 1698 wurden 38 Mitglieder des sächsischen Herrscherhauses im Freiberger Dom beigesetzt (vgl. S. 307-313. 419-443). Aus den Denkmalen ragt dabei das zwischen 1555 und 1563 errichtete Grabmonument für Kurfürst Moritz von Sachsen (†1553) als größtes Freigrabmal eines deutschen protestantischen Landesherrn heraus. Als solches erscheint es auch in Meys' Studie an exponierter Stelle, nämlich als Buchcover. Ein zweiter Katalog bietet bio- und bibliographische Informationen zu den Bildhauern und Architekten der Grabdenkmäler und ihrer Werke. Die Arbeit von Meys kann gut über das schon erwähnte Bibelstellenregister sowie über die Orts- und Dynastienregister erschlossen werden, leider fehlt ein Personenregister. Die Ausstattung des Buches entspricht dem hohen Standard von Schnell & Steiner.

Insgesamt bietet Meys eine eindrückliche Materialsammlung zu den protestantischen landesherrlichen Grabdenkmalen. Dabei ist es ihm gelungen, vor allem die lutherische Denkmalkunst in seiner Fülle und großen Qualität aufzuzeigen, die der Kunst der Gegenreformation in nichts nachsteht. Meys Arbeit fordert gerade zur weiteren Forschung und Diskussion auf und lädt ein zum ökumenischen Dialog innerhalb der Landes-, Kirchen- und Kunstgeschichte. Zu guter Letzt sei auf die im Herbst 2016 stattgefundene Preisreduzierung von 149,00 EUR auf gut investierte 49,90 EUR hingewiesen.

Großhennersdorf Alexander Wieckowski

Thomas MÜLLER-BAHLKE; Alexander WIECKOWSKI: Heinrich Melchior Mühlenberg und der Katharinenhof zu Großhennersdorf. Dresden: Neisse Verlag, 2015. 234 S.: zahlr. Abb. (Schriftenreihe der Akademie Herrnhut; 3)

Der 300. Geburtstag des ursprünglich Hallischen Pietisten Heinrich Melchior Mühlenberg (1711-1787) war der Anlass, ihn nicht nur in Halle auf einer internationalen Konferenz als »Patriarchen der Lutherischen Kirche Nordamerikas« zu ehren, sondern es wurde dabei auch Großhennersdorf in der Oberlausitz einbezogen, einst eine Insel des Hallischen Pietismus und Wirkungsort Mühlenbergs vor seiner Entsendung nach Nordamerika. Eine Frucht dieser 2011 doppelt erfolgten Veranstaltung stellt der jetzt erschienene Band dar, der, wie schon an den zwei Autoren zu erkennen, auch inhaltlich eine gewisse Zweiteilung aufweist.

Eröffnet wird er durch zwei Vorträge, die Thomas Müller-Bahlke, Direktor der Franckeschen Stiftungen und ein bekannter Fachmann auf diesem Gebiet, 2011 gehalten hatte. Sie behandeln im Überblick Mühlenbergs Aufenthalt in Großhennersdorf (S. 9-30) und sein späteres Wirken in Nordamerika (S. 31-51). Dabei wird jeweils darauf hingewiesen, dass er durch seine Tätigkeit als Diakonus und Inspektor des Großhennersdorfer Armen- und Waisenhauses wesentliche Impulse erhielt, die er dann in der Gestaltung des kirchlichen Lebens in Pennsylvania verwertete. In Großhennersdorf hatte er mit einer geistlich zwar engagierten, aber streng obrigkeitsbewussten Patronatsherrschaft zu tun und erlebte ein nicht spannungsfreies und sprachverschiedenes Zusammenleben der Orts- und böhmischen Exulantengemeinde. Die Wege der Vermittlung, die er hier versuchte, waren dann zugleich der richtige innere Ansatz für den Umgang mit den eigenständig agierenden Gemeinden in der Neuen Welt, ein Prozess, der schließlich dort zu synodaler Ordnung und Mitbestimmung aus der Gemeinde führte.

Dagegen präsentiert sich der zweite Teil des Bandes wesentlich umfangreicher. Alexander Wieckowski, der Pfarrer von Großhennersdorf, gibt darin einen ausführlichen Bericht zur Geschichte des Katharinenhofes (S. 52-136), dessen Inspektor Mühlenberg 1739 bis 1741 war. Seine Anstellung war durch eine Absprache zwischen Halle und dem Patronat erfolgt und zugleich als Eignungsprüfung für eine spätere Arbeit in Nordamerika gedacht. Von Mühlenberg selbst finden sich allerdings für diese Zeit kaum Unterlagen. Es ist daher das Verdienst des Verfassers, dass er – gleichsam als Ersatz – mit seiner Darstellung sehr eindrücklich das Umfeld entwirft, in dem sich Mühlenberg mit seinen Ämtern als Diakonus und Inspektor bewegte. Herangezogen werden für den Bericht in der Hauptsache Archivalien aus Großhennersdorf, Herrnhut und dem Sächsischen Hauptstaatsarchiv Dresden.

Die damalige Einrichtung – den Name »Katharinenhof« nach der Mutter der Stifterin Henriette Katharina von Gersdorf (1648-1726) hat er erst seit 1752 – setzte sich zusammen aus einer ganzen Anzahl von Gebäuden, einer Leitung durch sechs Personen, der Waisenanstalt, dem Adelspädagogium, dem Alten- und Witwenstift und dem Armen- und Freitischwesen. Ohne die »24 ExtraFreitischGänger« umfasste 1740 das Unternehmen 77 Personen. Anschließend gibt der Verfasser ebenfalls detailliert Auskunft zum Schulbetrieb. Zu ihm gehörten die Waisenhausschulen, d. h. die verschiedenen Stufen der Bildungsskala, die Böhmische Klasse, die Mädchenschule, sowie ein Lehrerkollegium und Prüfungen.

Nicht weniger interessant ist die nachgezeichnete alltägliche Lebenswelt, greifbar in den Ausführungen zu Hausordnung, Ernährung, Kleidung, Gesundheit und Hygiene sowie zu religiöser Bildung und Frömmigkeit. Ob sich dabei Ansätze einer »religiösen Dressur« zeigen, mag man fragen. In manchen Beispielen ist der spätere Lebensweg zu verfolgen. Diese Information zur persönlichen Entwicklung liefert eine Verhaltensliste zu den einzelnen Schülern. Sie ist von 1721 bis durchgängig 1741 vorhanden, wurde vom Verfasser transkribiert und außerdem von ihm in fast unglaublicher Kleinarbeit biographisch möglichst komplettiert. Letzteres trifft auch zu für die vom Verfasser erstellten Listen zu den in dem genannten Zeitraum angestellten Geistlichen, Lehrenden und Bediensteten, insgesamt ein Mikrokosmos pietistischer Lebensläufe.

Alle diese Listen gehören bereits in den Anhang des vorgelegten Bandes, der 17 zumeist transkribierte Archivalien aus dem Lebensvollzug der Einrichtung vorstellt (S. 137-232). Darunter zählen u. a. die Dienstanweisung für den Diakonus, der Stundenplan, der unterschiedliche Speiseplan für adelige Zöglinge und Waisenkinder, Konferenzprotokolle und die ausführliche, das ganze Kirchenjahr und die Kasualien nebst Seelsorge umfassende Gottesdienstordnung für die Parochie Großhennersdorf, die bis hinein in Einzelheiten wohl persönliche Vorstellungen der Kirchenpatronin Henriette Sophie von Gersdorf (1685-1761) erkennen lässt.

Gerade dieses ausführliche Dokument (S. 219-231, in Petit), vermutlich ein liturgiewissenschaftlicher »Leckerbissen«, macht deutlich, dass hier nicht nur mit dem Armen- und Waisenhaus in Großhennerdorf eine kleinere Entsprechung zu Franckes Stiftung in Halle begegnet oder einfach ein Stück Pietismusgeschichte vorgestellt ist, sondern zusätzlich zeigt der vorgelegte Band nicht wenige Anregungen für die Geschichtsschreibung der Pädagogik, der (Jugend-)Psychologie und der Medizin. Auch landeskundliche Auskünfte zur Oberlausitz verdienen Beachtung. Nicht vergessen werden darf die gelungene Veranschaulichung der Mühlenberg-Zeit aufgrund von sieben Faksimileseiten, mehreren Tabellen und knapp 30 Abbildungen historischer, aktueller und zum Teil farbiger Art. Und schließlich noch ausdrücklich zu nennen ist die umfangreiche Liste der aufgefundenen Quellen. Jedenfalls ist mit der hier vorgelegten Publikation ein Fenster geöffnet, das vielfach den Blick auf bisher Unbekanntes oder Unerledigtes lenkt.

Leipzig Gerhard Graf

Brigitte Becker-Carus: Taufengel in Pommern/ mit Beiträgen von Martin Seils. Schwerin: Thomas Helms Verlag, 2012. 216 S.: 174 Abb., Landkarte. (Beiträge zur pommerschen Landes-, Kirchen- und Kunstgeschichte; 15)

Der Taufengel ist neben dem Kanzelaltar die charakteristischste Neuerung, die der lutherische Kirchenbau ab der Mitte des 17. Jahrhunderts hervorgebracht hat. Diesem originellen lutherischen Taufgerät widmet der Schweriner Helmsverlag ein in der Aufmachung und Ausstattung sehr gelungenes und repräsentatives Werk. Becker-Carus, gebürtige Pommerin und ehemalige Bibliothekarin in Hamburg und München fasst ihre seit 2003 laufenden Forschungsarbeiten zum Thema Taufengel in diesem Buch zusammen und weist 150 Taufengel nach, 147 stammen davon aus Gesamtpommern, drei befinden sich im Bereich der Pommerschen evangelischen Kirche, die aber historisch zu Brandenburg gehören.

Die Aufarbeitung des theologischen Hintergrundwissens überlässt Becker-Carus Martin Seils, auch gebürtiger Pommer und emeritierter Professor für Systematische Theologie in Jena. Seils gibt einen guten Überblick über die Geschichte der Taufengel auf dem Hintergrund der biblischen Tradition und der kirchlichen Lehrentwicklungen. Engel sind Mitwirker Gottes und kommen als Verkünder der frohen Botschaft, als Schutzengel, Streiter wie Michael, als Diener und Tröster vor. Ebenso stellt Seils anschaulich das Taufverständnis und die Taufordnungen in Pommern im 18. und 19. Jahrhundert vor. Von besonderem Interesse sind dabei die Ausführungen über den Umgang mit den Taufformularen umgegangen sind. Handschriftliche Streichungen und Zusätze lassen dabei den theologischen Standort der benutzenden Pfarrer erkennen, besonders in der Frage des Taufexorzismus. Becker-Carus beleuchtet in ihren Ausführungen die Frage nach dem Aufkommen der Taufengel, die sie mit der erforderlichen Umgestaltung und Neueinrichtung des Chorraumes in den Kirchen nach dem 30jährigen Krieg beantwortet. Die ersten Taufengel kamen schließlich in Pommern kurz vor 1700 auf. Becker-Carus geht weiterhin auf die Gestalt und Ikonographie der Taufengel ein. So gibt es neben den an einem Seil oder Gestänge aufgehängten und herabschwebenden auch stehende Exemplare. Eine besondere Variante stellen die Lesepult-Taufengel dar. Zu den Attributen der pommerschen Engel gehören in Auswahl Taube, Muschel, Lorbeerkranz, Palmzweig, Spruchband, Auge Gottes, Kriegersandalen, Rüstung, Pinienzapfen, Posaune, Pelikan und Buch. In ihren Forschungen konnte Becker-Carus auch Bildhauer und Stifter identifizieren. Ein Spiegelbild der Frömmigkeit im 17. und 18. Jahrhundert bietet das informative Kapitel über die Ratsverordnungen, Taufgebräuche und den immer wieder anzutreffenden Aberglauben. Ein Überblick über die Taufengel im 19. Jahrhundert rundet die 47-seitige Darstellung ab. Zum einen verbannte man viele Taufengel aus theologischen und kunstästhetischen Gründen aus den Kirchen, zum anderen erlebte der kniende Taufengel nach dem bekannten Motiv des dänischen Bildhauers Bertel Thorvaldsen eine Renaissance.

Herzstück des Buches ist der großangelegte und umfassende, alphabetisch nach Orten geordnete Katalog. Er informiert über Datierung, Maße, Art, Aufhängung, Attribut, Künstler, Stifter, Standort, Restaurierung und Geschichte der Taufengel. Alle erhaltenen Taufengel sind mit einer aussagekräftigen Fotographie dokumentiert. Bei den verlorenen Taufengeln konnten zum Großteil historische Aufnahmen gefunden werden. Im Anhang werden außerdem Abbildungen von Taufengeln unbekannter Herkunft in pommerschen Museen gezeigt. Brauchbar und nützlich ist das Personen- und Ortsregister wie auch die Auflistung und Kartierung der Standorte der Taufengel nach Kirchen- und politischen Kreis mit Stand von 1931 bzw. 1939. Eine Konkordanz mit den heutigen polnischen Ortsnamen lässt ein schnelles Auffinden dieser Orte zu. Ein ausführliches Literaturverzeichnis bietet Angaben weit über Pommern hinaus.

Becker-Carus schließt mit ihrem Buch eine Forschungslücke im Norden der Taufengel-Landkarte. Lange war das Buch von Helga de Cuveland (Der Taufengel: ein protestantisches Taufgerät des 18. Jahrhunderts. Entstehung und Bedeutung. Mit einem Katalog nordelbischer Taufengel. Hamburg 1991 [71 Exemplare]) die einzige wissenschaftliche Publikation. Nach Nordelbien wurden nun nachfolgend die Taufengel in Franken (Helmuth Meißner: Taufengel in Oberfranken. Bamberg 1996. [62 Exemplare]), Niedersachsen (Gisela Aye; Axel Chr. Kronenberg: Taufbecken und Taufengel in Niedersachsen. Regensburg 2006. [101 Exemplare]), Brandenburg (Taufengel in Brandenburg: eine Bestandserfassung. Arbeitshefte des Brandenburgischen Landesamtes für Denkmalpflege und Archäologischen Landesmuseums Nr. 14. Petersberg 2006. [145 Exemplare]) und Mitteldeutschland (Taufengel in Mitteldeutschland: geflügelte Taufgeräte zwischen Salzwedel und Suhl/ hrsg. von Bettina Seyderhelm u.a.. Regensburg 2009 [240 Exemplare]) erforscht und katalogisiert. Eine schmerzhafte Lücke bietet noch Sachsen. Ein wenig Abhilfe schafft hier nur Gunter Lasch für einzelne Landesteile (Barocke Taufengel im Erzgebirge und im Landkreis Mittelsachsen. Erzgebirgische Heimatblätter 36 [2014], 10-15; 37 [2015], 10-13; 38 [2016], 2-4; Barocke Taufengel im Dreiländereck: Ephorie Löbau-Zittau. In: Oberlausitzer Hausbuch 2016, 125-128. [34 Exemplare]). Taufengel haben als lutherisches Taufgerät nicht nur aus kunsthistorischer Perspektive, sondern auch aus theologischer Sicht eine bleibende Berechtigung, verdeutlichen sie doch auch optisch das Taufsakrament als Gabe Gottes. Das Buch von Becker-Carus eignet sich daher auch gut als Tauf- bzw. Patengeschenk.

Großhennersdorf Alexander Wieckowski

Norbert BUSKE: Fromme barocke Sinnbilder in Farbe und Musik: Das Hohe Lied. Darstellungen an der Patronatsempore in Steinhagen und ihre Vorlagen/ mit Beiträgen von Beate Bugenhagen und Matthias Schneider. Schwerin: Thomas Helms Verlag, 2013. 124 S.: 110 Abb., elf Liedtexte mit Noten und einer Musik-CD. (Beiträge zur pommerschen Landes-, Kirchen- und Kunstgeschichte; 17)

Mit der Vorstellung des Bilderzyklusses zum Hohenlied Salomos an der Patronatsempore der südlich von Stralsund gelegenen Pfarrkirche in Steinhagen gelingt Norbert Buske ein Kabinettstück zur pommerschen Kirchen-, Frömmigkeits- und Kunstgeschichte des 17. Jahrhunderts. Buske zeigt anschaulich die Rezeptionsgeschichte und Wertschätzung des Hohenlieds Salomos in der Bibelauslegung, Predigt und Frömmigkeit des frühneuzeitlichen Luthertums. Die alttestamentliche Sammlung von Hochzeits- und Liebesliedern wurde allegorisch interpretiert, indem man die Konversation zwischen Bräutigam und Braut als Gespräch zwischen Christus und der gläubigen Seele las und verstand. Der Steinhäger Bilderzyklus steht somit exemplarisch für die Hochschätzung dieser Frömmigkeitsprägung. Die elf Tafeln umfassende Bilderserie eines bisher unbekannten Künstlers wurde von der Patronatsherrin von Steinhagen, Marie Klinkow, geb. von Scheven (†1676) um 1660 gestiftet. Auf Ihre Initiative geht auch die Kanzel zurück, die mit einem qualitätsvollen Passions- und Osterzyklus in Bild und Wort ausgestattet ist. Die Bildprogramme von Kanzel und Patronatsloge korrespondieren miteinander. So erwidert die Patronatsherrin auf ihrer Loge das von der Kanzel verkündete Versöhnungswerk Gottes mit ihrem von dankbarer Liebe zu Christus getragenem Glaubensbekenntnis. Ein Einfluss des damaligen Ortspfarrers, Johann Arnd (1633-1680), einem Großvetter des Verfassers der vier Bücher »Vom wahren Christentum«, Johann Arndt, auf die Auswahl und Konzeption des Bildprogramms kann nur vermutet werden. Dagegen lässt sich das Vorlagenwerk der Steinhäger Bilderserie genau bestimmen. Es handelt sich um das 1651 publizierte Andachtsbuch »Göttliche Liebesflamme« des Nürnberger Theologen Johann Michael Dillherr (1604-1669). Aus den 20 Kupferstichen zum Hohenlied wurden elf Darstellungen für die Patronatsempore ausgewählt. Buske interpretiert alle 20 Radierungen und ordnet die elf hiesigen in die barocke Bilderwelt der Kirche ein. Alle Kupferstiche sind im Buch abgebildet, die Patronatslogenbilder (wie die Kanzel und weitere Emporenbilder aus dem Leben Jesu) sind als hochwertige Farbtafeln dem Band beigegeben. Ergänzend und weiterführend zu den Ausführungen Buskes sei auf die Forschungen von Johann Anselm Steiger hingewiesen, der nachweist, dass die Stiche in Dillherrs Andachtsbuch vom Nürnberger Maler, Zeichner und Radierer Georg Strauch (1613-1675) stammen, die zum großen Teil wiederum auf Bildvorlagen im römisch-katholischen Erbauungsbuch »Pia Desideria« des flämischen Jesuiten Hermann Hugo (1588-1629) von 1624 zurückgeführt werden können. So wird am Bildprogramm der Steinhäger Patronatsloge auch ein Stück frühneuzeitlicher Interkonfessionalität im Zeitalter der Konfessionalisierung greifbar. (vgl. Johann Anselm Steiger: Ikonographie und Meditation des Hohenliedes in der Barockzeit zwischen Konfessionalität und Transkonfessionalität: die »Göttliche Liebesflamme« (1651) Johann Michael Dilherrs und Georg Philipp Harsdörffers sowie das Bildprogramm an der Patronatsempore in Steinhagen (Vorpommern). Leipzig 2015.) Nach der ausführlichen Beschreibung der Patronatsempore verdeutlicht Buske die frömmigkeitstheologische Bedeutung des Hohenliedes noch an weiteren Ausstattungsgegenständen in drei Kirchen, indem er verschiedene Hohelieddarstellungen an der Westempore der Pfarrkirche in Bobbin auf Rügen, an den beiden evangelischen Beichtstühlen im Greifswalder Dom St. Nikolai und am Patronats- und Kirchengestühl in der Pfarrkirche in Kunow/Uckermark beleuchtet.

Das Dilherrsche Andachtsbuch „Göttliche Liebesflamme“ enthält nicht nur Kupferstiche zum Hohenlied, sondern auch zahlreiche Gedichte des Juristen Georg Philipp Harsdörffer (1607-1658), die der Nürnberger Organist Johann Erasmus Kindermann (1616-1655) in Noten setzte. Beate Bugenhagen untersucht in ihrem Beitrag diese Lieder, die als musikalische Auslegung der Kupferstiche dienen. Die elf Lieder werden sowohl als Textbuch als auch im Notensatz in der Übertragung von Matthias Schneider angeboten. Extra hingewiesen sei auf die beigegebene CD. Auf ihr sind die elf Lieder mit Orgel und Cembalobegleitung zu hören, so dass sich der Haupttitel »Fromme barocke Sinnbilder in Farbe und Musik« auch sinnlich bewahrheitet. Für die bibliographische Auffindung dieses gelungenen Werkes und seine Rezeption in der weiteren Forschung hätte man aber besser Haupt- und Untertitel umtauschen sollen. Trotz dieser Anmerkung sei dem Thomas Helms Verlag für diesen verlegerischen Augen- und Ohrenschmaus gedankt.

Großhennersdorf Alexander Wieckowski

Personenregister